Beschwerde und Rechtsbeschwerde im Zivilverfahren

Schriften zum Verfahrensrecht

Herausgegeben von
Peter Gottwald und Ulrich Haas

Band 18

PETER LANG
Frankfurt am Main · Berlin · Bern · Bruxelles · New York · Oxford · Wien

Walter Boeckh

Beschwerde und Rechtsbeschwerde im Zivilverfahren

PETER LANG
Internationaler Verlag der Wissenschaften

Bibliografische Information der Deutschen Nationalbibliothek
Die Deutsche Nationalbibliothek verzeichnet diese Publikation in der Deutschen Nationalbibliografie; detaillierte bibliografische Daten sind im Internet über <http://www.d-nb.de> abrufbar.

Zugl.: Regensburg, Univ., Diss., 2006

D 355
ISSN 1619-344X
ISBN 978-3-631-55750-1

www.peterlang.de

Vorwort

Diese Abhandlung wurde von der Juristischen Fakultät der Universität Regensburg als Dissertation angenommen. Meinem Doktorvater Herrn Prof. Dr. Dr. h.c. Peter Gottwald danke ich für die Betreuung, Herrn Prof. Dr. Herbert Roth für die zügige Erstattung des Zweitgutachtens.

Den Herausgebern Herrn Prof. Dr. Dr. h.c. Peter Gottwald und Herrn Prof. Dr. Ulrich Haas sowie dem Verlag danke ich für die Aufnahme der Arbeit in diese Schriftenreihe.

Regensburg, im März 2007 Walter Boeckh

Inhaltsübersicht

Inhaltsverzeichnis

§ 1 Gegenstand, Ziel und Aufbau der Untersuchung

Der Gesetzgeber hat mit Einführung des Gesetzes zur Reform des Zivilprozesses vom 27.7.2001[1] (ZPO-RG) zum 1.1.2002 die ZPO auf mehreren Gebieten grundlegend umstrukturiert. Hauptanliegen waren zum einen die Stärkung der Eingangsinstanz[2] und zum anderen die effizientere Ausgestaltung der Rechtsmittel.[3] Die Reform des Rechtsmittelrechtes beschränkte sich aber nicht nur auf das Recht der Berufung und der Revision, sondern führte auch bei der Beschwerde wesentliche Neuerungen ein.[4] Allerdings wurde den Änderungen im Berufungs- und Revisionsrecht in Literatur und Schrifttum wesentlich größere Aufmerksamkeit zuteil als denjenigen im Beschwerderecht.[5] Dies ist indes nicht weiter verwunderlich, stellten und stellen doch die Beschwerdeangelegenheiten „weniger

[1] BGBl. I, S. 1887. Die Gesetzeszitate aus der ZPO beziehen sich im Folgenden auf die seit 1.1.2002 geltende jeweils aktuelle Fassung; soweit die Gesetzeszitate mit dem Zusatz „(a.F.)" erfolgen, ist die bis einschließlich 31.12.2001 gültige Fassung gemeint.

[2] Vgl. *Däubler-Gmelin*, ZRP 2000, 33. Eckpfeiler insoweit waren nicht nur Maßnahmen zur Schaffung besserer Voraussetzungen für eine nichtstreitige Erledigung wie etwa die Einführung einer obligatorischen Güteverhandlung und der Möglichkeit eines schriftlichen Vergleichs (vgl. § 278 Abs. 2 bis 6 ZPO), sondern auch die Verbesserung der Qualität erstinstanzlicher Entscheidungen, etwa durch die wesentliche Präzisierung richterlicher Hinweispflichten in § 139 ZPO.

[3] Vgl. *Däubler-Gmelin*, ZRP 2000, 33. Die Fokussierung der Rechtsmittel auf Kriterien, die den Zugang zur höheren Instanz nicht mehr im Wesentlichen vom Wert einer Beschwer, sondern von höherrangigen rechtlichen Gesichtspunkten abhängig machen (vgl. etwa die Zulassungsgründe für die Streitwert unabhängige Berufung, die Revision oder die Rechtsbeschwerde in den §§ 511 Abs. 2, 543 Abs. 2 und 574 Abs. 2 ZPO) sowie etwa die Möglichkeit, substanzlose Rechtsmittel ohne großen Begründungsaufwand zurückweisen zu können (vgl. § 522 Abs. 2 ZPO) sollen aber auch zur Stärkung der Eingangsinstanz beitragen; hierwegen sollen freiwerdende Ressourcen von der zweiten in die erste Instanz verlagert werden, vgl. *Däubler-Gmelin*, a.a.O.

[4] Dies wird schon durch einen kurzen Blick etwa in den Gesetzentwurf der Bundesregierung zur Reform des Zivilprozesses vom 24.11.2000, BT-Drs. 14/4722 bzw. BR-Drs. 536/00 (zitiert: *„Regierungsentwurf-ZPO-RG"*) verdeutlicht. Die Änderungen im Beschwerderecht sowie die neu eingeführte Rechtsbeschwerde nehmen in den jeweiligen Einzelbegründungen zu den maßgeblichen Vorschriften den selben Raum ein wie diejenigen im Bereich der reformierten Berufung. (vgl. BT-Drs. 14/4722, S. 110 bis 119 für die Beschwerde einerseits und S. 93 bis 103 für die Berufung andererseits).

[5] Im Bereich von Berufung und Revision wurden schon von Beginn der Diskussion um eine Rechtsmittelreform mannigfache Änderungs- und Verbesserungsvorschläge, aber auch Kritik zu den beschlossenen Änderungen eingebracht, vgl. die Literaturnachweise bei *Rosenberg/Schwab/Gottwald*, bei § 132 (S. 929, für die Rechtsmittel allgemein), bei § 135 (S. 951, für die Berufung) und bei § 140 (S. 993f., für die Revision), jeweils zum alten und zum neuen Recht.

bedeutsame Fälle“[6] dar, die v.a. die wirtschaftlichen Interessen der Prozessbeteiligten regelmäßig nicht in ebenso hohem Maße betreffen wie die genannten anderen Rechtsmittel.

Dennoch rechtfertigen die im Rahmen des ZPO-RG erfolgten zahlreichen Änderungen im Recht der Beschwerde, so etwa die Abschaffung der weiteren Beschwerde oder die Einführung der Rechtsbeschwerde, eine nähere Untersuchung. Der Schwerpunkt liegt hierbei nicht bei der Untersuchung der einzelnen Änderungsvorschriften auf ihre Rechtfertigung im Kontext der Systeme des Beschwerde- und des allgemeinen Rechtsmittelrechts. Die durch das ZPO-RG eingeführten Neuregelungen unterlagen nämlich im Laufe des Gesetzgebungsverfahrens weder aus dogmatischen noch aus praktischen Gesichtspunkten durchgreifenden Einwänden.[7] Vielmehr sollen die Reformvorschriften in erster Linie auf ihren Inhalt und die Auswirkungen auf die Praxis der Verfahrensbeteiligten im Beschwerdeverfahren hin dargestellt werden. Hierbei ist es allerdings unerlässlich, an vielen Stellen die Motive des Reformgesetzgebers darzustellen, was bei den wesentlichen Neuerungen mit einer kritischen Würdigung verbunden wird.

Das Augenmerk der Untersuchung liegt aber nicht nur auf den Reformen, sondern auch auf einer möglichst umfassenden Darstellung des Rechtes der Beschwerde, die Problematisches vertieft behandelt, Unproblematisches allerdings nur skizziert. Hierbei wurde versucht, die Abhandlung an möglichst vielen Stellen mit kurzen praktischen Beispielen[8] zu versehen. Hauptziel der Untersuchung ist daher die Erläuterung der Beschwerde nach Inkrafttreten des ZPO-RG für die praktische Rechtsanwendung durch Gericht wie durch den Anwalt. Im ersten Teil der Arbeit wird versucht, einen Abriss der Wandlung des Rechtes der Beschwerde seit Bestehen der ZPO bis zum heutigen Rechtszustand zu geben[9] und im Anschluss die Ziele und Ansatzpunkte der ZPO-Reform 2002 für die Beschwerde darzustellen. Im zweiten Teil wird das geltende allgemeine Recht der Beschwerde einschließlich der Erinnerung nach § 573 ZPO und der Erinnerung gegen die Entscheidungen des Rechtspflegers gem. § 11 RPflG unter besonderer Berücksichtigung dieser Rechtsmittel in Familien-, Prozesskostenhilfe-, und Kostenangelegenheiten dargestellt. Darüber hinaus werden auch die durch das ZPO-RG neu eingeführten Rechtsmittel der Rechtsbeschwerde sowie, obwohl systematisch zum Bereich der Revision gehörend, der Nichtzulassungsbeschwerde gem. § 544 ZPO abgehandelt. Den für diese Rechtsmittel mit identischem Inhalt eingeführten Zulassungsgründen wird ein besonderer Stellenwert eingeräumt, zumal sich deren Auslegung und Bedeutung für fallgruppenspezifische Präzedenzfälle erst in der Entwicklung befinden.

6 Vgl. die Formulierung des Reformgesetzgebers im *Regierungsentwurf-ZPO-RG*, BT-Drs. 14/4722, S. 69, wonach die *„vorwiegend Nebenentscheidungen betreffenden Beschwerdeverfahren in aller Regel geringe Bedeutung“* haben. *Göppinger*, ZZP 68 (1970), 140 nennt die Beschwerde *„ein selbständiges Rechtsmittel zur Anfechtung weniger wichtiger Entscheidungen.“*

7 Vgl. etwa die Stellungnahme des *Deutschen Anwaltvereins*, AnwBl. 2000, 8 mit Ergänzung in AnwBl. 2000, 518.

8 Diese Beispiele sind im Text kursiv gedruckt.

9 Unten § 2.

Der dritte Teil der Untersuchung beschäftigt sich mit den vor Inkrafttreten des ZPO-RG in Rechtsprechung und Literatur überwiegend anerkannten außerordentlichen Rechtsmitteln gegen Beschlüsse, also der sogenannten Beschwerde wegen „greifbarer Gesetzeswidrigkeit" sowie der Gegenvorstellung. Diese praeter legem geschaffenen Institute wurden sowohl durch das ZPO-RG und dessen Interpretation durch den *BGH*[10] als auch durch eine in jüngster Zeit ergangene Plenarentscheidung des *BVerfG* wesentlich beeinflusst. Dies rechtfertigt die Erörterung dieser Thematik auf breiterer Basis. Der vom *BVerfG*[11] in diesem Zusammenhang auferlegten Pflicht zur Schaffung eines fachgerichtlichen Rechtsbehelfes für die Behebung von Gehörsverletzungen im Falle anderweitig unanfechtbarer Entscheidungen kam der Gesetzgeber mit dem zum 1.1.2005 in Kraft getretenen Gesetz über die Rechtsbehelfe bei Verletzung des Anspruchs auf rechtliches Gehör (Anhörungsrügengesetz)[12] nach. Die insoweit für den Zivilprozess maßgebende Regelung des § 321a ZPO wird hierbei einerseits einer kritischen Würdigung unterzogen, andererseits soll untersucht werden, ob es nach wie vor einen Bedarf für die Anerkennung sog. „außerordentlicher" Rechtsmittel gibt.

[10] Vgl. *BGHZ* 150, 133 = NJW 2002, 1577.
[11] Vgl. *BVerfGE* 107, 395 = NJW 2003, 1924.
[12] Vgl. BGBl. 2004 I, S. 3220, und den Gesetzesbeschluss des *Deutschen Bundestages*, BR-Drs. 848/04.

§ 2 *Leitlinien in der Entwicklung des Rechtes der zivilprozessualen Beschwerde*

Die Beschwerde im Zivilprozess war über die Jahrzehnte seit Inkrafttreten der ZPO[13] hinweg in ähnlichem Umfang Gegenstand von Reformen wie Berufung und Revision.[14] Eine Darstellung sämtlicher Änderungen im Detail würde den Rahmen dieser Untersuchung verlassen.[15] Daher soll versucht werden, die Entwicklung des Rechtes der Beschwerde auf die wesentlichen Strukturmerkmale dieses Rechtsmittels zu fokussieren.

A. Reformen und Reformbemühungen des Gesetzgebers bis zum Inkrafttreten des ZPO-RG

Der Gesetzgeber der CPO vom 30.1.1877 formulierte seine Motive und den Zweck des Rechtsmittels der Beschwerde wie folgt:

„Als Rechtsmittel kommen in Betracht die Berufung, die Revision und die Beschwerde.Unter diesen Rechtsmitteln ist die Beschwerde von einer mehr untergeordneten, nebensächlichen Bedeutung. Den Gegenstand der Anfechtung bilden verhältnismäßig einfache unbedeutende Entscheidungen; für die Anfechtung selbst und deren Erledigung empfehlen sich daher thunlichst einfache Formen.“ [16] *Das (...) Rechtsmittel der Beschwerde dient dem doppelten Zwecke, das System der Rechtsmittel zu ergänzen und durch Ausscheiden nebensächlicher Streitpunkte den Stoff des Rechtsstreits für die übrigen Rechtsmittel und damit das Verfahren selbst zu vereinfachen.“* [17]

Diese Aussagen sind auch heute noch zutreffend. Die Umsetzung dieser Vorgaben unterlag allerdings im Laufe der Jahre teils tiefgreifenden Änderungen.

[13] Das geltende Zivilprozessrecht basiert auf der Civilprozeßordnung vom 30.1.1877 (RGBl., S. 83) in der Fassung der Bekanntmachung des Rechtseinheitsgesetzes vom 12.9.1950 (BGBl., S. 533) mit zahlreichen Folgeänderungen, vgl. die umfangreiche Darstellung von *Gottwald*, Zivilprozessordnung, Beck-Texte im dtv, Einführung II.

[14] Zur Entwicklung des Rechtes der Berufung vgl. *Rauscher*, S. 24ff.. Für das Recht der Revision vgl. die Darstellung in *Köster*, S. 67ff. für die Jahre 1879 bis 1993 und für das Revisionsrecht im Gewande des ZPO-RG vgl. *Rosenberg/Schwab/Gottwald*, § 140.

[15] Betrachtet man die zur ZPO erlassenen Novellen, die oft Verfahrensvereinfachungs- und Verfahrensbeschleunigungsmaßnahmen zum Gegenstand hatten, fällt auf, dass zeitgleich und regelmäßig mit den Änderungen bei Berufung und Revision auch im Bereich der Rechtsmittel gegen Nebenentscheidungen Reformen durchgeführt wurden. Diese betreffen teils nur „Details“, wie etwa die Anhebung der Beschwerdesumme, teils aber auch tiefgreifende strukturelle Änderungen, wie etwa die weitgehende Beschränkung der Statthaftigkeit an sich im Laufe des Zweiten Weltkrieges, vgl. die ausführliche Darstellung von *Köster*, S. 67ff.

[16] Vgl. *Hahn*, Band 2, Abteilung 1, S. 139.

[17] Vgl. *Hahn*, Band 2, Abteilung 2, S. 374.

I. Beschränkungen des Zugangs zur Beschwerde und weiteren Beschwerde

Mit Inkrafttreten der CPO vom 30.1.1877 war wie bei der aktuellen Regelung des § 567 Abs. 1 ZPO das Rechtsmittel der Beschwerde in den in der ZPO besonders hervorgehobenen Fällen und gegen solche eine mündliche Verhandlung nicht erfordernde Entscheidungen statthaft, durch die ein das Verfahren betreffendes Gesuch zurückgewiesen ist.[18] Ebenfalls seit der ersten gesetzlichen Fassung aus dem Jahr 1877 und bis zur Einführung der Rechtsbeschwerde mit dem ZPO-RG zum 1.1.2002 gab es eine weitere Beschwerde, die entsprechend der gesetzlichen Negativformulierung[19] im Falle einer sog. Difformität in den Vorentscheidungen eröffnet war. In den Anfangsjahren de CPO waren zivilprozessuale Nebenentscheidungen unbeschränkt anfechtbar mit der Möglichkeit eines weiteren Rechtsmittels. Insbesondere wurde nicht danach differenziert, ob diese Entscheidungen das Amts-, Land-, oder Oberlandesgericht erlassen hatte. Diese umfassende Statthaftigkeitsregelung führte allerdings dazu, dass die Beschwerdegerichte, insbesondere auch das *RG* und die Oberlandesgerichte in unzumutbarem Maße mit Beschwerden und weiteren Beschwerden überzogen wurden.[20] Um dem entgegenzusteuern, wurde der Zugang zur Beschwerde schon bald durch Einführung einer Beschwerdesumme sowie einer gesetzlichen Beschränkung auf bestimmte Entscheidungen bzw. den gänzlichen Ausschluss des Rechtsmittels beschnitten. Darüber hinaus wurde auch die Möglichkeit eines weiteren Rechtsmittels gegen die Beschwerdeentscheidung reduziert.

1. Einführung einer Beschwerdesumme

Mit der ersten Novelle aus dem Jahr 1898[21] wurde die Statthaftigkeit der Beschwerde und der weiteren Beschwerde gegen Kostenentscheidungen der Oberlandesgerichte sowie der weiteren Beschwerde gegen Kostenentscheidungen der Landgerichte erstmals auf das Erreichen eines bestimmten Beschwerdewertes beschränkt.[22] Mit der Entlastungsverordnung aus dem Jahr 1915 wurden alle erstinstanzlichen Kostenentscheidungen, also auch diejenigen der Amts- und Landgerichte dem Erreichen einer Beschwerdesumme unterworfen.[23] Dem folgten in unregelmäßigen Abständen bis zum Jahr 1945 Erhöhungen des maßgebli-

[18] Vgl. die §§ 530 CPO (1877) die insoweit den Entwurf einer ZPO von 1874 (dort die §§ 506, 507 Abs. 2) übernahmen, vgl. a. *Hahn*, Materialien zur ZPO, 1880, S. 64.

[19] Vgl. etwa § 531 Abs. 2 CPO (1877), wonach „gegen die Entscheidung des Beschwerdegericht, soweit nicht in derselben ein neuer selbständiger Beschwerdegrund enthalten ist, eine weitere Beschwerde nicht stattfindet". § 568 Abs. 2 S. 2 ZPO in der Fassung bis zum 1.1.2002 enthielt eine inhaltsgleiche Formulierung, allerdings war die weitere Beschwerde gem. § 568 Abs. 2 S. 1 ZPO von vornherein nur bei ausdrücklicher gesetzlicher Bestimmung statthaft.

[20] Vgl. *Stüben*, ZZP 83 (1970), 1. Vor allem die weiteren Beschwerden waren in vielen Fällen als unzulässig zu verwerfen, weil es schon am Merkmal der Difformität fehlte, vgl. *Stüben*, a.a.O.

[21] Gesetz betreffend Aenderungen der Civilprozeßordnung vom 17.5.1898, RGBl., S. 256.

[22] RGBl., S. 562; vgl. *Köster*, S. 77 und 84.

[23] Vgl. *Köster*, S. 159.

chen Beschwerdewertes, die weitgehend durch die starken Währungsschwankungen bedingt waren und zur Sicherung von Wirtschaft und Finanzen eingeführt wurden.[24]

Nach dem Jahr 1945 war die Beschwerdesumme in den Besatzungszonen und in den einzelnen Ländern unterschiedlich geregelt.[25] Mit dem Rechtseinheitsgesetz aus dem Jahr 1950[26] wurde der Zugang zur Beschwerde gegen Entscheidungen über Kosten, Gebühren und Auslagen ebenfalls vom Erreichen einer Beschwerdesumme abhängig gemacht.[27] In der Folgezeit wurde diese unter Berücksichtigung der fortschreitenden Geldentwertung, vor allem aber zur Entlastung der Gerichte angehoben.[28] Das ZPO-RG ließ die seit Inkrafttreten des Rechtspflege-Vereinfachungsgesetzes (1991)[29] bis zum 1.1.2002 geltenden Beschwerdesummen von 200.- DM bei Entscheidungen über die Verpflichtung, die Prozesskosten zu tragen, sowie von 100.- DM bei anderen Entscheidungen über Kosten unberührt und berücksichtigte nur die Währungsumstellung auf den EURO (die entsprechenden Grenzen liegen nun bei 100.- bzw. 50.- €). Durch das Kostenrechtsmodernisierungsgesetz vom 5.5.2004[30] wurden mit Wirkung zum 1.7.2004 die Beschwerdesummen einheitlich auf 200.- € festgesetzt.

2. Sonstige Beschränkungen des Zugangs zur Beschwerde und weiteren Beschwerde

Der Zugang zur Beschwerde wurde vom Gesetzgeber auch noch in anderer Weise als durch die Einführung einer Beschwerdesumme beschnitten, nämlich durch den teilweisen oder gänzlichen Ausschluss des Rechtsmittels bei bestimmten Entscheidungen. Mit der Novelle 1898 beseitigte der Gesetzgeber die weitere Beschwerde gegen Entscheidungen der Oberlandesgerichte in dritter Instanz (d.h. über das Rechtsmittel der weiteren Beschwerde) und schaffte mithin die bis dahin beim Reichsgericht gegebene vierte Instanz ab.[31] Mit der Novelle 1910[32] wurde die Zuständigkeit des *RG* als Beschwerdegericht in

[24] So die Novellen und Entlastungs- und Vereinfachungsverordnungen aus den Jahren 1922, 1923, 1931, 1939, und 1942, vgl. *Köster*, S. 199 (1922), 203 (1923), 321 (1931), 363 (1939) und 376 (1942). Mit der Verordnung des Reichspräsidenten über Maßnahmen auf dem Gebiete der Rechtspflege und Verwaltung vom 14.6.1932 wurde das Erfordernis einer Kostenbeschwerdesumme außerdem auf Beschwerden gegen Entscheidungen über die Erinnerung gegen einen Kostenfestsetzungsbeschluss erweitert, RGBl., S. 285.

[25] Vgl. *Köster*, S. 974 für die Berufung.

[26] BGBl. 1991 I, S. 455.

[27] Vgl. *Köster*, S. 404.

[28] So in den Jahren 1975 durch das Gesetz zur Entlastung der Landgerichte und zur Vereinfachung des gerichtlichen Protokolls vom 20.12.1974, BGBl. I, S. 3651 sowie 1991 durch das Rechtspflege-Vereinfachungsgesetz vom 17.12.1990, BGBl. I, S. 2847. Zu beiden Novellen vgl. *Köster*, S. 454 und 570.

[29] Vgl. Fn. 28.

[30] BGBl. I, S. 718.

[31] Gesetz betreffend Aenderungen der Civilprozeßordnung vom 17.5.1898, RGBl., S. 256. Die Begründung war, dass ein solches Rechtsmittel anderen Reichsprozessgesetzen fremd war; darüber hinaus hatte das *RG* die meisten weiteren Beschwerden in vierter Instanz mangels Difformität ohnehin als unzulässig verworfen, vgl. *Köster*, S. 77 und 84.

[32] Gesetz, betreffend die Zuständigkeit des Reichsgerichts vom 22.5.1910, RGBl., S. 767.

Zivilsachen gänzlich beseitigt.[33] Mit der Verordnung des Reichspräsidenten zur Sicherung von Wirtschaft und Finanzen vom 1.12.1930[34] wurde die Beschwerde gegen die einer Partei nachteiligen Beschlüsse des Berufungsgerichts über das Armenrecht ausgeschlossen.[35] Mit der Dritten Vereinfachungsverordnung vom 16.5.1942[36] wurde die Beschwerde in Armenrechtssachen weiter beschränkt. Gegen alle Beschlüsse, durch die das Armenrecht verweigert oder entzogen wurde, war das Rechtsmittel nur noch zulässig, wenn auch die Entscheidung in der Hauptsache selbst einem Rechtsmittel unterlag. Völlig ausgeschlossen wurde die Beschwerde gegen Entscheidungen im Verfahren der einstweiligen Anordnung in Ehesachen sowie gegen Kostenfestsetzungsbeschlüsse.[37] Mit der zum 1.2.1943 in Kraft getretenen Vierten Vereinfachungsverordnung[38] wurde die Beschwerde weiter beschränkt. So wurde das Rechtsmittel gegen Entscheidungen des Landgerichts im Berufungs- und Beschwerdeverfahren ausgeschlossen. Die Entscheidungen über die Ablehnung von Gerichtspersonen und Sachverständige waren ebenso wenig mehr anfechtbar wie diejenigen im Bereich des vorläufigen Rechtsschutzes.[39] Durch die zum 15.10.1944 in Kraft getretene Zweite Kriegsmaßnahmenverordnung[40] wurde das Rechtsmittel der Beschwerde gegen Entscheidungen der Amts- und der Landgerichte völlig beseitigt.[41] Das Rechtseinheitsgesetz aus dem Jahr 1950[42] stellte den Instanzenzug und damit auch die grundsätzliche Statthaftigkeit der Beschwerde gegen alle erstinstanzlichen Entscheidungen der Amts- und Landgerichte wieder her.[43] Mit dem zum 1.1.1991 in Kraft getretenen Rechtspflege-Vereinfachungsgesetz[44] wurde zur Entlastung der Rechtsmittelgerichte, zur Beschleunigung der Verfahren und zur Vermeidung unterschiedlicher Erkenntnisse im Be-

33 Die Begründung hierzu war, dass bei den Beschwerden zum *RG* ein großes Missverhältnis zwischen der Arbeitszeit und den dabei in Frage kommenden meist geringfügigen Interessen bestehe, vgl. *Köster*, S. 145 und 178.

34 RGBl. I, S. 517, ergangen auf Grund der Regelung des Art. 48 Abs. 2 WRV, vgl. *Köster*, S. 315.

35 Grund hierfür war die Entlastung der Oberlandesgerichte in Beschwerdesachen, vgl. *Köster*, S. 317 und 319.

36 RGBl. I, S. 333, vgl. *Köster*, S. 371.

37 Vgl. *Köster*, S. 371f. und 376.

38 RGBl. I, S. 7, vgl. *Köster*, S. 381.

39 Insbesondere gab es also gegen ablehnende Beschlussentscheidungen keine Beschwerde mehr. Darüber hinaus wurde mit der Vierten Vereinfachungsverordnung (1943) ein Neuerungsverbot auch für das Verfahren der Beschwerde eingeführt, nachdem ein solches seit der Dritten Vereinfachungsverordnung (1942) schon für das Rechtsmittel der Berufung galt. Danach waren neue Angriffs- und Verteidigungsmittel, Beweismittel und Beschwerdeweiseinreden in der Berufungsinstanz allgemein nur zu berücksichtigen, wenn ihre Geltendmachung im ersten Rechtszug der Partei auch bei Berücksichtigung ihrer Pflicht zu einer sachgemäßen und sorgfältigen Prozessführung nicht zuzumuten war; hierbei hatte das Beschwerdegericht über die Ausschließung oder die Zulassung neuen Vorbringens ausdrücklich zu entscheiden. Das Neuerungsverbot wurde indes durch das Rechtseinheitsgesetz (1950) wieder beseitigt. Bei der sofortigen Beschwerde bestand nunmehr eine Abhilfebefugnis, die allerdings durch das Rechtseinheitsgesetz (1950) wieder beseitigt wurde, vgl. insgesamt *Köster*, S. 385f., 389 und 405.

40 RGBl. I, S. 229, vgl. *Köster*, S. 393.

41 Als Grund hierfür wurde die Freimachung einer größeren Zahl von Kräften für den Krieg genannt, vgl. *Köster*, S. 393.

42 BGBl., S. 455.

43 Vgl. *Köster*, S. 399 und 404.

44 BGBl. I, S. 2847.

rufungs- und Beschwerdeverfahren der Beschwerdeweg weitgehend auf den Rechtszug in der Hauptsache beschränkt.[45] Die weitere Beschwerde war unter Beibehaltung des Difformitätserfordernisses nur noch statthaft, wenn dies im Gesetz besonders bestimmt war.[46] Das zum 1.1.2002 in Kraft getretene ZPO schaffte die Beschwerde gegen Entscheidungen der Oberlandesgerichte zu Gunsten der neu eingeführten Rechtsbeschwerde[47] völlig ab und übernahm ansonsten die Regelungen zur Statthaftigkeit der zweitinstanzlichen Beschwerde.

II. Der Instanzenzug bei der Beschwerde

1. Umgestaltung vor dem Zweiten Weltkrieg

Die im GVG aus dem Jahre 1877 vorgesehene funktionelle Zuständigkeit des *RG* als Beschwerdegericht, die bei amtsgerichtlichen Ausgangsentscheidungen zu einer vierten Instanz führte, wurde mit der Novelle 1898 und 1910 schrittweise beseitigt.[48]

2. Umgestaltung während des Zweiten Weltkrieges

Mit der zum 1.6.1943 in Kraft getretenen (ersten) Kriegsmaßnahmenverordnung[49] wurde der gesamte Rechtsmittelzug reformiert. Für die Rechtsmittel gegen alle Entscheidungen

45 Vgl. § 567 Abs. 3 und 4 ZPO (a.F.): nach diesen Vorschriften war die Beschwerde gegen Entscheidungen der Landgerichte im Berufungs- und Beschwerdeverfahren sowie gegen alle Entscheidungen der Oberlandesgerichte grundsätzlich nicht zulässig. Ausgenommen in einzeln aufgeführten Ausnahmevorschriften waren nur solche erstinstanzlichen Entscheidungen der Landgerichte, die nach der Auffassung des Gesetzgebers für die Parteien und deren Anwälte schwer wogen (z.B. betreffend die Ablehnung von Gerichtspersonen, §§ 567 Abs. 3 S. 2, 46 ZPO (a.F.) oder die Interessen Dritter beeinträchtigen konnten (z.B. betreffend die Zulassung zur Nebenintervention, §§ 567 Abs. 3 S. 2, 71 ZPO (a.F.), und bei denen sich das Beschwerdegericht nicht mit dem Streitgegenstand der Hauptsache befassen musste. Unter letzterem Gesichtspunkt war ausnahmsweise auch gegen die Entscheidungen der Oberlandesgerichte die Beschwerde möglich (etwa die Beschwerde gegen die Verwerfung einer Berufung als unzulässig; hiergegen war die sofortige Beschwerde zum *BGH* statthaft, §§ 567 Abs. 4 S. 2, 519b ZPO (a.F.); vgl. insgesamt *Köster*, S. 571.

46 Vgl. § 568 Abs. 2 ZPO (a.F.) und *Köster*, S. 571.

47 Vgl. unten § 7.

48 Vgl. schon oben, S. 25.

49 RGBl. I, S. 290, vgl. *Köster*, S. 391.

des Amts- und des Landgerichtes, mithin auch für die Beschwerde gegen die Beschlüsse des Amtsrichters waren die Oberlandesgerichte umfassend zuständig.[50]
Durch die zum 15.10.1944 in Kraft getretene Zweite Kriegsmaßnahmenverordnung[51] wurden schließlich die Oberlandesgerichte als Mittelinstanz völlig beseitigt und damit auch jegliche Beschwerdemöglichkeit gegen die Beschlüsse der Amts- und Landgerichte.

3. Umgestaltung nach dem Zweiten Weltkrieg

a) Bundesrepublik Deutschland

Für das Gebiet der Bundesrepublik Deutschland stellte das Rechtseinheitsgesetz im Jahr 1950[52] den 1877 eingeführten und der Rechtslage vor dem zweiten Weltkrieg entsprechenden vierstufigen Gerichtsaufbau wieder her.[53]

b) Deutsche Demokratische Republik

Für das Gebiet der Deutschen Demokratischen Republik wurde nach dem Zweiten Weltkrieg ein dreistufiger Gerichtsaufbau eingeführt.[54] Dabei wurden in erster Instanz flächendeckend 236 Kreisgerichte errichtet. Gegen die Urteile erster Instanz konnte Berufung, gegen entsprechende Beschlüsse das Rechtsmittel der Beschwerde zum Bezirksgericht eingelegt werden. Als zweite Instanz waren 14 Bezirksgerichte und das „Stadtgericht Berlin, Hauptstadt der DDR" tätig. Allerdings konnten auch die Bezirksgerichte in erster Instanz tätig werden, wenn der Direktor des Gerichtes den Prozess wegen seiner „Bedeutung, Folgen oder Zusammenhänge" an das Bezirksgericht heranzog.[55] Eine dritte Instanz war nicht errichtet. Als echte Ausnahme von dem eben geschilderten generellen Zwei-Instanzen-Prinzip gab es im Strafverfahren das erst- und letztinstanzliche Strafverfahren

[50] Vgl. *Köster*, S. 667f. Schon mit der Vereinfachungsverordnung aus dem Jahr 1939, RGBl. 1, S. 1258, hatte der Gesetzgeber die Berufungen gegen Urteile der Amts- und Landgerichte einheitlich dem Oberlandesgericht zugewiesen, diese Änderung aber gleich im darauffolgenden Jahr mit der Zweiten Vereinfachungsverordnung vom 18.9.1940 wieder rückgängig gemacht, weil v.a. in den großflächigen Oberlandesgerichtsbezirken wegen der weiteren Entfernungen zum Berufungsgericht bei der Aufnahme von Beweisen Schwierigkeiten aufgetreten seien und ein erhöhter Zeit- und Kostenaufwand für die Parteien anfiel, vgl. *Köster*, S. 367 und 667. Die erneute Konzentration aller zweitinstanzlichen Rechtsmittel bei den Oberlandesgerichten im Jahr 1943 begründete man damit, dass durch die Einführung des Neuerungsverbotes Beweisaufnahmen in der zweiten Instanz seltener geworden seien, vgl. *Köster*, S. 668.

[51] RGBl. I, S. 229, vgl. *Köster*, S. 393.

[52] BGBl., S. 455.

[53] Der Rechtszustand entsprach der ZPO i.d.Fassung der Bekanntmachung vom 8.11.1933, vgl. *Köster*, S. 399.

[54] Vgl. *Lohmann*, S. 28.

[55] Vgl. *Lohmann*, S. 28.

vor dem von der Volkskammer gewählten Obersten Gericht der DDR, falls wegen der „Bedeutung“ des Falles vom Generalstaatsanwalt dorthin Anklage erhoben war.[56]

Ansonsten gab es auf allen Rechtsgebieten, mithin auch im Zivilverfahren die Möglichkeit der Kassation rechtskräftiger gerichtlicher Entscheidungen aller Untergerichte sowie des Obersten Gerichts durch dessen Präsidium auf Antrag seines Präsidenten.[57] Die gleiche Befugnis hatte das Bezirksgericht auf Antrag seines Direktors bezüglich der Urteile der Kreisgerichte. Im Kassationsverfahren hatten daher die Verfahrensbeteiligten kein eigenes Antragsrecht, konnten vielmehr die bezeichneten Anträge bei den Gerichtsvorständen nur anregen.[58]

III. Der Entwurf eines Gesetzes zur Vereinfachung des gerichtlichen Verfahrens aus dem Jahr 1998

Unmittelbar nach Beginn der 14. Legislaturperiode legten Abgeordnete der CDU/CSU-Fraktion und diese Fraktion selbst im Bundestag einen zuvor schon im Vermittlungsausschuss gescheiterten Entwurf zu einem Gesetz zur Vereinfachung des zivilgerichtlichen Verfahrens und des Verfahrens der freiwilligen Gerichtsbarkeit vor.[59] Dieser Entwurf enthielt u.a. auch Regelungen zur „Einschränkung des Angebots der Rechtsmittel“.[60] Für den Bereich der Beschwerde war zunächst eine Erhöhung der Beschwerdesumme auf 500.- DM vorgesehen, weil auch im Bereich des Kostenrechts der Zugang zum Rechtsmittel auf wirtschaftlich bedeutendere Fälle beschränkt werden müsse.[61] Als weitere Änderung war in dem Entwurf eine Beschränkung des Beschwerdezuges in bestimmten Bereichen des Kosten vorgesehen. So sollten aus Konvergenzgesichtspunkten die Beschwerden gegen eine Kostenentscheidung nach übereinstimmender Erledigungserklärung sowie nach Anerkenntnis (§§ 91a, 99 Abs. 2 ZPO) und die Beschwerde gegen die wegen fehlender Erfolgsaussicht versagte Prozesskostenhilfe von der Rechtsmittelfähigkeit in der Hauptsache abhängig gemacht werden.[62] Schließlich sollte entsprechend einer gleichlautenden Änderungsregelung für das landgerichtliche Berufungsverfahren die Beschwerdekammer des Landgerichts die Angelegenheit an den Einzelrichter übertragen können, falls die Sache weder grundsätzliche Bedeutung noch besondere Schwierigkeiten tatsächlicher oder rechtlicher Art aufweise.[63]

[56] Vgl. *Lohmann*, S. 28.
[57] Vgl. *Lohmann*, S. 28.
[58] Vgl. *Lohmann*, S. 30.
[59] Vgl. den Entwurf vom 8.12.1998, BT-Drs. 14/163.
[60] Vgl. BT-Drs. 14/163, S. 1.
[61] Vgl. BT-Drs. 14/163, S. 14.
[62] Vgl. BT-Drs. 14/163, S. 14; das ZPO-RG folgte diesen Vorschlägen, vgl. §§ 91a Abs. 2 S. 2, 99 Abs. 2 S. 2, 127 Abs. 2 S. 2 ZPO.
[63] Vgl. BT-Drs. 14/163, S. 5, 6, 27 und 29. Diesem moderaten Vorschlag zur Ermöglichung einer Einzelrichterentscheidung hat sich das ZPO-RG nicht angeschlossen und vielmehr die originäre Einzelrichterzuständigkeit am Beschwerdegericht eingeführt, falls die Ausgangsentscheidung von einem Einzelrichter stammt, vgl. § 568 ZPO und unten S. 79ff.

B. Reformbemühungen in der Rechtswissenschaft

Auch in der Literatur wurden Reformen der Rechtsmittel, darunter auch der Beschwerde, insbesondere in den letzten 30 Jahren immer wieder diskutiert.[64] In den Jahren 1985 und 1992 erschienen zwei unter anderem vom Bundesjustizministerium herausgegebene Sammelbände, deren einzelne Abhandlungen sich mit einer Bestandsaufnahme der bestehenden Rechtsmittel, aber auch mit möglichen Reformen und Strukturänderungen befassten.[65] Im Jahr 1994 erörterte die Tagung der Zivilprozesslehrer eine mögliche Rechtsmittelreform.[66] 1996 befasste sich der 61. Deutsche Juristentag mit der Reform des Zivilprozesses, insbesondere der Rechtsmittel.[67] Auf dem 63. Deutschen Juristentag in Leipzig im Jahr 2000 diskutierten Rechtsanwälte, Richter, Professoren und Angehörige des Bundesjustizministeriums im „Aktuellen Forum" die Entwicklungen zur damals unmittelbar bevorstehenden Verfahrensreform durch das zum 1.1.2002 in Kraft getretene ZPO.[68] Auf dem 65. Deutschen Juristentag in Bonn im Jahr 2004 wurden schließlich in der Abteilung Verfahrensrecht aus der Sicht des Richters, des Anwalts sowie der Rechtswissenschaft mehrere Berichte zur Wirkungskontrolle der Neuerungen im Rechtsmittelrecht durch das ZPO-RG vorgetragen und erörtert.[69]

C. Änderungen im Recht der Beschwerde seit 1.1.2002

I. Die Vorbereitungen zur Schaffung des ZPO-RG

Älteste Grundlage des zum 1.Januar 2002 in Kraft getretenen Gesetzes zur Reform des Zivilprozesses vom 1. Juni 2001[70] war ein am 23. Dezember 1999 vom Bundesjustizministerium veröffentlichter *Referentenentwurf*[71] zur Reform des Zivilprozesses.[72] Unmittel-

[64] Anders als bei den Rechtsmitteln der Berufung und der Revision waren allerdings Kritik an der bestehenden Gesetzeslage und eigene Reformvorschläge in der Rechtswissenschaft im Bereich der Beschwerde von untergeordneter Bedeutung. Vgl. etwa die Zusammenstellung entsprechender Literaturangaben bei *Rosenberg/Schwab/Gottwald*, § 145, die sich auf eher spezielle Probleme im Bereich der Beschwerde, wie etwa die außerordentliche Beschwerde wegen "greifbarer Gesetzeswidrigkeit", weniger aber mit grundsätzlichen Abhandlungen oder Reformvorschlägen beschäftigen.

[65] *Gilles* u.a. (Hrsg.), Rechtsmittel im Zivilprozess unter besonderer Berücksichtigung der Berufung (1985) und *Gilles*, Ziviljustiz und Rechtsmittelproblematik (1992).

[66] Beiträge von *Brehm, Rimmelspacher, Schmidt* und *Konecny* in ZZP 107 (1994), S. 463ff.; Diskussionsbericht von *Schoibl*, S. 503ff.; Beitrag von *Schmidt* in ZZP 108 (1995), S. 147ff.

[67] Verhandlungen des 61. Deutschen Juristentages in Karlsruhe 1996 mit Gutachten von *Gottwald* zur Vereinfachung, Vereinheitlichung und Beschränkung der Rechtsmittel und Rechtsbehelfe des Zivilverfahrensrechtes.

[68] Zum „Aktuellen Forum" vgl. *Stürner*, Beilage zu NJW 25/2000, S. 31ff. und *Schumacher*, JZ 2001, S. 296ff.

[69] Vgl. die Berichte von *Huber, Selbherr, Debusmann, Hirtz, Ball, Büttner* und *Gottwald*, in Kurzform veröffentlicht in der Beilage zu NJW 27/2004, S. 3ff.

[70] Gesetzesbeschluss des Deutschen Bundestages, BR-Drs. 397/01.

[71] Im folgenden *Referentenentwurf-ZPO-RG*.

bar auf diesem *Referentenentwurf* basierten ein „*Koalitionsentwurf*",[73] eine Gesetzesvorlage aus der Mitte des Bundestages,[74] sowie ein vom Bundeskabinett am 5. September 2000 beschlossener *Regierungsentwurf-ZPO-RG.*[75] Der *Regierungsentwurf-ZPO-RG* als unmittelbare Vorlage für eine Beschlussempfehlung des *Rechtsausschusses*[76] hatte die bereits im *Referentenentwurf-ZPO-RG* vorgeschlagenen Änderungen im Bereich der Beschwerde vollständig übernommen.[77] Lediglich die Gründe für die Zulassung bzw. Zulässigkeit der Rechtsbeschwerde waren nicht mehr wie noch im *Referentenentwurf-ZPO-RG* nach dem hergebrachten Muster des § 546 Abs. 1 ZPO (a.F.)[78] ausgestaltet, sondern im weiten Sinne der Rechtsüberprüfung im Interesse der Allgemeinheit.[79] Die Beschlussempfehlung des *Rechtsausschusses* hielt im Bereich der Beschwerde keine Änderungen am *Regierungsentwurf-ZPO-RG* für angebracht. Dieser wurde am 17. Mai 2001 in der Form der Empfehlung des *Rechtsausschusses* im Deutschen Bundestag beschlossen.

II. Ziele und Ansatzpunkte des reformierten Beschwerderechts

Die vom Gesetzgeber im einzelnen verfolgten Ziele und Ansatzpunkte für die mit dem ZPO-RG eingeführten Neuerungen im Recht der Beschwerde sollen zum besseren Verständnis bei der Erläuterung der jeweiligen Regelungen dargestellt werden.[80] Dort ist auch der Platz für eine – falls angebracht – kritische Würdigung unter Heranziehung der Erkenntnisse, die bislang für die Wirksamkeit der vom Reformgesetzgeber verfolgten Verbesserungen in der Praxis gewonnen werden konnten. Ganz allgemein bezweckt das ZPO-RG im Bereich der Rechtsmittel und daher auch im Bereich der ZPO-Beschwerde aber die Vereinfachung und Straffung des Verfahrens sowie die strukturelle Angleichung an das

72 *Bundesministerium der Justiz* (Hrsg): Referentenentwurf „Gesetz zur Reform des Zivilprozesses", Bonn 1999. Zur Darstellung der Erörterung und Kritik dieses Entwurfes durch Wissenschaft, Praxis und Berufsverbände vgl. *Rauscher*, S. 35ff.

73 Im folgenden *Koalitionsentwurf-ZPO-RG*; zur Darstellung der Erörterung und Kritik dieses Entwurfes durch die Anwaltschaft vgl. *Rauscher*, S. 38f.

74 Initiatoren waren mehrere Abgeordnete der Fraktionen der SPD sowie BÜNDNIS 90/DIE GRÜNEN sowie diese Fraktionen selbst, vgl. BT-Drs. 14/3750.

75 Vgl. BT-Drs. 14/4722 und BR-Drs. 536/00. Zur Darstellung der Erörterung und Kritik dieses Entwurfes durch den Bundesrat vgl. BR-Drs. 536/00 und *Rauscher*, S. 39ff. Im Bereich der Beschwerde bzw. Beschwerde relevanter Regelungen erfuhren die Reformvorschläge der Regierung allerdings bis auf den zu streichenden § 321a ZPO (hierzu vgl. unten 3. Teil) keinen Widerspruch.

76 Vgl. BT-Drs. 14/6036.

77 Allerdings war für die Entscheidung über die Beschwerde auch bei amtsgerichtlichen Ausgangsentscheidungen das Oberlandesgericht funktionell zuständig, da der *Referentenentwurf-ZPO-RG* noch den im weiteren Gesetzgebungsverfahren nicht mehr umgesetzten dreistufigen Gerichtsaufbau mit den Oberlandesgerichten als zentraler Berufungs- und Beschwerdeinstanz zur Grundlage hatte, vgl. *ebenda*, S. 2 und 3: Abschaffung des § 72 GVG (landgerichtliche Rechtsmittelzuständigkeit) und Einführung eines neuen § 119 Abs. 1 GVG, der dem Oberlandesgericht alle Berufungen und Beschwerden zugewiesen hatte.

78 Die Zulassungsgründe des § 546 ZPO (a.F.) waren die grundsätzliche Bedeutung der Rechtssache, darüber hinaus aber nur die echte Divergenz zur bundesgerichtlichen Rechtsprechung.

79 Zu den Zulassungsgründen bei der Rechtsbeschwerde vgl. unten S. 145ff..

80 Vgl. hierzu unten S. 34ff.

Beschwerdeverfahren nach den Prozessordnungen im verwaltungs-, finanz- und sozialgerichtlichen Verfahren.[81] Gleichzeitig soll aber auch der Rechtsschutz durch den Zugang zum *BGH* als einheitliches Rechtsbeschwerdegericht (§ 133 GVG i.d.F. des ZPO-RG) verbessert werden.[82] Zur Erreichung dieser Zwecke wurde zur Vereinfachung und Beschleunigung des Verfahrensdie Beschwerde generell befristet,[83] ein Begründungserfordernis zur Vermeidung einer Präklusion eingeführt,[84] zur Verfahrensstraffung und Entlastung der Beschwerdegerichte eine generelle Abhilfemöglichkeit des Ausgangsgerichtes[85] sowie die originäre Einzelrichterzuständigkeit[86] geschaffen und schließlich das einheitliche weitere Rechtsmittel der Rechtsbeschwerde eingeführt, das auch im Bereich der Nebenentscheidungen die höchstrichterliche Klärung grundsätzlicher Rechtsfragen durch den *BGH* ermöglicht und so zur Rechtsvereinheitlichung beiträgt.[87]

III. Korrekturen und Ergänzungen des reformierten Beschwerderechts

Der Gesetzgeber hat nach Inkrafttreten des ZPO-RG mit zwei neuen Gesetzeswerken einmal auf die in den ersten beiden Jahren an der Reform geäußerte Kritik und zum anderen auf den durch das *BVerfG* erteilten Auftrag zur Schaffung eines fachgerichtlichen Rechtsbehelfes bei Gehörsverletzungen reagiert. Am 1.7.2004 wurde das Erste Gesetz zur Modernisierung der Justiz[88] vom Deutschen Bundestag verabschiedet. Am 9.7.2004 hat es nach einem Kompromissverfahren zwischen Opposition und Regierung den Bundesrat passiert. In diesem Gesetz sind die entsprechenden Gesetzesentwürfe der Bundesregierung,[89] der CDU/CSU-Fraktion[90] und des Bundesrates[91] zusammengeführt worden. Das Gesetz ist zum 1.9.2004 in Kraft getreten. Das so bezeichnete „1. Justizmodernisierungsgesetz" sollte nach Auffassung des Gesetzgebers aus *„dem Getriebe der Justiz viele kleine Sandkörner entfernen und Öl hineingießen."*[92] Dies kann in uneingeschränktem Maße allerdings nur für die im Strafprozess vorgenommenen Änderungen, nicht aber für viele „Neuerungen" im Bereich des Zivilprozesses gelten, die nur die Reaktion auf Mängel der Reform durch das ZPO-RG darstellen.[93] Unmittelbar nach dem Inkrafttreten des ZPO-RG zum 1.1.2002 begannen weitere Versuche des Bundes und der Länder, Verfahrensgesetze zu „modernisieren" und die Verfahren zu „beschleunigen". Die Bundesregierung legte den

81 Vgl. den *Regierungsentwurf-ZPO-RG*, BT-Drs. 14/4722, S. 68.
82 Vgl. den *Regierungsentwurf-ZPO-RG*, BT-Drs. 14/4722, S. 68.
83 Vgl. den *Regierungsentwurf-ZPO-RG*, BT-Drs. 14/4722, S. 68 und § 569 Abs. 1 ZPO.
84 Vgl. den *Regierungsentwurf-ZPO-RG*, BT-Drs. 14/4722, S. 68f. und § 571 ZPO.
85 Vgl. den *Regierungsentwurf-ZPO-RG*, BT-Drs. 14/4722, S. 69 und § 572 Abs. 1 ZPO.
86 Vgl. den *Regierungsentwurf-ZPO-RG*, BT-Drs. 14/4722, S. 69 und § 568 ZPO.
87 Vgl. den *Regierungsentwurf-ZPO-RG*, BT-Drs. 14/4722, S. 69 und die §§ 574ff. ZPO.
88 BGBl. I 2004, S. 2198ff.
89 BT-Drs. 15/1508.
90 BT-Drs. 15/999.
91 BT-Drs. 15/1491.
92 So wörtlich die Pressemitteilung des *Bundesministeriums der Justiz* vom 1.7.2004, abzurufen unter www.bmj.de.
93 Vgl. etwa *Thomas/Putzo* im Vorwort zur 26. Auflage, wo das Gesetz weitgehend als Reparaturgesetz bezeichnet wird.

Entwurf eines Gesetzes zur Modernisierung der Justiz vor, Abgeordnete der CDU/CSU-Fraktion entwarfen ein „1. Justizbeschleunigungsgesetz“ und der Bundesrat legte ebenfalls einen Entwurf für ein „Justizbeschleunigungsgesetz“ vor. Darüber hinaus beabsichtigten einige Abgeordnete, Fehler beim neuen Revisionsrecht zu korrigieren und die Entscheidungsfähigkeit des Bundesgerichtshofs sicherzustellen. Daraus erschließt sich, dass es den Gesetzgebungsorganen nicht um eine „Modernisierung“ der gerade erst „reformierten“ ZPO gehen konnte, weil doch das zum 1.1.2002 in Kraft getretene ZPO weitere Modernisierungen durch einen „großen Wurf“ auf Dauer hinfällig machen wollte. Vielmehr erschienen auf einzelnen Gebieten, u.a. im Rechtsmittelrecht, die durch das ZPO-RG eingeführten Änderungen als dringend korrektur- bzw. ergänzungsbedürftig.[94]

[94] Für den Bereich dieser Untersuchung handelt es sich hierbei um Korrekturen im Recht der Rechtsbeschwerde, die unter § 7 näher angesprochen werden.

§ 1 Die Zulässigkeit der Beschwerde

A. Die funktionelle[95] Zuständigkeit des Beschwerdegerichts

Zuständig für die Entscheidung über die Beschwerde ist jeweils die im Vergleich zum Ausgangsgericht höhere Instanz. An Stelle der noch in den *Regierungs-* und *Koalitionsentwürfen-ZPO*[96] zur Herbeiführung eines sog. dreistufigen Gerichtsaufbaus vorgesehenen grundsätzlichen Abschaffung der landgerichtlichen Zuständigkeit für Berufungen und Beschwerden zu Gunsten derjenigen des Oberlandesgerichts begnügte sich der Gesetzgeber des ZPO-RG schließlich mit den nachfolgend darzustellenden Zuständigkeitsänderungen für das Berufungs- und Beschwerdeverfahren.[97]

I. § 72 GVG

Gem. § 72 GVG sind die Zivilkammern der Landgerichte die Beschwerdegerichte in den vor den Amtsgerichten verhandelten bürgerlichen Rechtsstreitigkeiten, soweit nicht die Zuständigkeit der Oberlandesgerichte, die sich aus § 119 Abs. 1 und 3 GVG ergeben kann, begründet ist. Hat der Amtsrichter über eine Handelssache i. S. des § 95 GVG entschieden, ist am Landgericht bei Beschwerden funktionell[98] die Kammer für Handelssachen gem. §§ 94, 104 GVG zuständig.

[95] Teilweise wird zur Kennzeichnung der Zuständigkeit der zweiten Instanz der Begriff „sachliche Zuständigkeit" verwendet, so z.B. *Schumann/Kramer*, Die Berufung in Zivilsachen, 6. Aufl., S. 12ff., 32ff.; *Baumbach/Albers/Lauterbach/Hartmann*, § 72 GVG – Überschrift. Hiergegen ausdrücklich und zutreffend z.B. *Rosenberg/Schwab/Gottwald*, § 29 Rn. 9 und 12, *Thomas/Putzo*, vor § 1 Rn. 2 und *Zöller/Vollkommer*, § 1 Rn. 6 unter Hinweis darauf, dass die Bezeichnung „sachliche Zuständigkeit" für die Bestimmung der erstinstanzlichen Gerichte (also Amts- oder Landgericht) reserviert ist. Die Zuständigkeit der Gerichte in den einzelnen Instanzen für dieselbe Sache betrifft vielmehr deren funktionelle Abgrenzung untereinander, vgl. a. *BGH*, NJW-RR 1997, 55.

[96] BT-Drs. 14/4722, S. 5 und BT-Drs. 14/3750, S. 3.

[97] Dies ist die Gesetz gewordene Fassung der Beschlussempfehlung des *Rechtsausschusses* in BT-Drs. 14/6036, S. 5.

[98] *Thomas/Putzo*, vor § 1 Rn. 2; *Rosenberg/Schwab/Gottwald*, § 146 Rn. 17.

II. § 119 Abs. 1 GVG

§ 119 Abs. 1 Nr. 1 GVG begründet für die Beschwerdesachen die Zuständigkeit des Oberlandesgerichts, soweit das Familiengericht (Nr. 1a) entschieden hat und – als Neuregelungen durch das ZPO-RG eingeführt – wenn ein Verfahrensbeteiligter seinen allgemeinen Gerichtsstand im Ausland hat (Nr. 1b) oder das Amtsgericht ausländisches Recht angewendet und dies in den Gründen seiner Entscheidung ausdrücklich festgestellt hat (Nr. 1c). Die beiden letztgenannten Regelungen verdienen auch im Kontext des Beschwerderechts der näheren Auseinandersetzung, da selbstverständlich auch auf diesem Gebiet die Verfahrensbeteiligten *„ihren allgemeinen Gerichtsstand außerhalb des Geltungsbereichs dieses Gesetzes"* (d.h. der ZPO) haben können oder der Amtsrichter bei seiner mit der Beschwerde angegriffenen Ausgangsentscheidung ausländisches Recht angewandt und dies ausdrücklich festgestellt haben kann.[99] Die Zentralisierung der Beschwerdezuständigkeit für die Fälle mit Auslandsberührung bei den Oberlandesgerichten ist v.a. nach der Einführung des ZPO-RG in die Kritik geraten. Vor der Darstellung der nach dem geltenden Recht bestehenden Probleme und Streitfragen, soll daher auf diese rechtspolitischen Einwände eingegangen werden.

1. Kritik an den Regelungen des § 119 Abs. 1 Nr. 1b und c GVG und eigene Stellungnahme

Die Regelungen des § 119 Abs. 1 Nr. 1b und c GVG wurden vor dem Hintergrund der Internationalisierung des Rechts und des zunehmenden grenzüberschreitenden Rechtsverkehrs geschaffen. Diese Umstände erforderten Rechtssicherheit durch eine einheitliche obergerichtliche Rechtsprechung.[100] Dies ist evident, wenn die Entscheidungsgründe tatsächlich auf der Anwendung ausländischen Rechts beruhen. Aber auch in den Fällen eines ausländischen Wohn- oder Geschäftssitzes ist nach der Auffassung des Reformgesetzgebers regelmäßig unter Heranziehung des Internationalen Privat- bzw. Prozessrechtes über die Anwendung der maßgebenden Sach- bzw. Prozessnormen zu entscheiden, weswegen die Frage der Anwendung oder Nichtanwendung ausländischen Rechtes im Mittelpunkt stehe. Auch hier rechtfertige sich die konzentrierte Rechtsmittelzuständigkeit des Oberlandesgerichts, um Rechtssicherheit jedenfalls in den großflächigen Bezirken dieser Gerichte zu gewährleisten.[101] Das Kriterium des Gerichtsstands soll eine hinreichende Bestimmtheit und damit Rechtssicherheit für die Abgrenzung der Berufungszuständigkeit zwischen Landgericht und Oberlandesgericht gewährleisten.[102] An den gesetzlichen Reg-

[99] So hat z.B. das Gericht bei übereinstimmender Erledigungserklärung des Rechtsstreites in Ausübung billigen Ermessens unter Berücksichtigung des bisherigen Sach- und Streitstandes (nur mehr) über die Kosten zu entscheiden und dabei natürlich zur Beurteilung des voraussichtlichen Ausganges des Rechtsstreites ggf. das Recht eines ausländischen Staates anzuwenden, vgl. auch *Thomas/Putzo*, § 91a Rn. 47.

[100] So die Beschlussempfehlung des *Rechtsausschusses*, BT-Drs. 14/6036, S. 118ff.

[101] Vgl. die Gesetzesbegründung, z.B. in der Beschlussempfehlung des *Rechtsausschusses*, BT-Drs. 14/6036, S. 118f; *BGH*, NJW 2003, 1672 = IPrax 2004, 113.

[102] So die Beschlussempfehlung des *Rechtsausschusses*, BT-Drs. 14/6036, S. 118.

lungen wird kritisiert, dass sie in der Praxis den ihnen beigelegten Zweck nicht erreicht und zu Abgrenzungsproblemen geführt hätten.[103]

a) § 119 Abs. 1 Nr. 1b GVG

Die Anknüpfung an rein formale Aspekt bei § 119 Abs. 1 Nr. 1b GVG ohne Relevanz einer materiellen Auslandsberührung sei ungeeignet.[104] Das örtliche Kriterium eines Auslandswohnsitzes stelle nicht zuverlässig sicher, dass alle Fälle mit Bezug zu einer ausländischen Rechtsordnung erfasst würden. Das zeitliche Parameter der Rechtshängigkeit könne einerseits dazu führen, dass amtsgerichtliche Entscheidungen ohne Auslandsbezug unter die Rechtsmittelzuständigkeit des Oberlandesgerichts fielen, andererseits aber schwierige Fälle mit internationalem Bezug weiterhin in der Berufungsinstanz von der Zivilkammer des Landgerichts entschieden würden.[105] Auch wenn über § 21 ZPO auf den Gerichtsstand einer inländischen Niederlassung angeknüpft werden könne, wäre gem. § 119 Abs. 1 Nr. 1b GVG das Rechtsmittel wegen der Anknüpfung an den allgemeinen Gerichtsstand vor dem Oberlandesgericht durchzuführen, wenn sich dieser im Ausland befinde. Unklar sei die Zuständigkeit des Oberlandesgerichts, wenn nicht alle Verfahrensbeteiligten „Ausländer" seien, v.a., wenn das Rechtsmittel von einem „Inländer" auf einen anderen beschränkt werde.[106]

b) § 119 Abs. 1 Nr. 1c GVG

An der Regelung des § 119 Abs. 1 Nr. 1c GVG wird einmal kritisiert, dass auch Teile der Entscheidung zum Gegenstand des Rechtsmittels gemacht werden könnten, auf die nur inländisches Recht zur Anwendung kam.[107] Desweiteren sei unklar, was es bedeute, dass das Amtsgericht in den Entscheidungsgründen die Anwendung ausländischen Rechts *„ausdrücklich festgetellt haben müsse."* In Zweifelsfällen stehe der Rechtsanwalt vor dem Dilemma, „zur Sicherheit" das Rechtsmittel sowohl beim Landgericht als auch beim Oberlandesgericht einlegen zu müssen, da offen sei, ob das angegangene Rechtsmittelgericht, das sich als unzuständig ansehe, nach dem Grundsatz der Meistbegünstigung entscheiden werde.[108]

c) Stellungnahme

Der Kritik an der Regelung des § 119 Abs. 1 Nr. 1b GVG ist zuzustimmen. Der rein formale Anknüpfungspunkt eines ausländischen allgemeinen Gerichtsstandes im Zeitpunkt der Rechtshängigkeit kann etwa beim Wechsel des (Wohn-)Sitzes eines Vertragsbeteilig-

[103] Vgl. *Hirtz*, Bericht zum 65. Deutschen Juristentag 2004, S. A 53.
[104] Vgl. *BGH*, NJW 2003, 1672.
[105] So *Zöller/Gummer*, § 119 GVG Rn. 3; *Hirtz*, Fn. 103
[106] Vgl. *Hirtz*, Fn. 103.
[107] Vgl. *Hirtz*, Fn. 103.
[108] Vgl. *Hirtz*, Fn. 103 und unten 3.c), S. 60.

ten nach Vertragsschluss dazu führen, dass Fälle ohne jegliche materielle Auslandsberührung in Berufung oder Beschwerde vor dem Oberlandesgericht entschieden werden müssen. Es ist auch nicht ersichtich, inwiefern die Regelung des § 119 Abs. 1 Nr. 1b GVG neben der Nr. 1c Sinn haben soll, wenn bei tatsächlicher Anwendung ausländischen Rechts – dies ist ja die eigentliche Intention des Reformgesetzgebers zur Konzentration der Rechtsmittel – ohnedies das Oberlandesgericht zuständig ist.

Die Konzentration schwieriger Berufungs- und Beschwerdefälle bei einem spezialisierten Senat des Oberlandesgerichts zum Zwecke der Rechtsvereinheitlichung ist dagegen sicherlich sinnvoll, wenngleich eine entsprechende Kompetenz auch bei einer für solche Fälle zusammengesetzten Berufungskammer des Landgerichts zu erreichen wäre. Gegen die Vorschrift des § 119 Abs. 1 Nr. 1c GVG lässt sich daher nur einwenden, dass das Kriterium einer „ausdrücklichen Feststellung der Anwendung ausländischen Rechts" zu Unklarheiten führen kann,[109] und gestrichen werden sollte, da ein Bezug zu ausländischen Rechtsordnungen allein durch die Anwendung entsprechenden Rechts und nicht durch deren Feststellung hergestellt wird.[110] Ansonsten lassen sich die oben angesprochenen Kritikpunkte an dieser Regelung durchaus einer befriedigenden Lösung zuführen, wie nachfolgend zu zeigen ist. V.a. die Unsicherheit, die für die Frage des mit dem Rechtsmittel anzugehenden Gerichts entsteht, wenn sich aus den Entscheidungsgründen der erstinstanzlichen Entscheidung nicht offensichtlich die Anwendung ausländischen Rechts ergibt, ließe sich nur durch die Abschaffung des § 119 Abs. 1 Nr. 1c GVG wieder beseitigen.

2. Anwendungsbereich des § 119 Abs. 1 Nr. 1b GVG

Nach § 119 Abs. 1 Nr. 1b GVG kommt es für die oberlandesgerichtliche Zuständigkeit auf den allgemeinen Gerichtsstand der Parteien im Zeitpunkt der Klageerhebung (mit der Rechtshängigkeit eintritt, §§ 261 Abs. 1, 253 Abs. 1 ZPO) an.[111] Insoweit ist nicht der allgemeine Gerichtsstand nach dem ausländischen Heimatrecht, sondern derjenige nach den §§ 13ff. ZPO gemeint[112], obgleich das deutsche Prozessrecht nicht den allgemeinen Gerichtsstand im Ausland, sondern nur von Ausländern im Inland regeln kann.[113] § 119 Abs.1 Nr. 1b GVG will aber keinen neuen Gerichtsstand, sondern – neben Nr. 1c – ein brauchbares Abgrenzungskriterium für die Anwendung ausländischen Rechts und der hierfür wünschenswerten Zuständigkeit des Oberlandesgerichts bei Berufungen und Beschwerden schaffen. Im Anwendungsbereich der EUGVVO beurteilt sich der allgemeine Gerichtsstand indes nach Art. 2 Abs. 1, 59, 60 EUGVVO und nicht nach den §§ 13ff.

[109] Vgl. unten S. 41.
[110] Vgl. *Gottwald*, Bericht zum 65. Deutschen Juristentag, S. A 106.
[111] So die Beschlussempfehlung des *Rechtsausschusses*, BT-Drs. 14/6036, S. 119.
[112] So die Beschlussempfehlung des *Rechtsausschusses*, BT-Drs. 14/6036, S. 119; *Zöller/Gummer*, § 119 GVG Rn. 14.
[113] Z.B. *Rosenberg/Schwab/Gottwald*, § 35 Rn. 2; *Serick*, ZZP 68, 276ff.

ZPO.[114] Bei einer Mehrzahl von Verfahrensbeteiligten genügt es, wenn nur eine Partei ihren allgemeinen Gerichtsstand im Ausland hat.[115]

Im Hinblick auf die vom Gesetz gewollte formale Anknüpfung kommt es für die Zuständigkeit des Oberlandesgerichts nach § 119 Abs. 1 Nr. 1b GVG nicht darauf an, ob im Einzelfall tatsächlich ausländisches Recht zur Anwendung gelangt[116]. Eine Verweisung durch die Beschwerdekammer des Landgerichts an den Beschwerdesenat des Oberlandesgerichts analog § 281 ZPO oder § 17a GVG kommt nach zutreffender Auffassung nicht in Betracht, weil es sich um eine Frage der funktionellen Abgrenzung von Rechtsmittelgerichten und nicht eine solche der erstinstanzlichen sachlichen Zuständigkeit handelt.[117] Die letztgenannten Vorschriften betreffen nämlich die Fälle fehlender sachlicher Zuständigkeit bzw. der Rechtsverfolgung auf dem falschen Rechtsweg. Hiermit kann die fehlende funktionelle Zuständigkeit des Rechtsmittelgerichts nicht gleichgesetzt werden. Bei Zweifeln über das Bestehen eines ausländischen Gerichtsstandes sollte im Falle einer sofortigen Beschwerde diese vom Anwalt zur Fristwahrung beim Ausgangsgericht und nicht beim (ggf. unzuständigen) Beschwerdegericht eingelegt werden (§ 569 Abs. 1 ZPO).[118] Eine Berufung, die gem. § 519 Abs. 1 ZPO nur beim Berufungsgericht eingelegt werden kann, sollte kumulativ zum Land- und zum Oberlandesgericht erhoben werden, um eine Verwerfung und damit eine Haftung zu vermeiden.[119] Sollte das Oberlandesgericht die Berufung für zulässig erachten, muss diejenige vor dem Landgericht zurückgenommen werden.

3. Anwendungsbereich des § 119 Abs. 1 Nr. 1c GVG

Nach § 119 Abs. 1 Nr. 1c GVG ist das Oberlandesgericht zuständig, wenn das Amtsgericht ausländisches Recht angewandt und dies ausdrücklich festgestellt hat.

a) Anwendung ausländischen Rechts

Ausländisches Recht liegt vor, wenn es von einem ausländischen Staat geschaffen wurde,[120] gleichgültig, ob es sich um materielles Recht oder Prozessrecht handelt und wie die Zuordnung durch die ausländische Rechtsordnung vorgenommen wird.[121] Ebenso belanglos ist, wie es zur Anwendung des ausländischen Rechts gekommen ist, ob das Amtsgericht also die ausländische Vorschrift direkt über das IPR oder über die Verweisung durch

[114] So zutreffend *Thomas/Putzo*, § 119 GVG Rn. 8a; Münchkomm/*M. Wolf*, Aktualisierungsband, § 119 GVG Rn. 5; *Hein*, IPrax 2004, 90 und 418; a.A. *Zöller/Gummer*, § 119 GVG Rn. 14.

[115] Vgl. *BGH*, NJW 2003, 2686 für den Fall der Streitgenossenschaft; *Zöller/Gummer*, § 119 GVG Rn. 14.

[116] *BGH*, NJW 2003, 1672 = Iprax 2004, 113.

[117] Eine direkte Anwendung des § 281 ZPO, wie sie *Zöller/Gummer*, § 119 GVG Rn. 16 vorschlägt, scheidet daher aus, aber auch für eine Analogie fehlt es an einer planwidrigen Lücke im Gesetz, vgl. *Thomas/Putzo*, § 119 GVG Rn. 8; *BGH*, NJW 2003, 1672 = IPrax 2004, 113.

[118] Vgl. *Abramenko*, Rpfleger 2004, 473

[119] So auch *Thomas/Putzo*, § 119 GVG Rn. 8 und *Hein*, Iprax 2004, 90.

[120] *Baumbach/Lauterbach/Albers/Hartmann*, § 119 GVG Rn. 10.

[121] MünchKomm/*Manfred Wolf*, Aktualisierungsband, § 119 GVG Rn. 8.

einen Staatsvertrag oder etwa eine Rechtswahlvereinbarung seiner Entscheidung zu Grunde gelegt hat.[122] Allerdings wird ausländisches Recht nicht angewendet, wenn das Amtsgericht seine Entscheidung nur auf Völkerrecht, EG-Gemeinschaftsrecht (also den EG-Vertrag, aber auch EG-Verordnungen oder Richtlinien), oder von der Bundesrepublik Deutschland ratifizierte bi- oder multilaterale Staatsverträge (etwa UN-Kaufrecht) gestützt hat.[123] Im Interesse der Rechtssicherheit hat der Reformgesetzgeber die Bestimmung bewusst eng gefasst[124]. Damit scheidet die „Anwendung ausländischen Rechts" aus, wenn das Amtsgericht seine Entscheidung nur auf Völkerrecht, primäres (z.B. den EG-Vertrag) oder sekundäres (z.B. EG-Verordnungen oder -Richtlinien) Gemeinschaftsrecht oder von der Bundesrepublik Deutschland ratifizierte bi- oder multilaterale Staatsverträge (z.B. das CISG) gestützt hat, ohne darüber hinaus ausländisches Recht heranzuziehen.[125]

Trotz der gebotenen engen Auslegung des § 119 Abs. 1 Nr. 1c GVG[126] erscheint es aber angebracht, die volle Beschwerdezuständigkeit des Oberlandesgerichts auch dann anzunehmen, wenn das Amtsgericht ausländisches Recht nicht bezüglich aller die Entscheidung betreffenden Punkte herangezogen hat

Beispiel: Ein solcher Fall wäre etwa gegeben, wenn der Amtsrichter bei einer Kostenentscheidung nach billigem Ermessen gem. § 91a ZPO den Kaufvertrag zwischen der klagenden englischen Gesellschaft in der Form der „Ltd." und dem Beklagten nach deutschem Sachrecht, die Frage der Rechtsfähigkeit der Klägerin aber wegen des maßgeblichen Personalstatuts[127] nach englischem Recht beurteilt hat.

Das Gesetz unterscheidet nämlich nicht danach, ob es sich bei den Fragen, die nach ausländischem Recht beurteilt wurden, um „Teil-, Rand-, Vor-, oder Annexfragen" handelt, sondern danach, ob die Entscheidung in der Sache auf der Anwendung ausländischen Rechts beruht, umgekehrt möglicher Weise anders ausfiele, wenn deutsches Recht zur Anwendung gekommen wäre.[128] Zur Anwendung kommt ausländisches Recht dagegen zutreffender Ansicht nach auch, wenn das Amtsgericht deutsches Sachrecht auf Grund einer Rückverweisung durch das ausländische IPR (Art. 4 Abs. 1 EGBGB) angewendet hat.[129] Sinn und Zweck der Neuregelung des § 119 Abs.1 Nr. 1c GVG in der Fassung des ZPO-RG ist es, für die Entscheidung von Berufungs- und Beschwerdesachen, bei denen die Anwendung ausländischen Rechts in Frage kommt, die auf diese Angelegenheiten ggf. in besonderen Senaten[130] spezialisierte Kompetenz des Oberlandesgerichtes bereit zu

[122] MünchKomm/*Manfred Wolf*, Fn. 100.
[123] *Brand/Karpenstein*, NJW 2005, 1319.
[124] So die Begründung der Beschlussempfehlung des *Rechtsausschusses*, BT-Drs. 14/ 6036, S. 119.
[125] *Thomas/Putzo*, § 119 GVG Rn. 12; MünchKomm/*Manfred Wolf*, Aktualisierungsband, § 119 GVG Rn. 8; vgl. auch die Beschlussfassung des *Rechtsausschusses*, BT-Drs. 14/6036, S. 119.
[126] Vgl. Hk-ZPO/*Rathmann*, § 119 GVG Rn. 9; *Thomas/Putzo*, § 119 GVG Rn. 11.
[127] Vgl.. *Palandt/Heldrich*, Anh. zu Art. 12 EGBGB Rn. 11; *BGHZ* 128, 41.
[128] Zweifelnd insoweit *Thomas/Putzo*, § 119 GVG Rn. 16, der aber auch insoweit den Grundsatz der Meistbegünstigung heranziehen will, vgl. nachfolgend b).
[129] So zutreffend *Brand/Karpenstein*, NJW 2005, 1319; a.A. ist Hk/*Rathmann*,. § 119 GVG Rn. 9. *Thomas/Putzo*, § 119 GVG Rn. 15 hält die Zuständigkeit des OLG in diesem Fall für fragwürdig.
[130] Vgl. *Thomas/Putzo*, § 119 GVG Rn. 11: Aufgaben nach § 119 Abs. 1 Nr. 1b und 1c GVG sollten einem Senat zugewiesen sein, um so besonders sachkundige Spruchkörper für das IZPR und das IPR zu bilden.

stellen. Eine solche Kompetenz mag zur Überprüfung der Frage einer Rückverweisung durch das ausländische IPR nicht nötig sein. Auch in diesem Fall hat der Amtsrichter zwar ausländisches Recht angewendet i. S. von § 119 Abs. 1 Nr. 1c GVG. Diese Beurteilung bedarf aber weder auf Seiten des Amtsrichters noch des Berufungs- oder Beschwerdegerichts spezialisierter Kenntnisse im ausländischen Recht, da sich die Rückverweisung regelmäßig aus einer nicht weiter auslegungsbedürftigen ausländischen IPR-Norm ergibt. Hat der Amtsrichter diese nicht gefunden, kommt er ohnedies in den bezeichneten Fällen nicht zur Anwendung deutschen, sondern ausländischen Sachrechts, womit aber wiederum die Entscheidungskompetenz eines spezialisierten Senates des Oberlandesgerichtes nach § 119 Abs. 1 Nr. 1c GVG eröffnet wäre.

Dennoch sollte aber auch bei der Anwendung des § 119 Abs. 1 Nr. 1c GVG der aus § 119 Abs. 1 Nr. 1b GVG ersichtliche ausdrückliche Wille des Gesetzgebers respektiert werden, in allen Gestaltungen, bei denen die Anwendung ausländischen Sach- oder Prozessrechtes nur nahe liegt, das Oberlandesgericht aus den bereits genannten Gründen der einheitlichen Rechtsanwendung und Rechtssicherheit zum funktionell zuständigen Berufungs- und Beschwerdegericht zu erheben. Auch im Rahmen des § 119 Abs. 1 Nr. 1b GVG sind nämlich Fälle denkbar und wahrscheinlich, bei denen das ausländische IPR wegen einer Rückverweisung zur Anwendung deutschen Rechtes führen würde, trotzdem aber bereits wegen des allgemeinen Gerichtsstandes einer Partei im Ausland das Oberlandesgericht zur Entscheidung über ein Rechtsmittel zuständig ist, ohne dass ausländisches Sach- oder Prozessrecht tatsächlich überhaupt zur Anwendung kommen müsste.Insoweit kann für § 119 Abs. 1 Nr. 1c GVG bei tatsächlicher Anwendung einer ausländischen IPR-Rückverweisungsnorm nichts anderes gelten. Auch wenn der Gesetzgeber dieses Problem in der Begründung des Gesetzes[131] nicht ausdrücklich angesprochen hat, ist dieser doch zu entnehmen, dass § 119 Abs. 1 Nr. 1c GVG dem Bedürfnis entspricht, Probleme, die durch die Internationalisierung des Rechts und den zunehmend grenzüberschreitenden Rechtsverkehr entstünden, einer obergerichtlichen Rechtsprechung zuzuweisen.[132] Die Anwendung ausländischen Rechts liegt aber zum einen nicht schon dann vor, wenn sich das Amtsgericht mit einer von den Verfahrensbeteiligten diesbezüglich geäußerten Meinung auseinandersetzt[133], und zum anderen kommt es auf die Tatsache der Rechtsanwendung und nicht darauf an, ob ausländisches Recht aus Sicht des Beschwerdegerichtes der Entscheidung hätte zu Grunde gelegt werden müssen.[134]

§ 119 Abs. 1 Nr. 1c GVG betrifft schließlich nur die Fälle der vom Amtsgericht in den Entscheidungsgründen ausdrücklich festgestellten Anwendung ausländischen Prozess- oder Sachrechts. Dies bezieht sich unproblematisch auf die Fälle, in denen der Amtsrichter

[131] Vgl. die diesbezügliche Begründung in der Beschlussempfehlung des *Rechtsausschusses*, BT-Drs. 14/6036, S. 119.

[132] Vgl. die Beschlussempfehlung des *Rechtsausschusses*, BT-Drs. 14/6036, S. 118, 119.

[133] Da dann die Zuständigkeit des OLG auch durch entsprechende willkürliche Behauptungen einer Partei zur Anwendung ausländischen Rechts herbei geführt werden könnte, so *Zöller/Gummer*, § 119 GVG Rn. 16.

[134] So die Begründung der Beschlussempfehlung des *Rechtsausschusses*, BT-Drs. 6036, S. 118, 119; *Thomas/Putzo*, § 119 GVG Rn. 13; *Zöller/Gummer*, § 119 GVG Rn. 16.

die Anwendung in den Gründen der Entscheidung direkt ausspricht.[135] Aber auch dann, wenn die Entscheidungsgründe eine solche explizite Feststellung nicht enthalten, sich die Anwendung ausländischen Rechts als entscheidungserheblich aber aus der formulierten Begründung ergibt, erscheint es im Hinblick auf die Intention der Regelung des § 119 Abs. 1 Nr. 1c GVG angebracht, von einer „Feststellung der Anwendung ausländischen Rechts" auszugehen, um zu der gewollten Zuständigkeit des Oberlandesgericht zu kommen.[136]

c) Grundsatz der Meistbegünstigung - Anwaltshaftung

In den Fällen nicht eindeutiger Anwendung ausländischen Rechts durch das Amtsgericht sollte der Rechtsmittelführer zunächst jedenfalls dann, wenn er von der tatsächlichen Anwendung ausländischen Rechts im Urteil ausgeht, eine jederzeit mögliche Berichtigung oder Ergänzung der Entscheidungsgründe wegen offensichtlicher Unklarheit oder Unvollständigkeit gem. § 319 ZPO in Erwägung ziehen.[137] Eine Beschwerde sollte fristwahrend immer beim Ausgangsgericht eingelegt werden (§ 569 Abs. 1 ZPO). Bei amtsgerichtlichen Urteilen steht es bei mehrdeutigen und nicht im Wege der feststellenden Berichtigung ergänzten Formulierungen in der Entscheidung des Amtsgerichts offen, das Rechtsmittel sowohl beim Land- als auch beim Oberlandesgericht einzulegen. Nach dem sog. Meistbegünstigungsprinzip hat dieser nämlich die Wahl der Rechtsmitteleinlegung, da Fehler oder Unklarheiten der angegriffenen Entscheidung, die sich auf die Auswahl des zuständigen Rechtsmittelgerichts auswirken, nicht zu Lasten des Beschwerdeführers gehen dürfen.[138] Das dann angegangene Gericht kann bei angenommener Unzuständigkeit trotz entsprechenden Antrags auch nicht analog § 281 ZPO verweisen, weil es sich um eine Frage der funktionellen Abgrenzung von Rechtsmittelgerichten und nicht um eine solche der erstinstanzlichen sachlichen Zuständigkeit handelt.[139]

II. § 119 Abs. 3 bis 6 GVG

Die bereits vielerorts dargestellte[140] und wegen der zu befürchtenden Rechtswegzersplitterung zu Recht kritisierte[141] Experimentierklausel des § 119 Abs. 3 GVG, der dem Landes-

[135] *Zöller/Gummer*, § 119 GVG Rn. 16 empfiehlt eine auf § 119 GVG bezogene Aussage am Anfang oder am Ende der Entscheidungsgründe.

[136] So auch *Zöller/Gummer*, § 119 GVG Rn. 16.

[137] Vgl. MünchKomm/*M. Wolf*, Aktualisierungsband, § 119 GVG Rn. 10; *Hannich/Meyer-Seitz*, § 119 GVG Rn. 15.

[138] Vgl. *Thomas/Putzo*, § 119 GVG Rn. 11 und vor § 511 Rn. 6.

[139] Eine direkte Anwendung des § 281 ZPO, wie sie *Zöller/Gummer*, § 119 GVG Rn. 16 vorschlägt, scheidet daher aus, aber auch für eine Analogie fehlt es an einer planwidrigen Lücke im Gesetz, vgl. auch – für den Fall des § 119 Abs. 1 Nr. 1b GVG – *Thomas/Putzo*, § 119 GVG Rn. 8.

[140] Z.B. *Kroiß*, S. 58ff.

gesetzgeber eine Option für den dreistufigen Gerichtsaufbau und damit für eine konzentrierte Zuständigkeit des OLG für alle Berufungs- und Beschwerdesachen eröffnet, bedarf im Kontext dieser Untersuchung und auch insoweit keiner näheren Erörterung mehr, als nicht zu erkennen ist, dass ein Bundesland in absehbarer Zeit von dieser Möglichkeit Gebrauch machen wird.[142]

B. Die Statthaftigkeit der Beschwerde

I. Die Statthaftigkeit im Allgemeinen

Die Beschwerde kann nach § 567 Abs. 1 ZPO nur gegen Entscheidungen der Spruchabteilungen des Amts- oder Landgerichts einschließlich ihrer Einzelrichter, der Vorsitzenden sowie der Rechtspfleger (vgl. § 11 Abs. 1 RPflG) eingelegt werden. Mit Entscheidungen sind Beschlüsse und Verfügungen des Gerichts (als Kollegium oder Einzelrichter) sowie des Vorsitzenden gemeint.[143] Nicht der Beschwerde zugänglich sind Entscheidungen des kommissarischen Richters sowie des Urkundsbeamten.[144] Unstatthaft ist die Beschwerde[145] im Verfahren nach dem ZPO-RG auch gegen Entscheidungen der Landgerichte im zweiten Rechtszug (also im Berufungs- und Beschwerderechtszug) sowie der Oberlandesgerichte, was sich zwar nicht mehr ausdrücklich aus dem Gesetz (vgl. § 567 Abs. 3 S. 1 und 567 Abs. 4 S. 1 ZPO a. F.) aber aus einem Umkehrschluss zu § 567 Abs. 1 ZPO ergibt,[146] der nur die im ersten Rechtszug ergangenen Entscheidungen der Amts- und Landgerichte der Beschwerde zugänglich macht. Aus der Regelung des § 133 GVG, wonach der Bundesgerichtshof für die Entscheidung über die Rechtsbeschwerde zuständig ist, ergibt sich darüber hinaus im Umkehrschluss, dass es keinerlei Zuständigkeit des Oberlandesgerichts für eine – früher mögliche – weitere Beschwerde gegen Beschwerdeentscheidungen des Landgerichts mehr gibt.[147] Damit soll erreicht werden, dass sich ein Rechtsmittelgericht nicht mit Nebenfragen befasst, obwohl die Hauptsache bereits endgültig entschieden ist. Dies wird allerdings kompensiert durch die Möglichkeit der nunmehrigen

141 Exemplarisch *Schellhammer*, MDR 2001, 1141: "Als Feigenblatt für die gescheiterte Übertragung aller Berufungen (und Beschwerden) auf das OLG präsentiert § 119 Abs. 3 GVG eine Experimentierklausel, die es dem Landesgesetzgeber überlässt, die Übertragung nachzuholen. Aber welcher Flächenstaat kann sich dieses Feigenblatt aus Liebe zum Bürger schon umhängen! Die Folge wäre ein Rückfall in kleinstaatliche Rechtszersplitterung gegen den Zug der Zeit zur europäischen Rechtseinheit."

142 Vgl. *Schellhammer*, MDR 2001, 1141.

143 So der *Regierungsentwurf-ZPO-RG*, BT-Drs. 14/4722, S. 110.

144 Insoweit besteht aber die Möglichkeit der befristeten Erinnerung, § 573 Abs. 1 ZPO, hierzu vgl. unten § 5.

145 Damit ist nicht die Rechtsbeschwerde gemeint, zu dieser s. unten § 7.

146 Eine Ausnahme für eine „ZPO-nahe" Fallgestaltung ist nach wie vor in § 159 GVG geregelt, wonach – ohne ausdrückliche Ausgestaltung als Rechtsbeschwerde – der *BGH* über die Beschwerde gegen den ein Rechtshilfeersuchen als unzulässig verwerfenden Beschluss des Oberlandesgerichts entscheidet, wenn das ersuchende und das ersuchte Gericht verschiedenen OLG-Bezirken angehören.

147 *OLG Hamm*, OLG-Report 2002, 228.

Rechtsbeschwerde gem. §§ 574ff. ZPO, falls das Gesetz oder Berufungs- bzw. Beschwerdegericht diese zulassen.[148]

Gem. § 572 Abs. 2 ZPO hat das Beschwerdegericht von Amts wegen zu prüfen, ob die Beschwerde u.a. „an sich statthaft" ist. Insoweit eröffnet § 567 ZPO, wie schon § 567 Abs. 1 ZPO (a. F.), zwei Wege, nämlich den einen über die Bezugnahme auf im Gesetz ausdrücklich bestimmte Fälle (Abs. 1 Nr. 1, sog. Enumerationsprinzip) und den anderen über eine beschränkte Generalklausel in Fällen, bei denen ohne notwendige mündliche Verhandlung ein das Verfahren betreffendes Gesuch zurückgewiesen wurde (Abs. 1 Nr. 2).

II. § 567 Abs. 1 Nr. 1 ZPO – gesetzlich ausdrücklich bestimmte Statthaftigkeit der Beschwerde

Die Beschwerde ist gem. § 567 Abs. 1 Nr.1 ZPO zunächst eröffnet in den enumerativ im Gesetz aufgezählten Fällen.[149] Hierbei handelt es sich im einzelnen um folgende in der ZPO aufgeführte Fälle:

- §§ 46 Abs. 2, 49, 406 Abs. 5 (Zurückweisung der Ablehnung eines Richters, Urkundsbeamten oder Sachverständigen)
- § 71 Abs. 2 (Zulassung oder Zurückweisung eines Nebenintervenienten)
- § 78b Abs. 2 (Ablehnung der Beiordnung eines Rechtsanwalts)
- § 78c Abs. 3 (Auswahl des beizuordnenden Rechtsanwalts)
- § 91a Abs. 2 (Kostenentscheidung nach Erledigung der Hauptsache)
- § 99 Abs. 2 (Kostenentscheidung nach Anerkenntnis)
- §§ 104 Abs. 3 S. 1, 107 Abs. 3 (erstmaliger oder abändernder Kostenfestsetzungsbeschluss)
- § 109 Abs. 4 (Beschlüsse, welche die Rückgabe einer Sicherheit betreffen)
- § 127 Abs. 2 und 3 (Versagung der Prozesskostenhilfe bzw. Beschwerde der Staatskasse gegen die Bewilligung, wenn weder Monatsraten noch aus dem Vermögen zu zahlende Beträge festgesetzt wurden)
- § 135 Abs. 3 (Verurteilung eines Rechtsanwalts zur Rückgabe einer eingehändigten Urkunde)
- § 141 Abs. 3 S. 1 (bzw. §§ 613 Abs. 2, 640 Abs. 1) i. V. mit § 380 Abs. 3 (Ordnungs- und Zwangsmaßregeln gegen säumige Parteien, die zum persönlichen Erscheinen aufgefordert waren)
- § 252 (Aussetzung des Verfahrens)
- § 269 Abs. 5 (Unwirksamkeits- und Kostenentscheidung nach Klagerücknahme)
- § 319 Abs. 3 (Urteilsberichtigung)
- § 336 Abs. 1 S. 1 (Zurückweisung des Antrags auf Erlass eines Versäumnisurteils)
- § 372a Abs. 2 S. 1 i. V. mit § 387 Abs. 3 (Entscheidung über die Duldungspflicht für Untersuchungen zur Abstammungsfeststellung)

[148] Hierzu unten § 7.
[149] Vgl. hierzu MünchKomm/*Lipp*, Aktualisierungsband, § 567 Rn. 6.

- § 372a Abs. 2 i. V. mit § 390 Abs. 3 (Zwangsmaßregeln zur Erzwingung von Untersuchungen zur Abstammungsfeststellung)
- §§ 380 Abs. 3, 390 Abs. 3, 409 Abs. 2 (Ordnungs- und Zwangsgeld sowie Auferlegung von Kosten gegenüber Zeugen und Sachverständigen)
- §§ 387 Abs. 3, 402 (Entscheidung über die Verweigerung des Zeugnisses oder der Gutachtenerstattung)
- § 620c S. 1 (einstweilige Anordnung in Ehesachen über die Regelung der elterlichen Sorge, die Herausgabe eines Kindes oder die Zuweisung der Ehewohnung)
- § 620f Abs. 1 S. 3 (Beschluss über das Außerkrafttreten einer einstweiligen Anordnung in Ehesachen)
- § 621e Abs. 1 (Endentscheidungen in Familiensachen gem. § 621 Abs. 1 Nr. 1 bis 3, 6, 7, 9, Nr. 10 in Verfahren nach § 1600e Abs. 2 BGB sowie Nr. 12)
- § 641d Abs. 3 (einstweilige Anordnung über den Kindesunterhalt im Vaterschaftsfeststellungsverfahren)
- § 644 S. 2 i. V. mit §§ 620c, 620f Abs. 1 S. 3 (einstweilige Anordnung über Kindesunterhalt)
- § 652 (Festsetzung von Kindesunterhalt)
- § 655 Abs. 5 (Abänderung von Kindesunterhalt im vereinfachten Verfahren)
- §§ 721 Abs. 6, 794a Abs. 4 (Gewährung oder Versagung einer Räumungsfrist für Wohnraum)
- § 793 (Entscheidungen, die im Zwangsvollstreckungsverfahren ohne mündliche Verhandlung ergehen können)
- §§ 934 Abs. 4. 936 (Aufhebung eines Arrestes oder einer einstweiligen Verfügung)
- § 952 Abs. 4 (Versagung oder Einschränkung eines Ausschlussurteils)
- §§ 1022 Abs. 3. 1023 S. 1 (Aufhebung einer Zahlungssperre im Aufgebotsverfahren)

Hinzu kommt eine Vielzahl weiterer bundesgesetzlicher Regelungen, die die Beschwerde zulassen, insbesondere in gesetzlichen Regelungen über Kosten und Gebühren[150] (§§ 66ff. GKG; §§ 32, 33 RVG), im GVG (§§ 17a Abs. 4 S. 3, 174 III, 181), im ZVG (§§ 95ff.) oder in der InsO (§§ 6, 7).[151]

III. § 567 Abs. 1 Nr. 2 ZPO – beschränkte Generalklausel

Nach § 567 Abs. 1 Nr. 2 ZPO ist die Beschwerde über die Fälle des § 567 Abs. 1 Nr. 1 ZPO hinaus statthaft gegen Entscheidungen, die eine mündliche Verhandlung nicht erfordern, wenn ein das Verfahren betreffendes Gesuch zurückgewiesen worden ist. Diese Regelung entspricht vollständig derjenigen in § 567 Abs. 1 Alt. 2 ZPO (a.F.), so dass die hierzu entwickelte Kasuistik und Rechtsprechung auch nach Einführung des ZPO-RG verwendet werden kann.

[150] Hierzu s. unten § 11.

[151] Einen Überblick über solche Vorschriften, die die Beschwerde außerhalb der ZPO zulassen, verschafft *Stein/Jonas/Grunsky*, vor § 567 Rn. 14 und 15.

1. Verfahren ohne mündliche Verhandlung

Insoweit stellt zunächst § 128 Abs. 4 ZPO klar, dass ohne mündliche Verhandlung solche Entscheidungen ergehen können, die nicht Urteile sind, sofern nichts anderes gesetzlich bestimmt ist. Das sind alle Beschlüsse des Kollegiums, des Einzelrichters, des beauftragten oder ersuchten Richters sowie des Rechtspflegers, weiter alle Verfügungen.[152] Ob die Entscheidung tatsächlich ohne mündliche Verhandlung ergangen ist, ist ohne Belang, wenn sie nur ohne mündliche Verhandlung ergehen durfte.[153] Das heißt aber, dass eine Beschwerde auch dann statthaft ist, wenn das Ausgangsgericht von seiner Befugnis, mündliche Verhandlung anzuordnen, Gebrauch gemacht hat.[154] Andererseits wird die Beschwerde gegen eine Entscheidung nicht dadurch statthaft, dass die angegriffene Entscheidung ohne eine vom Gesetz angeordnete mündliche Verhandlung ergangen ist.[155]

2. Zurückweisung eines das Verfahren betreffenden Gesuches

a) „Verfahren"

Mit „Verfahren" meint § 567 Abs. 1 Nr. 2 ZPO nicht nur reine äußere Verfahrenshandlungen, sondern den Rechtsstreit schlechthin.[156] Beispiele sind insbesondere das Gesuch um Bestimmung des zuständigen Gerichts nach § 36 ZPO, der Antrag auf Bewilligung der öffentlichen Zustellung gem. §§ 185, 186 ZPO, das Gesuch um Terminsbestimmung zur mündlichen Verhandlung gem. § 216 ZPO, um Erteilung von Ausfertigungen, Abschriften und Akteneinsicht an Verfahrensbeteiligte gem. § 299 Abs. 1 ZPO sowie Anträge auf Durchführung eines selbständigen Beweisverfahrens gem. §§ 485, 490 ZPO und Erlass eines Arrestes oder einer einstweiligen Verfügung gem. §§ 922, 936 ZPO.
Umgekehrt findet mangels Angriffs gegen die gerichtliche Verfahrensgestaltung die ZPO-Beschwerde gegen Tätigkeiten des inneren Gerichtsbetriebs,[157] gegen Justizverwaltungs-

[152] Vgl. den *Regierungsentwurf-ZPO-RG* , BT-Drs. 14/4722, S. 76f. und z.B. *BGH*, NJW 1990, 840 sowie *Thomas/Putzo*, § 128 Rn. 12. Eine wichtige Ausnahme ist etwa in § 320 Abs. 3 ZPO geregelt, wonach über einen Antrag auf Tatbestandsberichtigung eines Urteils durch Beschluss nach mündlicher Verhandlung entschieden wird.

[153] MünchKomm/*Wenzel*, Aktualisierungsband, § 567 Rn.. 7.

[154] Vgl. *Thomas/Putzo*, § 567 Rn. 4 und *RGZ* 39, 393, 394; *Stein/Jonas/Grunsky*, § 567 Rn. 14.

[155] Vgl. *Rosenberg/Schwab/Gottwald*, § 145 Rn. 14.

[156] Vgl. *Rosenberg/Schwab/Gottwald*, § 145 Rn. 14; *Stein/Jonas/Grunsky*, § 567 Rn. 13; *RGZ* 47, 364.

[157] Eine solche liegt z.B. vor in der Auswahl des zur Protokollierung der mündlichen Verhandlung hinzuzuziehenden Urkundsbeamten, die nicht beschwerdefähig nach § 567 Abs. 1 Nr. 2 ZPO ist.

akte[158] sowie dann nicht statt, wenn einem gegnerischen Antrag lediglich widersprochen oder dessen Zurückweisung beantragt wird.[159]

b) Zurückweisung eines Gesuchs

Dass ein das Verfahren betreffendes Gesuch zurückgewiesen worden sein muss, schließt zunächst die Beschwerde gegen Entscheidungen aus, die von Amts wegen ergehen müssen. Eine Beschwerdemöglichkeit kann daher auch nicht dadurch geschaffen werden, dass in diesen Fällen ein Gesuch angebracht wurde und das Gericht dann von Amts wegen eine gegenteilige Entscheidung getroffen hat.[160] Z.B. ist nicht beschwerdebefugt, wer mit Klageeinreichung zur Beschleunigung des Verfahrens die Durchführung eines frühen ersten Termins beantragt hat, wenn das Gericht tatsächlich die Durchführung eines schriftlichen Vorverfahrens verfügt.[161] Ein Verfahrensbeteiligter kann sich mithin nicht nach Belieben mit der Stellung von Anträgen eine Beschwerdemöglichkeit gegen ablehnende Beschlüsse verschaffen. Voraussetzung ist vielmehr, dass die ablehnende Entscheidung einen Antrag (Gesuch) voraussetzt.[162] Die z.T vertretene gegenteilige Ansicht [163] führt zum unpraktischen Ergebnis, dass jegliche Amtstätigkeit der Gerichte einer Beschwerde zugänglich wäre.[164] Einer solchen Auffassung steht im Übrigen auch bereits der Wortlaut des § 567 Abs. 1 Nr. 2 ZPO entgegen, der auf ein „Gesuch" abstellt. Ein solches ist nämlich nichts anderes als ein Antrag.[165] Damit ist aber klar, dass von Amts wegen ergehende Entscheidungen nicht von § 567 Abs. 1 Nr. 2 ZPO erfasst sind, denn diese ergehen eben nicht auf Antrag, vielmehr kann ein Verfahrensbeteiligter eine bestimmte Entscheidung nur anregen.

c) Ermessensentscheidungen

Dieselben Erwägungen gelten für die Statthaftigkeit der Beschwerde gegen Ermessensentscheidungen. Setzen diese einen Antrag voraus, sind sie nach § 567 Abs. 1 Nr. 2 ZPO der Beschwerde zugänglich und unterliegen der Aufhebung, wenn das Ausgangsgericht das Gesuch ermessensfehlerhaft zurückgewiesen hat. Dies ist z.B. der Fall bei der durch § 128 Abs. 2 ZPO vom Gesetz eingeräumten Möglichkeit, mit Zustimmung beider (und auf An-

[158] Gegen ablehnende Justizverwaltungsakte, z.B. die Versagung der Akteneinsicht an Dritte gem. § 299 Abs. 2 ZPO, ist nicht die ZPO-Beschwerde, sondern gem. §§ 23, 24 Abs. 2 EGGVG die sog. Verwaltungsbeschwerde statthaft, vgl. *Thomas/Putzo*, § 299 Rn. 3. Diese richtet sich nach den Grundsätzen des allgemeinen Verwaltungsrechts; die Verwaltungsbeschwerde ist Voraussetzung für einen Antrag auf gerichtliche Entscheidung durch das Oberlandesgericht gem. §§ 22, 24 Abs. 2, 25 EGGVG, vgl. *Stein/Jonas/Grunsky*, vor § 567 Rn. 21.

[159] Vgl. *Stein/Jonas/Grunsky*, § 567 Rn. 13; *Zöller/Gummer*, § 567 Rn. 32.

[160] Vgl. *Rosenberg/Schwab/Gottwald*, § 145 Rn. 16.

[161] Vgl. *Stein/Jonas/Grunsky*, § 567 Rn. 15; *OLG Frankfurt/M.*, MDR 1983, 411.

[162] Vgl. MünchKomm/*Lipp*, Aktualisierungsband, § 567 Rn. 9 und 10.

[163] So z.B. *OLG Celle*, Nds.Rpfl. 1978, 33; *Merle*, NJW 1969, 1859; *Seidel*, ZZP 99 (1986), 64, 85.

[164] So auch MünchKomm/*Lipp*, Aktualisierungsband, § 567 Rn. 10.

[165] Vgl. *Thomas/Putzo*, § 567 Rn. 5.

trag einer) Parteien schriftlich zu verhandeln. Die Ablehnung des schriftlichen Verfahrens und Anberaumung einer mündlichen Verhandlung ist daher nach § 567 Abs. 1 Nr. 2 ZPO etwa dann beschwerdefähig, wenn das Gericht seine Entscheidung damit begründet hat, in einer mündlichen Verhandlung könne ein Vergleich geschlossen werden, obwohl beide Parteien schon schriftsätzlich angekündigt haben, hierzu unter keinen Umständen bereit zu sein.[166] Handelt es sich dagegen um solche Ermessensentscheidungen, die von Amts wegen ergehen, sind sie ebenso wie diejenigen, bei denen das Gericht strikt an eine gesetzliche Anordnung gebunden ist, nicht beschwerdefähig.[167] So kann gegen die Ermessensentscheidung des Vorsitzenden, bei der Protokollierung der mündlichen Verhandlung einen Urkundsbeamten hinzuzuziehen oder hiervon abzusehen und den wesentlichen Inhalt der Verhandlung selbst zu protokollieren, insbesondere vorläufig auf Tonträger aufzuzeichnen, keine zulässige Beschwerde geführt werden, weil es sich um eine von Amts wegen zu treffende Ermessensentscheidung handelt, vgl. §§ 159 Abs. 1, 160a Abs. 1 ZPO.[168]

Eine andere Ansicht hält dem gegenüber eine Beschwerde wohl immer mit der Begründung für zulässig, das Gericht habe von seinem Ermessen fehlerhaft Gebrauch gemacht.[169] Dem kann allerdings wegen des eindutigen Wortlauts des § 567 Abs. 1 Nr. 2 ZPO nicht gefolgt werden, so lange der Entscheidung kein „Gesuch" zu Grunde liegt, sondern diese von Amts wegen ergangen ist.

IV. Ausschluss der Beschwerde

Die Beschwerde kann durch die ausdrückliche Regelung des Gesetzes ausgeschlossen sein, worunter insbesondere zwei wichtige Fallgruppen zu fassen sind:

1. Gesetzlicher Ausschluss in der enumerativen Zuweisungsnorm

Zum einen kann sich aus der Norm, über die in Verbindung mit § 567 Abs. 1 Nr. 1 ZPO die Beschwerde an sich eröffnet wäre, ein expliziter Ausschluss des Rechtsmittels ergeben, so z.B. in den §§ 46 Abs. 2, 406 Abs. 5 (Ausschluss der Beschwerde gegen den Beschluss, der ein Befangenheitsgesuch gegen einen Richter oder Sachverständigen für unbegründet erklärt) oder 281 Abs. 2 S. 2 (Ausschluss der Beschwerde gegen einen Verwei-

[166] Vgl. MünchKomm/*Lipp*, Aktualisierungsband, § 567 Rn. 11; *BGH*, NJW-RR 1992, 1065, zur Revisibilität der Ermessensentscheidung nach § 128 Abs. 2 ZPO.

[167] Vgl. soeben b).

[168] Hiervon zu trennen ist die Frage, ob diese Auswahl des Vorsitzenden einer dienstaufsichtlichen Weisung zugänglich ist, was verneint werden muss, vgl. *BGH*, NJW 1975, 188; 1978, 2509; 1988, 417.

[169] So etwa *Rosenberg/Schwab/Gottwald*, § 145 Rn. 17.

sungsbeschluss) ZPO. Der Ausschluss des Rechtsmittels hat jeweils den Zweck, dem Verfahren einen beschleunigten Fortgang zu geben.[170]

2. Ausschluss bei gänzlicher Unanfechtbarkeit der Hauptsache

Auch das ZPO-RG hat in § 567 auf eine generelle Regelung verzichtet, nach der die Zulässigkeit der Beschwerde von der Statthaftigkeit eines Hauptrechtsmittels abhinge.[171] Von einer solchen Abhängigkeit hatte bereits das Rechtspflegevereinfachungsgesetz 1990,[172] welches in § 567 Abs. 3 S. 1 ZPO (a.F.) die Unzulässigkeit der Beschwerde gegen Entscheidungen der Landgerichte im Berufungs- oder Beschwerdeverfahren einführte, abgesehen.

Gleichwohl wurde schon vor Inkrafttreten des ZPO-RG überwiegend die Meinung vertreten, ein indirekter Einfluss des Beschwerdegerichts auf die (nicht mit einem statthaften Rechtsmittel angreifbare) Hauptsacheentscheidung sei vom Gesetzgeber nicht gewollt. Daher müsse eine Beschwerde dann unzulässig sein, wenn eine notwendige Inzidententscheidung des Beschwerdegerichts über den Erfolg der Hauptsache notwendig würde.[173] Ein solcher Einfluss würde aber v.a. bei Rechtsmitteln gegen Entscheidungen im Prozesskostenhilfe- und Kostenbereich drohen. So müsste das Beschwerdegericht bei einer Beschwerde gegen die Versagung von Prozesskostenhilfe die Erfolgsaussichten in der Hauptsache auch dann prüfen (§ 114 ZPO), wenn die Hauptsache gar nicht anfechtbar wäre. Damit würde es aber möglicher Weise zu einer Divergenz der erstinstanzlichen Beurteilung der Erfolgsaussichten und derjenigen des Beschwerdegerichtes im Prozesskostenhilfeverfahren kommen. Um eine vom Gesetz hierdurch gerade nicht gewollte Beeinflussung der unanfechtbaren erstinstanzlichen Hauptsacheentscheidung auszuschließen, hielt die h.M. in diesen Fällen[174] schon bislang die Beschwerde gegen die Versagung von Pro-

[170] Vgl. *Zöller/Gummer*, § 567 Rn. 37. Weiter wird die Beschwerde ausdrücklich für unstatthaft erklärt in den §§ 127 Abs. 3 S. 1 (Prozesskostenhilfe mit Monatsraten beschwert nicht die Staatskasse), 238 Abs. 3 (keine Beschwerde gegen den die Wiedereinsetzung gewährenden Beschluss), 321a Abs. 4 S. 4 (keine Beschwerde gegen die Nichtabhilfe wegen behaupteter Verletzung des rechtlichen Gehörs), 348 Abs. 4, 348a Abs. 3, 526 Abs. 3 (keine Beschwerde gegen die interne Geschäftsverteilung zwischen Kollegium und Einzelrichter), 490 Abs. 2 S. 2 (keine Beschwerde gegen die Anordnung des selbständigen Beweises), 522 Abs. 2 (keine Beschwerde gegen die einstimmige Zurückweisung der Berufung), sowie in den §§ 707 Abs. 2 S. 2, 719 Abs. 1 S. 1 ZPO (keine Beschwerde gegen die einstweilige Einstellung oder Nichteinstellung der Zwangsvollstreckung).

[171] Zur alten, insoweit identischen Gesetzeslage vgl. *Rosenberg/Schwab/*Gottwald, 15. Aufl., § 148 III 2, S. 896; MünchKomm/*Braun*, § 567 (a.F.) Rn. 14. Zur Rechtslage nach dem ZPO-RG vgl. *Rosenberg/Schwab/Gottwald*, § 145 Rn. 18.

[172] BGBl. I, S. 2847.

[173] Vgl. *Gottwald*, Gutachten, S. A 93; *Jost*, NJW 1990, 214.

[174] Dies war allerdings streitig bei der Beschwerde wegen unzutreffender Beurteilung der persönlichen Verhältnisse, die losgelöst ist von der Erfolgsaussicht bzw. der Begründetheit in der Hauptsache, vgl. *Musielak/Fischer*, 2. Aufl., § 127 Rn. 19.

zesskostenhilfe für unstatthaft.[175] Darüber hinaus wurde auch in den gem. §§ 91a Abs. 2 S. 1 bzw. 99 Abs. 2 S. 2 ZPO (a.F.) gesetzlich zugelassenen Fällen einer Anfechtung von Kostenentscheidungen ganz überwiegend die Auffassung vertreten, die Zulässigkeit hänge von der Statthaftigkeit eines Rechtsmittels in der Hauptsache ab.[176]

Der Reformgesetzgeber hat sich dem angeschlossen, seine Aktivitäten aber entsprechend auf eine punktuelle Regelung beschränkt. In den §§ 91a Abs. 2 S. 2, 99 Abs. 2 S. 2, 127 Abs. 2 S. 2 Hs. 2 sowie 269 Abs. 5 S. 1 ZPO ist nämlich nunmehr unisono bestimmt, dass die sofortige Beschwerde nicht stattfinde, wenn der Streitwert der Hauptsache den in § 511 ZPO genannten Wert nicht übersteige. Damit übernimmt das ZPO-RG die Vorgaben der eben erläuterten zum alten Rechtszustand herrschenden Meinung. Der Reformgesetzgeber hat also davon abgesehen, in einer Art Generalklausel, etwa im Rahmen eines weiteren Absatzes des § 567 ZPO, die Statthaftigkeit einer Beschwerde für den Fall auszuschließen, dass der Streitwert in der Hauptsache zur Unanfechtbarkeit der Entscheidung in der selben führt.[177] Nachdem noch der *Referentenentwurf-ZPO-RG*[178] eine entsprechende Ergänzung der §§ 91a, 99, 127 und 269 ZPO nicht erwähnte, war eine solche in den Entwürfen von *Regierung*[179] und *Koalition*[180] sowie in der Beschlussempfehlung des *Rechtsausschusses*[181], die eine Änderung der Entwürfe nicht empfahl, bereits enthalten.
Die Begründung für diese Einzelregelungen ist übereinstimmend,[182] dass die oben dargestellte *„Rechtsprechung ausdrücklich gesetzlich verankert werde."* Anliegen des ZPO-RG insoweit ist es daher, gerade nicht die Beschwerde generell auszuschließen, wenn die Hauptsache unanfechtbar ist, sondern (nur) für diesen Fall eine Konkurrenz zwischen erst- und (inzident) zweitinstanzlicher Beurteilung auszuschließen, da dies systemwidrig wäre.

175 MünchKomm/*Wax*, § 127 (a.F.) Rn. 19; *Zöller/Philippi*, 22. Aufl., § 127 (a.F.) Rn. 48, 49; *Thomas/Putzo*, 23. Aufl., § 127 Rn. 4; *Musielak/Fischer*, 2. Aufl., § 127 Rn. 19; *Stüben*, ZZP 83 (1970), 1, 29.

176 So *Musielak/Wolst*, 2. Aufl., § 91a (a.F.) Rn. 25 mit dem Argument, es sei nicht Zweck der Vorschrift des § 91a ZPO, die nach allgemeinem Recht begrenzten Möglichkeiten zur Einlegung von Rechtsmitteln zu erweitern; mit dem selben Ergebnis für den Bereich des § 91a ZPO (a.F.) *OLG Karlsruhe*, NJW 1987, 387; *OLG Frankfurt/M.*, NJW-RR 1988, 838; a.A.. *Gölzenleuchter/Meier*, NJW 1985, 2813f. Die selbe Argumentation galt nach ganz h. M. auch für die sofortige Beschwerde nach § 99 Abs. 2 ZPO (a.F.). Auch diese wurde nicht als statthaft angesehen, wenn die Hauptsacheentscheidung nicht anfechtbar gewesen wäre, so z.B. *Musielak/Wolst*, 2. Aufl., § 99 (a.F.) Rn. 8; MünchKomm/*Belz*, § 91a Rn. 20; *OLG Schleswig*, SchlHA 1978, 67; *LG Berlin*, JurBüro 1998, 99.

177 Das wurde aber vorgeschlagen von *Gottwald*, Gutachten, S. A 94.

178 *Ebenda*, S. 3.

179 BT-Drs. 14/4722, S.5 u. 6.

180 BT-Drs. 14/3750, S. 3 u. 4.

181 BT-Drs. 14/6036, S. 7 u. 8.

182 Vgl. exemplarisch die Begründung des *Regierungsentwurfes-ZPO*, BT-Drs. 14/4722, S. 74, 75 und 76: insbesondere solle mit § 127 Abs. 2 S. 2 Hs. 2 ZPO eine Divergenz in der Beurteilung der Erfolgsaussichten durch Hauptsache- und Prozesskostenhilfe-Beschwerdegericht vermieden werden. Die Beschwerde mit dem Ziel, die Beurteilung der persönlichen und wirtschaftlichen Verhältnisse anzugreifen, ist allerdings möglich und vom Reformgesetzgeber erwünscht.

3. Beschwerde trotz Unanfechtbarkeit der Hauptsache

Im Umkehrschluss aus der aufgezeigten vom Gesetzgeber gewollten punktuellen Regelung ist aber in allen anderen Fällen der Beschwerde gegen Nebenentscheidungen diese nicht schon dann unstatthaft, wenn eine Anfechtung der Hauptsache nicht möglich wäre. Dies betrifft all die Angelegenheiten, in denen sich das Beschwerdegericht nicht (inzident) mit der Hauptsache zu befassen hat[183]. Dazu zählen folgende Fälle:

a) Zurückweisung eines Ablehnungsantrages

Gegen amts- oder landgerichtliche Beschlüsse, die ein Ablehnungsgesuch als unbegründet zurückweist, kann auch dann Beschwerde nach §§ 567 Abs. 1 Nr. 1, 46 Abs. 2 ZPO eingelegt werden, wenn die Hauptsache mangels eines die Grenze des § 511 ZPO übersteigenden Streitwertes unanfechtbar ist.[184] Die hierzu vertretene Gegenauffassung[185] lässt sich wohl nicht mehr aufrechterhalten, da der Gesetzgeber das Problem gesehen, trotzdem eine Regelung aber nur in bestimmten Vorschriften getroffen hat. Dementsprechend kann die Beschwerde also auch bei Unanfechtbarkeit in der Hauptsache statthaft sein, nämlich in all den Fällen, in denen sich das Beschwerdegericht mit der Hauptsache nicht zu befassen hat.

b) Zurückweisung der Nebenintervention oder der Streitverkündung

Über die Zulässigkeit einer Nebenintervention oder Streitverkündung kann auf antrag der unterstützten Partei oder ihres Gegners ein sog. Zwischenstreitverfahren nach §§ 71, 74 Abs. 1 ZPO durchgeführt werden. Eine Entscheidung ergeht durch Zwischenurteil, gegen das gem. §§ 71 Abs. 2, 567 Abs. 1 Nr. 1 ZPO die sofortige Beschwerde stattfindet, sofern die Ausgangsinstanz das Amts- oder Landgericht ist.[186] Diese ist auch dann statthaft, wenn nach Maßgabe des § 511 ZPO in der Hauptsache kein Rechtsmittel gegeben ist. Vom Standpunkt des Reformgesetzgebers ist dies konsequent, da im Zwischenstreit auch nicht inzident über den Klageanspruch, sondern nur um die prozessuale Zulässigkeit des Beitritts eines Nebenintervenienten oder Streitverkündungsempfänger zu entscheiden ist.

c) Beiordnung eines Rechtsanwalts

Gem. §§ 78b Abs. 2 und 78c Abs. 3 ZPO kann im Anwaltsprozess gegen die Ablehnung der Beiordnung eines Rechtsanwalts sowie dessen Auswahl durch den Vorsitzenden so-

[183] Vgl. *Rosenberg/Schwab/Gottwald*, § 145 Rn. 8.
[184] Vgl. *Thomas/Putzo*, § 46 Rn. 8.
[185] Vgl. etwa *Rosenberg/Schwab/Gottwald*, § 24 Rn. 23.
[186] Vgl. *Rosenberg/Schwab/Gottwald*, § 50 Rn. 23.

fortige Beschwerde auch dann eingelegt werden, wenn die Hauptsache nicht berufungsfähig ist. Im Beiordnungsverfahren ist nämlich der Gegenstand der Hauptsache irrelevant.

d) Kostenfestsetzungsbeschlüsse

Gegen den Kostenfestsetzungsbeschluss findet gem. § 104 Abs. 3 ZPO unabhängig von der Rechtsmittelfähigkeit der Hauptsache die sofortige Beschwerde statt. Auch im Kostenfestsetzungsverfahren ist die Hauptsache inhaltlich ohne Bedeutung.

e) Rückgabe einer Sicherheit

Gem. § 109 Abs. 4 ZPO ist der Beschluss, mit dem ein Antrag auf Rückgabe einer Sicherheit abgelehnt wird, der Beschwerde fähig ohne Rücksicht darauf, ob gegen eine etwaige Hauptsacheentscheidung ein Rechtsmittel geführt werden kann.

f) Aussetzung des Verfahrens

Gegen einen die Aussetzung des Verfahrens anordnenden oder ablehnenden Beschluss ist die Beschwerde unabhängig von der Berufungsfähigkeit der Hauptsache möglich, § 252 ZPO.

g) Weitere Fälle

In den folgenden weiteren Angelegenheiten ist die Beschwerde mangels entsprechender gesetzlicher Bezugnahme ebenfalls ohne Rücksicht auf die Statthaftigkeit eines Rechtsmittels in der Hauptsache zulässig:

- § 135 Abs. 3 (Verurteilung eines Rechtsanwalts zur Rückgabe einer eingehändigten Urkunde)
- § 141 Abs. 3 S. 1 (bzw. §§ 613 Abs. 2, 640 Abs. 1) i. V. mit § 380 Abs. 3 (Ordnungs- und Zwangsmaßregeln gegen säumige Parteien, die zum persönlichen Erscheinen aufgefordert waren)
- § 319 Abs. 3 (Urteilsberichtigung)
- § 336 Abs. 1 S. 1 (Zurückweisung des Antrags auf Erlass eines Versäumnisurteils)
- § 372a Abs. 2 S. 1 i. V. mit § 387 Abs. 3 (Entscheidung über die Duldungspflicht für Untersuchungen zur Abstammungsfeststellung)
- § 372a Abs. 2 i. V. mit § 390 Abs. 3 (Zwangsmaßregeln zur Erzwingung von Untersuchungen zur Abstammungsfeststellung)
- §§ 380 Abs. 3, 390 Abs. 3, 409 Abs. 2 (Ordnungs- und Zwangsgeld sowie Auferlegung von Kosten gegenüber Zeugen und Sachverständigen)
- §§ 387 Abs. 3, 402 (Entscheidung über die Verweigerung des Zeugnisses oder der Gutachtenerstattung)

- § 620c S. 1 (einstweilige Anordnung in Ehesachen über die Regelung der elterlichen Sorge, die Herausgabe eines Kindes oder die Zuweisung der Ehewohnung)
- § 620f Abs. 1 S. 3 (Beschluss über das Außerkrafttreten einer einstweiligen Anordnung in Ehesachen)
- § 621e Abs. 1 (Endentscheidungen in Familiensachen gem. § 621 Abs. 1 Nr. 1 bis 3, 6, 7, 9, 10 in Verfahren nach § 1600e Abs. 2 BGB sowie 12)
- § 641d Abs. 3 (einstweilige Anordnung über den Kindesunterhalt im Vaterschaftsfeststellungsverfahren)
- § 644 S. 2 i. V. mit §§ 620c, 620f Abs. 1 S. 3 (einstweilige Anordnung über Kindesunterhalt)
- § 652 (Festsetzung von Kindesunterhalt)
- § 655 Abs. 5 (Abänderung von Kindesunterhalt im vereinfachten Verfahren)
- §§ 721 Abs. 6, 794a Abs. 4 (Gewährung oder Versagung einer Räumungsfrist für Wohnraum)
- § 793 (Entscheidungen, die im Zwangsvollstreckungsverfahren ohne mündliche Verhandlung ergehen können)
- §§ 934 Abs. 4. 936 (Aufhebung eines Arrestes oder einer einstweiligen Verfügung)
- § 952 Abs. 4 (Versagung oder Einschränkung eines Ausschlussurteils)
- §§ 1022 Abs. 3. 1023 S. 1 (Aufhebung einer Zahlungssperre im Aufgebotsverfahren)

C. Form der Beschwerdeeinlegung

Die bei der Beschwerdeeinlegung einzuhaltende Form ergibt sich aus § 569 ZPO. Die gegenüber der alten Gesetzesfassung relevanten Änderungen, die über bloße redaktionelle Umformulierungen hinausgehen, betreffen einmal die Möglichkeit einer freien Wahl der Adressierung einer Beschwerde an das Ausgangs- oder das Beschwerdegericht in § 569 Abs. 1 S. 1 ZPO. Die Beschwerde kann nach § 569 Abs. 1 S. 1 ZPO gleichwertig sowohl beim Ausgangsgericht (iudex a quo) als auch beim Beschwerdegericht (iudex ad quem) eingelegt werden.

Damit hat der Reformgesetzgeber zum einen die schon bislang für die sofortige Beschwerde geltende Regelung des § 577 Abs. 2 S. 2 ZPO (a.F.) übernommen und zum anderen die für die einfache Beschwerde nach altem Recht geltende Unterscheidung des § 569 Abs. 1 S. 2 ZPO (a.F.), die die Beschwerdeeinlegung unbeschränkt nur beim Ausgangsgericht eröffnete, beseitigt. Nach dieser Vorschrift war die Einlegung des Rechtsmittels beim Beschwerdegericht nur dann eröffnet, wenn es sich um dringende Fälle handelte. Die hierbei auftretenden Auslegungsprobleme werden durch die nunmehr freie Wahl zwischen Ausgangs- und Beschwerdegericht beseitigt.[187] Wann ein dringender Fall vorlag, war nach alter Gesetzeslage auf Grund der Unbestimmtheit des Rechtsbegriffes naturgemäß dem pflichtgemäßen Ermessen des Beschwerdegerichts überlassen.[188] Aller-

[187] Vgl. z.B. den *Regierungsentwurf-ZPO-RG*, BT-Drs. 14/4722, S. 111.
[188] Vgl. *Zöller/Gummer*, 22. Aufl., § 569 Rn. 2.

dings war bei fehlender besonderer Dringlichkeit das Beschwerdegericht nach allgemeiner Meinung nicht befugt, die Beschwerde als unzulässig zu verwerfen, sondern hatte die Sache an das Ausgangsgericht zur Abhilfeentscheidung gem. § 571 ZPO (a.F.) zu übersenden.[189]

Damit wird aber auch deutlich, dass mit der Neuregelung entgegen der Ansicht des Gesetzgebers keine „Verbesserung der Situation“ des Beschwerdeführers, insbesondere aber auch keine Verfahrensbeschleunigung herbei geführt wird,[190] da auch jetzt bei Einlegung des Rechtsmittels beim Beschwerdegericht dieses nicht sofort selbst entscheiden darf, sondern das Verfahren an das Ausgangsgericht zurück zu geben hat, um ihm eine Abhilfeentscheidung[191] gem. § 572 Abs. 1 ZPO zu ermöglichen. Der Reformgesetzgeber verlangt nämlich generell, dass vor einer Befassung des Beschwerdegerichts in der Sache das Untergericht seine Entscheidung unter Berücksichtigung der mit der Beschwerde ggf. geltend gemachten Argumente nochmals überprüfen müsse.[192] Freilich ist es sinnvoll, bei der nunmehr durch das ZPO-RG generell fristgebundenen Beschwerde zur Vermeidung von Problemen, die für die Fristwahrung durch eine auf dringende Fälle beschränkte Einlegungsmöglichkeit beim Beschwerdegericht entstehen könnten, die wahlweise fristwahrende Einlegung beim Ausgangs- wie beim Beschwerdegericht zu ermöglichen.[193] Als zweite zur Form der Beschwerdeeinlegung ergangene Neuerung ist die in § 569 Abs. 2 S. 2 ZPO ausdrücklich geregelte, nach bisher h. M. aus der entsprechenden Anwendung[194] des § 518 Abs. 2 ZPO (a. F.) entnommene Pflicht zu nennen, die angefochtene Entscheidung unter Erklärung[195] einer Beschwerde zu bezeichnen.[196]

D. Frist zur Beschwerdeeinlegung

§ 569 Abs. 1 S. 1 ZPO hat die seit dem Inkrafttreten der Zivilprozessordnung geltende Unterscheidung zwischen unbefristeter bzw. einfacher Beschwerde und der befristeten so-

[189] Vgl. z.B. *Rosenberg/Schwab/Gottwald*, 15. Aufl., § 148 I, S. 901; *Thomas/Putzo*, 23. Aufl., § 569 Rn. 2.

[190] So aber die übereinstimmenden Begründungen der Gesetzentwürfe, vgl. z.B. den *Regierungsentwurf-ZPO-RG*, BT-Drs. 14/4722, S. 111.

[191] Zu dieser s. u. S. 107ff.

[192] Vgl. den *Regierungsentwurf-ZPO-RG*, BT-Drs. 14/4722, S. 114 zu § 572 ZPO; MünchKomm/*Lipp*, Aktualisierungsband, § 569 Rz. 3; offenbar anderer Ansicht *Thomas/Putzo*, § 569 Rz. 2, wonach *„wegen der Abhilfebefugnis nach § 572 Abs. 1 S. 1 die Einlegung beim Untergericht sinnvoll“* sei.

[193] Damit „gleicht der Reformgesetzgeber die ZPO–Beschwerde aber nicht nur den ebenfalls fristgebundenen Beschwerden anderer Verfahrensordnungen (vgl. § 147 Abs. 2 VwGO und § 129 Abs. 2 FGO) an“ – so z.B. der *Regierungsentwurf-ZPO-RG*, BT-Drs. 14/4722, S. 111 -, sondern übernimmt die ehedem für die fristgebundene Beschwerde nach altem Recht gem. § 577 Abs. 2 S. 2 ZPO (a.F.) bereits geltende Regelung, wonach die Einlegung bei dem Beschwerdegericht zur Wahrung der Notfrist genügte, auch wenn der Fall für dringlich nicht erachtet wurde.

[194] Vgl. *Thomas/Putzo*, 23. Aufl., § 569 Rn. 6.

[195] Diese Erklärung kann sich aus der Beschwerdeschrift auch konkludent ergeben, vgl. *Thomas/Putzo*, § 569 Rn. 10 unter Hinweis auf *BGH*, NJW 1992, 243.

[196] Ein Muster für eine Beschwerdeschrift findet sich etwa bei *Kroiß*, S. 103.

fortigen Beschwerde aufgehoben und stattdessen eine einheitliche befristete[197] Beschwerde eingeführt, die als sofortige Beschwerde bezeichnet wird.[198] Damit hat der Reformgesetzgeber eine bereits seit langem geforderte[199] Angleichung an die Verwaltungsgerichtsordnung, die Finanzgerichtsordnung und das Sozialgerichtsgesetz vorgenommen, wo in § 147 VwGO, § 129 FGO und § 173 SGG ebenfalls nur eine befristete Beschwerde vorgesehen ist. Die Einführung eines generell befristeten Rechtsmittels für Entscheidungen, die der ZPO-Beschwerde unterliegen, dient vor allem zwei Zielen: dem berechtigten Interesse aller Verfahrensbeteiligten an einer Beschleunigung des Verfahrens und der möglichst raschen Klärung der Rechtsverhältnisse.[200] Aber auch den Anliegen der Praxis wird mit einer generell befristeten Beschwerde nachgekommen. Diese war im Interesse der Rechtssicherheit nämlich bislang schon gezwungen, zur Geltendmachung von Beschwerden de facto oder im Wege der Analogie zeitliche Schranken zu setzen. So musste z.B. im Falle der Ablehnung eines Prozesskostenhilfeantrages der Antragsteller seine (de lege lata nicht fristgebundene) Beschwerde innerhalb einer „angemessenen" Überlegungs- und Beratungsfrist einlegen, für deren Dauer die Fristen für die Hauptrechtsmittel den Maßstab bildeten.[201]

Die Herstellung von Rechtsfrieden überwiegt hier bei weitem das Interesse eines durch eine Entscheidung beschwerten Verfahrensbeteiligten, auch noch nach langer, nicht befristeter Zeit zulässig Beschwerde einlegen zu können. Zudem ist ein wertungsmäßiger Unterschied zu den jeweils auch befristeten Rechtsmitteln der Berufung[202] sowie der Revision[203] gegen Urteile hierbei nicht zu erkennen. Bei einer gegenüber der Ausgangsentscheidung geänderten Sachlage kann darüber hinaus auch bei Bestehen einer formell und materiell rechtskräftigen Endentscheidung ein neuer Antrag gestellt werden, über den dann neu zu entscheiden ist.[204]

Beispiel: So kann z. B. der Titelgläubiger eines Anspruches auf eine nicht vertretbare Handlung, dessen Antrag auf Festsetzung von Zwangsmitteln gegen den Titelschuldner vom Prozessgericht wegen (momentaner) Unmöglichkeit der Vornahme[205] durch Beschluss formell und materiell rechtskräftig[206] zurückgewiesen

[197] Trotzdem gilt die Frist des § 569 Abs. 1 ZPO nicht für alle Beschwerden im Geltungsbereich der ZPO; zu abweichenden Fristen s.u. II., S. 56.

[198] So übereinstimmend die Formulierung in den Gesetzesmaterialien, stellvertretend hierzu der *Referentenentwurf-ZPO-RG*, S. 177 sowie der *Regierungsentwurf-ZPO-RG*, BT-Drs. 14/4722, S. 111.

[199] Z.B. *Gottwald*, Gutachten, S. A 88; *Dauster*, ZRP 2000, 338.

[200] So bereits der *Referentenentwurf-ZPO-RG*, S. 177; *Baumbach/Albers/Lauterbach/Hartmann*, § 569 Rn. 1.

[201] Vgl. etwa *OLG Bamberg*, FamRZ 1990, 181, 182. In den Fällen der außerordentlichen Beschwerde wegen greifbarer Gesetzwidrigkeit – s. u. 3. Teil – wurden bislang ebenfalls die gewöhnlichen Fristen analog herangezogen, vgl. z.B. *OLG Hamm*, FamRZ 1992, 1451, 1452 (für § 127 Abs. 3 S. 3 und 4 ZPO (a.F.).

[202] Vgl. § 517 ZPO.

[203] Vgl. § 548 ZPO.

[204] Zur hiervon zu unterscheidenden Frage der wiederholten Beschwerde innerhalb offener Beschwerdefrist nach Ergehen einer Entscheidung s. unten unter J., S. 66.

[205] Vgl. MünchKomm/*Schilken*, § 888 Rn. 7.

[206] Vgl. *Thomas/Putzo*, § 322 Rn. 3.

wurde, bei Änderung der Sachlage[207]*, die einen entscheidungserheblichen Umstand betrifft, einen neuen Antrag auf Festsetzung eines Zwangsmittels stellen.*[208]

I. Die Frist des § 569 Abs. 1 S. 1 ZPO

1. Notfrist

Nach wie vor ist die Frist zur Einlegung der Beschwerde eine Notfrist, d.h. gegen ihre schuldlose Versäumung kann Wiedereinsetzung in den vorigen Stand nach §§ 233ff. ZPO beantragt werden und eine Verkürzung oder Verlängerung ist weder durch Parteivereinbarung noch durch das Gericht möglich, § 224 Abs. 1 S. 1 ZPO.[209] Die Beschwerde kann aber nach dem Erlass der Entscheidung auch vor Fristbeginn eingelegt werden.[210] Für den Fristbeginn ist in erster Linie die Zustellung maßgebend. Eine Ausnahme gilt nur für die Beschwerde der Staatskasse gegen Beschlüsse, die einen Antrag auf Prozesskostenhilfe bewilligen. Insofern ordnet § 127 Abs. 3 S. 3 ZPO als Fristbeginn die Bekanntgabe an. Diese soll nach der Auffassung des Reformgesetzgebers in dem Zeitpunkt eintreten, in dem der Bezirksrevisor als Vertreter der Staatskasse „entsprechend der bisherigen Praxis" auf Grund stichprobenartiger Anforderung ausgewählter Prozessakten von dem Bewilligungsbeschluss Kenntnis erlangt.[211] Insoweit bleibt allerdings zu bemerken, dass weite Teile der Praxis auch vor Inkrafttreten des ZPO-RG eine Abschrift des Prozesskostenhilfe-Beschlusses dem Bezirksrevisor zur Kenntnisnahme zuleiteten. Hieran wird sich wohl auch in Zukunft nichts ändern, sodass die Beschwerdefrist des § 127 Abs. 3 S. 3 ZPO mit Kenntnisnahme des am Dienstwege zugeleiteten Beschlusses durch den Bezirksrevisor anfängt.

2. Zustellungsmängel

Ist die ergangene Entscheidung verkündet worden, die Zustellung aber unterblieben oder unwirksam, bestimmt § 569 Abs. 1 S. 2 ZPO nunmehr in Anlehnung an die §§ 517 und 548 ZPO (diese Vorschriften regeln die Fristen für die Berufungs- und Revisionseinlegung), dass die Notfrist zur Beschwerdeeinlegung *„spätestens mit der dem Ablauf von fünf Monaten nach der Verkündung des Beschlusses"* beginnt. Ist der Beschluss weder ver-

[207] Zu neuen Tatsachen im Folgeprozess vgl. etwa MünchKomm/*Gottwald*, § 322 Rn. 140ff.

[208] Diese Möglichkeit bestand und besteht nicht nur seit jeher im Bereich der sofortigen Beschwerde des § 793 ZPO, sondern nunmehr auch bei jeder Entscheidung, gegen die die sofortige Beschwerde wegen Ablaufes der Beschwerdefrist unzulässig geworden ist. Ein Beschluss wird nach Ablauf der Frist des § 569 Abs. 1 S. 1 ZPO formell rechtskräftig und kann in bestimmten Fällen auch einen der materiellen Rechtskraft fähigen Inhalt haben, z.B. ein Kostenfestsetzungsbeschluss gem. §§ 104, 794 Abs. 1 Nr. 2 ZPO, vgl. *Thomas/Putzo*, § 322 Rn. 3.

[209] *Thomas/Putzo*, § 224 Rn. 5; *Baumbach/Lauterbach/Albers/Hartmann*, § 569 Rn. 4.

[210] Vgl. *Rosenberg/Schwab/Gottwald*, § 146 Rn. 7.

[211] Vgl. den *Regierungsentwurf-ZPO-RG*, BT-Drs. 14/4722, S. 76.

kündet noch wirksam zugestellt worden, kann der tatsächliche Zugang des Beschlusses an den Adressaten oder seinen Vertreter (§§ 170 bis 172 ZPO) Heilung herbeiführen, § 189 ZPO. Die Notfristen für die Einlegung der genannten Rechtsmittel laufen dann ab dem Zeitpunkt des – im Prozess von Amts wegen festzustellenden und bei Annahme einer Fristüberschreitung nach allgemeinen Grundsätzen zu beweisenden – tatsächlichen Zugangs der Entscheidung beim Rechtsmittelführer, wobei es auf dessen tatsächliche Kenntnisnahme nicht ankommt.[212]

Ist der Beschluss nicht förmlich zugestellt und auch nicht verkündet, sondern nur formlos mitgeteilt worden, läuft die Notfrist des § 569 Abs. 1 S. 1 ZPO nicht an,[213] die Entscheidung muss vielmehr erneut wirksam zugestellt werden. Solange ist aber eine Beschwerde bis zur Grenze der Verwirkung[214] zulässig.

Beispiel: Geht dem Beschwerdeführer die nicht wirksam zugestellte und auch nicht verkündete angegriffene Entscheidung nicht zu (sonst gälte § 189 ZPO), sondern wird sie ihm nur sonst, etwa durch den Beschwerdegegner bekannt, hat er sein Beschwerderecht verwirkt, wenn er erst nach mehreren Monaten Beschwerde einlegt, nachdem er dem Beschwerdegegner gegenüber verlauten ließ, er werde die Entscheidung hinnehmen.

Im übrigen ergibt sich aus der nun generellen Fristregelung des § 569 Abs. 1 ZPO keine Änderung zur früheren Ausgestaltung bei der sofortigen Beschwerde in § 577 Abs. 2 ZPO (a. F.).

II. „Andere" Fristen im Bereich der ZPO-Beschwerde

Vom Anwendungsbereich des § 569 Abs. 1 S. 1 ZPO sind aber solche Regelungen ausgenommen („..., *soweit keine andere Frist bestimmt ist, ...*"), die für die Einlegung der Beschwerde eigene Fristen bestimmen. Das ist zum einen die Frist zur Einlegung der Beschwerde im PKH–Verfahren. Insoweit beträgt die Notfrist des § 569 Abs. 1 S. 1 ZPO sowohl für den PKH-Antragsteller gem. § 127 Abs. 2 S. 3 ZPO als auch für die Staatskasse nach § 127 Abs. 3 S. 3 ZPO einheitlich einen Monat. Desweiteren bestimmt § 569 Abs.

[212] Vgl. *Thomas/Putzo*, § 189 Rn. 9 und *Heß*, NJW 2002, 2417.

[213] Vgl. *Rosenberg/Schwab/Gottwald*, § 146 Rn. 7; *Thomas/Putzo*, § 569 Rn. 4. Insoweit gilt für die Notfrist des § 569 Abs. 1 S. 1 ZPO nichts anderes wie für die Notristen zur Einlegung anderer Rechtsmittel nach der ZPO, insbesondere der diesbezüglichen Fristen für die Berufung (§ 517 ZPO) und die Revision (§ 548 ZPO), die ebenso wie § 569 ZPO auf die wirksame Zustellung, hilfsweise auf die Verkündung der angegriffenen Entscheidung abstellen. Für diese Vorschriften ist aber anerkannt, dass der Fristbeginn von einer wirksamen Zustellung nach den §§ 166ff. ZPO abhängt, vgl. *Thomas/Putzo*, § 517 Rn. 2 und § 548 Rn. 1.

[214] Vgl. *Rosenberg/Schwab/Gottwald*, § 146 Rn.7; a.A. MünchKomm/*Lipp*, Aktualisierungsband, § 569 Rn. 4, wonach bei nicht nachweisbarer oder ungewisser Zustellung die eingelegte Beschwerde nicht als verfristet behandelt werden kann. Insofern kann hier nichts anderes gelten wie bei der Unzulässigkeit der früheren einfachen, nicht fristgebundenen Beschwerde wegen Verwirkung. Von einer solchen ging man aber aus, wenn eine bestimmte längere Zeitspanne seit bekannt Werden der Entscheidung vergangen war und besondere Umstände die Einlegung der Beschwerde als arglistig erscheinen ließen, vgl. *Rosenberg/Schwab/Gottwald*, 15. Aufl., § 147 III 8d und *BGHZ* 43, 292.

1 ZPO in Satz 3 selbst eine „andere“ Notfrist zur Einlegung einer Beschwerde gegen Entscheidungen unter den Voraussetzungen einer Nichtigkeits- oder Restitutionsklage insoweit, als die Beschwerde auch noch innerhalb der für diese Klagen geltenden Monatsnotfrist des § 586 Abs. 1 ZPO eingelegt werden kann. Ferner beträgt nach §§ 621e Abs. 3 S. 2, 517 ZPO die Notfrist für die Beschwerde gegen Entscheidungen in den dort bezeichneten FGG-Familiensachen ebenfalls einen Monat. Schließlich ordnet § 27 Abs. 4 des Gesetzes zur Ausführung zwischenstaatlicher Anerkennungs- und Vollstreckungsverträge in Zivil- und Handelssachen (AVAG) in der Fassung des ZPO-RG[215] eine einmonatige Notfrist zur Einlegung der Beschwerde gegen Entscheidungen an, die nach einem Antrag auf Aufhebung oder Änderung der Zulassung der Zwangsvollstreckung aus einem ausländischen Titel ergangen sind.

E. Die Begründung der Beschwerde

Ein Rechtsmittelführer ist, will er sein Rechtsmittel ordnungsgemäß durchführen, gehalten, seine Beschwer und sein Ziel in der höheren Instanz nachprüfbar darzulegen.[216] Nur dann erscheint es gerechtfertigt, dass das Rechtsmittelgericht in eine Begründetheitsprüfung eintritt. Für die Berufung galt und gilt eine fristgebundene Begründungspflicht vor und nach der Novelle durch das ZPO-RG; sie wurde in § 520 Abs. ZPO neu gefasst und der geänderten Prüfungskompetenz des Berufungsgerichts in § 529 ZPO angepasst. Die Begründungspflicht des Berufungsführers umfasst die Stellung von Anträgen und die Darlegung der rechtlichen und tatsächlichen Mängel des Ersturteils im einzelnen, § 520 Abs. 3 ZPO. Eine Berufungsbegründung, die diesen Anforderungen nicht entspricht, ist bereits unzulässig.[217] Für die Begründung der Beschwerde seit Inkrafttreten des ZPO-RG gilt dies grundsätzlich (nach wie vor) nicht.[218]

I. Notwendigkeit (Form und Frist) einer Beschwerdebegründung

Für die einfache wie die sofortige Beschwerde galt nach altem Recht grundsätzlich keine, schon gar keine fristgebundene Begründungspflicht.[219] Ausnahmen waren (und sind) die Regelungen in §§ 620d S. 1 und 621e Abs. 3 S. 2, 520 Abs. 3 S. 1 ZPO für die sofortigen Beschwerden gegen eine einstweilige Anordnung des Familiengerichts zur Regelung der

215 Dort Art. 29 Nr. 4, vgl. die Beschlussempfehlung des *Rechtsausschusses*, BT-Drs. 14/6036, S. 60.

216 So bestimmt nunmehr § 569 Abs. 2 S. 2 ZPO bereits für die ordnungsgemäße Einlegung des Rechtsmittels, dass die Beschwerdeschrift die Erklärung enthalten muss, es werde Beschwerde gegen die bezeichnete Entscheidung eingelegt; vgl. a. *Gottwald*, Gutachten, S. A 90, *Zöller/Gummer*, § 571 Rn. 2 und mit ausführlicher Begründung zum alten Recht *RGZ* 152, 316ff.

217 Vgl. *Thomas/Putzo*, § 520 Rn. 1, 17ff.; vor § 511 Rn. 35.

218 *Thomas/Putzo*, § 571 Rn. 1.

219 Vgl. *Rosenberg/Schwab/Gottwald*, 15. Aufl., § 148 I 2, S. 901; MünchKomm/*Braun*, § 569 Rn. 3; *RGZ* 152, 316ff. Zur Beschwerde in Familiensachen vgl. unten § 9.

elterlichen Sorge sowie gegen bestimmte Beschlüsse, v.a. in FG-Familiensachen.[220] Das ZPO-RG hat mit § 571 eine Vorschrift zur Begründung der Beschwerde eingeführt. Demnach „soll" zum einen die Beschwerde begründet werden, § 571 Abs. 1 ZPO. Zum anderen können der Vorsitzende als auch das Beschwerdegericht für das Vorbringen von Angriffs- und Verteidigungsmitteln[221] (auch neuer, vgl. § 571 Abs. 2 S. 1 ZPO) eine Frist setzen, § 571 Abs. 3 ZPO.

Die nicht entschuldigte Versäumung dieser Frist führt zur Präklusion von Angriffs- und Verteidigungsmitteln, falls sich der Rechtsstreit bei deren Berücksichtigung verzögern würde, § 571 Abs. 3 S. 2 ZPO. Diese Regelung wurde nötig, da das *BVerfG* die analoge Anwendung der §§ 296, 528 ZPO (a.F.) im Beschwerderechtszug als methodisch verfehlt und gegen Art. 103 Abs. 1 GG verstoßend de lege lata untersagt hatte.[222] Sowohl die Anheimstellung einer Begründung („Soll-Vorschrift") als auch die eben genannte Möglichkeit der Fristsetzung beinhalten aber keine Zulässigkeitshürden für eine ZPO-Beschwerde.[223] Die Einführung der „Soll-Begründung"[224] in § 571 Abs. 1 ZPO will vielmehr auf das schon zum alten Recht bestehende Risiko hinweisen, dass das Beschwerdegericht die Beschwerde ohne Begründung nicht würdigt,[225] d.h. ohne weitere Sachprüfung als unbegründet zurückweist.[226] Auch die Möglichkeit des Vorsitzenden bzw. des Kollegiums, für die Beibringung (neuer) Angriffs- oder Verteidigungsmittel in der Beschwerdeinstanz gem. § 571 Abs. 3 ZPO eine Frist zu setzen, bewirkt bei ihrer Anwendung und Fristablauf nur die eventuelle Präklusion dieses Tatsachenstoffes dergestalt, dass er bei der Sachentscheidung für den Fall der Verzögerung des Verfahrens nicht mehr berücksichtigt werden darf. Eine Zulässigkeitsvoraussetzung kann damit nicht aufgestellt werden.[227]

II. Inhalt der Beschwerdebegründung – Unzuständigkeit des Ausgangsgerichts

Da auch das ZPO-RG für die Zulässigkeit der Beschwerde keinen Begründungszwang eingeführt hat, gibt es logischer Weise auch keine positive Regelung zum etwaigen Min-

[220] Darüber hinaus bestimmt § 100 ZVG außerhalb der ZPO-Beschwerde eine Begründungspflicht für die Beschwerde gegen einen Zuschlagsbeschluss sowie § 18 Abs. 2 S. 1 AVAG eine solche für die dort geregelte (zweitinstanzliche) Rechtsbeschwerde.

[221] Zu diesen vgl. *Thomas/Putzo*, § 146 Rn. 2.

[222] *BVerfGE* 59, 330, 333 = NJW 1982, 1635. Diese Rechtsprechung ablehnend *Schumann*, NJW 1982, 1609.

[223] So ausdrücklich – obwohl eingangs von einem „Begründungserfordernis" die Rede ist – der *Referentenentwurf-ZPO-RG*, S. 180 sowie der *Regierungsentwurf-ZPO-RG*, BT-Drs. 14/4722, S. 113; vgl. auch MünchKomm/*Lipp*, Aktualisierungsband, § 571 Rn. 4 und *Thomas/Putzo*, § 571 Rn. 1.

[224] Diese besteht über die in § 569 Abs. 2 S. 2 ZPO bereits für die ordnungsgemäße Einlegung der Beschwerde aufgestellte Voraussetzung der ausreichenden Bezeichnung von Rechtsschutzziel und Beschwer hinaus.

[225] Vgl. den *Regierungsentwurf-ZPO-RG*, BT-Drs. 14/4722, S. 112, wobei nach allg. Meinung eine Pflicht des Beschwerdegerichts, zur Begründung aufzufordern, nicht bestand und auch nicht besteht, vgl. *RGZ* 152, 316. Zur näheren Untersuchung dieser de facto bestehenden Begründungspflicht s. u. bei der Begründetheit der Beschwerde, § 3 C.II., S. 103ff.

[226] So z. B. der *Regierungsentwurf-ZPO-RG*, BT-Drs. 14/4722, S. 112.

[227] *Zöller/Gummer*, § 571 Rn. 7.

destinhalt einer Beschwerdebegründung, wie ihn etwa für die Berufung § 520 Abs. 3 Nr. 2 bis 4 ZPO fordert. Andererseits regelt aber § 571 Abs. 2 S. 2 ZPO nunmehr negativ, dass die Begründung für die Beschwerde nicht auf die Unzuständigkeit des Untergerichts gestützt werden kann. Dabei wird zum einen die schon zum alten Recht nach h.M.[228] herangezogene analoge Anwendung der für die Anfechtung von Urteilen geltenden §§ 10, 512a ZPO (a.F.) für die Beschwerde in das Gesetz übernommen. Zum anderen schließt es § 571 Abs. 2 S. 2 ZPO gänzlich aus, die Beschwerde auf die angebliche Unzuständigkeit des Ausgangsgerichts zu stützen. Der Beschwerdeführer kann sich daher zum einen nicht nur nicht auf die fehlende örtliche (früher: § 512a ZPO (a.F.) analog) oder die Zuständigkeit des Amts- an Stelle des Landgerichts (§ 10 ZPO (a.F.) analog) berufen, sondern auch nicht darauf, das Landgericht sei an Stelle des Amtsgerichts tätig geworden. Noch weitergehend soll § 571 Abs. 2 S. 2 ZPO generell für die zu Unrecht angenommene oder verneinte erstinstanzliche Zuständigkeit gelten, mithin auch, wenn das funktionell unzuständige Rechtspflegeorgan, das Amtsgericht-Zivilgericht an Stelle des Familiengerichts oder die allgemeine Zivilkammer des Landgerichts an Stelle der Kammer für Handelssachen entschieden hat.[229]

Nach der Ansicht des Reformgesetzgebers sollen durch § 571 Abs. 2 S.2 ZPO künftig im Beschwerderecht wie im neu geregelten Berufungs- und Revisionsverfahren (vgl. hier § 513 Abs. 2 ZPO und § 545 Abs. 2 ZPO) die Verfahren beschleunigt und die Beschwerdegerichte entlastet werden. Gleichzeitig werde vermieden, dass die von der ersten Instanz geleistete Sacharbeit wegen fehlender Zuständigkeit hinfällig würde. Die gesetzliche Garantie des Art. 101 Abs. 1 S. 2 GG sichere jedermann seinen gesetzlichen Richter, fordere aber nicht, den Streit darüber in mehreren Instanzen durchführen zu können.[230]
Allerdings gilt § 571 Abs. 2 S. 2 ZPO nicht für die internationale Zuständigkeit. Diese wird vom Reformgesetzgeber nicht gesondert geregelt und in der Begründung zu § 571 Abs. 2 S. 2 ZPO ebenso wenig erwähnt wie in den Erläuterungen zu den Parallelvorschriften der §§ 513 Abs. 2, 545 Abs. 2 und 576 Abs. 2 ZPO. Daraus kann jedoch nicht der Schluss gezogen werden, die internationale Zuständigkeit falle auch unter § 571 Abs. 2 S. 2 ZPO.[231]

Für die Regelung des § 549 Abs. 2 ZPO (a.F.), der die sachliche und örtliche Zuständigkeit des Gerichts des ersten Rechtszuges sowie die Frage nach der Zuständigkeit des Ar-

[228] Vgl. *Thomas/Putzo*, 23. Aufl. § 10 Rn. 2 und § 512a Rn. 3; *Zöller/Vollkommer*, 22. Aufl., § 10 Rn. 6 und § 512a Rn. 9; *BGH*, WM 1992, 415f.

[229] So MünchKomm/*Lipp*, Aktualisierungsband, § 571 Rn. 11. Dem kann allerdings für das Verhältnis Rechtspfleger zu Richter insoweit nicht zugestimmt werden, als nach § 8 Abs. 4 RPflG ein Geschäft, das der Rechtspfleger an Stelle des Richters vornimmt, ohne dass es ihm nach dem RPflG übertragen ist oder übertragen werden kann, unwirksam ist. Ein solcher Mangel – etwa wenn der Rechtspfleger entgegen § 20 Nr. 17 S. 2 RpflG über eine Vollstreckungserinnerung entscheidet - muss aber nach wie vor trotz § 571 Abs. 2 S. 2 ZPO mit der sofortigen Beschwerde gem. §§ 567 Abs. 1 Nr. 1, 793 ZPO geltend gemacht werden können.

[230] So die übereinstimmenden Begründungen des *Regierungsentwurf-ZPO-RG*, BT-Drs. 14/4722, S. 113, und des *Koalitionsentwurfes-ZPO*, BT-Drs. 14/3750, S. 84.

[231] So aber MünchKomm/*Wenzel*, Aktualisierungsband, § 545 Rn. 16 (für die Revision) und *Musielak/Ball*, § 513 Rn. 7 sowie *Zöller/Gummer*, § 513 Rn. 8 (jeweils für die Berufung).

beitsgerichts und dem Vorliegen einer Familiensache der revisionsrechtlichen Prüfung entzogen hatte, war anerkannt, dass er für die internationale Zuständigkeit nicht - auch nicht entsprechend - galt. Die internationale Zuständigkeit war in jedem Verfahrensabschnitt, auch im Revisionsverfahren, von Amts wegen zu prüfen.[232] Weder dem Wortlaut des § 545 Abs. 2 ZPO noch der Gesetzesbegründung ist ein ausreichender Hinweis darauf zu entnehmen, dass der Gesetzgeber daran etwas ändern wollte.[233] Diese Auslegung muss auch für § 571 Abs. 2 S. 2 ZPO gelten. Die internationale Zuständigkeit hat nämlich ein ungleich größeres Gewicht. Sie betrifft die Abgrenzung zu den Souveränitätsrechten anderer Staaten. Es handelt sich darum, inwieweit die deutschen Gerichte in Rechtssachen mit Auslandsbeziehungen eine Entscheidungsbefugnis in Anspruch nehmen können. Darüber hinaus bestimmt die internationale Zuständigkeit die wichtige Frage des anwendbaren Prozessrechts (das international zuständige deutsche Gericht wendet deutsches Verfahrensrecht, das ausländische Gericht ausländisches Verfahrensrecht an) und darf nicht Opfer der Verfahrensökonomie werden. Schließlich ist auch die Frage des anwendbaren materiellen Rechts ggf. dann von der Frage der internationalen Zuständigkeit abhängig, wenn Internationales Privatrecht zur Anwendung zu kommen hat. Das international zuständige ausländische Gericht wendet nämlich das IPR seines Landes an und würde so oft zu divergierenden Ergebnissen gegenüber dem international nicht zuständigen deutschen Gericht kommen, dessen fehlende Zuständigkeit aber wegen § 571 Abs. 2 S. 2 ZPO unbeachtlich wäre.

F. Beschwer

Wie bei jedem Rechtsmittel ist im Rahmen der Zulässigkeit der Beschwerde zu prüfen, ob der Beschwerdeführer durch die angegriffene Entscheidung überhaupt beschwert ist.[234] Fehlt es an der Beschwer, ist die Beschwerde als unzulässig zu verwerfen.[235] Ist eine Beschwer gegeben, braucht daneben grundsätzlich ein Rechtsschutzinteresse, das trotz vorhandener Beschwer nur ausnahmsweise fehlen kann,[236] nicht mehr geprüft zu werden. Insoweit ist richtiger Ansicht nach zunächst zu fragen, ob der Rechtsmittelführer „formell" beschwert ist. Ob dies der Fall ist, ergibt sich nach gängiger und für die Beschwerde grundsätzlich zu übernehmender Definition im Berufungsverfahren aus einem Vergleich zwischen dem rechtskraftfähigen Inhalt der angefochtenen Entscheidung und der vom Rechtsmittelführer in der unteren Instanz vertretenen und namentlich in seinen Anträgen aufgestellten Rechtsbehauptung.[237] Auf eine materielle Beschwer, d.h. die Beeinträchtigung seiner Rechtsposition, kommt es jedenfalls dann nicht an, wenn der Beschwerdeführer in einem Antragsverfahren der Ausgangsinstanz Anträge gestellt und Rechtsbehaup-

[232] St. Rspr. des *BGH*, vgl. *BGHZ - GSZ* - 44, 46; *BGHZ* 115, 90, 91; 134, 127, 129 f.; *BGH*, NJW 1999, 1395f.; *Stein/Jonas/Grunsky*, §§ 549, 550 Rn. 56

[233] Vgl. *BGHZ* 153, 82 = NJW 2003, 426

[234] *Thomas/Putzo*, vor § 511 Rn. 16ff.; MünchKomm/*Lipp*, Aktualisierungsband, § 567 Rn. 19.

[235] MünchKomm/*Lipp*, Aktualisierungsband, § 567 Rn. 19.

[236] *Thomas/Putzo*, vor § 511 Rn. 17, hierzu unten bei der Unanfechtbarkeit der Beschwerde unter lit. I., S. 62ff.

[237] *Rosenberg/Schwab/Gottwald*, § 134 Rn. 8

tungen aufgestellt hat.[238] Der Zivilprozess baut auf der Grundlage der Parteidisposition auf; eine Entscheidung, die dem Begehren des Verfahrensbeteiligten nicht entspricht, beschwert ihn.[239]

Diese Begriffsbestimmung lässt sich so für das Beschwerdeverfahren allerdings dann nicht anwenden, wenn der Beschwerdeführer in der Vorinstanz weder Anträge gestellt noch Rechtsbehauptungen aufgestellt hat. Anders als etwa der in einer mündlichen Verhandlung erschienenen Partei obliegt den Verfahrensbeteiligten in den Nebenverfahren, die der Beschwerde unterliegen, auch in erster Instanz nämlich keine Antragstellung und noch nicht einmal eine Stellungnahme auf die gegenerischen Anträge. Dann ist aber zu fragen, ob er in seiner Rechtsstellung durch den rechtskraftfähigen Inhalt der angegriffenen Entscheidung beeinträchtigt ist.[240]

G. Beschwerdesumme

Vom Erreichen einer Beschwerdesumme abhängig ist die Zulässigkeit des Rechtsmittels gegen Entscheidungen über die Tragung der Prozesskosten, § 567 Abs. 2 ZPO. Mit dem Begriff Beschwerdesumme oder auch Beschwerdegegenstand ist der Unterschied zwischen dem sich aus der angegriffenen Entscheidung ergebenden und dem in der Beschwerdeinstanz begehrten Betrag gemeint, mithin die Differenz, um die sich der Beschwerdeführer verbessern will.[241] Insoweit war nach dem Inkrafttreten des ZPO-RG zunächst nach wie vor zu unterscheiden zwischen Beschwerden gegen als Beschlüsse ergehende Entscheidungen über die Prozesskosten[242] (§ 567 Abs. 2 S. 1 ZPO) und gegen andere Kostenentscheidungen (§ 567 Abs.2 S. 2 ZPO), insbesondere Beschlüsse, gegen die auf Grund gesetzlicher Anordnung die sofortige Beschwerde stattfand.[243] Das ZPO-RG hat insoweit zunächst lediglich die Einführung des EURO eingearbeitet und die Wertgrenzen entsprechend einem Verhältnis von „zwei zu eins" an die neue Währung angepasst.

238 *Rosenberg/Schwab/Gottwald*, § 134 Rn. 20 und 22.

239 Anders die Rspr. und Teile der Literatur für den Beklagten als Berufungsführer, der durch einen rechtskraftfähigen Entscheidungsinhalt benachteiligt sein muss, vgl. etwa. *BGH*, NJW 1975, 539; *Thomas/Putzo*, vor § 511 Rn. 19.

240 So auch *Rosenberg/Schwab/Gottwald*, § 134 Rn. 20 und 22 (für die Fälle der Beschwer des Beklagten und jetzigen Berufungsklägers, der in der ersten Instanz keinen Antrag gestellt hat) und *Zöller/Gummer*, § 567 Rn. 5.

241 *Baumbach/Albers/Lauterbach/Hartmann*, § 567 Rn. 17, 19.

242 Insbesondere solche nach den §§ 91a Abs. 2, 99 Abs. 2, 269 Abs. 3 ZPO.

243 Z.B. über die Kostenfestsetzung, §§ 104 Abs.3, 107 Abs. 3 ZPO oder über Kostenentscheidungen des Gerichts im Zwangsvollstreckungsverfahren, § 793 ZPO; weitere Beispiele bei *Thomas/Putzo*, § 567 Rn. 13 und bei der Begründung des *Regierungsentwurfes-ZPO*, BT-Drs. 14/4722, S. 110. Nicht von den Wertgrenzen des § 567 Abs. 2 ZPO werden indes Kostenentscheidungen auf Grund von Gesetzen außerhalb der ZPO, die selbst entsprechende Grenzen und ein gesondert geregeltes Beschwerderecht enthalten, erfasst, wie in diesem Zusammenhang auch der *Regierungsentwurf-ZPO-RG*, BT-Drs. 14/4722, a.a.O. noch einmal klarstellt.

Mit dem zum 1.7.2004 in Kraft getretenen Kostenrechtsmodernisierungsgesetz vom 5.5.2004[244] wurde aber die o.g. Unterscheidung aufgehoben, da die Wertgrenzen für die „anderen Kostenentscheidungen" nunmehr in den jeweiligen Kostengesetzen geregelt sind.[245] Die Wertgrenze für die Anfechtbarkeit der Entscheidungen über die Tragung der Prozesskosten wurde allerdings verdoppelt.[246] Darüber hinaus wird dem Ausgangsgericht in Angelegenheiten, die unter dieser Wertgrenze bleiben, anders als etwa in § 66 Abs. 2 GKG, nicht die Zulassung der Beschwerde bei einer grundsätzlichen Bedeutung der Rechtssache ermöglicht.[247]

H. Vertretung durch Rechtsanwälte in der Beschwerdeinstanz

Bei der Frage der Einschaltung eines Rechtsanwaltes durch die Beteiligten im Beschwerdeverfahren ist zunächst zu sehen, dass auch in der Beschwerdeinstanz Anwaltszwang bestehen kann. Daneben ist die Frage zu beantworten, ob sich die Beteiligten eines beim Beschwerdegericht zugelassenen Anwaltes oder eines Anwaltes ihrer freien Wahl bedienen müssen bzw. dürfen. Auch in der Beschwerdeinstanz gelten für die Frage der ordnungsgemäßen Vertretung durch einen Rechtsanwalt zunächst die §§ 78, 79 ZPO, allerdings in einer durch § 572 Abs. 4 ZPO modifizierten Ausprägung.

I. Anwaltszwang in der Beschwerdeinstanz

Ist oder war der Rechtsstreit im ersten Rechtszug nicht als Anwaltsprozess zu führen, kann nach § 569 Abs. 3 Nr. 1 ZPO die Beschwerde auch zu Protokoll des Urkundsbeamten der Geschäftsstelle eingelegt werden. Rechtsstreit in diesem Zusammenhang meint nicht nur das Urteilsverfahren, sondern jedes unter der Regie der ZPO geführte Verfahren. Deswegen ist in sog. Nebenverfahren, die keine Urteilsverfahren darstellen, bezüglich des Anwaltszwanges auch nicht auf letzteres abzustellen.[248] Das heißt aber, dass in allen Verfahren, die Beschwerden gegen Entscheidungen des Amtsgerichts-Streitgericht zum Gegenstand haben, kein Vertretungszwang durch Rechtsanwälte besteht. Die Verfahren vor dem Streitgericht sind nämlich Parteiprozesse, §§ 79, 78 Abs. 2 ZPO, so dass die Beschwerde zu Protokoll der Geschäftsstelle eingelegt werden kann und die gem. § 78 Abs. 1 ZPO vorgeschriebene Vertretung durch Rechtsanwälte im landgerichtlichen Beschwerdeverfahren nicht gilt, so § 78 Abs. 5 ZPO.[249]

[244] BGBl. I, S. 718.
[245] Vgl. hierzu unten § 11.
[246] Sie beträgt nach § 567 Abs. 2 ZPO i.d.F. des Kostenrechtsmodernisierungsgesetzes nunmehr 200.- €.
[247] Vgl. hierzu noch unten § 11. Dies ist nicht konsequent, da es auch im Bereich der Entscheidung über die Prozesskosten, etwa bei einer Kostenentscheidung gem. § 91a ZPO, Fälle geben kann, die eine Beschwerdesumme von 200.- € nicht erreichen, gleichwohl aber Rechtsfragen aufwerfen, deren Beantwortung im Allgemeininteresse liegt.
[248] MünchKomm/*Lipp*, Aktualisierungsband, § 569 Rn. 14.
[249] *BGH*, FamRZ 1988, 1159; NJW 1984, 2413

Dies gilt allerdings nur, soweit es auch im Beschwerdeverfahren um lediglich schriftlich vorgenommene Prozesshandlungen geht. Wird durch das Beschwerdegericht mündliche Verhandlung angeordnet, vgl. §§ 128 Abs. 4, 572 Abs. 4 ZPO,[250] herrscht wieder Anwaltszwang, da die §§ 78 Abs. 5, 569 Abs. 3 Nr. 1 ZPO für die dort vorzunehmenden Prozessakte nicht gelten, sondern § 78 Abs. 1 ZPO.[251] Im familiengerichtlichen Verfahren herrscht im Beschwerderechtszug bei den unter § 78 Abs. 3 ZPO fallenden Angelegenheiten kein Anwaltszwang, also vor allem bei den FG-Familiensachen.[252] Auch bei Beschwerden gegen Entscheidungen des Landgerichts besteht entgegen § 78 Abs. 1 ZPO kein Anwaltszwang, wenn es sich um Beschlüsse handelt, die auf Prozesshandlungen hin ergingen, welche zu Protokoll des Urkundsbeamten der Geschäftsstelle vorgenommen werden durften, §§ 78 Abs. 5, 569 Abs. 3 Nr. 1 ZPO.[253] Desweiteren herrscht schließlich bei Beschwerden gegen Entscheidungen die erst im Berufungs- oder Beschwerdeverfahren durch das Landgericht ergangen sind, dann kein Anwaltszwang, wenn im Ausgangsverfahren vor dem Amtsgericht kein solcher bestand.[254]

Ein Anwaltszwang für außerhalb einer mündlichen Verhandlung im Beschwerdeverfahren vorzunehmende Prozesshandlungen besteht nach alledem nur, wenn es sich um die familiengerichtlichen Angelegenheiten des § 78 Abs. 2 ZPO handelt oder das Landgericht über Anträge entschieden hat, die nicht unter die §§ 78 Abs. 5, 569 Abs. 3 Nr. 1 ZPO fallen.

II. Vertretung durch einen beim Beschwerdegericht zugelassenen Rechtsanwalt

Im Zusammenhang mit der ordnungsgemäßen Vertretung im Beschwerdeverfahren bleibt schließlich noch zu erörtern, ob für die Fälle, in denen nach Maßgabe der soeben entwickelten Grundsätze Anwaltszwang besteht, die Beauftragung eines Anwaltes nach Wahl erfolgen kann oder ein beim Beschwerdegericht zugelassener Rechtsanwalt mandatiert werden muss. Insoweit galt schon nach alten Recht gem. § 573 Abs. 2 ZPO a. F. für die Fälle des Anwaltszwanges, dass eine vom Beschwerdegericht angeordnete schriftliche Er-

250 Vgl. *Thomas/Putzo*, § 128 Rn. 13

251 Vgl. *Thomas/Putzo*, § 571 Rn. 8; *Baumbach/Lauterbach/Albers/Hartmann*, § 569 Rn. 14.

252 Vgl. hierzu § 9.

253 Hierzu gehören die beispielhaft in *Thomas/Putzo*, § 78 Rn. 20 bezeichneten Fälle. V.a. unterliegen die sofortigen Beschwerden gegen die landgerichtliche Zurückweisung eines Antrages auf Erlass einer einstweiligen Verfügung oder Arrestes durch Beschluss, §§ 922 Abs. 3, 936 ZPO, richtiger Ansicht nach nicht dem Anwaltszwang: Arrestgesuch bzw. Antrag auf Erlass einer einstweiligen Verfügung können nämlich gem. § 920 Abs. 3 ZPO auch zu Protokoll des Urkundsbeamten der Geschäftsstelle angebracht werden, vgl. *OLG München*, BauR 1995, 875, *KG*, NJW-RR 1992, 576, *Thomas/Putzo*, § 922 Rn. 6 sowie MünchKomm/*Lipp*, Aktualisierungsband, § 569 Rn. 15, Fn. 43, der allerdings die Gegenansicht, die die Beschwerde wegen des Vertretungszwangs im Verfügungsverfahren vor dem Landgericht gem. §§ 78 Abs. 1, 569 Abs. 3 Nr. 1 ZPO dem Anwaltszwang unterwerfen will, vertritt und insoweit in Fn. 45 entsprechende Nachweise liefert; zur Gegenansicht vgl. auch MünchKomm/*Heinze*, § 922 Rn.8, *Zöller/Gummer*, § 569 Rn. 14 und die ständige Spruchpraxis des *OLG Frankfurt/M.*, zuletzt in MDR 1999, 186.

254 Dies ist allgemein anerkannt und gilt z. B. für die sofortige Beschwerde gegen einen den Prozesskostenhilfeantrag für das Berufungs- oder Beschwerdeverfahren zurückweisenden Beschluss des LG, vgl. *BGH*, NJW 1984, 2413.

klärung auch von dem beim Untergericht zugelassenen Anwalt abgegeben werden konnte. Allerdings regelte § 573 Abs. 2 ZPO a. F. nicht die Vertretung in einer vom Beschwerdegericht angeordneten und wegen § 78 Abs.1 ZPO dem Anwaltszwang unterliegenden mündlichen Verhandlung. Dort mussten sich die Verfahrensbeteiligten von einem beim Beschwerdegericht zugelassenen Rechtsanwalt vertreten lassen.[255]

Das ZPO-RG hat in der entsprechenden Neuregelung des § 571 Abs. 4 ZPO in Anlehnung an die alte Regelung des § 573 Abs. 2 ZPO (a. F.) sowie unter Berücksichtigung des seit 1. Januar 2000 mit der Neufassung des § 78 Abs.1 ZPO weggefallenen sog. Lokalisationsprinzips den Anwaltszwang weiter gelockert. Nach § 571 Abs. 4 S. 1 ZPO können sich die Verfahrensbeteiligten nämlich im gesamten Beschwerdeverfahren ohne oder mit Anwaltszwang von einem bei irgendeinem Amts- oder Landgericht zugelassenen Rechtsanwalt vertreten lassen, der weder beim Beschwerdegericht noch beim übergeordneten Oberlandesgericht zugelassen sein muss. Damit soll unnötiger Zeit- und Kostenaufwand vermieden werden, der aber anfiele, wenn für die Beschwerdeeinlegung und –begründung ein Rechtsanwalt, der zwar bei einem Gericht für den Wohnsitz des Beschwerdeführers, nicht aber beim Beschwerdegericht zugelassen ist, bestellt wurde, nach Anordnung einer mündlichen Verhandlung in der Beschwerdeinstanz aber ein dort zugelassener Anwalt zu bestellen wäre. Dies war und ist in Bezug auf die überwiegend geringe Bedeutung des Beschwerdeverfahrens unverhältnismäßig.[256]

III. Eintritt der Unanfechtbarkeit der Ausgangsentscheidung - Rechtsschutzbedürfnis

Die ursprünglich statthafte Beschwerde ist auch dann nicht (mehr) zulässig, wenn die Ausgangsentscheidung unanfechtbar geworden ist. Dies ist zunächst dann der Fall, wenn auf die Beschwerde verzichtet wurde. Für den Beschwerdeverzicht gelten die zum Berufungsverzicht, der in § 515 ZPO angesprochen ist, entwickelten Grundsätze entsprechend.[257] Darüber hinaus wird die Beschwerde auch unzulässig, wenn die angegriffene Entscheidung prozessual überholt oder das Beschwerderecht verwirkt ist. Diese beiden Fälle betreffen das Fehlen bzw. den Wegfall des Rechtsschutzbedürfnisses trotz (zu Beginn des Verfahrens) vorhandener Beschwer.[258]

Prozessuale Überholung tritt ein, wenn das Verfahren, in dem die begehrte Entscheidung Rechtswirkung entfalten könnte, vor ihrem Erlass beendet ist, mithin der Beschwerdeführer durch eine spätere Beschwerdeentscheidung nicht mehr profitieren könnte.[259]

[255] *Musielak/Ball*, 2. Aufl., § 573 Rn. 6, m. w. N., dort unter Fn. 15.

[256] So die übereinstimmenden Begründungen des *Referentenentwurfes-ZPO*, S. 182, des *Regierungsentwurfes-ZPO*, BT-Drs. 14/4722, S. 114, und des *Koalitionsentwurfes-ZPO*, BT-Drs. 14/3750, S. 85.

[257] *Baumbach/Albers/Lauterbach/Hartmann*, § 567 Rn. 16; *OLG Hamm*, NJW-RR 2000, 212; *OLG Köln*, MDR 2000, 472; zum Verzicht auf die Beschwerde s. noch unten § 3, S. 92.

[258] *Zöller/Gummer*, § 567 Rn. 4; s. hierzu oben F., S. 60.

[259] *Zöller/Gummer*, § 567 Rn. 12, m. w. N. und Beispielen.

Beispiel: Der Vollstreckungsschuldner hat z. B. für die Fortführung des Beschwerdeverfahrens kein Rechtsschutzinteresse mehr, wenn nach Einlegung seiner sofortigen Beschwerde (§§ 567 Abs. 1 Nr. 1, 793 ZPO) gegen eine Entscheidung, die auf Erinnerung gegen die Pfändung seiner nach § 811 Abs. 1 Nr. 5 ZPO unpfändbaren Arbeitsmittel ergangen ist, das Pfandgut versteigert und der Erlös an den Vollstreckungsgläubiger ausgekehrt ist.

In diesen Fällen ist die Beschwerde für erledigt zu erklären und über die Kosten entsprechend § 91a ZPO zu entscheiden.[260] Schließlich fehlt trotz Existenz einer beschwerenden Entscheidung das Rechtsschutzbedürfnis für eine Sachentscheidung des Beschwerdegerichts, wenn der Beschwerdeführer sein Beschwerderecht verwirkt hat. Die Verwirkung prozessualer Rechte setzt ebenso wie die Verwirkung materieller Ansprüche den Ablauf einer bestimmten Zeitspanne und den Eintritt eines sogenannten Umstandsmomentes voraus. Letzteres bedeutet, dass der Beschwerdeführer durch ein ihm zurechenbares Verhalten die Einlegung der Beschwerde als arglistig erscheinen lässt.[261] In diesem Zusammenhang ist allerdings die durch das ZPO-RG eingeführte generelle Befristung der ZPO-Beschwerde zu berücksichtigen, wonach diese nach Ablauf der Zweiwochenfrist des § 569 Abs. 1 ZPO ohnedies grundsätzlich unzulässig wird. Die Frage einer Verwirkung wird sich daher nunmehr lediglich dann stellen können, wenn die Beschwerdefrist nicht zu laufen begann.[262]

Beispiel: Dies kann dann der Fall sein wenn etwa die Zustellung der Ausgangsentscheidung an die Partei persönlich wegen § 172 Abs. 1 S. 1 ZPO unwirksam war und ein gem. § 189 ZPO den Mangel heilender Zugang an den Rechtsanwalt sich datumsmäßig nicht mehr nachweisen lässt. Legt dieser trotz anderweitig erlangter Kenntnis des Inhaltes der unwirksam zugestellten, aber existenten Ausgangsentscheidung erst nach mehreren Monaten Beschwerde ein, obwohl er dem Beschwerdegegner ausdrücklich versichert hat, kein Rechtsmittel ergreifen zu wollen, wäre das Beschwerderecht als verwirkt anzusehen.

J. Wiederholung der Beschwerde

Der Beschwerdeführer kann Anlass dazu haben, eine Beschwerde, der das Beschwerdegericht nicht stattgegeben hat, erneut einzulegen. Die erneute Beschwerde ist dabei nicht zu verwechseln mit dem erneuten Antrag an das Untergericht auf Entscheidung bzw. mit der Gegenvorstellung[263] beim diesem. Letztere berührt nur die Frage, ob sich das Untergericht erneut mit der Sache befassen darf oder an seine Entscheidung gebunden ist, während die wiederholte Beschwerde in erster Linie von der Befugnis des Beschwerdeführers abhängig ist, vom Beschwerdegericht eine erneute Entscheidung zu erlangen.[264] Nach Einführung der generell befristeten Beschwerde durch das ZPO-RG sind einer Wiederholung der Be-

260 *Rosenberg/Schwab/Gottwald*, § 145 Rn. 25; *Zöller/Gummer*, § 567 Rn. 12.

261 *Zöller/Gummer*, § 567 Rn. 10; zum alten Recht *Rosenberg/Schwab/Gottwald*, 15. Aufl., § 147 II 8 d, S. 899.

262 *Zöller/Gummer*, § 567 Rn. 10.

263 Zu dieser s. unten 3. Teil.

264 Die Wiederholung des auch in der Beschwerdeinstanz erfolglosen Antrages beim Untergericht ist dagegen parallel zur Wiederholung der Beschwerde möglich und hängt i. ü. von der gleichen zentralen Frage ab, ob der Antragsteller bzw. Beschwerdeführer trotz Vorliegens einer Entscheidung über sein Rechtsmittel seinen Antrag weiter verfolgen kann, vgl. MünchKomm/*Lipp*, Aktualisierungsband, § 567 Rn. 21.

schwerde aber enge Grenzen gesetzt. Wie schon bisher für den Bereich der sofortigen Beschwerde allgemein vertreten[265], ist die wiederholte Beschwerde mit demselben Ziel von vornherein nur dann zulässig, wenn sie noch innerhalb laufender Beschwerdefrist erhoben wird.[266]

Im Urteilsverfahren ist die Frage einer erneuten Klage in derselben Sache unter dem Gesichtspunkt entgegenstehender Rechtskraft zu beurteilen. Bei Identität des Streitgegenstandes darf über die in selber Sache erhobene Klage nicht neu verhandelt und sachlich entschieden werden, wenn eine Sachentscheidung bereits vorliegt.[267] Wird die erste Klage als unzulässig abgewiesen, ist eine neuerliche Klage mit demselben Gegenstand allerdings möglich, da sich die Rechtskraft des Ersturteils nur auf den prozessualen Abweisungsgrund erstreckt.[268]

Die Frage ist, ob sich diese Prinzipien auch auf die Wiederholung der Beschwerde übertragen lassen. Ist die Beschwerde als unzulässig verworfen worden, kann sie bei Vermeidung eines heilbaren prozessualen Mangels ohne weiteres fristgerecht wiederholt werden.[269] Grund hierfür ist, dass, ohne entscheiden zu müssen, ob Beschwerdeentscheidungen der materiellen Rechtskraft fähig sind, letztere einer erneuten Beschwerdeentscheidung nicht entgegenstehen kann. Die Ausgangsentscheidung war in diesem Fall nämlich eine Prozessentscheidung, die nur betreffend der entschiedenen Prozessfrage wirkt.[270] Mangels Sachentscheidung kann das Beschwerderecht auch nicht verbraucht sein.
Ist hingegen vom Beschwerdegericht in der Sache bereits entschieden worden, kann sich bei der befristeten Beschwerde die Frage der Zulässigkeit der erneuten Einlegung nicht mehr nach der etwa entgegenstehenden materiellen Rechtskraft der bereits vorliegenden Sachentscheidung richten.[271] Der Eintritt der materiellen Rechtskraft hängt nämlich auch bei Beschlüssen von der Voraussetzung der Unanfechtbarkeit ab, die aber jedenfalls zugleich dazu führt, dass für eine wiederholte Beschwerde die Einlegungsfrist nach § 569 Abs. 1 ZPO abgelaufen, das Rechtsmittel aber bereits deswegen unzulässig ist.[272] Richtiger Ansicht nach wird man daher der schon bisher sowohl für den Bereich der einfachen wie der sofortigen Beschwerde überwiegend vertretenen Auffassung zu folgen haben, dass

265 Vgl. nur *Stein/Jonas/Grunsky*, § 567 Rn. 22.

266 *Zöller/Gummer*, § 567 Rn. 16; *Baumgärtel*, JZ 1959, 437, hält die „Erneuerung der sofortigen Beschwerde innerhalb der Frist des § 577 Abs. 2 ZPO (a.F.) für praktisch kaum möglich."

267 MünchKomm/*Gottwald*, § 322 Rn. 36.

268 *Thomas/Putzo*, § 322 Rn. 3, § 522 Rn. 11; *BGH*, NJW 1991, 1116.

269 *Rosenberg/Schwab/Gottwald*, § 145 Rn. 23 mit der zutreffenden Einschränkung, dass unheilbare prozessuale Mängel (z.B. die Unstatthaftigkeit der Beschwerde oder die Unzuständigkeit des Gerichts) auch eine wiederholte Beschwerde unzulässig bleiben lassen; MünchKomm/*Lipp*, Aktualisierungsband, § 567 Rn. 22, m. w. N. in Fn. 63.

270 *Rosenberg/Schwab/Gottwald*, § 151 Rn. 6.

271 Eine solche ist zu bejahen für formell rechtskräftige Beschlüsse, die nach Ablauf einer Frist zur selbständigen Anfechtung oder auf Grund gesetzlicher Anordnung unanfechtbar sind, sofern sie einen rechtskraftfähigen Inhalt in Gestalt einer Wirkung über das anhängige Verfahren hinaus haben, *Rosenberg/Schwab/Gottwald*, § 151 Rn. 2 und 3; MünchKomm/*Musielak*, § 329 Rn. 12.

272 Anders *Zöller/Gummer*, § 567 Rn. 16, wonach die materielle Rechtskraft von Beschlüssen der Wiederholung der Beschwerde entgegenstehe.

das Recht des Beschwerdeführers, eine Entscheidung in der Sache auf sein Rechtsmittel hin zu erhalten, nach Ergehen einer solchen verbraucht ist.[273]

Insoweit ist aber schließlich zu untersuchen, ob dies auch für die Begründung der Beschwerde mit einer Änderung der tatsächlichen Verhältnisse gelten kann. Die für die Gesetzeslage vor Inkrafttreten des ZPO-RG und auch nach Einführung einer generell befristeten ZPO-Beschwerde herrschende Meinung sieht die wiederholte Beschwerde bei Vorliegen einer Sachentscheidung auch dann für unzulässig an, wenn eine Änderung der Verhältnisse geltend gemacht wurde.[274] Als Grund hierfür wurde die einheitliche Behandlung aller Rechtsmittel genannt; es sei kein Grund ersichtlich, die (einfache) Beschwerde nur wegen ihrer Unbefristetheit anders zu behandeln.[275] Nach dieser Maßgabe unzulässige wiederholte und auf eine Änderung der Verhältnisse gestützte Beschwerden sollen aber entsprechend § 140 BGB in einen neuen Antrag auf Entscheidung an das Untergericht umzudeuten sein.[276] Dieses habe dann zu prüfen, ob die in der erneuten Beschwerde geltend gemachten Gründe überhaupt eine Änderung der Verhältnisse beinhalten.[277]

Eine Gegenmeinung hielt die wiederholte Beschwerde im Falle der Geltendmachung veränderter Umstände für zulässig.[278] Begründet wurde dies bislang für die jetzt in der ZPO nicht mehr vorgesehene einfache, nicht fristgebundene Beschwerde mit dem Gedanken, dass bei fehlender Befristung zur Beschwerdeeinlegung kein Grund bestehe, zwischen neuem Antrag an das Ausgangsgericht und wiederholter Beschwerde zu unterscheiden.[279] Nach Inkrafttreten des Zivilprozessreform 2002 gibt es zwar im Verfahren nach der Zivilprozessordnung nur mehr eine befristete Beschwerde, indes wurde dem Ausgangsgericht – anders als bei der sofortigen Beschwerde vor der Reform, vgl. § 577 Abs. 3 ZPO (a. F.) – eine umfassende Abhilfemöglichkeit in § 572 Abs. 1 S. 1 Hs. 1 ZPO zur Verfügung gestellt. Wie ehedem schon im Bereich der einfachen Beschwerde, die ebenfalls in § 571 ZPO (a. F.) durch ein sog. Abhilfeverfahren gekennzeichnet war, ist es aber nicht einzusehen, wieso das Unter- oder Beschwerdegericht ein wiederholtes und auf eine Veränderung der Umstände gestütztes Begehren um Abänderung einer Entscheidung, welches mit „Beschwerde" bezeichnet ist, nicht innerhalb offener Beschwerdefrist als Beschwerde behandeln darf, wenn das Ausgangsgericht nach § 572 Abs.1 S. 1 Hs. 1 ZPO zur Abhilfe verpflichtet ist.

273 *Rosenberg/Schwab/Gottwald*, § 145 Rn. 23; *Baumgärtel*, JZ 1959, 437; *Kunz*, Erinnerung und Beschwerde, 1980, S. 253; *OLG Bamberg*, NJW 1965, 2407; *OLG Frankfurt/M.*, NJW 1974, 1389.

274 *Rosenberg/Schwab/Gottwald*, 15. Aufl., § 147 III 7, S. 898; *Stein/Jonas/Grunsky*, § 567 Rn. 23; *Baumgärtel*, JZ 1959, 437; *OLG München*, MDR 1983, 585; *OLG Bamberg*, NJW 1965, 2407. Für die Gesetzeslage nach Inkrafttreten des ZPO-RG vgl. *Rosenberg/Schwab/Gottwald*, § 145 Rn. 23, *Zöller/Gummer*, § 567 Rn. 16 und MünchKomm/*Lipp*, Aktualisierungsband, § 567 Rn. 24.

275 *Stein/Jonas/Grunsky*,§ 567 Rn. 23.

276 *Stein/Jonas/Grunsky*, § 567 Rn. 23; *Baumbach/Albers/Lauterbach/Hartmann*, § 567 Rn. 12; MünchKomm/*Lipp*, § 567 Rn. 25.

277 *Zöller/Gummer*, § 567 Rn. 16.

278 *Schneider*, DRiZ 1965, 288.

279 *Schneider*, DRiZ 1965, 288, m. w. N. dort Fn. 9.

Bei dem „wiederholten“ Beschwerdebegehren, das auf veränderte Umstände abzielt, handelt es sich aber um nichts anderes als das selbe Rechtsmittel mit der selben Zweckrichtung, nämlich, die Ausgangsentscheidung abzuändern oder aufzuheben. Die Möglichkeit der Geltendmachung veränderter Umstände nach Ergehen einer Sachentscheidung innerhalb offener Beschwerdefrist wird schließlich zusätzlich erhärtet durch die ausdrücklich nach wie vor eröffnete Möglichkeit „die Beschwerde“ auf neue Angriffs- oder Verteidigungsmittel zu stützen, § 571 Abs. 2 S. 1 ZPO. Haben insoweit nämlich die Tatsachen, die der Entscheidung des Untergerichts zu Grunde gelegt wurden, keinen „Bestandsschutz“,[280] muss dies auch für die der Sachentscheidung des Beschwerdegerichtes eigenen Tatsachen gelten, deren behauptete Änderung im Beschwerdeverfahren im Rahmen der Abhilfebefugnis und -pflicht so lange zu berücksichtigen ist, als dies im Rahmen der Beschwerdefrist möglich ist. Diese Auslegung entspricht auch dem Willen des Reformgesetzgebers, der v.a. eine Beschleunigung des Beschwerdeverfahrens herbeiführen wollte.[281]

Die Umdeutung einer (wegen Konsumtion) unzulässigen Beschwerde in einen neuen Antrag auf Entscheidung des Ausgangsgerichts ist daher nicht nur systematisch nicht geboten, sondern wäre den Beschwerdebeteiligten zur Gewährung rechtlichen Gehörs zumindest mitzuteilen. Dies stellt aber einen nach dem oben Gesagten unnötigen Mehraufwand[282] dar. Natürlich kann aber der Beschwerdeführer nach abschlägiger Sachentscheidung seines Beschwerdebegehrens gleich einen Antrag auf Neubescheidung durch das Ausgangsgericht anbringen an Stelle innerhalb offener Frist eine wiederholte Beschwerde wegen veränderter Umstände einzulegen.

K. Die Anschlussbeschwerde und Gegenanschließung

I. Neuregelung für die Anschlussbeschwerde

Die bereits mit dem Rechtspflege-Vereinfachungsgesetz 1990 zum 1. April 1991 im bis zur ZPO-Reform 2002 geltendenden § 577a ZPO (a.F.) eingeführte Möglichkeit, sich der Beschwerde des Gegners anzuschließen,[283] wurde durch das ZPO-RG nunmehr in § 567

[280] Anders als grundsätzlich die Tatsachenfeststellungen des Urteils im Ausgangsprozess bei der Berufung, vgl. §§ 531 Abs. 2, 529 Abs. 1 Nr. 2, 520 Abs. 3 Nr. 4 ZPO, wonach das Berufungsgericht neue Feststellungen nur ausnahmsweise treffen darf.

[281] Vgl. z.B. die Begründung im *Regierungsentwurf-ZPO-RG*, BT-Drs. 14/4722, S. 68: *„Im Hinblick auf die konzeptionellen Änderungen des Rechtsmittelrechtes in der Hauptsache soll auch das Beschwerderecht als Rechtsmittel gegen Nebenentscheidungen angepasst, vereinfacht und zum Zwecke der Verfahrensbeschleunigung gestrafft werden.“*

[282] Zu dem Argument eines zeitlichen Mehraufwandes bei der Umdeutung der wiederholten Beschwerde in einen neuen Erstantrag vgl. a. *Schneider*, DRiZ 1965, 288.

[283] Hiermit kam der Gesetzgeber nur dem nach, was in langjähriger Praxis durch die analoge Heranziehung der §§ 521, 522 ZPO (a.F.) zur Anschlussberufung bereits als zulässig angesehen wurde, um Waffengleichheit zwischen den Beschwerdebeteiligten herzustellen, vgl. *Rosenberg/Schwab/Gottwald*, 15. Aufl., § 148 II 1, S. 902; *Thomas/Putzo*, 17. Aufl., § 577a Anm. 1.

Abs. 3 ZPO geregelt und der gleichzeitig reformierten Anschlussberufung angepasst. Wie bisher, vgl. § 577a S. 1, 2 ZPO (a.F.), ist es mit dem Zweck, „ins Blaue hinein" am letzten Tag der Einlegungsfrist erhobene Beschwerden zu verhindern,[284] möglich, sich der Beschwerde des Gegners auch noch nach Ablauf der Beschwerdefrist des § 569 Abs. 1 ZPO und sogar nach einem Beschwerdeverzicht anzuschließen. Es entspricht darüber hinaus der prozessualen Billigkeit und dem Gleichbehandlungsgebot, für den Fall einer wegen der Beschwerde ohnehin stattfindenden Sachprüfung dem Beschwerdegegner eine Abänderungsmöglichkeit auch bei Unzulässigkeit einer eigenen Hauptbeschwerde wegen Fristablaufes oder Verzichtes einzuräumen.[285] Der Beschwerdegegner kann daher nicht nur der Hauptbeschwerde entgegen treten, sondern unter Ausschaltung des Verschlechterungsverbotes entsprechend § 528 S. 2 ZPO[286] eine Verbesserung der eigenen Rechtsposition in der zweiten Instanz erreichen.

Ebenso wie bei der in § 524 ZPO neu geregelten Anschlussberufung entfiel aber die Möglichkeit, sich nicht nur unselbständig, sondern auch selbständig der Beschwerde des Gegners anzuschließen. Eine selbständige Anschlussbeschwerde war nach § 577a S. 2 ZPO (a.F.) gegeben, wenn sich der Beschwerdegegner bei einer befristeten Beschwerde vor Ablauf der Beschwerdefrist angeschlossen und nicht auf die Beschwerde verzichtet hatte.[287] Bei Zurücknahme oder Verwerfung der Hauptbeschwerde als unzulässig konnte die Anschlussbeschwerde als selbständiges Rechtsmittel, das allerdings allen Voraussetzungen für das Hauptrechtsmittel entsprechen musste[288], fortgeführt werden. Andererseits lag bei der einfachen, unbefristeten Beschwerde eine unselbständige Anschlussmöglichkeit selbst dann vor, wenn bereits auf das Rechtsmittel verzichtet worden war.

Nach der Neuregelung des § 567 Abs. 3 S. 2 ZPO verliert indes parallel zur Regelung für die Anschlussberufung in § 524 Abs. 4 ZPO die Anschlussbeschwerde, die nach wie vor auch nach Ablauf der Beschwerdefrist bzw. nach Abgabe eines Beschwerdeverzichtes eingelegt werden kann, immer ihre Wirkung, wenn das Hauptrechtsmittel als unzulässig verworfen oder zurückgenommen wird. Mithin gibt es keine selbständige Anschließung an das Rechtsmittel des Gegners mehr. Der Reformgesetzgeber sah insoweit auch berechtigterweise kein Bedürfnis. Der Beschwerdegegner kann, will er in jedem Fall eine Abänderung der Entscheidung zu seinen Gunsten erreichen, unabhängig vom Hauptrechtsmittel des Gegners unter dessen Voraussetzungen, also v.a. form- und fristgerecht selbst Hauptbeschwerde einlegen, ohne sich über die Einlegung und die Zulässigkeit des gegnerischen Rechtsmittels Gedanken zu machen.

284 Vgl. insoweit, jeweils zum Normzweck der Anschlussberufung, *BGHZ* 88, 360, 362, *Rosenberg/Schwab/Gottwald*, § 136 Rn. 3 und *Stein/Jonas/Grunsky*, § 521 Rn. 2.

285 Für die Anschlussberufung vgl. zu diesem Normzweck MünchKomm/*Rimmelspacher*, Aktualisierungsband, § 567 Rn. 3.

286 Vgl. unten S. 119.

287 *Rosenberg/Schwab/Gottwald*, 15. Aufl., § 148 II 2 c, S. 903.

288 Für die selbständige Anschlussbeschwerde nach altem Recht (§ 521 ZPO (a.F.) vgl. *Rosenberg/Schwab/Gottwald*, 15. Aufl., § 138 II 2, S. 832.

Gerade aus den Motiven der Verhinderung „aufs Gerate wohl“ eingelegter Rechtsmittel, der prozessualen Billigkeit sowie der Gleichbehandlung erscheint eine Möglichkeit zur Anschließung nur dann geboten, wenn der Beschwerdegegner, ggf. sogar trotz eigener Beschwer, keine Beschwerde eingelegt hat, weil er darauf vertraute, auch der Verfahrensgegner würde davon absehen. Wird der Beschwerdegegner in dieser Erwartung enttäuscht, erscheint es prozessual billig, ihm die Möglichkeit einer – unselbständigen – Anschlussbeschwerde zu eröffnen, auch wenn eine Hauptbeschwerde wegen Ablaufes der Beschwerdefrist oder auf Grund Verzichtes unzulässig wäre. Eine Sachprüfung muss nämlich wegen der Hauptbeschwerde des Gegners ohnedies durchgeführt werden[289].

Die Beibehaltung einer, allerdings in ihrem prozessualen Schicksal von der Aufrechterhaltung und der Zulässigkeit der Hauptbeschwerde abhängigen Anschließung steht daher auch mit einem der Hauptziele des Reformgesetzgebers, nämlich der Überarbeitung zum Zweck der Verfahrensvereinfachung und Entlastung der Gerichte, nicht im Widerspruch. Wegen des nunmehr kraft der Regelung des § 567 Abs. 3 S. 2 ZPO gesetzlich normierten „unselbständigen“ Charakters der Anschlussbeschwerde steht auch fest, dass es sich bei dieser nicht um ein Rechtsmittel im eigentlichen Sinn, sondern wie bei der (unselbständigen) Anschlussberufung um einen angriffsweise wirkenden Antrag innerhalb des Hauptrechtsmittels handelt.[290] Ein eigener Devolutiv- oder Suspensiveffekt kommt ihr wegen der Abhängigkeit vom Hauptrechtsmittel nicht zu.[291] Im Übrigen gelten für das Anschlussrechtsmittel, also auch für die Anschlussbeschwerde gem. § 567 Abs. 3 ZPO die zur alten Rechtslage entwickelten Grundsätze fort,[292] insbesondere, dass es zur Zulässig-

289 In diesem Tenor auch die insoweit identischen Gesetzesmaterialien, vgl. den *Referentenentwurf-ZPO-RG*, S. 175, den *Regierungsentwurf-ZPO-RG*, BT-Drs. 14/4722, S. 110, sowie den *Koalitionsentwurf-ZPO-RG*, BT-Drs. 14/3750, S. 81.

290 So die h.M., vgl. *BGHZ* 139, 12 = NJW 1998, 2224; *BGHZ* 109, 41 = NJW 1990, 840; *Baumbach/Albers/Lauterbach/Hartmann*, § 524 Rn. 2.

291 Anderer Ansicht ist *Rosenberg/Schwab/Gottwald*, § 146 Rn. 6, m.w.N. dort Fn. 8, mit der einseitig auf das Anschlussrechtsmittel als solches fokussierten Begründung, die Anschließung devolviere den durch sie erfassten Teil des Verfahrensgegenstandes in die nächste Instanz und schiebe insoweit die Rechtskraft auf. Dies ist für sich gesehen richtig, beachtet aber die prozessuale Abhängigkeit des Anschluss- vom Hauptrechtsmittel nicht. Suspensiv- und Devolutiveffekt des Anschlussrechtsmittels sind hiernach eigentlich Effekte des Hauptrechtsmittels.

292 So ausdrücklich für die jetzt nur mehr unselbständige Anschlussberufung der *Regierungsentwurf-ZPO-RG*, BT-Drs. 14/4722, S. 98.

keit nach zutreffender Ansicht keiner Beschwer bedarf,[293] und dass die Beschwerdesumme nicht erreicht sein muss.[294]

II. Gegenanschließung

Wie schon nach altem Recht besteht für eine Anschließung durch den Hauptbeschwerdeführer an die Anschließung des Gegners (sog. Gegenanschließung) grundsätzlich kein Rechtsschutzbedürfnis, vielmehr ist die Gegenanschließung als Erweiterung der Beschwerde auszulegen.

Beispiel: Der Vollstreckungsgläubiger eines Zahlungstitels hat beim Vollstreckungsgericht (hier: Rechtspfleger, §§ 828, 835 ZPO, 20 Nr. 12 RPflG) die Pfändung und Überweisung dreier („a, b und c") angeblich dem Vollstreckungsschuldner gegen Dritte zustehender Geldforderungen beantragt. Die Forderung „a" wird mit Beschluss des Rechtspflegers gepfändet und überwiesen, im Übrigen werden die Anträge zurückgewiesen. Hiergegen[295] wendet sich der Vollstreckungsgläubiger gem. §§ 567 Abs. 1 Nr. 1, 793 ZPO, 11 Abs. 1 RPflG im Wege der Beschwerde mit dem Ziel, die Pfändung und Überweisung der Forderung „b" unter teilweiser Aufhebung des erstinstanzlichen Beschlusses anzuordnen. Der Vollstreckungsschuldner hat sich gem. § 567 Abs. 3 ZPO der Beschwerde mit dem Ziel angeschlossen, die Anträge (also auch den auf Pfändung der Forderung „a") gänzlich zurückzuweisen. Der Anschließung des Vollstreckungsschuldners kann sich nunmehr der Hauptbeschwerdeführer nicht mit dem Ziel anschließen, auch noch die Pfändung der dritten Forderung „c" auszusprechen, vielmehr ist seine Gegenanschließung als Erweiterung der Beschwerde auszulegen.[296]

[293] So die h. M., vgl. *Rosenberg/Schwab/Gottwald*, § 136 Rn. 15; MünchKomm/*Lipp*, Aktualisierungsband, § 567 Rn. 26; *Fenn*, FamRZ 1976, 261; *BGH*, NJW 1980, 702; *BGH*, ZZP 91 (1981), 314. Eine a. A., die auf den vermeintlichen Charakter des Anschlusses als echtes Rechtsmittel abstellt, verlangt indes eine Beschwer, vgl. *Gilles*, ZZP 92 (1982), 159, 182. An der fehlenden Voraussetzung einer Beschwer für die Zulässigkeit des Anschlusses an ein Rechtsmittel hat sich auch durch das ZPO-RG nichts geändert. Zwar sprechen die Motive des Gesetzes im Zusammenhang mit der nunmehr fehlenden Möglichkeit einer selbständigen Anschließung davon, einer Anschließungsmöglichkeit bedürfe es *„nur in den Fällen, in denen der Beschwerdegegner trotz einer ihm durch die Entscheidung auferlegten Beschwer von der Einlegung der Beschwerde abgesehen hat, ..."* (vgl. unisono den *Referentenentwurf-ZPO-RG*, S. 175, den *Regierungsentwurf-ZPO-RG*, BT-Drs. 14/4722, S. 110 und den *Koalitionsentwurf-ZPO-RG*, BT-Drs. 14/3750, S. 81). Dies kann aber nicht den Schluss rechtfertigen, der Gesetzgeber habe sich für die Zulässigkeitsvoraussetzungen der Auslegung der Mindermeinung angeschlossen. Zu § 524 ZPO wird nämlich in den eben genannten Zitaten ausdrücklich festgestellt, dass „eine Änderung der geltenden Rechtslage in Bezug auf die (unselbständige) Anschlussberufung nicht beabsichtigt" sei. Dies muss natürlich auch für die (unselbständige) Anschlussbeschwerde gelten, andernfalls der Gesetzgeber in den Motiven hierzu hätte Stellung nehmen müssen. Legt z.B. nach Ergehen einer Kostenentscheidung in Folge übereinstimmender Erledigung des Rechtsstreites gem. § 91a ZPO, die auf Kostenaufhebung erkennt, der Beklagte fristgerecht und auch sonst zulässig Beschwerde nach § 91a Abs. 2 ZPO ein, kann sich der Kläger, der in mündlicher Verhandlung noch einen Antrag auf Kostenaufhebung gestellt hatte, der Beschwerde des Beklagten anschließen mit dem Ziel, diesem die Kosten ganz oder wenigstens im höheren Maße aufzuerlegen, obwohl er durch die Kostenentscheidung formell nicht beschwert ist. Zur Beschwer als Zulässigkeitsvoraussetzung bei der Beschwerde vgl. oben F., S. 60.

[294] *Zöller/Gummer*, § 567 Rn. 61; *KG*, NJW-RR 1987, 134.

[295] Eine Entscheidung und nicht bloß eine mit der Erinnerung gem. § 766 ZPO angreifbare reine Vollstreckungsmaßnahme liegt dann vor, wenn der Rechtspfleger rechtliches Gehör gewährt oder einen Antrag zurückgewiesen hat, vgl. *Thomas/Putzo*, § 793 Rn. 3; § 766 Rn. 3.

[296] Vgl. *Thomas/Putzo*, § 567 Rn. 19 i.V. mit § 524 Rn. 5.

Für die Gegenanschließung im Bereich der Beschwerde müssen dieselben Prämissen gelten, die schon bisher für die Beurteilung der Gegenanschließung an eine unselbständige Berufungsanschließeung maßgebend waren. Diese wurde aber zu Recht grundsätzlich für unzulässig gehalten.[297] Nach dem eindeutigen Wortlaut der §§ 524, 567 Abs. 3 ZPO findet die Anschließung lediglich gegen die Rechtsmittel der Berufung oder der Beschwerde statt, nicht aber gegen eine Anschließung als solche, die kein Rechtsmittel im eigentlichen Sinne ist. Darüber hinaus umfassen auch die vom Gesetzgeber mit der Anschließung verfolgten Zwecke, nämlich die Gewährleistung der Waffengleichheit auf der einen und Vermeidung überflüssiger Rechtsmittel auf der anderen Seite, den Fall der Anschließung an eine unselbständige Anschlussberufung nicht.[298]

Selbst wenn man zur Vermeidung einer verfahrensmäßigen Benachteiligung des Berufungsführers, der wegen § 533 ZPO seine Berufung nicht mehr zulässig erweitern kann, ausnahmsweise die Gegenanschließung zu diesem Zweck für zulässig erachten würde,[299] kann dies nicht bei der Beschwerde gelten. Bei dieser sind im Wege der Gegenanschließung erhobene erweiternde Anträge nicht wie bei der Berufung oder der Revision im Rahmen einer fristgebundenen Begründung anzubringen[300], sondern auch nach Ablauf der Beschwerdefrist jederzeit bis zum Abschluss des Verfahrens ohne entsprechende Beschwerdebegründung als Zulässigkeitsvoraussetzung möglich. Auch für diese Fälle bedarf es daher nicht des Instituts der Gegenanschließung.

297 Vgl. *BGHZ* 88, 360 = NJW 1984, 437; *BGH*, NJW 1986, 1494.

298 Vgl. *BGHZ* 88, 360 = NJW 1984, 437; *BGH*, NJW 1986, 1494.

299 Vgl. *Rosenberg/Schwab/Gottwald*, § 136 Rn. 17; Münchkomm/*Rimmelspacher*, Aktualisierungsband, § 524 Rn. 12; a.A. *BGHZ* 88, 360 = NJW 1984, 437.

300 Nach § 571 Abs. 3 ZPO *kann* dem Beschwerdeführer eine Frist zur Begründung gesetzt werden, deren Versäumung aber lediglich Präklusionsfolgen auslösen kann.

§ 2 Die Entscheidungszuständigkeit innerhalb des Beschwerdegerichts

A. Entscheidungszuständigkeit des Einzelrichters

I. Der entscheidende Einzelrichter nach § 568 ZPO

§ 568 S. 1 ZPO bestimmt, dass über die Beschwerde der Einzelrichter zu entscheiden habe, wenn die angefochtene Entscheidung von einem Einzelrichter oder einem Rechtspfleger erlassen wurde. Diese Regelung ist die Fortführung einer Anregung, die in Art. 1 Nr. 34 des Entwurfes eines Gesetzes zur Vereinfachung des zivilgerichtlichen Verfahrens und des Verfahrens der freiwilligen Gerichtsbarkeit vom 8.12.1998[301] enthalten ist.[302] Dort wurde vorgeschlagen, den Beschwerdekammern des Landgerichts die Möglichkeit („Kann-Regelung") einzuräumen, das Verfahren auf einen Einzelrichter zu übertragen, wenn es keine besonderen Schwierigkeiten tatsächlicher oder rechtlicher Art aufweist und keine grundsätzliche Bedeutung hat. In Erweiterung dieses Vorschlags überlässt § 568 S. 1 ZPO unter Begründung einer sog. „originären" Zuständigkeit die Entscheidung dem Einzelrichter, wenn nicht dieser gem. § 568 S. 2 ZPO die Beschwerdesache auf das Beschwerdegericht überträgt.[303] Insoweit unterscheidet sich das Beschwerde- vom Berufungsverfahren, bei dem in § 526 ZPO eine originäre Zuständigkeit des Richterkollegiums vorgesehen ist und dieses auch in den in § 526 Abs. 1 ZPO bezeichneten Fällen das Verfahren zur Verhandlung und Entscheidung einem Einzelrichter übertragen kann, aber nicht muss.

1. Kritik an der „originären" Einzelrichterzuständigkeit

Die orginäre Einzelrichterzuständigkeit in § 568 ZPO ist auf Kritik gestoßen.[304] Es überzeuge wenig, wenn die Entscheidung eines Einzelrichters von einem anderen Einzelrichter überprüft werde, zumal, wenn die Ausgangsentscheidung von einem Direktor des Amtsgerichts oder einem Zivilkammervorsitzenden stamme. Manche Sachgebiete seien ferner für die Verfahrensbeteiligten so bedeutend, dass eine erstinstanzliche Entscheidung stets durch das Kollegium kontrolliert werden sollte. Darüber hinaus sollte aus praktischen Gründen stets das Kollegium des Rechtsmittelgerichts entscheiden, wenn es vor diesem in derselben Angelegenheit auch zu einem Hauptsacheverfahren kommen könne.[305]

[301] BT-Drs. 14/163.
[302] So bereits die Begründung des *Referentenentwurfes-ZPO* zum ZPO , S. 175, aufgegriffen in der Begründung des *Regierungsentwurfes-ZPO* zum ZPO , BT-Drs. 14/4722, S. 110.
[303] Zu den Voraussetzungen und Folgen s. u. S. 79ff.
[304] Vgl. *Gottwald*, Bericht zum 65. Deutschen Juristentag 2004, S. A 106ff., 124; *Feskorn*, NJW 2003, 856.
[305] Vgl. insgesamt *Gottwald*, Bericht zum 65. Deutschen Juristentag 2004, S. A 106ff., 124.

Für die Kritik spricht sicher, dass auch im amtsgerichtlichen oder im landgerichtlichen Einzelrichterverfahren schwierige Rechtsprobleme zu lösen sein können, deren Beurteilung im Beschwerderechtszug besser von vorne herein einem Gremium überlassen werden sollten. Eine Lösung könnte sein, wie bei § 526 ZPO zunächst das Gremium über die (obligatorische) Übertragung auf den Einzelrichter befinden zu lassen. Andererseits überzeugt die Abgrenzung der originären Einzelrichterregelung in § 568 ZPO zur obligatorischen Einzelrichterregelung in § 526 ZPO durchaus. Regelmäßig haben nämlich Beschwerdeangelegenheiten weniger gewichtige Nebenverfahren zum Inhalt als Berufungssachen. Die vorherige Überprüfung der (obligatorischen) Übertragung auf den Einzelrichter durch das Kammer- oder Senatsgremium wäre daher in den meisten Fällen ein in der Sache nicht gerechtfertigter Aufwand. Die Einführung eines „Katalogs" an Beschwerdeangelegenheiten, bei dem originär das Beschwerdekollegium mit einer obligatorischen Übertragungsmöglichkeit auf den Einzelrichter entscheiden würde, wäre den selben Einwänden wie die entsprechende Regelung des § 348 Abs. 1 S. 2 ZPO zur erstinstanzlichen originären Kammerzuständigkeit ausgesetzt. An dieser Vorschrift wird zu Recht kritisiert, dass sie keineswegs alle schwierigen Rechtsgebiete umfasse und umgekehrt die erfasste Fälle nicht immer schwierig sein müssten.[306] Auch der Einwand, dass „unerfahrene" Richter in Beschwerdekammern oder -senaten über „erfahrene" erstinstanzliche Einzelrichter entscheiden würden, ist jedenfalls dann nicht zutreffend, wenn zur Vermeidung des genannten Problems die Beschwerdekollegien nur mit Richtern mit mehrjähriger zivilrechtlicher (erstinstanzlicher) Berufserfahrung besetzt würden, was leider nicht immer der Fall ist.

2. Ausgangsentscheidungen des Einzelrichters und des Rechtspflegers - Vorsitzender der Kammer für Handelssachen als Einzelrichter?

Einzelrichter des Ausgangsgerichtes ist der Richter am Amtsgericht[307] sowie der von den §§ 348, 348a ZPO bestimmte Einzelrichter der erstinstanzlich tätig gewordenen Zivilkammer des Landgerichts.[308] Hierbei bestimmt § 568 S. 1 ZPO ausdrücklich, dass bei Beschwerden gegen Entscheidungen[309] des Rechtspflegers im Sinne des § 11 Abs. 1 RPflG dieser dem Einzelrichter gleichsteht. Zwifelhaft ist, ob als Einzelrichter erster Instanz auch der gem. § 349 Abs. 2 und 3 ZPO alleine entscheidende Vorsitzende der Kammer für Handelssachen anzusehen ist. Hiergegen spricht die terminologische Differenzierung, die § 350 ZPO zwischen dem Einzelrichter der Zivilkammer (§§ 348, 348a ZPO) und dem

306 Vgl. *Gottwald*, Bericht zum 65. Deutschen Juristentag 2004, S. A 106ff., 113.

307 Entscheidungen des Amtsgerichts in Zivilsachen werden immer von einem Einzelrichter getroffen, vgl. § 22 Abs. 1 und 4 GVG.

308 *Zöller/Gummer*, § 568 Rn. 2.

309 Entscheidungen des Rechtspflegers liegen vor, wenn dieser in eine Sachprüfung eingetreten ist, insbesondere einen Antrag zurückgewiesen hat, oder vor seinem Tätigwerden rechtliches Gehör gewährt hat; vgl. etwa *Thomas/Putzo*, § 829 Rn. 55 für die Fälle, dass der Rechtspfleger über einen Antrag auf Erlass eines Pfändungs- und Überweisungsbeschlusses befindet.

Vorsitzenden der Kammer für Handelssachen (§ 349 ZPO) bei der Anfechtung deren Entscheidungen trifft.[310]

Diese sich aus ZPO (§ 349 Abs. 1 ZPO) und GVG (§ 105 Abs. 1 GVG) ergebende Beschreibung des an Stelle der Kammer für Handelssachen tätig werdenden Vorsitzenden als „Vorsitzender" und nicht als „Einzelrichter" ist indes nicht weiter verwunderlich, denn auch sonst wird beim Verfahren im ersten Rechtszug der alleine und an Stelle der Zivilkammer entscheidende Vorsitzende als solcher und nicht als Einzelrichter bezeichnet (vgl. z.B. §§ 276, 944 ZPO). Die Differenzierung in § 350 ZPO zwischen Einzelrichter und Vorsitzendem der Kammer für Handelssachen erklärt sich einzig und allein daraus, dass in den Fällen des § 349 ZPO eben nach dem Wortlaut dieser Vorschrift der Vorsitzende und nicht die beisitzenden ehrenamtlichen Richter entscheiden. Würde § 350 ZPO demgegenüber nur auf den „Einzelrichter" abstellen, wäre zur Anfechtung der Entscheidungen des Vorsitzenden der Kammer für Handelssachen nämlich gar keine Aussage getroffen. § 350 ZPO hat daher insoweit nur klarstellenden Charakter, stellt aber mitnichten ein Präjudiz dergestalt dar, der Vorsitzende der Kammer für Handelssachen könne kein Einzelrichter im Sinne anderer Vorschriften der ZPO, insbesondere des § 568 S. 1 ZPO sein.

Auch den für den Einzelrichter im Berufungsverfahren geltenden Regelungen der §§ 526 Abs. 4, 527 Abs. 1 S. 2 ZPO lässt sich nichts anderes entnehmen. Diese Vorschriften, nach denen nur der Vorsitzende der Kammer für Handelssachen entscheidender oder vorbereitender Einzelrichter im Berufungsverfahren sein kann, rechtfertigen keinen Umkehrschluss für § 568 Abs. 1 ZPO, der den Vorsitzenden der Kammer für Handelssachen nicht erwähnt. Die §§ 526 Abs. 4 und 527 Abs. 1 S. 2 ZPO wollen vielmehr nur klar stellen, dass die ehrenamtlichen Handelsrichter (vgl. § 105 Abs. 1 GVG) nicht entscheidende oder vorbereitende Einzelrichter in zweiter Instanz sein können, regeln also eine ganz andere Materie als § 568 ZPO, der für die Abgrenzung der Beschwerdezuständigkeit zwischen Kollegium und Einzelrichter daran anknüpft, von wem die erstinstanzliche Entscheidung (Kollegium oder Einzelrichter) stammt.[311] Dass auch das ZPO-RG den Vorsitzenden der Kammer für Handelssachen als „Einzelrichter" ansieht, ergibt sich des weiteren aus der systematischen Stellung des § 349 ZPO im 4. Titel des 1. Abschnitts des 2. Buchs der

[310] So aber *BGH*, NJW 2004, 856; *OLG Karlsruhe*, NJW 2002, 1962, *OLG Zweibrücken*, NJW 2002, 2722, *OLG Frankfurt/M.*, MDR 2002, 1391 [LS.] und *OLG* Hamm, MDR 2003, 116, die im wesentlichen als Konsequenz der im Gesetz nicht verwendeten Bezeichnung des Vorsitzenden der Kammer für Handelssachen als „Einzelrichter" die Unanwendbarkeit der originären Einzelrichterzuständigkeit im Beschwerdeverfahren nach § 568 Abs. 1 S. 1 ZPO sehen. Zustimmend hierzu auch *Baumbach/Albers/Lauterbach/Hartmann*, § 349 Rn. 1 und § 568 Rn. 2, *Zöller/Gummer*, § 568 Rn. 3, *Thomas/Putzo*, § 568 Rn. 2, *Zimmermann*, § 349 Rn. 9 und § 568 Rn. 1, Hk-ZPO/*Kayser*, § 568 Rn. 2 sowie *Gehrlein*, MDR 2003, 547, 552.

[311] Anders *BGH*, NJW 2004, 856.

ZPO, der mit der Überschrift „Verfahren vor dem Einzelrichter" versehen ist.[312] Die Regelung des § 349 Abs. 4 ZPO, wonach im Verfahren vor der Kammer für Handelssachen die §§ 348, 348a ZPO nicht gelten, spricht ebenfalls nicht gegen die hier vertretene Auffassung; diese Regelung ist erforderlich, da der Vorsitzende der Kammer für Handelssachen eben nicht die Kompetenzen eines Einzelrichters nach den §§ 348, 348a ZPO haben soll.

Einer solchen Regelung hätte es aber gerade nicht bedurft, wenn der Gesetzgeber, der zu der Streitfrage in den Gesetzesmaterialien keine Stellung genommen hat, den nach § 349 Abs. 2 und 3 ZPO allein entscheidenden Vorsitzenden der Kammer für Handelssachen nicht auch als „Einzelrichter" ansehen würde.[313] Wie der Einzelrichter der Zivilkammer entscheidet aber der Vorsitzende der Kammer für Handelssachen an Stelle des Kollegiums und nicht als auf Grund gesetzlicher Anordnung ausschließlich funktionell zuständiges Organ.[314] Schließlich spricht hierfür auch der vom Reformgesetzgeber immer wieder betonte Zweck der Neuregelung der Beschwerdezuständigkeit. Nur bei den Ausgangsent-

[312] So auch *Feskorn*, NJW 2003, 856 mit dem zutreffenden Hinweis, dass nach der gesetzgeberischen Geschichte des Einzelrichters in der sog. Einzelrichternovelle aus dem Jahr 1974 entgegen dem Gesetzentwurf des *Bundesrates* – BT-Drs. 7/1550 –, der die Wahl zwischen nur vorbereitendem und entscheidendem Richter der Zivilkammer des Landgerichts überließ, der vorbereitende Einzelrichter für die Zivilkammer abgeschafft wurde. Dies geschah auf die Stellungnahme der *Bundesregierung* – BT-Drs. 7/1550, S. 7 – sowie auf die Empfehlung des *Rechtsausschusses des Bundestages* – BT-Drs. 7/2769 – hin. Dann war es zwar einerseits konsequent, andererseits aber die Vermeidung von Verwechslungen der einzige Grund, die Bezeichnung Einzelrichter für den Vorsitzenden der Kammer für Handelssachen abzuschaffen, vgl. auch die entsprechende Stellungnahme der *Bundesregierung*, BT-Drs. 7/1550, und die Empfehlung des *Rechtsausschusses des Bundestages*, BT-Drs. 7/2769, S. 13. Anders wiederum der *BGH*, NJW 2004, 856, der die Überschrift „Verfahren vor dem Einzelrichter" für die §§ 348ff. ZPO als „historisches Relikt" bezeichnet. Vor Einführung der Einzelrichternovelle aus dem Jahre 1974 (vgl. BT-Drs. 7/2729, S. 83 und BT-Drs. 7/2769, S. 13) sei der Vorsitzende ebenso wie die Mitglieder der Zivilkammer nur vorbereitender Einzelrichter gewesen. Trotz Einführung des entscheidenden Einzelrichters mit der genannten Novelle, aber gleichzeitiger Beibehaltung der nur vorbereitenden Tätigkeit des Vorsitzenden der Kammer für Handelssachen, habe man die Überschrift vor den §§ 348ff. ZPO nicht geändert.

[313] In diesem Sinn im Wege teleologischer Auslegung des § 568 Abs. 1 S. 1 ZPO auch *OLG Köln*, OLG-Report 2002, 344, *OLG Dresden*, OLG-Report 2003, 452, *OLG Frankfurt/M.*, OLG-Report 2003, 342, *Greger*, NJW 2002, 3049, sowie im Ergebnis – allerdings ohne Begründung – MünchKomm/*Lipp*, Aktualisierungsband, § 568 Rn. 5; demgegenüber spricht sich *Fölsch*, MDR 2003, 308, gegen die unmittelbare Heranziehung des § 568 S. 1 ZPO zur Begründung der Zuständigkeit des originären Einzelrichters gegen Entscheidungen des Vorsitzenden der Kammer für Handelssachen aus, da der Vorsitzende der Kammer für Handelssachen nicht Einzelrichter im Sinne .des § 568 S. 1 ZPO sei – insoweit mit den selben Argumenten wie der *BGH* und die in Fn. 310 genannten *Oberlandesgerichte* -, noch begrifflich mit diesem gleichgesetzt werden könne. Stattdessen plädiert *Fölsch* für die analoge Anwendung des § 568 S. 1 ZPO und kommt zum selben Ergebnis. Dieser aufwändigen und überflüssigen Konstruktion bedarf es nicht, wenn man– wie ausgeführt – bedenkt, dass dem Gesetzgeber in der ZPO gar keine andere sinnvolle Bezeichnung für den Berufsrichter der Kammer für Handelssachen übrig blieb als „Vorsitzender", da diese Terminologie schlicht derjenigen des Gerichtsverfassungsgesetzes in 105 Abs. 1 GVG entspricht.

[314] Wie etwa der Vorsitzende der Zivilkammer gem. § 3 Abs. 3 AVAG, der nach zutreffender Ansicht nicht Einzelrichter i. S. des § 568 S. 1 ZPO ist, vgl. *OLG Köln*, OLG-Report 2002, 344, sowie *Thomas/Putzo* , § 568 Rn. 2; a.A. allerdings *Zöller/Geimer*, § 13 AVAG Rn. 1.

scheidungen von Kollegialspruchkörpern sei zur Vermeidung eines Akzeptanzverlustes auch eine kollegiale Beschwerdeentscheidung erforderlich. Ansonsten sei im Sinne einer Verfahrensbeschleunigung und -vereinfachung eine einzelrichterliche Überprüfung sinnvoller.[315] Hieran kann nichts ändern, wenn an Stelle eines Amtsrichters oder des als Einzelrichter entscheidenden Vorsitzenden der Zivilkammer der Vorsitzende der Kammer für Handelssachen entschieden hat.

3. Der Einzelrichter des Beschwerdegerichts

Der Einzelrichter des Beschwerdegerichtes im Sinn des § 568 S. 1 ZPO ist das Mitglied des Kollegiums einschließlich des Vorsitzenden, auf das gemäß Geschäftsverteilungsplan des Spruchkörpers (§ 21g Abs. 3 GVG) die Angelegenheit entfällt. Nicht, auch nicht entsprechend, anwendbar ist im Beschwerdeverfahren die Regelung des § 348 Abs. 1 S. 2 Nr. 1 ZPO, die im erstinstanzlichen Rechtszug vor dem Landgericht den Einsatz des Richters auf Probe als sog. originären Einzelrichter beschränkt.[316] Grund hierfür ist die unterschiedliche Zielsetzung des Gesetzgebers, der dem erstinstanzlichen Verfahren vor dem Landgericht eine besondere Bedeutung beimisst, die es rechtfertigt, Proberichter ohne entsprechende Berufserfahrung nicht als originäre Einzelrichter einzusetzen.[317] Ist schließlich die Kammer für Handelssachen zur Entscheidung über die Beschwerde zuständig, da der Beschwerdeführer Antrag auf Entscheidung durch dieses Gericht gestellt hat (§§ 100, 94, 95, 96 Abs. 1 GVG), kann nur der Kammervorsitzende Einzelrichter im Beschwerdeverfahren sein, nicht aber ein ehrenamtlicher Richter.[318]

II. Entscheidung über die Zulässigkeit der Beschwerde

Nach § 572 Abs. 2 S. 1 ZPO hat das „Beschwerdegericht“ von Amts wegen zu prüfen, ob die Beschwerde an sich statthaft und ob sie in der gesetzlichen Form und Frist eingelegt, kurz, ob sie zulässig ist. Im Falle feststehender Unzulässigkeit ist die Beschwerde (vom Beschwerdegericht) als unzulässig zu verwerfen. Dies hat richtiger Auffassung[319] nach zwingender Weise vor dem Eintritt in eine Begründetheitsprüfung zu erfolgen.

[315] So die Begründung z.B. des *Regierungsentwurfes-ZPO* in BT-Drs. 14/4722, S. 111. In diesem Sinne auch *OLG Hamm*, MDR 2004, 110 und *Feskorn*, NJW 2003, 856.

[316] So *BGH*, MDR 2003, 645; *Zöller/Gummer*, § 568 Rn. 2.

[317] So *BGH*, MDR 2003, 646, unter Hinweis auf die Begründung des Gesetzes zu § 348 Abs. 1 S. 2 Nr. 1 ZPO im *Regierungsentwurf-ZPO-RG*, BT-Drs. 14/4722, 87; demgegenüber steht bei der Einzelrichterregelung des § 568 ZPO die Beschleunigung der Entscheidung im Vordergrund, die „bei Beibehaltung des Kollegialprinzips nicht immer gewährleistet werden kann“, so ebenfalls der *Regierungsentwurf-ZPO-RG*, BT-Drs. 14/4722, S. 111: eine entsprechende Anwendung des § 348 Abs. 1 S. 2 Nr. 1 ZPO ist daher schon wegen der unterschiedlichen Bedeutung der erstinstanzlichen Verfahren vor den Landgerichten nicht gerechtfertigt, da es sich beim Beschwerdeverfahren um ein Nebenverfahren handelt. Der von § 568 ZPO angestrebte Vereinfachungseffekt würde schließlich vereitelt.

[318] *Thomas/Putzo*, § 568 Rn. 2.

[319] S. unten S. 116f.; *Gottwald*, NJW 1974, 2241; MünchKomm/*Lipp*, Aktualisierungsband, § 572 Rn. 18; *Thomas/Putzo*, § 572 Rn. 13.

§ 568 ZPO differenziert für die Entscheidungszuständigkeit im Beschwerdeverfahren nach der Ausgangsentscheidung. War an dieser ein Richterkollegium beteiligt, hat also die Zivilkammer des Landgerichts und nicht eines ihrer Mitglieder als Einzelrichter entschieden, ist zur Entscheidung über die Zulässigkeit der Beschwerde der Zivilsenat des OLG und nicht eines seiner Mitglieder als Einzelrichter zuständig, vgl. §§ 568 S. 1 ZPO , 119 Abs. 1 Nr. 2 GVG. Hat ein Einzelrichter am Amts- oder Landgericht erstinstanzlich entschieden, stellt sich die Frage, ob über die Zulässigkeit der Beschwerde der (originäre) Einzelrichter des § 568 S. 1 ZPO oder das Kollegium des Beschwerdegerichtes (Zivilkammer, § 72 GVG, oder Zivilsenat, s.o.) entscheidet. § 572 Abs. 2 S. 1 ZPO spricht nämlich lediglich vom „Beschwerdegericht", wohingegen § 568 S. 2 ZPO gerade zwischen „Einzelrichter" und „Beschwerdegericht" (womit dort offensichtlich das Kollegium der Richter gemeint ist) differenziert.

Anders als in § 523 Abs. 1 ZPO, wonach vor der Übertragung der Entscheidung über die Berufung auf den Einzelrichter die Zulässigkeit des Rechtsmittels durch das Kollegium zu prüfen ist,[320] fehlt eine entsprechende Regelung im Beschwerdeverfahren. Einer solchen bedarf es aber auch nicht, da die Beschwerde nach dem eindeutigen Wortlaut sowie Sinn und Zweck des § 568 S. 1 ZPO ohne Umweg über den Vorsitzenden bzw. das Kollegium direkt, d.h. ohne vorherige Übertragung durch das Kollegium, an den Einzelrichter gelangt. Dieser verhandelt und entscheidet über die Beschwerde als Beschwerdegericht i. S. des § 572 Abs. 2 S. 1 ZPO.[321] Insoweit ist die Regelung vergleichbar mit derjenigen für die originäre Zuständigkeit des Einzelrichters der landgerichtlichen Zivilkammer in erster Instanz gem. § 348 Abs. 1 S. 1 ZPO,[322] dem das Verfahren ebenfalls ohne Umwege über den Vorsitzenden oder das Kollegium zuzuleiten ist.

Die offensichtlich unterschiedliche Bedeutung der nämlichen Bezeichnung „Beschwerdegericht" in § 568 S. 2 ZPO, der das Beschwerdegericht im Sinne von „Kollegium" meint, einerseits und § 572 Abs. 2 S. 1 ZPO andererseits, der das Gericht, das über die Beschwerde entscheidet, betrifft, ändert hieran nichts. Der Einzelrichter in Beschwerdesachen entscheidet daher auch über die Zulässigkeit der Beschwerde.

[320] *Thomas/Putzo*, § 522 Rn. 2.

[321] *Thomas/Putzo*, § 568 Rn. 3.

[322] *Baumbach/Lauterbach/Albers/Hartmann*, § 568 Rn. 3

B. Entscheidungszuständigkeit des Kollegiums

I. Beschwerden gegen Entscheidungen des Einzelrichters oder des Rechtspflegers

1. Übertragung durch den Einzelrichter auf das Kollegium nach § 568 S. 2 ZPO

a) „Muss"- oder „Kann"- Regelung ?

Nach dem Gesetzeswortlaut des § 568 S. 2 ZPO („*Der Einzelrichter überträgt das Verfahren dem Beschwerdegericht, wenn ....*") hat der Einzelrichter unter zwei nachfolgend näher zu untersuchenden Voraussetzungen die Beschwerdesache dem Beschwerdegericht, d.h. dem Kollegium in Gestalt der Zivilkammer des Landgerichts bzw. des Zivilsenates am Oberlandesgericht, zu übertragen. Diese dem Wortlaut nach eindeutig als „Muss-Regelung" formulierte Vorschrift ist nach den identischen Begründungen des *Referenten-*[323] wie des *Regierungsentwurfes*[324] allerdings eine „Kann–Regelung." In den Begründungen heißt es nämlich insoweit übereinstimmend:

„*Satz 2 gewährleistet, dass der originäre Einzelrichter den Fall auf den Senat übertragen kann*[325], *wenn die Beschwerdeentscheidung besondere rechtliche oder tatsächliche Schwierigkeiten oder Fragen von grundsätzlicher Bedeutung aufwirft.*"

Diese Divergenz zwischen Gesetzestext und Begründung ist allerdings nach der Intention des § 568 S. 2 ZPO teleologisch dahin zu bereinigen, dass nur eine „Muss-Regelung" gemeint sein kann. Sinn und Zweck der Regelung des § 568 S. 2 ZPO kann nicht sein, es dem Einzelrichter, der sich in Anbetracht der Schwierigkeiten bzw. der grundsätzlichen Bedeutung des Einzelfalls seiner Entscheidung nicht sicher ist, lediglich auch dann nur zu ermöglichen bzw. freizustellen, eine Entscheidung des Kollegiums herbei zu führen, wenn er die Übertragungskriterien als gegeben ansieht. Vielmehr erklärt sich die Übertragungspflicht – ebenso, wie etwa die Vorlagepflicht des Einzelrichters an die Zivilkammer im ersten Rechtszug nach § 348 Abs. 3 ZPO[326] – schlicht daraus, dass in den vom Gesetz genannten Übertragungsfällen eine Entscheidung durch den Einzelrichter nicht angemessen ist und dem Ziel einer tatsächlich und rechtlich korrekten Beschwerdeentscheidung, gegen

[323] Dort S. 176.
[324] BT-Drs. 14/4722, S. 111.
[325] Hervorhebung durch den Verfasser.
[326] Hier formuliert zumindest die Begründung des mit der Gesetzesfassung übereinstimmenden *Regierungsentwurfes-ZPO* in BT-Drs. 14/4722, S. 89 eindeutig: „*(§ 348) Absatz 3 Satz 1 regelt die Voraussetzungen, unter denen der* (originäre) *Einzelrichter im Wege eines Beschlusses den Rechtsstreit auf die Kammer übertragen muss*" Anders die Begründung des dem Gesetzeswortlaut nach identischen *ZPO-Koalitionsentwurfes*, BT-Drs. 14/3750, S. 40, wonach „*der Einzelrichter Rechtsstreitigkeiten .... auf die Kammer übertragen darf.*"

die die nur ausnahmsweise ein weiteres Rechtsmittel in Gestalt der Rechtsbeschwerde möglich ist[327], zuwider läuft. Im übrigen würde eine „Kann-Regelung“ gegen das in Art. 101 Abs. 1 S. 2 GG aufgestellte Gebot des vom Gesetz bestimmten Richters verstoßen,[328] da die Übertragung auf das Kollegium in das Belieben des Einzelrichters gestellt wäre. § 568 S. 2 ZPO ist daher als eine seinem Wortlaut entsprechende „Muss-Regelung“ zur Übertragung eines Beschwerdeverfahrens auf das Richterkollegium anzusehen.[329]

b) § 568 S. 2 Nr. 1 ZPO – Beschwerde gegen PKH-Beschlüsse

aa) Besondere Schwierigkeiten tatsächlicher oder rechtlicher Art

Nach § 568 S. 2 Nr. 2 ZPO hat der Einzelrichter die Beschwerdesache dem Kollegium zu übertragen, wenn diese besondere Schwierigkeiten tatsächlicher oder rechtlicher Art aufweist. Diese Voraussetzungen sind u.a. identisch mit denjenigen, die im Urteilsverfahren erstinstanzlich nach alter Gesetzeslage im umgekehrten Sinn für die Übertragung durch die Zivilkammer auf den Einzelrichter gem. § 348 Abs. 1 Nr. 1 ZPO (a.F.) aufgestellt waren. Sie werden nunmehr nach dem ZPO-RG von den §§ 348 Abs. 3 Nr. 1 bzw. 348a Abs. 1 Nr. 1 auch für die Vorlage an die Kammer zur Übernahme bei originärer Einzelrichterzuständigkeit bzw. für die Übertragung durch die Kammer an den Einzelrichter bei dessen obligatorischer Zuständigkeit postuliert.

Die zur alten Rechtslage bestehende Kasuistik für das Vorliegen besonderer Schwierigkeiten in tatsächlicher oder rechtlicher Hinsicht kann für die Auslegung des § 568 S. 2 ZPO weiter verwendet werden. Besondere tatsächliche oder rechtliche Schwierigkeiten sind solche, die erheblich über dem durchschnittlichen Grad liegen, d.h. Ausnahme- und nicht Regelfälle.[330] Hierunter fallen zum einen Sachverhalte, die in tatsächlicher Hinsicht in ihren wirtschaftlichen, technischen oder wissenschaftlichen Zusammenhängen auffallend schwer überschaubar und schwer verständlich sind.[331] Zu denken ist hierbei an Fälle, bei denen umfänglich schriftsätzlich vorgetragenes Tatsachenmaterial zu berücksichtigen ist, z.B. bei den im Rahmen einer Beschwerdeentscheidung gegen einen Kostenbeschluss gem. § 91a ZPO zu prüfenden Erfolgsaussichten der Klage nach übereinstimmender Erledigungserklärung.[332]

Besondere Schwierigkeiten in rechtlicher Hinsicht sind dann gegeben, wenn zur Entscheidung über die Beschwerde ganz ausgefallene oder sehr komplizierte Rechtsfragen zu beantworten sind, besonders, wenn sie bislang in Rechtsprechung und Schrifttum noch we-

327 Hierzu s. unten § 7.

328 MünchKomm/*Lipp*, Aktualisierungsband, § 568 Rn. 6.

329 Für eine zwingende Übertragung auch *Baumbach/Albers/Lauterbach/Hartmann*, § 568 Rn. 4 und *Zöller/Gummer*, § 568 Rn. 3, der ebenso wie MünchKomm/*Lipp*, Aktualisierungsband, § 568 Rn. 6, Fn. 6, auf die Diskrepanz zwischen Wortlaut des § 568 S. 2 ZPO und den Entwurfsbegründungen hinweist.

330 *Thomas/Putzo*, § 568 Rn. 6.

331 *Thomas/Putzo*, § 568 Rn. 6; *Baumbach/Lauterbach/Albers/Hartmann*, § 568 Rn. 4 und § 348 Rn. 39.

332 Vgl. *Thomas/Putzo*, § 91a Rn. 47.

nig erörtert sind.[333] Allein die wirtschaftliche Bedeutung einer Beschwerdesache, die sich in einem besonders hohen Streitwert ausdrücken kann, soll die Übertragung auf das Kollegium allerdings ebenso wenig rechtfertigen wie ein mit der Bearbeitung für den Richter verbundener überdurchschnittlicher Zeitaufwand.[334] Dabei ist aber zu sehen, dass sich ein überdurchschnittlich hoher Zeitaufwand für den Richter natürlich in erster Linie aus besonderen Schwierigkeiten rechtlicher oder tatsächlicher Art ergeben wird. In diesem Zusammenhang kommen für das Beschwerdeverfahren wohl v.a. schwierige Einzelprobleme bei Beschwerden in Zwangsvollstreckungssachen, aber auch im Bereich der Kostenentscheidung nach übereinstimmender Erledigungserklärung gem. § 91a ZPO[335] in Betracht.

bb) Sonderfall: Beschwerde gegen PKH-Beschlüsse

Generell soll schließlich der originäre Einzelrichter bei der Beschwerde über die Ablehnung eines Prozesskostenhilfeantrages die Angelegenheit dann wegen besonderer Schwierigkeiten tatsächlicher oder rechtlicher Art auf das Kollegium zu übertragen haben, wenn diese die Beurteilung der Erfolgsaussicht bei der Rechtsverfolgung oder Rechtsverteidigung betreffen und über die Berufung in der Hauptsache das Berufungs- bzw. Beschwerdegericht in voller Besetzung entscheiden müsste, d.h. kein Grund zur Übertragung auf den Einzelrichter nach § 526 Abs. 1 ZPO gegeben wäre. Begründung hierfür soll sein, dass durch die Beschwerdeentscheidung die Entscheidung in der Hauptsache beeinflusst werden könne, andererseits widersprüchliche Entscheidungen des Beschwerde-Einzelrichters zum einen und des Berufungskollegiums zum anderen drohten. Eine Übertragung der Beschwerdeentscheidung im Prozesskostenhilfeverfahren auf das Kammerkollegium müsse daher jedenfalls dann erfolgen, wenn die Beurteilung der Erfolgsaussicht nicht unzweifelhaft sei. Schließlich sollen auch verfassungsrechtliche Gründe der Gleichbehandlung die Übertragung auf das Beschwerdekollegium erfordern, um Chancengleichheit bei der Rechtswahrnehmung zwischen armer und nicht bedürftiger Partei herzustellen. Außer bei eindeutigen Fällen dürfe kein anderes Gremium über die Frage der Erfolgsaussicht entscheiden, als dasjenige, das zur Entscheidung in der Berufung zuständig wäre.[336] Dieser Ansicht kann jedenfalls in diesem Umfang nicht gefolgt werden. Der Umstand allein, dass die Entscheidung über die Beschwerde diejenige über die Hauptsache beeinflussen könne, genügt nicht, die Zuständigkeit des originären Einzelrichters in Beschwerdesachen derart zu beschneiden, dass dieser nur in eindeutigen Fällen fehlender Erfolgsaussicht entscheiden könne. Dies ist weder durch § 568 ZPO noch aus verfassungsrechtlichen Gründen geboten. Von vornherein anzunehmen, dass der originäre Einzelrichter im Ver-

[333] *Thomas/Putzo*, § 568 Rn. 6; *Baumbach/Lauterbach/Albers/Hartmann*, § 568 Rn. 4 i. V. mit *Zöller/Greger*, § 348 Rn. 21; *Zöller/Gummer*, § 568 Rn. 3 i. V. mit *Zöller/Greger*, § 348 Rn. 21.

[334] So die Begründung des *Regierungsentwurfes-ZPO*, BT-Drs. 14/4722, S. 89, für die Übertragung durch den Einzelrichter auf die Zivilkammer gem. § 348 Abs. 3 S. 1 Nr. 1 ZPO.

[335] Bei dieser Entscheidung darf sich das Gericht richtiger Ansicht nach nicht auf eine nur überschlägige Beurteilung der rechtlichen Probleme, die den voraussichtlichen Ausgang der Hauptsache bestimmt hätten, begnügen, insbesondere darf von der Auseinandersetzung mit „schwierigen" Rechtsfragen aus Gründen der Verfahrensökonomie nicht abgesehen werden, so zu Recht *Rosenberg/Schwab/Gottwald*, § 84 Rn. 37; MünchKomm/*Lindacher*, § 91a Rn. 55.

[336] Vgl. insgesamt *OLG Köln*, NJW 2002, 1436; *Thomas/Putzo*, § 568 Rn. 6. Zur Chancengleichheit der bedürftigen Partei s. a. *BVerfG*, NJW 1988, 2231; *Zöller/Philippi*, vor § 114 Rn. 1, 2.

fahren der Prozesskostenhilfe-Beschwerde bei der Beurteilung der Frage, ob besondere Schwierigkeiten tatsächlicher oder rechtlicher Art vorliegen, bei unverändertem Sachverhalt zu einem anderen Ergebnis kommen werde wie das im Berufungsverfahren gem. § 526 Abs. 1 ZPO originär zuständige Kollegium, ist nicht gerechtfertigt. Vielmehr ist das Gegenteil der Fall. Dann ist aber davon auszugehen, dass regelmäßig sowohl über Beschwerde als auch über Berufung in derselben Besetzung entschieden wird. Falls sich die Beurteilung der Sach- und Rechtslage im Berufungsverfahren auf Grund des nunmehr durchgeführten erstinstanzlichen Prozesses anders darstellt und eine Übertragung wegen jetzt erkennbarer besonderer Schwierigkeiten auf den Einzelrichter unterbleibt, liegt eine nunmehr ggf. tatsächlich eintretende Divergenz in der Besetzung von Beschwerdegericht und Berufungsgericht in der Natur der Sache, da im Prozesskostenhilfe-Verfahren naturgemäß nur eine Beurteilung ex ante (Erfolgsaussicht) stattfinden kann.[337]

c) § 568 S. 2 Nr. 2 ZPO

Der Einzelrichter hat die Beschwerdesache ferner dann auf das Kollegium zu übertragen, wenn sie grundsätzliche Bedeutung hat. Auch diese Voraussetzung findet sich in Anlehnung an die Einzelrichterübertragung gem. § 348 Abs. 1 Nr. 2 ZPO (a.F.) nach Inkrafttreten des ZPO-RG mit identischer Formulierung in mehreren Vorschriften, z.B. in den §§ 348 Abs. 3 Nr. 2 und 348a Abs. 2 Nr. 1 ZPO.[338] Die hierzu bereits für die alte Gesetzeslage bestehende Kasuistik kann voll übernommen werden.

Grundsätzliche Bedeutung hat daher eine Rechtssache dann, wenn eine für die Entscheidung erhebliche Rechtsfrage bisher letztinstanzlich noch nicht geklärt ist und Bedeutung über den Einzelfall hinaus hat.[339] Letzteres soll dann gegeben sein, wenn das zu entscheidende rechtliche – nicht rein tatsächliche – Problem eine unbestimmte, nicht überschaubare Vielzahl von Fällen betrifft.[340] Im Bereich des Beschwerdeverfahrens kam nach alter, vor dem Inkrafttreten des ZPO-RG geltender Rechtslage mangels grundsätzlicher Zuständigkeit des *BGH* als letztinstanzliches Gericht (vgl. § 133 Nr. 2 GVG (a.F.) eine höchstgerichtliche Entscheidung de lege lata nicht in Betracht.[341] Da nunmehr gem. §§ 574 Abs. 2 Nr. 1, 133 GVG bei grundsätzlicher Bedeutung die Zulassung einer Rechtsbeschwerde zum *BGH* eröffnet ist, sollte diese Voraussetzung künftig bereits bei der Übertragung des

337 Vgl. *Greger*, NJW 2002, 3053.

338 Vgl. oben a).

339 *Zöller/Gummer*, § 568 Rn. 3 i. V. mit *Zöller/Greger*, § 348 Rn. 22; MünchKomm/*Rimmelspacher*, Aktualisierungsband, § 511 Rn. 66 bis 71.

340 *Thomas/Putzo*, § 511 Rn. 20; MünchKomm/*Rimmelspacher*, Aktualisierungsband, § 511 Rn. 68. Zur „grundsätzlichen Bedeutung der Rechtssache" bei der Rechtsbeschwerde (§ 574 Abs. 2 Nr. 1 ZPO), vgl. noch unten § 7.

341 Allerdings war vor Inkrafttreten des ZPO-RG anerkannt, dass gegen greifbar gesetzeswidrige Beschlüsse der Oberlandesgerichte, die wegen § 567 Abs. 4 S. 1 ZPO (a.F.) grundsätzlich unanfechtbar waren, eine sog. außerordentliche Beschwerde statthaft war. Dies war anerkannt in Fällen, in denen ein Beschluss jeglicher gesetzlichen Grundlage entbehrte und inhaltlich dem Gesetz fremd war, vgl. *BGHZ* 109, 41; *Thomas/Putzo*, 22. Aufl., § 567 Rn. 7. Zu diesen Fallgestaltungen, insbesondere zur Behandlung greifbar gesetzeswidriger Beschlüsse nach Inkrafttreten des ZPO-RG vgl. noch unten 3. Teil.

Verfahrens durch den Einzelrichter auf das Kollegium besonders genau geprüft werden, um ein Präjudiz zu schaffen.

d) Faktische Ermessensübertragung

Unabhängig davon, dass es sich bei der Übertragung im Falle der vom Einzelrichter als gegeben erachteten Voraussetzungen um eine Pflicht handelt,[342] darf jedoch nicht übersehen werden, dass die Übertragungskriterien unbestimmte Rechtsbegriffe darstellen, die einzelfallbezogen und von „unterschiedlichen" Richtern angewendet werden. Der erfahrene Richter, der etwa über eine Beschwerde in einer Zwangsvollstreckungssache zu entscheiden hat und schon seit Jahren zweitinstanzlich tätig ist, wird das Vorliegen der Kriterien sowohl der Nr. 1 als auch der Nr. 2 des § 568 S. 2 ZPO möglicher Weise anders beurteilen als der Richter auf Probe,[343] der Berufsanfänger ist und im betreffenden Gebiet keinerlei praktische Erfahrung hat. Im Ergebnis ist daher die Übertragung in das pflichtgemäße Ermessen des Beschwerde-Einzelrichters gestellt,[344] der dieses allerdings nicht willkürlich ausüben darf.[345] Hiermit findet sich das Gesetz auch ab, da es keine Rückübertragungsmöglichkeit durch das Kollegium auf den Einzelrichter vorgesehen hat.[346]

2. Rückübertragungsmöglichkeit für das Kollegium?

Eine ausdrückliche Regelung für die im Bereich der erstinstanzlichen Zuständigkeit des Landgerichts gem. §§ 348 Abs. 3 S. 4, 348a Abs. 2 S. 4 ZPO ausdrücklich ausgeschlossene Möglichkeit einer Rückübertragung durch das Kollegium auf den Einzelrichter findet sich in den Vorschriften über das Beschwerdeverfahren nicht.

a) „Herabsinken" unter die Schwelle des § 568 S. 2 ZPO

Eine solche Rückübertragungsnorm für Fälle des „Herabsinkens" der tatsächlichen oder rechtlichen Voraussetzungen unter die Schwellen des § 568 S. 2 Nr. 1 und 2 ZPO im Laufe des Beschwerdeverfahrens ist auch ohne diesbezügliche ausdrückliche Negativregelung nicht vorgesehen.

342 S.o. a).

343 Der Richter auf Probe wurde vom Gesetzgeber des ZPO-RG anders als bei landgerichtlichen erstinstanzlichen Streitsachen – vgl. § 348 Abs. 1 Nr. 1 ZPO – von der Tätigkeit als originärer Beschwerde-Einzelrichter nicht ausgenommen. In der bayerischen Praxis werden am Landgericht durchaus regelmäßig Berufsanfänger auch in zweiter Instanz und damit dort als Einzelrichter eingesetzt, da viele Landgerichte keine spezialisierten Berufungs- und Beschwerdekammern haben.

344 Vgl. auch *Gottwald*, Gutachten, S. A 65 zu entsprechenden unbestimmten Rechtsbegriffen als Zulassungskriterien.

345 Hierzu unten S. 87ff.

346 Hierzu nachfolgend 2.

Die Begründung des *Regierungsentwurfes*[347] befasst sich mit dieser Möglichkeit vor dem Hintergrund nicht nur der Vereinfachung, sondern auch der Beschleunigung des Beschwerdeverfahrens begreiflicher Weise ebenso wenig wie diejenige des *Koalitionsentwurfes.*[348] Eine Rückübertragungsmöglichkeit im o.g. Sinn für das Kollegium, dem eine Sache einmal übertragen ist, würde dem Beschleunigungsgedanken, der gerade in Beschwerdesachen (v.a. in Zwangsvollstreckungs-, Räumungs-, und Verfahren des einstweiligen Rechtsschutzes) im Vordergrund steht, zuwider laufen. Der Beschwerdeführer wird durch eine Kollegialentscheidung ohnedies auf Grund der vermutlich höheren Entscheidungskompetenz nicht belastet. Den Beteiligten wird durch die nicht bestehende Rückübertragungsmöglichkeit bei veränderten Verhältnissen auch nicht etwa der „gesetzliche Einzelrichter" entzogen, da das Gesetz durch die getroffene Regelung die perpetuierte Zuständigkeit des Kollegiums bei anfänglich gegebenen Voraussetzungen auch für den Fall geänderter Verhältnisse bestimmt.

b) Rückübertragung bei Nichtvorliegen der Übertragungsvoraussetzungen?

Auch zu einer eventuellen Möglichkeit des Kollegiums, im Falle der vom Einzelrichter verkannten Übertragungsvoraussetzungen die Sache an diesen zurückübertragen zu können, schweigen die Begründungen zu den mit der Gesetzesfassung übereinstimmenden *Regierungs*[349]- als auch *Koalitionsentwürfen.*[350] Eine Rückübertragungsmöglichkeit für die Fälle, in denen der Einzelrichter die Übertragungsvoraussetzungen tatsächlich oder rechtlich falsch beurteilt hat, ist aber bereits deswegen als ausgeschlossen anzusehen, weil § 568 S. 3 ZPO die erfolgte und damit auch die angeblich aus Sicht eines Beschwerdeführers unrichtige Übertragung auf das Richterkollegium dem Angriff mit einem Rechtsmittel entzieht.

Dieser Regelung lässt sich indes der eindeutige Wille des Gesetzgebers entnehmen, dass für den Fall einer einmal erfolgten Übertragung, mag sie auch aus tatsächlichen oder rechtlichen Gründen unzutreffend gewesen sein, das Kollegium für die weitere Verhandlung zuständig ist und ohne Rückübertragungsmöglichkeit bleibt.[351] Hier wie bei der fehlenden Rückübertragungsmöglichkeit für den Fall des „Herabsinkens" unter die Schwelle des § 568 S. 2 ZPO[352] ist zusätzliches Argument die Beschleunigung des Verfahrens. Hat sich das Kollegium (und wenn auch nur zur Beurteilung der Übertragungsvoraussetzungen) einmal mit der Beschwerdesache befasst, soll es diese auch zu Ende bringen. Der Beschwerdeführer wird durch die Entscheidung des Kollegiums als solche auch bei Nichtvorliegen der Übertragungsvoraussetzungen nicht belastet.

[347] BT-Drs. 14/4722, S. 111.
[348] BT-Drs. 14/3750, S. 46.
[349] BT-Drs. 14/4722, S. 89.
[350] BT-Drs. 14/3750, S. 40.
[351] Vgl. MünchKomm/*Lipp*, Aktualisierungsband, § 568 Rn. 7.
[352] S. oben a).

Allerdings kann eine im Rahmen der gesetzwidrig erfolgten Übertragung der Beschwerdesache auf das Kollegium getroffene Fehlentscheidung des Einzelrichters dazu führen, dass den Beschwerdebeteiligten willkürlich der gesetzliche (Einzel-) Richter entzogen wird. Insoweit ist die Situation vergleichbar derjenigen, dass das von einer Partei angegangene Gericht den Rechtsstreit auf Antrag wegen vermeintlicher Unzuständigkeit gem. § 281 Abs. 1 S. 1 ZPO an ein anderes Gericht verweist, obwohl sämtliche Zuständigkeitsvoraussetzungen vorliegen. In diesem Bereich ist anerkannt, dass das Gericht, an das verwiesen wird, wegen der in § 281 Abs. 2 S. 2 und 4 ZPO angeordneten Bindungswirkung den Rechtsstreit fortzuführen hat, und zwar grundsätzlich unabhängig davon, ob die Verweisung rechtsfehlerhaft war oder nicht.[353]

Eine Ausnahme wird aber von der herrschenden Meinung seit jeher dann gemacht, wenn vor der Verweisung das rechtliche Gehör nicht gewährt wurde oder ihr jegliche gesetzliche Grundlage fehlt, sie mithin „objektiv willkürlich" ist.[354] In diesem Fall kann sowohl der Gegner der die Verweisung beantragenden Partei den Beschluss anfechten[355] als auch das Gericht, an das verwiesen wurde, die Sache mangels nach § 281 Abs. 2 S. 4 ZPO eingetretener Bindungswirkung an das verweisende Gericht zurück geben, wobei nur bei nicht erfolgender Rücknahme durch das verweisende Gericht erforderlichen Falls eine Gerichtsstandsbestimmung nach § 36 ZPO herbeizuführen ist. Damit werden insbesondere Gehörsverletzungen, aber auch sonstige tiefgreifende Rechtsanwendungsfehler bei der Verweisung einer eventuellen Verfassungsbeschwerde entzogen. Eine von Art. 101 Abs. 1 S. 2 GG verbotene Entziehung des gesetzlichen Richters durch die Judikative liegt nämlich insbesondere dann vor, wenn die Zuständigkeit willkürlich verneint oder – im Falle einer willkürlichen Verneinung von Verweisungs- oder Übertragungsvoraussetzungen – bejaht wird.[356] Der Reformgesetzgeber hat aber die Fälle einer trotz Nichtvorliegens der Voraussetzungen des § 568 S. 2 ZPO objektiv willkürlich auf das Kollegium übertragenen Beschwerde nicht in Betracht gezogen.

Beispiel: Objektive Willkür wäre anzunehmen, wenn der Einzelrichter bei einer Beschwerde gegen eine nach § 91a ZPO ergangene Kostenentscheidung bei einem Zahlungsprozess, in dem der Beklagte seine Schuld nach Rechtshängigkeit zwar nicht formell anerkannt, aber schriftsätzlich eingeräumt und bezahlt hat, das Verfahren zur Entscheidung über die Beschwerde wegen besonderer tatsächlicher und/oder rechtlicher

353 *Rosenberg/Schwab/Gottwald*, § 39 Rn. 28.

354 *Rosenberg/Schwab/Gottwald*, § 39 Rn. 34; *Thomas/Putzo*, § 281 Rn. 12; *Stein/Jonas/Leipold*, § 281 Rz. 25; MünchKomm/*Prütting*, § 281 Rn. 41; *Fischer*, MDR 2002, 1401; *BGH*, NJW-RR 2002, 1498; NJW 2002, 3634; *BGHZ* 71, 69. Nach anderer Ansicht sind Verweisungsbeschlüsse entsprechend des eindeutigen Wortlautes des § 281 Abs. 2 S. 4 ZPO stets unanfechtbar, vgl. *Zöller/Gummer*, § 281 Rn. 3; dieser Auffassung kann allein aus prozessökonomischen Gründen nicht gefolgt werden, da andernfalls den eine dermaßen fehlerhafte Verweisung bekämpfenden Parteien stets nur die zeitaufwändigen Wege über eine Gerichtsstandsbestimmung nach § 36 Abs. 1 Nr. 6 ZPO bzw. die Verfassungsbeschwerde zur Seite stünden. Dies ist insbesondere bei in der täglichen Praxis häufig vorkommenden „irrtümlich" objektiv willkürlichen Verweisungen nicht praxisgerecht - z. B. verweist der Amtsrichter unter Verstoß gegen § 23 Nr. 2a GVG eine Wohnraum-Mietzinsklage über 6.000.- € an das Landgericht, was nach h. M. durch eine bloße „Rückgabe" an das zuständige Amtsgericht bereinigt werden kann.

355 *Thomas/Putzo*, § 281 Rn. 12; *BGH*, NJW 1996, 3013.

356 *Seifert/Hömig/Antoni*, GG, Art. 101 Rn. 2; MünchKomm/*Lipp*, Aktualisierungsband, § 568 Rn. 7.

Schwierigkeiten auf das Kammerkollegium überträgt. Hier ist offensichtlich, dass diese Beurteilung nicht § 568 S. 2 Nr. 1 ZPO entspricht.

In den Gesetzesbegründungen wird nurnur ausgeführt, dass § 568 S. 3 ZPO die Unanfechtbarkeit einer fehlerhaft vorgenommenen oder unterlassenen Übertragung trotz objektiven Nichtvorliegens oder Vorliegens der Voraussetzungen des § 568 S. 2 ZPO anordne.[357] Unter wertender Betrachtung der noch weiter unten[358] genauer anzusprechenden und durch das ZPO-RG neu eingeführten Norm des § 321a ZPO, die dem Willen des Gesetzgebers zu weitgehenden Möglichkeiten der einfachgerichtlichen Selbstkorrektur von Fehlern Ausdruck gibt, ist aber in diesen Fällen zur Verhinderung von Verfassungsbeschwerden von der fehlenden Bindungswirkung des Übertragungsbeschlusses für das Kollegium auszugehen. Dieses hat – entsprechend der Vorgehensweise des Gerichtes, an das ein Rechtsstreit in objektiv willkürlicher Art und Wiese gem. § 281 Abs. 1 ZPO verwiesen wurde – durch Beschluss festzustellen, dass die Übertragung unwirksam und der Einzelrichter weiterhin zuständig sei.[359]

II. Beschwerden gegen Entscheidungen von Kollegialgerichten

1. Kollegialzuständigkeit

In Beschwerdeverfahren gegen erstinstanzielle Entscheidungen von Kollegialgerichten entscheidet immer originär das Kollegium des Beschwerdegerichtes. Dies ergibt ein Umkehrschluss aus § 568 S. 1 ZPO. Damit sind im Sinn von § 567 Abs. 1 ZPO die Ausgangsentscheidungen der Zivilkammer des Landgerichts gemeint. Hierzu zählen richtiger Auffassung nach nicht die Entscheidungen des Vorsitzenden der Kammer für Handelssachen gem. § 349 Abs. 2, 3 ZPO.[360]

2. Übertragungsmöglichkeit auf den Einzelrichter?

Auch bei einer Beschwerdesache, für die aus den soeben unter 1. genannten Gründen das Kollegium des Beschwerdegerichts zuständig ist, könnten die Kriterien erfüllt sein, die

[357] So übereinstimmend die Begründungen des *Referentenentwurfes-ZPO*, S. 176, des *Regierungsentwurfes-ZPO*, BT-Drs. 14/4722, S. 111 und des *Koalitionsentwurfes-ZPO* , BT-Drs. 14/3750, S. 82: „*Satz 3 stellt klar, dass sowohl die Übertragungsentscheidung als auch die fehlerhafte Unterlassung der Übertragung trotz Vorliegens der Voraussetzungen des Satzes 2 unanfechtbar ist.*" Auf Fälle willkürlicher Übertragung wird nicht eingegangen.

[358] Vgl. unten 3. Teil.

[359] Ebenso MünchKomm/*Lipp*, Aktualisierungsband, § 568 Rn. 7 unter Bezugnahme auf MünchKomm/*Prütting*, § 281 Rn. 56, insbesondere mit der zutreffenden Anmerkung, dass die Problemlage bei der fehlerhaften Übertragung auf das Kollegium nach § 568 S. 2 ZPO derjenigen bei fehlerhaften Verweisungsbeschlüssen entspreche; a.A. *Zöller/Gummer*, § 568 Rn. 3, mit dem Ergebnis, dass nur Verfassungsbeschwerde möglich sei.

[360] S. oben S. 74.

nach Maßgabe des § 568 S. 2 ZPO dazu führen würden, dass der originär zuständige Einzelrichter die Angelegenheit selbst entscheiden müsste. Dies wäre der Fall, wenn das Verfahren weder besondere Schwierigkeiten tatsächlicher oder rechtlicher Art aufweist oder keine grundsätzliche Bedeutung hat.[361] Auch hier – wie bei der Frage einer Rückübertragung durch das Kollegium – stellt sich die Frage, ob das Kollegium bei Fällen dieser Art die Beschwerdesache auf den Einzelrichter übertragen kann. Dem steht aber zum einen der klare gesetzliche Wortlaut des § 568 ZPO entgegen, der – anders als z. B. § 526 ZPO für die fakultative Übertragung eines Berufungsrechtstreites auf den Einzelrichter – nur die Übertragung durch den originären Beschwerdeeinzelrichter auf das Kollegium, nicht aber eine solche durch das originär zuständige Kollegium auf den Einzelrichter vorsieht.

Aber auch Sinn und Zweck der Regelung des § 568 ZPO, die bei Beschwerden gegen Kollegialentscheidungen nur eine Entscheidung des Beschwerdekollegiums vorsieht, hindern an einer Übertragung auf den Einzelrichter. Diese bestehen nämlich gerade darin, die Beschwerdeentscheidung bei den betroffenen Verfahrensbeteiligten akzeptabel zu machen, wozu eben gerade dient, dass Kollegialentscheidungen auch von Kollegialgerichten und nicht von Einzelrichtern überprüft werden, unabhängig von ihren Schwierigkeiten in tatsächlicher oder rechtlicher Hinsicht. Aus diesem Grund schließt auch die Begründung des *Regierungsentwurfes* zum ZPO eine solche Übertragungsmöglichkeit ausdrücklich aus.[362]

C. Verstöße gegen § 568 ZPO und ihre Folgen

I. Entscheidung des Einzelrichters bei Nichtvorliegen der Voraussetzungen

1. Entscheidung bei originärer Zuständigkeit des Kollegiums

Hat der Einzelrichter entschieden, obwohl nach § 568 S. 1 ZPO das Kollegium zuständig gewesen wäre, weil die erstinstanzliche Entscheidung von der Zivilkammer des Landgerichtes und nicht von deren Einzelrichtern, dem Vorsitzenden der Kammer für Handelssachen[363] oder einem Amtsrichter herrührt, liegt ein Verstoß gegen den gesetzlichen Richter gem. Art. 101 Abs. 1 S. 2 GG vor.[364] Ein solcher Mangel wäre auch nicht nach § 295 Abs. 1 ZPO bei stillschweigendem oder auch ausdrücklichem Rügeverzicht der Beteiligten heilbar, da auf die Entscheidung durch den gesetzlich bestimmten Richter, hier durch das

[361] Vgl. hierzu oben S. 80ff.
[362] BT-Drucks. 14/4722, S. 111.
[363] Dieser ist Einzelrichter im Sinne des § 568 ZPO, s.o. S. 74.
[364] *BGH*, NJW 1993, 600; *Thomas/Putzo*, § 568 Rn. 3.

Kollegium, nicht verzichtet werden kann, § 295 Abs. 2 ZPO.[365] Auf eine Rechtsbeschwerde, die in diesem Fall bei nicht ausdrücklich gesetzlich geregelter Statthaftigkeit jedenfalls zur Sicherung einer einheitlichen Rechtsprechung zuzulassen wäre (§ 574 Abs. 1 Nr. 2, Abs. 2 ZPO), wäre die Entscheidung des Einzelrichters aufzuheben und das Verfahren wegen eines absoluten Beschwerdegrundes gem. §§ 576 Abs. 3, 547 Abs. 1 Nr. 1 ZPO an das Beschwerdegericht zurückzuverweisen.

Hieran ändert auch § 568 S. 3 ZPO nichts, wonach *„auf die erfolgte oder unterlassene Übertragung ein Rechtsmittel nicht gestützt werden kann."* Bei der insoweit originären Zuständigkeit des Kollegiums im Sinne des § 568 S. 1 ZPO handelt es sich nämlich gerade nicht um den Fall einer unterlassenen Übertragung durch den Einzelrichter, falls dieser entschieden hat. Der Begründung des *Regierungsentwurfes-ZPO*[366], wonach *„auf einen Verstoß gegen die Ordnungsvorschrift des § 568 E später ein Rechtsmittel nicht gestützt werden kann"*, kann daher in dieser Pauschalität nicht gefolgt werden.

2. Entscheidung bei Vorliegen der Übertragungsvoraussetzungen des § 568 S. 2 ZPO

Soweit allerdings der Einzelrichter über eine Beschwerde gegen eine Entscheidung des Einzelrichters oder Rechtspflegers entschieden hat, obwohl die Voraussetzungen für die nach § 568 S. 2 ZPO zwingende Übertragung vorlagen, wird dieser Verstoß gegen den gesetzlichen Richter[367] durch § 568 S. 3 ZPO einer Anfechtung durch ein Rechtsmittel entzogen.[368] Anders verhält es sich aber, wenn die nicht erfolgte Übertragung und damit die Entziehung des gesetzlich vorgesehenen Kollegiums objektiv willkürlich ist. Auch die unterlassene Übertragung auf das Kollegium durch den originären Beschwerde-Einzelrichter kann aber im o. g., für den Bereich des § 281 Abs. 1 ZPO bereits dargestell-

[365] *BGH*, NJW 1993, 600; *OLG Jena*, MDR 1999, 501; *Rosenberg/Schwab/Gottwald*,§ 67 Rn. 12; *Thomas/Putzo*, § 295 Rn. 3; MünchKomm/*Prütting*, § 295 Rn. 22; *Baumbach/Lauterbach/Albers/Hartmann*, § 295 Rn. 30; a. M. *Herr*, JZ 1984, 318.

[366] BT-Drs. 14/4722, S. 111; insoweit identisch mit dem *Referentenentwurf-ZPO-RG*, S. 176f. und dem *Koalitionsentwurf-ZPO-RG*, BT-Drs. 14/3750, S. 83.

[367] *Thomas/Putzo*, § 568 Rn. 3.

[368] So auch die Begründungen des *Referentenentwurfes-ZPO* (dort S. 176f.), des *Regierungsentwurfes-ZPO* (BT-Drs. 14/4722, S. 111) sowie des *Koalitionsentwurfes-ZPO* (BT-Drs. 14/3750, S. 82). Eine auf die trotz Vorliegens der Voraussetzungen des § 568 S. 2 ZPO unterbliebene Übertragung bezogene Rechtsbeschwerde nach den §§ 574ff. ZPO wäre daher bereits unzulässig. Zwar verhält sich der Wortlaut des § 568 S. 3 ZPO insoweit nicht eindeutig. Dass ein Rechtsmittel „auf die (erfolgte oder) unterlassene Übertragung nicht gestützt werden kann", könnte auch in dem Sinne gemeint sein, dass eine die Zulässigkeits-, insbesondere die Statthaftigkeitsvoraussetzungen des § 574 ZPO erfüllende Rechtsbeschwerde, die nur auf die erfolgte oder unterlassene Übertragung gestützt wird, von vorne herein unbegründet ist. Dafür spräche wohl auch die Regelung des § 574 Abs. 1 bis 3 ZPO, der die Statthaftigkeit einer Rechtsbeschwerde vermeintlich abschließend regelt. Der Regelung des § 568 S. 3 ZPO wird ihre Bedeutung als Statthaftigkeitsvoraussetzung indes durch die Begründung des Gesetzes beigemessen. Sowohl *Referenten-*, *Regierungs-*, als auch *Koalitionsentwurf*, a.a.O., sprechen nämlich davon, dass *„sowohl die Übertragungsentscheidung nach Satz 2 als auch eine fehlerhafte Unterlassung der Übertragung trotz objektiven Vorliegens der Voraussetzungen des Satzes 2 unanfechtbar sind."*

ten, Sinn offenbar gesetzwidrig sein, womit den Verfahrensbeteiligten willkürlich der gesetzliche Richter entzogen würde.

Beispiel: Es entscheidet der Beschwerde-Einzelrichter über eine schon objektiv tatsächlich und rechtlich besonders schwere Beschwerde, bei der bislang höchstgerichtlich noch ungeklärte und in der Instanzrechtsprechung stark umstrittene Rechtsfragen zu beantworten sind und die einen immer wieder vorkommenden Präzedenzfall beinhaltet.

Der dann gegebene Eingriff in das Grundrecht des Art. 101 Abs. 1 S. 2 GG macht die Beschwerdeentscheidung zur Vermeidung einer Verfassungsbeschwerde der Rechtsbeschwerde, die zur Sicherung einer einheitlichen Rechtsprechung zuzulassen wäre (§§ 574 Abs. 1 Nr. 2, Abs. 2 ZPO), zugänglich.[369]

II. Entscheidung des Kollegiums bei Nichtvorliegen der Voraussetzungen

Das Kollegium, dem der Einzelrichter die Beschwerdeangelegenheit unter tatsächlicher oder rechtlicher Verkennung der Voraussetzungen des § 568 S. 2 ZPO übertragen hat, hat auch bei Erkennen dieses Fehlers keine Möglichkeit, das Verfahren auf den Einzelrichter zurück zu übertragen, es sei denn, die Übertragung führe zu einer willkürlichen Entziehung des gesetzlichen Richters im Sinne des Art. 101 Abs. 1 S. 2 GG. Nur in diesem Fall ist die Übertragung für das Kollegium nicht bindend.[370]

[369] Zur Überprüfung in der Rechtsbeschwerde wird es allerdings dann nur kommen, wenn der Beschwerde-Einzelrichter, der gegen Art. 101 Abs. 1 GG verstoßen hat, diese aus anderen Gründen zulässt. Dann ist aber die Beschwerdeentscheidung schon wegen der Verletzung des Art. 101 Abs. 1 GG von Amts wegen aufzuheben, vgl. *BGHZ* 154, 200 = NJW 2003, 1254 = MDR 2003, 588 (vgl. a. unten S. 138). Wird die Rechtsbeschwerde nicht zugelassen, bleibt bis zu einer gesetzlichen Regelung nur der Weg einer Gegenvorstellung an das Beschwerdegericht mit dem Antrag, dass das Kollegium entscheiden solle, § 321a ZPO analog, vgl. hierzu unten 3. Teil. Nimmt der Einzelrichter hingegen aus der Sicht des Rechtsbeschwerdegerichtes zu Unrecht einen Fall der grundsätzlichen Bedeutung an und lässt die Rechtsbeschwerde zu, muss über das Rechtsmittel in der Sache entschieden werden und darf nicht an das Beschwerdegericht zurückverwiesen werden. Das verkennt *BGH*, NJW-RR 2004, 1717, wenn einerseits wegen eines angeblichen Verstoßes gegen Art. 101 Abs. 2 S. 2 GG zurückverwiesen und andererseits für die weitere Sachbehandlung vor dem Beschwerdegericht der Hinweis gegeben wird, dass der zu entscheidende Fall keine grundsätzliche Bedeutung habe. Der erkennende Einzelrichter war mithin mangels Vorliegens der Übertragungsvoraussetzungen des § 568 S. 2 Nr. 2 ZPO sehr wohl der gesetzliche Richter und hat „lediglich“ die Rechtsbeschwerde zu Unrecht zugelassen (§ 574 Abs. 1 Nr. 2, Abs. 2 Nr. 1 ZPO). Wegen der Bindungswirkung nach § 574 Abs. 2 S. 2 ZPO hätte der *BGH* in der Sache entscheiden müssen, so zu Recht *Deubner*, JuS 2005, 223

[370] Hierzu s. oben unter S. 83ff.

Die grundsätzliche Bindung des Kollegiums auch bei rechtlicher oder tatsächlicher Verkennung der Übertragungsvoraussetzungen durch den originären Einzelrichter ergibt sich aus Wortlaut und Auslegung des § 568 S. 2 ZPO.[371]

[371] S.o. S 84. Konsequenter Weise ist ein solcher Verstoß nach § 568 S. 3 ZPO einem Rechtsmittel nicht zugänglich und eine hierauf gestützte Rechtsbeschwerde – wie oben Fn. 369 gezeigt - unzulässig, da eine solche *„auch auf die erfolgte Übertragung (auf das Kollegium bei Nichtvorliegen der Voraussetzungen) nicht gestützt werden kann,"* vgl. insoweit gleichlautend die *Referenten-*, *Regierungs-*, und *Koalitionsentwürfe-ZPO* , Fn. 369.

A. Zurücknahme und Verzicht

I. Zurücknahme und Entscheidung des Gerichts

Die Zurücknahme der Beschwerde ist auch nach Inkrafttreten des ZPO-RG gesetzlich nicht geregelt. Die Möglichkeit einer Zurücknahme ergibt sich aber aus der dem Zivilprozess immanenten Befugnis der Rechtsmittelführer, über das einmal zulässig eingelegte Rechtsmittel zu disponieren.[372] Für den Bereich des Beschwerderechtes der ZPO galt dies auch schon vor Inkrafttreten des ZPO-RG ohne die Maßgabe einer Einwilligung des Beschwerdegegners – anders als bei der Berufung nach altem Recht, vgl. § 515 Abs. 1 ZPO (a. F.) (Einwilligungserfordernis nach Beginn der mündlichen Verhandlung).[373]

Im übrigen lassen sich der die Berufungsrücknahme regelnden Vorschrift des § 516 ZPO generelle, die Rücknahme von Rechtsmitteln betreffende Grundsätze auch für die Rücknahme der Beschwerde entnehmen.[374] So kann die Beschwerde bis zur Entscheidung des Beschwerdegerichts zurückgenommen werden,[375] was dem Beschwerdegericht gegenüber[376] und in der Form des § 569 Abs. 2 ZPO, d.h. insbesondere schriftlich, ausnahmsweise auch gem. § 569 Abs. 3 ZPO zu Protokoll der Geschäftsstelle, erklärt werden muss.[377] Anwaltszwang herrscht wegen § 78 Abs. 5 ZPO auch für die Zurücknahme der Beschwerde dann nicht, wenn die Beschwerde ohne Anwalt zu Protokoll der Geschäftsstelle gem. § 569 Abs. 3 ZPO eingelegt werden konnte.[378]

Über die Zurücknahme der Beschwerde hat das Gericht durch Beschluss zu entscheiden. Hierbei ist entsprechend § 516 Abs. 3 ZPO auszusprechen, dass der Beschwerdeführer seines Rechtsmittels verlustig gegangen ist und die Kosten des Beschwerdeverfahrens zu tragen hat.[379] Dies hindert den Beschwerdeführer aber innerhalb noch offener Beschwerdefrist nicht, das Rechtsmittel erneut einzulegen. Das folgt daraus, dass mit der Rücknah-

[372] *Rosenberg/Schwab/Gottwald*, § 146 Rn. 12.

[373] Zur alten Gesetzeslage *Rosenberg/Schwab/Gottwald*, 15. Aufl., § 148b III 1 a, S. 903. Das Einwilligungserfordernis ist allerdings mit der Neufassung der Rechtsmittel durch das ZPO-RG beseitigt worden, der Berufungsführer kann sein Rechtsmittel immer ohne diese Einschränkung zurücknehmen, § 516 Abs. 1 ZPO, *Thomas/Putzo*, § 516 Rz. 7.

[374] Für die Rücknahme der Revision verweist z. B. § 565 ZPO auf § 516 ZPO.

[375] Vgl. für die Berufung § 516 Abs. 1 ZPO und *Rosenberg/Schwab/Gottwald*, § 146 Rn. 13.

[376] Vgl. § 516 Abs. 3 S. 1 ZPO

[377] Vgl. *Thomas/Putzo*, § 569 Rn. 20 und 21; *Rosenberg/Schwab/Gottwald*, § 146 Rn. 14.

[378] S.o. für die Beschwerdeeinlegung § 1, S. 62 und *Rosenberg/Schwab/Gottwald*, § 146 Rn. 14.

[379] *Rosenberg/Schwab/*Gottwald, §146 Rn. 15.

me eines Rechtsmittels nicht auch ein Verzicht verbunden ist, es sei denn, ein solcher ergäbe sich ausdrücklich oder den Umständen nach. Darüber hinaus folgt aus dem Rechtsgedanken des § 269 Abs. 3 S. 1 Hs. 1 ZPO, der für alle Prozesshandlungen gilt, dass deren Rücknahme ihre vorherige Vornahme ex ante ungeschehen macht.[380]

II. Verzicht

Auf die Einlegung des Rechtsmittels der Beschwerde kann auch verzichtet werden. Dies ist für das Rechtsmittel der Berufung in § 515 ZPO ausdrücklich geregelt, für die Revision nimmt § 565 ZPO auf § 515 ZPO Bezug. Für die Beschwerde fehlt auch insoweit eine explizite Regelung. Aber auch für den Verzicht gibt § 515 ZPO einem allgemeinen Grundsatz im Bereich der zivilprozessualen Rechtsmittel Ausdruck, der sich aus der Dispositionsbefugnis der Parteien, mithin des Rechtsmittelführers ergibt. Dieser bestimmt das „Ob" und das „Wie" der Durchführung seines Rechtsmittels grundsätzlich frei, kann daher auch bereits auf die Einlegung verzichten.[381] Hierbei ist für den Bereich der Beschwerde die Regelung des § 515 ZPO entsprechend anwendbar.[382] Daher ist der Beschwerdeverzicht nunmehr jedenfalls auch vor Erlass der Entscheidung durch schlichte einseitige Prozesshandlung möglich, da § 515 ZPO anders als § 514 ZPO (a.F.) nicht mehr ausdrücklich auf den nach Urteilserlass abgegebenen Verzicht abstellt.[383] Der Verzicht kann sich auch aus den Umständen ergeben.

Beispiel: Vereinbaren die Parteien eines Rechtsstreits in einem Vergleich die Zahlung von 50 % der Klagesumme, können sich aber bei der Regelung über die Kosten des Verfahrens nicht einigen und überlassen die Kostenentscheidung in entsprechender Anwendung des § 91a ZPO dem billigen Ermessen des Gerichts, wobei sie auf eine Begründung der Entscheidung verzichten,[384] kann von einem beiderseitigen Verzicht auf die sofortige Beschwerde gegen die dann vom Gericht ergehende Kostenentscheidung ausgegangen werden.[385]

Die Folge des Verzichts ist die Unzulässigkeit der Beschwerde und der Eintritt der formellen Rechtskraft der Entscheidung, wenn alle Verfahrensbeteiligten verzichten oder nur der verzichtende Teil beschwert war.[386]

380 Zum alten Recht vgl. *Rosenberg/Schwab/Gottwald*, 15. Aufl., § 148 III 1 e, S. 903; für die Berufungsrücknahme: *Thomas/Putzo*, § 516 Rn. 8; *RGZ* 154, 54; 161, 356.

381 *Thomas/Putzo*, Einl. I Rn. 5.

382 MünchKomm/*Lipp*, Aktualisierungsband, § 567 Rn. 20; *Zöller/Gummer*, § 567 Rn. 15; *Baumbach/Albers/Lauterbach/Hartmann*, § 567 Rn. 16.

383 Vgl. den *Regierungsentwurf-ZPO-RG*, BT-Drs. 14/4722, S. 94. Für den Verzicht vor Urteilserlass war nach alter Gesetzeslage der Abschluss eines Vertrages, der teils als Prozessvertrag, so *Rosenberg/Schwab/Gottwald*, 15. Aufl., § 136 II 5 b, teils als privatrechtlicher Vertrag mit prozessualem Inhalt, so *Thomas/Putzo*, 23. Aufl., § 514 Rn. 5, angesehen wurde, notwendig.

384 Vgl. hierzu *Tempel/Theimer*, Mustertexte zum Zivilprozess, Band II, 5. Aufl. 2003, § 15 III 4 b (3).

385 Vgl. a. *Thomas/Putzo*, § 515 Rn. 7; *OLG Köln*, MDR 2000, 472; *OLG Hamm*, NJW-RR 1996, 509.

386 *Rosenberg/Schwab/Gottwald*, § 146 Rn. 16.

B. Kein Suspensiveffekt – Vollziehbarkeit der angefriffenen Entscheidung

Die rechtzeitige Einlegung der fristgebundenen Beschwerde hemmt die formelle wie materielle Rechtskraft der Erstentscheidung.[387] Kraft Gesetzes aufschiebende Wirkung auf die Vollziehbarkeit hat die Beschwerdeeinlegung allerdings nur bei den in § 570 Abs. 1 ZPO genannten Fällen der Festsetzung von Ordnungs- oder Zwangsmitteln. Freilich kann nach pflichtgemäßem Ermessen das Gericht oder der Vorsitzende, dessen Entscheidung angefochten wird, auf Antrag oder von Amts wegen die Vollziehung der Entscheidung aussetzen, § 570 Abs. 2 ZPO; dieselbe Befugnis steht dem Beschwerdegericht zu, § 570 Abs. 3 ZPO.[388] Schließlich gibt § 570 Abs. 3 ZPO dem Beschwerdegericht zusätzlich die Möglichkeit, weitere einstweilige Anordnungen zu erlassen.

Beispiel: So kann das Beschwerdegericht im Wege der einstweiligen Anordnung die neuerliche Pfändung einer Forderung aufgeben, wenn aus seiner Sicht zu Unrecht vom Vollstreckungsgericht der Pfändungsbeschluss des Rechtspflegers auf Erinnerung hin aufgehoben wurde. Die ursprüngliche Pfändung lebt nämlich bei Aufhebung der Erinnerungsentscheidung nicht wieder auf.[389]

Solche Anordnungen können aber erst dann ergehen, wenn eine Abwägung der Interessen aller Verfahrensbeteiligter sowie eine vorläufige positive Beurteilung der Erfolgsaussichten der Beschwerde diese rechtfertigen. Daher wird das Beschwerdegericht eine einstweilige Entscheidung erst nach Vorliegen der Beschwerdebegründung erlassen können.[390]

C. Die Begründung der Beschwerde mit altem und neuem Vorbringen

I. Die Beschwerde als vollwertige zweite Tatsacheninstanz

Nach § 571 Abs. 2 S. 1 ZPO kann die Beschwerde nicht nur auf die bereits in der Ausgangsinstanz vorgebrachten Angriffs- oder Verteidigungsmittel[391] gestützt werden, sondern auch auf neue. Diese vor der Rechtsmittelform durch das ZPO-RG in § 570 ZPO

[387] *Rosenberg/Schwab/Gottwald*, § 146 Rn. 22.

[388] *Thomas/Putzo*, § 570 Rn. 2; bei einer sofortigen Beschwerde gegen die Entscheidung des Amtsgerichts-Vollstreckungsgerichts über die Erinnerung bei der Pfändung einer aus Sicht des Vollstreckungsschuldners angeblich einem Verbot des § 811 ZPO unterliegenden Sache kann daher sowohl das Vollstreckungsgericht gem. §§ 766 Abs. 1 S. 2, 732 Abs. 2 ZPO als auch das Landgericht-Beschwerdekammer gem. §§ 793, 567 Abs. 1 Nr. 1, 570 Abs. 3 ZPO die weitere Vollstreckung gegen oder ohne Sicherheitsleistung einstellen.

[389] Vgl. *Thomas/Putzo*, § 829 Rn. 50.

[390] Vgl. *BGH*, NJW 2002, 1658.

[391] Zu diesen vgl. z.B. *Thomas/Putzo*, § 146 Rn. 2 und den *Regierungsentwurf-ZPO-RG* , BT-Drs. 14/4722, S. 113: Angriffs- und Verteidigungsmittel ist jedes sachliche und prozessuale Vorbringen, das der Durchsetzung bzw. Abwehr des geltend gemachten prozessualen Anspruchs dient, z.B. Tatsachenbehauptungen, Bestreiten, Einwendungen, Einreden, Beweismittel und Beweiseinreden. Das Gesetz spricht nicht mehr wie § 570 ZPO (a.F.) von Tatsachen und Beweisen, sondern bedient sich der allerdings begriffsgleichen moderneren und in der ZPO nunmehr überwiegend benutzten (vgl. §§ 96, 146, 277 Abs. 1 S. 1, 282 Abs. 1, Abs. 2, 296 Abs. 1, Abs. 2, 296a S. 1, 527, 528, 615 Abs. 1 ZPO) Terminologie der „Angriffs- und Verteidigungsmittel."

(a.F.) enthaltene Regelung führt dazu, dass die ZPO-Beschwerde nach wie vor eine vollwertige Tatsacheninstanz ist. Insbesondere sind neue Angriffs- und Verteidigungsmittel, die erst in der Beschwerdeinstanz eingeführt werden, bei der Entscheidung des Beschwerdegerichts grundsätzlich zu berücksichtigen und können bis zum Ergehen der Beschwerdeentscheidung vorgebracht bzw. nachgeschoben werden.[392]

Der Grund für die Entscheidung des Reformgesetzgebers, nicht auch für die Beschwerdeinstanz entsprechend den Regelungen für die Berufung (vgl. dort die § 529 Abs. 1, 531 Abs. 2 ZPO) den vom Beschwerdegericht zugrunde zu legenden Tatsachenstoff grundsätzlich auf den erstinstanzlich vorgetragenen zu beschränken, war, *„dass den im Beschwerdeverfahren angefochtenen Entscheidungen in der Regel kein mit dem erstinstanzlichen Urteilsverfahren vergleichbares förmliches Verfahren mit eingehender Tatsachenfeststellung und ausführlich begründeter Abschlussentscheidung zugrunde liegt."*[393] Es ist daher gerechtfertigt, dem Beschwerdegericht die Möglichkeit und Pflicht zuzuweisen, neue Tatsachen und Beweise uneingeschränkt zu berücksichtigen.

II. Fristsetzung für das Vorbringen im Beschwerdeverfahren

Wie oben[394] bereits dargelegt, ist die in § 571 Abs. 1 ZPO angesprochene Begründung keine Zulässigkeitsvoraussetzung für das Rechtsmittel. De facto können der Vorsitzende oder das Beschwerdegericht aber dann eine Begründung zur Pflicht machen, wenn für das Vorbringen von Angriffs- oder Verteidigungsmitteln zur Erläuterung der Beschwerde gem. § 571 Abs. 3 S. 1 ZPO eine Frist gesetzt wird. Der Beschwerdeführer, der innerhalb dieser Frist seine Beschwerde nicht begründet, läuft nämlich Gefahr, dass sein Rechtsmittel ohne Sachprüfung in der Regel als unbegründet zurückgewiesen wird.[395]

1. Anordnungskompetenz zur Fristsetzung

Die Frist gem. § 571 Abs. 3 S. 1 ZPO wird nach dem Wortlaut der Vorschrift vom Vorsitzenden (des Beschwerdegerichts) oder vom Beschwerdegericht, d. h. vom Einzelrichter nach § 568 S. 1 ZPO bzw. dem vollbesetzten Kollegium in den Fällen des § 568 S. 2 ZPO, bestimmt.[396] Fraglich ist, ob hierzu auch das Ausgangsgericht, d. h. der Amtsrichter oder am Landgericht erster Instanz der Einzelrichter, der Vorsitzende oder das Kollegium befugt ist. Die Begründung des Gesetzes schweigt hierzu. Eine solche Fristsetzungsbefugnis schon für das Ausgangsgericht käme aber ggf. deswegen in Betracht, weil dieses nunmehr generell gem. § 572 Abs. 1 Hs. 1 ZPO mit einer Abhilfebefugnis und -pflicht[397] belegt ist. Eine sinnvolle Abhilfeentscheidung lässt sich aber nur treffen, wenn dem Erstgericht die

[392] Zur Ausnahme, falls für das Vorbringen von Angriffs- und Verteidigungsmitteln in der Beschwerdeinstanz eine Frist mit möglichen Präklusionsfolgen gesetzt wurde, s. sogleich II.
[393] So z.B. der *Regierungsentwurf-ZPO-RG*, BT-Drs. 14/4722, S. 113.
[394] S. 57.
[395] *Thomas/Putzo*, § 571 Rn. 1.
[396] *Thomas/Putzo*, § 571 Rn. 3; s. auch den *Regierungsentwurf-ZPO-RG*, BT-Drs. 14/4722, S. 113.
[397] Hierzu unten S. 107ff.

Argumentation des Beschwerdeführers zur Begründung seines Rechtsmittels bekannt ist. Es erschiene verfahrensökonomisch durchaus sinnvoll, schon dem Ausgangsgericht die genannte Möglichkeit zur Fristsetzung für eine Beschwerdebegründung einzuräumen. Eine ohne Begründung eingelegte Beschwerde ist nämlich mangels zu würdigender Gegenargumente gem. § 572 Abs. 1 Hs. 2 ZPO „unverzüglich", d. h. nach kurzer nochmaliger Überprüfung an Hand des Vorbringens in erster Instanz, dem Beschwerdegericht vorzulegen. Dieses hätte aber andererseits nach Eingang einer (rechtzeitigen) Begründung die Beschwerdesache dem Erstgericht zur Abhilfeentscheidung zurückzugeben – ein verfahrensunökonomischer Weg.

Hiervon hat der Reformgesetzgeber aber eindeutig abgesehen. Zum einen spricht gegen eine Fristsetzungsbefugnis des Ausgangsgerichts bereits der Wortlaut des Gesetzes. In Abweichung zu § 572 Abs. 1 ZPO spricht § 571 Abs. 3 S. 1 ZPO eben nur vom Vorsitzenden des Beschwerdegerichts bzw. dem Beschwerdegericht selbst, nicht (auch) von dem Gericht oder dem Vorsitzenden, dessen Entscheidung angefochten wird. Zum anderen ist eine wiederholte Abhilfeprüfung vom Gesetzgeber auch gar nicht angestrebt, eine Fristsetzungsbefugnis des Ausgangsgerichts im genannten Sinn dann aber auch nicht sinnvoll. Dass das ZPO-RG eine solche ersichtlich nicht will, ergibt sich gerade aus § 572 Abs. 1 Hs. 2 ZPO, wonach für den Fall, dass die Beschwerde bei der Abhilfeprüfung nicht für begründet erachtet wird, die Sache unverzüglich dem Beschwerdegericht vorzulegen ist. Dies bedeutet aber bei ohne Begründung eingelegten Beschwerden nichts anderes, als dass nach kurzer Abhilfeprüfung nicht nur das Erstgericht unverzüglich vorzulegen hat, sondern auch das Beschwerdegericht bei dort noch eingehender fristgerechter Begründung unmittelbar selbst entscheiden muss und die Angelegenheit nicht nochmals dem Ausgangsgericht, das die Abhilfevoraussetzungen ja bereits geprüft und verneint hat, vorlegen darf.

Der Reformgesetzgeber hat die generelle Abhilfebefugnis und -pflicht zur Verfahrensbeschleunigung und Entlastung der Beschwerdegerichte geschaffen, wollte aber gerade nicht das Ausgangsgericht sozusagen zwingen, sich mit alten oder neuen Argumenten des Beschwerdeführers zur Begründung auseinander zu setzen, wenn dieser das Rechtsmittel zunächst ohne Begründung eingelegt hat.[398] Dass das Erstgericht dann möglicherweise einzelne oder alle Beschwerdeargumente nicht zur Kenntnis nehmen konnte, ist dabei hinzunehmen.

2. Fristsetzung für alte und neue Tatsachen

Die Fristsetzungsmöglichkeit betrifft gleichermaßen schon im Ausgangsverfahren geltend gemachte wie neue, erst im Beschwerderechtszug vorgebrachte Angriffs- und Verteidigungsmittel. § 571 Abs. 3 S. 1 ZPO bezieht sich nämlich schon im Regelungszusammenhang nicht nur auf die in Abs. 3 angesprochenen neuen Angriffs- und Verteidigungsmittel, sondern – sozusagen vorweg – auf alle solchen, insbesondere daher auch auf die Argu-

[398] So auch *Thomas/Putzo*, § 572 Rn. 11, unter Ablehnung einer nachträglichen Abhilfe.

mente, die bereits im Ausgangsverfahren vorgebracht und jetzt zum Gegenstand der Beschwerdebegründung gemacht werden.[399]

Beispiel: Begründet der Beschwerdeführer daher sein Rechtsmittel mit eben den Argumenten aus dem Ausgangsverfahren, mit denen er eine ihm positive Entscheidung des Erstgerichts, welches sich diesen Argumenten allerdings verschlossen hat, bewirken wollte, läuft er Gefahr auf Zurückweisung der Beschwerde durch das Beschwerdegericht, wenn die zur Begründung im Beschwerdeverfahren vorgetragenen „alten" Argumente vom Beschwerdegericht zwar als entscheidungsrelevant angesehen, aber schuldhaft erst nach Ablauf einer gem. § 571 Abs. 3 S. 1 ZPO gesetzten Frist vorgebracht werden und nunmehr bei ihrer Berücksichtigung eine Verfahrensverzögerung, etwa wegen einer insoweit notwendigen Beweisaufnahme, eintreten würde.

3. Fristsetzung auch für den Beschwerdegegner

Nach § 571 Abs. 3 ZPO ist es schließlich möglich, auch dem Beschwerdegegner eine Frist zur Stellungnahme auf die Beschwerdebegründung und dem Beschwerdeführer seinerseits eine Replikfrist zu setzen. Auch hierfür tritt bei Verspätung und Verzögerung des Verfahrens die Präklusionsfolge des § 571 Abs. 3 S. 2 ZPO ein.[400]

D. Die Änderung und die Rücknahme des erstinstanzlichen Begehrens im Beschwerderechtszug

Von der Zurücknahme der Beschwerde als solcher ist die Rücknahme oder Änderung des Sachantrages in der Beschwerdeinstanz zu unterscheiden. Auch mit Inkrafttreten des ZPO-RG enthält die ZPO keine diesbezügliche Regelung. Die Regelungen für die Klageänderung bzw. Klagerücknahme in der Berufung sind nach Sinn und Zweck allerdings entsprechend anzuwenden.[401]

I. Änderungen des Streitgegenstandes im Beschwerdeverfahren

Für den Beschwerdeführer kann sich im Laufe des Beschwerdeverfahrens die Notwendigkeit ergeben, seinen erstinstanzlich gestellten Antrag und damit sein Beschwerdeziel zu ändern bzw. zu erweitern.

[399] So auch die dem Wortlaut nach identischen Begründungen zu den Gesetzentwürfen, exemplarisch der *Regierungsentwurf-ZPO-RG*, BT-Drs. 14/4722, S. 113. Vgl. auch *Rosenberg/Schwab/Gottwald*, § 146 Rn. 24; MünchKomm/*Lipp*, Aktualisierungsband, § 571 Rn.13; *Zöller/Gummer*, § 571 Rn. 7; *Thomas/Putzo*, § 571 Rn. 3, wo die Möglichkeit der Zurückweisung allerdings nur für das Vorbringen neuer Angriffs- und Verteidigungsmittel erörtert wird.

[400] Vgl. den *Regierungsentwurf-ZPO-RG*, BT-Drs. 14/4722, S. 113.

[401] Vgl. *Rosenberg/Schwab/Gottwald*, § 146 Rn. 24; MünchKomm/*Lipp*, Aktualisierungsband, § 571 Rn. 15 und § 572 Rn. 3.

Beispiel: Der Beschwerdeführer, der erstinstanzlich einen vom Vollstreckungsgericht zu Recht wegen § 847 Abs. 1 ZPO zurückgewiesenen Antrag auf Überweisung eines gepfändeten Herausgabeanspruches gestellt hat, hat nach Einlegung der Beschwerde gem. § 793 ZPO Veranlassung, seinen erstinstanzlichen Antrag auf Pfändung und Herausgabe an den Gerichtsvollzieher umzustellen.

Dem steht grundsätzlich das Interesse des Beschwerdegegners entgegen, (v.a. in zweiter Instanz) nicht mit unerwarteten Änderungen konfrontiert zu werden. Auch das ZPO-RG hat keine explizite Regelung für solche Änderungen des Beschwerdebegehrens getroffen.[402] Allerdings ist wegen der strukturellen Vergleichbarkeit[403] der Rechtsmittel grundsätzlich eine analoge Anwendung der Vorschriften über das Berufungsverfahren auf Lücken im nur unvollständig geregelten Recht der Beschwerde möglich, soweit keine Unvereinbarkeit mit einzelnen Grundprinzipien besteht.[404]

Insoweit ist zunächst zu klären, ob für Änderungen des Beschwerdebegehrens wegen Änderung des erstinstanzlich gestellten Antrages die insoweit für das Berufungsverfahren bestehende Regelung des § 533 ZPO anwendbar ist. Hierbei ist eine Klageänderung im Berufungsrechtszug nur zulässig, wenn der Gegner einwilligt oder das Gericht sie für sachdienlich hält und die Klageänderung auf Tatsachen gestützt werden kann, die das Berufungsgericht seiner Verhandlung und Entscheidung ohnehin nach § 529 ZPO zugrunde zu legen hat. Neue, für die Klageänderung vorgetragene Tatsachen, die erst in der Berufung vorgebracht werden, sind aber nach den Regelungen der §§ 529 Abs.1 Nr. 2 ZPO und 531 Abs. 2 ZPO durch das Berufungsgericht grundsätzlich nicht zuzulassen, sondern nur in den gem. § 531 Abs. 2 ZPO näher bestimmten Fällen.

Eine entsprechende Anwendung für das Beschwerdeverfahren würde mithin bedeuten, dass Antragsänderungen, denen (regelmäßig) neues, geändertes Beschwerdevorbringen zugrunde liegt, grundsätzlich unberücksichtigt zu bleiben hätten. Dies wäre aber mit § 571 Abs. 2 S. 1 ZPO unvereinbar, wonach solchermaßen neues Vorbringen auch in der Beschwerdeinstanz ohne Einschränkung zulässig ist. Eine entsprechende Anwendung des § 533 ZPO auf Änderungen des Begehrens im Beschwerdeverfahren scheidet daher aus.[405]

Über die analoge Anwendung des § 525 S. 1 ZPO wäre aber der Anwendungsbereich der für die Klageänderung geltenden §§ 263ff. ZPO eröffnet. Die Frage ist, ob vor dem Hintergrund der generellen Zulässigkeit neuer Angriffs- und Verteidigungsmittel im Beschwerderechtszug eine Beschränkung der Zulässigkeit von Änderungen des erstinstanzlichen Begehrens überhaupt sinnvoll ist. Der oben bereits angesprochene Zweck, die Zulässigkeit einer Klageänderung, d.h. insbesondere von Änderungen des Streitgegenstandes,[406] von bestimmten Voraussetzungen abhängig zu machen, besteht im wesentlichen im

[402] MünchKomm/*Lipp*, Aktualisierungsband, § 571 Rn. 15; die Begründungen des Gesetzgebers schweigen zu diesem Problem.

[403] MünchKomm/*Lipp*, Aktualisierungsband, vor § 567 Rn. 5; § 572 Rn. 3.

[404] MünchKomm/*Lipp*, Aktualisierungsband, § 572 Rn. 3; MünchKomm/*Braun*, § 573 (a.F.) Rn. 4; *Stein/Jonas/Grunsky*, § 573 (a.F.) Rn. 1.

[405] MünchKomm/*Lipp*, Aktualisierungsband, § 571 Rn. 15.

[406] *Zöller/Greger*, § 263 Rn. 1 und 2.

Schutz des Verfahrensgegners. In dessen Rechtsschutzanspruch wird eingegriffen, wenn er in einem bereits rechtshängigen Prozess gezwungen wird, sich gegen einen geänderten Angriff zu verteidigen und auf eine Entscheidung über den ursprünglichen Streitgegenstand zu verzichten.

Um die Übertragbarkeit der §§ 263ff. ZPO vor dem Hintergrund des eben dargestellten Regelungszweckes prüfen zu können, muss man sich zunächst darüber klar werden, was Änderung des Begehrens in der Beschwerdeinstanz bedeutet. Hierzu ist zunächst der Streitgegenstand im Beschwerdeprozess zu klären. Streitgegenstand insoweit ist der erstinstanzlich gestellte Antrag samt den zugrunde liegenden Tatsachen, mit anderen Worten das, worüber das Ausgangsgericht entschieden hat und das Beschwerdegericht entscheiden soll.[407] Begrenzt wird der Streitgegenstand allerdings durch die in der Beschwerdeinstanz gestellten Rechtsmittelanträge, die auch eine nur teilweise Abänderung als Beschwerdeziel zum Gegenstand haben können.

Eine Streitgegenstandsänderung im Beschwerdeverfahren tritt daher zunächst ein, wenn bei Identität der im erstinstanzlichen Verfahren bereits erhobenen Anträge lediglich die zugrunde liegenden behaupteten Tatsachen geändert werden. Hierfür scheitert aber eine analoge Anwendung der §§ 525 S. 1 ZPO , 263ff. ZPO an der ausschließlichen Regelung des § 571 Abs. 2 S. 1 ZPO , wonach neue Tatsachen im Beschwerderechtszug zulässig sind, auch wenn sie zu einer Änderung des Streitgegenstandes führen. Eine entsprechende Regelung für neue oder ausgewechselte Anträge (bei gleichem oder neuem tatsächlichen Vorbringen) fehlt indes. Auch sie führen zu einer Änderung des Streitgegenstandes in der Beschwerdeinstanz,[408] sind aber gesetzlich gerade nicht ausdrücklich erlaubt, wie dies für neue Angriffs- oder Verteidigungsmittel gem. § 571 Abs. 2 S. 1 ZPO gilt. Im Hinblick auf den genannten Schutzzweck der nur beschränkten Zulässigkeit von Klageänderungen wäre aber eine ausdrückliche gesetzliche Regelung zu erwarten, sodass für im Beschwerderechtszug geänderte erstinstanzliche Anträge die Einschränkungen der §§ 263ff. ZPO gelten müssen, die einen gerechten Ausgleich zwischen den Schutzbelangen des Verfahrensgegners und dem Ziel prozessökonomischer Herbeiführung von Rechtsfrieden vorsehen. Dies gilt für jede inhaltliche Änderung von erstinstanzlichen Anträgen im Beschwerderechtszug, insbesondere für die Erweiterung oder Beschränkung, nicht aber für die inhaltliche Auswechslung.

Entgegen einer insoweit vertretenen anderen Ansicht[409] ist zwar das Argument, bei Zulassung einer Antragsauswechslung ginge eine Instanz verloren, nicht zutreffend. Wie das Berufungsgericht ist nämlich auch das Beschwerdegericht im selben Umfang entscheidungsbefugt wie das Untergericht.[410] Der „Verlust einer Tatsacheninstanz" wird durch die entsprechende Anwendung der §§ 525 S. 1 ZPO, 263ff. ZPO auch in der Rechtsmittelinstanz bereits dadurch ausreichend berücksichtigt, dass Antragsänderungen und –aus-

407 *Zöller/Gummer*, 22. Aufl., § 570 Rn. 3.
408 Vgl. *Zöller/Gummer*, 22. Aufl., § 570 Rn. 3.
409 *Zöller/Gummer*, 22. Aufl., § 570 (a.F.) Rn. 3.
410 MünchKomm/*Lipp*, Aktualisierungsband , § 571 Rn. 15, m.w.N. dort in Fn. 45.

wechslungen von der (konkludenten) Einwilligung (vgl. §§ 263 Alt. 1 bzw. 267 ZPO) des Gegners sowie jedenfalls einer Abwägung durch das Gericht im Wege einer Sachdienlichkeitsprüfung (§ 263 Alt. 2 ZPO) abhängig sind.

Auch die Übergehung des Abhilfeverfahrens gem. § 572 Abs. 1 ZPO bei Zulassung einer Antragsauswechslung in der Beschwerdeinstanz ist kein Argument gegen deren Zulässigkeit, da das Abhilfeverfahren an sich schon keine Zulässigkeitsvoraussetzung für das Beschwerdeverfahren ist[411] und im übrigen nur dazu geschaffen ist, die Entscheidung des Untergerichts über den ursprünglichen Antrag zu korrigieren, mithin aber von einer Antragsänderung oder –auswechslung nicht berührt wird.[412] Dennoch ist die vollständige Antragsauswechslung in der Beschwerdeinstanz unzulässig, da der Beschwerdeführer die Ausgangsentscheidung angreifen und daher wenigstens einen Teil seiner durch diese Entscheidung hervorgerufenen Beschwer im zweiten Rechtszug geltend machen muss.

Davon kann aber dann nicht die Rede sein, wenn im Rechtsmittelverfahren ein ganz anderer Antrag verfolgt wird, über den das Untergericht noch gar nicht entschieden hat. Eine Beschwerde, die einen völlig neuen Antrag zur Entscheidung des Beschwerdegerichts stellt, ohne die Ausgangsentscheidung, die einen ganz anderen Antrag als Bezugspunkt hat, zu rügen, ist aber keine Beschwerde im Verfahrenssinn, nämlich keine Geltendmachung einer Beschwer vor einer anderen Instanz. Eine Rechtsmitteleinlegung allein mit dem Ziel, das Beschwerdegericht über einen neuen Antrag entscheiden zu lassen, ist daher nicht möglich.[413]

II. Die Rücknahme des erstinstanzlichen Begehrens

Von der Rücknahme der Beschwerde[414] zu unterscheiden und auch in der Beschwerdeinstanz möglich ist schließlich die Rücknahme des erstinstanzlichen Begehrens.

Beispiel: Der Titelgläubiger, der Antrag auf Festsetzung eines Zwangsmittels gem. § 888 ZPO gestellt hat, nimmt seinen erstinstanzlich zurückgewiesenen Antrag nach Einlegung der sofortigen Beschwerde gem. §§ 793, 567 Abs. 1 Nr. 1 ZPO zurück.

Voraussetzung für die Rücknahme des Antrages in der Rechtsmittelinstanz ist aber eine statthaft und fristgerecht eingelegte Beschwerde, da ansonsten formelle Rechtskraft einträte. Umgekehrt kann der erstinstanzliche Antrag auch ohne Einlegung einer Beschwerde bis zum Ablauf der Rechtsmittelfrist zurückgenommen werden.[415] Entsprechend der für das Berufungsverfahren geltenden generellen Verweisungsregelung des § 525 ZPO gilt für

411 So zutreffend *Zöller/Greger*, § 572 Rn. 4.

412 So auch MünchKomm/*Lipp*, Aktualisierungsband, § 571 Rn. 15.

413 Dies ist für die Berufung allgemeine Meinung, vgl. nur *Thomas/Putzo*, § 523 Rn. 3. Im Ergebnis für die Beschwerde a. A. MünchKomm/*Lipp*, Aktualisierungsband, § 571 Rn. 15.

414 Vgl. S. 91.

415 MünchKomm/*Lipp*, Aktualisierungsband, § 571 Rn. 16.

die Rücknahme des Sachantrages in der Beschwerdeinstanz § 269 ZPO analog.[416] Dies bedeutet im wesentlichen, dass die unbeschränkte Antragsrücknahme unter der zeitlichen Schranke des § 269 Abs. 1 ZPO steht, wonach die Klagerücknahme in der Berufung grundsätzlich nur mit Einwilligung des Beklagten möglich ist, da zuvor in erster Instanz in der Regel schon einmal mündlich verhandelt wurde.[417]

Für die unbeschränkte Antragsrücknahme in der Beschwerdeinstanz kann allerdings in der Regel nicht unmittelbar auf diese zeitliche Grenze des § 269 Abs. 1 ZPO zurückgegriffen werden, da in den diesbezüglichen erstinstanzlichen Verfahren nur ausnahmsweise mündlich verhandelt wird.[418] Dennoch sollte zum Schutz des Beschwerdegegners die Antragsrücknahme in der Beschwerdeinstanz nicht unbeschränkt zugelassen werden, da auch hier antragsgemäße wie zurückweisende erstinstanzliche Entscheidungen in formelle (vgl. § 569 Abs. 1 ZPO) und abhängig vom Inhalt auch in materielle Rechtskraft erwachsen können. Auf die Erlangung einer ihm günstigen Entscheidung hat der Gegner des Rechtsmittelführers, der den Sachantrag zurücknehmen will, aber jedenfalls in der Beschwerdeinstanz einen prozessualen Anspruch, weswegen die Antragsrücknahme von seiner Einwilligung abhängig sein muss. Aus diesem Grund besteht im Klageverfahren der ZPO vorbehaltlich der Regelung des § 269 ZPO auch ein grundsätzliches Verbot der Klagerücknahme.[419]

Dem in § 269 Abs. 1 ZPO für das Einwilligungserfordernis genannten Kriterium der mündlichen Verhandlung des Beklagten entspricht hierbei in der Beschwerdeinstanz bei fehlender mündlicher Verhandlung die Tatsache, dass der Beschwerdegegner in erster Instanz dem Sachantrag des nunmehrigen Beschwerdeführers entgegengetreten ist. Die zulässige Rücknahme des Sachantrages in der Beschwerdeinstanz bewirkt, dass entsprechend § 269 Abs. 3 S. 1 ZPO die noch nicht rechtskräftig gewordene Entscheidung des Ausgangsgerichts ohne weiteres wirkungslos wird.[420]

E. Fakultative mündliche Verhandlung – rechtliches Gehör in der Beschwerdeinstanz

Vor Inkrafttreten des Gesetzes zur Reform des Zivilprozesses zum 1.1.2002 war in § 573 Abs. 1 ZPO (a. F.) geregelt, dass die Entscheidung über die Beschwerde auch nach mündlicher Verhandlung ergehen kann.[421] § 573 Abs. 2 ZPO (a. F.) ermöglichte dem Beschwerdegericht die Anordnung einer schriftlichen Erklärung zur Entgegnung auf das Beschwerdebegehren. Nach § 128 Abs. 4 ZPO wird generell für Entscheidungen, die keine Urteile sind, mithin insbesondere für die gem. § 572 Abs. 4 ZPO als Beschlüsse ergehenden Entscheidungen im Beschwerdeverfahren geregelt, dass das entscheidende Gericht fa-

416 Vgl. MünchKomm/*Lipp*, Aktualisierungsband, § 571 Rn. 15 und § 572 Rn. 3.

417 Vgl. *BGH*, NJW 1998, 3784 und *Thomas/Putzo*, § 269 Rn. 9.

418 So z.B. über den Antrag auf Gewährung von Prozesskostenhilfe gem. § 118 Abs. 1 S. 3 ZPO.

419 Vgl. *Rosenberg/Schwab/Gottwald*, § 128 Rn. 19; *BGHZ* 106, 359 = NJW 1989, 2885.

420 Vgl. MünchKomm/*Lipp*, Aktualisierungsband, § 571 Rn. 15.

421 § 573 Abs. 1 ZPO (a.F.) lautete: *„Die Entscheidung über die Beschwerde kann ohne mündliche Verhandlung ergehen."*

kultativ von einer mündlichen Verhandlung absehen kann. Dies wird jedenfalls im Beschwerdeverfahren wie bisher die Regel bleiben. Damit hat sich allerdings für das Beschwerdeverfahren nichts gegenüber der alten Rechtslage geändert, lediglich die bislang kasuistisch für jeden Einzelfall getroffenen Regelungen freigestellter mündlicher Verhandlung wurden systematisch „vor die Klammer" in die allgemeinen Verfahrensvorschriften der ZPO gezogen.[422] Das Beschwerdegericht kann daher wahlweise mündlich verhandeln oder das Beschwerdebegehren dem Gegner zur schriftlichen Erklärung übersenden, die nach Maßgabe des § 569 Abs. 3 ZPO wie die Beschwerde selbst zu Protokoll der Geschäftsstelle erklärt werden kann, vgl. § 571 Abs. 4 S. 2 ZPO. Hierfür gibt es auch keinen Anwaltszwang wegen § 78 Abs. 3 ZPO.[423] All dies rechtfertigt sich aus der Sicht des Gesetzgebers aus der weniger strengen Form von Beschlüssen gegenüber Urteilen.[424]

Bestimmt das Beschwerdegericht mündliche Verhandlung, richtet sich diese nach den allgemeinen Regelungen der §§ 128a bis 165 ZPO. Sie unterliegt in jedem Fall dem Anwaltszwang, auch wenn die Einlegung des Rechtsmittels gem. § 569 Abs. 3 ZPO von diesem befreit war,[425] jedoch mit der Maßgabe des § 571 Abs. 4 S. 1 ZPO, der im Beschwerdeverfahren die Vertretung durch eine bei irgendeinem Amts- oder Landgericht zugelassenen Rechtsanwalt ermöglicht.[426] Auch wenn das Beschwerdegericht von einer mündlichen Verhandlung absieht, muss es aber dem Beschwerdegegner rechtliches Gehör gewähren, soweit es das Rechtsmittel für zulässig und begründet hält, also eine dem Beschwerdeführer günstige Entscheidung treffen will. Dieses Erfordernis folgt aus Art. 103 Abs. 1 GG.[427] Zur effektiven Umsetzung des Anspruches auf rechtliches Gehör sind die Schriftsätze der Verfahrensbeteiligten den jeweiligen Gegnern mitzuteilen und im Falle hiermit verbundener gerichtlicher Stellungnahmefristen gem. § 571 Abs. 3 ZPO förmlich zuzustellen, vgl. § 329 Abs. 2 S. 2 ZPO.

F. Beweisaufnahme im Beschwerdeprozess

Über Tatsachen, die im Beschwerdeverfahren beweisbedürftig sind, hat das Beschwerdegericht Beweis zu erheben.

[422] Damit wurde die ZPO insbesondere an die Regelungen der VwGO (vgl. dort § 101 Abs. 3), der FGO (vgl. dort § 90 Abs. 1 S. 2) sowie des SGG (vgl. dort § 124 Abs.3) angepasst, die ebenfalls unter Geltung des Mündlichkeitsprinzips nur im Urteilsverfahren eine mündliche Verhandlung zurVoraussetzung erheben, eine solche ansonsten aber dem Ermessen des Gerichtes überlassen, vgl. a. exemplarisch mit dieser Begründung den *Regierungsentwurf-ZPO-RG*, BT-Drs. 14/4722, S. 76.

[423] Vgl. S. 62.

[424] Vgl. z. B. den *Regierungsentwurf-ZPO-RG*,. BT-Drs. 14/4722, S. 76.

[425] MünchKomm/*Lipp*, Aktualisierungsband, § 571 Rn. 21; *Thomas/Putzo*, § 128 Rn. 16; *Rosenberg/Schwab/Gottwald*, § 146 Rn. 27.

[426] Vgl. S. 63.

[427] *Rosenberg/Schwab/Gottwald*, § 146 Rn. 25; *Zöller/Gummer*, § 571 Rn. 12; MünchKomm/*Lipp*, Aktualisierungsband, § 572 Rn. 15; *BVerfGE* 7, 95; 36, 85, 87.

Beispiel: Das Beschwerdegericht hat nach sofortiger Beschwerde gegen eine nach § 91a ZPO ergangene Kostenentscheidung ausnahmsweise Beweis über den voraussichtlichen Ausgang des Rechtsstreites zu erheben, wenn erst im Beschwerdeverfahren eine Urkunde vorgelegt wird, die Beweis für bestimmte Parteibehauptungen erbringt.[428] *Dies geschieht nach den allgemeinen Vorschriften der §§ 355ff. ZPO ggf. in einer (fakultativ) angeordneten mündlichen Verhandlung.*[429]

[428] Vgl. *Thomas/Putzo*, § 91a Rn. 46, für die entsprechende Pflicht des Ausgangsgerichts.
[429] *Rosenberg/Schwab/Gottwald*, § 146 Rn. 28.

§ 4 Die Begründetheit der Beschwerde

Das mit der Beschwerde befasste Gericht tritt in die Prüfung der sachlichen Begründetheit des Rechtsmittels ein, wenn es die Beschwerde für zulässig erachtet, vgl. § 572 Abs. 2 ZPO. Begründet ist die Beschwerde, wenn das Gericht zugunsten des Beschwerdeführers zu einer abweichenden Entscheidung kommt. Dies kann der Fall sein, weil die Entscheidung erster Instanz verfahrensfehlerhaft oder inhaltlich unrichtig ist, schließlich auch dann, wenn sich die Sach- und Rechtslage wegen zulässigen neuen Vorbringens sowie zwischenzeitlich eingetretener Gesetzesänderung anders darstellt.[430] Dem gemäß setzt sich das mit dem Rechtsmittel befasste Gericht vorweg mit den Zulässigkeitsvoraussetzungen sowie dem Verfahren erster Instanz auseinander und nimmt dann erst die eigentliche Sachprüfung vor,[431] wobei hier für die Beschwerde nach neuem Recht insbesondere die Abhilfebefugnis der ersten Instanz, die Geltung des Verschlechterungsverbotes sowie die einzelnen Entscheidungsmöglichkeiten zu untersuchen sind.

A. Zulässigkeit des Verfahrens erster Instanz

Das mit der Beschwerde befasste Gericht hat zunächst von Amts wegen zu untersuchen, ob das bisherige Verfahren Fehler enthält, die eine Neuverhandlung und Entscheidung in erster Instanz nötig, umgekehrt eine Sachentscheidung des Rechtsmittelgerichts unzulässig oder unmöglich machen.[432]

I. Zulässigkeit des erstinstanzlichen Antrages

Das mit der Beschwerde befasste Gericht prüft zunächst, ob das erstinstanzliche Gericht die Zulässigkeit des verfahrensbestimmenden Antrages zu Recht angenommen hat.

II. Verfahrensmängel erster Instanz

Das Rechtsmittelgericht prüft sodann, ob erstinstanzliche Verfahrensmängel vorliegen, die ggf. zur Aufhebung und Zurückverweisung an das Ausgangsgericht[433] zwingen oder jedenfalls im Rechtsmittelzug geheilt werden müssen. Dazu zählen z.B. Gehörsrügen wegen Verstoßes gegen Art. 103 Abs. 1 GG sowie erstinstanzlich nicht vorgenommene Hinweise nach § 139 ZPO, der auch in Verfahren ohne mündliche Verhandlung gilt,[434] soweit diese Verfahrensfehler jeweils zu ungenügender Sachaufklärung führen.

430 Dies gilt generell für Rechtsmittel, vgl. *Thomas/Putzo*, vor § 511 Rn. 12.
431 Vgl. *Thomas/Putzo*, vor § 511 Rn. 12.
432 Vgl. *Thomas/Putzo*, § 557 Rn. 3, zur Revision.
433 Hierzu sogleich unter III.
434 *Thomas/Putzo*, § 139 Rn. 1.

III. Die Entscheidungsmöglichkeiten des Rechtsmittelgerichts bei Unzulässigkeit des erstinstanzlichen Verfahrens

1. Rechtslage bis zum 1.1.2002

Bis zum Inkrafttreten des ZPO-RG war anerkannt, dass das Beschwerdegericht bei bestimmten Verfahrensmängeln das der angefochtenen Entscheidung zugrunde liegende Verfahren aufheben und die Sache in Analogie zu §§ 538 Abs. 1 Nr. 2, 539 ZPO (a.F.)[435] an das untere Gericht zurückverweisen durfte,[436] wenn der Streit noch nicht entscheidungsreif war. Das Beschwerdegericht konnte aber nach seinem Ermessen in diesen Fällen auch stets in der Sache selbst entscheiden. Als Begründung für diesen Ermessensspielraum des Beschwerdegerichts wurde die Regelung der §§ 575, 540 ZPO (a.F.) herangezogen, wonach vom Beschwerdegericht (nach Zurückverweisung) die erforderlichen Anordnungen dem Ausgangsgericht übertragen werden können, welches entsprechend § 565 Abs. 2 ZPO (a.F.) an die Auffassung des Rechtsmittelgerichtes gebunden sein sollte.[437] Lag allerdings trotz bestehender Verfahrensmängel aus erster Instanz im Rechtsmittelverfahren Entscheidungsreife vor – was z.B. immer dann der Fall ist, wenn es nur um die Entscheidung von Rechtsfragen geht – hatte das Beschwerdegericht aus Beschleunigungsgründen immer in der Sache zu entscheiden.[438]

2. Rechtslage nach Inkrafttreten des ZPO-RG

Auch nach Geltung des ZPO-RG sind die Möglichkeiten zur Entscheidung nach begründeter Beschwerde, wozu auch das Vorliegen von Verfahrensmängel gehört, nur unvollständig geregelt. Mit dem selben Wortlaut wie § 575 ZPO (a.F.) eröffnet § 572 Abs. 3 ZPO dem Beschwerdegericht, (nach Zurückverweisung) dem Untergericht die etwa erforderlichen Anordnungen zu übertragen. Weitere Regelungen für den Bereich der Beschwerde gibt es auch nach neuem Recht nicht. Daher ist es wie schon nach alter Gesetzeslage nötig, diese Lücke durch eine entsprechende Anwendung des erstinstanzlichen Urteilsverfahrens sowie anderer ZPO-Rechtsmittelverfahren zu schließen. Insbesondere ist auf das Berufungsverfahren zurückzugreifen, da dieses die größte Ähnlichkeit mit dem Beschwerdeverfahren hat. Beide sind nämlich echte Tatsacheninstanzen und berücksichtigen – wenn auch im Berufungsrecht mittlerweile durch das ZPO-RG erheblich eingeschränkt durch § 531 Abs. 2 – neues Vorbringen.[439]

[435] MünchKomm/*Lipp*, Aktualisierungsband, § 572 Rn. 27, m.w.N. in Fn. 90.
[436] Vgl. *BGHZ* 51, 131; *Schneider*, MDR 1978, 525.
[437] Vgl. *Rosenberg/Schwab/Gottwald*, 15. Aufl., § 148 V 2, S. 906.
[438] *Schneider*, MDR 1978, 525.
[439] *Schneider*, MDR 1978, 525, dort zur alten Rechtslage.

Bei erstinstanzlichen Verfahrensmängeln bedeutet dies für die Entscheidung des Beschwerdegerichts, dass die Regelung des § 538 ZPO ergänzend heranzuziehen ist. Nach dieser Regelung muss im Grundsatz das Rechtsmittelgericht selbst entscheiden und darf nur mehr in Ausnahmefällen, die gegenüber der alten Rechtslage durch das ZPO-RG stark eingeschränkt wurden, aufheben und zurückverweisen.[440]

a) Eigene Entscheidung des Beschwerdegerichts bei Sachentscheidungsreife

An der auch schon zur alten Rechtslage bestehenden Pflicht des Beschwerdegerichts, bei Entscheidungsreife trotz erstinstanzlicher Verfahrensmängel selbst zu entscheiden, hat sich durch das ZPO-RG nichts geändert. § 538 Abs. 1 ZPO bestimmt die nach wie vor bestehende und gerade auch nach der Reform angestrebte grundsätzliche Sachentscheidungspflicht des Berufungsgerichts, die damit in analoger Anwendung dieser Vorschrift auch für das Beschwerdeverfahren gelten muss.[441]

b) Entscheidung des Beschwerdegerichts bei fehlender Sachentscheidungsreife

Ist das Verfahren nach Erkennen eines erstinstanzlichen Verfahrensmangels noch nicht in der Sache entscheidungsreif,[442] stellt sich die Frage einer Aufhebung und Zurückverweisung nach Maßgabe des § 538 Abs. 2 Nr. 1 bzw. 3 ZPO. Diese Vorschrift bedeutet gegenüber der alten Rechtslage eine Begrenzung der Zurückverweisungsmöglichkeiten des Rechtsmittelgerichts. Für die Zurückverweisung ist bei gegebenem Zurückverweisungsgrund zunächst ein Antrag eines Verfahrensbeteiligten nötig, der auch der Beschwerdegegner sein kann. Wünschen mithin die am Beschwerdeverfahren Beteiligten eine Sachentscheidung des Rechtsmittelgerichtes, ist dieses gebunden.

Insoweit ist aber nach wie vor zu beachten, dass das Beschwerdegericht auch bei Stellung eines Zurückverweisungsantrages in der Sache selbst entscheiden kann.[443] Anders als § 538 ZPO (a.F.), der eine Zurückverweisungspflicht für einzelne Konstellationen statuierte, stellt § 538 Abs. 2 Nr. 1 ZPO keine „muss-Regelung" zur Zurückverweisung auf. Dies kann aber nur bedeuten, dass das Beschwerdegericht auch bei gestelltem Zurückverweisungsantrag in jedem Fall in der Sache entscheiden kann. Dies wird es dann tun, wenn absehbar ist, dass die Sache in Kürze entscheidungsreif gemacht werden kann; der Beschleunigungsgedanke sollte selbstverständlich auch für das Rechtsmittelgericht gelten.[444]

[440] Vgl. die Begründung des *Regierungsentwurfes-ZPO*, BT-Drs. 14/4722, S. 102.
[441] MünchKomm/*Lipp*, Aktualisierungsband, § 572 Rn. 26.
[442] Weil etwa zu einer streitigen Tatsache noch Beweis zu erheben ist: nach sofortiger Beschwerde gegen eine Ordnungsgeldfestsetzung des Prozessgerichts nach § 890 ZPO ist z.B. zur streitigen Frage des Verstoßes gegen das titulierte Unterlassungsgebot auch vom Beschwerdegericht noch Beweis zu erheben.
[443] *Schneider*, MDR 1978, 525 für die alte Gesetzeslage.
[444] Vgl. den *Regierungsentwurf-ZPO-RG*, BT-Drs. 14/4722, S. 102.

Ist dies nicht der Fall und stünde unter Berücksichtigung eines schwerwiegenden erstinstanzlichen Verfahrensfehlers eine langwierige Beweisaufnahme an, wird das Beschwerdegericht nach Maßgabe des § 538 Abs. 2 Nr. 1 ZPO unter Aufhebung der erstinstanzlichen Entscheidung zurückverweisen.

Beispiel: Trägt etwa eine am Beschwerdeverfahren beteiligte Person nach Erteilung eines Hinweises gem. § 139 ZPO durch das Beschwerdegericht erweiternd, insbesondere unter Angabe neuer Beweismittel vor, kann eine (ggf. umfangreiche) Beweisaufnahme nötig werden. Dann wird das Beschwerdegericht zurückverweisen.

Zurückverwiesen wird ferner in der Regel entsprechend § 538 Abs. 2 Nr. 3 ZPO in Fällen, bei denen das Ausgangsgericht einen Antrag verfahrensfehlerhaft zu Unrecht als unzulässig verworfen hat.[445] Die Zurückverweisung wird nach den vorstehenden Ausführungen aber der Ausnahmefall sein.[446]

c) Das Verfahren bei der Zurückverweisung

Entscheidet sich das Beschwerdegericht unter den Voraussetzungen des § 538 Abs. 2 Nr. 1 ZPO dazu, aufzuheben und zurückzuverweisen, dann sollte es gem. § 572 Abs. 3 ZPO so detaillierte Anweisungen und Anordnungen geben, dass die Sache möglichst im neuen erstinstanzlichen Verfahren endgültig abgeschlossen werden kann. Einfache und kurze Anweisungen und Anordnungen können in den Beschlusstenor aufgenommen werden,[447] werden sich aber schon deswegen, weil sie sich nicht in einem Satz komprimieren lassen, regelmäßig in den Gründen der Beschwerdeentscheidung wiederfinden.[448] Die Zurückverweisung erfolgt schließlich analog § 538 Abs. 2 ZPO an das Ausgangsgericht erster Instanz.

d) Bindungswirkung der Entscheidung des Beschwerdegerichts

Jede Beschwerdeentscheidung lässt Bindungswirkungen entstehen, die sich konkret nach dem Inhalt der Entscheidung richten. Insoweit ist zu unterscheiden zwischen der Bindungswirkung für das Untergericht, an das zurückverwiesen wird und dem Beschwerdegericht selbst, welches ja nach erneuter Beschwerdeeinlegung wiederholt mit der Sache befasst sein kann. Hierbei gilt, dass das Untergericht an die Rechtsauffassung und die Anordnungen des Beschwerdegerichts analog der für das Revisionsverfahren geltenden Regelung des § 563 Abs. 2 ZPO gebunden ist, allerdings nur so lange, als nicht eine zwischenzeitliche Änderung der Sach- und Rechtslage eingetreten ist, auf die sich nicht eine etwa schon eingetretene Rechtskraftwirkung bezieht.[449]

[445] *Zöller/Gummer*, § 572 Rn. 31.
[446] So schon für die alte Rechtslage *Schneider*, MDR 1978, 525; nunmehr z.B. *Baumbach/Albers/Lauterbach/Hartmann*, § 572 Rn. 14.
[447] Z.B. die Anweisung an das Untergericht, den PKH- Antrag nicht mangels Erfolgsaussicht abzuweisen.
[448] Vgl. a. *Thomas/Putzo*, § 572 Rn. 23, und *Schneider*, MDR 1978, 525.
[449] Vgl. *Zöller/Gummer*, § 573 Rn. 34 und 38.

Bei sog. Rückläufern in Fällen wiederholter Beschwerden besteht für das Beschwerdegericht gem. § 318 ZPO Bindungswirkung insoweit, als es sich an seine erste Entscheidung halten muss. Die Bindungswirkung ist eine positive mit dem Inhalt, dass zu entscheidungserheblichen Punkten nicht anders als bei der ersten Beschwerdeentscheidung erkannt werden, mithin aber neues Vorbringen der Verfahrensbeteiligten zu den bereits entschiedenen Punkten nicht zugelassen bzw. berücksichtigt werden darf.[450]

B. Die generelle Abhilfebefugnis für das Ausgangsgericht

In der Vorschrift des § 572 ZPO, die die bisher in den §§ 571, 574 und 575 ZPO (a.F.) verstreut geregelten Bestimmungen über das Verfahren in Beschwerdesachen zusammenfasst, ist nunmehr eine generelle Abhilfebefugnis des Erstgerichts bestimmt, was gem. § 571 ZPO (a.F.) nur für die einfache, nicht fristgebundene ZPO-Beschwerde galt. § 577 Abs. 3 ZPO (a.F.) schloss nämlich diese Möglichkeit für die sofortige Beschwerde ausdrücklich aus.

I. Die Intention des Gesetzgebers

Nach dem Willen des historischen Gesetzgebers sollte die (einfache) Beschwerde zugleich die Gegenvorstellung bei der unteren Instanz umfassen. Dem entspricht nunmehr für die (fristgebundene) Beschwerde § 572 Abs. 1 Hs. 1 ZPO, der das Ausgangsgericht verpflichtet, einer begründeten Beschwerde abzuhelfen. Das Motiv des Gesetzgebers für das bisherige Fehlen einer Abhilfebefugnis bei der fristgebundenen Beschwerde ist weithin unklar geblieben und lässt sich jedenfalls nicht aus dem Beschleunigungsgedanken herleiten. Die Bereinigung von Fehlern der angegriffenen Entscheidung durch das Ausgangsgericht ist nämlich allemal schneller als diejenige durch das Beschwerdegericht.[451] Zum Teil wurde bereits für die alte Rechtslage die Meinung vertreten, der Richter sei – entgegen dem strengen Wortlaut des § 577 Abs. 3 ZPO (a.F.) – dann zur Abhilfe berechtigt und verpflichtet, wenn dem Beschwerdeführer kein rechtliches Gehör gewährt worden sei.[452]

Mit der Abhilfebefugnis des Ausgangsgerichts folgt das ZPO-RG ausdrücklich den Bestimmungen der Verwaltungsgerichtsordnung (§ 148 Abs. 1), der Finanzgerichtsordnung (§ 130 Abs. 1) sowie des Sozialgerichtsgesetzes (§ 174), die eine solche bei den dort generell befristet ausgestalteten Beschwerden ebenfalls vorsehen.[453] Diese Anpassung an andere Verfahrensordnungen geht zurück auf mehrfach geäußerte Wünsche von Wissen-

[450] *Zöller/Gummer*, § 572 Rn. 37; *Thomas/Putzo*, § 572 Rn. 22; *BGHZ* 51, 138.

[451] Hierbei ist der pauschale Vorwurf sicher unzutreffend, der Ausgangsrichter, der sich ja schon einmal mit der Sache befasst habe, würde im Abhilfeverfahren die Sache ohnehin nur ohne weitere Prüfung der Beschwerdebegründung dem Beschwerdegericht vorlegen; bei erkanntermaßen zulässigen und begründeten Einwänden hilft der Ausgangsrichter selbstverständlich ab, um schon beim Beschwerdegericht nicht „negativ aufzufallen."

[452] MünchKomm/*Braun*, § 577 Rn. 9; *Kunz*, Erinnerung und Beschwerde, 1980, S. 190ff.

[453] Für die Gesetzesbegründung vgl. hierzu exemplarisch den *Regierungsentwurf-ZPO-RG*, BT-Drs. 14/4722, S. 114.

schaft[454] und Praxis.[455] Dem Ausgangsrichter soll es ermöglicht werden, seine Entscheidung *„nochmals zu überprüfen, sie kurzerhand zurückzunehmen oder zu berichtigen."*[456] Besonders bei den in Verfahren ohne mündliche Verhandlung nicht seltenen Fällen der Versagung rechtlichen Gehörs ist zu sehen, dass die Abhilfebefugnis den Betroffenen die Instanz erhält und zu einer Verkürzung der Verfahren sowie Entlastung der Beschwerdegerichte beiträgt. Auch fehlerhafte Entscheidungen können damit in einer Instanz entschieden werden. Die generelle Abhilfemöglichkeit des Erstgerichts im neu geregelten Beschwerdeverfahren stellt damit das erweiterte Gegenstück zum Abhilfeverfahren bei erstinstanzlichen unanfechtbaren Urteilen dar, die auf einer Verletzung des Anspruchs auf rechtliches Gehör beruhen, § 321a ZPO.[457]

II. Das Abhilfeverfahren

Mit der Einführung der generellen Abhilfeprüfung geht zunächst der Entfall der Befugnis des Beschwerdegerichts einher, bei der einfachen Beschwerde in dringenden Fällen sofort entscheiden zu können (§ 569 Abs. 1 ZPO (a.F.). Die Verpflichtung des Erstgerichts zur Vorlage „vor Ablauf einer Woche" (§ 571 Hs. 2 ZPO (a.F.) wurde durch eine entsprechende *„unverzügliche"*[458] Vorlagepflicht (§ 572 Abs. 1 Hs. 2 ZPO) ersetzt. Das Erstgericht, also der Einzelrichter oder Spruchkörper oder der Vorsitzende, der entschieden hat,[459] ist so grundsätzlich in jedem Fall gezwungen, ein Abhilfeverfahren durchzuführen.[460]

454 Z.B. *Gottwald*, Gutachten, S. A 89.

455 So z.B. das *Plenum* des 61. Deutschen Juristentages, Beschluss VI.1.; *BRV*, DRiZ 1994, 270; *DRB*, DRiZ, 1999, 428.

456 Vgl. hierzu z.B. den *Referentenentwurf-ZPO-RG*, S. 91, sowie den *Regierungsentwurf-ZPO-RG*, BT-Drs. 14/4722, S. 114.

457 So der *Regierungsentwurf-ZPO-RG*, BT-Drs. 14/4722, S. 69; zu § 321a ZPO s. unten 3. Teil.

458 Vgl. den *Regierungsentwurf-ZPO-RG*, BT-Drs. 14/4722, S. 115. Hiernach bedeutet „unverzüglich" nach der Legaldefinition des § 121 Abs. 1 BGB „ohne schuldhaftes Zögern", womit dem Ausgangsgericht aber eine angemessene Überprüfungsfrist zur Verfügung steht, deren Dauer von den Umständen des Einzelfalles abhängt, z.B. von einer evtl. notwendigen Beweisaufnahme. Die früher angeordnete „Wochenfrist" war nach Auffassung des *Regierungsentwurf-ZPO-RG*, a.a.O., nicht praxisgerecht, da sie vom Ausgangsgericht in der Regel nicht eingehalten werden konnte.

459 *Gehrlein*, MDR 2003, 547.

460 Dies korrespondiert mit dem Ziel des Reformgesetzgebers, die Fehlerkorrektur beim Ausgangsgericht zu konzentrieren und das Beschwerdegericht zu entlasten, vgl. den *Regierungsentwurf-ZPO-RG*, BT-Drs. 14/4722, S. 69 und 114. Die hierzu von *OLG Frankfurt/M.*, MDR 2002, 1391, vertretene Gegenauffassung, das Beschwerdegericht könne ohne Rückleitung der Akten zur Abhilfe an das Erstgericht sofort entscheiden, entspricht nicht dem Willen des Gesetzgebers, Fehler in jedem Fall durch die Selbstkorrektur des Ausgangsgerichtes zu beseitigen, so ausdrücklich auch MünchKomm/*Lipp*, Aktualisierungsband, § 569 Rn. 3 und *Baumbach/Albers/Lauterbach/Hartmann*, § 572 Rn. 4; entbehrlich ist das Abhilfeverfahren nur, wenn bei eilbedürftigen Sachen abzusehen ist, dass bei Zuleitung der Akten an das Erstgericht eine Abhilfeentscheidung zu spät kommen würde. Nicht abzustellen ist insoweit auf das vermutliche (noch spätere) Ergehen einer Beschwerdeentscheidung, so aber *Baumbach/Albers/Lauterbach/Hartmann*, § 572 Rn. 6.

Zur Voraussetzung für eine Abhilfeentscheidung des Erstgerichts erhebt das ZPO-RG wie schon bislang die Begründetheit der Beschwerde. In diesem Zusammenhang ist zu untersuchen, ob auch bei unzulässigen Beschwerden abgeholfen werden kann oder gar muss, ob eine Abhilfepflicht gleichermaßen für Verfahrens- wie für Sachmängel gilt und ob das Erstgericht auch dann abhelfen und neu entscheiden muss, wenn es seine Entscheidung aus anderen Gründen aufrechterhalten will.

1. Abhilfe auch bei unzulässigen Beschwerden

Da das Erstgericht vor der Abhilfeentscheidung auch nach Inkrafttreten des ZPO-RG die Begründetheit des Rechtsmittels zu prüfen hat, hat sich an der schon bisher bestehenden Kontroverse, ob auch bei unzulässigen Beschwerden eine Möglichkeit oder gar di Pflicht[461] zur Abhilfe besteht, nichts geändert.[462]

Die zutreffende Beurteilung ergibt sich aus dem Ziel des ZPO-RG, dem Erstgericht eine umfassende Fehlerkorrektur zu ermöglichen und gleichzeitig das Beschwerdegericht zu entlasten.[463] Vor dieser Zielsetzung kann vorstehende Streitfrage aber nur in dem Sinn zu beantworten sein, dass auch bei unzulässigen Beschwerden abgeholfen werden muss, sofern die Ausgangsentscheidung an einem rechtlichen Mangel leidet, der eine andere Sachentscheidung rechtfertigt. Hierbei ist es nicht erforderlich, zwischen der „prozessualen" Pflicht zur sachlichen Prüfung[464], die nur bei zulässigen Beschwerden gegeben sei, und der Abhilfebefugnis oder -pflicht bei unzulässigen, aber begründeten Beschwerden zu differenzieren.[465]

Die unzulässige Beschwerde stellt nämlich entweder eine nach Inkrafttreten des ZPO-RG zur Ermöglichung einer erstinstanzlichen Fehlerkorrektur stets statthafte Gegenvorstellung[466] oder bei bindenden oder unanfechtbaren Beschlüssen einen fristgebundenen Rechtsbehelf entsprechend § 321a ZPO[467] dar.[468] Der Erfolg dieser Rechtsbehelfe hängt

[461] Eine Abhilfemöglichkeit verneint *Gilles*, Rechtsmittel im Zivilprozess, 1972, S. 184, Fn. 85. Wenigstens die Statthaftigkeit der Beschwerde halten für erforderlich *Ratte*, Wiederholung der Beschwerde und Gegenvorstellung, 1975, S. 111; *Baumbach/Albers/Lauterbach/Hartmann*, § 572 Rn. 3; *Thomas/Putzo*, § 572 Rn. 2; *Lüke*, Zivilprozessrecht, Rn. 423. Eine Abhilfepflicht bejahen *OLG Nürnberg*, MDR 1961, 509f.; *Rosenberg/Schwab/Gottwald*, § 146 Rn. 18; *Bettermann*, ZZP 88 (1975), 365, 410; *E. Schneider*, MDR 1978, 525; *Stein/Jonas/Grunsky*, § 571 (a.F.) Rn. 3;

[462] MünchKomm/*Lipp*, Aktualisierungsband, § 572 Rn. 6.

[463] So z.B. der *Regierungsentwurf-ZPO-RG*, BT-Drs. 14/4722, S. 69 und 114.

[464] Diese soll nach MünchKomm/*Lipp*, Aktualisierungsband, § 572 Rn. 6 von einer „bloßen Amtspflicht" zu unterscheiden sein, was nicht recht einleuchtet, da die „prozessuale" Pflicht zur vorrangigen Prüfung der Zulässigkeitsvoraussetzungen für das Rechtsmittel eben auch und gerade eine Amtspflicht ist, vgl. *Thomas/Putzo*, vor § 511 Rn. 13 und vor § 253 Rn. 12.

[465] So aber MünchKomm/*Lipp*, Aktualisierungsband, § 572 Rn. 6 mit der Anmerkung, dass bei Annahme einer „prozessualen" Pflicht zur Abhilfe auch bei unzulässigen Beschwerden diese zulässig würden.

[466] Zu dieser s. unten 3. Teil.

[467] Zu diesem vgl. ebenfalls unten 3. Teil.

auch nicht etwa davon ab, ob das Ausgangsgericht zu einer Korrektur von Amts wegen, d.h. ohne zulässige Beschwerde befugt ist.[469] Sowohl die Gegenvorstellung als auch die Abhilfemöglichkeit bei Verletzung des Anspruchs auf rechtliches Gehör gem. § 321a ZPO sind Rechtsbehelfe, die eigene Zulässigkeits- und insbesondere Statthaftigkeitsvoraussetzungen erfordern, bei deren Vorliegen nicht von einer Abhilfe „von Amts wegen", sondern auf statthaften Rechtsbehelf hin zu sprechen ist. Schon zur Vermeidung neuer, gleichlautender Anträge an das Ausgangsgericht ist daher bei begründeten Rechtsmitteln eine Abhilfepflicht auch dann anzunehmen, wenn das Rechtsmittel als Beschwerde unzulässig ist.

2. Vorliegen von Verfahrensmängeln

Erkennt das Ausgangsgericht auf Beschwerde hin, dass es seine Entscheidung auf verfahrensfehlerhaftem Weg gefunden hat, stellt sich die Frage, ob generell der Verfahrensmangel zu heilen und dann ggf. nochmals in der Sache zu entscheiden ist, oder ob im Hinblick auf eine unverändert lautende Sachentscheidung die Sache vorzulegen ist. Nach § 572 Abs. 1 Hs. 1 ZPO hat das Erstgericht im Abhilfeverfahren nach der Begründetheit der Beschwerde zu fragen. Eine Beschwerde ist aber zweifellos auch dann begründet, wenn lediglich Verfahrensmängel vorliegen, vgl. insoweit auch § 538 Abs. 2 Nr. 1 ZPO für das Vorliegen (wesentlicher) Verfahrensmängel bei der Berufung mit der möglichen Folge einer Aufhebung des Urteils und Zurückverweisung an das Ausgangsgericht.[470] Seinem Wortlaut nach konsequent angewendet würde aber § 572 Abs. 1 Hs. 1 ZPO bedeuten, dass bestehende Verfahrensmängel immer zu einer Abhilfeentscheidung führen müssten, die bei unveränderter materieller Beurteilung zu einer Wiederholung der (zunächst verfahrensfehlerhaft zustande gekommenen) Sachentscheidung zwängen. Soweit ersichtlich wurde dieses Problem bislang nur im Zusammenhang mit einer Auswechslung oder Ergänzung der erstinstanzlichen Begründung erörtert.[471] Die dort angeführten Gesichtspunkte gelten aber auch hier. Es erschiene bei verfahrensfehlerhaften Ausgangsentscheidungen – zumal vor dem gerade nach dem ZPO-RG im Vordergrund stehenden Beschleunigungsgedanken – nicht nachvollziehbar, dem Erstgericht im Abhilfeverfahren eine neue, identische Sachentscheidung aufzuerlegen, gegen die dann der Beschwerdeführer erneut Beschwerde einlegen möge. Dies wäre nur sinnvoll, wenn – was unwahrscheinlich ist – zu erwarten wäre, dass sich der Beschwerdeführer mit der Bereinigung des Verfahrensmangels zufrieden gibt und im Übrigen die gleich lautende Sachentscheidung akzeptiert.

In allen anderen Fällen sollte dagegen das Erstgericht nach einer Bereinigung des Verfahrensfehlers, die nicht zu einer veränderten Sachentscheidung führt, die Sache ohne weite-

[468] So auch MünchKomm/*Lipp*, Aktualisierungsband, § 572 Rn. 6: damit ist aber auch klar, dass bei sachlicher Prüfung einer unzulässigen Beschwerde diese nicht zulässig wird, so aber MünchKomm/*Lipp*, a.a.O., sondern Grundlage der Prüfung eine zulässige Gegenvorstellung bzw. ein zulässiger Antrag entsprechend § 321a ZPO ist.

[469] So aber MünchKomm/*Lipp*, Aktualisierungsband, § 572 Rn. 6.

[470] Vgl. S. 105.

[471] Hierzu sogleich unter 3.

res dem Beschwerdegericht vorlegen, falls die Beschwerde nicht ohnedies nach Hinweis auf deren Unbegründetheit zurückgenommen wird.

Beispiel: So sollte die im Ausgangsverfahren unterbliebene Gewährung rechtlichen Gehörs auf Beschwerde nachgeholt und die Sache dann dem Beschwerdegericht vorgelegt werden, falls keine andere Entscheidung in der Sache gerechtfertigt ist.

3. Vorliegen von sachlich-rechtlichen Mängeln

Leidet die erstinstanzliche Entscheidung an Sachmängeln, hat das Erstgericht der insoweit begründeten Beschwerde abzuhelfen, § 572 Abs. 1 Hs. 1 ZPO. Hierbei ist auch neues Vorbringen, welches in der Beschwerdeschrift enthalten ist (§ 571 Abs. 2 ZPO), zu berücksichtigen,[472] wobei, falls erforderlich, auch Beweis zu erheben ist.[473] Dies gilt allerdings nur, wenn die bisherige Entscheidung nicht aus anderen, bisher nicht angeführten Gründen bestehen bleiben muss. Hier wäre es wenig sinnvoll, dem Ausgangsgericht eine neue Sachentscheidung mit neuer, zutreffender Begründung anzusinnen, gegen den dann der Beschwerte erneut Rechtsmittel einlegen könnte.[474] Diese Vorgehensweise wäre umständlich und förderte nicht das Ziel, möglichst rasch Rechtsfrieden herzustellen, zumal, wenn die Begründung lediglich leicht verändert und ohne weiteres nachvollziehbar ist.[475] Der Erstrichter wird in diesen Fällen daher nur dann eine neu begründete Sachentscheidung erlassen, wenn er sicher sein kann, dass diese Entscheidung auch akzeptiert wird. Andernfalls wird er entsprechend § 561 ZPO nicht abhelfen und die Sache mit der geänderten Begründung dem Beschwerdegericht vorlegen.[476] Der Beschwerdeführer kann sein Rechtsmittel dann immer noch zurücknehmen, wenn er von der Begründung Kenntnis erlangt hat.

Beispiel: Hat z.B. das Ausgangsgericht nach übereinstimmender Erledigterklärung über die Kosten des Rechtsstreits entschieden und hierbei einen rechtlichen Gesichtspunkt, der entscheidungserheblich war, übersehen, stellt sich aber die Sachlage wegen bislang unberücksichtigter tatsächlicher Gründe, auf die das Gericht nach seiner bisherigen, unzutreffenden Rechtsauffassung nicht eingehen musste, unverändert dar, muss als Abhilfeentscheidung keine neue Sachentscheidung ergehen, sondern kann mit der entsprechenden Begründung dem Beschwerdegericht vorgelegt werden.

4. Entscheidungsmöglichkeiten im Abhilfeverfahren

Die Entscheidungsmöglichkeiten des Ausgangsgerichts hängen davon ab, wie dieses die Zulässigkeit und Begründetheit des Rechtsmittels beurteilt.

472 So der *Regierungsentwurf-ZPO-RG*, BT-Drs. 14/4722, S. 115; MünchKomm/*Lipp*, Aktualisierungsband, § 572 Rn. 7, m.w.N. in Fn. 24; *Zöller/Gummer*, § 572 Rn. 7.

473 Vgl. den *Regierungsentwurf-ZPO-RG*, BT-Drs. 14/4722, S. 115; MünchKomm/*Lipp*, Aktualisierungsband, § 572 Rn. 7.

474 So aber z.B. *BFH*, BayVBl. 1986, 507.

475 Vgl. *Baumbach/Albers/Lauterbach/Hartmann*, § 572 Rn. 4; *Stein/Jonas/Grunsky*, § 571 (a.F.) Rn. 8.

476 Vgl. *Rosenberg/Schwab/Gottwald*, § 146 Rn. 19; MünchKomm/*Lipp*, § 572 Rn. 9; *OLG* Köln, FamRZ 1986, 487; *Thomas/Putzo*, § 572 Rn. 3.

a) Unstatthafte und sonst unzulässige Beschwerde

Ist die Beschwerde nach Auffassung des Ausgangsgerichts unstatthaft, darf es gleichwohl nicht selbst abschließend über das Rechtsmittel entscheiden.[477] Insoweit ist zunächst der eindeutige Wortlaut des § 572 Abs. 2 ZPO zu sehen, wonach nicht das Erst- sondern das Beschwerdegericht (von Amts wegen) die Statthaftigkeit des Rechtsmittels prüft und dieses ggf. als unzulässig verwirft. Die hierzu zur alten Gesetzesfassung entwickelte Gegenmeinung,[478] die contra legem dem Erstgericht bei Unstatthaftigkeit eine Verwerfungsbefugnis im Abhilfeverfahren einräumte, lässt sich nach Inkrafttreten des ZPO-RG nicht mehr vertreten. Sinn und Zweck dieser Auslegung der Entscheidungsbefugnisse des Erstgerichts war nämlich, den *BGH* vor eindeutig unstatthaften Beschwerden zu bewahren.[479] Da sich der *BGH* nach Inkrafttreten des ZPO-RG aber nur mehr mit Rechtsbeschwerden[480] zu befassen hat, bei denen kein Abhilfeverfahren vorgesehen ist, sind Anlass oder Grundlage für eine solche Ausnahme nicht mehr ersichtlich.[481]

Bei einer aus Sicht des Erstgerichts aus anderen Gründen unzulässigen Beschwerde darf dieses ebenfalls nicht selbst verwerfen. Dies ergibt sich auch aus § 572 Abs. 2 S. 2 ZPO, wonach explizit das Beschwerdegericht nach durchgeführter Prüfung auf die Zulässigkeitskriterien hin das Rechtsmittel als unzulässig verwerfen muss.[482] Bei unzulässigen Beschwerden hat das Ausgangsgericht daher die Sache dem Beschwerdegericht vorzulegen und die Nichtabhilfe kurz und bündig mit der Unzulässigkeit des Rechtsmittels zu begründen.[483]

b) Unbegründete Beschwerde

Erweist sich das Rechtsmittel aus Sicht des Erstgerichtes als unbegründet, erlässt es einen Beschluss[484] über die Nichtabhilfe und legt die Sache unverzüglich dem Beschwerdege-

477 *Musielak/Ball*, § 572 Rn. 7; *Stein/Jonas/Grunsky*, § 571 (a.F.) Rn. 5.

478 So z.B. *Thomas/Putzo*, § 572 Rn. 7; MünchKomm/*Braun*, § 571 (a.F.) Rn. 7; *Zöller/Gummer*, § 572 Rn. 6, allerdings mit der Einschränkung, dass auf Antrag des Beschwerdeführers vorzulegen sei; *Rosenberg/Schwab/Gottwald*, 15. Aufl., § 148 IV 1, S. 904 unter Hinweis auf *RGZ* 130, 348, 349 sowie *BayObLGZ* 1957, 129.

479 So zutreffend MünchKomm/*Braun*, § 571 (a.F.) Rn. 7.

480 Hierzu s. unten § 7.

481 Darüber hinaus war und ist nicht einzusehen, wieso diese Auffassung z.T. zwischen der Unstatthaftigkeit von Beschwerden und der sonstigen Unzulässigkeit einen Unterschied machte, vgl. z.B. *Thomas/Putzo*, § 572 Rn. 6 und *Rosenberg/Schwab/Gottwald*, 15. Aufl., § 148 IV 1, S. 904: eine eigene Verwerfungsbefugnis des Erstgerichts etwa aus Entlastungsgründen sollte konsequenter Weise dann schon für alle Unzulässigkeitsgründe gelten mit der Maßgabe, die schon nach altem Recht für die Verwerfung bei fehlender Statthaftigkeit galt, nämlich, dass auf Antrag des Beschwerdeführer trotzdem dem Beschwerdegericht vorzulegen sei, vgl. *Zöller/Gummer*, § 572 Rn. 6 und MünchKomm/*Braun*, § 571 (a.F.) Rn. 7.

482 So für die alte Gesetzesfassung des § 571 ZPO schon *Bettermann*, *ZZP* 88 (1975), 365, 411; *Stein/Jonas/Grunsky*, § 571 (a.F.) Rn. 5; MünchKomm/*Braun*, § 571 (a.F.) Rn. 7.

483 Vgl. nunmehr *Rosenberg/Schwab/Gottwald*, § 146 Rn. 18.

484 So die überwiegende Praxis und die h.M., vgl. *Rosenberg/Schwab/Gottwald*, § 146 Rn. 18; *Stein/Jonas/Grunsky*, § 571 (a.F.) Rn. 4; *Baumbach/Albers/Lauterbach/Hartmann*, § 572 Rn. 8.

richt vor. Unverzüglich bedeutet „ohne schuldhaftes Zögern“ entsprechend § 121 Abs. 1 S. 1 BGB. Dies bedeutet, dass das Gericht eine angemessene Überprüfungsfrist hat, deren Dauer von den Umständen des Einzelfalls (v.a. einer zur Abhilfeprüfung notwendigen Beweisaufnahme) abhängt.[485] Der Nichtabhilfebeschluss ist den Verfahrensbeteiligten nach § 329 Abs. 2 S. 1 ZPO formlos mitzuteilen.

Ob der Nichtabhilfebeschluss in der Sache zu begründen ist, hängt davon ab, ob dem Beschwerdeführer die Gründe bereits bekannt sind. Dies ist immer dann der Fall, wenn die Ausgangsentscheidung begründet war und für die Nichtabhilfe ausdrücklich[486] oder jedenfalls den Umständen nach auf die nämlichen Gründe des Erstbeschlusses Bezug genommen wird.[487] Will das Gericht der ersten Instanz seine Nichtabhilfe in der Sache aber auf neue tatsächliche oder rechtliche Erwägungen stützen, so hat es diese Erwägungen als Begründung in seinen Nichtabhilfebeschluss aufzunehmen.[488] Das Selbe gilt dementsprechend dann, wenn der Beschwerdeführer sein Rechtsmittel auf neue Tatsachen gestützt hat, die vor der Entscheidung über die Abhilfe zu prüfen waren.[489]

c) Zulässige und begründete Beschwerde

Ist das Rechtsmittel zulässig und begründet, ist ihm von der Erstinstanz abzuhelfen. Dies geschieht nach Gewährung rechtlichen Gehörs[490] (Art. 103 Abs. 1 GG) an den durch die Abhilfe beschwerten Gegner durch einen Beschluss, der zu begründen[491] und, da beschwerdefähig gem. § 567 Abs. 1 Nr. 2 ZPO, wegen § 329 Abs. 3 ZPO zuzustellen ist, da nunmehr der Beschwerdegegner seinerseits beschwerdeberechtigt gegen die Abhilfeentscheidung ist.[492]

[485] Vgl. exemplarisch den *Regierungsentwurf-ZPO-RG*, BT-Drs. 14/4722, S. 114.
[486] Dies ist in der Praxis zur Klarstellung zu empfehlen.
[487] Hiervon ist aber aus der Sicht des Beschwerdeführers o. w. auszugehen, wenn sich die tatsächlichen Entscheidungsgrundlagen gegenüber der Ausgangsentscheidung offensichtlich nicht geändert haben.
[488] MünchKomm/*Lipp*, Aktualisierungsband, § 572 Rn. 12; *LG Stuttgart*, Rpfleger 1992, 56.
[489] MünchKomm/*Lipp*, Aktualisierungsband, § 572 Rn. 12; *Zöller/Gummer*, § 572 Rn. 11.
[490] *Zöller/Gummer*, § 572 Rn. 9.
[491] *OLG Schleswig*, SchlHA 1975, 180; MünchKomm/*Lipp*, § 572 Rn. 8; *Stein/Jonas/Grunsky*, § 571 (a.F.) Rn. 4. Nach MünchKomm, a.a.O., dient die Begründung zutreffend nicht nur der Information des Beschwerdegerichts, sondern auch der Entscheidungshilfe für den Beschwerdegegners bei der Frage, ob er seinerseits Rechtsmittel gegen den Abhilfebeschluss einlegen soll. Schon weil dieses fristgebunden ist, sollte der Abhilfebeschluss immer sogleich begründet und nicht zugewartet werden, bis gegen ihn eine Beschwerde eingeht.
[492] Hierzu siehe sogleich 6.a), S. 115.

5. Abhilfebefugnis auch für den Rechtspfleger

Mit Inkrafttreten des ZPO-RG wurde auch die erst zum 1.Oktober 1998[493] mit der Abschaffung der Durchgriffserinnerung entfallene Abhilfebefugnis für den Rechtspfleger wieder eingeführt. Dieser bisherige Rechtszustand ist in der Rechtsprechung als in höchstem Maße unbefriedigend und als rechtspolitischer Fehler bezeichnet worden, der wegen der Bindung an das Gesetz keine richterliche Korrektur im Wege der Auslegung zulasse.[494]

Den Ansinnen auf Änderung hat der Gesetzgeber mit Inkrafttreten des ZPO-RG Rechnung getragen. Gegen die Entscheidungen des Rechtspflegers ist nämlich gem. § 11 Abs. 1 RPflG das Rechtsmittel gegeben, das nach den allgemeinen Vorschriften gegen eine Entscheidung des Richters zulässig ist. Dies ist im konkreten Fall u.a.[495] oftmals die (sofortige) Beschwerde nach § 567 ZPO. Dem gemäß steht dem Rechtspfleger aber auch die Abhilfebefugnis gem. §§ 11 Abs. 1 RpflG, 572 Abs. 1 S. 1 Hs. 1 ZPO zu. Dies vermeidet den Anfall einer gerichtlichen Beschwerdegebühr und verhindert, dass das Beschwerdegericht mit Bagatellfällen belastet wird.[496]

6. Die Folgen fehlerhafter oder unterbliebener Abhilfe

Hat das Erstgericht bei der Abhilfeentscheidung Fehler begangen oder eine solche überhaupt unterlassen, stellen sich zwei Fragen. Die eine ist, was der Beschwerdegegner bei Fehlerhaftigkeit unternehmen kann, die andere, ob das Beschwerdegericht bei unterbliebenem Abhilfeverfahren gleich selbst entscheiden darf.

493 Durch das 3. RpflÄndG, BGBl. I, S. 2030.

494 Vgl. *LG Cottbus*, MDR 1999, 442; *OLG Düsseldorf*, Rpfleger 1999, 265; *OLG Frankfurt/M.*, NJW 1999, 1265.

495 Neben der sofortigen Beschwerde kommen als Rechtsbehelfe gegen eine Entscheidung des Rechtspflegers der Widerspruch und der Einspruch gegen einen Mahn- oder Vollstreckungsbescheid gem. §§ 694 und 700 ZPO in Frage. Entgegen MünchKomm/*Lipp*, Aktualisierungsband, Anhang: Rechtsbehelfe gegen Entscheidungen des Rechtspflegers, § 11 RpflG Rn. 10, kommt allerdings nicht die Vollstreckungserinnerung gem. § 766 ZPO in Betracht, da deren Gegenstand keine Entscheidung des Rechtspflegers sein kann, argumentum ex contrario § 793 ZPO. Eine solche liegt nämlich nur vor, wenn der Rechtspfleger in eine Sachprüfung eingetreten ist, insbesondere rechtliches Gehör gewährt oder einen Antrag zurückgewiesen hat. Dies ist nicht der Fall bei bloßen Vollstreckungsmaßnahmen des Rechtspflegers, die – wie z. B. der Erlass eines Pfändungs- und Überweisungsbeschlusses ohne Anhörung von Schuldner und Drittschuldner, vgl. *Thomas/Putzo*, § 793 Rn. 3 und § 829 Rn. 54, 55 – mit der Vollstreckungserinnerung anzugreifen sind. Bei der Erteilung einer (im Sinne der §§ 726 bis 729 ZPO qualifizierten) Vollstreckungsklausel ist als gegenüber § 11 Abs. 1 RPflG speziellerer Rechtsbehelf die Klauselerinnerung gem. § 732 ZPO statthaft, vgl. *Thomas/Putzo*, § 732 Rn 1.

496 Vgl. *LG Cottbus*, MDR 1999, 442; *OLG Düsseldorf*, Rpfleger 1999, 265; *OLG Frankfurt/M.*, NJW 1999, 1265.

a) Beschwerde des Beschwerdegegners gegen den Abhilfebeschluss

Der durch die Abhilfeentscheidung beschwerte Rechtsmittelgegner kann gegen diese seinerseits statthaft Beschwerde einlegen nach Maßgabe der §§ 567 Abs. 1 Nr. 2, 568ff. ZPO.[497] Die Beschwerde des Gegners kann daher dazu führen, dass der Abhilfebeschluss seinerseits wieder abgeändert wird.

b) Entscheidung des Beschwerdegerichts bei unterbliebenem Abhilfeverfahren

Das Beschwerdegericht kann auch dann, wenn das Ausgangsgericht ersichtlich ohne Abhilfeprüfung sofort vorlegt, sogleich selbst entscheiden und muss nicht etwa die Sache zur Nachholung eines ordnungsgemäßen Abhilfeverfahrens an das Ausgangsgericht zurückgeben. Das Abhilfeverfahren ist zwar ein aus Gründen der Prozessökonomie der Entscheidung des Beschwerdegerichtes vorgeschaltetes Verfahren. Die ordnungsgemäße Durchführung ist aber nicht etwa eine Verfahrensvoraussetzung für das Beschwerdeverfahren, der Devolutiveffekt tritt schon durch die Einlegung des Rechtsmittels ein und nicht erst nach Nichtabhilfe durch das Ausgangsgericht.[498] Allerdings darf nach zutreffender Auffassung das Beschwerdegericht, falls die Beschwerde bei diesem eingelegt wurde, nicht in der Sache sofort selbst entscheiden, sondern muss die Sache in jedem Fall zunächst dem Erstgericht zur Abhilfe vorlegen.[499]

C. Die Entscheidung des Beschwerdegerichts

Schließlich ist darauf einzugehen, welche Entscheidungen das Beschwerdegericht bei unzulässiger Beschwerde bzw. bei zulässigem und unbegründetem oder zulässigem und begründetem Rechtsmittel zu treffen hat und wie eine erforderliche Begründung auszusehen hat.

I. Unzulässige Beschwerde

1. Feststehende Unzulässigkeit

Eine unzulässige Beschwerde wird mit der Kostenfolge analog § 97 ZPO verworfen, § 572 Abs. 2 S. 2 ZPO.[500] Diese Entscheidung ergeht gem. § 572 Abs. 4 ZPO durch Beschluss, den entweder der Einzelrichter gem. § 568 ZPO oder das Kollegium, dem die Sa-

[497] *Rosenberg/Schwab/Gottwald*, § 146 Rn. 18; *Zöller/Gummer*, § 572 Rn. 15; MünchKomm/*Lipp*, Aktualisierungsband, § 572 Rn. 8; *RGZ* 62, 10, 11f.

[498] Dies gilt unverändert auch nach Inkrafttreten des ZPO-RG, vgl. *OLG* Stuttgart, MDR 2003, 110; *OLG Frankfurt/M.*, MDR 2002, 1391; *Gehrlein*, MDR 2003, 552; *Zöller/Gummer*, § 572 Rn. 4.

[499] Vgl. S. 107ff.

[500] *Baumbach/Albers/Lauterbach/Hartmann*, § 572 Rn. 12; *Zöller/Gummer*, § 572 Rn. 19.

che übertragen wurde, erlassen.[501] Bei feststehender Unzulässigkeit der Beschwerde darf das Beschwerdegericht nicht, auch nicht hilfsweise über die Begründetheit des Rechtsmittels entscheiden.[502] Bei nur teilweise unzulässiger Beschwerde wird diese insoweit verworfen und im Übrigen nach den unten dargestellten Maßgaben in der Sache entschieden.[503] Die erforderliche Begründung hat sich auf den zur Unzulässigkeit führenden Mangel zu beschränken.

2. Mögliche Unzulässigkeit bei feststehender Unbegründetheit

a) Grundsätzlicher Vorrang der Sachentscheidung

Ist das Rechtsmittel aus Sicht des Beschwerdegerichts indes nur möglicherweise unzulässig, auf jeden Fall aber unbegründet, hat es nach zutreffender Ansicht grundsätzlich in der Sache zu entscheiden und die Beschwerde (als unbegründet) zurückzuweisen.[504] Für den Bereich der Rechtsmittel ginge nämlich der prinzipielle Vorrang der Zulässigkeitsvoraussetzungen,[505] der eine zurückweisende Sachentscheidung unter Hintanstellung der Zulässigkeit verbietet, zu weit.

Die Rechtsmittelzulässigkeitsvoraussetzungen dienen zunächst primär der Rechtssicherheit und treffen keine Aussage dazu, ob überhaupt Rechtsschutz gewährt wird. Die Möglichkeit der Durchbrechung des genannten Vorrangs der Zulässigkeitsvoraussetzungen hängt nach zutreffender Ansicht vom Umfang der Rechtskraft einer Prozess- bzw. einer Sachentscheidung ab. Handelt es sich etwa um ein erstinstanzliches Urteilsverfahren, hat das Vorrangprinzip zu gelten, da ein abweisendes Prozessurteil einer erneuten in zulässiger Art und Weise erhobenen Klage nicht entgegensteht.[506] Es erwächst nämlich nur bezüglich der fehlenden Prozessvoraussetzungen in Rechtskraft, insbesondere aber nicht in der Sache. Eine Sachabweisung auch im Falle der unzulässigen Klage[507] würde nicht berücksichtigen, dass auch das Klage abweisende Erkenntnis (dem Beklagten) Rechtsschutz gewährt. Soweit Prozessvoraussetzungen aber im Allgemeinen oder im Interesse der Verfahrensbeteiligten bestehen, muss an einer vorrangigen Prüfung der Klagezulässigkeit festgehalten werden.[508] Die Schutzwirkung der Prozessvoraussetzungen stellt also den

501 *Baumbach/Albers/Lauterbach/Hartmann*, § 572 Rn. 12.

502 Vgl. *Gottwald*, NJW 1974, 2241.

503 Vgl. auch *Zöller/Gummer*, § 572 Rn. 20 zum Zusammentreffen von unzulässiger und unbegründeter Beschwerde.

504 *Zöller/Gummer*, § 572 Rn. 20.

505 Zu diesem Grundsatz vgl. etwa *Thomas/Putzo*, vor § 511 Rn. 11.

506 *BGH*, NJW 1991, 1116; *RGZ* 159, 176; *OLG Karlsruhe*, FamRZ 1980, 1117; *Thomas/Putzo*, § 322 Rn. 3.

507 So die Lehre von der Gleichwertigkeit der (formellen und materiellen) Urteilserlassvoraussetzungen bei Klageabweisung, vgl. *Rimmelspacher*, Zur Prüfung von Amts wegen im Zivilprozess, 1966; *Grunsky*, ZZP 80, 55ff.; *Lindacher*, NJW 1967, 1389; *Grundmann*, ZZP 100, 33, 56ff.

508 *BGH*, NJW 2000, 3718; *Rosenberg/Schwab/Gottwald*, § 93 Rn. 45.

Maßstab dar, nach dem ein Bedürfnis für die strikt vorrangige Berücksichtigung gegenüber der Unbegründetheit der Klage anzuerkennen ist.

Beispiel: Ein solches Bedürfnis besteht bei der Prozessfähigkeit oder der Zuständigkeit des erstinstanzlichen Gerichtes. Offen gelassen werden darf aber konsequenter Weise die Frage des Rechtsschutzbedürfnisses einer Klage bei eindeutiger Unbegründetheit, da dieses lediglich dazu dient, die Gerichte von der Prüfung nicht schutzwürdiger Klagen zu entlasten - ein Schutz, auf den das Gericht aber jederzeit verzichten kann.

Unter Berücksichtigung dieses Maßstabes ist aber jedenfalls bei fristgebundenen Rechtsmitteln das Gericht grundsätzlich frei, diese ohne Prüfung der Zugangsvoraussetzungen zurückzuweisen. Die wegen Unzulässigkeit verwerfende Entscheidung führt im selben Umfang zu formeller und damit materieller Rechtskraft wie die zurückweisende Sachentscheidung.[509] Sobald eine frühere das Rechtsmittel als unzulässig verwerfende Entscheidung formelle und damit im Hinblick auf den Verfahrensmangel materielle Rechtskraft[510] erlangt, ist ein erneutes Rechtsmittel wegen entgegenstehender Rechtskraft daher unzulässig.[511] Damit rechtfertigt es sich aber im Prinzip, den Vorrang der Prüfung von Prozessvoraussetzungen aufzugeben, falls das Rechtsmittel jedenfalls in der Sache unbegründet ist. Dem Rechtsmittelführer wird nämlich nichts genommen, wenn nicht lediglich eine das Rechtsmittel wegen Unzulässigkeit verwerfende Entscheidung, sondern gleich eine Sachentscheidung ergeht. In ersterem Falle könnte er zwar innerhalb offener Einlegungsfrist sein Rechtsmittel wiederholen, was nach Ergehen einer Sachentscheidung auf das (unzulässige) Rechtsmittel nicht mehr möglich ist.[512] Ein Recht des Rechtsmittelführers auf Wiederholung trotz möglicher und beantragter (im Ergebnis allerdings zurückweisender) Sachentscheidung ist aber abzulehnen.[513]

Die prinzipielle Möglichkeit einer Sachentscheidung unter Verzicht auf eine Zulässigkeitsprüfung im Einzelnen wird schließlich für den Bereich der Beschwerde zusätzlich untermauert durch die Ziele des ZPO-RG. Hier ging es dem Gesetzgeber u.a. darum, den Bearbeitungsaufwand der zweiten Instanz zu verringern, indem der Prüfungsaufwand bei aussichtslosen Rechtsmitteln von nicht grundsätzlicher Bedeutung beschränkt wurde.[514] Der Reformgesetzgeber geht zwar davon aus, dass es auch in Beschwerdesachen Verfahren mit grundsätzlicher Bedeutung gibt, vgl. die Formulierungen in den §§ 568 S. 2 und 574 Abs. 2 ZPO. Dies betrifft aber die Wertigkeit der Verfahren auf der Skala der Beschwerdesachen, nicht die Wertigkeit der Beschwerdeangelegenheiten im gesamten Rechtsmittelrecht. Insoweit formuliert der Reformgesetzgeber selbst, dass Beschwerdever-

509 MünchKomm/*Gottwald*, § 322 Rn. 26.
510 Vgl. *Thomas/Putzo*, § 322 Rn. 3.
511 *Thomas/Putzo*, § 522 Rn. 11 (für die Berufung).
512 Zum Verbrauch des Rechts auf Beschwerde bei Vorliegen einer Sachentscheidung s.o. S. 65ff.
513 So *Gottwald*, NJW 1974, 2241 und oben S. 65ff.
514 Vgl. z.B. die Begründung des *Regierungsentwurfes-ZPO*, BT-Drs. 14/4722, S. 58; hierzu zählt v.a. die Möglichkeit des Berufungsgerichtes, Rechtsmittel ohne Erfolgsaussicht und ohne grundsätzliche Bedeutung im Beschlusswege durch einstimmige Entscheidung ohne mündliche Verhandlung abschließend erledigen zu können, vgl. § 522 Abs. 2 ZPO.

fahren in aller Regel Angelegenheiten von geringer Bedeutung betreffen.[515] Damit erscheint es aber auch in Anbetracht der gewollten Entlastung der Rechtsmittelgerichte sinnvoll, auf den Grundsatz der vorrangigen Prüfung von Rechtsmittelzulässigkeitsvoraussetzungen bei unbegründeter Beschwerde zu Gunsten der Prozessökonomie zu verzichten.

Diese Erkenntnis trifft allerdings für das Rechtsmittel der Berufung nicht zu. Dessen Zulässigkeit kann bei einem in jeden Fall (auch) unbegründeten Rechtsmittel nicht dahin gestellt bleiben.[516] Dies zum einen deswegen, weil im Recht der Berufung gegen verwerfende Entscheidungen (in aller Regel Beschlüsse) ein anderes Rechtsmittel, nämlich die Rechtsbeschwerde gem. § 522 Abs. 1 S. 4 ZPO, stattfindet als gegen die Zurückweisung (in aller Regel) durch Urteil, gegen die die Revision gem. §§ 543ff. ZPO gegeben ist. Zum anderen stellt sich die genannte Frage bei der Berufung schon deswegen nicht, weil das Berufungsgericht die eventuelle Unzulässigkeit des Rechtsmittels viel schneller beurteilen kann und wird als die Unbegründetheit. In den grundsätzlich einfacheren Sachen bei Beschwerdeangelegenheiten kann die genannte Vorgehensweise aber durchaus zu der wünschenswerten Verfahrensverkürzung führen.

Beispiel: Für das Beschwerdegericht ist es ohne Zweifel mit einem erheblich geringeren Arbeits- und damit Zeitaufwand verbunden, wenn es bei einer Beschwerde gegen eine Kostenentscheidung nach § 91a ZPO die im konkreten Fall aufwändig zu prüfende Einhaltung der Beschwerdefrist, die mit einem Antrag auf Wiedereinsetzung gekoppelt ist, dahinstehen lassen kann, falls sich die Entscheidung auf Zurückweisung in der Sache ganz einfach beantworten lässt, weil etwa der Beschwerde führende Kläger für eine anspruchsbegründende, bestrittene Tatsache keinen Beweis angeboten hat und schon das Erstgericht seine dem Kläger ungünstige Kostenentscheidung hierauf gestützt hat.

b) Schutz des Beschwerdeführers

Bei der Zurückweisung einer Beschwerde wegen Unbegründetheit ohne Prüfung der Zulässigkeit darf aber nicht vergessen werden, dass die von § 572 Abs. 2 S. 1 ZPO angeordnete Amtsprüfung der Zulässigkeitsvoraussetzungen auch dem Schutz der Verfahrensbeteiligten dient und dann nicht aufgegeben werden darf, wenn diesem Schutz gegenüber prozessökonomischen Erwägungen ein höherer Stellenwert einzuräumen ist. Hierbei ist zwar der Beschwerdegegner in keinem denkbaren Fall durch die Zurückweisung einer Beschwerde in der Sache statt einer Verwerfung belastet, da ja die vom Beschwerdeführer angefochtene Entscheidung bestätigt wird.[517] Auch die Belange des Beschwerdeführers werden nicht beeinträchtigt, solange nur solche Zulässigkeitsvoraussetzungen im Hinblick auf die Unbegründetheit des Rechtsmittels dahin gestellt bleiben, die auch bzw. lediglich eine Entscheidung in der Sache zum Nachteil des Beschwerdegegners verhindern wollen.

[515] So der *Regierungsentwurf-ZPO-RG* zur Begründung der originären Einzelrichterregelung in § 568 S. 1 ZPO, BT-Drs. 14/4722, S. 69 und 111. Hierbei ist von der *„in aller Regel geringen Bedeutung der vorwiegend Nebenentscheidungen betreffenden Beschwerdeverfahren"* sowie von *„weniger bedeutsamen Nebenverfahren"* die Rede.

[516] Vgl. *Thomas/Putzo*, vor § 511 Rn. 11.

[517] MünchKomm/*Lipp*, Aktualisierungsband, § 572 Rn. 18.

Dies ist insbesondere der Fall bei den Zulässigkeitsvoraussetzungen der Statthaftigkeit[518] sowie der Form und der Frist[519] der Beschwerde.

Handelt es sich dagegen um Zulässigkeitsvoraussetzungen, die lediglich den Beschwerdeführer vor Sachentscheidungen schützen sollen, wie die von der Geschäftsfähigkeit abhängige (§§ 51, 52 ZPO) Prozessfähigkeit, verbietet es sich aus systematischen Gründen, die Zulässigkeit einer Beschwerde im Hinblick auf die jedenfalls vorliegende Unbegründetheit dahin stehen zu lassen,[520] das Rechtsmittel ist vielmehr als unzulässig gem. § 572 Abs. 2 S. 2 ZPO zu verwerfen.

II. Zulässige Beschwerde

1. Unbegründete Beschwerde

a) Zurückweisung

Ist das Rechtsmittel im Ergebnis unbegründet, wird die Beschwerde zurückgewiesen. Eine Zurückverweisung an das Untergericht kommt bei Entscheidungsreife auch bei eventuellen wesentlichen Verfahrensmängeln nicht in Betracht.[521] Bei nur teilweise unbegründeter Beschwerde ist diese insoweit zurückzuweisen und im Übrigen in der Sache unter Aufhebung des erstinstanzlichen Beschlusses neu zu entscheiden.[522]

b) Das Verbot der reformatio in peius (Verschlechterungsverbot)

Auch durch das ZPO-RG wurde keine den §§ 528 S. 2, 557 Abs. 1 ZPO entsprechende Regelung zum Verbot der Schlechterstellung des Beschwerdeführers auf sein alleiniges Rechtsmittel hin eingeführt. Aus den zuvor genannten Vorschriften wird aber nach allgemeiner Meinung gefolgert, dass das Verbot der reformatio in peius auch im Beschwerdeverfahren Gültigkeit hat. Der Beschwerdeführer läuft also bei Einlegung eines eigenen Rechtsmittels nicht Gefahr, dass er nach Ergehen einer Beschwerdeentscheidung schlechter als zuvor da steht, es sei denn, der Beschwerdegegner schließt sich dem Rechtsmittel an, § 567 Abs. 3 ZPO.[523] Die Entscheidung darf nach Maßgabe ihres rechtskraftfähigen

[518] *KG*, NJW 1976, 2353.

[519] *OLG Köln*, NJW 1974, 1515; *OLG Hamm*, MDR 1979, 943.

[520] MünchKomm/*Lipp*, Aktualisierungsband, § 572 Rn. 18. Mit dem selben Argument wird schließlich auch mit Recht die vorrangige Prüfung dieser Voraussetzungen bei einer Klage gefordert, vgl. *Thomas/Putzo*, vor § 253 Rn. 8 und 34.

[521] Vgl. hierzu schon oben S. 105ff. und MünchKomm/*Lipp*, Aktualisierungsband, § 572 Rn. 24.

[522] MünchKomm/*Lipp*, Aktualisierungsband, § 572 Rn. 24.

[523] Hierzu vgl. S. 68ff.

Inhalts nicht zum Nachteil des Rechtsmittelführers geändert werden, d.h. dem Rechtsmittelführer darf nichts aberkannt oder auferlegt werden, was ihm durch die angefochtene Entscheidung zuerkannt oder nicht auferlegt ist.[524]

Dementsprechend ist aber die Verwerfung eines in erster Instanz noch als unbegründet zurückgewiesenen Antrages als unzulässig durch das Beschwerdegericht ebenso möglich wie die Zurückweisung als unbegründet bei vorinstanzlicher Beurteilung als unzulässig. In beiden Fällen wurde dem Beschwerdeführer nämlich durch das Erstgericht nichts zuerkannt, was ihm das Beschwerdegericht wieder nehmen könnte.[525] Zudem ergibt sich aus der entsprechenden Anwendung der §§ 538 Abs. 1 und Abs. 2 Nr. 3 ZPO, dass das Rechtsmittelgericht in der Sache zu entscheiden hat und nur ausnahmsweise an das Erstgericht zurückverweisen kann, wenn dieses nur über die Zulässigkeit entschieden, d.h. die Klage als unzulässig abgewiesen hat. Schließlich können bei Kostenfestsetzungsbeschlüssen einzelne Rechnungsposten vom Beschwerdegericht abgeändert werden, solange das erstinstanzlich gefundene Ergebnis nicht zu Lasten des Beschwerdeführers abgeändert wird.[526] Das Verschlechterungsverbot gilt aber grundsätzlich auch in den Fällen, in denen das Gericht seine eigene Entscheidung von Amts wegen abändern kann.[527] Das Verbot der Schlechterstellung will verhindern, dass dem Rechtsmittelführer Urteilswirkungen entzogen werden, die ihm ohne sein Rechtsmittel in einem neuen Verfahren oder Verfahrensabschnitt zugute kämen.[528]

Damit steht aber fest, dass das Verbot der reformatio in peius grundsätzlich auch dann gelten muss, wenn vorinstanzliche Verfahrensmängel, die von Amts wegen zu berücksichtigen sind, vorliegen. Zwar sollen die Verfahrensvoraussetzungen bei ihrem Nichtvorliegen das Ergehen einer Sachentscheidung verhindern. Dies gilt nach der ausdrücklichen Regelung des § 528 S. 2 ZPO aber im Rechtsmittelverfahren gerade nicht, wenn dies zu einer dem Rechtsmittelführer gegenüber dem Ersterkenntnis negativen Sachentscheidung führt, es sei denn, der Rechtsmittelgegner hat seinerseits (Anschluss-) Rechtsmittel eingelegt und den Verfahrensmangel geltend gemacht. Dies steht auch insbesondere im Einklang mit dem System des Wiederaufnahmeverfahrens, das vor allem gravierende Verfahrensfehler nach Rechtskraft, aber eben nur durch Klage, rügefähig macht, vgl. § 578 Abs. 1 ZPO.[529]

Die Gegenmeinung, die im Rechtsmittelverfahren bei von Amts wegen zu beachtenden Verfahrensmängeln das Verschlechterungsverbot nicht für einschlägig hält,[530] überzeugt nicht. Deren Begründung, das Rechtsmittelgericht müsse die Prozessvoraussetzungen in

524 *Rosenberg/Schwab/Gottwald*, § 138 Rn. 9; *BGHZ* 104, 212 = NJW 1988, 1982.

525 *Thomas/Putzo*, § 528 Rn. 9; MünchKomm/*Lipp*, § 572 Rn. 30f.

526 *Zöller/Gummer*, Rn. 40; MünchKomm/*Lipp*, § 572 Rn. 31; *OLG Nürnberg*, JurBüro 1975, 771, 772; *KG*, MDR 1977, 941.

527 *BGH*, NJW 1986, 1494f.

528 *Kapsa*, Das Verbot der reformatio in peius im Zivilprozess, 1976, S. 38; vgl. auch *BGHZ* 85, 180, 185f.

529 So zutreffend z.B. *Schellhammer*, Rn. 1034.

530 Vgl. *Rosenberg/Schwab/Gottwald*, § 146 Rn. 30; *OLG Köln*, FamRZ 1987, 616; *Zöller/ Gummer*, § 572 Rn. 43.

jedem Fall von Amts wegen beachten, stimmt zunächst schon insofern nicht, als es ja dem Belieben des Rechtsmittelführers obliegt, Rechtsmittel einzulegen. Damit ist auch klar, dass für einen Vorrang der Prozessvoraussetzungen vor dem Verbot der reformatio in peius auch nicht die zur Wahrung öffentlicher und der Interessen der Verfahrensbeteiligten vorgesehene Amtsprüfung spricht. Es ist nämlich ohne weiteres davon auszugehen, dass auch der ZPO-Gesetzgeber die grundsätzlich auch für das Rechtsmittelgericht bestehende Pflicht zur Beachtung der Prozessvoraussetzungen von Amts wegen gesehen hat. Trotzdem hat er sich aber für das in § 528 S. 2 ZPO geregelte Verbot einer Verschlechterung in der Sache entschieden, d.h. gerade diesem Verbot den Vorrang vor der Berücksichtigung fehlender, zu einer gegenüber der ersten Instanz ungünstigen Entscheidung führender Verfahrensvoraussetzungen eingeräumt. Die in Folge der Nichtanfechtung durch den Rechtsmittelgegner aus dem Verbot der Schlechterstellung zwangsläufig resultierende und für den Rechtsmittelführer günstige Rechtskraft erledigt ohne weiteres die genannten Verfahrensmängel.[531]

2. Begründete Beschwerde

a) Kein Offenlassen der Zulässigkeitsvoraussetzungen

Auch wenn das Beschwerdegericht das Rechtsmittel als eindeutig begründet ansieht, darf es das Vorhandensein der Verfahrensvoraussetzungen nicht ungeprüft dahin stehen lassen. Die Begründetheit eines Rechtsmittels führt nämlich immer zu einem Eingriff in die durch die angegriffene Entscheidung dem Rechtsmittelgegner zuerkannte Rechtsposition. In diese darf aber nur dann eingegriffen werden, wenn das Rechtsmittelgericht zuvor geprüft hat, ob die zum Schutze auch des Verfahrensgegners und auch im Beschwerdeverfahren bestehenden Zulässigkeitsvoraussetzungen vorliegen. Andernfalls wäre ein geordnetes Beschwerdeverfahren nicht gewährleistet.[532]

b) Bei sachlichen Mängeln und gleichzeitigen Mängeln i. S. des § 538 Abs. 2 ZPO

Trifft ein sachlicher Mangel der erstinstanzlichen Entscheidung mit einem Verfahrensmangel im Sinne des § 538 Abs. 2 ZPO zusammen, kann das Beschwerdegericht für den Fall, dass die Sache noch nicht entscheidungsreif ist, die Entscheidung des Erstgerichts

[531] Vgl. auch *BGH*, NJW 1986, 1494. Damit steht aber weiter fest, dass es nicht sinnvoll ist, im konkreten Fall eine Abwägung zwischen dem Verschlechterungsverbot und den von Amts wegen zu berücksichtigenden Prozessvoraussetzungen durchzuführen, so aber eine Mittelmeinung, vgl. z.B. *BGH*, a.a.O. und *Thomas/Putzo*, § 528 Rn. 6. Wie gezeigt, lässt das ausdrücklich in § 528 S. 2 ZPO angeordnete Verschlechterungsverbot eine solche Abwägung nicht zu, vgl. *Schellhammer*, a.a.O.

[532] Vgl. *Gottwald*, NJW 1974, 2241.

aufheben und an dieses zur erneuten Verhandlung und Entscheidung zurückverweisen und ihm ggf. die erforderlichen Anordnungen nach § 572 Abs. 3 ZPO übertragen.[533]

c) Bei sachlichen Mängeln

Erweist sich ohne Zurückverweisungsgründe die erstinstanzliche Entscheidung als unrichtig, hat entsprechend § 538 Abs. 1 ZPO das Beschwerdegericht diese aufzuheben und selbst neu in der Sache zu entscheiden.[534]

d) Rechtliches Gehör für den Beschwerdegegner

Eine auf zulässige und begründete Beschwerde hin ergehende Entscheidung darf nur nach Gewährung rechtlichen Gehörs an den Beschwerdegegner erlassen werden. Zwar gibt es nach wie vor keine dem § 521 Abs. 1 ZPO entsprechende Regelung im Beschwerdeverfahren, wonach entsprechend der Berufungsschrift auch die Beschwerdeschrift an den Gegner zuzustellen wäre. An der grundsätzlichen, sich aus Art. 103 Abs. 1 GG ergebenden Verpflichtung des Beschwerdegerichtes, dem jeweiligen Verfahrensgegner Schriftsätze zur entsprechenden Rechtsverteidigung zugänglich zu machen, hat sich indes auch durch das ZPO-RG nichts geändert.[535] Dementsprechend schreibt auch die ZPO in einigen Vorschriften (vgl. z.B. §§ 91a Abs. 2 S. 3, 99 Abs. 2 S. 3, 387 Abs. 1, 844 Abs. 2, 891 S. 2 ZPO) die vorherige Gehörsgewährung vor. Ein Rückschluss aus diesen Vorschriften, der auch verfassungsrechtlich unbedenklich ist, zeigt aber, dass das Beschwerdegericht in den Fällen, in denen es die Beschwerde ohnehin als unzulässig verwerfen oder unbegründet zurückweisen will, dies ohne vorherige Mitteilung der Rechtsmitteleinlegung an den Beschwerdegegner tun kann, da eine Verschlechterung dessen Situation nicht eintreten kann.[536] Nur um dem Beschwerdegegner eine Anschlussbeschwerde gem. § 567 Abs. 3 ZPO zu ermöglichen, ist in diesen Fällen eine Mitteilung der Beschwerdeeinlegung nicht geboten. Umgekehrt ist die Anhörung des Beschwerdeführers nur dann geboten, wenn die Anhörung des Beschwerdegegners neue tatsächliche oder rechtliche Gesichtspunkte ergeben hat.

Ist der Entscheidung schließlich keine Bindung des Gerichtes entsprechend § 318 ZPO immanent, kann ebenfalls auf die Mitteilung der Beschwerde an den Gegner verzichtet werden, wenn dieser sich ohne erkennbare Nachteile mittels einer Gegenvorstellung[537] rechtliches Gehör verschaffen kann.[538] Dies gilt auch nach Inkrafttreten des ZPO-RG bei den nunmehr generell befristeten Beschwerden. Auch im Falle der (weiteren) Unanfecht-

[533] Ein erstinstanzlicher Verfahrensmangel i.S. des § 538 Abs. 2 ZPO wird im Beschwerdeverfahren aber nur in seltenen Ausnahmefällen festzustellen sein, vgl. *Hansens*, ZRP 2000, 226. Zu § 572 Abs. 3 ZPO siehe schon oben S. 106ff.

[534] MünchKomm/*Lipp*, Aktualisierungsband, § 572 Rn. 26; *BGHZ* 95, 246 = NJW 1985, 2337.

[535] MünchKomm/*Lipp*, Aktualisierungsband, § 572 Rn. 15; *Rosenberg/Schwab/Gottwald*, § 146 Rn. 25.

[536] MünchKomm/*Lipp*, Aktualisierungsband, § 572 Rn. 15.

[537] Zu dieser s. unten 3. Teil.

[538] MünchKomm/*Lipp*, Aktualisierungsband, § 572 Rn. 15 sowie Stein/Jonas/*Grunsky*, § 573 (a.F.) Rn. 4.

barkeit können Beschlüsse des Erst- oder des Beschwerdegerichtes unter bestimmten, noch näher darzustellenden Voraussetzungen abgeändert werden.[539]

3. Kostenentscheidung

Falls im Beschwerdeprozess überhaupt Gerichtskosten und erstattungsfähige Parteikosten anfallen und die Beschwerdeentscheidung nicht nur ein unselbständiger Annex des Hauptsacheverfahrens[540] ist, ist über die Kosten der Beschwerdeinstanz zu entscheiden.
Hat die Beschwerde Erfolg, muss die Kosten des Beschwerdeverfahrens grundsätzlich gem. § 91 Abs. 1 ZPO der Beschwerdegegner tragen. Zurückweisung oder Verwerfung des Rechtsmittels führt zur Kostenauferlegung auf den Beschwerdeführer analog § 97 Abs. 1 ZPO, bei einem Teilerfolg gilt § 92 ZPO.[541]

4. Begründungspflicht und Umfang

Eine Begründung für Beschlüsse ist vom Gesetz nicht allgemein vorgeschrieben. Insoweit existieren nur einzelne und für die erste Instanz geltende Ausnahmen.[542] Allerdings ist allgemein anerkannt, dass sich eine Begründungspflicht für Beschlüsse dann ergibt, wenn diese mit einem Rechtsmittel angegriffen werden können.[543] Das Beschwerdegericht hat seine Entscheidungen daher nach zutreffender Ansicht jedenfalls dann zu begründen, wenn das Gesetz die Rechtsbeschwerde eröffnet oder diese vom Beschwerdegericht zugelassen wurde, vgl. § 574 Abs. 1 ZPO.[544] Die Begründungspflicht für Rechtsmittelentscheidungen, deren Inhalt nicht unmittelbar aus dem Gesetz folgt, ergibt sich des weiteren aus dem Gebot einer geordneten Rechtspflege sowie aus dem Rechtsstaatsprinzip, Art. 19 Abs. 4 und 20 Abs. 3 GG.[545] Wer sich mit zulässigen Rechtsbehelfen gegen eine Entscheidung wendet sowie derjenige, dem auf Rechtsmittel hin eine erstinstanzlich zugesprochene Position genommen wird, hat ein verfassungsmäßiges, aus Art. 20 Abs. 3 GG entspringendes Recht, die Gründe einer Rechtsmittelentscheidung zu erfahren.

Dies besagt indes nichts darüber, auf welche Weise und in welcher Ausführlichkeit das Beschwerdegericht seine Entscheidung zu begründen hat. Der Umfang der Begründung hängt wesentlich vom Inhalt der Beschwerdeentscheidung ab. Grundsätzlich haben hierbei die in § 540 ZPO für das Berufungsverfahren aufgestellten Maßgaben zu gelten.[546] Hier-

[539] Vgl. hierzu unten 3. Teil.
[540] Dies ist jedenfalls der Fall bei der begründeten Beschwerde gegen eine Richterablehnung, in deren Rahmen nicht über die Kosten zu entscheiden ist, vgl. etwa *Thomas/Putzo*, § 46 Rn. 9.
[541] MünchKomm/*Lipp*, Aktualisierungsband, § 572 Rn. 34.
[542] Z.B für die ZPO die §§ 227 Abs. 4 S. 2, 321a IV S. 4, 522 Abs. S. 3, 620d S. 2 und 922 Abs. 1 S. 2.
[543] Das ist allgemeine Meinung, vgl. *Zöller/Vollkommer*, § 329 Rn. 24 m.w.N.
[544] Hierzu s.u. § 7.
[545] Vgl. hierzu *EGMR*, NJW 1999, 2429: die Pflicht zu einer angemessenen Begründung gerichtlicher Entscheidungen ergebe sich aus dem Grundsatz einer geordneten Rechtspflege, der supranational aus Art. 6 Abs. 1 S. 1 EMRK folgt; vgl. a. *Stackmann*, NJW 2002, 781, 789; *Zöller/Gummer*, § 573 Rn. 17.
[546] vgl. a. MünchKomm/*Lipp*, Aktualisierungsband, § 572 Rn. 33, Fn. 109.

nach genügt es auch in der Beschwerdeinstanz, bei unveränderten tatsächlichen Entscheidungsgrundlagen, auf die erstinstanzlichen Feststellungen Bezug zu nehmen.[547] Nur bei Änderungen in Folge zugelassener neuer Angriffs- oder Verteidigungsmittel wird deren Darstellung im Falle ihrer Entscheidungsrelevanz notwendig, vgl. § 540 Abs. 1 Nr. 1 ZPO. Auch wenn gegen die Beschwerdeentscheidung die Rechtsbeschwerde eröffnet ist, weil das Gesetz oder das Beschwerdegericht sie zulässt, bedarf die Begründung keines höheren Aufwandes.

Insoweit wird zwar gefordert, dass der Beschluss des Beschwerdegerichts mit einer Sachverhaltsdarstellung und einer (rechtlichen) Begründung versehen werden müsse,[548] weil das Rechtsbeschwerdegericht ansonsten die Rechtsanwendung durch die Vorinstanz nicht prüfen könne. Dies ist zwar zutreffend, kann aber nicht bedeuten, dass insbesondere an eine Sachverhaltsdarstellung höhere Anforderungen gestellt werden müssten, als sie § 540 Abs. 1 ZPO für die Begründung eines (revisiblen) Berufungsurteils aufstellt.[549] § 540 ZPO wurde aber in der endgültigen, Gesetz gewordenen Fassung gegenüber dem *Referentenentwurf-ZPO-RG* und den Entwürfen der *Bundesregierung* sowie der *„Koalition“* entscheidend verändert. Sahen nämlich diese Entwürfe in § 540 Abs. 2 ZPO noch mit identischem Wortlaut zu § 543 Abs. 2 ZPO (a.F.) vor, dass der *„Tatbestand eine gedrängte Darstellung des Sach- und Streitstandes auf der Grundlage der mündlichen Vorträge der Parteien enthalten solle, wenn gegen das Urteil die Revision oder die Nichtzulassungsbeschwerde zulässig sei“*[550], verzichtet die auf Empfehlung des *Rechtsausschusses* des Deutschen Bundestages ergangene Gesetzesfassung auf diese Einschränkung zu Gunsten einer in allen Fällen möglichen Bezugnahme auf die tatsächlichen Feststellungen des Ersturteils mit der Darstellung lediglich etwaiger Änderungen oder Ergänzungen.[551]

Es ist kein Grund ersichtlich, inwiefern diese reduzierten Anforderungen nicht auch für die Begründung einer Beschwerdeentscheidung gelten sollten. Auch im Falle einer

[547] Das erachtet auch der *EGMR*, NJW 1999, 2429, ausdrücklich für ausreichend.

[548] So ausdrücklich auch nach Inkrafttreten des ZPO-RG *BGH*, NJW 2002, 2648 und insbesondere die Begründungen des ZPO-RG, z.B. des *Regierungsentwurfes-ZPO*, BT-Drs. 14/4722, S. 115; vgl. auch MünchKomm/*Lipp*, Aktualisierungsband, § 572 Rn. 33; *Baumbach/Albers/Lauterbach/Hartmann*, § 572 Rn. 18.

[549] Von *BGH*, NJW 2002, 2648 wird die Frage, in welchem Umfang das Beschwerdegericht zur Sachverhaltsdarstellung auf die erstinstanzliche Entscheidung Bezug nehmen könne (§ 540 Abs. 1 ZPO), ausdrücklich offengelassen.

[550] Vgl. z.B. den *Regierungsentwurf-ZPO-RG*, BT-Drs. 14/4722, S. 15, 16 mit Begründung S. 103. Eine Bezugnahme auf das angefochtene Urteil sowie auf Schriftsätze, Protokolle sollte – wie bisher – nur zulässig sein, *„soweit hierdurch die Beurteilung des Parteivorbringens durch das Revisionsgericht nicht wesentlich erschwert wird.“*

[551] Vgl. § 540 Abs. 1 Nr. 1 ZPO und den Bericht zur Beschlussempfehlung des *Rechtsausschusses*, BT-Drs. 14/6036, S. 124. Nach Auffassung des *Rechtsausschusses* führt die nunmehrige gesetzliche Regelung dazu, dass viele Berufungsurteile sehr kurz abgefasst werden können, ohne dass die sich aus der Zusammenschau mit dem erstinstanzlichen Urteil ergebende Verständlichkeit des Urteils beeinträchtigt wird. Hierdurch wird auch die zum Begründungsumfang einer Beschwerdeentscheidung angeführte Anmerkung der Begründung des *Regierungsentwurfes-ZPO*, Fn. 550, relativiert, wonach eine der Rechtsbeschwerde zugängliche Beschwerdeentscheidung Sachverhalt und Begründung enthalten müsse. Dies kann – wie gezeigt – nur im Rahmen des § 540 Abs. 1 ZPO gelten.

rechtsmittelfähigen Beschwerdeentscheidung muss deren Begründung daher keine (nochmalige) Sachverhaltsdarstellung oder gar ausführliche Begründung enthalten, soweit sich wegen Bestätigung der erstinstanzlichen Entscheidung an deren bereits begründeten Inhalt nichts ändert. Auf diesen kann das Beschwerdegericht daher entsprechend § 540 Abs. 1 ZPO in tatsächlicher und rechtlicher Hinsicht Bezug nehmen mit dem kurzen Hinweis, dass sich auch im Rechtsmittelverfahren keine geänderte Beurteilung ergeben habe. Lediglich tatsächliche Änderungen und Ergänzungen hat das Beschwerdegericht in seiner Entscheidung darzustellen sowie Abänderungen oder Aufhebungen erstinstanzlicher Beschlüsse kurz[552] zu begründen.

[552] Vgl. § 540 Abs. 1 Nr. 2 ZPO.

A. Änderungen durch das ZPO-RG

Durch das ZPO-RG wurde auch die bislang in § 576 ZPO (a.F.) geregelte Erinnerung gegen Entscheidungen des beauftragten oder ersuchten Richters sowie des Urkundsbeamten der Geschäftsstelle neu geregelt und der ZPO-Beschwerde angepasst. Zweck der Regelung ist es nach wie vor, Entscheidungen, die im Auftrag (beauftragter oder ersuchter Richter) oder durch ein Organ des Gerichts (Urkundsbeamter) ergehen, auf kurzem Wege einer Überprüfung durch das Gericht, dem diese Entscheidungen zuzurechnen sind, zugänglich zu machen.[553]

§ 573 ZPO führte hierbei in Übereinstimmung mit den anderen Verfahrensordnungen (vgl. die §§ 151 VwGO, 133 FGO und 178 SGG) die stets an eine Notfrist von zwei Wochen gebundene Erinnerung ein. Eine einfache Erinnerung im Verfahren nach der ZPO gibt es daher nicht mehr.[554] Dies soll wie bei der Beschwerde der Herbeiführung einer schnellen Rechtsklarheit dienen.[555] Weiter stellt § 573 ZPO klar, dass es sich bei der Erinnerung um einen Antrag handelt, über den entgegen der alten Gesetzesfassung und in Anlehnung an die anderen Verfahrensordnungen nicht mehr das „Prozessgericht" (so aber § 576 ZPO (a.F.), sondern das „Gericht" entscheidet. Die Anknüpfung an das Prozessgericht war nämlich vom Wortlaut her zu eng[556]: Zwar ist das über die Erinnerung entscheidende „Gericht" dann das Prozessgericht, wenn gegen Entscheidungen des Richterkommissars sowie des ersuchten Richters vorgegangen wird.

Es kann aber auch der Urkundsbeamte der Geschäftsstelle auf dem Gebiete des Zwangsvollstreckungsrechts tätig geworden sein und damit dem Vollstreckungs- und nicht dem Prozessgericht angehören, womit ersteres über die Erinnerung zu entscheiden hat.

Beispiel: Das Vollstreckungsgericht entscheidet gem. § 573 ZPO, wenn sich der Urkundsbeamte des Vollstreckungsgerichts weigert, eine beglaubigte Abschrift zur Zustellung einer auf Vollstreckungserinnerung gem. § 766 ZPO hin ergangenen Entscheidung zu erstellen, vgl. § 169 ZPO.

553 Vgl. den *Regierungsentwurf-ZPO-RG*, BT-Drs. 14/4722, S. 115; MünchKomm/*Lipp*, Aktualisierungsband, § 573 Rn. 2.

554 Damit wurde auch die bislang für die Fristgebundenheit der Erinnerung durchzuführende Unterscheidung danach, ob bei einer fiktiven Entscheidung des Prozessgerichts die sofortige Beschwerde gegeben wäre, beseitigt. In diesen Fällen war nach altem Recht § 577 Abs. 4 ZPO (a.F.) zu beachten, wonach bereits binnen der Zweiwochenfrist des § 577 Abs. 2 ZPO (a.F.) die Entscheidung des Prozessgerichts zu beantragen war, die Erinnerung mithin aber gleichzeitig die Funktion einer Eventualbeschwerde für den Fall der Nichtabhilfe hatte, vgl. MünchKomm/*Braun*, § 577 (a.F.) Rn. 6.

555 So z.B. der *Regierungsentwurf-ZPO-RG*, BT-Drs. 14/4722, S. 115.

556 *Stein/Jonas/Grunsky*, § 576 Rn. 3.

B. Statthaftigkeit der Erinnerung

Die Erinnerung nach § 573 ZPO ist statthaft gegen Entscheidungen des beauftragten (vgl. § 361 ZPO) oder ersuchten (vgl. § 362 ZPO) Richters sowie des Urkundsbeamten der Geschäftsstelle (vgl. § 153 GVG). Entscheidungen im Sinne der Vorschrift sind Beschlüsse und Verfügungen (vgl. a. § 160 Abs. 3 Nr. 6 ZPO) der genannten Organe, die eine Außenwirkung auf die Verfahrensposition der Prozessbeteiligten haben, also z.B. keine bloßen Terminsbestimmungen oder die Art und Weise einer Beweisaufnahme.[557] § 573 Abs. 3 ZPO stellt klar, dass die Erinnerung auch gegen Entscheidungen von kommissarischen Richtern und Urkundsbeamten des Oberlandesgerichts sowie des *BGH* und gegen Entscheidungen statthaft ist, die ein von diesen Gerichten ersuchter Richter getroffen hat. Dann entscheidet über die Erinnerung der jeweils beauftragende oder ersuchende Senat bzw. derjenige, dem der Urkundsbeamte angehört.[558]

C. Einlegung

§ 573 Abs. 1 S. 2 ZPO stellt in Anlehnung an die §§ 151 S. 2, 133 Abs. 1 S. 2 FGO und 178 S. 2, 173 SGG nunmehr eindeutig klar, dass die Erinnerung schriftlich oder zu Protokoll der Geschäftsstelle angebracht werden kann. Damit besteht für die Einlegung wegen § 78 Abs. 5 ZPO auch kein Anwaltszwang. Durch die Verweisung des § 573 Abs. 1 S. 3 ZPO auf die Beschwerdevorschriften des § 569 Abs. 1 S. 1 und 2, Abs. 2 sowie der §§ 570 und 572 ZPO wurde eine ausdrückliche und abschließende Regelung geschaffen, ob und inwieweit Beschwerderecht im Erinnerungsverfahren entsprechende Anwendung findet.[559] So ergibt sich aus der Verweisung auf § 569 Abs. 1 S. 1 ZPO, dass der Erinnerungsführer seinen Rechtsbehelf sowohl beim kommissarischen oder ersuchten Richter als auch beim beauftragenden oder ersuchenden Gericht unter Fristwahrung einlegen kann.

D. Einlegungsfrist

Die Erinnerung ist nach § 573 Abs. 1 S. 1 ZPO binnen einer Notfrist von zwei Wochen ab Zustellung (vgl. § 329 Abs. 3 ZPO), spätestens aber mit dem Ablauf von fünf Monaten seit der Verkündung der Entscheidung (vgl. §§ 573 Abs. 1 S. 3, 569 Abs. 1 S. 2 ZPO) einzulegen. Die bei der Beschwerde im Falle von Nichtigkeits- oder Restitutionsgründen nach § 569 Abs. 1 S. 3 ZPO bestehende verlängerte Einlegungsfrist gibt es bei der Erinnerung mangels Verweisung auf diese Regelung in § 573 Abs. 1 S. 3 ZPO nicht. Fälle der §§ 579 und 580 ZPO sind allerdings im Bereich der Erinnerung praktisch nicht denkbar, da dieser keine streitigen Entscheidungen vorangehen. Nur für solche sind die genannten Wiederaufnahmemöglichkeiten aber gedacht.[560]

557 Vgl. auch *Rosenberg/Schwab/Gottwald*, § 58 Rn. 4 bis 6.

558 *Zöller/Gummmer*, § 573 Rn. 6; *Regierungsentwurf-ZPO-RG*, BT-Drs. 14/4722, S. 115.

559 So der *Regierungsentwurf-ZPO-RG*, BT-Drs. 14/4722, S. 115.

560 Vgl. *Thomas/Putzo*, vor § 578 Rn. 1.

E. Begründung

Die Erinnerung muss ebenso wenig wie die Beschwerde begründet werden.[561] Nach den §§ 573 Abs. 1 S. 3, 569 Abs. 2 ZPO ist zur Zulässigkeit lediglich die angefochtene Entscheidung zu bezeichnen und anzugeben, dass gegen diese Erinnerung geführt werde.[562] Dem Gericht, welches über die Erinnerung entscheidet, steht mangels Verweisung auf § 571 ZPO nicht die Möglichkeit zur Fristsetzung für eine Begründung[563] offen.

F. Das Erinnerungsverfahren

I. Auswirkungen auf den Vollzug der Ausgangsentscheidung

Die Erinnerung nach § 573 ZPO hat in denselben Fällen wie die Beschwerde aufschiebende Wirkung auf die Ausgangsentscheidung, nämlich, wenn sie die Festsetzung eines Ordnungs- oder Zwangsmittels zum Gegenstand hat. Insoweit kommen v.a. Ordnungsgeldfestsetzungen von ersuchten oder kommissarischen Richtern gegen Zeugen, die nicht erschienen sind (§ 380 ZPO) oder ohne berechtigten Grund das Zeugnis verweigert haben (§ 390 ZPO), in Betracht[564].Wie bei der Beschwerde kann der erstentscheidende, d.h. der beauftragte oder ersuchte Richter sowie der Urkundsbeamte die Vollziehung der Entscheidung aussetzen, §§ 573 Abs. 1 S. 3, 570 Abs. 2 ZPO.[565]

II. Abhilfeverfahren und Entscheidung des Gerichts

Nach welchen Maßgaben im Falle der Einlegung einer Erinnerung zu verfahren ist, ergibt sich aus dem Verweis auf § 572 ZPO in § 573 Abs. 1 S. 3 ZPO.

1. Abhilfeverfahren

Hierbei ist zunächst wegen der Verweisung auf § 572 Abs. 1 S. 1 ZPO ein Abhilfeverfahren wie bei der Beschwerde durchzuführen. Dies war nach alter Gesetzeslage in § 576 ZPO (a.F.) nicht ausdrücklich geregelt, eine Abhilfebefugnis und -pflicht wurde aber nach allgemeiner Meinung der entsprechenden Anwendung des § 571 ZPO (a.F.) entnom-

561 Vgl. o. S. 57ff.
562 Nach dem *Regierungsentwurf-ZPO-RG*, BT-Drs. 14/4722, S. 115, können dem Erinnerungsführer *„diese einfachen Angaben abverlangt werden."*
563 Vgl. MünchKomm/*Lipp*, Aktualisierungsband, § 573 Rn. 5.
564 Vgl. *Thomas/Putzo*, § 380 Rn. 11.
565 Vgl. MünchKomm/*Lipp*, Aktualisierungsband, § 573 Rn. 4.

men.[566] Dabei kann zum einen das zur Entscheidung angerufene Gericht die Abhilfe anregen.[567] Zum anderen sollte auch unzulässigen Erinnerungen im Falle der Begründetheit abgeholfen werden können. Im Bereich der Erinnerung gilt nämlich ebenso wie bei der Beschwerde der Grundsatz der vorrangigen Prüfung von Verfahrensvoraussetzungen dann nicht, wenn der Erstentscheidende den gerügten Mangel auch von Amts wegen beseitigen darf.[568] Dies ist bei den in Erinnerungsfällen angegriffenen Ausgangsentscheidungen aber durchgängig der Fall.

Beispiel: Bei einer zu Unrecht erfolgten Ablehnung der Erteilung einer einfachen Vollstreckungsklausel gem. § 724 ZPO durch den Urkundsbeamten der Geschäftsstelle kann auf Erinnerung gem. § 573 ZPO im Wege der Abhilfe die Klausel auch dann erteilt werden, wenn die Zweiwochenfrist zur Einlegung bereits abgelaufen war. Eine Befugnis zur Mängelbeseitigung von Amts wegen besteht, weil die unzulässige Erinnerung auch als zulässiger erneuter Antrag auf Erteilung der Vollstreckungsklausel ausgelegt werden könnte.

Bei Nichtabhilfe ist die Sache unverzüglich dem Gericht vorzulegen, §§ 573 Abs. 1 S. 3, 572 Abs. 1 S. 1 Hs. 2 ZPO.

2. Entscheidung des Gerichts

Das Gericht entscheidet ohne oder auf Grund fakultativ durchgeführter mündlicher Verhandlung durch Beschluss (§§ 573 Abs. 1 S. 3, 572 Abs. 4, 128 Abs. 4 ZPO). Hierbei kann es wie bei einer Beschwerde zum einen bei Unzulässigkeit der Erinnerung diese verwerfen (§§ 573 Abs. 1 S. 3, 572 Abs. 2 ZPO) oder bei Unbegründetheit zurückweisen. Ist die Erinnerung zulässig und begründet, kann das Gericht entweder (vorrangig) selbst entscheiden und hierbei fakultativ dem kommissarischen bzw. ersuchten Richter sowie dem Urkundsbeamten die entsprechenden Anordnungen aufgeben (§§ 573 Abs. 1 S. 3, 572 Abs. 4 ZPO) oder die Angelegenheit an diese analog § 538 Abs. 2 ZPO zurückverweisen.[569]

G. Sofortige Beschwerde gegen die Entscheidung des Gerichts

Gegen die auf die Erinnerung hin erlassene Entscheidung des Gerichts ist die Beschwerde statthaft, § 573 Abs. 2 ZPO. Diese Vorschrift nimmt auf die allgemeinen Voraussetzungen der Beschwerde nach den §§ 567ff. ZPO Bezug, soll also die Beschwerdemöglichkeiten nicht erweitern, v.a. nicht generell die Beschwerde eröffnen.[570] Darüber hinaus stellt § 573 Abs. 2 ZPO klar, dass gegen Erinnerungsentscheidungen der Landgerichte in Beschwerde- und Berufungssachen sowie gegen Erinnerungsentscheidungen der Oberlandesgerichte die

[566] *Stein/Jonas/*Grunsky, § 576 Rn. 5; MünchKomm/*Braun*, § 576 Rn. 3; anderes galt nur, soweit die auf die Erinnerung hin ergehende Entscheidung der damaligen sofortigen Beschwerde ohne Abhilfebefugnis unterlag, § 577 Abs. 3 ZPO (a.F.) analog.

[567] *RGZ* 68, 66.

[568] Vgl. etwa MünchKomm/*Lipp*, Aktualisierungsband, § 572 Rn. 6.

[569] Vgl. hierzu oben S. 105ff.

[570] Vgl. MünchKomm/*Lipp*, Aktualisierungsband, § 573 Rn. 7.

sofortige Beschwerde nicht statthaft ist, da sie nur gegen Entscheidungen im ersten Rechtszug eröffnet ist.[571] Allerdings kann gegen Erinnerungsentscheidungen im zweiten Rechtszug nach Maßgabe der §§ 574ff. ZPO die Rechtsbeschwerde eröffnet sein.[572]

571 Vgl. den *Regierungsentwurf-ZPO-RG*, BT-Drs. 14/4722, S. 116; *Zöller/Gummer*, § 573 Rn. 5.
572 Vgl. den *Regierungsentwurf-ZPO-RG*, BT-Drs. 14/4722, S. 116; MünchKomm/*Lipp*, Aktualisierungsband, § 573 Rn. 7.

A. Allgemeines

Die Rechtsbehelfe gegen Entscheidungen des Rechtspflegers sind in § 11 RPflG geregelt. Entscheidungen des Rechtspflegers sind solche, die nach Gewährung rechtlichen Gehörs an den Gegner ergangen sind, gleich, ob dies verfahrensrechtlich zulässig war oder nicht.[573] Desweiteren solche, die nach Eintritt in eine Sachprüfung ergangen sind, damit v.a. die, die einen Antrag zurückweisen oder einem Antrag abhelfen.[574] Nach § 11 Abs. 1 RPflG ist für solche Entscheidungen zunächst das Rechtsmittel statthaft, welches nach den allgemeinen verfahrensrechtlichen Vorschriften zulässig ist. Es ist demnach zu fragen, welcher Rechtsbehelf zu ergreifen wäre, wenn an Stelle des Rechtspflegers der Richter entschieden hätte.[575] Daher ist aber im Bereich des § 11 Abs. 1 RPflG v.a. die (sofortige) Beschwerde gem. § 567ff. ZPO gegen die Entscheidungen des Rechtspflegers statthaft[576].Daneben besteht – schon aus verfassungsrechtlichen Gründen[577] – gem. § 11 Abs. 2 RPflG die Möglichkeit, gegen die nach den allgemeinen Bestimmungen, z.B. wegen des Nichterreichens einer Beschwerdesumme (vgl. etwa § 567 Abs. 2 ZPO), unanfechtbaren Entscheidungen eine sofortige, fristgebundene Erinnerung einzulegen.

573 So KG, OLGZ 1978, 491; *OLG Hamm*, MDR 1975, 938; *OLG Koblenz*, MDR 1975, 939; *Stein/Jonas/Münzberg*, § 766 Rn. 7.

574 Vgl. etwa für den Bereich der Zwangsvollstreckung *Thomas/Putzo*, § 766 Rn. 3, § 793 Rn. 3 und § 829 Rn. 55.

575 Vgl. MünchKomm/*Lipp*, Aktualisierungsband, § 573 Rn. 10 (Anhang: Rechtsbehelfe gegen Entscheidungen des Rechtspflegers).

576 Im Zusammenhang mit § 11 Abs. 1 RPflG auch § 766 ZPO zu zitieren, vgl. z.B. MünchKomm/*Lipp*, Aktualisierungsband, § 573 Rn. 10, ist nicht korrekt, da die Vollstreckungserinnerung nach § 766 ZPO nur für reine Vollstreckungsmaßnahmen des Rechtspflegers, z.B. den Erlass eines Pfändungs- und Überweisungsbeschlusses (§ 20 Nr. 17 RPflG i.V. mit § 828 ZPO) vorgesehen ist, bei denen aber eine Entscheidung im Rechtssinne gerade nicht vorliegt, vgl. z.B. *OLG Stuttgart*, NJW 1970, 1329.

577 Vgl. *MünchKomm*/Lipp, Aktualisierungsband, § 573 Rn. 10: Der Rechtspfleger ist bei seinen Entscheidungen nämlich nur sachlich, vgl. § 9 RPflG, nicht aber wie der Richter, vgl. Art. 97 Abs. 1 und 2 GG, persönlich unabhängig.

B. Neuerungen nach dem ZPO-RG

Nach Inkrafttreten des 3. RPflÄndG[578] zum 1.10.1998 bestand bis zur erneuten Gesetzesänderung durch das ZPO-RG zum 1.1.2002 für den Rechtspfleger keine Möglichkeit, begründeten sofortigen Beschwerden[579] abzuhelfen, da dies nach § 577 Abs. 3 ZPO (a.F.) ausgeschlossen war.[580] Das wurde v.a. im Bereich der Beschwerden gegen Kostenfestsetzungsbeschlüsse als sehr unbefriedigend und als ein rechtspolitischer Fehler angesehen. Tatsächlich hatte der Gesetzgeber aber dieses Problem bei der Neufassung des § 11 RPflG zum 1.10.1998 unbeabsichtigt nicht gesehen, die Abhilfemöglichkeit im genannten Bereich war unbewusst abgeschafft worden.[581] Da dieser Rechtszustand dem Bestreben des Reformgesetzgebers nach Konzentration der Fehlerbereinigung möglichst in der Ausgangsinstanz völlig zuwider lief, ist nunmehr durch die Schaffung einer Abhilfebefugnis in § 572 Abs. 1 Hs. 1 ZPO auch der Rechtspfleger im Stande, bei Rechtsbehelfen, die als sofortige Beschwerden statthaft sind, seine Entscheidungen in der Sache auf Antrag abzuändern.[582] Dadurch wird nicht nur eine Konzentration der Fehlerbehebung beim Ausgangsgericht sowie eine Entlastung der Beschwerdegerichte von sog. Bagatellsachen[583] herbeigeführt, sondern auch der Anfall einer Beschwerdegebühr vermieden.[584]

578 BGBl. I, S. 2030; mit diesem Gesetz wurde nämlich die bis dato in § 11 RPflG bestehende Möglichkeit einer sog. Durchgriffserinnerung abgeschafft, nach der bei Rechtsbehelfen gegen Entscheidungen des Rechtspflegers zunächst dieser eine Abhilfebefugnis und -pflicht hatte und bei Nichtabhilfe der im Tätigkeitsbereich des Rechtspflegers zuständige Richter berufen und insoweit zum Erlass einer Sachentscheidung verpflichtet war, vgl. § 11 Abs. 2 RPflG in der bis zum 1.10.1998 gültigen Fassung. Bis zur Vorlage und Befassung durch das Beschwerdegericht waren also zunächst Rechtspfleger und Richter der Ausgangsinstanz zur nochmaligen Prüfung gefordert; vgl. z.B. *Thomas/Putzo*, 23. Aufl. 2001, § 104 Rn. 40ff.

579 Diese war und ist aber v.a. auf dem Gebiet der Zwangsvollstreckung, vgl. § 793 ZPO, sowie gegen Kostenfestsetzungsbeschlüsse, vgl. § 104 Abs. 3 S. 1 ZPO, der einzig statthafte Rechtsbehelf.

580 Vgl. z.B. *Musielak/Wolst*, 1. Auflage 1999, § 104 Rn. 32.

581 Vgl. den *Regierungsentwurf-ZPO-RG*, BT-Drs. 14/4722, S. 114.

582 Vgl. z.B. den *Regierungsentwurf-ZPO-RG*, BT-Drs. 14/4722, S. 114; *Thomas/Putzo*, § 104 Rn. 34ff.

583 Vgl. die hierzu für den alten Rechtszustand geäußerte Kritik bei *LG Cottbus*, MDR 1999, 142; *OLG Düsseldorf*, Rpfleger 1999, 263; *OLG Frankfurt/M.*, NJW 1999, 1265.

584 So auch der *Regierungsentwurf-ZPO-RG*, BT-Drs. 14/4722, S. 114.

A. Allgemeines

Mit den §§ 574 bis 577 ZPO wurde zum 1.1.2002 erstmalig eine allgemeine Rechtsbeschwerde in die Zivilprozessordnung eingeführt. Die Rechtsbeschwerde ist revisionsähnlich ausgestaltet und damit auf eine reine Rechtsüberprüfung beschränkt.[585] Nunmehr werden Beschwerdeentscheidungen (Beschlüsse nach § 572 Abs. 4 ZPO), Entscheidungen im Berufungsrechtszug i. S. von § 567 Abs. 1 Nr. 1 und Nr. 2 ZPO sowie im ersten Rechtszug ergangene Beschlüsse der Oberlandesgerichte grundsätzlich einer rechtlichen Nachprüfung durch den *BGH* zugänglich gemacht.[586]

Der Reformgesetzgeber hat damit zum einen das Beschwerderecht im Bereich des Zivilverfahrens dem geltenden Rechtszustand in weiten Teilen der freiwilligen Gerichtsbarkeit angeglichen, wo die Rechtsbeschwerde häufig als weiteres Rechtsmittel anzutreffen ist, vgl. nur § 27 FGG (v.a. im Bereich der Nachlasssachen), § 78 GBO (Grundbuchsachen), § 24 LwVfG (Landwirtschaftssachen), § 83 GWB (Bußgeldsachen in Verfahren betreffend den gewerblichen Rechtsschutz) und §§ 100ff. PatG (Patentsachen). Zum anderen wurde die vor dem 1.1.2002 in einigen Angelegenheiten bestehende Möglichkeit der Eröffnung einer dritten Tatsacheninstanz im Wege der sog. weiteren Beschwerde[587] gegen Beschwerdeentscheidungen der Landgerichte (vgl. z.B. § 793 Abs. 2 ZPO (a.F.) abgeschafft und durch die einheitliche Rechtsbeschwerde ersetzt.[588]

Die Rechtsbeschwerde soll durch ihre im folgenden darzustellende Ausgestaltung als weiteres Beschwerdemittel mit dem Ziel, Rechtsfragen von grundsätzlicher Bedeutung klären zu lassen oder zur Rechtsfortbildung oder -vereinheitlichung beizutragen, das Beschwerdeverfahren einerseits konzentrieren und beschleunigen,[589] andererseits durch Bestimmung des *BGH* als Rechtsbeschwerdegericht die höchstgerichtliche Klärung von

[585] Vgl. den *Regierungsentwurf-ZPO-RG*, BT-Drs. 14/4722, S. 69 und 116; *BGH*, NJW 2002, 2181.

[586] Vgl. *Zöller/Gummer*, § 574 Rn. 2ff.

[587] Die weitere Beschwerde wurde im Bereich der ZPO ganz abgeschafft.

[588] Vgl. den *Regierungsentwurf-ZPO-RG*, BT-Drs. 14/4722, S. 116. Der im *Regierungsentwurf-ZPO-RG*, a.a.O., insoweit auch angeführte § 156 KostO ist in diesem Zusammenhang allerdings fehl am Platze, da bei Einwendungen gegen die Kostenberechnung der Notare auch schon nach alter Gesetzeslage vor dem 1.1.2002 gem. § 156 Abs. 2 KostO (a.F.) gegen die Beschwerdeentscheidung des Landgerichts (§ 156 Abs. 1 KostO (a.F.) die weitere Beschwerde als lediglich Rechtsbeschwerde möglich war, vgl. § 156 Abs. 2 S. 4 KostO (a.F.). Auch in der Fassung des ZPO-RG spricht § 156 KostO im übrigen von einer „weiteren Beschwerde“ gegen die Entscheidung des Landgerichts.

[589] So *Zöller/Gummer*, vor § 574 Rn. 1.

Grundsatzfragen ermöglichen.[590] Schließlich sollte die Einführung einer Rechtsbeschwerde auch der leichteren Nachvollziehbarkeit durch den Rechtsuchenden dienen, da nunmehr der Gesetzgeber den Rechtsmittelzug in Beschwerdesachen demjenigen in der Hauptsache angepasst und damit Ausnahmeregelungen[591] überflüssig gemacht hat.

B. Die Zulässigkeit der Rechtsbeschwerde

Das Rechtsbeschwerdegericht hat gem. § 577 Abs. 1 ZPO von Amts wegen die Zulässigkeit des Rechtsmittels, insbesondere seine Statthaftigkeit sowie die form- und fristgerechte Einlegung zu prüfen. Insoweit gilt dasselbe wie zu § 572 Abs. 2 S. 1 ZPO für die Zulässigkeit der Beschwerde.

I. Statthaftigkeit

§ 574 Abs. 1 ZPO eröffnet die Rechtsbeschwerde, wenn dies im Gesetz ausdrücklich bestimmt ist (Nr. 1) oder wenn das Beschwerdegericht, das Berufungsgericht oder das Oberlandesgericht im ersten Rechtszug sie zugelassen hat (Nr. 2).[592] Das sind die gleichen Zulassungs- bzw. Zulässigkeitskriterien wie im Bereich der Revision, (vgl. § 543 Abs. 1 und 2 ZPO); allerdings ist eine Nichtzulassungsbeschwerde nicht vorgesehen, da Gegenstand des Beschwerdeverfahrens in der Regel weniger bedeutsame Nebenentscheidungen sind.[593]

590 So der *Regierungsentwurf-ZPO-RG*, BT-Drs. 14/4722, S. 116. Gerade auf dem Gebiet des Kostenrechts war nach Ansicht des Reformgesetzgebers nämlich mangels höchstgerichtlicher Klärungsmöglichkeit immer wieder auftauchender Rechtsprobleme im Hinblick auf die unterschiedliche Rechtsprechung der verschiedenen Oberlandesgerichte eine nicht tragbare Rechtsprechungszersplitterung eingetreten. Exemplarisch hierzu sei die ständige Streitfrage angeführt, ob die Kosten eines selbständigen Beweisverfahrens nach §§ 485ff. ZPO im nachfolgenden Hauptsacheprozess als Gerichtskosten oder als außergerichtliche Kosten festzusetzen sind, vgl. hierzu *Thomas/Putzo*, § 494a Rn. 5 unter Angabe der streitigen Auffassung einzelner Oberlandesgerichte bzw. einzelner OLG-Senate. Wie kurzlebig die auf Grund solcher Erkenntnisse geänderten Vorschriften sein können, zeigt allerdings das Kostenrechtsmodernisierungsgesetz vom 5.5.2004, in Kraft getreten zum 1.7.2004. Mit diesem Gesetz wurde nämlich nur zweieinhalb Jahre nach Inkrafttreten des ZPO-RG eine (weitere) Reform von Rechtsmitteln, diesmal auf dem Gebiet des Kostenrechts durchgeführt. In deren Zuge wurde in alle Kostengesetze übergreifend die Möglichkeit einer bei grundsätzlicher Bedeutung zuzulassenden weiteren Beschwerde zu den Oberlandesgerichten eingeführt (vgl. etwa § 66 Abs. 2 und 3 GKG). Die Beschwerde an ein oberstes Bundesgericht wurde zum Zwecke der Entlastung des BGH von Kosten-Rechtsbeschwerden ausdrücklich ausgeschlossen, vgl. hierzu unten § 11, S. 258ff.

591 So z.B. die §§ 567 Abs. 4, 568a ZPO (a.F.), wonach eine Beschwerde gegen Entscheidungen der Oberlandesgerichte grundsätzlich nicht zulässig war, ausnahmsweise aber schon falls durch Beschluss ein Einspruch gegen ein Versäumnisurteil verworfen wurde und ein Urteil in der Hauptsache revisibel gewesen wäre.

592 Zur Möglichkeit einer außerordentlichen Rechtsbeschwerde gegen greifbar gesetzeswidrige Beschlüsse vgl. unten 3. Teil.

593 So der *Regierungsentwurf-ZPO-RG*, BT-Drs. 14/4722, S. 69.

1. Statthaftigkeit kraft Gesetzes

§ 574 Abs. 1 Nr. 1 ZPO bestimmt, dass die Rechtsbeschwerde in den vom Gesetz ausdrücklich bestimmten Fällen stattfindet. Für die Zulässigkeit des Rechtsmittels müssen aber auch in diesen Fällen zusätzlich die Rechtsbeschwerdegründe[594] des § 574 Abs. 2 ZPO gegeben sein. Diese liegen vor bei einer grundsätzlichen Bedeutung der Rechtssache sowie, wenn die Fortbildung des Rechts oder die Sicherung einer einheitlichen Rechtsprechung eine Entscheidung des Rechtsbeschwerdegerichtes erfordern. Zu den Fällen gesetzlich eröffneter Statthaftigkeit der Rechtsbeschwerde zählen zunächst in der Praxis weniger oft vorkommende Entscheidungen der Oberlandesgerichte im Schiedsgerichtsverfahren (vgl. die §§ 1065 Abs. 1 S. 1, 1062 Abs. Nr. 2 und Nr. 4 ZPO) sowie über die Vollstreckbarkeit ausländischer Titel (§ 15 Abs. 1 AVAG), ferner Beschwerdeentscheidungen im Insolvenzverfahren (vgl. § 7 InsO) und im Verteilungsverfahren nach der Schifffahrtsrechtlichen Verteilungsordnung (§ 3 Abs. 2 S. 3 SVertO).[595]

a) § 522 Abs. 1 S. 4 ZPO

Die in der Praxis wohl relevanteste Regelung, die die Möglichkeit einer Rechtsbeschwerde ausdrücklich eröffnet, dürfte aber § 522 Abs. 1 S. 4 ZPO sein. Hiernach findet die Rechtsbeschwerde gegen Beschlussentscheidungen im Berufungsverfahren statt, mit denen eine Berufung als unzulässig verworfen wird.

aa) Rechtsbeschwerde gegen die Versagung von Wiedereinsetzung

Falls die Verwerfung der Berufung nach § 522 Abs. 1 S. 2 ZPO – wie in der Praxis oft – einhergeht mit der Verwerfung oder Zurückweisung eines Antrages auf Wiedereinsetzung gem. §§ 233ff. ZPO, muss der Rechtsbeschwerdeführer zugleich Rechtsbeschwerde gegen die Versagung der Wiedereinsetzung einlegen. Statthaftes Rechtsmittel in diesen Fällen ist die Rechtsbeschwerde, da für die Anfechtung von Entscheidungen, die eine Wiedereinsetzung versagen, gem. § 238 Abs. 2 ZPO die Vorschriften anzuwenden sind, die für die versäumte und nachgeholte Prozesshandlung gelten.[596] Der Rechtsbeschwerdeführer ist gehalten, in diesen Fällen auch gegen die Versagung der Wiedereinsetzung Rechtsbeschwerde einzulegen, um den Beschluss, mit dem die Berufung verworfen wurde, nicht rechtskräftig werden zu lassen.[597]

bb) Keine Rechtsbeschwerde gegen Verwerfungsbeschluss im Verfahren auf vorläufigen Rechtsschutz

Gem. § 574 Abs. 1 S. 2 ZPO i.d.F. des zum 1.9.2004 in Kraft getretenen Ersten Gesetz zur Modernisierung der Justiz vom 24.8.2004[598] ist (nunmehr[599]) ausdrücklich bestimmt, dass

[594] Zu diesen s. unten 3. und 4, S. 145ff. und 172ff.
[595] BGBl. 1999 I, S. 530.
[596] *BGH*, NJW 2002, 2473 = JZ 2002, 956; *Thomas/Putzo*, § 238 Rn. 17.
[597] *BGH*, NJOZ 2003, 43 unter Hinweis auf *BGH*, NJW 2002, 2397.
[598] Vgl. BGBl. I, S. 2198ff.

§ 542 Abs. 2 ZPO entsprechend für die Rechtsbeschwerde gilt, d.h. letztere gegen Berufungsverwerfungsbeschlüsse auf dem Gebiet des vorläufigen Rechtsschutzes (Arrest und einstweilige Verfügung) nicht statthaft ist.

b) §§ 621e Abs. 2 Nr. 1, 629a Abs. 2 S. 1 ZPO[600]

Die Regelung des § 621e Abs. 2 Nr. 1 ZPO, auf die in § 629a Abs. 2 S. 1 ZPO für Scheidungsverbundsachen Bezug genommen wird, bestimmt für die Familiensachen des § 621 Abs. 1 Nr. 1 bis 3, 6, 7, 9, 10 (letztere Nr. beschränkt auf Verfahren des § 1600a Abs. 2 BGB) sowie Nr. 12 ZPO, dass die Rechtsbeschwerde auf Zulassung durch das Beschwerdegericht bzw. auf Zulassung durch das Rechtsbeschwerdegericht nach begründeter Nichtzulassungsbeschwerde statt finde. Es ist streitig, ob diese in der ZPO geregelten Rechtsbeschwerdemöglichkeiten unter § 574 Abs. 1 Nr. 1 ZPO oder unter § 574 Abs. 1 Nr. 2 ZPO fallen.

Nach der einen Auffassung soll die Rechtsbeschwerde in diesen Angelegenheiten unter § 574 Abs. 1 Nr. 1 ZPO zu subsumieren sein, wobei – soweit ersichtlich – keine Begründung gegeben wird.[601] Begründung könnte schlicht sein, dass in § 621e Abs. 2 ZPO die Rechtsbeschwerde i. S. des § 574 Abs. 1 Nr. 1 ZPO ausdrücklich für statthaft erklärt wird. Dem lässt sich aber zutreffender Weise unter Verweis auf § 574 Abs. 1 Nr. 2 ZPO entgegen halten, dass § 621e Abs. 2 ZPO selbst nicht nur die Zulässigkeit der Rechtsbeschwerde bestimmt, sondern darüber hinaus auch deren Zulassung regelt und damit zur Systematik der von § 574 Abs. 1 Nr. 1, Abs. 2 ZPO gemeinten Fälle, die wegen gesetzlich angeordneter Statthaftigkeit gerade keine Zulassung durch das Beschwerdegericht kennen, nicht passt. § 621e Abs. 2 ZPO stellt daher einen im Hinblick auf § 574 Abs. 1 Nr. 2 ZPO speziellen Fall der Zulassungsrechtsbeschwerde dar,[602] der als Besonderheit eine von den allgemeinen Vorschriften der §§ 574 bis 577 ZPO nicht vorgesehene Nichtzulassungsbeschwerde beinhaltet und bezüglich der Zulassungsgründe auch nicht etwa auf § 574 Abs. 3 ZPO, sondern auf § 543 Abs. 2 ZPO verweist.[603]

599 Schon vor Inkrafttreten dieser „modernisierten" Fassung des § 574 Abs. 1 ZPO wurde aber die Regelung des § 542 Abs. 2 ZPO bereits analog auf Verwerfungsbeschlüsse angewandt, um einen Gleichlauf der Rechtsmittel herzustellen, vgl. *BGHZ* 152, 195 = NJW 2003, 69; 154, 102 = NJW 2003, 1531.

600 Zur Beschwerde in Familiensachen vgl. noch unten S. 241ff.

601 So z.B. *Thomas/Putzo*, § 574 Rn. 2 (andererseits ist bei § 621e Rn. 17 davon die Rede, dass die Rechtsbeschwerde nicht den §§ 574ff. ZPO unterliege); MünchKomm/*Lipp*, § 574 Rn. 5; *Hansens*, Rpfleger 2001, 573, 579.

602 So auch *Seiler/Wunsch*, NJW 2003, 1840 sowie *Baumbach/Albers/Lauterbach/Hartmann*, § 574 Rn 1 und *Zöller/Gummer*, § 574 Rn. 8, die § 621 Abs. 2 ZPO nicht im Zusammenhang mit § 574 Abs. 1 Nr. 1 ZPO nennen; vgl. a. *Thomas/Putzo*, § 621e Rn. 17.

603 Die Verweisung auf das Revisionsrecht ist in Anbetracht der Existenz einer wortlautgleichen allgemeinen Regelung für die Zulassung der Rechtsbeschwerde in § 574 Abs. 3 und Abs. 2 ZPO allerdings nur so erklärbar, dass in § 621e Abs. 2 ZPO zugleich eine – mangels Existenz im allgemeinen Rechtsbeschwerderecht – nur durch Verweisung auf das Revisionsrecht (§ 544 ZPO) sinnvoll darstellbare Nichtzulassungsbeschwerde eröffnet wird und der Gesetzgeber bewusst eine Parallele zum Revisionsrecht ziehen wollte, vgl. den *Regierungsentwurf-ZPO-RG*, BT-Drs. 14/4722, S. 120.

c) Ausdrückliche Nichtzulassung trotz gesetzlich bestimmter Statthaftigkeit

Lässt das Ausgangsgericht eine kraft gesetzlicher Regelung statthafte Rechtsbeschwerde ausdrücklich nicht zu, obwohl es zu einer solchen Entscheidung auf Grund der eindeutigen gesetzlichen Systematik des § 574 ZPO nicht befugt wäre,[604] bleibt das Rechtsmittel trotzdem zulässig, da die Gerichte an Recht und Gesetz gebunden sind und keine Zugangsbeschränkungen aufstellen können, die der Gesetzgeber ausdrücklich selbst nicht erhebt.

2. Statthaftigkeit kraft Zulassung durch das Ausgangsgericht

Gemäß § 574 Abs. 1 Nr. 2 ZPO ist die Rechtsbeschwerde ferner dann zulässig, wenn das Beschwerdegericht, das Berufungsgericht oder das Oberlandesgericht im ersten Rechtszug sie zugelassen haben. Das Ausgangsgericht muss das Rechtsmittel nach § 574 Abs. 3 ZPO zulassen, wenn es die grundsätzliche Bedeutung der Sache bejaht oder dies zur Fortbildung oder Vereinheitlichung der Rechtsprechung für notwendig erachtet. Ob ein Zulassungsgrund vorliegt, der das Rechtsmittel statthaft macht, beurteilt das Rechtsbeschwerdegericht im Rahmen der Zulässigkeitsprüfung nach § 577 Abs. 1 ZPO von Amts wegen. Einer gesonderten gesetzlichen Bestimmung, die ausdrücklich die Zulässigkeit der Rechtsbeschwerde im Falle der Zulassung bestimmen würde, bedarf es nicht, wenn die Voraussetzungen des § 574 Abs. 1 Nr. 2, Abs. 3 ZPO gegeben sind.[605]

a) Keine Nichtzulassungsbeschwerde

Wenn das Ausgangsgericht die Rechtsbeschwerde nicht zugelassen hat, kann hiergegen nicht Beschwerde geführt werden mit der Begründung, die Nichtzulassung sei sachlich nicht gerechtfertigt oder nicht ordnungsgemäß begründet worden. Eine Nichtzulassungsbeschwerde gegen die ausdrückliche oder stillschweigende Nichtzulassung der Rechtsbeschwerde ist vom Gesetzgeber nicht eröffnet worden, weil es sich bei Beschwerdeangelegenheiten in aller Regel um weniger bedeutsame Nebenentscheidungen handelt. Daher wurde es auch zur Entlastung des *BGH* nicht als erforderlich angesehen, dass mehrere Gerichte die Zulässigkeitsvoraussetzungen der Rechtsbeschwerde prüfen.[606]

Dies ist de lege lata zu Recht kritisiert worden.[607] Zwar erscheint in Anbetracht des grundsätzlichen „Bagatellcharakters" der Beschwerdesachen eine generelle Nichtzulassungsbeschwerde für überzogen. Allerdings könnte de lege ferenda eine solche für die Rechtsge-

604 Vgl. § 574 Abs. 1 Nr. 1 ZPO und § 574 Abs. 2 ZPO einerseits sowie § 574 Abs. 1 Nr. 2 ZPO und § 574 Abs. 3 ZPO andererseits.

605 Soweit es Vorschriften (das sind in der ZPO die §§ 621e Abs. 2, 629a Abs. 2 S. 1 ZPO) gibt, die parallel zu § 574 Abs. 1 Nr. 2, Abs. 3 ZPO die Rechtsbeschwerde abhängig von der Zulassung durch das Rechtsbeschwerdegericht eröffnen, handelt es sich um wesensgleiche Spezialvorschriften und nicht um Fälle des § 574 Abs. 1 Nr. 1 ZPO, hierzu vgl. schon oben 1. b), S. 136.

606 Vgl. schon den *Referentenentwurf-ZPO-RG*, S. 188; ebenso *der Regierungsentwurf-ZPO-RG*, BT-Drs. 14/4722, S. 69, 116; *Thomas/Putzo*, § 574 Rn. 9; MünchKomm/*Lipp*, Aktualisierungsband, § 574 Rn. 8.

607 Vgl. *Gottwald*, Bericht zum 65. Deutschen Juristentag, S. A 107ff., 125f.

biete eingeführt werden, in denen regelmäßig wirtschaftlich schwerwiegendere Fälle zu beurteilen sind, etwa im Bereich des Zwangsvollstreckungsrechts, insbesondere der Zwangsversteigerung oder bei den Insolvenzsachen (§§ 6, 7 InsO). Eine Ausnahme hiervon wurde allerdings im Bereich der Familiensachen geschaffen. Nach § 621e Abs. 2 S. 1 Nr. 2 ZPO sowie der Verweisung auf diese Vorschrift in § 629a Abs. 2 S. 1 ZPO kann gegen die Nichtzulassung der Rechtsbeschwerde nach Maßgabe der §§ 621e Abs. 2 S. 1, 544 ZPO Beschwerde beim Rechtsbeschwerdegericht eingelegt werden.[608]

b) Nachträgliche Zulassung analog § 321a ZPO

Eine ergänzende Zulassung der Rechtsbeschwerde analog § 321a ZPO ist möglich, wenn in der Beschwerdeentscheidung durch willkürliche Nichtzulassung Verfahrensgrundrechte des Beschwerdeführers verletzt worden sind.[609] Nach der neueren Rechtsprechung des Bundesgerichtshofs ist nämlich die Verletzung eines Verfahrensgrundrechts durch eine Beschlussentscheidung von dem Gericht, das sie begangen hat, auf Gegenvorstellung zu beheben, selbst wenn der Beschluss nach Prozessrecht unabänderlich ist. Denn Entscheidungen, die unter Verletzung eines Verfahrensgrundrechts ergangen sind, wären auf eine Verfassungsbeschwerde hin aufzuheben und können damit letztlich keine Bestandskraft entfalten können.[610]

c) Bindungswirkung bei der Zulassung der Rechtsbeschwerde

aa) Grundsätze

Das Rechtsbeschwerdegericht ist an die Zulassung gebunden, § 574 Abs. 2 S. 2 ZPO. Selbst wenn das Ausgangsgericht die Zulassungsvoraussetzungen zu Unrecht bejaht, d.h. aus Rechts- oder tatsächlichem Irrtum heraus verkannt hat, muss das Rechtsbeschwerdegericht bei Vorliegen der sonstigen Zulässigkeitsvoraussetzungen in der Sache entscheiden.

Beispiele: Der BGH muss etwa auch dann in der Sache entscheiden., wenn das Beschwerdegericht aus Rechtsirrtum verkannt hat, dass die Rechtsbeschwerde im Verfahren über die Bewilligung von Prozesskostenhilfe nur wegen solcher Fragen zulassungsfähig ist, die das Verfahren oder die persönlichen Verhältnisse betreffen.[611] *Ferner ist die Zulassung der Rechtsbeschwerde auch dann wirksam und für das Rechtsbeschwerdegericht bindend, wenn der Einzelrichter entgegen § 568 S. 2 Nr. 2 ZPO an Stelle des Kollegiums, mithin aber unter Verstoß gegen das aus Art. 101 Abs. 1 S. 2 GG entspringende Gebot des gesetzlichen*

[608] S. hierzu oben 1.b), S. 136 und unten § 8; es bleibt allerdings die Übergangsvorschrift des § 26 Nr. 9 EGZPO zu beachten, wonach die Nichtzulassungsbeschwerde in Familiensachen nicht stattfindet, wenn die anzufechtende Entscheidung vor dem 1.1.2010 ergangen ist, vgl. auch die Entscheidung des *BGH*, Beschluss v. 11.9.2002, Az. XII ZA 13/02, n.v.

[609] Vgl. *BGH*, NJW 2004, 2529.

[610] Vgl. *BGHZ* 150, 133 = NJW 2002, 1577 und 3. Teil.

[611] Vgl. *BGH*, NJW 2003, 1126, 1127 und unten § 9.

Richters über eine Beschwerde in einer Angelegenheit entscheidet, der er grundsätzliche Bedeutung beimisst, und dann die Rechtsbeschwerde zulässt.[612]

Allerdings ist das Rechtsbeschwerdegericht grundsätzlich dann nicht an die Zulassung durch das Ausgangsgericht gebunden, wenn das Gesetz eine Anfechtung der Entscheidung ausschließt. Nach der Rechtsprechung des *BGH* bleibt die Entscheidung auch bei irriger Rechtsbeschwerdezulassung unanfechtbar,[613] weil die Bindungswirkung der Rechtsmittelzulassung bei der Rechtsbeschwerde ebenso wie bei der Revision nur die Bejahung der in den § 574 Abs. 3 S. 1, 543 Abs. 2 S. 1 ZPO sowie § 546 Abs. 1 S. 3 ZPO (a.F.) genannten Zulassungsvoraussetzungen umfasst[614]. Das entspricht einer langjährigen Rechtsprechung.[615] Die Bindungswirkung des § 574 Abs. 3 S. 2 ZPO tritt nämlich nur hinsichtlich des Vorliegens eines Zulassungsgrundes nach § 574 Abs. 2 ZPO ein, eröffnet indes grundsätzlich nicht ein gesetzlich nicht zugelassenes Rechtsmittel[616]. Grundgedanke dieser Rechtsprechung ist, dass in diesen Fällen der Gesetzgeber die Frage, ob bestimmte Materien zur Erreichung der mit den Rechtsmitteln der Revision und Rechtsbeschwerde verfolgten Ziele einer Rechtsüberprüfung durch den *BGH* zugänglich gemacht werden müs-

[612] Vgl. *BGHZ* 154, 200 = NJW 2003, 1254, 1255 m. zustimmender Anmerkung *Haentjens*, NJW 2003, 2884; dies gilt auch dann, wenn der Einzelrichter die Zulassung nicht mit grundsätzlicher Bedeutung, sondern allein mit den Gründen der Divergenz oder Rechtsfortbildung begründet hat, vgl. *BGH*, NJW 2003, 3712 = MDR 2004, 109. Die Entscheidung unterliegt dann allerdings wegen fehlerhafter Besetzung des Beschwerdegerichtes der Aufhebung von Amts wegen, weil der Einzelrichter durch seine Rechtsbeschwerdezulassung einerseits deutlich mache, dass die Rechtssache von grundsätzlicher Bedeutung sei, andererseits er sich aber seine Entscheidungszuständigkeit objektiv willkürlich anmaße. Wegen der willkürlichen Zuständigkeitsüberschreitung sei auch eine Berücksichtigung des Mangels von Amts wegen und nicht nur auf eine Besetzungsrüge hin geboten. Die Sache ist aufzuheben und gem. § 577 Abs. 4 S. 1 ZPO an das Beschwerdegericht zurückzuverweisen. Damit wird dem grundrechtsgleich geschützten Verfassungsgebot des gesetzlichen Richters (Art. 101 Abs. 1 S. 2 GG) eine besondere Bedeutung zuteil, vgl. a. *Haentjens*, a.a.O.

[613] So *BGH*, NJW 2002, 3554, wonach wegen der ausdrücklichen Negativregelung des § 127 Abs. 2 S. 1, Abs. 3 ZPO die Bewilligung von Prozesskostenhilfe zwar unter bestimmten Voraussetzungen von der Staatskasse, nicht aber vom Gegner mit der Rechtsbeschwerde angefochten werden kann, auch wenn das Ausgangsgericht irrig die Rechtsbeschwerde zugelassen hat. In *BGH*, NJW 2003, 70 stellt der *BGH* klar, dass trotz Zulassung der Rechtsbeschwerde gegen den Kostenansatz diese wegen § 5 Abs. 2 S. 3 GKG unzulässig ist, da in diesem Verfahren eine Beschwerde *„an den obersten Gerichtshof des Bundes nicht stattfindet."* Nach *BGH*, NJW 2003, 211, 212 gilt selbiges für eine Entscheidung, mit der Wiedereinsetzung in den vorigen Stand gewährt wird; diese ist nach § 238 ZPO unanfechtbar und kann auch bei ausdrücklicher Zulassung durch das Ausgangsgericht nicht mit der Rechtsbeschwerde angefochten werden. Nach *BGH*, NJW 2003, 3565 = MDR 2004, 108 ist auch die Zulassung einer Rechtsbeschwerde gegen gem. §§ 265 Abs. 5, 91a Abs. 2 oder 99 Abs. 2 S. 2 ZPO unanfechtbare Kostenentscheidungen für das Rechtsbeschwerdegericht nicht bindend.

[614] Vgl. den *Regierungsentwurf-ZPO-RG*, BT-Drs. 14/4722, S. 105, 116 und *BGH*, NJW 2003, 70; NJW 2003, 211; FamRZ 2004, 1191; s. auch *Zöller/Gummer*, § 543 Rn. 27 und § 574 Rn. 15.

[615] So z.B. *BGH*, NJW 1952, 25; *BGH*, FamRZ 1979, 696; *BGH*, NJW 1984, 2364 zu § 53g FGG; *BVerfG*, DtZ 1993, 85; *BGH*, ZIP 1992, 579, m.w.N. Vgl. auch *BFHE* 164, 75 und *BVerwGE* 48, 372, 374 sowie MünchKomm/*Lipp*, Aktualisierungsband, § 574 Rn. 9 und *Zöller/Gummer*, § 574 Rn. 9; *Musielak/Ball*, § 543 Rn. 17 und 19 zur vergleichbaren Problematik für die Zulässigkeit der Revision.

[616] *BGH*, NJW 2003, 211; *BGHZ* 154, 102 = NJW 2003, 1531; FamRZ 2004, 437; NJW 2004. 1112. Zum Sonderfall einer Zulassung der Rechtsbeschwerde gegen einen nach § 522 Abs. 3 ZPO unanfechtbaren Beschluss, mit dem die Berufung einstimmig zurückgewiesen wird, s. sogleich unter bb).

sen, bereits im negativen Sinne entschieden hat, und sich hierüber auch kein Gericht durch die Zulassung eines solchen Rechtsmittels hinweg setzen darf.

bb) Zulassung der Rechtsbeschwerde trotz § 522 Abs. 3 ZPO

Problematisch im Hinblick auf eine generelle Ausschließung der Rechtsbeschwerde trotz rechtsirriger Zulassung durch das Ausgangsgericht erscheint aber der Fall, dass eine Berufung durch einstimmigen Beschluss gem. § 522 Abs. 2 ZPO zurückgewiesen und entgegen § 522 Abs. 3 ZPO die Rechtsbeschwerde zugelassen wurde. § 522 Abs. 3 ZPO bestimmt, dass der einstimmige Beschluss auf Zurückweisung der Berufung nicht anfechtbar ist. Nach den eben dargestellten Grundsätzen[617] könnte mithin auch die Zulassung einer Rechtsbeschwerde durch das Berufungsgericht keine Bindung des Rechtsbeschwerdegerichtes gem. § 574 Abs. 3 S. 2 ZPO hervorrufen, weil der Gesetzgeber die Unanfechtbarkeit ausdrücklich angeordnet hat.[618]

Zu beachten ist allerdings, dass § 522 Abs. 2 ZPO die Zurückweisung einer Berufung durch einstimmigen Beschluss unter anderem nicht nur von der fehlenden Erfolgsaussicht des Rechtsmittels, sondern davon abhängig macht, dass das Berufungsgericht davon überzeugt ist, die Rechtssache habe keine grundsätzliche Bedeutung und die Fortbildung des Rechts oder die Sicherung einer einheitlichen Rechtsprechung erforderten eine Entscheidung des Berufungsgerichtes nicht. Bei einstimmiger Zurückweisung einer Berufung wegen Nichtvorliegens einer dieser letztgenannten Voraussetzungen würde sich das Berufungsgericht aber in Widerspruch setzen, wenn es gleichzeitig wegen Vorliegens eines dieser Kriterien, die § 574 Abs. 3 i. V. mit Abs. 2 Nr. 1 und 2 ZPO wortlautidentisch aufgreift, die Rechtsbeschwerde zuließe. Ist eines dieser Kriterien tatsächlich gegeben, hätte das Berufungsgericht, an Stelle die Rechtsbeschwerde gegen den Zurückweisungsbeschluss zuzulassen, vielmehr durch Urteil entscheiden und die Revision aus einem der mit § 574 Abs. 2 ZPO identischen Gründe des § 543 Abs. 2 ZPO zulassen müssen.

Daraus wird gefolgert, dass wegen der Gesetzwidrigkeit des Zurückweisungsbeschlusses auch § 522 Abs. 3 ZPO keine Anwendung finden dürfe und die Rechtsbeschwerde in einem solchen Fall ausnahmsweise statthaft sein müsse.[619] Dem ist grundsätzlich zuzustimmen. Das Gesetz bestimmt in § 522 Abs. 3 ZPO eindeutig, dass der einstimmige Zurückweisungsbeschluss unanfechtbar sei. Dies ist vor dem Hintergrund zu sehen, dass es aus der zutreffenden Sicht des Reformgesetzgebers bei Sachen, die keine grundsätzliche Bedeutung haben und deren Inhalt nicht der Fortbildung des Rechts dienen kann noch von einer einheitlichen Rechtsprechung abweicht, einer dritten reinen Rechtsüberprüfungsin-

[617] S.o. aa).

[618] Der *BGH* (NJW 2005, 73 = FamRZ 2004, 1963 m. krit. Anm. *Gottwald*) lehnt daher eine Prüfung der vom Berufungsgericht trotz der Regelung des § 522 Abs. 3 ZPO zugelassenen Rechtsbeschwerde kategorisch mit dem generellen Argument (unter Bezugnahme auf die schon oben unter Fn. 642 zitierten Entscheidungen) ab, dass durch die Zulassung dem Beschwerdeführer zwar die Rechtsbeschwerde zugänglich gemacht werde, wenn sie nach dem Gesetz grundsätzlich statthaft sei. Sie werde aber nicht in den Fällen eröffnet, in denen die Anfechtbarkeit gesetzlich ausgeschlossen sei.

[619] So *Seiler/Wunsch*, NJW 2003, 1840.

stanz nicht bedarf.[620] Der Gesetzgeber ging bei § 522 Abs. 3 ZPO aber selbstverständlich davon aus, dass in den von den Gerichten hierfür herangezogenen Fällen die Voraussetzungen für eine Zurückweisung der Berufung durch einstimmigen Beschluss gem. § 522 Abs. 2 ZPO eindeutig vorliegen.

Davon kann aber dann nicht die Rede sein, wenn sich das Berufungsgericht im bereits dargestellten Sinne widerspricht, indem es die Rechtsbeschwerde zugelassen hat. Damit ist aus objektiver, mithin aber auch aus Sicht des Rechtsbeschwerdegericht offenbar, dass Zweifel an den Gründen bestehen, deren Nichtvorliegen einerseits die einstimmige Zurückweisung der Berufung und deren Vorliegen andererseits die Zulassung der Rechtsbeschwerde ermöglicht. Bei dieser Konstellation erscheint es aber zum einen nicht angebracht, eine strikte Bindung des Rechtsbeschwerdegerichtes an die Zulassung der Rechtsbeschwerde gem. § 574 Abs. 3 S. 2 ZPO anzunehmen, weil wegen der Gesetzwidrigkeit des Zurückweisungsbeschlusses auch dessen Unanfechtbarkeit gem. § 522 Abs. 3 ZPO nicht eintreten könne.[621] Zum anderen kann es aber auch nicht sinnvoll sein, mit dem *BGH* generell davon auszugehen, dass die Zulassung eines vom Gesetz nicht vorgesehenen Rechtsmittels das Rechtsbeschwerdegericht nicht binde.[622] Dem muss nämlich die wegen des bereits dargestellten widersprüchlichen Verhaltens des Berufungsgerichtes nahe liegende Rechtswidrigkeit des Zurückweisungsbeschlusses entgegen stehen, bei der eine strikte Verwerfung des Rechtsmittels durch das Rechtsbeschwerdegericht unangemessen wäre, da das Berufungsgericht bei positivem Vorliegen der Rechtsbeschwerdezulassungsgründe von vornherein durch Urteil hätte entscheiden und die Revision zulassen müssen. In diesem Fall müsste das Revisionsgericht in der Sache entscheiden, weil es an die Zulassung der Revision gebunden wäre, vgl. § 543 Abs. 2 S. 2 ZPO.

Trotz des widersprüchlichen Verhaltens des Berufungsgerichtes steht aber nicht fest, ob einer der für eine Überprüfung der Angelegenheit in einer dritten Instanz notwendigen Gründe gegeben ist. Es ist daher sinnvoll, in der vorliegenden Konstellation keine Bindung des Rechtsbeschwerdegerichtes an die Zulassung anzunehmen, sondern eine Prüfungsbefugnis des Rechtsbeschwerdegerichtes analog § 574 Abs. 2 ZPO, ob die Zulassungsgründe tatsächlich gegeben sind. Ist dies nicht der Fall, so hat das Rechtsbeschwerdegericht das Rechtsmittel gem. § 577 Abs. 1 ZPO zu verwerfen. Dies entspricht auch einzig der Intention des Reformgesetzgebers, eine Sachentscheidung des Rechtsbeschwerdegerichtes nur in Fällen zu veranlassen, in denen die genannten besonderen Gründe auch tatsächlich vorliegen, vgl. §§ 574 Abs. 2 und Abs. 3 sowie § 577 Abs. 1 ZPO.

620 So der *Regierungsentwurf-ZPO-RG*, BT-Drs. 14/4722, S. 64 und 98.
621 So aber *Seiler/Wunsch*, NJW 2003, 1840.
622 S.o. aa) und dort die Zitate unter Fn. 613 und 614.

c) Bindungswirkung der Zulassung einer bereits kraft Gesetzes statthaften Rechtsbeschwerde

Bei den kraft Gesetzes zulässigen Rechtsbeschwerden i. S. von § 574 Abs. 1 Nr. 1 ZPO entscheidet gem. §§ 574 Abs. 2, 577 Abs. 1 S. 1 ZPO das Rechtsbeschwerdegericht, ob das Rechtsmittel statthaft ist, insbesondere ob die Rechtssache grundsätzliche Bedeutung hat oder die Fortbildung des Rechts oder die Sicherung einer einheitlichen Rechtsprechung eine Entscheidung des Rechtsbeschwerdegerichts erfordert. Liegen diese Gründe nicht vor, wird die Rechtsbeschwerde wegen Unzulässigkeit verworfen, § 577 Abs. 1 S. 1 ZPO.[623] Problematisch ist aber, ob das Rechtsbeschwerdegericht an die Zulassung einer bereits kraft Gesetzes statthaften Rechtsbeschwerde gebunden ist, z.B., wenn das Berufungsgericht bei einer Verwerfung der Berufung durch Beschluss nach § 522 Abs. 1 S. 4 ZPO ausdrücklich die Rechtsbeschwerde zulässt, obwohl ihm eine solche Entscheidung gar nicht zusteht, weil über die Zulässigkeit das Rechtsbeschwerdegericht entscheidet.

Eine Bindungswirkung kann sich nach einer Auffassung aus § 574 Abs. 3 S. 2 ZPO ergeben. Dem Gesetz, insbesondere § 574 Abs. 1 ZPO solle sich nicht entnehmen lassen, dass das Beschwerde- oder Berufungsgericht eine Rechtsbeschwerde, die bereits kraft Gesetzes statthaft sei, nicht gleichwohl zulassen könne, wenn ein Zulassungsgrund i. S. des § 574 Abs. 2 ZPO gegeben sei. Wenn etwa das Berufungsgericht im Hinblick auf die ausdrückliche Zulassung eine Entscheidung des *BGH* offenbar für notwendig erachtet habe, hätte es auch (und richtiger Weise) die Berufung durch Urteil verwerfen und die Revision nach § 543 Abs. 2 ZPO zulassen müssen, woran das Revisionsgericht wegen § 543 Abs. 2 S. 2 ZPO gebunden wäre. Nichts anderes dürfe aber im Falle einer Verwerfung durch Beschluss gelten, wenn die Rechtsbeschwerde zugelassen werde. Dem Rechtsmittelführer dürfe weder durch ein verfahrensfehlerhaftes noch durch ein bloß unsachgemäßes Vorgehen des Ausgangsgerichtes ein Nachteil entstehen.[624]

Dem kann indes nicht gefolgt werden. Mit dem *BGH* ist davon auszugehen, dass die Bindungswirkung einer Zulassung der Rechtsbeschwerde gem. § 574 Abs. 3 S. 2 ZPO nicht im Bereich der kraft Gesetzes ausdrücklich statthaften Rechtsbeschwerden gilt.[625] Dies ergibt sich zum einen aus der systematischen Stellung der Vorschrift des § 574 Abs. 3 S. 2

623 Vgl. den *Regierungsentwurf-ZPO-RG*, BT-Drs. 14/4722, S. 118; MünchKomm/*Lipp*, Aktualisierungsband, § 574 Rn. 6; *Musielak/Ball*, § 574 Rn. 6; *Gehrlein*, § 14 Rn. 151a.

624 So *Seiler/Wunsch*, NJW 2003, 1840, 1843.

625 Vgl. *BGH*, NJW-RR 2003, 784, und FamRZ 2005, 792 = MDR 2005, 948. Der *BGH* hat in diesen Entscheidungen vom Berufungsgericht einmal ohne Begründung und einmal unter Berufung auf den angeblichen Zulässigkeitsgrund der Fortbildung des Rechts zugelassene Rechtsbeschwerden gegen einen Verwerfungsbeschluss gem. § 522 Abs. 1 S. 3 ZPO (gegen den nach § 522 Abs. 1 S. 4 ZPO die Rechtsbeschwerde kraft Gesetzes statthaft ist) als unzulässig verworfen, weil tatsächlich kein Zulässigkeitsgrund i. S. des § 574 Abs. 2 ZPO vorgelegen habe. In der Entscheidung *BGH*, FamRZ 2004, 1023 = MDR 2004, 1074, wurde eine trotz der Statthaftigkeitsregelung des § 15 Abs. 1 AVAG ausdrücklich zugelassene Rechtsbeschwerde verworfen, weil die vom *BGH* eigenständig vorzunehmende Prüfung ergab, dass die konkrete Sache weder grundsätzliche Bedeutung hat noch eine Entscheidung des Rechtsbeschwerdegerichts zur Fortbildung des Rechts oder zur Sicherung einer einheitlichen Rechtsprechung erforderte (§ 574 Abs. 2 Nr. 1 und 2 ZPO).

ZPO. Der Reformgesetzgeber hat bei der Rechtsbeschwerde in § 574 ZPO bewusst zwischen den Fällen ausdrücklicher und erst nach Zulassung gegebener Statthaftigkeit differenziert und dies auch im Aufbau der Regelung nachvollzogen, bei der systematisch Abs. 1 Nr. 1 und Abs. 2 einerseits sowie Abs. 1 Nr. 2 und Abs. 3 andererseits zusammengehören. Hätte der Gesetzgeber die Möglichkeit einer Zulassung mit Bindungswirkung für das Rechtsbeschwerdegericht auch in den Fällen schon kraft Gesetzes zulässiger Rechtsbeschwerden (§ 574 Abs. 1 Nr. 1 ZPO) gewollt, hätte er dies in § 574 Abs. 2 ZPO, etwa als Nr. 3 einfügen müssen, zum anderen aber die Bindungswirkung der Zulassung nicht eindeutig im Kontext der Zulassungsrechtsbeschwerde in § 574 Abs. 3 S. 2 ZPO anordnen dürfen. Darüber hinaus ergibt sich aus den Motiven zu § 574 ZPO eindeutig, dass *„in den Fällen, in denen die Rechtsbeschwerde gesetzlich vorgesehen ist (Absatz 1 Nr. 1), die Überprüfung der Zulässigkeitsvoraussetzungen stets dem Rechtsbeschwerdegericht obliegt.“*[626] Das ZPO-RG hat bewusst in bestimmten, für den Rechtsschutz bedeutsamen Fällen die Statthaftigkeit nicht von der grundsätzlich vorgesehenen Zulassung durch das Ausgangsgericht abhängig gemacht, sondern bestimmt, dass diese ohne weiteres gegeben sei.[627]. Da in diesen Fällen eine Zulassung nicht erfolgt, kann die Beurteilung des Vorlie-

[626] So z.B. der *Regierungsentwurf-ZPO-RG*, BT-Drs. 14/4722, S. 116, der dies ausdrücklich in Abgrenzung zur Zulassungsentscheidung des Ausgangsgerichtes nach § 574 Abs. 1 Nr. 2 ZPO formuliert; vgl. auch *BGH*, NJW-RR 2003, 784, 785.

[627] Womit es aber Aufgabe des Gesetzgebers ist, überall dort die Rechtsbeschwerde ausdrücklich für zulässig zu erklären, wo es sich nicht um Nebenentscheidungen handelt, sondern Sachentscheidungen durch Beschluss getroffen werden, so MünchKomm/*Lipp*, Aktualisierungsband, 574 Rn. 4. MünchKomm/*Rimmelspacher*, Aktualisierungsband, § 522 Rn. 24, hält deswegen die in § 522 Abs. 3 ZPO angeordnete Unanfechtbarkeit der Zurückweisung einer Berufung durch einstimmigen Beschluss für im doppelten Sinne willkürlich und daher wegen Verstoßes gegen Art. 3 Abs. 1 GG für verfassungswidrig. Zum einen werde eine Überprüfung nur für die Zurückweisung der Berufung, nicht aber für deren Verwerfung ausgeschlossen, vgl. § 522 Abs. 1 S. 4 ZPO für die Rechtsbeschwerde gegen die Verwerfung durch Beschluss. Die Eröffnung einer dritten Instanz könne aber nicht danach unterschieden werden, ob die Berufung unzulässig oder unbegründet sei, ein sachlicher Grund für die vom Reformgesetzgeber vorgenommene Differenzierung bestehe daher nicht. Zum anderen sei ohne sachlichen Grund eine Diskriminierung geschaffen worden, indem man gegen die Zurückweisung der Berufung durch Beschluss keine dritte Instanz (vgl. § 522 Abs. 3 ZPO), gegen die Zurückweisung durch Urteil aber die Revision eröffnet habe, §§ 542ff. ZPO. Demgegenüber sieht das *OLG Koblenz*, NJW 2003, 2100 mit Recht keinen Verfassungsverstoß in § 522 Abs. 3 ZPO. Die Gründe, unter denen die Berufung durch einstimmigen Beschluss nach dieser Vorschrift zurückgewiesen werden kann, stimmen nämlich exakt mit den Revisionszulassungsgründen des § 543 Abs. 2 S. 1 ZPO überein und halten sich wie diese eindeutig im Rahmen möglicher Ausgestaltung, d.h. Beschränkung des Zugangs zur Revision, vgl. *BVerfGE* 54, 277 = NJW 1981, 39. Auch dass diese Gründe nicht das Revisions- bzw. bei evtl. Statthaftigkeit der Rechtsbeschwerde das Rechtsbeschwerdegericht, sondern das Berufungsgericht prüft, begegnet keinen Bedenken und hält sich im Rahmen der möglichen Ausgestaltung des Zugangs zur dritten Instanz. In den für die unanfechtbare Zurückweisung einer Berufung durch Beschluss in Frage kommenden Fällen handelt es sich nämlich um solche, bei denen das Kammerkollegium einstimmig mangelnde Erfolgsaussicht einerseits und damit die Richtigkeit der Ausgangsentscheidung sowie einen fehlenden Revisionsgrund andererseits feststellt. Dass ein solcher nicht gegeben ist, ist als wesentlicher Unterschied zur Revision (vgl. § 544 ZPO) allerdings nicht überprüfbar. Das ist aber nicht willkürlich, da dieses Manko von der vom Gesetzgeber sicher gestellten Richtigkeitsgewähr der Entscheidung durch die Übereinstimmung zweier Gerichtsinstanzen („duae conformes“) sowie durch das Einstimmigkeitsprinzip des § 522 Abs. 2 ZPO aufgewogen wird.

gens eines gleichwohl vom Gesetzgeber geforderten Grundes nach § 574 Abs. 2 ZPO nur dem Rechtsbeschwerdegericht obliegen.[628]

Auch der Vergleich mit der Bindungswirkung des § 543 Abs. 2 S. 3 ZPO bei Zulassung der Revision nach Verwerfung einer Berufung durch Urteil überzeugt nicht, da es sich bei der Revision eben gerade auch um den Fall der Zulassung und nicht bzw. nie um den Fall eines kraft gesetzlicher Regelung statthaften Rechtsmittels handelt. Dementsprechend wurde schon im alten Revisionsrecht die Entscheidungskompetenz über die Durchführung der Revision zwischen dem Ausgangsgericht und dem Rechtsmittelgericht nach Sachkriterien verteilt (dort Wert der Beschwer, vgl. die Zulassungsrevision (durch das Oberlandesgericht) nach § 546 ZPO (a.F.) sowie hier Statthaftigkeit des Rechtsmittels von Gesetzes wegen, vgl. § 554a ZPO (a.F.), sog. Annahmerevision durch das Revisionsgericht). Insbesondere war die Entscheidung des Berufungsgerichts zur Zulassung der Revision in der dem Revisionsgericht zugewiesenen Materie nach der Rechtsprechung des *BGH* und ganz herrschender Meinung ohne Wirkung.[629] Genauso verhält es sich bei einer Zulassung durch das Ausgangsgericht im Bereich kraft Gesetzes ausdrücklich zulässiger Rechtsbeschwerden. Eine solche Zulassung erfolgt praeter legem und kann keine Bindungswirkung auslösen.

Letztlich ist zu sehen, dass auch bei den kraft Gesetzes zulässigen Rechtsbeschwerden i. S. von § 574 Abs. 1 Nr. 1 ZPO über die Zulässigkeit, insbesondere aber auch über die Statthaftigkeit des Rechtsmittels vom Rechtsbeschwerdegericht gem. § 574 Abs. 2 ZPO nach eben den Kriterien befunden wird, nach denen auch das Berufungsgericht bei Verwerfung durch Urteil über die Zulassung der Revision zu entscheiden hat. Dass die juristische Kompetenz des *BGH* hierbei derjenigen eines Berufungsgerichtes nachstehen sollte, ist nicht ersichtlich. Daher kann auch nicht die Rede davon sein, dem Rechtsmittelführer würde ein Nachteil entstehen, wenn das Berufungsgericht die Berufung nicht durch Urteil unter Zulassung der Revision, sondern durch Beschluss unter – allerdings nicht bindender – Zulassung der Rechtsbeschwerde verworfen habe.[630]

d) Die Entscheidung des Ausgangsgerichts über die Zulassung

§ 574 Abs. 3 ZPO bestimmt, dass das Ausgangsgericht die Rechtsbeschwerde zuzulassen hat („*..ist zuzulassen,..*“), wenn ein Zulassungsgrund gegeben ist. Die Zulassung steht

628 So *BGH*, NJW-RR 2003, 784, 785. Dem halten allerdings *Seiler/Wunsch*, NJW 2003, 1840, 1843 entgegen, dass gerade in diesen besonders bedeutsamen Fällen nicht nur die Möglichkeit, ohne ausdrückliche Zulassung Rechtsbeschwerde erheben zu können, bestehen müsse, sondern gerade auch eine Bindungswirkung an eine vom Ausgangsgericht ausgesprochene Zulassung der Rechtsbeschwerde.

629 Vgl. *BGHZ* 69, 93, 95 = NJW 1977, 1639; *BGH*, NJW 1980, 786; *BGH*, NJW 1984, 927; *BGH*, NJW-RR 2003, 785; MünchKomm/*Wenzel*, § 546 (a.F) Rz. 70; *Zöller/Gummer*, 22. Aufl., § 546 Rn. 22; *Thomas/Putzo*, 23. Aufl., § 546 Rn. 31.

630 Für eine fehlende Bindungswirkung im Bereich der Rechtsbeschwerde mit der Parallele zum (alten) Revisionsverfahren auch MünchKomm/*Lipp*, Aktualisierungsband, § 574 Rn. 9.

mithin nicht im Ermessen der Gerichte, sondern ist zwingend.[631] Die §§ 574 Abs. 1 Nr. 2, 574 Abs. 3 ZPO bestimmen indes nichts darüber, wie das Ausgangsgericht über die Zulassung bzw. ob und wie es bei Nichtzulassung der Rechtsbeschwerde zu entscheiden hat. Bezüglich der Art und Weise der Zulassung empfiehlt es sich, zur Klarstellung für die Prozessbeteiligten diese ausdrücklich in den Tenor aufzunehmen[632] und dann in der Beschlussbegründung kurz den Zulassungsgrund zu erörtern. Dies entspricht der gängigen Praxis bei der Zulassung der Revision durch das Berufungsgericht.[633]

Lässt das Ausgangsgericht die Rechtsbeschwerde nicht zu, ist es ebenfalls sinnvoll, dies aus Gründen der Klarheit und Verständlichkeit ausdrücklich zu tenorieren und kurz zu begründen.[634] Enthält eine Entscheidung, gegen die die Rechtsbeschwerde zugelassen werden könnte, weder in Tenor noch in den Gründen Ausführungen, dass und warum die Rechtsbeschwerde nicht zugelassen wird, ist die Zulassung abgelehnt.[635]

3. Die Zulassungs- und Zulässigkeitsgründe bei der Rechtsbeschwerde

Seit dem 1.1.2002 ist der Zugang zum *BGH* als Rechtsmittelgericht in allgemeinen bürgerlich-rechtlichen Streitigkeiten neu geregelt. Wesentliches Kriterium der reformierten Regelungen ist, dass – abgesehen von den Fällen der Rechtsmittelzulassung durch das Ausgangsgericht – der *BGH* über die Zulässigkeit des Rechtsmittels entscheidet. Für die Revision geschieht dies auf Nichtzulassungsbeschwerde hin (§§ 544, 543 Abs. 2 Nr. 2 ZPO),[636] bei der Rechtsbeschwerde ist das Vorliegen eines Grundes i. S. des § 574 Abs. 1 Nr. 1, Abs. 2 ZPO vom Rechtsbeschwerdegericht von Amts wegen zu prüfen. Die Systematik der Statthaftigkeit einer Rechtsbeschwerde greift auf einheitliche Gründe zurück, unter denen das Rechtsbeschwerdegericht das Rechtsmittel als zulässig ansehen (§§ 574 Abs. 1 Nr. 1, Abs. 2 ZPO) und das Ausgangsgericht das Rechtsmittel zulassen (§§ 574

[631] So der *Regierungsentwurf-ZPO-RG*, BT-Drs. 14/4722, S. 104 für den insoweit wortlautgleichen § 543 Abs. 2 S. 1 ZPO („..ist zuzulassen,..); *Thomas/Putzo*, § 574 Rn. 4; MünchKomm/*Lipp*, Aktualisierungsband, § 574 Rn. 8; *Zöller/Gummer*, § 574 Rn. 14.

[632] So z.B.: „*Die Rechtsbeschwerde zum BGH wird zugelassen.*"

[633] So z.B. *Thomas/Putzo*, § 543 Rn. 6; *Böhme/Fleck/Kroiß*, Muster Nr. 17; *Tempel/Theimer*, Mustertexte zum Zivilprozess, Band II, Muster Nr. 190. Wirksam ist die Zulassung aber auch dann, wenn nur in den Gründen der Ausgangsentscheidung die Rechtsbeschwerde für zulässig erklärt wird, vgl. *BAG*, DB 1988, 136.

[634] Sie könnte lauten: „*Die Rechtsbeschwerde zum BGH wird nicht zugelassen.*" Zur ausdrücklichen Tenorierung und Begründung der Nichtzulassung einer Revision vgl. *Böhme/Fleck/Kroiß*, Muster Nr. 17, insbes. Anm. 4. Für den Bereich der Nichtzulassung einer Revision ergibt sich eine Begründungsobliegenheit schon im Hinblick auf die Möglichkeit einer Nichtzulassungsbeschwerde gem. § 544 ZPO, vgl. a. *Thomas/Putzo*, § 543 Rn. 6. Auch wenn es eine solche für die Nichtzulassung der Rechtsbeschwerde nicht gibt, sollte das Ausgangsgericht entsprechend vorgehen, um unnötige Gegenvorstellungen des unterlegenen Prozessbeteiligten (vgl. insoweit unten 3. Teil) zu vermeiden. Dies jedenfalls dann, wenn ein Verfahrensbeteiligter die Zulassung der Rechtsbeschwerde „beantragt" (d.h. anregt, da eine Zulassungspflicht von Amts wegen besteht, vgl. den *Regierungsentwurf-ZPO-RG*, BT-Drs. 14/4722, S. 104) und hierzu umfänglich vorgetragen hat, so auch *Zöller/Gummer*, § 574 Rn. 14.

[635] So *Zöller/Gummer*, § 574 Rn. 14; *Thomas/Putzo*, § 574 Rn. 6; *OLG Celle*, NdsRpfl 2002, 364.

[636] Zu dieser s. unten § 8.

Abs. 1 Nr. 2, Abs. 3 ZPO) muss.[637] Diese Gründe sind dieselben, unter denen das Berufungsgericht die Revision nach § 543 Abs. 2 ZPO zulassen muss. Bei der Auslegung kann daher im folgenden ohne weiteres auf die Motive des Gesetzgebers und die Rechtsprechung zu letztgenannter Vorschrift zurückgegriffen werden.[638]

Die Rechtsbeschwerde ist einerseits bei ausdrücklich angeordneter Statthaftigkeit zulässig und andererseits vom Ausgangsgericht zuzulassen, wenn die Rechtssache grundsätzliche Bedeutung hat (unten a), oder wenn die Fortbildung des Rechts (unten b) oder die Sicherung einer einheitlichen Rechtsprechung (unten c) eine Entscheidung des Rechtsbeschwerdegerichts erfordert. Diese zur Zulässigkeit bzw. Zulassung einer Rechtsbeschwerde erforderlichen Gründe stellen eine zentrale Thematik der nach dem ZPO-RG neu strukturierten Rechtsmittel dar. So bezieht sich die Zulassungsfähigkeit einer nicht schon nach dem Beschwerdewert zulässigen (§ 511 Abs. 2 Nr. 1 ZPO) Berufung nach eben den selben Gründen (§ 511 Abs. 2 Nr. 2, Abs. 4 ZPO) und auch die Revision bedient sich für ihre Zulassung dieser Begriffe (§ 543 Abs. 2 ZPO).

Entsprechend der herausragenden Bedeutung dieser Gründe für das Rechtsmittelwesen des Zivilprozesses,[639] die auch wesentlich von verfassungsrechtlichen Aspekten beeinflusst werden,[640] andererseits aber auch im Hinblick auf die anfänglich sehr unterschiedliche Rechtsprechung durch die verschiedenen Zivilsenate des *BGH*, bedürfen Auslegung und Anwendung im Rahmen dieser Untersuchung näherer Erläuterung, zumal sich die sog. Nichtzulassungsbeschwerde gem. § 544 ZPO mit der nämlichen Thematik beschäftigt und einen großen Bereich revisionsgerichtlicher Tätigkeit einnimmt.[641] Insoweit sollen bei der Erörterung der einzelnen Zulässigkeits- bzw. Zulassungsvoraussetzungen zunächst die jeweiligen Vorstellungen des Reformgesetzgebers dargestellt werden. Im Anschluss hieran wird die anfänglich teilweise unterschiedliche Auslegung dieser Zulässigkeitsvorausset-

[637] Die Regelung betreffend die Revisionzulassung in § 543 Abs. 2 ZPO und entsprechend diejenige zur Zulassung bzw. Zulässigkeit der Rechtsbeschwerde in § 574 Abs. 1 und Abs. 2 ZPO ist nicht verfassungswidrig. Das *BVerfG* hat klar gestellt, dass die vom Reformgesetzgeber geschaffenen Gründe der grundsätzlichen Bedeutung der Rechtssache, der Fortbildung des Rechts sowie der Sicherung einer einheitlichen Rechtsprechung nicht die verfassungsmäßigen Gebote des effektiven Rechtsschutzes, der genügenden Bestimmtheit der gesetzlichen Regelung sowie einer den Gleichheitssatz befolgenden Ausgestaltung verletzen, vgl. *BVerfG*, NJW 2004, 1371. Da weder Art. 19 Abs. 4 GG noch der allgemeine Justizgewährungsanspruch einen Instanzenzug geböten, läge es in der Gestaltungsfreiheit des Gesetzgebers, ob er in bürgerlich-rechtlichen Streitigkeiten Rechtszüge einrichte, welche Zwecke er damit verfolge und wie er diese im Einzelnen ausgestalte. Dem gegenüber meldet *Fischer*, AnwBl. 2002, 139 verfassungsrchtliche Bedenken gegen die Regelungen des Revisionsverfahrens nach dem ZPO-RG an, weil den Gründen des Allgemeininteresses an einer Rechtsüberprüfung durch den *BGH* Vorrang vor der gerechten und richtigen Entscheidung zukomme.

[638] Vgl. nur den *Regierungsentwurf-ZPO-RG*, BT-Drs. 14/4722, S. 116, wo bezüglich der Grundsätze zur Auslegung des § 574 Abs. 2 und 3 ZPO auf die Begründung zu § 543 Abs. 2 ZPO Bezug genommen wird. So z.B. auch *Thomas/Putzo*, § 574 Rn. 4.

[639] Vgl. *Nasall*, NJW 2003, 1345ff.

[640] Hierzu ausführlich *Schultz*, MDR 2003, 1395ff.

[641] Beim *BGH* gingen im Geschäftsjahr 2006 allein 2.615 Nichtzulassungsbeschwerden bei insgesamt 3.311 Revisionensverfahren ein, vgl. den Tätigkeitsbericht zur Arbeitsbelastung des *BGH* im Jahr 2006, abzurufen unter www.bundesgerichtshof.de.

zungen durch die Zivilsenate des *BGH* erörtert sowie die in Schrifttum und Literatur hieran geäußerte Kritik. Schließlich soll versucht werden, zusammengefasst für alle Zulässigkeits- bzw. Zulassungsgründe einen eigenen brauchbaren Ansatz zur theoretischen und v.a. praktischen Anwendung der gesetzgeberischen Vorgaben zu finden.[642]

a) Grundsätzliche Bedeutung der Rechtssache

aa) Die Motive des Reformgesetzgebers[643]

(1) Der Referentenentwurf zum ZPO

Der Gesetzgeber des ZPO-RG hat seine inhaltlichen Anforderungen an das Vorliegen der grundsätzlichen Bedeutung einer Rechtssache für alle Vorschriften der reformierten ZPO, die diesen Begriff zum Inhalt haben, zunächst in einem *Referentenentwurf-ZPO-RG*[644] zusammenzutragen versucht. In diesem *Referentenentwurf-ZPO-RG* wird bezüglich des Tatbestandsmerkmals „grundsätzliche Bedeutung" auf die Rechtsprechung zu § 546 Abs. 1 S. 2 Nr. 1 ZPO (a.F.) sowie zu den entsprechenden Bestimmungen in anderen Verfahrensordnungen (vgl. § 72 Abs. 2 Nr. 1 ArbGG; § 132 Abs. 2 Nr. 1 VwGO; § 115 Abs. 2 Nr. 1 FGO; § 160 Abs. 2 Nr. 1 SGG) abgehoben. Insoweit sei der Begriff bereits weitgehend geklärt. Er umfasse die ganze Auswirkung der Rechtssache, vor allem das gesamte materielle Recht, aber auch das Verfahrensrecht. Entscheidend sei, ob dem Rechtsstreit über den Einzelfall hinausgehende allgemeine Bedeutung zukomme,[645] insbesondere, weil er grundsätzliche, bisher höchstrichterlich nicht geklärte oder wieder klärungsbedürftig gewordene Rechtsfragen aufwerfe. Eine grundsätzliche Bedeutung liege schon dann vor, wenn Rechtsfragen aufgeworfen würden, deren Beantwortung durch eine einzige höchste Instanz deswegen nötig werde, weil sie sich bei ähnlichen Fällen wiederholen können. Vor allem Modell- und Musterprozesse sowie solche Verfahren, die zur Auslegung typischer Regelwerke,[646] wie Formularverträge, allgemeine Geschäftsbedingungen oder Tarife führen, oder in denen die Entscheidung einer Einzelfrage die Rechtsentwicklung fördere, kämen für die Anwendung des Tatbestandsmerkmals „grundsätzliche Bedeutung" in Betracht. In dem *Referentenentwurf-ZPO-RG* wird der Begriff der „grundsätzlichen Bedeutung" insoweit gleich gestellt dem Begriff der „allgemeinen (wirtschaftlichen) Bedeu-

[642] Auf den Paradigmenwechsel bei der Revision, d.h. den Übergang von der gemischten Streitwert/Zulassungs- und Annahmerevision (vgl. §§ 546, 554b ZPO (a.F.) zur reinen Zulassungsrevision mit Nichtannahmebeschwerde soll im Zusammenhang dieser Untersuchung nicht eingegangen werden, vgl. aber hierzu z.B. *Büttner*, MDR 2001, 1201.

[643] Die folgende Darstellung der Vorstellungen des Reformgesetzgebers zu Inhalt und Auslegung der in § 574 Abs. 2 ZPO genannten Gründe hält sich an den *Referenten-* sowie den *Regierungsentwurf-ZPO-RG* (BT-Drs. 14/4722) zum ZPO. Mit letzterem ist inhaltsgleich der *Koalitionsentwurf* (BT-Drs. 14/3750) zum ZPO, sodass es ausreichend ist, auf die entsprechenden Fundstellen für diesen in den Fußnoten-Anmerkungen Bezug zu nehmen.

[644] Dort S. 160.

[645] Insoweit wird Bezug genommen auf *Stein/Jonas/Grunsky*, § 546 Anm. II 2a.

[646] Vgl. *BGHZ* 8, 55; *BAGE* 2, 66.

tung",[647] v.a., wenn sich die Beantwortung einer Rechtsfrage auf wirtschaftlichem Gebiet auswirkt.[648] Aber auch dann, wenn zu einer Rechtsfrage bereits höchstrichterliche Rechtsprechung vorliege, müsse man von (weiterem) Klärungsbedarf und damit zur Vermeidung einer Rechtserstarrung von grundsätzlicher Bedeutung ausgehen, wenn entweder die Instanzgerichte dem *BGH* weitgehend nicht folgen oder in der rechtswissenschaftlichen Literatur ernstzunehmende Bedenken gegen die höchstrichterliche Rechtsprechung geltend gemacht würden.[649]

(2) Der Regierungsentwurf zum ZPO[650]

Der *Regierungsentwurf* hat seine Auffassung von der „grundsätzlichen Bedeutung" einer Rechtssache für alle Vorschriften der ZPO, die auf diesen Begriff Bezug nehmen, zusammengefasst und im Zusammenhang mit § 543 Abs. 2 ZPO beschrieben.[651] Der Gesetzgeber stellte insoweit klar, dass diese Maßgaben auch für die identischen Zulässigkeits- bzw. Zulassungsgründe des § 574 Abs. 2, Abs. 3 ZPO Geltung haben.[652] Inhaltlich knüpft der *Regierungsentwurf* zunächst vollständig an den *Referentenentwurf-ZPO-RG* an.[653] Ergänzend wird jedoch angeführt, dass der dort definierte Begriff der Grundsatzbedeutung im engen Sinne dem anzustrebenden Ziel nicht ausreichend gerecht werde, die Überprüfung durch eine höchste einheitliche Instanz auch in solchen Fällen zu ermöglichen, in denen Leitentscheidungen dieser Instanz zu Rechtsstreitigkeiten von allgemeiner Bedeutung erforderlich erschienen. Auch Fälle der Verletzung von Verfahrensgrundrechten sowie der offensichtlichen Unrichtigkeit einer Ausgangsentscheidung würden von der hergebrachten Definition der „grundsätzlichen Bedeutung" einer Rechtssache nicht erfasst. Der *Regierungsentwurf* führte daher unter Beibehaltung der bisherigen Elemente dieses Begriffes und abweichend vom *Referentenentwurf-ZPO-RG*[654] die Zulassungs- bzw. Zulässigkeitsvoraussetzungen „Sicherung einer einheitlichen Rechtsprechung" und „Fortbildung des Rechts" ein[655], vgl. insbesondere die §§ 511 Abs. 4 Nr. 2, 543 Abs. 2 Nr. 2 und 574 Abs. 2

647 So auch wörtlich *ebenda*, S. 160.

648 So v.a. auf dem Gebiet des Wettbewerbsrechtes sowie des Urheberrechtes, aber auch z.B. im Verfahrensrecht auf dem Gebiet des vorläufigen Rechtsschutzes.

649 So der *Referentenentwurf-ZPO-RG*, S. 161.

650 BT-Drs. 14/4722.

651 Vgl. insoweit den *Regierungsentwurf-ZPO-RG*, BT-Drs. 14/4722, S. 103 bis 105; identisch der *Koalitionsentwurf*, BT-Drs. 14/3750, S. 75 und 76.

652 So der *Regierungsentwurf-ZPO-RG*, BT-Drs. 14/4722, S. 116: *„Wegen der Grundsätze zur Auslegung dieser Voraussetzungen wird auf die Begründung zu § 543 Abs. 2 Satz 1 E Bezug genommen. Die dortigen Ausführungen gelten - unter Berücksichtigung der unterschiedlichen Prozesssituationen - hier sinngemäß."*

653 Vgl. BT-Drs. 14/4722, S. 104, wo die oben zusammengefassten Ausführungen des *Referentenentwurfes-ZPO* wortgenau übernommen werden.

654 Dieser knüpfte noch vollständig an § 546 Abs. 2 ZPO (a.F.) an und stellte über die „grundsätzliche Bedeutung" hinaus den Zulassungs- bzw. Zulässigkeitsgrund der Divergenz einer Entscheidung zur Rechtsprechung des *BGH* in einem entscheidungserheblichen Punkt zur Verfügung, vgl. dort S. 161.

655 Vgl. BT-Drs. 14/4722, S. 67 und 104 sowie den *Koalitionsentwurf*, BT-Drs. 14/3750, S. 44 und 77. Auf den bisherigen Zulassungsgrund der Divergenz zu einer Entscheidung des *BGH* wurde angesichts der geringen Bedeutung neben dem Grund der Sicherung einer einheitlichen Rechtsprechung sowie wegen der strengen formalen Anforderungen an eine diesbezügliche Rechtsmittelbegründung (*BGHZ* 89, 149) verzichtet, so der *Regierungsentwurf-ZPO-RG*, a.a.O., S. 67.

Nr. 2 ZPO. Damit soll die „grundsätzliche Bedeutung“ einer Rechtssache ohne Beschränkung auf die genannten Begriffe konkretisiert werden.

bb) Die Rechtsprechung des *BGH*

Nach Inkrafttreten des ZPO-RG hatte sich der *BGH* sofort in einer Mehrzahl von (veröffentlichten) Fällen mit dem Vorliegen qualifizierter Revisions- oder Rechtsbeschwerdegründe, damit aber auch der „grundsätzlichen Bedeutung“ einer Rechtssache zu beschäftigen. Diese Fälle spielten sowohl im Bereich der Revisionszulassungsgründe bei Nichtzulassungsbeschwerden (§§ 543, 544 ZPO) als auch der Zulässigkeit einer kraft Gesetzes statthaften Rechtsbeschwerde (§ 574 Abs. 1 Nr. 1, Abs. 2 ZPO).

(1) Definition

Schon zu Beginn der Beschäftigung mit dieser Materie bemühte sich der *BGH* um Begriffsbestimmungen. Bislang gaben mehrere *Zivilsenate* des *BGH* eine Stellungnahme ab. Den Anfang machte der *V. Senat* mit seinen sogenannten „Sommerbeschlüssen“ des Jahres 2002.[656] Demnach kommt einer Sache dann grundsätzliche Bedeutung zu, wenn sie eine klärungsbedürftige und klärungsfähige Rechtsfrage aufwirft, welche sich in einer unbestimmten Vielzahl von Fällen stellen kann. Damit wiederholt der *V. Senat* lediglich das, was schon die Motive des Reformgesetzgebers postulieren. Diese Begriffsbestimmung für die grundsätzliche Bedeutung einer Rechtssache haben die anderen *Zivilsenate* übernommen.[657] Voraussetzung ist dabei aber nicht allein, dass eine klärungsbedürftige Frage dieser Art überhaupt besteht; sie muss auch in dem anhängigen Rechtsstreit zu entscheiden, d.h. entscheidungserheblich sein.[658] Denn auch das Revisionsgericht hat nicht die Aufgabe, abstrakte Rechtsfragen zu beantworten. Im Übrigen hat die Rechtsprechung des *BGH* aber mehrere Fallgruppen zum Merkmal der „grundsätzlichen Bedeutung der Rechtssache“ herausgebildet, die nachfolgend darzustellen sind.

(2) Keine grundsätzliche Bedeutung der Statthaftigkeit des Rechtsmittels selbst

Der *V. Senat* hat hervorgehoben, die Zulässigkeit einer Rechtsbeschwerde nach § 574 Abs. 2 ZPO könne nicht damit begründet werden, dass die Frage der Statthaftigkeit nach § 574 Abs. 1 ZPO ihrerseits von grundsätzlicher Bedeutung sei.[659] Zur Begründung führt der *V. Senat* an, dass die Statthaftigkeit vom Rechtsbeschwerdegericht stets zu prüfen sei. Nur wenn sie bejaht werde, stelle sich nach § 574 Abs. 2 ZPO die weitere Frage nach einem Zulässigkeitsgrund, insbesondere der grundsätzlichen Bedeutung. Sei schon die Statthaftigkeit zu verneinen, komme es nicht mehr zur Zulässigkeitsprüfung nach § 574 Abs. 2 ZPO, und zwar selbst dann nicht, wenn die Prüfung der Statthaftigkeit selbst etwa Fragen

[656] Vgl. die Beschlüsse vom 29.5. und 4.7.2002, vgl. *BGHZ* 151, 42 = NJW 2002, 2473, *BGH*, NJW 2002, 2957 und *BGHZ* 151, 221 = NJW 2002, 3029.

[657] So der *IV. Senat*, NJW-RR 2004, 537, der *VI. Senat*, Beschl. v. 17.9.2002 – VI ZR 102/02, n.v., der *VIII. Senat*, Beschl. v. 23.10.2002 – VIII ZB 38/02, n.v., der *IX. Senat*, Beschl. v. 12.12.2002 – IX ZR 87/02, n.v., der *XI. Senat*, *BGHZ* 152, 182 =NJW 2003, 65 und der *XII. Senat*, NJW-RR 2004, 350.

[658] Vgl. BGHZ 153, 254 = NJW 2003, 1125; *Zöller/Gummer*, § 543 Rn. 11, m.w.N.; *Wenzel*, NJW 2002, 3353, 3354. Vgl. auch oben aa) (2), S. 148 und den *Regierungsentwurf-ZPO-RG*, BT-Drs. 14/4722, S. 67 und 104.

[659] *BGHZ* 151, 42 = NJW 2002, 2473.

von grundsätzlicher Bedeutung zum Gegenstand habe. Dies zeige, dass die Prüfung der Statthaftigkeit der Rechtsbeschwerde keine Fragen aufwerfen könne, die zugleich die weitere Zulässigkeit begründen könnten.[660]

Konsequenter Weise ist mit denselben Argumenten auch eine Beschwerde gegen die Nichtzulassung einer Revision unzulässig, die als Begründung für die Statthaftigkeit des Rechtsmittels (nur) ins Feld führt, die Begriffsbestimmung und Auslegung der Zulassungsgründe (des § 543 Abs. 2 ZPO) selbst sei von grundsätzlicher Bedeutung.

(3) Keine grundsätzliche Bedeutung bei „ausgelaufenem oder auslaufendem Recht"

Insbesondere nach Inkrafttreten der grundlegenden Umgestaltung des Schuldrechtes zum 1.1.2002 durch das Gesetz zur Modernisierung des Schuldrechts vom 6.11.2001[661] wurde und wird in den Übergangsjahren[662] häufig von den Instanzgerichten das alte oder nach Ende der Übergangszeit auslaufende Recht anzuwenden sein. Nichtsdestoweniger stellt sich aber die Frage, ob diese nach altem Recht entschiedenen Fälle von grundsätzlicher Bedeutung im Sinne der Vorschriften zur Zulässigkeit oder Zulassung von Revision oder Rechtsbeschwerde (§§ 543 Abs. 2 Nr. 1, 574 Abs. 2 Nr. 1 ZPO) sein können. Der *XI. Senat des BGH* hat dies für Rechtsfragen, die ausschließlich die Auslegung nicht mehr geltenden Rechts betreffen, „in aller Regel" verneint, solange nicht der Rechtsmittelführer konkrete Anhaltspunkte dafür liefere, dass im Hinblick auf eine erhebliche Zahl von Altfällen eine Ausnahme von dieser Regel gerechtfertigt sein könnte.[663]

(4) Grundsätzliche Bedeutung bei „einfachen" Rechtsanwendungsfehlern?

Dem *BGH* stellte sich mehrfach die Frage, ob es zur Begründung einer Nichtzulassungsbeschwerde gem. § 544 ZPO bzw. zur Begründung der Zulässigkeit einer Rechtsbeschwerde gem. § 577 Abs. 2 ZPO ausreicht, schlicht zu behaupten, die angegriffene Entscheidung sei rechtsfehlerhaft.

Insoweit herrscht zwischen den *Senaten* des *BGH* nach anfänglichen Divergenzen Einigkeit, dass Rechtsanwendungsfehler im Einzelfall ungeachtet ihrer Schwere oder Evidenz nur zum Zulassungsgrund der Sicherung einer einheitlichen Rechtsprechung führen können. Der *XI. Senat* hat seine anfängliche Auffassung, dass Rechtsanwendungsfehler, die auf Willkür oder der Verletzung von Verfahrensgrundrechten beruhten, „grundsätzlich" i.S. der §§ 543 Abs. 2 Nr. 1, 574 Abs. 2 Nr. 1 ZPO seien[664], aufgegeben und solche Män-

[660] So der *V. Senat*, NJW 2002, 2473.

[661] BGBl. 2001 I, S. 3138ff.

[662] Vgl. Art. 229 § 5 EGBGB, wonach auf vor dem 1.1.2002 entstandene Schuldverhältnisse grundsätzlich das vor dem Gesetz zur Modernisierung des Schuldrechts geltende Recht anzuwenden ist.

[663] *BGH*, Beschl. vom 5.11.2002, XI ZR 111/02, n.v. Vgl. aber *BGH*, NJW 2003, 754, wo der *V. Senat* diese Fälle unter dem Zulässigkeitsgrund der „Sicherung einer einheitlichen Rechtsprechung" untersucht, vgl. hierzu noch unten b), S. 153ff.

[664] Vgl. *BGHZ* 152, 182 = NJW 2003, 65.

gel wie die anderen *Senate* auch der Fallgruppe „Sicherung einer einheitlichen Rechtsprechung" zugeordnet.[665]

cc) Kritik an der Rechtsprechung des *BGH* in der Literatur

Die Rechtsprechung des *BGH* zur grundsätzlichen Bedeutung einer Rechtssache wird z.T.kritisiert. Zunächst gehen Literatur und Schrifttum nahezu einhellig von der Begriffsbestimmung der grundsätzlichen Bedeutung einer Rechtssache aus, die der Reformgesetzgeber in den Gesetzesmaterialien niedergelegt hat.[666] Der dort gegebene Ansatz im Sinne einer klärungsbedürftigen Rechtsfrage, die in einer unbestimmten Vielzahl von Fällen auftreten kann, wird meist ohne Änderungen übernommen.[667] Die teilweise recht restriktive Rechtsprechung des *BGH* zu den soeben genannten Fallgruppen erfährt allerdings Widerspruch.

(1) Grundsätzliche Bedeutung der Statthaftigkeit einer Rechtsbeschwerde

Nach oben beschriebener[668] Auffassung des *V. Senates*[669] des *BGH* kann die Zulässigkeit der Rechtsbeschwerde gem. § 574 Abs. 2 ZPO nicht damit begründet werden, dass die Frage der Statthaftigkeit nach § 574 Abs. 1 ZPO selbst von grundsätzlicher Bedeutung sei. Daran wird kritisiert, dass dies im Hinblick auf die schon unmittelbar nach Inkrafttreten des ZPO-RG zu Tage getretene unterschiedliche Rechtsprechung der einzelnen *Zivilsenate* des *BGH* zu den Zulassungsgründen des § 574 Abs. 2 ZPO[670] nicht unproblematisch sei. Vielmehr solle man davon ausgehen, dass die Frage, unter welchen Voraussetzungen die einzelnen Zulassungsgründe gegeben seien, ihrerseits von grundsätzlicher Bedeutung sei.[671] Jedenfalls sei die Frage der grundsätzlichen Bedeutung in den §§ 543 Abs. 2 Nr. 1, 574 Abs. 2 Nr. 1 ZPO auch eine solche im Sinne des § 132 Abs. 4 ZPO, die eine Anrufung des Großen Zivilsenates des *BGH* nötig mache.[672]

(2) Grundsatzbedeutung bei Auswirkung der Entscheidung auf eine denkbare Mehrzahl vergleichbarer Fälle

Ferner wird die zum Zulassungsgrund der „grundsätzlichen Bedeutung der Rechtssache" vom Reformgesetzgeber geäußerte[673] und auch vom *BGH*[674] übernommene Definition kritisiert, es müsse in einer unbestimmten Vielzahl von Fällen die gleiche entscheidungs-

665 Vgl. die Entscheidung des *XI. Senats*, *BGHZ* 159, 135 = NJW 2004, 2222, m.w.N. zur Rechtsprechung der anderen *Senate*; aus der Rechtsprechung des *V. Senats* vgl. etwa die Entscheidung in *BGHZ* 151, 221 = NJW 2002, 3029 und in *BGHZ* 154, 288 = NJW 2003, 1943.

666 S.o. aa), S. 147ff. und z.B. den *Regierungsentwurf-ZPO-RG*, BT-Drs. 14/4722, S. 104.

667 Vgl. *Rosenberg/Schwab/Gottwald*, § 147 Rn. 8; *Thomas/Putzo*, § 511 Rn. 20; *Zöller/Gummer*, § 511 Rn. 37; MünchKomm/*Wenzel*, § 543 Rn. 8; *Büttner*, MDR 2001, 1201; *Piekenbrock/Schulze*, JZ 2002, 911; *Nasall*, NJW 2003, 1345; *Seiler/Wunsch*, NJW 2003, 1840; *von Gierke/Seiler*, JZ 2003, 403.

668 S.o. bb) (2), S. 149ff.

669 *BGHZ* 151, 42 = NJW 2002, 2473.

670 V.a. zu § 574 Abs. 1 Nr. 2 ZPO, s.u. b), S. 153ff.

671 So *Seiler/Wunsch*, NJW 2003, 1840 und *Seiler*, MDR 2003, 785.

672 So *Seiler/Wunsch*, NJW 2003, 1840 und *Schlosser*, JZ 2003, 266 (Anm. zu *BGH*, JZ 2003, 263 = NJW 2003, 65).

673 Vgl. den *Regierungsentwurf-ZPO-RG*, BT-Drs. 14/4722, S. 104 und soeben bb).

674 Vgl. *BGH*, NJW 2002, 2473, 2957 und 3029.

bedürftige Rechtsfrage auftreten können. Dem wird entgegengehalten, dass bereits eine denkbare Mehrzahl von Fällen ausreiche, also dass die Rechtsfrage nicht nur im Einzelfall relevant sei.[675] Mit der vom Reformgesetzgeber beabsichtigten Erweiterung des Zugangs zu den Rechtsmittelinstanzen[676] sei eine andere Auffassung nicht vereinbar.[677]

675 Vgl. MünchKomm/*Rimmelspacher*, Aktualisierungsband, § 511 Rn. 68.
676 Vgl. z.B. den *Regierungsentwurf-ZPO-RG*, BT-Drs. 14/4722, S. 61.
677 So *Seiler/Wunsch*, NJW 2003, 1840.

(3) Grundsätzliche Bedeutung auch bei „auslaufendem oder ausgelaufenem Recht“

Auch an der Auffassung des *XI. Senates* des *BGH*, nach der die Anwendung „auslaufenden oder ausgelaufenen Rechts“ keine grundsätzliche Bedeutung haben könne, es sei denn, eine Ausnahme von dieser Regel sei im Hinblick auf konkrete Anhaltspunkte für eine erhebliche Zahl von Altfällen gerechtfertigt,[678] begegnet Kritik. Es wird beanstandet, dass der *XI. Senat* insoweit bedenklich hohe Anforderungen an die Darlegung der grundsätzlichen Bedeutung erhebe. Auch setze man sich zur Rechtsprechung des *V. Senats* in Widerspruch, der bei Streitfragen bezüglich vor dem Schuldrechtsmodernisierungsgesetz geltender Vorschriften – allerdings unter dem Gesichtspunkt des Zulassungs- bzw. Zulässigkeitsgrundes der Sicherung einer einheitlichen Rechtsprechung – von einer Wiederholungs- oder Nachahmungsgefahr vor allem deswegen ausgehe, weil mit einer Vielzahl ähnlicher Sachverhalte im Hinblick auf die Menge der Vertragsverhältnisse zu rechnen sei, auf die gem. Art. 229 § 5 EGBGB das alte Recht zur Anwendung komme.[679] Ferner korrespondiere die Auffassung des *XI. Senates* nicht mit der auch von ihm herangezogenen Definition der grundsätzlichen Bedeutung, nach der die bloße Möglichkeit ausreiche, dass die jeweilige Rechtsproblematik in einer Vielzahl anderer Fälle auftrete, eine solche Vielzahl aber nicht konkret bei Gerichten anhängig sein oder vom Rechtsmittelführer substantiiert dargelegt werden müsse.[680] Was der *XI. Senat* schließlich mit „erheblicher Zahl“ und „konkret zu benennenden Altfällen“ meine, sei unklar. Im Ergebnis solle daher einer Rechtsfrage dann grundsätzliche Bedeutung zukommen können, bei der es nicht ausgeschlossen erscheine, dass sie sich auch noch in weiteren Fällen stelle.[681]

b) Fortbildung des Rechts und Sicherung einer einheitlichen Rechtsprechung

aa) Die Motive des Reformgesetzgebers

Nach dem *Referentenentwurf-ZPO-RG*[682] zum ZPO sollten über die grundsätzliche Bedeutung hinaus Revision und Rechtsbeschwerde zugelassen werden, wenn durch das Ausgangsgericht von einer Entscheidung des *BGH* oder des *Gemeinsamen Senats der obersten Gerichtshöfe des Bundes* abweiche und die Entscheidung auf dieser Abweichung beruhe. Dieser Zulassungs- bzw. Zulässigkeitsgrund entsprach demjenigen des § 546 Abs. 1 S. 2 Nr. 2 ZPO (a.F.) – sog. Divergenzrevision. Nach Auffassung des *Referentenentwurfes-ZPO* war er notwendig, um der Vereinheitlichungsfunktion der zum *BGH* führenden Rechtsmittel gerecht zu werden.[683] Dieser Zulassungsgrund wurde allerdings neben demjenigen der grundsätzlichen Bedeutung nicht Gesetz. Nach den §§ 543 Abs. 2 Nr. 2, 574 Abs. 2 Nr. 2 ZPO sind Revision und Rechtsbeschwerde nämlich über die Grundsatzbe-

678 Vgl. *BGH*, Beschl. v. 5.11.2002, XI ZR 111/02, n.v. und oben bb) (3), S. 150.

679 So der *V. Senat* in *BGH*, NJW 2003, 754, vgl. nachfolgend b).

680 Vgl. hierzu auch MünchKomm/*Rimmelspacher*, Aktualisierungsband, § 511 Rn. 68.

681 Zur dargestellten Kritik, insbesondere an der Rechtsprechung des *XI. Senates* vgl. *von Giehrke/Seiler*, JZ 2003, 403.

682 Dort S. 39, 87 und 161.

683 Vgl. die vorherige Fn.

deutung einer Rechtssache hinaus dann zulässig bzw. zuzulassen, wenn die Fortbildung des Rechts oder die Sicherung einer einheitlichen Rechtsprechung eine Entscheidung des Revisions- bzw. Rechtsbeschwerdegerichtes erfordern. Diese Gründe sind nach der Konzeption des Gesetzgebers im Kontext mit der grundsätzlichen Bedeutung einer Rechtssache gem. §§ 543 Abs. 2 Nr. 1, 574 Abs. 2 Nr. 1 ZPO zu sehen[684]. Der in diesen Vorschriften enthaltene Begriff der Grundsatzbedeutung sei nicht ausreichend, *„die Revision in solchen Fällen offen zu halten, in denen Leitentscheidungen des Revisionsgerichts zu Rechtsstreitigkeiten von allgemeiner Bedeutung erforderlich erscheinen."*[685]

Dies gelte für Fälle der Verletzung von Verfahrensgrundrechten ebenso wie für solche der offensichtlichen Unrichtigkeit der mit Revision oder Rechtsbeschwerde angegriffenen Entscheidung. Deshalb seien die in §§ 543 Abs. 2 Nr. 2 bzw. 574 Abs. 2 Nr. 2 ZPO genannten Gründe der Fortbildung des Rechts bzw. Sicherung einer einheitlichen Rechtsprechung geschaffen worden. Mit ihnen werde die „grundsätzliche Bedeutung" einer Rechtssache konkretisiert, ohne auf die genannten weiteren Gründe reduziert zu werden. Die in Einzelfällen zwar nicht genau zu trennenden Zulässigkeits- bzw. Zulassungsalternativen garantierten, *„dass aus der unterschiedlichen Ausgestaltung der Rechtsmittelzugangsvoraussetzungen in den mit § 543 Abs. 2 ZPO vergleichbaren Bestimmungen der §§ 74 Abs. 2 GWB, 219 BEG, 83 MarkenG, 100 PatG und 80 OWiG keine einschränkenden Schlüsse auf die Auslegung der grundsätzlichen Bedeutung einer Rechtssache gezogen werden können."*[686]

Die Neufassung der Zulassungsgründe für die Revision, die mit denen für die Zulassung bzw. Zulässigkeit einer Rechtsbeschwerde identisch sind, soll nach der gesetzgeberischen Intention den Begriff der grundsätzlichen Bedeutung nicht auf die Elemente der Rechtsfortbildung und der Rechtsvereinheitlichung beschränken. Was den Inhalt der Begriffe „Fortbildung des Rechts" und „Sicherung einer einheitlichen Rechtsprechung" betreffe, könne auf die hierzu bereits in Rechtsprechung und rechtswissenschaftlicher Literatur entwickelten Grundsätze zurückgegriffen werden. Die Begründung in den Gesetzesmaterialien[687] stellt insoweit ausdrücklich auf die zu diesen Vorschriften, insbesondere § 80 OWiG entwickelten Definitionen des *BGH* ab.

(1) Fortbildung des Rechts

Hiernach sind Revision und Rechtsbeschwerde zur Fortbildung des Rechts zuzulassen, wenn der Einzelfall Veranlassung gibt, Leitsätze für die Auslegung von Gesetzesbestimmungen des materiellen oder des Verfahrensrechts aufzustellen oder Gesetzeslücken auszufüllen.[688]

[684] Vgl. gleichlautend den *Regierungsentwurf-ZPO-RG*, BT-Drs. 14/4722, S. 104 und den *Koalitionsentwurf-ZPO-RG* , BT-Drs. 14/3750, S. 75.

[685] Vgl. die Zitate Fn. 684.

[686] Vgl. die Zitate Fn. 684.

[687] Vgl. die Zitate Fn. 684.

[688] So *BGHSt.* 24, 15, 21f. für die Auslegung des Begriffes Fortbildung des Rechts bei der Zulassung der Rechtsbeschwerde gegen Urteile in Bußgeldsachen gem. § 80 Abs. 1 Nr. 2 OWiG.

(2) Sicherung einer einheitlichen Rechtsprechung

Der Zulassungsgrund der „Sicherung einer einheitlichen Rechtsprechung" besteht nach der vom Reformgesetzgeber aufgegriffenen bisherigen Rechtsprechung des *BGH*, wenn vermeiden werden soll, dass schwer erträgliche Unterschiede in der Rechtsprechung entstehen oder fortbestehen, wobei es darauf ankommt, welche Bedeutung die angegriffene Entscheidung für die Rechtsprechung im Ganzen hat. Diese Voraussetzungen liegen nicht schon dann vor, wenn im Einzelfall eine Fehlentscheidung getroffen wird, selbst wenn der Rechtsfehler offensichtlich ist, wohl aber, wenn von der höchstrichterlichen Rechtsprechung abgewichen wird und die Gefahr einer Wiederholung besteht.[689] Eine einheitliche Rechtsprechung ist insoweit auch dann zu sichern, wenn materielle oder formelle Rechtsanwendungs- oder Rechtsauslegungsfehler über den Einzelfall hinaus allgemeine Interessen nachhaltig berühren, weil sie von erheblichem Gewicht und geeignet sind, das Vertrauen in die Rechtsprechung zu beschädigen.[690] Hierzu gehören insbesondere die Fälle der Verletzung von Verfahrensgrundrechten, namentlich die Verletzung rechtlichen Gehörs (Art. 103 Abs. 1 GG) sowie des Willkürverbotes (Art. 3 Abs. 1 GG), die eine Verfassungsbeschwerde rechtfertigen können. Zur Vermeidung der Anrufung des *BVerfG* sollen solche Mängel zur Sicherung einer einheitlichen Rechtsprechung revisibel sein, was nach Auffassung des Reformgesetzgebers durch die alleinige Zulassungsmöglichkeit in Gestalt der „grundsätzlichen Bedeutung" zumindest nicht sichergestellt wäre.[691]

(3) Keine Divergenzrevision

Das ZPO-RG hat ausdrücklich davon abgesehen, einen eigenen Revisions- bzw. Rechtsbeschwerdezulassungsgrund in Gestalt der Divergenz der Ausgangsentscheidung zur Rechtsprechung des *BGH* zu schaffen. Eine Divergenzrevision entsprechend dem Vorbild des § 546 Abs. 1 S. 2 Nr. 2 ZPO (a.F.) und dem Vorschlag des *Referentenentwurfes-ZPO*[692] sei gesondert neben dem Zulassungsgrund der Sicherung einer einheitlichen Rechtsprechung nicht mehr erforderlich, zumal diese wegen ihrer strengen Anforderungen ohnehin kaum praktische Relevanz gehabt habe.[693]

(4) Kein gesonderter Zulassungsgrund bei Verfahrensmängeln

Einen gesonderten Grund zur Zulassung von Revision oder Rechtsbeschwerde wegen Verfahrensmängeln, auf denen die angegriffene Entscheidung beruhen kann, hat der Reformgesetzgeber ebenfalls nicht für erforderlich gehalten.[694] Es gebe keine Veranlassung, die Revision bei der Geltendmachung von Verfahrensfehlern unter geringeren Voraussetzun-

[689] So der *Regierungsentwurf-ZPO-RG*, BT-Drs. 14/4722, S. 104 unter ausdrücklicher Bezugnahme auf *BGHSt.* 24, 15, 21f.

[690] So der *Regierungsentwurf-ZPO-RG*, BT-Drs. 14/4722, S. 104 unter Bezugnahme auf *Göhler/Buddendiek*, OWiG, § 80 Rn. 5ff.

[691] So der *Regierungsentwurf-ZPO-RG*, BT-Drs. 14/4722, S. 104.

[692] Vgl. Fn. 682.

[693] Der *Regierungsentwurf-ZPO-RG*, BT-Drs. 14/4722, S. 67 nimmt insoweit Bezug auf die Entscheidung des *BGH* in *BGHZ* 89, 149= NJW 1984, 2707. Hiernach musste der Revisionsführer im einzelnen darlegen, welchen abstrakten Rechtssatz die angegriffene Entscheidung aufstellte und in wieweit dieser von einem solchen des *BGH* abweiche.

[694] So der *Regierungsentwurf-ZPO-RG*, BT-Drs. 14/4722, S. 104.

gen zuzulassen als bei der Geltendmachung materiell-rechtlicher Rechtsfehler. Daher könne auch bei solchen Mängeln der Zugang zum *BGH* nur dann eröffnet sein, wenn die Entscheidung darüber grundsätzliche Bedeutung habe oder wenn die Rechtsfortbildung oder die Sicherung einer einheitlichen Rechtsprechung eine Entscheidung des Revisionsgerichts erforderten.[695]

bb) Die Rechtsprechung des *BGH*

Der *BGH* musste sich vor allem im Zusammenhang mit Beschwerden gegen die Nichtzulassung der Revision (§ 544 ZPO)[696] mit der Frage beschäftigen, wann eine höchstgerichtliche Entscheidung zur Fortbildung des Rechts bzw. zur Sicherung einer einheitlichen Rechtsprechung zuzulassen bzw. zulässig ist (§§ 543 Abs. 2 Nr. 2, 574 Abs. 2 Nr. 2 ZPO). Alle Senate des *BGH*, die mit diesen Fragen beschäftigt waren, knüpfen grundsätzlich an die Vorstellungen in den Gesetzesmaterialien an, die ja ihrerseits auf die bisherige Rechtsprechung des *BGH* zu diesen Rechtsbegriffen, allerdings z.T. im Bereich anderer Verfahrensordnungen, Bezug nehmen.[697] Im Bereich des Zulassungsgrundes der Sicherung einer einheitlichen Rechtsprechung war die Rechtsprechung des *BGH* aber zumindest zu Beginn des Inkrafttretens des ZPO-RG sehr uneinheitlich, sowohl was die Zuordnung einzelner Fallgruppen zur Begriffsbestimmung als auch was die Begriffsbestimmung selbst betrifft.

(1) Fortbildung des Rechts

Nach der Rechtsprechung des *BGH* zu den §§ 543 Abs. 2 Nr. 2, 574 Abs. 2 Nr. 2 ZPO ist eine höchstgerichtliche Entscheidung zur Fortbildung des Rechts dann erforderlich, wenn der Einzelfall Veranlassung gibt, Leitsätze für die Auslegung von Gesetzesbestimmungen des materiellen oder formellen Rechts aufzustellen oder Gesetzeslücken auszufüllen.[698] Damit übernimmt der *BGH* die schon bisher, etwa zu § 80 Abs. 1 Nr. 2 OWiG entwickelte, gängige Definition.[699] Zur Zulassung des Rechtsmittels besteht nach der einheitlichen Rechtsprechung aller Senate insoweit nur Anlass, wenn es für die rechtliche Beurteilung typischer oder verallgemeinerungsfähiger Lebenssachverhalte an einer richtungsweisenden Orientierungshilfe ganz oder teilweise fehlt.[700] Hierbei hat sich der *BGH* nicht dazu geäußert, ob unter Zugrundelegung dieser Begriffsbestimmung der Fortbildung des Rechts neben dem Zulassungsgrund der grundsätzlichen Bedeutung überhaupt eine eigenständige Bedeutung zukommt.[701] Jedenfalls subsumiert der *BGH* die zur Entscheidung stehenden Sachverhalte regelmäßig gesondert unter die Begriffsbestimmung zur Fortbildung des Rechts, so dass davon auszugehen ist, dass nicht von Begriffsidentität mit der grundsätzlichen Bedeutung einer Rechtssache ausgegangen wird.

695 Vgl. den *Regierungsentwurf-ZPO-RG*, BT-Drs. 14/4722, S. 104.
696 Zu dieser vgl. unten § 8.
697 S.o. aa), S.153ff.
698 Vgl. z.B. *BGHZ* 151, 221 = NJW 2002, 3029.; NJW-RR 2003, 132; NJW 2003, 437.
699 Vgl. *BGH*St. 24, 15 und oben S. 154.
700 Vgl. *BGH*, BGHR ZPO (n.F.) § 543 Abs 2 S 1 Nr 1, Bedeutung, grundsätzliche 2.
701 Was in der Literatur z.T. in Abrede gestellt wird, vgl. S. 163ff.

(2) Sicherung einer einheitlichen Rechtsprechung

Der *BGH* hat in seiner Rechtsprechung zu den §§ 543 Abs. 2 Nr. 2, 574 Abs. 2 Nr. 2 ZPO betreffend den Zulassungsgrund der Sicherung einer einheitlichen Rechtsprechung Fallgruppen herausgearbeitet, bei denen eine Zulassung in Betracht kommen kann. Diese lassen sich in (a) Divergenzfälle, (b) Fälle von (symptomatischen oder strukturellen) Rechtsanwendungs- oder Rechtsauslegungsfehlern sowie (c) Fälle von Verstößen gegen Verfahrensgrundrechte unterscheiden. Allerdings sind die diesbezüglichen Auffassungen der mit der Entscheidung befassten Zivilsenate z.T. sehr unterschiedlich, zum einen im Hinblick auf die Zuordnung derselben zu den einzelnen Revisions- oder Rechtsbeschwerdegründen, aber auch auf die tatbestandlichen Voraussetzungen dieser Fallgruppen.

(a) Divergenzfälle

Nach allgemeiner Auffassung sämtlicher *Senate* liegt der Zulassungs- bzw. Zulässigkeitsgrund der Sicherung einer einheitlichen Rechtsprechung zunächst grundsätzlich dann vor, wenn in der angefochtenen Entscheidung ein abstrakter Rechtssatz aufgestellt wird, der von einem in anderen Entscheidungen eines höheren oder eines gleichgeordneten Gerichts aufgestellten abstrakten Rechtssatz abweicht.[702] Unterschiedlich wird von den *Senaten* des *BGH* aber beurteilt, ob dieser Divergenz zusätzlich eine Wiederholungsgefahr innewohnen müsse. Über die Rechtsprechung der übrigen *Senate* hinaus, die das Vorliegen einer Divergenz nur nach den eben aufgestellten Kriterien beurteilt,[703] verlangte der *VIII. Senat* von Anfang an, dass zusätzlich die Gefahr einer Wiederholung bestehe.[704]

(b) (Symptomatische) Rechtsanwendungs- oder Rechtsauslegungsfehler

Einfache Rechtsanwendungs- oder Rechtsauslegungsfehler können ohne Hinzutreten weiterer Umstände nach der Rechtsprechung des *BGH* Revision oder Rechtsbeschwerde nicht begründen, sondern erst dann, wenn diese Mängel die Gefährdung der Einheitlichkeit der Rechtsprechung besorgen lassen.[705] Dies könne der Fall sein, wenn auf Grund der Publizitätswirkung einer Fehlentscheidung das Vertrauen in die Rechtsprechung als Ganzes erschüttert werde, oder wenn ein Nachahmungseffekt (sog. „symptomatische Wir-

[702] Vgl. *BGH*, NJW 2002, 2473; NJW 2002, 2957; NJW 2002, 3029; NJW 2002, 3783; NJW 2003, 65. Soweit vom *VI. Senat*, NJW 2003, 437, nicht auf das Aufstellen eines abweichenden Rechtssatzes, sondern auf dessen Zugrundeliegen abgestellt wird, ist kein begrifflicher Unterschied ersichtlich, da für sämtliche Revisions- bzw. Rechtsbeschwerdegründe gilt, dass für einen Erfolg des Rechtsmittels die angegriffene Entscheidung auf der den Zulassungsgrund ausfüllenden Problematik beruhen muss, umgekehrt aber bloße als „obiter dicta" aufgestellte abweichende Rechtssätze die Revision nicht begründen können. So wird auch im Rahmen der Nichtzulassungsbeschwerde ausdrücklich vom Beschwerdeführer verlangt, die Entscheidungserheblichkeit der mit der Revision aufgeworfenen Rechtsfrage darzulegen, vgl. *BGH*, NJW 2003, 831. Unterschiedliche Ansätze wollen insoweit aber wohl *Seiler/Wunsch*, NJW 2003, 1840 erkennen.

[703] Vgl. etwa die Entscheidung des *XI. Senats*, *BGHZ* 152, 182 = NJW 2003, 65.

[704] Vgl. *BGH*, NJW 2002, 3783; NJW-RR 2003, 229, 2003, 277. Damit wird ein Gleichlauf mit der Fallgruppe der Rechtsanwendungsfehler hergestellt, bei der durchgängig - neben anderen Voraussetzungen - eine Wiederholungsgefahr bzw. ein Nachahmungseffekt verlangt wird, s. sogleich unter (b).

[705] Vgl. *BGH*, NJW 2002, 2957; *BGHZ* 151, 221 = NJW 2002, 3029; *BGHZ* 152, 182 = NJW 2003, 65.

kung“ des Rechtsfehlers) zu befürchten sei.[706] Ein Rechtsfehler sei dann geeignet, das Vertrauen in die Rechtsprechung zu erschüttern, wenn das Ausgangsgericht bei der Anwendung oder Auslegung von Vorschriften des materiellen Rechts oder des Verfahrensrechts gegen grundliegende, verfassungsrechtlich abgesicherte Gerechtigkeitsanforderungen verstoßen habe und die Entscheidung daher von Verfassungs wegen einer Korrektur bedürfe.[707]

Unter dem Blickwinkel einer Wiederholungsgefahr könne bei einem Rechtsanwendungsfehler die Zulassung zur Sicherung einer einheitlichen Rechtsprechung dann geboten sein, wenn auf Grund konkreter Anhaltspunkte, insbesondere einer ständigen Fehlerpraxis, zu besorgen sei, dass der angegriffenen fehlerhaften Entscheidung ohne Korrektur durch das Revisionsgericht ein Nachahmungseffekt zukommen könnte. Konkrete Anzeichen hierfür seien dann gegeben, wenn sich die rechtsfehlerhafte Begründung eines Urteils verallgemeinern lasse und überdies eine nicht unerhebliche Zahl künftiger Sachverhalte zu erwarten sei, auf welche die fehlerhafte Rechtsansicht übertragen werden könne.[708] Darüber hinaus können sich konkrete Anhaltspunkte für eine Wiederholungs- oder Nachahmungsgefahr auch daraus ergeben, dass das Berufungsgericht bei seiner Begründung erkennbar von einem – nicht formulierten – unrichtigen Obersatz ausgeht oder ein grundlegendes Missverständnis der höchstrichterlichen Rechtsprechung auf eine strukturelle Wiederholungsgefahr schließen lasse.[709]

Nicht genügend für den Zulassungsgrund der Sicherung einer einheitlichen Rechtsprechung sei indes die Fehlentscheidung in einem Einzelfall. Weder Schwere noch Evidenz eines Rechtsfehlers, den eine Entscheidung im Einzelfall aufweise, seien nach dem Wortlaut des Zulassungs- bzw. Zulässigkeitsgrundes der Sicherung einer einheitlichen Rechtsprechung, aus dem sich der objektivierte Wille des Gesetzgebers ergebe, von Bedeutung.[710]. Nur eine solche restriktive Anwendung des Zulassungsgrundes der Sicherung einer einheitlichen Rechtsprechung entspreche dem mit der Neuregelung des Zugangs zum *BGH* vom Reformgesetzgeber verfolgten Zweck, im Interesse der Erhaltung der Funkti-

706 So der *V. Senat*, NJW 2002, 3783; NJW-RR 2003, 229; NJW-RR 2003, 277; NJW 2003, 1815; NJW 2003, 1943. Ebenso der *XI. Senat*, NJW 2002, 2952 zu § 574 Abs. 2 Nr. 2 ZPO und *BGHZ* 152, 182 = NJW 2003, 65 zu § 543 Abs. 2 Nr. 2 ZPO.

707 So der *V. Senat*, *BGHZ* 154, 288 = NJW 2003, 1943. Zu solchen Fehlern zählen insbesondere Verstöße gegen das Willkürverbot sowie gegen Verfahrensgrundrechte, die im Rahmen dieser Darstellung allerdings als gesonderte Fallgruppe unter (c) abgehandelt werden.

708 *BGH*, NJW 2003, 754 m. Anm. von *Schultz*, BGH-Report 2003, 255. Zur Frage, nach welchen Kriterien eine solche Wiederholungs- oder Nachahmungsgefahr in der Beschwerde gegen die Nichtzulassung einer Revision gem. § 544 ZPO darzustellen ist, vgl. unten unter § 8, S. 232f.

709 Vgl. *BGH*, NJW 2004, 1960; NJW 2005, 154.

710 So *BGH*, NJW 2004, 1960. In *BGHZ* 152, 182 = NJW 2003, 65 und *BGHZ* 154, 288 = NJW 2003, 1943 wird sogar angeführt, dass die Schwere oder Evidenz eines Rechtsanwendungs- oder Rechtsauslegungsfehlers gerade wegen der Art dieser Fehler eher gegen eine Wiederholungs- oder Nachahmungsgefahr spreche, die aber Voraussetzung einer Anwendung des Zulassungs- bzw. Zulässigkeitsgrundes der Sicherung einer einheitlichen Rechtsprechung sei.

onsfähigkeit dieses Gerichts das Rechtsmittel lediglich für solche Sachen zu eröffnen, deren Entscheidung Bedeutung über den Einzelfall hinaus zukomme.[711]

(c) Verstöße gegen Verfahrensgrundrechte

Die Zulassung von Revision und Rechtsbeschwerde im Hinblick auf die Sicherung einer einheitlichen Rechtsprechung kommt nach den Motiven des Reformgesetzgebers[712] schließlich in Betracht, wenn die Ausgangsentscheidung Verfahrensgrundrechte, namentlich die Grundrechte auf Gewährung des rechtlichen Gehörs, auf effektiven Rechtsschutz (Art. 2 Abs. 1 GG i. V. mit dem Rechtsstaatsprinzip) sowie auf ein objektiv willkürfreies Verfahren (Art. 3 Abs. 1 GG i. V. mit dem Rechtsstaatsprinzip), verletzt sind. Diese Begriffsbestimmung wurde nach Inkrafttreten des ZPO-RG aber nicht von allen *Zivilsenaten* des *BGH* geteilt.

(aa) Die ursprüngliche Rechtsprechung des *XI. Senates*

(α) Einordnung unter die Fallgruppe der „grundsätzlichen Bedeutung"

Der *XI. Senat* des *BGH* vertrat nach Inkrafttreten des ZPO-RG zunächst die Auffassung, die Verletzung von Verfahrensgrundrechten begründe nicht den Zulassungsgrund der Sicherung einer einheitlichen Rechtsprechung, sondern der grundsätzlichen Bedeutung der Rechtssache (vgl. §§ 543 Abs. 2 Nr. 1, 574 Abs. 2 Nr. 1 ZPO). Der *XI. Senat* stellte insoweit zunächst auf den Wortlaut des Zulassungs- bzw. Zulässigkeitsgrundes der Sicherung einer einheitlichen Rechtsprechung ab. Ausgangspunkt sei, dass eine Zulassung zur Sicherung einer einheitlichen Rechtsprechung bei einfachen Rechtsfehlern ungeachtet ihrer Schwere oder Evidenz nur in Fällen einer Wiederholungs- oder Nachahmungsgefahr gerechtfertigt sei. Insoweit treffe der Wortlaut des Gesetzes aber keinen Unterschied zwischen materiellen oder Verfahrensfehlern. Aber auch die Materialien des Reformgesetzgebers gäben für eine Differenzierung dahin, jedwede Verstöße gegen Verfahrensgrundrechte würden die Zulassung von Revision und Rechtsbeschwerde begründen, keinen Anlass. Zwar würde die Begründung des *Regierungsentwurfes*[713] gerade bei solchen Verstößen wegen ihrer Erheblichkeit von der Eignung ausgehen, das Vertrauen in die Rechtsprechung nachhaltig zu beschädigen. Dass dies zur Zulassung von Revision oder Rechtsbeschwerde führen müsse, habe aber im Wortlaut des § 543 Abs. 2 Nr. 2 ZPO[714] („Sicherung einer einheitlichen Rechtsprechung") keinen Niederschlag gefunden und sei deshalb für die Auslegung unbeachtlich.[715] Insbesondere stelle der Zulassungsgrund der Sicherung einer einheitlichen Rechtsprechung nicht auf das in der Gesetzesbegründung erwähnte Vertrauen in die Rechtsprechung ab, sondern auf die davon zu unterscheidende Einheitlichkeit der Rechtsprechung.

[711] So der *V. Senat*, *BGHZ* 154, 288 = NJW 2003, 1943, unter ausdrücklicher Bezugnahme auf den *Regierungsentwurf-ZPO-RG*, BT-Drs. 14/ 4722, S. 66.

[712] Vgl. den *Regierungsentwurf-ZPO-RG*, BT-Drs. 14/4722, S. 104.

[713] Vgl. Fn. 712.

[714] Gleiches muss natürlich für § 574 Abs. 2 Nr. 2 ZPO bei der Rechtsbeschwerde gelten.

[715] So die Argumentation des *XI. Senates* in *BGHZ* 152, 182 = NJW 2003, 65 unter Bezugnahme auf *BVerfGE* 11, 126 und *BVerfGE* 54, 277.

Ohne Divergenz bzw. Wiederholungs- oder Nachahmungsgefahr käme auch bei offensichtlichen Verstößen gegen Verfahrensgrundrechte oder das Willkürverbot nur der Zulassungsgrund der grundsätzlichen Bedeutung der Rechtssache (§§ 543 Abs. 2 Nr. 2 ZPO, 574 Abs. 2 Nr. 1 ZPO) in Betracht. Dieser Zulassungs- bzw. Zulässigkeitsgrund sei auch gegeben, wenn nicht nur die einzelnen Verfahrensbeteiligten, sondern auch die Allgemeinheit ein unabweisbares Interesse an einer Korrektur der angegriffenen Entscheidung habe.[716]

(β) Anforderungen an die Qualität eines Verfassungsverstoßes

Nach der ursprünglichen Auffassung des *XI. Senats* hatte die Allgemeinheit an der Entscheidung eines gewöhnlichen Zivilrechtsstreites in aller Regel kein Interesse, auch wenn in diesem eine von schwerwiegenden, aber nicht offenkundigen Rechtsfehlern beeinflusste Entscheidung ergangen sei.[717] Die Zulassung von Revision oder Rechtsbeschwerde wegen grundsätzlicher Bedeutung der Rechtssache rechtfertige nur, dass wegen der Offenkundigkeit des Fehlers ohne weiteres unzweifelhaft erscheine, das *BVerfG* werde die angegriffene Entscheidung auf Verfassungsbeschwerde hin aufheben. Dies könne man aber nur in seltenen Ausnahmefällen bejahen, in denen sich eine Grundrechtsverletzung geradezu aufdränge. Dies sei lediglich bei solchen Rechtsfehlern der Fall, die in wenigen Sätzen zweifelsfrei aufgezeigt werden könnten.[718]

(bb) Die Rechtsprechung der übrigen *Senate* und des *XI. Senates* in seiner neueren Rechtsprechung

(α) Einordnung unter die Fallgruppe „Sicherung einer einheitlichen Rechtsprechung"

Bis auf den *XI. Senat* waren alle anderen *Senate* des *BGH* von Anfang an der Ansicht, dass Verstöße gegen Verfahrensgrundrechte unter den Zulassungs- bzw. Zulässigkeitsgrund der Sicherung einer einheitlichen Rechtsprechung einzuordnen seien.[719] Der *V. Senat* hat dies in seinem Beschluss vom 27. März 2003[720] nochmals klar gestellt und ist der gegenteiligen Auffassung des *XI. Senats*[721] ausdrücklich entgegengetreten. Der *XI. Senat* berücksichtige bei seiner Zuordnung offensichtlicher Verfahrensfehler zum Zulassungs- bzw. Zulässigkeitsgrund der „grundsätzlichen Bedeutung" nicht, dass schon jede fehlerhafte Gerichtsentscheidung unabhängig vom Vorliegen einer Divergenz oder einer Wiederholungs- oder Nachahmungsgefahr für sich gesehen die Einheitlichkeit der Rechtsprechung beeinträchtige. Dies sei der Fall, weil die Entscheidung auf einer Rechtsanwendung

716 So weiter *BGH*, Fn. 715 unter ausdrücklicher Bezugnahme auf den *Regierungsentwurf-ZPO-RG*, BT-Drs. 14/4722, S. 67.

717 Vgl. *BGHZ* 152, 182 = NJW 2003, 65.

718 So der *XI. Senat* in *BGHZ* 152, 182 = NJW 2003, 65.

719 So der *III. Senat*, Beschl. vom 30.4.2003, III ZR 366/02, n.v.; der *V. Senat*, NJW 2002, 2957; *BGHZ* 151, 221 = NJW 2002, 3029; *BGHZ* 154, 288 = NJW 2003, 1943; der *VI. Senat*, MDR 2003, 1009; NJW-RR 2003, 935; der *VII. Senat*, NJW 2003, 831; der *VIII. Senat*, Beschl. vom 2.4.2003, VIII ZB 117/02, n.v.; der *X. Senat*, NJW 2003, 756; offengelassen vom *IX. Senat* in den Beschl. vom 12.12.2002, IX ZR 141/02, n.v., und vom 18.12.2002, IX ZR 117/02, n.v.

720 Vgl. *BGHZ* 154, 288 = NJW 2003, 1943.

721 S.o. (aa).

beruhe, die – bezogen auf den Präzedenzfall – von derjenigen der das Recht zutreffend anwendenden Gerichte abweiche.[722] Gerade der Wortlaut „zur Sicherung einer einheitlichen Rechtsprechung“ gebiete daher eigentlich die Korrektur einer jeden rechtsfehlerhaften Entscheidung durch das Rechtsmittelgericht. Nur erfordere Sinn und Inhalt dieses Zulassungs- bzw. Zulassungsgrundes die Beschränkung der Anwendung auf Rechtssachen, die die Interessen der Allgemeinheit in besonderem Maße berührten und deshalb die Entscheidung des *BGH* als einheitlich letzte Instanz erforderten.[723] Damit gehe es aber bei der Korrektur von Verstößen gegen Verfahrensgrundrechte entgegen der Auffassung des *XI. Senats* nicht um die Schaffung eines neuen, im Wortlaut des Gesetzes nicht angelegten Zulassungs- bzw. Zulässigkeitsgrundes, sondern um die sinnvolle Beschränkung der sich gerade aus der Diktion der §§ 543 Abs. 2 Nr. 2, 574 Abs. 2 Nr. 2 ZPO ergebenden Pflicht, bei Rechtsfehlern eine Korrektur der Ausgangsentscheidung zu ermöglichen. Gerade Verstöße gegen Verfahrensgrundrechte stellten aber Fälle dar, bei denen das Vertrauen der Allgemeinheit in die Einheitlichkeit der Rechtsprechung gestört werde. Solchermaßen grob fehlerhafte Ausgangsentscheidungen sollten durch die §§ 543 Abs. 2 Nr. 2, 574 Abs. 2 Nr. 2 ZPO aber gerade unter dem Zulassungs- bzw. Zulässigkeitsgrund der Sicherung einer einheitlichen Rechtsprechung einer Entscheidung des Revisions- bzw. Rechtsbeschwerdegerichtes zugeführt werden.[724]

Ausgangspunkt für die Revisibilität von Verstößen gegen Verfahrensgrundrechte ist mithin wie schon bei Verstößen gegen „einfaches“ Verfahrens- oder Sachrecht, dass über den Einzelfall hinaus ein allgemeines Interesse an einer korrigierenden Entscheidung durch Revisions- bzw. Rechtsbeschwerdegericht vorhanden sein muss. Dieser Auffassung ist der *XI. Senat* allerdings in einer späteren Entscheidung unter ausdrücklicher Aufgabe seiner früheren Rechtsprechung beigetreten.[725]

(β) Anforderungen an die Qualität eines Verfassungsverstoßes

Anders als der *XI. Senat* in seiner früheren Rechtsprechung, der bei Verstößen gegen Verfahrensgrundrechte die grundsätzliche Bedeutung der Rechtssache i. S. der §§ 543 Abs. 2 Nr. 1, 574 Abs. 2 Nr. 1 ZPO nur dann annahm, wenn sich der Verstoß geradezu aufdränge, weil er in wenigen Sätzen zweifelsfrei dargelegt werden könne, erhoben der *V.* und der *VI. Senat* von Anfang an die Offensichtlichkeit einer Verletzung von Verfahrensgrundrechten oder eines Verstoßes gegen das Willkürverbot nicht zu einer zusätzlichen Voraus-

722 *BGHZ* 154, 288 = NJW 2003, 1943.

723 Zu den näheren Voraussetzungen des Grundes der Sicherung einer einheitlichen Rechtsprechung s. sogleich (β).

724 Vgl. schon oben (b), S. 157, zur Rechtsprechung des *V. Senats* bei den reinen Rechtsanwendungsfehlern. Dies bestätigt der *V. Senat* in *BGHZ* 154, 288 = NJW 2003, 1943 für Verstöße gegen Verfahrensgrundrechte unter ausdrücklicher Bezugnahme auf die Gesetzesmaterialien im *Regierungsentwurf-ZPO-RG*, BT-Drs. 14/4722, S. 104. Der *V. Senat* sieht in dieser Entscheidung *„keinen Anlass, von seiner bisherigen Rechtsprechung abzurücken, die im Übrigen auch der ganz überwiegenden Ansicht zur gleichlautenden Vorschrift des § 115 Abs. 2 Nr. 2 Alt. 2 FGO entspreche“* (so z.B. der *BFH* in ständiger Rechtsprechung, vgl. *BFH*/NV 2002, 51; 2002, 213; 2002, 682; 2002, 798; 2002, 802; 2002, 1474; 2002, 1488).

725 Vgl. *BGH*, NJW 2004, 2222, allerdings ohne Begründung und mit dem Hinweis, dass die frühere Einordnung unter die Fallgruppe der grundsätzlichen Bedeutung zu keinen anderen Ergebnissen führte.

setzung. Der *V. Senat* stellte hierzu klar, dass es bei dem Begriff „Sicherung einer einheitlichen Rechtsprechung" nicht darauf ankomme, ob ein Rechtsfehler so offensichtlich sei, dass er von jedermann oder zumindest von jedem Fachkundigen ohne weiteres erkannt werden könne.[726] Dies dürfe angesichts der individuell unterschiedlichen Erkenntnismöglichkeiten und der unterschiedlichen Komplexität der jeweiligen Einzelfälle nicht verlangt werden. Wenn daher gefordert werde, ein Berufungsurteil müsse „offensichtlich unrichtig"[727] sein, beziehe sich dies nur auf die zur Begründung eines Verstoßes gegen die Verfassung, insbesondere das Willkürverbot (Art. 3 Abs. 1 GG i.V. mit dem Rechtsstaatsprinzip) geforderte Qualität der Rechtsverletzung.[728] Der *V. Senat* hat dementsprechend die Rechtsbeschwerde gegen einen Verwerfungsbeschluss gem. § 522 Abs. 1 S. 3 ZPO für zulässig aus dem Grund der Sicherung einer einheitlichen Rechtsprechung (§§ 522 Abs. 1 S. 4, 574 Abs. 1 Nr. 1, Abs. 2 Nr. 2 ZPO) erachtet, weil dem Rechtsbeschwerdeführer der Zugang zu einer von der Verfahrensordnung eingeräumten Instanz (Berufung in Zivilsachen gem. §§ 511ff. ZPO) in unzumutbarer, aus Sachgründen nicht zu rechtfertigender Weise erschwert wurde. Damit sei gegen das mit Verfassungsrang ausgestattete Recht auf Durchführung eines fairen Verfahrens, d.h. Gewährung wirkungsvollen Rechtsschutzes (Art. 20 GG i.V. mit dem Rechtsstaatsprinzip[729]) verstoßen worden. Der Fehler des die Berufung verwerfenden Oberlandesgerichtes lag indes nicht offensichtlich auf der Hand, sondern ergab sich erst aus einem Vergleich mit einer gefestigten höchstgerichtlichen Rechtsprechung.[730]

Ebenso hat der *VI. Senat* die Rechtsbeschwerde gegen einen Verwerfungsbeschluss nach § 522 Abs. 1 S. 3 ZPO und die gleichzeitige Zurückweisung eines Antrages auf Wiedereinsetzung in den vorigen Stand zugelassen (§§ 522 Abs. 1 S. 4, 574 Abs. 1 Nr. 1, Abs. 2 Nr. 2 ZPO), weil das Berufungsgericht einen in der höchstrichterlichen Rechtsprechung anerkannten Wiedereinsetzungsgrund verkannt und damit den den Kläger in seinem verfas-

[726] So *BGH*, NJW 2002, 2957; *BGHZ* 154, 288 = NJW 2003, 1943.

[727] So der *V. Senat*, *BGHZ* 151, 221 = NJW 2002, 3029. Dies ist i.ü. auch die Diktion des *Regierungsentwurfes-ZPO*, BT-Drs. 14/4722, S. 67, 104.

[728] So der *V. Senat*, NJW 2003, 1943 unter Bezugnahme auf die diesbezügliche Rechtsprechung des *BVerfG*, vgl. *BVerfGE* 42, 237; 67, 90; 73, 339; 86, 133; 87, 282; *BVerfG*, NJW 1988 1456; 2001, 3533. Auf diese Rechtsprechung des *V. Senats* nimmt auch Bezug der *XII. Senat*, FamRZ 2004, 696.

[729] Vgl. *BVerfGE* 74, 228; *BVerfG*, NJW 1991, 3140; *BGH*, NJW 2004, 367; NJW-RR 2004, 787.

[730] Vgl. *BGH*, NJW-RR 2003, 861. Das *OLG Dresden* hatte die Berufung verworfen und den Antrag auf Wiedereinsetzung in den vorigen Stand zurückgewiesen, weil der auswärtige Prozessbevollmächtigte, der an einer Berufungsbegründung per Telefax am letzten Tag der Berufungsbegründungsfrist wegen technischer Probleme an der Faxanlage des Berufungsgerichtes scheiterte, nicht alles unternommen habe, doch noch bis 24.00 Uhr den Antrag zu übermitteln. Insoweit hätte er ein Blitztelegramm aufgeben, einen Kurierdienst beauftragen oder die Übersendung per Fax an einen Dresdner Rechtsanwalt veranlassen können, der dann das Fax noch fristgerecht hätte in den Nachtbriefkasten hätte einwerfen können. Diese Auffassung verstößt aber gegen eine gefestigte Rechtsprechung des *BGH* und des *BVerfG*, wonach bei Übersendung fristwahrender Schriftsätze durch Telefax Wiedereinsetzung gegen eine Fristversäumung dann zu gewähren ist, wenn die Unmöglichkeit der Fristeinhaltung per Telefax im Organisationsbereich des Gerichtes liegt, vgl. *BVerfG*, NJW 1996, 2857; 2001, 3473; *BGH*, NJW 1995, 1431.

sungsrechtlich gewährleisteten Anspruch auf Gewährung wirkungsvollen Rechtsschutzes (vgl. Art. 2 Abs. 1 GG in Verbindung mit dem Rechtsstaatsprinzip) verletzt habe.[731]

Weder der *V.* noch der *VI. Senat* haben aber „in wenigen Sätzen" (offensichtliche)[732] Verfassungsverstöße der Berufungsgerichte aufgezeigt, sondern sich unter mehreren Gesichtspunkten sorgfältig mit dem jeweiligen Prozessstoff auseinandergesetzt.[733] Dieser Rechtsprechung hat sich nunmehr auch der *XI. Senat* ausdrücklich angeschlossen.[734]

cc) Die Stellungnahmen in der Literatur zur Rechtsprechung des *BGH*

(1) Fortbildung des Rechts

Der *BGH* zieht in seinen Entscheidungen zur Zulassung einer Rechtsbeschwerde bzw. über die Beschwerde gegen die Nichtzulassung einer Revision zwar regelmäßig auch den Grund der Fortbildung des Rechts in Erwägung, kam aber bislang regelmäßig zur Verneinung der Voraussetzungen,[735] weil kein Anlass bestand, für die rechtliche Beurteilung typischer oder verallgemeinerungsfähiger Lebenssachverhalte eine richtungsweisende Orientierungshilfe zu geben. Dementsprechend ist der Zulassungs- bzw. Zulässigkeitsgrund der Fortbildung des Rechts auch im Schrifttum bislang in den Hintergrund getreten.[736] Dort wird allerdings z.T. argumentiert, nach der o.g. Definition des *BGH*, die sich eng an die Begründung des Reformgesetzgebers hält[737], handle es sich bei dem Zulassungsgrund „Fortbildung des Rechts" um einen bloßen Unterfall der „grundsätzlichen Bedeutung der Rechtssache".[738] Noch weitergehend wird die Auffassung vertreten, der Grund der „Fortbildung des Rechts" decke sich weitgehend mit der „grundsätzlichen Bedeutung"[739] bzw. sei mit dieser sehr eng verbunden.[740]

731 Vgl. *BGH*, NJW-RR 2003, 935. Danach sei es aus verfassungsrechtlichen Gründen verboten, einer Partei Wiedereinsetzung in den vorigen Stand auf Grund von Anforderungen an die Sorgfaltspflichten ihres Prozessbevollmächtigten (angebliches Organisationsverschulden) zu versagen, die nach höchstrichterlicher Rechtsprechung nicht verlangt würden und mit denen auch unter Berücksichtigung der Entscheidungspraxis des angerufenen Gerichts nicht gerechnet werden musste. Dem Fall lag zu Grunde, dass der Prozessbevollmächtigte die Büroangestellte beauftragte, die von ihm in ihrer Gegenwart unterzeichnete Rechtsmittelschrift per Telefax an das Rechtsmittelgericht zu senden, die Angestellte aber aufgrund einer Verwechslung eine nicht unterzeichnete Abschrift übermittelte.

732 Das waren aber die Voraussetzungen für eine Zulassung nach der anfänglichen Rechtsprechung des *XI. Senats*, vgl. oben S. 159.

733 Vgl. *BGH*, Fn. 744 und 745.

734 Vgl. *BGH*, NJW 2004, 2222, ohne weitere Begründung.

735 Vgl. exemplarisch die Entscheidung *BGHZ* 151, 221 = NJW 2002, 3029.

736 Vgl. *Baumbach/Albers/Lauterbach/Hartmann*, § 543 Rn. 6; *Zöller/Gummer*, § 543 Rn. 12; *Thomas/Putzo*, § 543 Rn. 4; MünchKomm/*Wenzel*, Aktualisierungsband, § 543 Rn. 13; *Ullmann*, WRP 2002, 593; *Pieckenbrock/Schulze*, JZ 2002, 911; *Büttner*, MDR 2001, 1201; *von Giehrke/Seiler*, JZ 2003, 403.

737 Vgl. z.B. den *Regierungsentwurf-ZPO-RG*, BT-Drs. 14/4722, S. 104.

738 Vgl. *von Giehrke/Seiler*, JZ 2003, 403; *Rimmelspacher*, LMK 2003, 11.

739 So *Ullmann*, WRP 2002, 593.

740 So *Zöller/Gummer*, § 543 Rn. 12.

Dem wird allerdings entgegengehalten, dass die §§ 543 Abs. 2 und 574 Abs. 2 ZPO anders als die vergleichbaren Regelungen in den §§ 72 Abs. 2 ArbGG, 132 Abs. 2 VwGO und 160 Abs. 2 SGG ausdrücklich die Fortbildung des Rechts als gesonderten Zulassungs- bzw. Zulässigkeitsgrund erwähne. Dies müsse zur Folge haben, diesem Tatbestand einen über die grundsätzliche Bedeutung der Rechtssache hinausgehenden Inhalt zuzuerkennen. Dieser beziehe sich auf Fälle, bei denen es zwar bereits eine höchstrichterliche Entscheidung gebe, dieser aber von einem Instanzgericht, im Schrifttum oder aber auch nur durch die konkrete Rechtsmittelbegründung „ernstzunehmend" widersprochen worden sei.[741]

(2) Sicherung einer einheitlichen Rechtsprechung

Insbesondere die Rechtsprechung des *BGH* bzw. seiner einzelnen *Senate* zum Zulassungs- bzw. Zulässigkeitsgrund der Sicherung einer einheitlichen Rechtsprechung ist in der Literatur auf Kritik gestoßen.

(a) Divergenzfälle

Der Rechtsprechung des *VIII. Senates* des *BGH,*[742] nach der von einer höchstrichterlichen Entscheidung abweichende Entscheidungen nur dann zur Sicherung einer einheitlichen Rechtsprechung revisibel sein sollen, wenn sie ungeachtet der Schwere und Evidenz sog. symptomatische Rechtsfehler, die eine Wiederholungs- oder Nachahmungsgefahr mit sich brächten, enthielten,[743] wird entgegengehalten, dass sie weder Wortlaut noch Entstehungsgeschichte der §§ 543 Abs. 2 Nr. 2, 574 Abs. 2 Nr. 2 ZPO gerecht würden.[744] Das reformierte Gesetz stelle nämlich gerade nicht mehr auf die im o.g. Sinn des Vorliegens eines symptomatischen Rechtsfehlers eng definierte Divergenz zu anderen, höchstrichterlichen Entscheidungen ab, wie das noch § 546 Abs. 1 Nr. 2 ZPO (a.F.) tat oder (aktuell) in den §§ 132 Abs. 2 Nr. 2 VwGO, 160 Abs. 2 Nr. 2 SGG, 72 Abs. 2 Nr. 2 ArbGG oder 24 Abs. 2 Nr. 1 LwVG geregelt sei. Vielmehr habe der Reformgesetzgeber in seinen Materialien ausdrücklich zu verstehen gegeben, dass die Divergenz als Zulassungsvoraussetzung neben dem Zulassungsgrund der Sicherung einer einheitlichen Rechtsprechung keine praktische Bedeutung mehr habe und eine gesonderte gesetzlich geregelte Zulassungsmöglichkeit im Hinblick auf die für das alte Recht vom *BGH* aufgestellten strengen formalen Darlegungsvoraussetzungen entbehrlich sei.[745] Nach der Begründung des Gesetzes sei die Einheit der Rechtsprechung schon dann in Gefahr, wenn die angegriffene Entscheidung in der Sache von der höchstrichterlichen Judikatur abweiche, wobei es keinen

741 So *von Giehrke/Seiler*, JZ 2003, 403.

742 Vgl. *BGH*, NJW 2002, 3783.

743 Vgl. oben S. 157ff.

744 So *Scheuch/Lindner*, NJW 2003, 728, allerdings mit der unzutreffenden Annahme, auch der *XI. Senat*, *BGHZ* 152, 182 = NJW 2003, 65 würde zusätzlich zur objektiven Divergenz noch eine Wiederholungs- oder Nachahmungsgefahr verlangen. Der *XI. Senat* unterscheidet in der genannten Entscheidung nämlich unter dem Gesichtspunkt der Sicherung einer einheitlichen Rechtsprechung zwischen den von höchstrichterlicher Rechtsprechung objektiv divergierenden Entscheidungen und sonst rechtsfehlerhaften Entscheidungen, denen (u.a.) eine Wiederholungs- bzw. Nachahmungsgefahr innewohnen müsse. Demgegenüber verlangt (nur) der *VIII. Senat* eine solche Gefahr auch bei dem Unterfall der Divergenz.

745 Vgl. *Scheuch/Lindner*, Fn. 744 unter Bezugnahme auf den *Regierungsentwurf-ZPO-RG*, BT-Drs. 14/4722, S. 67.

Unterschied mache, ob die maßgeblichen Rechtssätze rein tatsächlich verfehlt würden o-der bewusst ein abweichender Rechtssatz aufgestellt worden sei. Insoweit begründe schon die objektive Fehlerhaftigkeit einer Entscheidung die tatsächliche Vermutung für eine künftige Wiederholung. Man müsse daher die objektive Abweichung ohne weiteres mit der Gefahr einer Wiederholung verbinden, womit aber das Kriterium der Wiederholungsgefahr seinen abgrenzenden Gehalt zu Recht verliere.[746]

Schließlich sei das Kriterium der Wiederholungs- oder Nachahmungsgefahr auch in der Praxis für den Rechtsmittelführer ungeeignet. Diesem werde nämlich für eine zulässige Revisions- oder Rechtsbeschwerdebegründung[747] (§§ 551 Abs. 3 Nr. 2a, 574 Abs. 3 Nr. 2 und 3 ZPO) im Ergebnis aber verlangt, zur Darlegung solcher Gefahren im konkreten Fall die Existenz weiterer divergierender Entscheidungen anzuführen, was mangels denkbarer Kenntnis der Spruchpraxis sämtlicher Berufungs- bzw. Beschwerdegerichte den Zugang zu der verfahrensrechtlich eingeräumten Revisions- bzw. Rechtsbeschwerdeinstanz in unzumutbarer, sachlich nicht mehr zu rechtfertigender Weise erschwere.[748] Eine so verstandene Wiederholungsgefahr sei daher kein geeignetes Kriterium, eine zulassungswürdige von einer nicht zulassungswürdigen fehlerhaften Rechtsanwendung abzugrenzen. Die Rechtsprechung des *VIII. Senats*, wonach zur objektiven Abweichung auch noch eine Wiederholungs- oder Nachahmungsgefahr treten müsse, wird allerdings auch als konsequent bezeichnet, weil sie innerhalb des Zulassungs- bzw. Zulässigkeitsgrundes der Sicherung einer einheitlichen Rechtsprechung zu einer Gleichbehandlung mit der Untergruppe

[746] So *Scheuch/Lindner*, Fn. 744, allerdings unter unzutreffender Bezugnahme auf die Entscheidung des *BGH (VIII. Senat)* in NJW 2002, 3783, in der eine objektive Divergenz ohne nähere Begründung mit einer Wiederholungsgefahr verbunden worden sein soll. Dies ist schon bei einer näheren Lektüre des Leitsatzes dieser Entscheidung nicht der Fall, wenn der *BGH* formuliert: *„Weicht das Beschwerdegericht objektiv von der ständigen höchstrichterlichen Rechtsprechung ab und besteht die Gefahr einer Wiederholung, ist der Zulassungsgrund "Sicherung einer einheitlichen Rechtsprechung" gegeben.“* Von einer vom *VIII. Senat* angenommenen Vermutung für die symptomatische Wirkung einer Divergenz auf andere Entscheidungen kann nicht die Rede sein, da Rechtsfehler und Wiederholungsgefahr strikt getrennt werden. Der *VIII. Senat* ging an Hand des konkreten Rechtsfehlers vielmehr ohne weiteres von einer konkreten Wiederholungsgefahr aus: Das *LG Duisburg* hatte als Berufungsgericht nämlich das Rechtsmittel als unzulässig verworfen, weil keine Berufungsanträge (§ 520 Abs. 3 Nr. 1 ZPO) gestellt gewesen seien, obwohl der Berufungsführer in seiner Berufungsbegründung im einzelnen darlegte, inwiefern und v.a. in welchem Umfang er das Urteil des Amtsgerichts angreife. Diese Auffassung des Berufungsgerichts verstößt nicht nur gegen eine ständige Rechtsprechung des *BGH* (vgl. z.B. *BGH*, NJW-RR 1999, 211), sondern impliziert ohne weiteren Darstellungsbedarf im konkreten Fall eine Wiederholungsgefahr, da aus der ständigen Praxis des *BGH* als Revisionsgericht klar ist, dass Rechtsmittel häufig und damit „wiederholt“ ohne explizite Anträge geführt werden, sich gleichwohl aber aus deren Begründung ohne weiteres nachvollziehbar ergibt, inwieweit die Ausgangsentscheidung angefochten wird und welche Änderungen der Entscheidung beantragt werden (vgl. z.B. § 520 Abs. 3 Nr. 1 ZPO). Die Wiederholungsgefahr für einen gleichen Rechtsfehler der entscheidenden Berufungskammer des *LG Duisburg* lag daher für den *VIII. Senat* des *BGH* in NJW 2002, 3783 ohne weiteres auf der Hand.

[747] Zur Rechtsbeschwerdebegründung vgl. noch unten IV, S. 202.

[748] So *Scheuch/Lindner*, Fn. 744 unter Bezugnahme auf eine angeblich derartige Interpretation der Wiederholungsgefahr durch den *BGH* in *BGHZ* 152, 182 = NJW 2003, 65; NJW 2002, 2473 und NJW 2002, 2957. Vgl. auch *BVerfG*, DVBl. 2000, 1458 (zu § 124 II VwGO).

der bloßen Rechtsanwendungsfehler führe.[749] Allerdings sei dann fraglich, an Hand welcher Maßstäbe das Bestehen der Wiederholungs- und Nachahmungsgefahr zu erfassen sei.[750]

(b) Rechtsanwendungs- und Rechtsauslegungsfehler

(aa) Maßgeblichkeit von Schwere und Evidenz

Heftiger Ablehnung sieht sich zunächst die von den entscheidenden *Senaten* des *BGH* bislang übereinstimmend, am deutlichsten aber vom *XI. Senat* geäußerte These ausgesetzt, Fehler eines Zivilurteils hätten in aller Regel kein Interesse für die Allgemeinheit, insbesondere würden Belange der Allgemeinheit auch dann nicht nachhaltig berührt, wenn es sich um schwerwiegende Rechtsfehler handle.[751] Insoweit wird zum einen angemerkt, dass sich der *BGH* mit dieser Auffassung aus *„der Zivilrechtspraxis verabschiede"* und sich *„als Gericht erübrige."*[752] Würden nur noch solche unrichtig entschiedenen Einzelfälle der Entscheidung des *BGH* unterliegen, die von „allgemeinem Interesse" seien, bliebe die Fähigkeit des *BGH* zur Steuerung der Rechtspraxis nach Inkrafttreten des ZPO-RG weit hinter der bisherigen Funktion als maßgebliches oberstes Gericht für alle Instanzgerichte der Zivilgerichtsbarkeit zurück.[753] Zum anderen stünden einer grundsätzlichen Nichtberücksichtigung der Offensichtlichkeit und der Schwere einer fehlerhaften Rechtsanwendung oder Rechtsauslegung durchaus auch Wortlaut und Auslegung der §§ 543 Abs. 2 Nr.2, 574 Abs. 2 Nr. 2 ZPO entgegen.[754] Der Reformgesetzgeber selbst habe den Zugang zum *BGH* dann eröffnen wollen, wenn eine mit Revision oder Rechtsbeschwerde angegriffene Entscheidung Rechtsfehler enthalte, die „von erheblichem Gewicht und geeignet seien, das Vertrauen in die Rechtsprechung zu beschädigen."[755] Die Abgrenzung der revisions- oder rechtsbeschwerdeerheblichen von unerheblichen Fehlern müsse von Kriterien abhängig sein, die sich durch ein besonderes Maß an Gleichheit, Klarheit und innerer Logik auszeichneten.

Eine Abgrenzung nach der Schwere von Rechtsfehlern sei daher zwar aus verfassungsrechtlichen Gesichtspunkten verwehrt, da dieses Kriterium zu unbestimmt und unklar sei und keine Gleichheit bei der Zulassung der zum *BGH* führenden Rechtsmittel sicher stel-

[749] So *von Giehrke/Seiler*, JZ 2003, 403.

[750] Vgl. *von Giehrke/Seiler*, Fn. 749 und ebenso *Nasall*, NJW 2003, 1345, jeweils ohne nähere Erläuterung.

[751] So *BGHZ* 152, 182 = NJW 2003, 65 (*XI. Senat*); *BGHZ* 151, 221 = NJW 2002, 3029, *BGHZ* 154, 288 = NJW 2003, 1943 (jeweils *V. Senat*).

[752] So *Nasall*, NJW 2003, 1345, weiter wörtlich: *„Was nützten die Klärung von Grundsatzfragen oder die Fortbildung des Rechts durch den BGH, wenn er sich darin gehindert sieht, die Beachtung seiner Leitsätze im Einzelfall zu überwachen? Macht es für das Ansehen des höchsten deutschen Zivilgerichts und der deutschen Zivilrechtsprechung, die ja von ihm geprägt und geleitet werden soll, einen Unterschied, ob ein Instanzgericht von seinen Leitsätzen aus fahrlässiger Ignoranz oder auf Grund bewusster Obstruktion abweicht?"*

[753] So *Nasall*, Fn. 778, der den *BGH* in einer solchen Form als „Richterfortbildungsfernakademie" bezeichnet.

[754] So *Scheuch/Lindner*, NJW 2003, 728.

[755] So der *Regierungsentwurf-ZPO-RG*, BT-Drs. 14/4722, S. 104.

le.[756] Nicht verwehrt und nach zutreffender Auslegung der §§ 543 Abs. 2 Nr. 2, 574 Abs. Nr. 2 ZPO geradezu geboten sei aber die Abgrenzung nach der Offenkundigkeit von Rechtsfehlern der angegriffenen Entscheidung. Der Reformgesetzgeber habe nämlich den Wortlaut „zur Sicherung einer einheitlichen Rechtsprechung" (bewusst) weit gefasst, damit grundsätzlich jede Abweichung von der höchstrichterlichen Rechtsprechung erfasst und Einschränkungen in der Begründung des Gesetzes nur durch das Merkmal der Erforderlichkeit einer höchstgerichtlichen Entscheidung ermöglicht. Die Begründung des Gesetzes sei aber nach allgemein anerkannten verfassungsrechtlichen Grundsätzen zwingender Maßen zur Auslegung wenig präziser und weit gefasster Rechtsbegriffe heranzuziehen.[757]

Offenkundige Rechtsfehler erforderten die Überprüfung durch den *BGH* im Sinne der vom Gesetzgeber gewollten Abgrenzung, eben weil sie das Vertrauen der Allgemeinheit in die Rechtsprechung störten.[758] Der Zweck, mit der Revision (und der Rechtsbeschwerde) allgemeinen Interessen zu dienen, bedinge die Nachprüfbarkeit der Entscheidung im Einzelfall, was schon daran ersichtlich sei, dass ein Berufungsurteil nach eröffneter Revision bzw. die Beschwerdeentscheidung nach eröffneter Rechtsbeschwerde in vollem Umfang nachzuprüfen seien.[759]

(bb) Kriterium der Wiederholungs- oder Nachahmungsgefahr

Auch das von allen *Senaten* für die Revisibilität von Rechtsanwendungs- oder Rechtsauslegungsfehlern zur Voraussetzung erhobene Kriterium einer Wiederholungs- oder Nachahmungsgefahr[760] begegnet im Schrifttum Bedenken.

(α) Fehlende Bestimmtheit – Vermutung für die Wiederholungs- bzw. Nachahmungsgefahr

Zum einen wird kritisiert, dass dieses Erfordernis zu theoretisch und für den Rechtsanwender zu unbestimmt sei.[761] Darüber hinaus sei die Rechtsprechung der einzelnen Senate, insbesondere des *V.* und des *XI. Senats*, zur Frage der notwendigen Darlegung der Wiederholungs- oder Nachahmungsgefahr (im Rahmen einer Beschwerde gegen die Nichtzulassung der Revision gem. § 544 ZPO) uneinheitlich,[762] weshalb der *BGH* zu einer einheitlichen Linie finden müsse. Diese könne darin bestehen, dass man in Anlehnung an das materielle Recht, wo eine vorangegangene rechtswidrige Störung eine tatsächliche Vermutung für die Wiederholungsgefahr begründe,[763] bei einem Rechtsanwendungsfehler grundsätzlich eine Wiederholungs- oder Nachahmungsgefahr vermute. Eine Ausnahme von diesem Grundsatz müsse allerdings dort gemacht werden, wo sich eine rechtsfehler-

756 Vgl. *Scheuch/Lindner*, NJW 2003, 728 unter Bezugnahme auf *BVerfGE* 54, 277; 74, 228.
757 Vgl. *Scheuch/Lindner*, NJW 2003, 728 unter Bezugnahme auf *BVerfG*, NJW 2003, 41.
758 Vgl. *Scheuch/Lindner*, NJW 2003, 728 unter Bezugnahme auf *BVerfG*, NJW 2001, 2161.
759 Vgl. § 557 Abs. 3 S. 1 und § 577 Abs. 2 S. 2 ZPO sowie *Thomas/Putzo*, § 557 Rn. 9 und § 577 Rn. 2.
760 Vgl. o. S. 157ff.
761 Vgl. *Nasall*, NJW 2003, 1345.
762 Vgl. hierzu noch unten § 8.
763 Vgl. *Palandt/Bassenge*, § 1004 Rn. 32.

hafte Begründung einer Entscheidung nicht verallgemeinern lasse und keine weiteren Fälle zu erwarten seien, auf welche die Argumentation übertragen werden könnte.[764]

(β) Teleologische, verfassungsrechtliche und systematische Einwände

Zum anderen werden gegen das Kriterium der Wiederholungs- oder Nachahmungsgefahr auch verfassungsrechtliche und systematische Einwände erhoben.[765]

(αα) Wortlaut und Motive des Gesetzes

Das *BVerfG* habe für die Annahmerevision nach altem Recht (§ 554b ZPO (a.F.) entschieden, dass der *BGH* bei Erfolgsaussicht einer Revision auch bei nichtgrundsätzlichen Rechtssachen, die die Revisionssumme überschritten, kein Ablehnungsermessen habe.[766] Wollte man mit Inkrafttreten des ZPO-RG nunmehr auch bei Erfolgsaussicht einer Revision oder Rechtsbeschwerde diese nicht zulassen, müsste dies von den §§ 543 Abs. 2 Nr. 2, 574 Abs. 2 Nr. 2 ZPO ermöglicht sein. Eine Zugangsbeschränkung zur Revisions- oder Rechtsbeschwerdeinstanz in Gestalt der Voraussetzung eines symptomatischen Fehlers sei dem Gesetzgeber zwar eröffnet, da dieser in der Ausgestaltung der Möglichkeiten sowie der Methoden für den Zugang zu den Rechtsmittelgerichten frei sei, insbesondere den Verfahrensgang nach seinen Zweckmäßigkeitserwägungen ausrichten könne.[767] Dass der Reformgesetzgeber selbst aber nur sog. symptomatische Rechtsfehler einer Revision oder Rechtsbeschwerde zugänglich machen wollte, lasse sich weder dem Wortlaut der §§ 543 Abs. 2 Nr. 2, 574 Abs. 2 Nr. 2 ZPO noch den Motiven des Gesetzes entnehmen. Der Wortlaut der genannten Vorschriften würde jeden Rechtsfehler ohne Hinzutreten weiterer Umstände ohne weiteres revisibel machen, da jede von höchstrichterlicher Rechtsprechung abweichende Entscheidung die Einheitlichkeit der Rechtsprechung störe.[768] Aber auch die Begründung des Gesetzes stelle nur klar, dass der Zulassungs- bzw. Zulässigkeitsgrund der Sicherung einer einheitlichen Rechtsprechung nicht schon dann gegeben sein solle, wenn ein Gericht in einem Einzelfall eine Fehlentscheidung getroffen habe.[769] Wenn aber jede fehlerhafte Gerichtsentscheidung die Einheitlichkeit der Rechtsprechung

[764] Vgl. zu dieser Argumentation *von Giehrke/Seiler*, JZ 2003, 403. Vgl. auch *Schultz*, BGH-Report 2002, 1110: die Wiederholung eines Rechtsfehlers sei regelmäßig zu befürchten, weil sich das Ausgangsgericht im Einklang mit der Rechtsprechung sehe; zustimmend auch *Gehrlein*, MDR 2003, 547.

[765] Vgl. insoweit die ausführliche und kritische Abhandlung von *Schultz*, MDR 2003, 1395.

[766] So *BVerfGE* 54, 277. § 554b (Abs. 1) ZPO in der bis zum 31.12.2001 gültigen Fassung lautete: *„In Rechtsstreitigkeiten über vermögensrechtliche Ansprüche, bei denen der Wert der Beschwer sechzigtausend Deutsche Mark übersteigt, kann das Revisionsgericht die Annahme der Revision ablehnen, wenn die Rechtssache keine grundsätzliche Bedeutung hat."*

[767] Von diesem - vor Art. 19 Abs. 4 GG verfassungsrechtlich unbedenklichen, vgl. *BVerfGE* 60, 268; 57, 273 - Standpunkt aus argumentiert auch der Reformgesetzgeber selbst, vgl. den *Regierungsentwurf-ZPO-RG*, BT-Drs. 14/4722, S. 66.

[768] So *Schultz*, MDR 2003, 1395 unter Bezugnahme auf den *V. Senat* in *BGHZ* 154, 288 = NJW 2003, 1943, der in dieser Entscheidung zur Frage der grundsätzlichen Subsumtion von Rechtsfehlern unter den Grund der Sicherung einer einheitlichen Rechtsprechung selbst klarstellte, jede fehlerhafte Gerichtsentscheidung störe die Einheitlichkeit der Rechtsanwendung.

[769] So *Schultz*, MDR 2003, 1395 unter Bezugnahme auf den *Regierungsentwurf-ZPO-RG*, BT-Drs. 14/4722, S. 104. Dort werde der Unrichtigkeit eines Berufungsurteils i.ü. durchaus größere Bedeutung (in revisionsrechtlicher Hinsicht) eingeräumt.

störe, müssten zusätzliche Voraussetzungen nicht gegeben sein. Sie könnten in das Gesetz in Anbetracht des eindeutigen Wortlautes, der einmal nicht mehr als die Sicherung einer einheitlichen Rechtsprechung verlange, auch nicht hineininterpretiert werden. Dies gelte sogar dann, wenn der Gesetzgeber – wie im Falle des ZPO-RG – das Motiv hatte, die Revision[770] (oder die Rechtsbeschwerde) nicht zur Korrektur einfach nur unrichtiger Ausgangsentscheidungen zur Verfügung zu stellen.[771]

(ββ) Systematische Überlegungen

Ferner wird dem *BGH* vorgehalten, das Kriterium der Wiederholungs- bzw. Nachahmungsgefahr sei systemfremd. Würde man nämlich wie der *BGH* tatsächlich das Allgemeininteresse als Grund für die Erhebung der genannten weiteren Zulassungsvoraussetzungen ansehen,[772] müssten auch solche Rechtsmittel Erfolg haben, die sich gegen eine Ausgangsentscheidung mit einer nur falschen Begründung richten, einerlei, ob die Entscheidung nicht doch aus anderen Gründen aufrechterhalten werden könne. Gerade dies sei aber nach allgemeiner Auffassung auch im Verfahren der Beschwerde gegen die Nichtzulassung einer Revision zu prüfen mit der Folge, dass die Beschwerde bei einer möglichen zutreffenden Alternativbegründung jedenfalls unbegründet sei.[773] Konsequenterweise müsse man aber auch in diesen Fällen Revisionen oder Rechtsbeschwerden zulassen und die zugrundeliegenden Entscheidungen trotz Entscheidungsunerheblichkeit der fehlerhaften Begründung aufheben, weil auch hier die Gefahr bestünde, das Ausgangsgericht würde seine fehlerhafte Rechtsauffassung in anderen Prozessen erneut zur Anwendung bringen und zu Entscheidungen kommen, die gerade nicht mit einer zutreffenden Alternativbegründung „gehalten" werden könnten.[774]

(γγ) Verfassungsrechtliche Gesichtspunkte

Schließlich erforderten aber auch gesetzesexterne verfassungsrechtliche Überlegungen, von der Aufstellung einer Zugangsbeschränkung in Gestalt einer Wiederholungs- bzw. Nachahmungsgefahr abzusehen. Das *BVerfG* habe nämlich entschieden, dass der Gesetzgeber bei der Ausgestaltung des Rechtsmittelsystems zwar einen weiten Spielraum habe. Über den fachgerichtlichen Schutz vor Verletzung von Verfahrensgrundrechten, insbesondere das Recht auf rechtliches Gehör,[775] hinaus müsse der Gesetzgeber aber sicherstellen, dass der Bürger an Hand positiv gegebener gesetzlicher Regelungen ohne weiteres im Klaren sei, ob und unter welchen Voraussetzungen er ein zulässiges Rechtsmittel führen könne. Dies ergebe sich aus dem verfassungsrechtlichen Gebot der sog. Rechtsmittelklar-

[770] Vgl. den *Regierungsentwurf-ZPO-RG*, BT-Drs. 14/4733, S. 67 und 104.
[771] So *Schultz*, MDR 2003, 1395.
[772] Vgl. § 561 ZPO bzw. dessen Rechtsgedanken und *BGHZ* 151, 221 = NJW 2002, 3029; *BGHZ* 152, 182 = NJW 2003, 65; *BGHZ* 154, 288 = NJW 2003, 1943.
[773] So z.B. *BGH*, NJW 2003, 831; 2003, 2319.
[774] So *Schultz*, MDR 2003, 1395.
[775] Vgl. hierzu sogleich unter (c).

heit.[776] Die abstrakten Begriffe der Wiederholungs- bzw. Nachahmungsgefahr allein könnten diesem Gebot nicht genügen.[777] Vor dem Hintergrund der hohen Anforderungen, die die Rechtsprechung des *BGH* an diese zusätzlichen Merkmale erhebe, müsse aber jedenfalls eine Rechtsmittelbelehrung dem Betroffenen Klarheit darüber verschaffen, unter welchen Voraussetzungen er die Überprüfung seines Rechtsfalls in der Revisions- oder Rechtsbeschwerdeinstanz erreichen könne.[778]

[776] *BVerfGE* 107, 395 = NJW 2003, 1924: *„Das rechtsstaatliche Erfordernis der Messbarkeit und Vorhersehbarkeit staatlichen Handelns führt zu dem Gebot, dem Rechtsuchenden den Weg zur Überprüfung gerichtlicher Entscheidungen klar vorzuzeichnen. Die rechtliche Ausgestaltung des Rechtsmittels soll dem Bürger insbesondere die Prüfung ermöglichen, ob und unter welchen Voraussetzungen es zulässig ist. Sind die Formerfordernisse so kompliziert, und schwer zu erfassen, dass nicht erwartet werden kann, der Rechtsuchende werde sich in zumutbarer Weise darüber Aufklärung verschaffen können, müsste die Rechtsordnung für eine das Defizit ausgleichende Rechtsmittelbelehrung sorgen."* Vgl. a. *BVerfGE* 49, 187; 87, 48; 93, 99.

[777] So *Schultz*, MDR 2003, 1395. Vgl. weiter *Rimmelspacher*, JZ 2003, 797, der von einem „misslungenem Konkretisierungsversuch" spricht. Ebenso bereits *Büttner*, MDR 2001, 1201, der zum einen auf Widersprüche in der Begründung des Reformgesetzgebers (vgl. den *Regierungsentwurf-ZPO-RG*, BT-Drs. 14/4722, S. 104) hinweist, die die Zulassung der Revision wegen „offensichtlicher Unrichtigkeit" gebietet, andererseits aber die Revision zur Sicherung einer einheitlichen Rechtsprechung nicht schon dann zulassen will, wenn „in einem Einzelfall eine Fehlentscheidung getroffen wurde, selbst wenn der Rechtsfehler offensichtlich ist." *Büttner* kritisiert auch die Einteilung in offensichtlich oder grob fehlerhafte Urteile einerseits und in nicht offensichtlich, sondern nur einfach fehlerhafte Urteile andererseits, was mit den rechtsstaatlichen Gebot der Rechtsmittelklarheit schwerlich zu vereinbaren sei.

[778] So *Schultz*, MDR 2003, 1395. Das sei umso mehr der Fall, als der *BGH* die vom Rechtsmittelführer darzulegende Wiederholungs- bzw. Nachahmungsgefahr auch von erst nach der Einlegung einer Beschwerde gegen die Nichtzulassung der Revision oder einer Rechtsbeschwerde eintretenden Umständen abhängig mache, so etwa *BGH (XI. Senat)*, NJW 2003, 1609. Nach dem Leitsatz dieser Entscheidung gilt: *„Ein Zulassungsgrund im Sinne von §543 Abs. 2 ZPO kann infolge einer Veränderung der tatsächlichen Verhältnisse, die in der Revisionsinstanz zu berücksichtigen ist, nach Einlegung der Nichtzulassungsbeschwerde entfallen."* Unter diesen Voraussetzungen könne – ohne Rechtsmittelbelehrung - keine Rede davon sein, dass der Rechtsmittelführer schon vor Einlegung über die voraussichtliche Zulässigkeit seines Rechtsmittels Bescheid wisse. Das Kriterium der Wiederholungs- bzw. Nachahmungsgefahr sei zum einen manipulierbar durch Ereignisse, die nicht im Einflussbereich des Rechtsmittelführers, sondern der Gerichte lägen. So könnte das Revisions- bzw. Rechtsbeschwerdegericht beim Ausgangsgericht nachfragen, ob eine irrige Rechtsansicht aufrechterhalten werde. Bei Verneinung der Frage wäre die eingelegte Revision oder Rechtsbeschwerde aber unzulässig, eine Beschwerde gegen die Nichtzulassung der Revision sei unbegründet (geworden) und zurückzuweisen (zur Nichtzulassungsbeschwerde vgl. noch unten § 8). Zum anderen könnten aber sogar die Verfahrensbeteiligten selbst in Versuchung geraten, auf das Ausgangsgericht dahin einzuwirken, seine vermeintlich rechtsirrige Auffassung gegenüber dem Revisions- oder Rechtsmittelgericht zu „widerrufen". Allein diese nicht auszuschließenden Extremfälle zeigten aber, dass die Kriterien der Wiederholungs- bzw. Nachahmungsgefahr den Anforderungen an eine Zulässigkeitsvoraussetzung in rechtsstaatlicher Hinsicht mangels Kalkulierbarkeit nicht gerecht werde, weshalb sie zu Recht nicht im Gesetz stehe. Dieser Entscheidung des *XI. Senates* ist aber der *I. Senat*, NJW 2004, 1960 entgegengetreten. Nach Auffassung des *I. Senates* bleibt im Falle einer bei ihrer Einlegung zulässigen Nichtzulassungsbeschwerde diese auch nach Wegfall eines Zulassungsgrundes vor der Entscheidung über das Rechtsmittel zulässig, wenn die Revision Aussicht auf Erfolg hat, vgl. hierzu noch unten bei der Nichtulassungsbeschwerde, § 8, S. 237.

(c) Verstöße gegen Verfahrensgrundrechte bzw. das Willkürverbot

Zunächst ist klarzustellen, dass alle *Senate* des *BGH* von der Revisibilität entscheidungserheblicher Verfahrensfehler ausgehen.[779] Streitig waren in der Rechtsprechung des *BGH* aber die Einordnung von Verstößen gegen Verfahrensgrundrechte bzw. das Willkürverbot unter die Zulassungs- bzw. Zulässigkeitsgründe der „grundsätzlichen Bedeutung der Rechtssache“ bzw. der „Sicherung einer einheitlichen Rechtsprechung“ (§§ 543 Abs. 2 Nr. 2, 574 Abs. 2 Nr. 2 ZPO) sowie die Anforderungen, die an die Qualität eines solchen Verfassungsverstoßes zu stellen sind. Diese Streitpunkte wurden auch in der Literatur aufgegriffen.

(aa) Unzutreffende Einordnung durch die ältere Rechtsprechung des *XI. Senates*

Die ursprüngliche Rechtsprechung des *XI. Senats* zur Revisibilität von Verstößen gegen Verfahrensgrundrechte bzw. das Willkürverbot, die diese nicht dem Zulassungs- bzw. Zulässigkeitsgrund der Sicherung einer einheitlichen Rechtsprechung, sondern demjenigen der grundsätzlichen Bedeutung einer Rechtssache zuordnete,[780] wurde wegen der Abweichung zur Rechtsprechung der übrigen *Senate*[781] und der Begründung des Reformgesetzes[782] als „verwunderlich“[783] oder unzutreffend angesehen.[784] Allerdings sei dies eine bloße Zuordnungsfrage, über die eine Verständigung erreicht werden könne.[785]

(bb) Anforderungen an die Qualität eines Verfassungsverstoßes

Auch die unterschiedlichen Anforderungen der einzelnen *Senate*[786] des *BGH* an die Qualität eines Verfassungsverstoßes sind in der Literatur auf Kritik gestoßen.

(α) Kritik an der früheren Rechtsprechung des *XI. Senates*

So wurde einmal die frühere Rechtsprechung des *XI. Senats*[787] kritisiert, ein Verstoß gegen ein Verfahrensgrundrecht oder das Willkürverbot sei nur dann (unter dem Gesichtspunkt der grundsätzlichen Bedeutung der Rechtssache) relevant, wenn er sich offenkundig aufdränge, was nur der Fall sei, wenn der Fehler in wenigen Sätzen zweifelsfrei dargelegt

[779] Vgl. hierzu nochmals exemplarisch *BGHZ* 152, 182 = NJW 2003, 65 (*XI. Senat*) und *BGHZ* 154, 288 = NJW 2003, 1943 (*V. Senat*).

[780] Vgl. o. S. 159.

[781] Vgl. o. S. 160.

[782] Vgl. z.B. den *Regierungsentwurf-ZPO-RG*, BT-Drs. 14/4722, S. 104.

[783] Vgl. *Schlosser*, JZ 2003, 266 in Anm. zur Entscheidung des *XI. Senats*, JZ 2003, 263 = *BGHZ* 152, 182 = NJW 2003, 65.

[784] So *Scheuch/Lindner*, MDR 2003, 728 mit der Bemerkung, dass es anerkannten verfassungsrechtlichen Grundsätzen entspreche, bei der Auslegung inhaltlich wenig präziser Begriffe den gesetzgeberischen Willen heranzuziehen. Dies müsse daher auch bei der Fallgruppe „Sicherung einer einheitlichen Rechtsprechung“, die weit gefasst sei und grundsätzlich jede Abweichung – sei es auch im Hinblick auf Verfahrensgarantien – von der höchstrichterlichen Spruchpraxis erfasse, gelten.

[785] So z.B. *Schütt*, MDR 2003, 107 in Anm. zur Entscheidung des *XI. Senats*, MDR 2003, 105 = *BGHZ* 152, 182 = NJW 2003, 65. *Gehrlein*, MDR 2003, 547 bezeichnet diese Einordnung als *„dogmatische Geschmackssache.“*

[786] Vgl. o. S. 160 für den *XI. Senat* und S. 161 für die übrigen *Senate*.

[787] *BGHZ* 152, 182 = NJW 2003, 65.

werden könne. Insoweit sei zunächst schon fraglich, anhand welcher Kriterien ein solchermaßen offensichtlicher Verstoß erkannt werden könne.[788] Darüber hinaus könne es verfassungsrechtlich nicht begründet werden, den Erfolg eines Rechtsmittels davon abhängig zu machen, ob eine Verletzung von Verfahrensgrundrechten „offensichtlich" oder „nicht offensichtlich"sei.[789] Insbesondere läge es nicht im Allgemeininteresse, danach zu entscheiden, ob sich die Grundrechtsverletzung in „wenigen" Sätzen darlegen lasse oder ob es hierzu langer Ausführungen bedürfe, bzw. danach, ob sich ein solcher Rechtsfehler „geradezu aufdränge" oder erst bei ausführlicher Darstellung des Vorbringens der Parteien ersichtlich werde.[790] Das Allgemeininteresse an einer höchstgerichtlichen Rechtsüberprüfung sei nach der Begründung des Reformgesetzgebers[791] zwar das generelle Zugangskriterium für Rechtsfehler zur Fallgruppe der Sicherung einer einheitlichen Rechtsprechung, lasse sich so aber nicht begrifflich eingrenzen.

(β) Zustimmung zur Rechtsprechung des *V.* und des *VI. Senates* und der neueren Rechtsprechung des *XI. Senates*

Dagegen erfährt die Auffassung des *V.* und des *VI. Senates*[792], der sich der *XI. Senat* mittlerweile angeschlossen hat[793] Zustimmung, die eine Revisibilität von Verletzungen des Willkürverbotes sowie von Verfahrensgrundrechten unter dem Gesichtspunkt der „Sicherung einer einheitlichen Rechtsprechung" auch dann annimmt, wenn unabhängig von der Offensichtlichkeit derartiger Verstöße eine Ergebniskorrektur in der Revisionsinstanz erforderlich sei.[794]

4. Eigene Stellungnahme

Im Hinblick auf die vorstehend dargestellten Unterschiede in der Rechtsprechung verschiedener *Senate* des *BGH* zu den einzelnen Gründen des § 574 Abs. 2 ZPO einerseits, andererseits aber auch vor dem Hintergrund der z.T. massiv geäußerten Kritik an der Rechtsprechung in der Literatur soll im folgenden versucht werden, die Tauglichkeit der einzelnen Begriffsbestimmungen für die Praxis des *BGH* zu untersuchen sowie zu klären, ob diese Kriterien sowohl den Vorgaben des Reformgesetzgebers als auch den verfassungsrechtlichen Anforderungen genügen.

[788] So *Seiler/Wunsch*, NJW 2003, 1840.

[789] Kritisch insoweit: *Pieckenbrock/Schulze*, JZ 2002, 911; *Rimmelspacher*, LMK 2003, 13; *Scheuch/Lindner*, NJW 2003, 728; *von Giehrke/Seiler*, JZ 2003, 403.

[790] So *von Giehrke/Seiler*, JZ 2003, 403, mit dem Hinweis, dass besonders die Entscheidungen, die entscheidungserhebliches Vorbringen der Verfahrensbeteiligten unberücksichtigt lassen, einen etwaigen Gehörsverstoß weniger klar zu Tage treten lassen als solche, die den Stoff des Verfahrens, insbesondere auch das unter Beweis gestellte Vorbringen, ausführlich darstellen.

[791] Vgl. den *Regierungsentwurf-ZPO-RG*, BT-Drs. 14/4722, S. 104.

[792] Vgl. *BGH*, NJW-RR 2003, 861 (*V. Senat*) sowie *BGH*, NJW-RR 2003, 935 (*VI. Senat*).

[793] Vgl. *BGH*, NJW 2004, 2222.

[794] Dem zustimmend *von Giehrke/Seiler*, JZ 2003, 403 und *Seiler/Wunsch*, NJW 2003, 1840.

a) Notwendigkeit von Definitionen zur Begriffsbestimmung

Bei der Abhandlung der einzelnen in den §§ 574 Abs. 2, 543 Abs. 2 ZPO genannten Gründe fällt auf, dass alle *Senate* des *BGH* zunächst eine Definition des jeweils abzuhandelnden Revisions- bzw. Rechtsbeschwerdegrundes entwickeln, um sodann den konkreten Fall daran zu messen. Dies könnte man, zumal vor dem erheblichen Umfang der einzelnen Begriffsbestimmungen, als eine „Flucht in die Begriffshimmel" bezeichnen, aus dem sich ein „praktisch verwertbarer Erkenntnisgewinn nicht ziehen lasse."[795] Andererseits wurde behauptet, dass es klüger sei, in den ersten Jahren nach Geltung des neuen Rechtsmittelrechtes abstrakte Festlegungen zu den einzelnen unbestimmten Zugangsvoraussetzungen zum *BGH* zu vermeiden.[796]

Dem ist zunächst entgegenzuhalten, dass der Jurist in der Praxis, zumal derjenige in der Funktion eines Revisionsrichters, unbestimmte Rechtsbegriffe auf Fälle anzuwenden, hierbei auf Rechtssicherheit und darauf zu achten hat, dass das Recht gleich angewendet wird. Dies sicherzustellen, ist aber a priori nur möglich, wenn die unbestimmten Rechtsbegriffe durch den Richter ausgefüllt und näher begrifflich bestimmt werden. Wenn schon die Begründung des Reformgesetzgebers mit Definitionen arbeitet, die dieser von solchen ableitet, die (von der Rechtsprechung) zu entsprechenden unbestimmten Rechtsbegriffen in anderen Gesetzen entwickelt wurden,[797] kann es keinem Zweifel unterliegen, dass eine letzte Rechtsinstanz wie der *BGH* bei seiner Rechtsprechung an solche Begriffsbestimmungen anknüpfen muss.

Freilich dürfen aber diese Definitionen nicht ebenso unbestimmt sein wie die Rechtsbegriffe, die sie näher begrifflich umschreiben sollen. Es stellt sich daher zutreffend nicht die Frage, ob die einzelnen Gründe der §§ 574 Abs. 2, 543 Abs. 2 ZPO überhaupt näher begrifflich zu umschreiben sind, sondern vielmehr die Aufgabe, eine möglichst praxisnahe und verfassungskonforme Begriffsbestimmung zu finden. Insofern ist weiter nicht ersichtlich, inwiefern sich der *BGH* als Revisions- und Rechtsbeschwerdegericht in den ersten Jahren einer abstrakten Festlegung zu den neu geschaffenen abstrakten Rechtsbegriffen enthalten sollte. Das Gegenteil ist zutreffend, um möglichst früh in Anknüpfung an die

795 So explizit *Nasall*, NJW 2003, 1345, unter Heranziehung der Definition des *V. Senates* zur Abgrenzung der grundsätzlichen Bedeutung einer Rechtssache von der Fortbildung des Rechts. Insoweit unterscheidet der *V. Senat* zwischen dem Aufwerfen einer Rechtsfrage für eine unbestimmte Vielzahl von Rechtsfällen (dann „grundsätzliche Bedeutung") und der Veranlassung, im Einzelfall Leitsätze für die Auslegung von Gesetzesbestimmungen aufzustellen oder Gesetzeslücken auszufüllen (dann „Fortbildung des Rechts"). Diese Abgrenzung sei aber, so *Nasall*, a.a.O., praktisch unbrauchbar, da eine klärungsfähige Rechtsfrage sich nur dann stellen könne, wenn es für die Entscheidung des konkreten Falles an einer gesetzlichen Regelung fehle oder wenn eine hierfür in Betracht kommende Gesetzesbestimmung auslegungsbedürftig sei. Auch das Kriterium der „symptomatischen" Bedeutung eines Rechtsfehlers als Voraussetzung des Rechtsbeschwerdegrundes der Sicherung einer einheitlichen Rechtsprechung sei zu unbestimmt und daher untauglich.

796 So *Schlosser*, JZ 2003, 266 (Anm. zu *BGH*, JZ 2003, 263 = *BGHZ* 152, 182 = NJW 2003, 65).

797 Es ist zu sehen, dass der ZPO-Reformgesetzgeber selbst es war, der z.B. im *Regierungsentwurf-ZPO-RG*, BT-Drs. 14/4722, S. 67, 104 an vorhandene Definitionen zu den einzelnen Revisions- bzw. Rechtsbeschwerdegründen anknüpfte.

abstrakten Definitionen zu Präzedenzfällen zu gelangen, die sich regelmäßig wiederholen und somit möglichst bald für Rechtsklarheit und Rechtssicherheit zu sorgen. Wenn auch anfangs - wie aufgezeigt - die von den einzelnen *Senaten* des *BGH* vertretenen Begriffsbestimmungen voneinander abwichen, führten doch gerade die von den einzelnen Spruchkörpern frühzeitig definierten Voraussetzungen für den Zugang zum Revisions- und Rechtsbeschwerdegericht dazu, dass sich eine einhellige Ansicht entwickeln konnte.[798] Hätten die einzelnen *Senate* mit ihren Anforderungen an den jeweiligen Zulassungs- bzw. Zulässigkeitsgrund - vorläufig, wie lange? - hinter dem Berg gehalten, wäre die Gefahr viel größer gewesen, dass gleichliegende Fälle unterschiedlich gehandhabt werden, zumal die selben Gründe in einer großen Anzahl von Fällen von den Berufungs- oder Beschwerdegerichten zur Zulassung von Revision oder Rechtsbeschwerde subsumiert werden müssen. Daher war es besser, aus einer vorhandenen Begriffsbestimmung Präzedenzfälle zu entwickeln als aus vielen unterschiedlichen Einzelfällen eines Tages eine Definition.

b) Gang der Untersuchung

Im nachfolgenden soll daher aufgezeigt werden, ob und inwieweit die Rechtsprechung der einzelnen *Senate* des *BGH* brauchbare Kriterien zu den §§ 543 Abs. 2, 574 Abs. 2 ZPO entwickelt haben und ob diese Kriterien praxisgerecht und verfassungskonform sind. Hierbei bietet sich für eine nähere Untersuchung zunächst eine methodisch-teleologisch-systematische Methode an, die die einzelnen Begriffe vom Wortlaut und vom Gesetzgeber geäußerten Zweck her einordnet und sodann fragt, ob das gefundene Ergebnis für die Stellung von Revision und Rechtsbeschwerde im System der Rechtsmittel passt.

Bei der Darstellung der vom *BGH* zu den Zulassungsgründen der eben genannten Vorschriften entwickelten Grundsätze fiel darüber hinaus bislang nicht ins Gewicht, ob es sich um materielle Rechtsfragen (von grundsätzlicher Bedeutung) bzw. Rechtsfehler materiellen Rechts (die eine Entscheidung des *BGH* zur Sicherung einer einheitlichen Rechtsprechung erfordern) oder ob es sich um entsprechende Probleme aus dem Bereich des Verfahrensrechtes handelt. In einem letzten Schritt soll daher noch aufgezeigt werden, welche Bedeutung Verfahrensmängel für die Zulassung von Revision oder Rechtsbeschwerde haben.

[798] Vgl. auch *BVerfG*, NJW 2004, 1371 sowie NJW 2004, 1729, zur Verfassungsmäßigkeit der Zulassungsgründe gem. §§ 543, 574 ZPO und der zu diesen ergangenen Rechtsprechung des *BGH* unter dem Aspekt der Rechtsmittelklarheit. Das *BVerfG* führt hierzu aus, dass unter Berücksichtigung der vom Reformgesetzgeber verwendeten (verfassungsmäßig unbedenklich formulierten) unbestimmten Rechtsbegriffe eine Zeit abzuwarten sei, bis eine vom *BGH* zu entwickelnde Auslegung der Vorschriften endgültig auch unter dem Blickwinkel hinreichender Rechtsmittelklarheit beurteilt werden könne.

c) Das Prinzip der Grundsatzrevision bzw. Grundsatzrechtsbeschwerde (§§ 543 Abs. 2, 574 Abs. 2 ZPO)

Bei der Darstellung des Rechtes der Zulassungs- bzw. Zulässigkeitsgründen für eine Rechtsbeschwerde ist angemessen darauf einzugehen, welche Ziele der Reformgesetzgeber mit diesen verfolgte. Dabei ist es aber unerlässlich, kurz klarzustellen, was die Gründe dafür waren, die nunmehr Gesetz gewordene Konzeption für die Rechtsbeschwerde zu wählen. Diese hängt aber untrennbar mit den identischen Kriterien für das Revisionsrecht zusammen. Das Verständnis für die Zulassungs- bzw. Zulässigkeitsgründe bei der neu geschaffenen Rechtsbeschwerde erleichtert sich daher, wenn man sich die Motive des Reformgesetzgebers für die neu konzipierten Revisionsgründe vor Augen hält. Der Reformgesetzgeber wollte und vollzog insoweit aber einen Wechsel von der kombinierten streitwertabhängigen Zulassungs- und Annahmerevision zur Grundsatzrevision, die als reines Zulassungsrechtsmittel, verbunden mit einer Nichtzulassungsbeschwerde, ausgestaltet ist.

Hierdurch sollte zunächst sicher gestellt werden, dass die Arbeitskraft der *Zivilsenate* des *BGH* nicht durch die Entscheidung über die Annahme von Revisionen mit einer Beschwer über der Grenze von (bis 1.1.2002) 60.000.- DM (vgl. §§ 546 Abs. 1, 554b Abs. 1 ZPO (a.F.) gebunden wird, obwohl diesen Fällen weder grundsätzliche Bedeutung zukomme noch die zugrundeliegende Entscheidung einen durchgreifenden Rechtsfehler aufweise.[799] Andererseits ist dem Reformgesetzgeber aufgefallen, dass im Hinblick auf die fehlende Revisibilität landgerichtlicher Berufungsurteile im Jahre 1999 insgesamt für nicht einmal 20% aller streitigen erstinstanzlichen Urteile der Zugang zur Revisionsinstanz überhaupt eröffnet war.[800] Diese Zahlen machen deutlich, dass der Gesetzgeber nach einer Lösung zu suchen hatte, die zum einen eine gerechte Entscheidung des Einzelfalles nicht nur für einige wenige ermöglicht, andererseits aber auch die Wahrung der Rechtseinheit im Auge hat.

Maßgebliches Kriterium für den Zugang zur Revisionsinstanz ist aber schon immer die allgemeine Bedeutung einer Rechtssache sowie die Sicherung der Rechtseinheit gewesen, wohingegen die Interessen der Parteien im Kollisionsfalle zurückzutreten hatten.[801] Dies ergibt sich mittelbar aus Art. 95 Abs. 3 GG, wonach jeder oberste Gerichtshof für sein Gebiet die Einheitlichkeit der Rechtsprechung wahren soll.[802] Mit Kollisionsfall ist gemeint, dass das Revisionsgericht bei uneingeschränkter Statthaftigkeit der Revision die an-

799 So der *Regierungsentwurf-ZPO-RG*, BT-Drs. 14/4722, S. 65: Solche Revisionen würden aber weit mehr als 80% der Arbeitskraft des *BGH* in Anspruch nehmen. Diese Wertrevisionen, über deren Annahme der *BGH* nach altem Recht zu entscheiden hatte, waren in den Jahren 1992 bis 1999 um 52,6 % angewachsen. Ihr Anteil an den gesamten Revisionen, über die der *BGH* im Jahr 1999 zu entscheiden hatte, betrug mehr als 95%, weil sich gleichzeitig die Zahl der von den Oberlandesgerichten zugelassenen Revisionen unter der Wertgrenze von 1979 bis 1999 mehr als halbierte. Ähnlich auch *Gottwald*, Gutachten, S. A 76, wonach die überwiegende Anzahl der Revisionen nach altem Recht durch Nichtannahme nach umfassender Vorprüfung der Sache auf eine grundsätzliche Bedeutung hin erledigt wurde (§ 554b ZPO (a.F.).

800 Vgl. den *Regierungsentwurf-ZPO-RG*, BT-Drs. 14/4722, S. 66.

801 So der *Regierungsentwurf-ZPO-RG*, BT-Drs. 14/4722, S. 66 unter Bezugnahme auf *Adickes*, Grundlinien durchgreifender Justizreform, 1906, S. 14 und 26f.; *Kissel*, Der dreistufige Aufbau in der ordentlichen Gerichtsbarkeit, 1972, S. 85ff.; *Rosenberg/Schwab/Gottwald*, § 132 Rn. 18.

802 Vgl. *Gottwald*, Gutachten, S. A 75, m.w.N. dort in Fn. 1.

fallenden Revisionen personell nicht erledigen kann. Dem Gesetzgeber stand es aber frei, diesen Konflikt nach seinen Zweckmäßigkeitsvorstellungen unter Wahrung der Art. 92, 97, 101, 103 GG sowie des Rechtsstaatsprinzips und des Willkürverbotes zu bewältigen.[803] Insbesondere ist es möglich, den Zugang zur Revision für den einzelnen nach Maßgabe des Allgemeininteresses an dem jeweiligen Einzelfall zu beschränken.

Die Bedeutung des Einzelfalles für die Allgemeinheit hat der Gesetzgeber aber mit der Neukonzeption einer sog. Grundsatzrevision bzw. Grundsatzrechtsbeschwerde zum zentralen Motiv für die Zugangsvoraussetzungen der §§ 543 Abs. 2, 574 Abs. 2 ZPO gemacht und so dafür gesorgt, dass – auch zum Wohle der Einzelinteressen – grundsätzlich jedes Urteil und jeder Beschluss, von gesetzlich geregelten Ausnahmen abgesehen, vor den *BGH* gelangen kann. Insbesondere vor diesem Hintergrund sind die Konzeption für den Zugang zu diesem Gericht aber auch die einzelnen Zugangskriterien als solche näher zu untersuchen.

aa) Die grundsätzliche Bedeutung der Rechtssache (§§ 543 Abs. 2 Nr. 1, 574 Abs. 2 Nr. 1 ZPO)

Nach den §§ 543 Abs. 2 Nr. 1, 574 Abs. 2 Nr. 1 ZPO ist eine Rechtssache der Revision oder Rechtsbeschwerde zunächst zugänglich, wenn sie grundsätzliche Bedeutung hat. Dies bedeutet von den Buchstaben des Wortes „grundsätzlich" her, dass eine Entscheidung des *BGH* geeignet sein muss, auch für andere Rechtssachen eine Leitfunktion im Sinne der Entscheidung eines Präzedenzfalles zu entfalten. Darüber hinaus darf sie höchstrichterlich noch nicht geklärt sein, da eine weitere Entscheidung des Revisions- oder Rechtsbeschwerdegerichtes im Einzelfall dann ohne Bedeutung wäre. Diese Definition entspricht derjenigen zum Rechtszustand vor Inkrafttreten des ZPO-RG.[804] An der Fortgeltung der zum alten Recht entwickelten Inhalte des Begriffs „grundsätzliche Bedeutung" auch für

[803] Vgl. *BVerfGE* 54, 277.

[804] Vgl. nur MünchKomm/*Wenzel*, § 545 (a.F.) Rn. 36 a.E.; *BGHZ* 2, 396; *BAGE* 2, 26; *BVerwG*, NJW 1962, 218; *BSG*, MDR 1975, 964; *BFHE* 89, 117. Insoweit formulierte *Vogel*, NJW 1975, 1297, in Anlehnung an den Bericht des *Rechtsausschusses*, BT-Drs. 7/3596, S. 6: „*Erforderlich ist das Vorliegen einer klärungsbedürftigen, vorbehaltlich enger Ausnahmen bisher höchstrichterlich nicht entschiedenen Frage von grundsätzlicher und damit allgemeiner Bedeutung. Darunter ist zu verstehen, dass sich die Auswirkungen der Entscheidung in quantitativer Hinsicht nicht in einer Regelung der Beziehungen der Parteien auch über das Streitobjekt hinaus, oder in einer von vornherein überschaubaren Anzahl gleichgelagerter Angelegenheiten erschöpfen dürfen, sondern eine unbestimmte Vielzahl von Fällen betreffen müssen. In qualitativer Hinsicht dürfen die Auswirkungen der Entscheidung nicht nur auf tatsächlichem Gebiet liegen. Dies wäre z.B. der Fall, wenn von dem Ausgang des Prozesses lediglich ein größerer Personenkreis unter gleichgelagerten Voraussetzungen betroffen würde. Soweit rechtliche Auswirkungen der Entscheiddung der Fortbildung des Rechts dienen – also nicht lediglich ausgelaufenes oder auslaufendes Recht betreffen –, wird die Grundsätzlichkeit stets zu bejahen sein. Ob und unter welchen Voraussetzungen auch andere als rechtliche Auswirkungen der Entscheidung wie etwa eine besondere wirtschaftliche Tragweite des Falles als ausreichend anzuerkennen sind, wird außer von der jeweiligen Fallgestaltung auch von der zu beurteilenden Rechtsmaterie abhängen.*"

das reformierte Recht besteht kein Zweifel.[805] Diese eben beschriebene enge Begriffsbestimmung entspricht aber nicht mehr der Konzeption des Reformgesetzgebers. Nach der bisherigen Regelung der §§ 546 Abs. 1 Nr. 1, 554b Abs. 1 ZPO (a.F.) war die Revision vom Oberlandesgericht bei Streitwerten unter 60.000.- DM zuzulassen und konnte umgekehrt bei Streitwerten darüber vom *BGH* nicht angenommen werden, wenn die jeweilige Rechtssache keine grundsätzliche Bedeutung im eben genannten Sinne hatte.

Den engen Begriff der grundsätzlichen Bedeutung einer Rechtssache wollte der Reformgesetzgeber aber nicht beibehalten. Das ZPO-RG ist nämlich zu einer reinen Grundsatzrevision übergegangen.[806] Die Begründung des Gesetzes stellt klar, dass sämtliche Zulassungs- bzw. Zulässigkeitsvoraussetzungen in den §§ 543 Abs. 2 und 574 Abs. 2 ZPO solche Fälle betreffen, die von grundsätzlicher Bedeutung sind. Die zusätzlichen Kriterien der Fortbildung des Rechts sowie der Sicherung einer einheitlichen Rechtsprechung konkretisieren das Kriterium der grundsätzlichen Bedeutung einer Rechtssache nur, ohne es auf diese einzuschränken. Damit soll sicher gestellt sein, dass aus der Auslegung der Kriterien der Fortbildung des Rechts und der Sicherung einer einheitlichen Rechtsprechung keine einschränkenden Schlüsse gezogen werden, andererseits damit aber Rechtssachen auch dann grundsätzliche Bedeutung haben können, wenn sie zu keiner Divergenzentscheidung und zu keinem sonstigen Rechtsfehler geführt haben, der unter den Kriterien der §§ 543 Abs. 2 Nr. 2, 574 Abs. 2 Nr. 2 ZPO die Zulassung von Revision oder Rechtsbeschwerde rechtfertigen könnte.[807]

Damit ist aber klar, dass über die hergebrachte Begriffsbestimmung der grundsätzlichen Bedeutung einer Rechtssache hinaus auch nur das tatsächliche oder wirtschaftliche Gewicht einer Rechtssache die Zulassung von Revision oder Rechtsbeschwerde rechtfertigen kann.[808] Dem wird entgegengehalten, dass die tatsächliche oder wirtschaftliche Bedeutung eines Rechtsstreits, auch wenn sie über den konkreten Fall hinaus reiche und Allgemeininteressen beträfe, als direkter Ansatzpunkt für die Zulassung wegen der grundsätzlichen Bedeutung der Rechtssache ausscheide. Dies würde ein nicht zu rechtfertigendes Privileg gegenüber denjenigen bedeuten, die eine allgemeine politische, kulturelle, sportliche oder

805 So knüpfen sowohl der *BGH*, vgl. oben S. 149, als auch die in Schrifttum und Literatur vertretenen Meinungen bezüglich der „Kernbedeutung" dieses Zulassungs- bzw. Zulässigkeitsgrundes an die hergebrachte Definition an, vgl. z.B. MünchKomm/*Wenzel*, Aktualisierungsband , § 543 Rn. 6; *Baumbach/Albers/Lauterbach/Hartmann*, § 543 Rn. 7; *Musielak/Ball*, § 543 Rn. 4.

806 Vgl. *Pieckenbrock/Schulze*, JZ 2002, 911.

807 So ausdrücklich der *Regierungsentwurf-ZPO-RG*, BT-Drs. 14/ 4722, S. 67, 104.

808 Vgl. den *Regierungsentwurf-ZPO-RG*, BT-Drs. 14/4722, S. 105; *Musielak/Ball*, § 543 Rn. 6; MünchKomm/*Wenzel*, Aktualisierungsband , § 543 Rn. 11; *Zöller/Gummer*, § 511 Rn. 37. Solche Fälle wären etwa gegeben bei Fragen des Wettbewerbs-, Kapitalgesellschafts- oder des Produkthaftungsrechtes, wenn sie für das Allgemeininteresse und nicht nur für die Vermögensinteressen der Parteien von Bedeutung sind. Dazu zählen z.B. Prozesse, die den Fortbestand eines Unternehmens, z.B. den Verkauf einer großen Aktiengesellschaft mit Tausenden von Arbeitnehmern betreffen. *BGH*, NJW 2003, 3765, hat etwa unter dem Gesichtspunkt der besonderen wirtschaftlichen Bedeutung eine Rechtsbeschwerde für zulässig erachtet, die sich mit der Frage der Postulationsfähigkeit eines in die Rechtsanwaltskammer aufgenommenen Rechtsbeistandes aus Gründen der Gleichbehandlung mit dem Berufsstand der Rechtsanwälte befasste.

sonst gesellschaftliche Bedeutung für den Zugang zum *BGH* für sich reklamierten. Würde man aber auch in solchen Fällen eine grundsätzliche Bedeutung der Rechtssache annehmen können, wäre der Zweck dieses Zugangskriteriums vollends verfehlt. Nur die grundsätzliche Bedeutung der inmitten liegenden Rechtsfrage könne ob ihrer wirtschaftlichen, politischen oder sonstigen Bedeutung, die über den jeweiligen Prozess hinausreiche, diesen Zulassungsgrund rechtfertigen.[809]

Dem ist der ausdrücklich in der Begründung des Reformgesetzgebers geäußerte Wille entgegenzuhalten[810], nicht nur das wirtschaftliche, sondern auch das tatsächliche Gewicht der Sache für den beteiligten Rechtsverkehr für die grundsätzliche Bedeutung einer Rechtssache in Rechnung zu stellen. Damit sind natürlich auch solche Fälle gemeint, die ein besonderes gesellschaftspolitisches Gewicht haben.

Beispiel: Würde z.B. die CDU den Altbundeskanzler Dr. Helmut Kohl zur Vorbereitung einer Schadenersatzklage auf Auskunft über den Eingang, die Herkunft und den Verbleib von angeblichen Spendengeldern verklagen, hätte diese Angelegenheit nach herkömmlicher Definition keine grundsätzliche Bedeutung, da die Beantwortung des Bestehens eines entsprechenden Auskunftsanspruches nicht Einfluss auf eine unbestimmte Vielzahl gleichgelagerter künftiger Fälle hätte – der Fall ist in Ausmaß und Rahmenumständen ohne weiteres als singulär einzustufen. Gleichwohl hätte er für die beteiligten Rechtskreise, nämlich die politischen Parteien und deren Organe zweifellos ein ganz besonderes tatsächliches Gewicht und wäre wegen grundsätzlicher Bedeutung der Rechtssache zur Revision zuzulassen, § 543 Abs. 1 Nr. 1 ZPO.

Die Einbeziehung solcher Fälle unter die grundsätzliche Bedeutung einer Rechtssache führt diesen Zulassungsgrund auch nicht ad absurdum. Der Reformgesetzgeber wollte ja geradezu nicht nur wie bisher nur grundsätzliche Rechtsfragen der Revision zugänglich machen, sondern das Spektrum für das Revisionsgericht auf alle Fälle erweitern, in denen über den Einzelfall hinaus ein allgemeines, nicht nur auf die Rechtsproblematik bezogenes Interesse an einer höchstgerichtlichen Entscheidung besteht, sollen doch gerade in diesen Fällen nach dem Willen des ZPO-RG falsche Entscheidungen in einer reinen Rechtsüberprüfungsinstanz korrigiert werden können, mag auch der mögliche Rechtsfehler trivial sein. Schließlich ist noch auf die schon oben bei der Darstellung der Rechtsprechung des *BGH* erwähnten Streitfragen zu Sonderfällen im Rahmen der grundsätzlichen Bedeutung einer Rechtssache einzugehen.

(1) Keine grundsätzliche Bedeutung der Statthaftigkeit einer Rechtsbeschwerde

Der Rechtsprechung des *V. Senates* des *BGH* ist zuzustimmen, als die Statthaftigkeit einer Rechtsbeschwerde als solche nicht ihrerseits grundsätzliche Bedeutung i.S. von § 574 Abs. 2 Nr. 1 ZPO haben kann.[811] Diese Auffassung entspricht dem systematischen Verhältnis von Statthaftigkeit gem. § 574 Abs. 1 ZPO und darüber hinaus erforderlichem Zulassungs- bzw. Zulässigkeitsgrund nach § 574 Abs. 2 ZPO. Es entspricht allgemeiner Übung, bei Rechtsmitteln zunächst deren Statthaftigkeit und erst sodann die weitere Zuläs-

[809] Vgl. MünchKomm/*Rimmelspacher*, Aktualisierungsband, § 511 Rn. 68.
[810] Vgl. den *Regierungsentwurf-ZPO-RG*, BT-Drs. 14/4722, S. 105.
[811] Vgl. o. S. 149 und *BGH*, NJW 2002, 2473; a.A. *Seiler/Wunsch*, NJW 2003, 1840 und *Seiler*, MDR 2003, 785.

sigkeit zu prüfen.[812] Diese Reihenfolge ergibt sich im Übrigen auch schlicht aus dem Gesetz, da die Statthaftigkeit der Rechtsbeschwerde in Abs. 1 und die Zulässigkeitsgründe in Abs. 2 des § 574 ZPO geregelt sind. Im Übrigen stellt § 574 Abs. 2 Nr. 1 ZPO ausdrücklich auf die grundsätzliche Bedeutung der Rechtssache ab und nicht auf den Zugang zur Rechtsbeschwerde. Dieser ist nämlich regelmäßig durch Gesetz oder Zulassungsentscheidung (§ 574 Abs. 1 ZPO) eindeutig bestimmt, sodass Streitigkeiten über die Existenz oder Auslegung dieser Statthaftigkeitsvoraussetzungen nicht denkbar erscheinen. Hiervon zu unterscheiden ist freilich die Frage, ob die oben dargestellte, z.T. unterschiedliche Auslegung der Zugangskriterien in § 574 Abs. 2 ZPO durch den *BGH* zu einer Entscheidung des Großen Senats in Zivilsachen nach § 132 Abs. 3 und 4 GVG führen muss. Dem ist sicherlich zuzustimmen, wenn sich in einem zu entscheidenden Fall an Hand der vertretenen unterschiedlichen Meinungen unterschiedliche Ergebnisse ergäben.[813]

(2) Grundsatzbedeutung nur bei Auswirkung einer Entscheidung auf eine unbestimmte Vielzahl vergleichbarer Fälle

Es wird gegen die Übertragung der hergebrachten Definition für die grundsätzliche Bedeutung einer Rechtssache auf den Zulassungs- bzw. Zulässigkeitsgrund der §§ 543 Abs. 2 Nr. 1, 574 Abs. 2 Nr. 1 ZPO eingewandt, es sei mit dem Ziel des ZPO-RG, den Zugang zu den Rechtsmittelinstanzen zu erweitern, nicht vereinbar, dass für die allgemeine Bedeutung eines Rechtsfalls die Auswirkung auf eine unbestimmte Vielzahl gleichgelagerter Fälle notwendig sei. Ausreichend sei vielmehr, wenn eine Rechtsfrage in einer Mehrzahl von Fällen auftreten könne, also nicht nur in Einzelfällen bedeutsam sei.[814] Zuzustimmen ist allerdings der gegenteiligen Rechtsprechung[815] und h.M.[816] Eine andere Auffassung würde nämlich darauf hinauslaufen, eine lediglich bezogen auf den aktuellen Zeitpunkt der Entscheidung gegebene Relevanz zu berücksichtigen.

Beispiel: Selbstverständlich wären von einer Klage auf Ausschluss aus einer Personengesellschaft nicht nur ein einzelner Gesellschafter als aktuell beklagte Partei, sondern auch weitere Gesellschafter, in deren Person der nämliche Ausschließungsgrund gegeben sein könnte, in ihren Interessen betroffen. Wäre der Beklagte nun revisionsbefugt mit der Begründung, die Entscheidung der Rechtssache wirke sich auch auf künftige Prozesse gegen andere Gesellschafter aus, ohne dass der relevanten Rechtsfrage für andere Personengesellschaften Relevanz zukäme, weil der Streit um eine Besonderheit des konkreten Gesellschaftsvertrages geht, wäre wegen eines lediglichen aktuellen Gruppeninteresses die Revision eröffnet. Dies ist allerdings gerade nicht das Ziel des Reformgesetzgebers gewesen, der betont, dass Revision und Rechtsbeschwerde sich an den Auswirkungen einer Entscheidung auf die Allgemeinheit zu orientieren haben[817]. Eine solche Auswirkung kann die einzelne Rechtssache aber nur haben, wenn sich die nämliche Rechtsfrage in einer unbestimmten Vielzahl künftiger Fälle erneut stellen kann. Das aktuelle Interesse einer Mehrheit von Personen ist kein Allgemeininteresse.

812 Vgl. etwa *Rosenberg/Schwab/Gottwald*, § 134 Rn. 2.

813 Dies war allerdings bislang nicht der Fall, vgl. z.B. *BGHZ* 152, 182 = NJW 2003, 65 und *BGHZ* 154, 288 = NJW 2003, 1943.

814 So MünchKomm/*Rimmelspacher*, Aktualisierungsband, § 511 Rn. 68.; *Seiler/Wunsch*, NJW 2003, 1840.

815 Vgl. nur *BGH*, NJW 2002, 2473, NJW 2002, 2957 und *BGHZ* 151,221 = NJW 2002, 3029.

816 Vgl. *Rosenberg/Schwab/Gottwald*, § 140 Rn. 5; *Zöller/Gummer*, § 511 Rn. 36f.; *Thomas/Putzo*, § 511 Rn. 20.

817 Vgl. den *Regierungsentwurf-ZPO-RG*, BT-Drs. 14/4722, S. 66.

Zwar ist es richtig, dass mit der Reform des Rechtsmittelrechtes der Zugang des einzelnen zu den Rechtsmittelinstanzen erleichtert werden sollte.[818] Damit war aber in erster Linie der „Abbau von streitwertabhängigen Zugangsbarrieren zum Rechtsmittel", also insbesondere die Abschaffung der Streitwertrevision gemeint.[819] Eine Erweiterung der Zugangsmöglichkeit zu den Rechtsmitteln der Revision und Rechtsbeschwerde im Hinblick auf bloße aktuelle Gruppeninteressen lag sicher nicht im Sinne des Reformgesetzgebers. Dieser Auffassung steht nicht entgegen, dass Rechtsbeschwerde und Revision auch dann zu eröffnen sind, wenn das tatsächliche oder wirtschaftliche Gewicht eines Einzelfalls dies erfordern.[820] Es trifft zwar zu, dass sich in einer historischen Situation entscheidende wirtschaftspolitische oder rechtliche Fragen nicht in einer unbestimmten oder gar unüberschaubaren Vielzahl künftiger Fälle erneut stellen können. Allerdings betrifft dies eine andere Fallgruppe des Zulassungsgrundes der Sicherung einer einheitlichen Rechtsprechung, die aber ihrerseits vor dem nämlichen Vorzeichen der Notwendigkeit einer höchstgerichtlichen Entscheidung aus den Gründen des Allgemeininteresses steht. Aus solchen tatsächlich oder wirtschaftlich besonders bedeutsamen Einzelfallentscheidungen lassen sich nämlich regelmäßig allgemeine Regeln und Ordnungsprinzipien ableiten, die für spätere, ebenso bedeutende Einzelfälle als übergeordnete Maßstäbe zur Sicherung einer einheitlichen Rechtsprechung herangezogen werden können.

(3) In der Regel keine grundsätzliche Bedeutung bei „ausgelaufenem oder auslaufenden Recht"

Der *XI. Senat* des *BGH* hat entschieden, dass die Anwendung „ausgelaufenen oder auslaufenden" Rechts keine grundsätzliche Bedeutung im Sinne einer Relevanz für die Interessen der Allgemeinheit haben könne, wenn nicht konkrete Anhaltspunkte für eine erhebliche Anzahl von Altfällen vorlägen, auf die sich die Beantwortung der streitrelevanten Rechtsfrage auswirken könne.[821] Die an dieser Entscheidung geäußerte Kritik[822] ist nicht zutreffend. Die Entscheidung hält sich an die Definition des Zulassungsgrundes der grundsätzlichen Bedeutung der Rechtssache, indem sie auf die Relevanz für die Rechtsinteressen der Allgemeinheit abstellt und im konkreten Fall zum Ergebnis kommt, die im Streit befangene Rechtsfrage nach altem Schuldrecht lasse eine unüberschaubare Vielzahl ähnlicher zukünftiger Fälle nicht erwarten.[823] Die eben genannte Rechtsprechung des *XI. Senats* stellt entgegen insoweit geäußerter Kritik[824] keinen Widerspruch zu derjenigen des

[818] Vgl. den *Regierungsentwurf-ZPO-RG*, BT-Drs. 14/4722, S. 60f.
[819] Vgl. den *Regierungsentwurf-ZPO-RG*, BT-Drs. 14/4722, S. 60f.
[820] Vgl. o. S. 177.
[821] Vgl. *BGH*, Beschl. v. 5.11.2002, XI ZR 111/02, n.v.
[822] Vgl. *von Giehrke/Seiler*, JZ 2003, 407.
[823] Der Fall betraf die Rechtsfrage, ob § 463 BGB (a.F.) auf einen Aktienoptionsvertrag bzw. Aktienkaufvertrag entsprechend anzuwenden ist. Hierzu war vom Rechtsmittelführer nichts vorgetragen. Es lässt sich auch nicht bemängeln, der *XI. Senat* habe zu große Anforderungen an den Vortrag des Beschwerdeführers nach § 544 ZPO zur Darlegung einer grundsätzlichen Bedeutung der Rechtssache gestellt. Selbstverständlich ist es Sache des Beschwerdeführers nach § 544 Abs. 3 S. 3 ZPO, die Zulassungsgründe des § 543 Abs. 2 ZPO tatsächlich darzulegen, sodass der *BGH* nur an Hand des Berufungsurteils und der Begründung der Nichtzulassungsbeschwerde etwa die grundsätzliche Bedeutung der Rechtssache entnehmen kann.
[824] Vgl. *von Giehrke/Seiler*, JZ 2003, 407

V. Senats[825] dar, wonach bei falsch entschiedenen Streitfragen bezüglich bestimmter vor dem Schuldrechtsmodernisierungsgesetz geltender Regelungen bei Rechtsfehlern zu Recht zur Sicherung einer einheitlichen Rechtsprechung von einer Wiederholungs- bzw. Nachahmungsgefahr auszugehen sei, wenn mit einer Vielzahl ähnlicher Sachverhalte im Hinblick auf die Menge der Vertragsverhältnisse zu rechnen sei, auf die gem. Art. 229 § 5 EGBGB altes Recht zur Anwendung komme. Zum einen handelt es sich nämlich bei dieser Entscheidung um die Frage der Beweislastverteilung für eine arglistige Täuschung im Sinne des § 463 S. 2 BGB (a.F.) bei einem Grundstückskauf, mithin aber o. w. um eine Materie, die ständiger Gegenstand von Rechtsstreitigkeiten ist. Zum anderen hielt auch der *XI. Senat* den Zulassungsgrund der Sicherung einer einheitlichen Rechtsprechung für möglich, allerdings mangels entsprechender Anhaltspunkte für eine etwaige Divergenz oder Wiederholungs- bzw. Nachahmungsgefahr im Hinblick auf den konkret behaupteten Rechtsfehler für nicht gegeben.

(4) Keine grundsätzliche Bedeutung bei reinen Rechtsanwendungs- oder Rechtsauslegungsfehlern

Schließlich war, wie aufgezeigt, zwischen dem *XI. Senat* und den übrigen *Senaten* des *BGH* zunächst streitig, ob reine Rechtsanwendungsfehler ohne Wiederholungs- oder Nachahmungsgefahr unter den Zulassungs- bzw. Zulässigkeitsgrund der grundsätzlichen Bedeutung einer Rechtssache (so der *XI. Senat*) oder unter denjenigen der Sicherung einer einheitlichen Rechtsprechung (so die übrigen *Senate*, insbesondere der *V. Senat*) fallen. Dabei handelt es sich insbesondere um Verstöße gegen Verfahrensgrundrechte sowie gegen das Willkürverbot.

Insoweit ist mit der oben dargestellten Kritik in der Literatur der Auffassung des *V. Senats*, der sich der *XI. Senat* mittlerweile angeschlossen hat, zuzustimmen. Es entspricht nämlich dem hergebrachten Auslegungsmuster, für solche Fälle zunächst den Wortlaut des Gesetzes heranzuziehen und dann zu untersuchen, ob eine sich konkret nicht ergebende Deckung mit dem zu subsumierenden Fall aus Sinn und Zweck des Gesetzes, der sich aus dessen Motiven entnehmen lässt, hergeleitet werden kann. Schon im Wortlaut des Kriteriums der Sicherung einer einheitlichen Rechtsprechung sind aber Rechtsanwendungs- bzw. Rechtsauslegungsfehler erfasst, da grundsätzlich jede falsche Subsumtion unter das Gesetz zu einer Abweichung von der naturgemäß einheitlichen richtigen Rechtsprechung im Wortsinne führt.[826] Dem Gesetzgeber blieb es nunmehr überlassen, dieses weite Kriterium der Sicherung einer einheitlichen Rechtsprechung enger zu fassen, um die Funktionsfähigkeit des *BGH* als Revisions- und Rechtsbeschwerdegericht zu erhalten. Ob mithin das Kriterium der Sicherung einer einheitlichen Rechtsprechung alle oder nur bestimmte fehlerhafte Entscheidungen erfasst, lässt sich nur der Begründung des Gesetzes entnehmen. In dieser ist aber ausdrücklich klargestellt, dass Rechtsfehler der angegriffenen Ausgangsentscheidung auch dann unter das eben genannte Kriterium fallen sollen, wenn keine Divergenz- oder Wiederholungsgefahr besteht, wobei es sich einschränkend um solche Fehler

[825] Vgl. NJW 2003, 754.
[826] So zutreffend *BGH, V. Senat*, NJW 2003, 1943; *Büttner*, MDR 2001, 1201. Vgl. auch *Baukelmann*, FS für *Erdmann*, 2002, S. 767.

handeln muss, die das Vertrauen der Allgemeinheit in die Rechtsprechung besonders erschüttern, namentlich um die genannten Verstöße gegen Verfahrensgrundrechte oder das Willkürverbot.[827]

Schon nach dem Wortlaut des Gesetzes sind also reine Rechtsanwendungs- oder Rechtsauslegungsfehler dem Zulassungs- bzw. Zulässigkeitsgrund der Sicherung einer einheitlichen Rechtsprechung zuzuordnen,[828] wobei darüber hinaus v.a. die Motive des Reformgesetzes eine solche Einordnung verlangen. Ungeachtet dessen handelt es sich aber bei der Einordnung dieser Fehler um eine theoretische Frage,[829] die sich auf den Erfolg eines Rechtsmittels naturgemäß nicht auswirken kann, da die Kriterien in den §§ 543 Abs. 2 Nr. 1, 574 Abs. 2 Nr. 1 ZPO einerseits und den §§ 543 Abs. 2 Nr. 2, 574 Abs. 2 Nr. 2 ZPO andererseits keine für die Zulässigkeit oder Begründetheit von Revision oder Rechtsbeschwerde unterschiedlichen sonstigen Anforderungen erheben.

bb) Die Fortbildung des Rechts sowie die Sicherung einer einheitlichen Rechtsprechung (§§ 543 Abs. 2 Nr. 2, 574 Abs. 2 Nr. ZPO)

Der Reformgesetzgeber hat für die Revisibilität einer Rechtssache auf deren grundsätzliche Bedeutung als zentrales Kriterium abgestellt. Die nunmehr zu untersuchenden Kriterien der Fortbildung des Rechts sowie der Sicherung einer einheitlichen Rechtsprechung sollen dasjenige der grundsätzlichen Bedeutung der Rechtssache nur konkretisieren, ohne es zu reduzieren.[830] Insoweit müssen diese Fallgruppen, die nicht isoliert voneinander stehen, zusammen und immer vor dem Hintergrund des besonderen Gewichtes des Kriteriums einer Bedeutung für die Allgemeinheit[831] gesehen werden. Zutreffend werden die Gründe der Fortbildung des Rechts und der Sicherung einer einheitlichen Rechtsprechung auch als „Rechtsfortbildungs- und Einheitstatbestand" bezeichnet.[832] Dieser war in der nämlichen Formulierung schon bislang im Rechtsmittelrecht weit verbreitet.[833] Aus der Anknüpfung des Gesetzgebers in seiner Begründung an die Auslegung und die Rechtsprechung zu diesen Tatbeständen in anderen Gesetzen lassen sich im folgenden wichtige Schlüsse für die entsprechende Ausgestaltung der §§ 543 Abs. 2 Nr. 2, 574 Abs. 2 Nr. 2 ZPO ziehen. Vor allem ist zu beachten, dass die Motive des ZPO-RG zur Begriffsbestim-

827 So der *Regierungsentwurf-ZPO-RG*, BT-Drs. 14/4722, S. 67 und 104.

828 Entgegen der Auffassung des *V. Senats*, *BGHZ* 154, 288 = NJW 2003, 1943 ist insoweit noch nicht einmal der Wortsinn dieses Kriteriums mehreren Deutungen zugänglich, da er jeden Rechtsfehler erfasst.

829 In diesem Sinne auch *Schütt*, MDR 2003, 107 und *Gehrlein*, MDR 2003, 547.

830 Vgl. den *Regierungsentwurf-ZPO-RG*, BT-Drs. 14/4722, S. 67.

831 Siehe hierzu ausführlich zuvor aa).

832 Vgl. *Pieckenbrock/Schulze*, JZ 2003, 911.

833 Vgl. u.a. § 219 Abs. 2 Nr. 3 BEG; § 74 Abs. 2 Nr. 2 GWB; § 100 Abs. 2 Nr. 2 PatG; §§ 10a Abs. 2 S. 2 GeschmMG, 36 SortSchG, 18 Abs. 5 S. 2 GebrMG (jeweils Verweis auf das PatG); § 4 HalbleiterSchG (Verweis auf das GebrMG); Art. 2 SchriftzeichenG (Verweis auf das GeschmMG); § 83 Abs. 2 Nr. 2 MarkenG; § 80 Abs. 1 Nr. 1 OwiG; § 116 Abs. 1 StVollzG; ebenso für Entscheidungsvorlagen an die Großen Senate der obersten Bundesgerichte die wortgleichen §§ 132 Abs. 4 GVG, 11 Abs. 4 VwGO, 45 Abs. 4 ArbGG, 11 Abs. 4 FGO und 41 Abs. 4 SGG.

mung dieser Regelungen auf die Rechtsprechung des *BGH*[834] bei der Rechtsbeschwerde nach dem Ordnungswidrigkeitengesetz (§ 80 Abs. 1 Nr. 1 OWiG) Bezug nehmen.[835]

(1) Fortbildung des Rechts

Für die Inhaltsbestimmung dieses Tatbestandes ist maßgebend die allgemeine und grundsätzliche Bedeutung der im konkreten Fall zu entscheidenden Rechtsfrage auf die Auslegung des materiellen oder des Verfahrensrechtes sowie auf die Ausfüllung etwa vorhandener Lücken in diesen Bereichen.[836] Dieser Tatbestand überschneidet sich in ganz wesentlichen Bereichen mit dem Generaltatbestand der grundsätzlichen Bedeutung der Rechtssache.[837] Rechtsfortbildung im eben genannten Sinne ist nämlich immer dann gegeben, wenn die Entscheidung des Einzelfalles die Rechtsentwicklung fördert. Letzteres gehört aber auch zur Begriffsbestimmung der grundsätzlichen Bedeutung einer Rechtssache.[838] Zutreffend ist die Argumentation, der Tatbestand der Fortbildung des Rechts habe nur in das Gesetz Eingang gefunden, weil so die Verfahrensordnungen im Bereich des Rechtsmittelrechtes vereinheitlicht werden[839] und die Rechtsfortbildung als richterliche Gestaltungsaufgabe ausdrücklich auch für den Zivilprozess Anerkennung fand.[840] Da der Gesetzgeber auch solche Fälle dem Tatbestand der grundsätzlichen Bedeutung der Rechtssache zugeordnet hat, in denen eine erneute höchstrichterliche Entscheidung vonnöten erscheint, weil entweder die Instanzgerichte weitgehend dem *BGH* nicht folgen oder im Schrifttum ernstzunehmende Bedenken gegen eine höchstrichterliche Rechtsprechung geltend gemacht werden und die Gefahr einer Rechtserstarrung besteht,[841] fragt sich, welche Bedeutung das Kriterium der Fortbildung des Rechts neben der grundsätzlichen Bedeutung der Rechtssache überhaupt noch haben kann.

834 Vgl. den *Regierungsentwurf-ZPO-RG*, BT-Drs. 14/4722, S. 104 unter Verweis auf die Definitionen zu den Tatbeständen der Fortbildung des Rechts und der Sicherung einer einheitlichen Rechtsprechung in *BGHSt.* 24, 15.

835 Bei der Herleitung einer Begriffsbestimmung sowie von Auslegungsgrundsätzen zum Merkmal der „Sicherung einer einheitlichen Rechtsprechung" gem. § 543 Abs. 2 Nr. 1 ZPO nimmt auch *Baukelmann*, FS für *Erdmann*, S. 767, die Anknüpfung der Gesetzesbegründung an die Rechtsprechung des *BGH* zur gleichlautenden Formulierung für die Zulassung der Rechtsbeschwerde in § 80 Abs. 1 Nr. 1 OWiG zum Ausgangspunkt.

836 So der *Regierungsentwurf-ZPO-RG*, BT-Drs. 14/4722, S. 104 unter Bezugnahme auf *BGHSt.* 24, 15.

837 Vgl. nur MünchKomm/*Rimmelspacher*, Aktualisierungsband, § 511 Rn. 72; *Zöller/Gummer*, § 543 Rn. 12; *Wenzel*, NJW 2002, 3353; *Ullmann*, WRP 2002, 593. So hat etwa *BGH*, NJW 2003, 2172 in einer Entscheidung über eine Rechtsbeschwerde sowohl den Zulässigkeitsgrund der grundsätzlichen Bedeutung der Rechtssache als auch denjenigen der Fortbildung des Rechts deswegen bejaht, weil die Voraussetzungen eine gewillkürten Klägerwechsels in der Brufungsinstanz höchstrichterlich noch nicht abschließend geklärt seien.

838 Vgl. nur den *Regierungsentwurf-ZPO-RG*, BT-Drs. 14/4722, S. 104.

839 Vgl. nur die in Fn. 833 aufgezählten Regelungen.

840 So *Wenzel*, NJW 2003, 3353.

841 Vgl. den *Regierungsentwurf-ZPO-RG*, BT-Drs. 14/4722, S. 104. *Seiler/Wunsch*, NJW 2003, 1840 und *von Giehrke/Seiler*, JZ 2003, 407 schlagen demgegenüber vor, diese Fälle dem Tatbestand der Fortbildung des Rechts zuzuordnen, um diesem wenigstens irgendeine Bedeutung einzuräumen. Dabei übersehen sie aber, dass der Gesetzgeber selbst diese Konstellationen unter dem Gesichtspunkt der grundsätzlichen Bedeutung der Rechtssache angesiedelt hat, vgl. den *Regierungsentwurf-ZPO-RG*, a.a.O.

Es ließe sich daran denken, an die Zulassung von Revision oder Rechtsbeschwerde wegen Fortbildung des Rechts dann zu denken, wenn im aktuellen Fall vom Rechtsmittelführer selbst ernstzunehmende Bedenken gegen eine höchstrichterliche Rechtsprechung vorgebracht werden. Dennoch werden aber auch diese Fälle[842] vom Generaltatbestand der grundsätzlichen Bedeutung der Rechtssache erfasst, da eine solche dann vorliegt, wenn die Entscheidung einer Einzelfrage die Rechtsentwicklung fördert. Ob den Anstoß hierzu bereits veröffentlichte oder erst im Einzelfall vom Rechtsmittelführer geäußerte Kritik gibt, macht keinen Unterschied. Der Zweck des Tatbestandes der Fortbildung des Rechts erschöpft sich daher in einer inhaltlichen Konkretisierung des Generaltatbestands der grundsätzlichen Bedeutung der Rechtssache durch Kodifikation einer Fallgruppe sowie in der oben bereits angeführten Vereinheitlichungswirkung. Dem steht weder systematisch noch inhaltlich entgegen, dass dieses Kriterium in Gesetz, Rechtsprechung des *BGH* sowie in Literatur und Schrifttum regelmäßig gesondert diskutiert wird, denn das ist selbstverständlich auch bei einem lediglichen Unterfall eines Generaltatbestandes vonnöten.

(2) Sicherung einer einheitlichen Rechtsprechung

Auch der Tatbestand der Sicherung einer einheitlichen Rechtsprechung stellt eine Konkretisierung des generellen Kriteriums der grundsätzlichen Bedeutung der Rechtssache dar.[843] Anders als die Untergruppe der Fortbildung des Rechts kommt dem Tatbestand der Sicherung einer einheitlichen Rechtsprechung aber von der Motivation des Gesetzes her eine weitere, eigenständige Bedeutung zu. Sinn und Zweck dieser Regelung ist es nämlich, nicht nur die Rechtsentwicklung wegen der allgemeinen Bedeutung einer Rechtsfrage für die Fortbildung des Rechts zu fördern, sondern dem aus Art. 3 Abs. 1 GG entspringenden Gebot der Rechtsanwendungsgleichheit ohne Rücksicht auf den Streitwert zur Geltung zu verhelfen. Darüber hinaus soll die Möglichkeit bestehen, zum Wohle der Rechtssicherheit Diskrepanzen einer Instanzentscheidung zur Rechtsprechung des *BGH* auch dann zu revidieren, wenn die engen Zulassungsgründe der grundsätzlichen Bedeutung einer Rechtssache im herkömmlichen Sinn nicht gegeben sind, gleichwohl aber bei Belassen der falschen Entscheidung Gefahr besteht, dass das Vertrauen der Allgemeinheit in die Rechtsprechung als Ganzes erschüttert wird.[844]

Die wesentlichen Aspekte dieses Tatbestandes hat der Reformgesetzgeber in seiner Begründung[845] selbst vorgegeben. Dort werden nämlich Rechtsfehler, die eine Divergenz zur höchstrichterlichen Rechtsprechung aufweisen, eine Wiederholungsgefahr nahe legen oder Verfahrensgrundrechte verletzen, einzelnen Fallgruppen des Begriffes der Sicherung einer einheitlichen Rechtsprechung zugeordnet. Hierbei fällt auf, dass der Reformgesetzgeber diese Inhaltsbestimmungen der höchstrichterlichen Rechtsprechung[846] zu § 80 Abs. 1 OWiG entnommen hat,[847] ohne allerdings Stellung dazu zu nehmen, ob eine solche Parallele im Zivilprozessrecht angemessen ist. Im folgenden soll daher versucht werden, zu klären,

842 Entgegen der Ansicht von *von Giehrke/Seiler*, JZ 2003, 407.
843 Vgl. den *Regierungsentwurf-ZPO-RG*, BT-Drs. 14/4722, S. 67 und 104.
844 Vgl. den *Regierungsentwurf-ZPO-RG*, BT-Drs. 14/4722, S. 104; *Wenzel*, NJW 2002, 3353.
845 Vgl. diejenige des *Regierungsentwurfes-ZPO*, BT-Drs. 14/4722, S. 66f. und 104.
846 Insbesondere der Entscheidung *BGHSt.* 24, 15.
847 Vgl. den *Regierungsentwurf-ZPO-RG*, BT-Drs. 14/4722, S. 104.

ob die vom Gesetzgeber des ZPO-RG gewollte Ausgestaltung des neuen Zulassungs- bzw. Zulässigkeitstatbestandes der Sicherung einer einheitlichen Rechtsprechung im Lichte der Begriffsbestimmungen aus anderen Verfahrensordnungen für diese zivilprozessualen Rechtsmittel überhaupt tauglich ist. Falls dem so wäre, wäre zu prüfen, ob die vorhandenen Definitionen durch den *BGH* bislang zutreffend angewendet wurden.

(a) Der Bezug zu anderen Verfahrensordnungen, insbesondere zu § 80 Abs. 1 Nr. 1 OWiG

Nach §§ 79 Abs. 1 S. 2, 80 Abs. 1 Nr. 1 OWiG ist die Rechtsbeschwerde gegen ein Urteil im Verfahren nach dem OWiG u.a. dann zuzulassen, wenn die Nachprüfung zur Sicherung einer einheitlichen Rechtsprechung geboten ist. Nach übereinstimmender Ansicht dient diese Regelung, anders als die Rechtsbeschwerde nach § 79 Abs. 1 S. 1 OWiG oder die strafprozessuale Revision, nicht der Erreichung einer Gerechtigkeit im Einzelfall, auch wenn es sich um schwere Rechtsfehler handelt.[848] Nur wenn eine Rechtsfrage über den Einzelfall hinaus unter übergeordneten Gesichtspunkten von Bedeutung ist oder sein kann, soll eine Rechtsbeschwerde ausnahmsweise zugelassen werden können.[849] Maßgebend für diese gesetzliche Regelung, insbesondere das Zurückstellen der Einzelfallgerechtigkeit ist die Überlegung, dass das für die Entscheidung über das Rechtsmittel zuständige Rechtsbeschwerdegericht nicht mit Bagatellfällen konfrontiert wird, es sei denn, sie hätten übergeordnete Bedeutung.[850] Wie aus der Regelung des § 80 OWiG deutlich wird, handelt es sich bei den unter die Zulassungsrechtsbeschwerde gestellten Fällen innerhalb der denkbaren Bandbreite von Ordnungswidrigkeiten[851] um solche am unteren Rande des Spektrums. Trotzdem hat der Gesetzgeber eine entsprechende Regelung nunmehr für die ZPO in den §§ 543 Abs. 2 Nr. 2 und 574 Abs. 2 Nr. 2 ZPO übernommen, ohne die denkbaren Fälle geringer Bedeutung, für die nur ein Zulassungsrechtsmittel zur Verfügung steht, weiter durch besondere Wertgrenzen, insbesondere den Wert der vorhandenen Beschwer einzugrenzen. Anders als im Recht der Ordnungswidrigkeiten soll mithin auch der „Millionenprozess", der (schwerwiegend) falsch aber nicht unter Begehung allgemein relevanter Rechtsfehler entschieden wurde, nicht der Revision oder der Rechtsbeschwerde zugänglich sein, es sei denn unter dem Gesichtspunkt der grundsätzlichen Bedeutung der Rechtssache wegen besonderer wirtschaftlicher Auswirkungen.[852] Die vom Gesetzgeber selbst gewollte Parallele zu § 80 OWiG hat der *XI. Senat* des *BGH* aufgegriffen[853] und ausgeführt, ein Zivilrechtsstreit habe gewöhnlich für die Allgemeinheit kein besonderes Interes-

[848] Vgl. *BGH*, NJW 1971, 389; *Rebmann/Roth/Hermann*, § 80 Rn. 1; *HK*-OWiG, § 80 Rn. 1.

[849] So *Göhler*, FS für *Karl Schäfer*, 1979, S. 42.

[850] So *HK*-OWiG, § 80 Rn. 1.

[851] Zu den nach dem OWiG möglichen Sanktionen bestimmt § 17 OWiG als Grundregelung:

(1) Die Geldbuße beträgt mindestens fünf Euro und, wenn das Gesetz nichts anderes bestimmt, höchstens eintausend Euro .

(2) Droht das Gesetz für vorsätzliches und fahrlässiges Handeln Geldbuße an, ohne im Höchstmaß zu unterscheiden, so kann fahrlässiges Handeln im Höchstmaß nur mit der Hälfte des angedrohten Höchstbetrages der Geldbuße geahndet werden.

(...)

§ 61 des Kreislaufwirtschafts- und Abfallgesetzes bestimmt etwa, dass Ordnungswidrigkeiten nach diesem Gesetz mit einem Bußgeld von bis zu 50.000.- Euro geahndet werden können.

[852] Vgl. den *Regierungsentwurf-ZPO-RG*, BT-Drs. 14/4722, S. 105.

[853] Vgl. *BGHZ* 152, 182 = NJW 2003, 65.

se, weshalb eine Zulassung der Revision bzw. der Rechtsbeschwerde wegen Anwendungs- und Auslegungsfehlern des einfachen Rechts auch bei Offensichtlichkeit und besonderer Schwere nicht in Betracht komme.

Die eben aufgezeigten Richtlinien des Gesetzgebers bei der Auslegung des Tatbestandes der Sicherung einer einheitlichen Rechtsprechung sind für den Rechtsanwender wichtige Kriterien. Bei unbestimmten und inhaltsoffenen Regelungen ist der gesetzgeberische Wille bezüglich der Regelung im einzelnen, aber insbesondere auch des Gesamtregelungswerkes erstes Hilfsmittel für eine nähere Begriffsbestimmung.[854] Der Reformgesetzgeber hat aber einmal bei den einzelnen Zulassungstatbeständen nun gerade nicht jedwede „Ergebniskorrektur wegen offensichtlicher Unrichtigkeit" als für die Zulassung von Revision und Rechtsbeschwerde wegen der Sicherung einer einheitlichen Rechtsprechung notwendig angesehen,[855] sondern nur eine solche, die nicht nur im Einzel-, sondern im Allgemeininteresse steht. Dies sind über die Fälle reiner Divergenzentscheidungen hinaus die Verfahren, in denen die Allgemeinheit der begründeten Gefahr ausgesetzt ist, selbst von einem gleichartigen Rechtsfehler betroffen zu werden (Wiederholungs- oder Nachahmungsgefahr) oder ihr Vertrauen in die Gesetzestreue der Rechtsprechung nachhaltig erschüttert wird, was nicht schon bei der falschen Rechtsanwendung im Einzelfall zutrifft, sondern nur dann, wenn elementare Verfahrensrechte verletzt oder die Rechtsanwendungsgleichheit in objektiv willkürlichem Maße missachtet werden.

Dass der Reformgesetzgeber hierbei gerade zu § 80 OWiG und damit zu eindeutigen Bagatellfällen eine Parallele für die Begriffsbestimmung im Bereich der ZPO zieht, mag im Hinblick auf die Einzelfallgerechtigkeit rechtspolitischen Bedenken unterliegen, ist aber

[854] So ausdrücklich *Pieckenbrock/Schulze*, JZ 2003, 911 mit dem Hinweis, dass dies v.a. bei „jungen Gesetzen" geboten sei. Auch *Baukelmann*, Festschrift für *Erdmann*, S. 767, knüpft bei der Auslegung des § 543 Abs. 12 Nr. 2 ZPO an die Rechtsprechung des *BGH* zu § 80 Abs. 1 Nr. 1 OWiG an und formuliert: *„§ 543 Abs. 2 Nr. 2 ZPO ist also zu lesen als „Sicherung einer im wesentlichen nicht divergierenden Rechtsprechung*. Die Gesetzesmaterialien bestätigen dieses Ergebnis, wenn dort die Rede ist, es komme darauf an, welche Bedeutung die angefochtene Entscheidung für die Rechtsprechung *„im Ganzen"* habe. (vgl. den *Regierungsentwurf-ZPO-RG*, BT-Drs. 14/4722, S. 104). Hierzu s. auch *BVerfGE* 54, 277; 93, 37; *BGHZ* 138, 321; *Larenz/Canaris*, Methodenlehre der Rechtswissenschaft, S. 149ff.

[855] So aber *Pieckenbrock/Schulze*, JZ 2003, 911, unter unvollständiger Bezugnahme auf den *Regierungsentwurf*. Dort, BT-Drs. 14/4722, S. 67, ist zwar tatsächlich ausgeführt, dass Revisionen zuzulassen seien, *„die zwar eine Leitentscheidung nicht erfordern, gleichwohl aber eine Ergebniskorrektur wegen offensichtlicher Unrichtigkeit oder wegen der Verletzung eines Verfahrensgrundrechtes geboten erscheinen lassen."* Die vom Reformgesetzgeber im *Regierungsentwurf-ZPO-RG*, BT-Drs. 14/4722, S. 104 gegebene Präzisierung des Begriffes der Sicherung einer einheitlichen Rechtsprechung – von manchen auch als Widerspruch bezeichnet, vgl. *Wenzel*, NJW 2002, 3353 – lässt aber keinen Zweifel daran, dass offensichtlich unrichtig entschiedene Fälle nur dann revisibel sein sollen, wenn die Gefahr einer Wiederholung besteht (vgl. die ausdrückliche Bezugnahme auf die zu § 80 Abs. 1 OWiG ergangene Entscheidung *BGHSt.* 24, 15).

für die Auslegung des Begriffes nach dem gesetzgeberischen Willen hinzunehmen.[856] Nicht der *BGH* will die neue Rechtsmittelzulassungsregelung im Lichte der §§ 79 Abs. 1 S. 2, 80 Abs. 1 OWiG und der dazu ergangenen Rechtsprechung auslegen,[857] sondern der Gesetzgeber will, dass der *BGH* so verfährt. Hieran ist der *BGH* gebunden.[858]

Aber auch die generellen Ziele und der Wille des Gesetzgebers bei der Rechtsmittelreform ergeben nichts anderes. Mit dem ZPO-RG wurden die Zugangschancen zur Revisions- oder Rechtsbeschwerdeinstanz für alle Verfahren angeglichen, indem insbesondere die Streitwertrevision abgeschafft wurde.[859] Dies führt im Ergebnis zwar auch zu einer höheren Einzelfallgerechtigkeit, weil auch in wirtschaftlicher Hinsicht Bagatellsachen in die Rechtsmittelinstanz, insbesondere vor den *BGH* gelangen können. Andererseits hat der Reformgesetzgeber aber sichergestellt, dass nur grundsätzliche Rechtsfragen, die ein Allgemeininteresse nach sich ziehen, eine Entscheidung durch den *BGH* rechtfertigen. Damit soll das gemeinsame Revisions- und Rechtsbeschwerdegericht zum einen seine Tätigkeit auf die Entscheidung von Rechtsfragen fokussieren, im Gegenzug aber davon profitieren, dass es grundsätzlich nicht mehr mit Revisionen oder Rechtsbeschwerden belastet wird, die nur Parteiinteressen verfolgen, bei denen ein höchstrichterliches Erkenntnis aber weder für die Rechtsfortbildung noch für die Einheitlichkeit der Rechtsprechung von Nutzen wäre.[860] Genau in dieselbe Richtung zielt aber die Regelung des § 80 Abs. 1 OWiG, die für ihren Anwendungsbereich die Rechtsbeschwerdegerichte in Verfahren nach dem OWiG nur mit der Entscheidung von Fällen konfrontieren will, deren Entscheidung von allgemeinem Interesse ist.[861]

Die vom Reformgesetzgeber für die Auslegung des Tatbestandes der Sicherung einer einheitlichen Rechtsprechung weiter ins Auge gefassten Parallelen zu den §§ 74 Abs. 2 GWB, 219 BEG, 83 MarkenG und 100 PatG bestätigen schließlich den für die Rechtsan-

[856] Es besteht insoweit kein Grund dafür, dem *BGH* (*BGHZ* 152, 182 = NJW 2003, 65) vorzuwerfen, er wolle sich „aus der Zivilrechtspraxis verabschieden", wenn er formuliere, die Allgemeinheit habe in der Regel kein Interesse an der richtigen Entscheidung eines Zivilrechtsstreites, so aber *Nasall*, NJW 2003, 1345. Tatsächlich ist diese Auffassung zutreffend. Schon die Erfahrung des Berufungsrichters ist es nämlich, dass der einzelne Bürger so lange am Ausgang von ihn selbst nicht betreffenden Prozessen völlig uninteressiert ist, solange nicht wenigstens eine eigene Konfrontation mit der nämlichen Problematik möglich erscheint. Eine andere Auffassung schätzt das Interesse des Bürgers am (richtigen) Ausgang einer Zivilrechtsstreitigkeit viel zu hoch ein. Andererseits ist es nach der Neukonzeption des Revisions- und Rechtsbeschwerderechtes eben nicht (mehr) so, dass der *BGH* die Überwachung seiner einmal aufgestellten Leitsätze in jedem Einzelfall zu überwachen hat. Für die Einhaltung dieser Leitsätze sind die Instanz-, insbesondere die Berufungsgerichte zuständig. Der *BGH* soll gerade nicht in allen unrichtig entschiedenen Fällen das „Damoklesschwert" für die Instanzgerichte sein, sondern nur in den Fällen, in denen die Unrichtigkeit das Allgemeininteresse berührt.

[857] So aber *Nasall*, NJW 2003, 1345, der dies als „höchst merkwürdig" empfindet.

[858] Die Neuregelung der §§ 543 Abs. 2, 574 Abs. 2 ZPO ist ebenso wie ihre Auslegung durch den *BGH* verfassungsgemäß, vgl. *BVerfG*, NJW 2004, 1371 und NJW 2004, 1729.

[859] Beachte aber die Übergangsregelung in § 26 Nr. 8 EGZPO, vgl. unten S. 187.

[860] Vgl. den *Regierungsentwurf-ZPO-RG*, BT-Drs. 14/4722, S. 61, 66 und 67. Eine Ausnahme besteht, wenn tatsächliche oder wirtschaftliche Interessen im Einzelfall so überragend sind, dass die grundsätzliche Bedeutung der Rechtssache bejaht werden kann, hierzu vgl. S. 177.

[861] Vgl. *Rebmann/Roth/Hermann*, § 80 Rn.1.

wendung bindenden grundsätzlichen Willen, nicht in erster Linie und in jedem Fall die Einzelfallgerechtigkeit herstellen zu müssen, sondern Entscheidungen zum Wohle der Allgemeinheit zu treffen.[862] Denn auch diese Vorschriften enthalten den Rechtsmittelzulassungstatbestand der Sicherung einer einheitlichen Rechtsprechung und werden insoweit so ausgelegt, dass eine höchstgerichtliche Entscheidung mit Rücksicht auf die über den Einzelfall hinausgehende Bedeutung der Sache im Interesse der Allgemeinheit und einer Vielzahl noch zu treffender Entscheidungen geboten sein muss.[863] Dies dient letztlich auch dem von der Reform der Rechtsmittel bezweckten Erhalt der Funktionsfähigkeit des *BGH*. Diese kann in Zukunft nur gewährleistet sein, wenn Revision oder Rechtsbeschwerde nur für solche Sachen eröffnet sind, deren Entscheidung eine Bedeutung für die Allgemeinheit zukommt.[864]

Zusammengefasst lässt sich daher feststellen, dass die vom Reformgesetzgeber für die Auslegung der §§ 543 Abs. 2 Nr. 2 und 574 Abs. 2 Nr. 2 ZPO insbesondere ins Auge gefasste Parallele zu § 80 Abs. 1 OWiG den Intentionen der Rechtsmittelreform entspricht.

(b) Die einzelnen Fallgruppen zum Tatbestand der Sicherung einer einheitlichen Rechtsprechung

Im nachfolgenden soll untersucht werden, ob die zum Tatbestand der Sicherung einer einheitlichen Rechtsprechung in den bezeichneten anderen Verfahrensordnungen entwickelten Definitionen vom *BGH* zutreffend für das ZPO-RG übernommen wurden. Hierbei handelt es sich um die allgemein anerkannten Fallgruppen der Divergenz, der Wiederholungs- bzw. Nachahmungsgefahr sowie der Verletzung von Verfahrensgrundrechten bzw. des Willkürverbotes.

(aa) Divergenzfälle

Nach zutreffender allgemeiner Auffassung betrifft der Begriff der Sicherung einer einheitlichen Rechtsprechung zunächst die Fälle einer echten und entscheidungserheblichen Divergenz zwischen der Ausgangsentscheidung und der höchstrichterlichen Rechtsprechung.[865] Streitig – auch innerhalb der Rechtsprechung des *BGH* – ist aber, ob zur objektiven Divergenz eine Wiederholungs- bzw. Nachahmungsgefahr hinzutreten muss. Für die Rechtsprechung des *VIII. Senates*[866] des *BGH*, die diese zusätzliche Voraussetzung erhebt, spricht entscheidend der soeben bereits aufgezeigte Wille des Reformgesetzgebers, nur Fälle von Allgemeininteresse für Revision und Rechtsbeschwerde zuzulassen. Insoweit muss parallel zu den sonstigen Rechtsanwendungs- bzw. Rechtsauslegungsfehlern auch bei echten Divergenzfällen eine Wiederholungs- bzw. Nachahmungsgefahr verlangt wer-

862 Vgl. den *Regierungsentwurf-ZPO-RG*, BT-Drs. 14/4722, S. 66 und 67.

863 So *Wenzel*, NJW 2002, 3353 unter Bezugnahme auf die zu § 219 BEG ergangene Entscheidung bei *BGH*, RdW 1959, 333.

864 So *BGHZ* 154, 288 = NJW 2003, 1943 unter Bezugnahme auf *Rimmelspacher*, Festschrift für Schumann, S. 327, *Wenzel*, NJW 2002, 3353 und den *Regierungsentwurf-ZPO-RG*, BT-Drs. 14/4722, S. 66.

865 Vgl. den *Regierungsentwurf-ZPO-RG*, BT-Drs. 14/4722, S. 104; vgl. insbesondere *BGH*, NJW 2002, 2473; NJW 2002, 2957; *BGHZ* 151, 221 = NJW 2002, 3029; *BGHZ* 152, 182 = NJW 2003, 65; *BGHZ* 154, 288 = NJW 2003, 1943.

866 *BGH*, NJW-RR 2003, 1366; 2003, 277, 2003, 229; NJW 2002, 3783.

den. Allerdings sind bei Auftreten einer Divergenz zur höchstrichterlichen Rechtsprechung solche Gefahren zu vermuten. Es ist nämlich ohne weiteres davon auszugehen, dass sich das Instanzgericht, welches von einer höchstrichterlichen Rechtsprechung abweicht, hierüber Gedanken gemacht hat und in vergleichbaren Konstellationen nicht wieder auf die „Linie" des *BGH* umschwenken wird. Dies ist unabhängig davon, ob sich das Ausgangsgericht mit der entgegenstehenden höchstgerichtlichen Rechtsprechung auseinandergesetzt hat oder nicht. Auch wenn das nicht der Fall ist, muss jedenfalls im Bereich von Revision und Rechtsbeschwerde als Vermutung davon ausgegangen werden, dass bei Abfassung der abweichenden Entscheidung die Divergenz bewusst war. Anderenfalls würde man differenzieren zwischen „bewussten" und nur lediglich „fahrlässigen" Divergenzen und womöglich bei letzteren eine Wiederholungs- bzw. Nachahmungsgefahr verneinen. Diese Unterscheidung wäre weder für den Revisions- bzw. Rechtsbeschwerderichter praktikabel noch für den Rechtsmittelführer angemessen, da nicht ausgeschlossen ist, dass das Ausgangsgericht die Divergenz gesehen, hierzu in den Gründen seiner Entscheidung aber nichts geschrieben hat.[867]

(bb) Rechtsanwendungs- und Rechtsauslegungsfehler

Ausgangspunkt für diese Fallgruppe ist die vom Gesetzgeber gewollte Parallelität zu § 80 Abs. 1 OWiG unter Bezugnahme auf die zu dieser Vorschrift ergangene Grundsatzentscheidung des *BGH*.[868]

(α) Keine Maßgeblichkeit der Schwere oder der Evidenz

Am Maßstab des § 80 Abs. 1 Nr. 1 OWiG gemessen kann es keinem Zweifel unterliegen, dass weder die Schwere noch auch die Offenkundigkeit eines Rechtsfehlers für sich gesehen die Zulassung bzw. Zulässigkeit von Revision oder Rechtsbeschwerde rechtfertigen. Dies entspricht der einhelligen Interpretation der Fallgruppe der Sicherung einer einheitlichen Rechtsprechung zu § 80 Abs. 1 Nr. 1 OWiG.[869] Eine Differenzierung nach der Schwere des Rechtsfehlers ist im Hinblick auf die verfassungsmäßig geforderte Klarheit beim Zugang zu den Rechtsmitteln nicht erlaubt, da es diesem Kriterium an der Bestimmtheit und Eindeutigkeit für den Rechtsuchenden fehlt.[870] Unzutreffend ist darüber hinaus die Argumentation, Wortlaut des Gesetzes und Wille des Gesetzgebers würden die Berücksichtigung evidenter Rechtsfehler notwendig machen.[871] Zwar will das ZPO-RG solche Rechtsfehler dem *BGH* zugänglich machen, die *„von erheblichem Gewicht und geeignet sind, das Vertrauen in die Rechtsprechung zu beschädigen."*[872] Daraus wird abge-

[867] Auch im Bereich des § 80 Abs. 1 Nr. 1 OWiG werden im übrigen die Divergenzfälle unter die zusätzliche Voraussetzung einer Wiederholungs- bzw. Nachahmungsgefahr gestellt und auch das unbewusste Abweichen kann zur Bejahung solcher Gefahren führen, vgl. *Rebmann/Roth/Hermann*, § 80 Rn. 4, m.w.N. zur Rechtsprechung. Für eine generell und nicht nur auf die Divergenzfälle bezogene symptomatische Bedeutung von Rechtsfehlern treten allerdings *Scheuch/Lindner*, NJW 2003, 728, ein, s. hierzu sogleich unter (bb).

[868] Vgl. den *Regierungsentwurf-ZPO-RG*, BT-Drs. 14/4722, S. 104 und *BGHSt.* 24, 15.

[869] Vgl. *Rebmann/Roth/Hermann*, § 80 Rn. 4.

[870] So ausdrücklich *BVerfGE* 54, 277; 74, 228.

[871] So aber *Scheuch/Lindner*, NJW 2003, 728.

[872] So der *Regierungsentwurf-ZPO-RG*, BT-Drs. 14/4722, S. 104.

leitet, dass gerade offenkundige Rechtsfehler eine Entscheidung des Revisions- bzw. Rechtsbeschwerdegerichtes erforderten, weil eben diese das Vertrauen der Allgemeinheit in die Rechtsprechung störten.[873]

Der Reformgesetzgeber hat ein solches umfassendes Verständnis einer Erschütterung des Vertrauens der Allgemeinheit in die Rechtsprechung aber gerade nicht. Er relativiert nämlich die oben dargestellte Begriffsbestimmung, indem er beispielhaft auf die Verletzung von Verfahrensgrundrechten oder des Verbotes willkürlicher Entscheidungen hinweist[874], nicht aber auf die offenkundig unrichtige Anwendung des einfachen Rechts. Eine unrichtige Einzelfallentscheidung ist daher nicht schon deswegen revisibel, weil sie offensichtlich rechtsfehlerhaft ist.[875]

Dem wird entgegen gehalten, dass jede offensichtliche Unrichtigkeit die Autorität der Gerichte untergräbt und insoweit von grundsätzlicher Bedeutung sei.[876] Dies trifft zwar zu, kann aber vor dem Hintergrund des neuen Rechts der Revision und Rechtsbeschwerde nicht zur höchstgerichtlichen Überprüfung jeder evidenten Fehlentscheidung führen. Nach der Rechtslage vor dem Inkrafttreten des ZPO-RG zum 1.1.2002 waren auf den ersten Blick unrichtige landgerichtliche Berufungsurteile etwa in Mietstreitigkeiten mit hohen Streitwerten mangels Revisionsmöglichkeit ebenso wie der Autoritätsverlust der entscheidenden Gerichte bei den betroffenen Parteien o.w. hinzunehmen. Hieran wollte der Gesetzgeber aber nur insoweit etwas ändern, als einer Wiederholung der immanenten Rechtsfehler das Allgemeininteresse entgegensteht. Vor diesem Hintergrund reicht es auch bei einer interessenbezogenen Auslegung des neuen Rechts aus, Divergenzfälle und solche, die unter einer Wiederholungsgefahr[877] stehen, revisibel zu machen. Vor den erläuterten Definitionen zu diesen Fallgruppen werden auch die allermeisten Fälle „offensichtlicher Unrichtigkeit“ einer Überprüfung durch den *BGH* zugänglich sein. Die „Offensichtlichkeit“ einer Fehlentscheidung wird sich nämlich entweder schon aus deren objektiver Will-

[873] So *Scheuch/Lindner*, NJW 2003, 728; vgl. a. *Gottwald*, Bericht zum 65. Deutschen Juristentag 2004, S. A 107ff., 120f.

[874] So der *Regierungsentwurf-ZPO-RG*, BT-Drs. 14/4722, S. 104, wiederum unter ausdrücklicher Bezugnahme auf § 80 Abs. 1 OWiG und *Göhler/Buddendiek*, § 80 Rn. 5ff.; vgl. auch *Rebmann/Roth/Hermann*, § 80 Rn. 4.

[875] So der *Regierungsentwurf-ZPO-RG*, BT-Drs. 14/4722, S. 104, und ihm folgend der *BGH*, *BGHZ* 154, 288 = NJW 2003, 1943. Daran ändert auch die Entscheidung des *V. Zivilsenates* des *BGH* in NJW 2005, 154, nichts, wonach bei einem grundlegenden Missverständnis der höchstrichterlichen Rechtsprechung von einer sog. strukturellen Wiederholungsgefahr auszugehen und die Revision zuzulassen sei. In der gleichen Entscheidung stellt der *V. Senat* nämlich klar, dass es sich bei diesen Fällen nicht um eine fehlerhafte Rechtsanwendung im Einzelfall handelt, die die Zulassung der Rechtsmittel der Revision oder Rechtsbeschwerde gerade nicht rechtfertigt.

[876] Vgl. etwa *Gottwald*, Bericht zum 65. Deutschen Juristentag 2004, S. A 107ff., 120f.; *Ball*, FS für Musielak, 2004, S. 27, 47, 50.

[877] Zu dieser sogleich (β).

kürlichkeit[878] (bei offensichtlicher und objektiver Missachtung des Gesetzes), jedenfalls aber aus einem Widerspruch gegen eine Rechtsprechung des *BGH* oder eines anderen Obergerichtes ergeben. Ist eine Entscheidung aber objektiv willkürlich, unterliegt sie nach Zulassung von Revision oder Rechtsbeschwerde der Aufhebung wegen Verstoßes gegen ein Verfahrensgrundrecht (Art. 3 Abs. 1 GG i.V. mit dem Rechtsstaatsprinzip). Solche Fälle sind es auch, die in Wahrheit das Vertrauen der Allgemeinheit in die Rechtsprechung erschüttern.

(β) Kriterium der Wiederholungs- bzw. Nachahmungsgefahr

Die ausdrückliche Bezugnahme auf die für das Kriterium der Sicherung einer einheitlichen Rechtsprechung ergangene Leitentscheidung[879] des *BGH* zu § 80 Abs. 1 OWiG als auch der eindeutig geäußerte Wille des Reformgesetzgebers[880] machen deutlich, dass es bei bloßen Rechtsanwendungs- oder Rechtsauslegungsfehlern die Einheit der Rechtsprechung im Allgemeininteresse nur dann zu sichern gilt, wenn eine Wiederholungs- bzw. Nachahmungsgefahr im Raum steht. Die hieran geäußerte Kritik ist aus den nachfolgenden Gründen unberechtigt.

(αα) Hinreichende Bestimmtheit

Das Kriterium der Wiederholungs- bzw. Nachahmungsgefahr ist zu Unrecht dem Vorwurf mangelnder Bestimmtheit ausgesetzt.[881] Insoweit hat der *BGH* klarstellend ausgeführt, eine solche Gefahr sei gegeben, wenn sich der Rechtsfehler verallgemeinern lasse und eine nicht unerhebliche Zahl künftiger Sachverhalte zu erwarten sei, bei denen er wieder vorkomme.[882] Zum einen ist das Kriterium der Verallgemeinerungsfähigkeit bestimmt genug und praktikabel. Die in einer Instanzentscheidung geäußerte falsche Rechtsauffassung lässt sich dann verallgemeinern, wenn das Ausgangsgericht unabhängig vom konkret zu entscheidenden Fall bei der Subsumtion des Sachverhaltes einen Obersatz aufstellt, der die abstrakten Voraussetzungen eines gesetzlichen Tatbestandes unzutreffend umschreibt. Umgekehrt liegt Verallgemeinerungsfähigkeit nicht schon dann vor, wenn das Ausgangsgericht von dem richtigen Obersatz ausgeht, den konkreten Fall aber unzutreffend unter diese Definition subsumiert. Aber auch das zusätzliche Erfordernis der Gefahr einer entsprechenden rechtsfehlerhaften Argumentation in einer unbestimmten Vielzahl von künftigen Fällen begegnet keinen Bedenken. Insoweit ist zwar der vom *XI. Senat*[883] in einer

[878] Offensichtlich unrichtige Urteile werden in diesem Sinne auch oft willkürlich, etwa dem Gesetz völlig fremd, sein. Z.B. hat der *BFH*, NJW 2004, 1064, einer Nichtzulassungsbeschwerde stattgegeben, weil das angegriffene Urteil des Finanzgerichtes eine objektiv willkürliche Gewinnschätzung durch das Finanzamt gebilligt habe. In einem solchen Fall sei die Revision zuzulassen, weil der Fehler des Urteils geeignet sei, *„das Vertrauen der Allgemeinheit in die Rechtsprechung zu beschädigen"*, so der *BFH*, a.a.O., unter Bezugnahme auf die zu § 115 Abs. 2 FGO in BT-Drs. 14/4061, S. 9 gegebene Begründung des Gesetzgebers, die insoweit mit derjenigen des *Regierungsentwurfes-ZPO*, BT-Drs. 14/4722, S. 104, übereinstimmt. Zur Revision gegen objektiv willkürliche Urteile unter dem Gesichtspunkt der „Sicherung einer einheitlichen Rechtsprechung" vgl. sogleich unten (cc), S. 195.

[879] Vgl. *BGHSt.* 24, 15.

[880] Vgl. den *Regierungsentwurf-ZPO-RG*, BT-Drs. 14/4722, S. 104.

[881] So z.B. *Nasall*, NJW 2003, 1345; *Scheuch/Lindner*, NJW 2003, 728; *von Giehrke/Seiler*, JZ 2003, 403.

[882] So der *V. Senat*, NJW 2003, 754

[883] Vgl. *BGHZ* 154, 288 = NJW 2003, 65.

„frühen" Entscheidung geäußerten Auffassung entgegenzutreten, dass es sich bei der fehlerhaften Rechtsanwendung oder Rechtsauslegung um eine ständige Praxis des Ausgangsgerichtes handeln müsse oder dass konkrete Anhaltspunkte vorliegen müssten, dass und warum eine Wiederholungs- bzw. Nachahmungsgefahr bestünde. Hiermit würde nämlich auf Umstände abgestellt, die außerhalb des konkreten Falles liegen, weil nämlich das Ausgangsgericht angeblich entweder selbst in vorangegangenen Fällen genauso falsch entschieden hat oder in anhängigen Fällen ebenso unrichtig urteilen wird. Ein diesbezüglicher Sachvortrag kann dem Rechtsmittelführer aber nicht angesonnen werden.[884]

Vielmehr ist anhand eines abstrakten Maßstabes zu prüfen, ob der einer Ausgangsentscheidung immanente Fehler einerseits nicht nur einzelfallbezogen ist und andererseits jederzeit wieder vom selben oder auch von anderen Instanzgerichten begangen werden kann.[885] Letzteres kann aber der *BGH* als Revisions- bzw. Rechtsbeschwerdegericht besonders gut beurteilen, weil er gerade auf Grund der Möglichkeit, wegen Divergenzentscheidungen zur Sicherung einer einheitlichen Rechtsprechung Revision oder Rechtsbeschwerde zu führen, einen umfänglichen Überblick bekommen wird, welche Rechtsfragen besonders für Rechtsfehler „anfällig" sind und immer wieder auftauchen.

(ββ) Wortlaut und Motive des Gesetzes

Der Kritik an dem Erfordernis einer Wiederholungs- bzw. Nachahmungsgefahr für die Revisibilität von Verstößen gegen das einfache Recht ist zuzugeben, dass der Wortlaut des Tatbestandes der Sicherung einer einheitlichen Rechtsprechung jedweden Rechtsfehler erfasst, ohne dass weitere Umstände hinzutreten müssten. Denn jede unzutreffende Entscheidung stört die Einheitlichkeit der Rechtsprechung.[886] Unzutreffend ist es allerdings, den Motiven des Gesetzgebers für eine Beschränkung des Zugangs zum *BGH* bei Verstößen gegen das einfache Recht keine Aussage zu entnehmen.[887] Der Reformgesetzgeber hat sich in seiner Gesetzesbegründung nämlich gerade auf § 80 Abs. 1 Nr. 1 OWiG und die zu dieser Regelung ergangene Rechtsprechung des *BGH*[888] bezogen und ausdrücklich eine Wiederholungsgefahr als Voraussetzung erhoben.[889]

(γγ) Systemkonformität

Soweit dem Erfordernis einer Wiederholungs- bzw. Nachahmungsgefahr Systemfremdheit vorgehalten wird, weil im Hinblick auf das für Revision und Rechtsbeschwerde nunmehr maßgebende Allgemeininteresse auch nicht entscheidungserhebliche Rechtsfehler, die eine Wiederholungs- bzw. Nachahmungsgefahr begründeten, die Revision zulassen müssten,[890] ist auch diese Kritik unbegründet. Zwar trifft es zu, dass bei Bestehen einer möglichen, d.h. zutreffenden Alternativbegründung Revision und Rechtsbeschwerde jedenfalls unbegründet sind, andererseits aber auch nicht entscheidungserhebliche Rechtsfehler die

884 So zutreffend auch *Scheuch/Lindner*, NJW 2003, 728.
885 So zutreffend der *V. Senat*, NJW 2003, 754.
886 So *Schultz*, MDR 2003, 1395. Dies stellt auch *BGH*, NJW 2003, 1943 klar.
887 So aber *Schultz*, MDR 2003, 1395.
888 Vgl. *BGHSt*. 24, 15.
889 Vgl. den *Regierungsentwurf-ZPO-RG*, BT-Drs. 14/4722, S. 104.
890 Vgl. *Schultz*, MDR 2003, 1395.

Gefahr nach sich ziehen können, wiederholt zu werden. Die Kritik hieran übersieht hierbei freilich, dass der *BGH* in diesen Fällen schlicht durch das Gesetz gehindert ist, auch bei nicht entscheidungserheblicher fehlerhafter Begründung die Ausgangsentscheidung aufzuheben. Die §§ 545 Abs. 1, 576 Abs. 1 ZPO bestimmen nämlich einerseits für die Revision und die Rechtsbeschwerde, dass diese nur zum Erfolg führen, wenn die angegriffene Ausgangsentscheidung auf einer Rechtsverletzung beruht, was aber nicht der Fall ist, wenn in materiellrechtlicher Hinsicht die richtige Rechtsanwendung zu keinem anderen Ergebnis führt bzw. in verfahrensrechtlicher Hinsicht ausgeschlossen werden kann, dass die Entscheidung ohne die Rechtsverletzung anders ausgefallen wäre. Zum anderen bedeuten die §§ 561, 577 Abs. 3 ZPO, dass Revision und Rechtsbeschwerde unbegründet sind, wenn die jeweilige Ausgangsentscheidung im Ergebnis inhaltlich richtig ist. Die Rechtsmittel wären daher auch bei Zulassung jedenfalls zurückzuweisen.

(δδ) Verfassungsrechtliche Gesichtspunkte

Dem Erfordernis der Wiederholungs- bzw. Nachahmungsgefahr wird desweiteren der Einwand eines Verstoßes gegen die verfassungsrechtlich aus dem Rechtsstaatsprinzip (Art. 20 Abs. 3 GG) herzuleitende Rechtsmittelklarheit entgegengehalten. Das Gesetz bzw. dessen Auslegung durch die Gerichte müssten gewährleisten, dass der Bürger an Hand positiv gegebener gesetzlicher Regelungen ohne weiteres darüber im Klaren sei, ob und unter welchen Voraussetzungen er ein zulässiges Rechtsmittel führen könne. Diesem Erfordernis könnten die abstrakten Begriffe der Wiederholungs- bzw. Nachahmungsgefahr nicht genügen.[891] Das *BVerfG* selbst hat entsprechende Verfassungsbeschwerden nicht zur Entscheidung angenommen.[892] Die Neuregelung der Zulassungsvoraussetzungen für die Revision in § 543 Abs. 2 ZPO verletzten nämlich weder das verfassungsrechtliche Gebot effektiven Rechtsschutzes noch das Bestimmtheitsgebot. Der Zugang zu dem Rechtsmittel der Revision sei durch den Gesetzgeber darüber hinaus auch nicht gleichheitswidrig ausgestaltet worden. Wie weit die Möglichkeit des Rechtsschutzes durch Revision reichen solle, habe der Gesetzgeber festzulegen. Ob die insoweit aufgestellten Zugangsvoraussetzungen im Einzelfall erfüllt seien, hätten die Fachgerichte zu beurteilen. Die von § 543 Abs. 2 ZPO (und entsprechend für die Rechtsbeschwerde von § 574 Abs. 2 ZPO) erhobenen Anforderungen seien verfassungsrechtlich unbedenklich in unbestimmten Rechtsbegriffen formuliert. Gerade weil sie auf einer Neukonzeption des Revisionsrechtes beruhten, müsse man der höchstgerichtlichen Rechtsprechung der Fachgerichtsbarkeit Zeit einräumen, die einzelnen Anforderungen näher begrifflich zu bestimmen. Im übrigen habe der ZPO-Reformgesetzgeber an frühere (§ 554b ZPO (a.F.) sowie bestehende Formulierungen in anderen Gesetzen angeknüpft. Dort habe sich bereits gezeigt, dass die Neuregelungen grundsätzlich konkretisierungsfähig seien. Ferner unterliege es im Hinblick auf das Verfassungsgebot der Gleichbehandlung keinen Bedenken, wenn im Revisionsrecht nicht jeder Rechtsfehler zur Überprüfbarkeit der angegriffenen Entscheidung führe, sondern ein Interesse der Allgemeinheit an einer Bereinigung voraussetze.[893]

[891] So *Schultz*, MDR 2003, 1395 unter Bezugnahme auf *BVerfGE* 107, 395 = NJW 2003, 1924.

[892] Vgl. *BVerfG*, NJW 2004, 1371 und NJW 2004, 1729.

[893] Vgl. *BVerfG*, NJW 2004, 1371 und NJW 2004, 1729.

Dem Vorwurf der Verfassungswidrigkeit ist darüber hinaus entgegenzuhalten, dass sich die Verfahrensbeteiligten bei den Rechtsmitteln der Revision und der Rechtsbeschwerde gem. § 78 Abs. 1 S. 4 ZPO durch einen bei dem *BGH* zugelassenen Rechtsanwalt vertreten lassen müssen. Das Gebot der Rechtsmittelklarheit besteht zum Schutze des Recht suchenden Bürgers, der sich in zumutbarer Weise darüber Aufklärung verschaffen können muss, ob und unter welchen Voraussetzungen ein zulässiges Rechtsmittel geführt werden kann. Ist schon zur Einlegung von Revision und Rechtsbeschwerde[894] ein von einem beim *BGH* zugelassenen Rechtsanwalt unterschriebener Schriftsatz vonnöten, müssen darüber hinaus Revision und Rechtsbeschwerde von einem solchen Rechtsanwalt begründet werden, kann es nicht um mangelnde Rechtsmittelklarheit für den Bürger gehen. Es genügt, wenn das Gesetz den Zugang zu den Rechtsmitteln zumutbar dadurch regelt, dass es die Beauftragung eines Rechtsanwaltes – zumal hier eines besonders sachkundigen und erfahrenen, beim *BGH* zugelassenen Rechtsanwaltes – zur zwingenden Voraussetzung macht. Insoweit ist ebenso wenig wie beim Rechtsmittel der Berufung eine Rechtsmittelbelehrung notwendig, die für den Zivilprozess auch verfassungsrechtlich nicht geboten ist.

(εε) Keine Vermutung für die Wiederholungs- bzw. Nachahmungsgefahr

Um dem Kriterium der Wiederholungs- bzw. Nachahmungsgefahr die Bedeutung zu nehmen oder diese wenigstens einzuschränken, wird weiter gefordert, einem jeden Rechtsanwendungs- oder Rechtsauslegungsfehler eine vermutliche symptomatische Wirkung zuzuschreiben.[895]

Dem ist indes entgegenzutreten. Die Aufstellung einer Vermutung für die Wiederholungs- bzw. Nachahmungsgefahr bei Verstößen gegen das einfache Recht würde nämlich nichts anderes bedeuten, als dass über die Hintertür einer vom Gesetzgeber gerade nicht gewollten fingierten Regelmäßigkeit grundsätzlich jeder unrichtig entschiedene Fall vor den *BGH* gebracht werden könnte. Dies kann vor der Intention des reformierten Rechtsmittelrechts schon deswegen keinen Bestand haben, da insoweit – wie gezeigt - sogar schwere und offensichtliche Verstöße gegen einfaches Recht grundsätzlich nicht revisibel sein sollen. Auch die insoweit angeführte Parallele zur Regelung des § 1004 BGB, bei der eine vorangegangene rechtswidrige Störung eine tatsächliche Vermutung für eine Wiederholungsgefahr nach sich zieht,[896] kann nicht überzeugen. Bei der Wiederholungsvermutung im materiellen Recht ist Anknüpfungspunkt ein und dieselbe rechtswidrige Beeinträchtigung des Störers, die vermutlich immer wieder auftreten kann. Diesen Schluss zu ziehen, entspricht der allgemeinen Lebenserfahrung, es sei denn, es lägen besondere Ausnahmeumstände vor.[897] Ganz anders ist allerdings die Situation bei denkbaren Rechtsfehlern, die zur Sicherung einer einheitlichen Rechtsprechung revisibel sein sollen. Solche Rechtsfehler gibt es praktisch in einer unendlichen Vielzahl unterschiedlichster Ausprägungen, sodass mitnichten sozusagen aus der „Lebenserfahrung des Revisionsrichters" regelmäßig

[894] Für diese gilt die Befreiung vom Anwaltszwang bei der Einlegung gem. §§ 569 Abs. 3, 78 Abs. 5 ZPO nicht, da § 575 ZPO nicht auf § 569 Abs. 3 ZPO Bezug nimmt, vgl. auch *BGH*, NJW 2002, 2181 und *Thomas/Putzo*, § 575 Rn. 3; a.A. *Pukall/Kießling*, WM 2002, Beilage 1, S. 38.

[895] So *Scheuch/Lindner*, NJW 2003, 728; *von Giehrke/Seiler*, JZ 2003, 403.

[896] Vgl. *Palandt/Bassenge*, § 1004 Rn. 32.

[897] Z.B. das Versprechen einer Vertragsstrafe bei erneuter Beeinträchtigung.

von einer Wiederholung ausgegangen werden könnte. Es ist daher nicht einzusehen, inwiefern auch einem lediglich auf die Tatsachen im Einzelfall bezogenen Fehler eine vermutliche Wiederholungs- bzw. Nachahmungsgefahr zukommen sollte. Die Vermutung für die symptomatische Wirkung eines Rechtsfehlers wäre schließlich auch vom *BGH* selbst zu widerlegen. Es kann aber nicht Sache eines Rechtsmittelgerichtes sein, sich mit dem Vorliegen oder – genauer – Fehlen der tatsächlichen Zugangsvoraussetzungen für das Rechtsmittel der Gestalt zu befassen, dass es selbst die relevanten Tatsachen (bzw. deren Fehlen) ermittelt. Dies ist Sache des Rechtsmittelführers.[898]

(cc) Verstöße gegen Verfahrensgrundrechte und das Willkürverbot

Nach zutreffender Auffassung können unter dem Tatbestand der Sicherung einer einheitlichen Rechtsprechung Verstöße gegen Verfahrensgrundrechte und das Willkürverbot mit Revision und Rechtsbeschwerde geltend gemacht werden. Die Möglichkeit, solche Verstöße zur Vermeidung von Verfassungsbeschwerden bereits fachgerichtlich zu revidieren, ist nämlich zum einen ein aus Art. 103 Abs. 1 GG und dem Rechtsstaatsprinzip folgendes Verfassungsgebot[899] und wurde zum anderen auch ausdrücklich durch den Reformgesetzgeber bezweckt, der in Anlehnung an die Rechtsprechung zum Tatbestand der Sicherung einer einheitlichen Rechtsprechung in anderen Verfahrensordnungen, insbesondere zu § 80 Abs. 1 Nr. 1 OWiG, solche Verstöße revisibel machen wollte.[900] Lediglich der *XI. Senat* des *BGH* hatte in seiner „frühen" besondere Anforderungen an die Qualität eines Verstoßes gegen Verfahrensgrundrechte sowie das Willkürverbot erhoben. Insoweit musste sich der Verstoß offensichtlich aufdrängen und in wenigen Sätzen darstellbar sein.[901]

Diese Anforderungen waren zu hoch. Zwar ist zu sehen, dass der *XI. Senat* sich wohl durch die Begründung des Gesetzes selbst leiten ließ, die zur Auslegung des Begriffes der Sicherung einer einheitlichen Rechtsprechung in den §§ 543 Abs. 2 Nr. 2, 574 Abs. 2 Nr. 2 ZPO ausdrücklich auf diejenige zu § 80 Abs. 1 Nr. 1 OWiG Bezug nimmt.[902] Für diese war und ist aber anerkannt, dass sogar für die Verletzung elementarer Verfahrensgrundsätze, wie etwa dem Gebot des fairen Verfahrens, nur bei Bestehen einer Wiederholungsgefahr die Rechtsbeschwerde zur Sicherung einer einheitlichen Rechtsprechung zuzulassen ist.[903] Entsprechend restriktiv argumentierte der *XI. Senat* und ließ nur ganz offensichtliche Verstöße gegen Verfahrensgrundrechte oder das Willkürverbot für Revision oder

898 Zur Zulässigkeit zivilprozessualer Rechtsmittel gehört nämlich in jeden Fall der Vortrag von Tatsachen, die erst zur Zulässigkeit des Rechtsmittels führen, vgl. nur § 520 Abs. 3 Nr. 2 und 3 ZPO (für die Berufung) und – insbesondere - § 544 Abs. 2 S. 3 ZPO (Darlegung der Zulassungsgründe des § 543 Abs. 2 ZPO in der Nichtzulassungsbeschwerde).

899 Nach *BVerfGE* 107, 395 = NJW 2003, 1924 ist es die Aufgabe des Gesetzgebers, eine Verfahrensordnung zu schaffen, die eine Abhilfemöglichkeit für den Fall vorsehe, dass ein Gericht in entscheidungserheblicher Weise den Anspruch auf rechtliches Gehör verletze, vgl. hierzu den 3. Teil der Untersuchung.

900 Vgl. den *Regierungsentwurf-ZPO-RG*, BT-Drs. 14/4722, S. 104 unter erneuter Bezugnahme auf BGHSt. 24, 15

901 So *BGHZ* 152, 182 = NJW 2003, 65.

902 Vgl. den *Regierungsentwurf-ZPO-RG*, BT-Drs. 14/4722, S. 104.

903 Vgl. etwa *HK*-OWiG, § 80 Rn. 21.

Rechtsbeschwerde zur Sicherung einer einheitlichen Rechtsprechung gelten, ohne aber auch hier ausdrücklich eine Wiederholungs- bzw. Nachahmungsgefahr zu verlangen.

Gleichwohl ist dieser Rechtsprechung in der Schärfe nicht zuzustimmen. Das *BVerfG* verlangt von den fachgerichtlichen Verfahrensordnungen, Verstöße gegen Verfahrensgrundrechte schon dort und nicht erst im Verfahren der Verfassungsbeschwerde heilen zu können.[904] Dem entspricht der Gesetzgeber, indem er gerade diese Verstöße zur Vermeidung von Verfassungsbeschwerden unter dem Gesichtspunkt revisibel machen wollte.[905] Wenn demgegenüber die zu § 80 Abs. 1 Nr. 1 OWiG herrschende Auffassung sogar Verfassungsverstöße nur bei Hinzutreten einer Wiederholungs- bzw. Nachahmungsgefahr der Rechtsbeschwerde unter dem Gesichtspunkt der Sicherung einer einheitlichen Rechtsprechung zugänglich machen will,[906] mag dies nach dem Wortlaut und auch der Intention dieser Regelung, bei Bagatellfällen die Rechtsbeschwerde zur Sicherung einer einheitlichen Rechtsprechung einzig unter dem Gesichtspunkt eines Allgemeininteresses zuzulassen, zutreffend sein. Indes ist aber nach der soeben genannten Entscheidung des *BVerfG*[907] der Gesetzgeber verpflichtet, für den Bereich der Rechtsbeschwerde im Recht der Ordnungswidrigkeiten ergänzend klarzustellen, dass bei jedweden Verstößen gegen Verfahrensgrundrechte, v.a. das rechtliche Gehör, die Rechtsbeschwerde zuzulassen ist, auch ohne dass eine Wiederholungs- bzw. Nachahmungsgefahr gegeben sein muss. Der Gesetzgeber hat sich mit dem zum 1.1.2005 in Kraft getretenen Anhörungsrügengesetz für eine allgemeine Gehörsrüge entschieden, die nunmehr in § 356a StPO geregelt ist, der von § 79 Abs. 3 OWiG in Bezug genommen wird.[908]

Mithin ist aber die o.a. Auslegung des § 80 Abs. 1 Nr. 1 OWiG im Hinblick auf Verstöße gegen Verfahrensgrundrechte oder das Willkürverbot der falsche Maßstab, da sie jüngste Vorgaben des *BVerfG* und das zum 1.1.2005 in Kraft getretene Anhörungsrügengesetz nicht berücksichtigt. Damit kann auch die genannte restriktive Subsumtion solcher Verstöße unter den Zulassungsgrund der Sicherung einer einheitlichen Rechtsprechung durch den *XI. Senat* des *BGH* nur in Fällen eines offensichtlichen sich Aufdrängens keinen Bestand haben. Auch nicht offensichtliche Verfassungsverstöße können nämlich die Verfassungsbeschwerde begründen und sind nach der maßgeblichen Ansicht des *BVerfG*[909] aus rechtsstaatlichen Gründen schon durch die Fachgerichtsbarkeit zu bereinigen. Dem gemäß haben zutreffend der *V.* und der *VI. Senat* und nunmehr auch der *XI. Senat* des *BGH* aus-

[904] So ausdrücklich *BVerfGE* 107, 395 = NJW 2003, 1924. Zu dieser Entscheidung vgl. noch unten 3.Teil.
[905] Vgl. den *Regierungsentwurf-ZPO-RG*, BT-Drs. 14/4722, S. 104.
[906] So z.B. *Rebmann/Roth/Hermann*, § 80 Rn. 6, m.w.N.
[907] Vgl. *BVerfGE* 107, 395 = NJW 2003, 1924.
[908] § 356a StPO lautet: *„Hat das Gericht bei einer Revisionsentscheidung den Anspruch eines Beteiligten auf rechtliches Gehör in entscheidungserheblicher Weise verletzt, versetzt es insoweit auf Antrag das Verfahren durch Beschluss in die Lage zurück, die vor dem Erlass der Entscheidung be-stand. Der Antrag ist binnen einer Woche nach Kenntnis von der Verletzung des rechtlichen Gehörs schriftlich oder zu Protokoll der Geschäftsstelle beim Revisionsgericht zu stellen und zu begründen. Der Zeitpunkt der Kenntniserlangung ist glaubhaft zu machen. (..).“* Vgl. zur fachgerichtlichen Rüge von Gehörsverletzungen i.ü. die Ausführungen im 3. Teil.
[909] *BverfGE* 107, 395 = NJW 2003, 1924.

gesprochen,[910] dass unabhängig von der Offensichtlichkeit solcher Verstöße eine erforderliche Ergebniskorrektur in der Revisions- bzw. Rechtsbeschwerdeinstanz durchzuführen sei.[911]

d) Verfahrensfehler

Der Reformgesetzgeber hat ausdrücklich davon abgesehen, Verfahrensmängeln, d.h. Verstößen gegen Verfahrensvorschriften des einfachen Rechts, einen gesonderten Tatbestand für die Zulassung von Revision oder Rechtsbeschwerde zuzuordnen. Auch wegen solcher die Schwelle von Verfassungsverstößen (etwa einer Verletzung des Anspruchs auf rechtliches Gehör) nicht überschreitender Verfahrensmängel gilt das Primat eines Allgemeininteresses an einer Entscheidung des *BGH*. Daher bestehe kein Grund, Revision oder Rechtsbeschwerde bei der Geltendmachung von Verfahrensmängeln unter geringeren Voraussetzungen zuzulassen als bei der Geltendmachung materiell-rechtlicher Rechtsfehler. Mithin verlangt das ZPO-RG auch bei Verfahrensfehlern für die Zulassung von Revision oder Rechtsbeschwerde, dass eine höchstrichterliche Entscheidung grundsätzliche Bedeutung hat oder die Fortbildung des Rechts bzw. Sicherung einer einheitlichen Rechtsprechung eine Entscheidung des *BGH* erfordert.[912]

[910] Vgl. *BGH*, NJW-RR 2003, 861 (*V. Senat*), *BGH*, NJW-RR 2003, 935 (*VI. Senat*) sowie *BGH*, NJW 2004, 2222 (*XI. Senat*).

[911] Allerdings entnahm das *BVerfG* aus der anfangs unterschiedlichen Rechtsprechung des *BGH* zur Qualität eines revisiblen Verfassungsverstoßes, mithin aus der diesbezüglich unterschiedlichen Auslegung der §§ 543 Abs. 2 bzw. 574 Abs. 2 ZPO durch verschiedene *Senate* des *BGH* noch keinen grundsätzlichen Einwand gegen die auslegungsoffene Regelungstechnik des Reformgesetzgebers, vgl. *BVerfG*, NJW 2004, 1371 und NJW 2004, 1729. Vom *BGH* könne in Anbetracht der Kürze der Zeit, in der das neue Revisionsrecht bislang anzuwenden war, eine über alle *Senate* hinweg einheitliche Anwendung nicht verlangt werden. Indes wird dies nach *BVerfG*, a.a.O. anders zu beurteilen sein, wenn die revisionsgerichtliche Rechtsprechung nicht in der Lage sein sollte, die Zulassungsgründe so genau zu konkretisieren, dass die gesetzlichen Voraussetzungen der Zulässigkeit des Rechtsmittels für den Rechtsuchenden erkennbar werden. Darüber hinaus wäre auch die vom *XI. Senat* nur bei offenkundigen Fehlern angenommene Revisibilität von Verfassungsverstößen nach *BVerfG*, a.a.O. dann verfassungsgemäß, wenn zur fachgerichtlichen Behebung erstmalig begangener Verstöße gegen Verfahrensgrundrechte eine anderweitiger Rechtsbehelf im Falle unanfechtbarer Entscheidungen geschaffen würde, da es dem Gesetzgeber freistehe, (hier: nicht offensichtliche) Verfassungsverstöße dem iudex ad quem (d.h. beim Revisionsgericht) oder dem Ausgangsgericht (iudex a quo) zur Überprüfung zu stellen. Dem verfassungsrechtlichen Gebot der Subsidiarität einer Verfassungsbeschwerde sei mithin auch dann Genüge getan, wenn in Befolgung der in der Entscheidung *BVerfGE* 107, 395 = NJW 2003, 1924 enthaltenen Anordnung eine gesetzliche Regelung zu einer Gegenvorstellung an den Ausgangsrichter bei Verstößen gegen Verfahrensgrundrechte geschaffen werde. Das Rechtsmittel der Revision (bzw. der Rechtsbeschwerde) müsse dann solche Verstöße nicht überprüfbar machen, vgl. *BVerfG*, a.a.O. und noch unten, 3. Teil. Der Gesetzgeber hat zwar zum 1.1.2005 in § 321a ZPO eine umfassende Gehörsrüge geschaffen, die allerdings gegenüber den ordentlichen Rechtsbehelfen subsidiär ist. Der Gesetzgeber geht hierbei konsequenter Weise im Hinblick auf die nunmehr einheitliche Rechtsprechung der *Zivilsenate* des *BGH* zur Revisibilität von Gehörsverletzungen davon aus, dass bei solchen immer die Nichtzulassungsbeschwerde bzw. die Rechtsbeschwerde statthaft seien, mithin ein Rückgriff auf § 321a ZPO wegen dessen Subsidiarität nicht nötig sei, vgl. den *Regierungsentwurf-AnhörungsRG*, BT-Drs. 15/3966, S. 5.

[912] So ausdrücklich der *Regierungsentwurf-ZPO-RG*, BT-Drs. 14/4722, S. 105

Anders als die Regelung des § 80 Abs. 2 S. 1 OWiG, die die Zulassung der Rechtsbeschwerde wegen der Verletzung von Verfahrensvorschriften ganz ausschließt und anders als die Vorschrift des § 72 Abs. 2 ArbGG, nach der Verfahrensfehler selbst dann nicht zur Zulassung der Revision führen, wenn ein absoluter Revisionsgrund i. S. der §§ 72 Abs. 5 ArbGG, 547 ZPO gegeben ist[913], können im Bereich des ZPO-RG mithin auch Verfahrensfehler zur Zulassung von Revision und Rechtsbeschwerde führen. Die Voraussetzungen sind insoweit bewusst dieselben wie bei materiell-rechtlichen Fehlern.[914] Daher ist für den Bereich der Verfahrensfehler zum einen die Zulassung von Revision oder Rechtsbeschwerde wegen grundsätzlicher Bedeutung der Rechtssache und zur Fortbildung des Rechts möglich.

Beispiel:Eine grundsätzliche Bedeutung hätte etwa die Frage, ob und in welchem Umfang eine richterliche Hinweispflicht gem. § 139 Abs. 2 ZPO auch besteht, wenn auf eine entscheidungserhebliche Rechtsfrage von einer Partei bereits schriftsätzlich hingewiesen wurde.[915]

Aber auch die Sicherung einer einheitlichen Rechtsprechung kann bei Verfahrensfehlern die Zulassung von Revision oder Rechtsbeschwerde erfordern, wenn sich der Mangel einer der drei bereits erörterten Fallgruppen zuordnen lässt, d.h., in Fällen der Divergenz zu einer höchstrichterlichen Rechtsprechung, bei Wiederholungs- bzw. Nachahmungsgefahr sowie bei Verstößen gegen Verfahrensgrundrechte.

Beispiele: Ein Divergenzfall läge vor, wenn das Berufungsgericht die Berufung samt gestelltem Wiedereinsetzungsantrag verwirft und sich bei der Frage der verschuldeten Fristversäumung in Widerspruch zu einer ständigen Rechtsprechung des BGH setzt;[916] *Wiederholungs- oder Nachahmungsgefahr bestünde, wenn das Berufungsgericht bewusst Verfahrensvorschriften missachtet, etwa wenn es irriger Weise und entgegen § 139 Abs. 2 ZPO davon ausgeht, einem anwaltlich vertretenen Verfahrensbeteiligten müssten keine rechtlichen Hinweise erteilt werden*[917]*; ein Verfahrensgrundrecht wäre schließlich verletzt, wenn das rechtliche Gehör gem. Art. 103 Abs. 1 GG missachtet wurde.*

Da Verstöße gegen Verfahrensgrundrechte die Zulassung von Revision und Rechtsbeschwerde zur Sicherung einer einheitlichen Rechtsprechung rechtfertigen, wird das Vorliegen der absoluten Revisions- und Rechtsbeschwerdegründe i.S. der §§ 547 Nr. 1 bis 4, 576 Abs. 3 ZPO auch regelmäßig die Zulassung rechtfertigen. Insoweit sind nämlich die

[913] Vgl. *BAG*, NJW 2001, 3142; *BVerfG*, NJW 2001, 2161.

[914] Vgl. MünchKomm/*Wenzel*, Aktualisierungsband, § 543 Rn. 20. Kritisch allerdings *Rosenberg/Schwab/Gottwald*, § 140 Rn. 10, wonach zu überlegen sei, der Verfahrensrevision einen vernünftigen Stellenwert einzuräumen. Nach *Gottwald*, Bericht zum 65. Deutschen Juristentag 2004, S. A 107ff., 121f., kann es nicht befriedigen, dass schwerste Verfahrensfehler, die absolute Revisionsgründe bilden (vgl. § 547 ZPO), nur noch dann korrigiert werden können, wenn es sich um Fehler von allgemeiner Bedeutung handele. Insoweit sei zu erwägen, die Nichtzulassungsbeschwerde vorsichtig zu erweitern. Hiervon hat der Gesetzgeber mit der Schaffung des zum 1.1.2005 in Kraft getretenen Anhörungsrügengesetzes allerdings ausdrücklich abgesehen.

[915] Vgl. zu dieser Streitfrage *Thomas/Putzo*, § 139 Rn. 12; *Rosenberg/Schwab/Gottwald*, § 77 Rn. 30.

[916] Vgl. etwa *BGH*, NJW-RR 2003, 934.

[917] Vgl. *Thomas/Putzo*, § 139 Rn. 12.

Verfahrensgrundrechte auf den gesetzlichen Richter sowie auf ein willkürfreies Verfahren betroffen.[918]

5. Statthaftigkeit der Rechtsbeschwerde auch bei Unbegründetheit des Rechtsmittels

Bei den kraft Gesetzes statthaften Rechtsbeschwerden ist im Falle eines Zulässigkeitsgrundes nach den §§ 574 Abs. 1 Nr. 1, 574 Abs. 2 ZPO die Rechtsbeschwerde unabhängig davon zulässig, ob sich der diesbezügliche Rechtsfehler auf das Ergebnis der Entscheidung auswirkt. Die Rechtsbeschwerde ist nämlich ein Rechtsmittel, das zu einer Entscheidung in der Sache führt. Dabei ist anerkannt, dass die Zulässigkeit des Rechtsmittels grundsätzlich nicht von Fragen der Begründetheit abhängen darf.[919] Sind die Voraussetzungen des § 574 Abs. 2 Nr. 1 oder 2 ZPO gegeben, so ist die Rechtsbeschwerde zulässig. Ob die Entscheidung des Ausgangsgerichts indes Bestand haben kann, ist eine Frage der Begründetheit. Würde man beide Gesichtspunkte zusammen beurteilen, das heißt trotz Vorliegens eines Zulässigkeitsgrundes nicht in eine Sachprüfung eintreten, weil das Rechtsmittel jedenfalls im Ergebnis unbegründet sei, da die Entscheidung sich aus anderen Gründen als rechtswidrig darstelle, würde man systemwidrig die Zulässigkeit verneinen, weil es an der Begründetheit fehle.[920]

II. Beschwer

Als Rechtsmittel setzt die Rechtsbeschwerde ferner voraus, dass der Rechtsmittelführer beschwert ist.[921] Maßgebend für das Vorliegen einer Beschwer ist auch bei der Rechtsbeschwerde der Zeitpunkt, zu dem über dieses Rechtsmittel entschieden wird, nicht der Zeitpunkt der Einlegung der Rechtsbeschwerde.[922] Nicht beschwert ist der Rechtsbeschwerdeführer und schon unzulässig ist das Rechtsmittel, wenn lediglich die Begründung der Beschwerdeentscheidung, nicht aber deren Ergebnis angegriffen wird. § 577 Abs. 3 ZPO bestimmt nämlich, dass die Rechtsbeschwerde als unbegründet zurückzuweisen sei, wenn sich die Entscheidung trotz Vorliegens einer Rechtsverletzung aus anderen Gründen als richtig darstelle. Damit stellt das Gesetz aber klar, dass die Abänderung der Begründung kein zulässiges Ziel der Rechtsbeschwerde sein kann.[923]

918 Vgl. MünchKomm/*Wenzel*, Aktualisierungsband, § 543 Rn. 21 und *Wenzel*, NJW 2002, 3353.
919 Vgl. *Rosenberg/Schwab/Gottwald*, § 134 Rn. 2.
920 So zutreffend *BGH*, NJW 2004, 367, unter Abgrenzung zur Beschwerde gegen die Nichtzulassung der Revision gem. § 544 ZPO (zu dieser noch unten § 8). Bei der Nichtzulassungsbeschwerde gehe es nämlich um die Frage, ob eine Sachprüfung im Revisionsverfahren erforderlich sei. Daher sei (im Rahmen der Begründetheit dieses Rechtsmittels) zu prüfen, ob ein Zulassungsgrund im Einzelfall entscheidungserheblich ist, so *BGH*, a.a.O.
921 Zur Beschwer vgl. schon oben § 1 F., S. 60 bei der Beschwerde.
922 Vgl. MünchKomm/*Lipp*, Aktualisierungsband, § 574 Rn. 11.
923 Vgl. MünchKomm/*Lipp*, § 574 Rn. 11.

III. Frist und Form für die Einlegung der Rechtsbeschwerde

1. Frist

Gem. § 575 Abs. 1 ZPO ist die Rechtsbeschwerde binnen einer Notfrist von einem Monat nach Zustellung der Ausgangsentscheidung einzulegen. Wegen §§ 329 Abs. 2 S. 2, 270 Abs. 1 ZPO sind die Beschlüsse, gegen die die Rechtsbeschwerde kraft Gesetzes zulässig ist oder gegen die die Rechtsbeschwerde vom Ausgangsgericht zugelassen wurde, von Amts wegen zuzustellen. Für die Fristberechnung gilt § 222 ZPO. Dies entspricht der insoweit gleichlautenden Regelung des § 569 Abs. 1 S. 2 ZPO.[924] Es fällt aber auf, dass § 575 Abs. 1 ZPO keine Bestimmung dafür enthält, ob eine und welche Frist anläuft, falls die Zustellung unwirksam oder unterblieben ist. Demgegenüber enthält § 569 Abs. 1 S. 2 ZPO die Regelung, dass für die Beschwerde in diesen Fällen eine Frist von fünf Monaten seit Verkündung der Ausgangsentscheidung läuft. Die Gesetzesmaterialien gehen auf diese Lücke bei § 575 Abs. 1 ZPO nicht explizit ein.[925] Es fragt sich, ob für die Rechtsbeschwerde dann § 569 Abs. 1 S. 2 ZPO entsprechend anzuwenden ist[926] oder ob bei unwirksamer oder unterbliebener Zustellung gar keine Frist läuft.[927] Letzterer Ansicht ist zu folgen. Es kann nicht angenommen werden, dass der Reformgesetzgeber eine entsprechende Regelung bei § 575 Abs. 1 ZPO vergessen hat. Vielmehr wird in den Motiven zu § 575 Abs. 1 ZPO eindeutig und mit einem Satz klargestellt, dass die Notfrist zur Einlegung der Rechtsbeschwerde „mit Zustellung der angefochtenen Entscheidung beginnt."[928] Demgegenüber wird zu § 569 Abs. 1 S. 2 ZPO ausdrücklich klar gestellt, dass diese Vorschrift (gerade) bei unterbliebener oder unwirksamer Zustellung eingreifen soll, falls es sich um verkündete Beschlüsse handelt. Eben weil dem Reformgesetzgeber bei Schaffung des § 569 Abs. 1 S. 2 ZPO bewusst war, dass nach dem alten Rechtszustand auf unwirksam oder nicht zugestellte verkündete Beschlüsse die Regelung des § 516 ZPO (a.F.) (Fünfmonatsfrist für die Berufungseinlegung bei unwirksamer Zustellung des Ersturteils) entsprechend angewandt wurde, ist davon auszugehen, dass dies für die Rechtsbeschwerde gegen verkündete Beschwerdeentscheidungen nicht so sein soll.[929]

[924] Zu dieser s. oben § 1 D, S. 53.

[925] Vgl. den *Regierungsentwurf-ZPO-RG*, BT-Drs. 14/4722, S. 117.

[926] So MünchKomm/*Lipp*, Aktualisierungsband, § 575 Rn. 7 und *Musielak/Ball*, § 575 Rn. 2.

[927] So *Zöller/Gummer*, § 575 Rn. 2 und *Baumbach/Albers/Lauterbach/Hartmann*, § 575 Rn. 1.

[928] Vgl. den *Regierungsentwurf-ZPO-RG*, BT-Drs. 14/4722, S. 117.

[929] Anders allerdings MünchKomm/*Lipp*, Aktualisierungsband, § 575 Rn. 7, der die zum alten Recht bestehende Praxis für die Frist bei der sofortigen Beschwerde nach § 577 ZPO (a.F.) (d.h., die analoge Anwendung des § 516 ZPO (a.F.) auch auf die Frist zur Einlegung der Rechtsbeschwerde übertragen will.

2. Form und Anwaltszwang

a) Form

Gem. § 575 Abs. 1 ZPO bedarf es für die formgerechte Einlegung der Rechtsbeschwerde der Einreichung eines Schriftsatzes beim Rechtsbeschwerdegericht (judex ad quem), also gem. § 133 GVG beim *BGH*. Entsprechend der Regelung des § 569 Abs. 2 S. 2 ZPO muss der Beschwerdeführer gem. § 575 Abs. 1 S. 2 ZPO in seiner Rechtsbeschwerdeschrift die angegriffene Entscheidung bezeichnen und erklären, dass gegen diese Entscheidung Rechtsbeschwerde eingelegt werden soll. Geschieht dies nicht, ist das Rechtsmittel gem. § 577 Abs. 1 ZPO zu verwerfen.[930] Schließlich bestimmt § 575 Abs. 1 S. 3 ZPO, dass eine Ausfertigung oder eine beglaubigte Abschrift der angefochtenen Entscheidung zusammen mit der Rechtsbeschwerdeschrift dem Rechtsbeschwerdegericht vorgelegt werden soll. Eine Verletzung dieser Ordnungsvorschrift, die dazu dient, das Rechtsbeschwerdegericht schon vor Akteneingang über den Rechtsmittelinhalt in Kenntnis zu setzen, führt aber nicht zu prozessualen Nachteilen.[931]

b) Anwaltszwang

Die Rechtsbeschwerde muss von einem beim Rechtsbeschwerdegericht, d.h. beim *BGH* zugelassenen Rechtsanwalt eingelegt werden, § 78 Abs. 1 S. 4 ZPO.[932] Eine Ausnahme hiervon, wie sie für die Beschwerde in § 569 Abs. 2 Satz 2 ZPO (a.F.) i.V.m. § 78 Abs. 3 ZPO (a.F.) durch die Möglichkeit der Einlegung zu Protokoll der Geschäftsstelle vorgesehen war, kennt das neue Rechtsbeschwerderecht nicht. Nunmehr regelt zwar § 569 Abs. 3 Nr. 1 ZPO, dass die Beschwerde zu Protokoll der Geschäftsstelle und damit wegen § 78 Abs. 5 ZPO ohne Vertretung durch einen Anwalt eingelegt werden kann,[933] wenn der Rechtsstreit im ersten Rechtszug nicht als Anwaltsprozess zu führen ist oder war. Hingegen bestimmt § 575 Abs. 1 ZPO ausdrücklich, dass die Rechtsbe

[930] *Rosenberg/Schwab/Gottwald*, § 147 Rn. 15.

[931] So der *Regierungsentwurf-ZPO-RG*, BT-Drs. 14/4722, S. 117; *Rosenberg/Schwab/Gottwald*, § 147 Rn. 16. Vgl. demgegenüber § 133 Abs. 1 ZPO, der ebenfalls als Soll-Vorschrift ausgestaltet ist und den Parteien aufgibt, ihren Schriftsätzen die für die Zustellung an den Gegner erforderliche Anzahl von Abschriften beizufügen. Ein Verstoß gegen § 133 Abs. 1 ZPO kann zwar nicht zur sachlichen Präklusion nach §§ 282, 296 ZPO führen, wohl aber zu Kostennachteilen, wenn wegen verzögerter oder nicht erfolgender Vorlage eine Terminsverlegung notwendig wird, vgl. §§ 95 ZPO, 34 GKG. Dem gegenüber wird das Rechtsbeschwerdegericht nach Vorlage eines mit einer Begründung versehenen Rechtsmittels immer erst die Akten bei der Vorinstanz anfordern, bei denen sich die angegriffene Entscheidung ohnedies im Original befindet.

[932] Vgl. *Rosenberg/Schwab/Gottwald*, § 147 Rn. 14; *BGH*, NJW 2002, 2181. Nach *BGH*, Beschluss vom 20.2.2003, Az.: IX ZB 598/02, n.v., gilt dies auch in den Fällen, in denen sich die Zuständigkeit des *BGH* aus dem Meistbegünstigungsgrundsatz ergibt. Der Grundsatz der Meistbegünstigung ändert nichts daran, dass das Rechtsmittel nach den für das gewählte Rechtsmittelgericht geltenden Vorschriften einzulegen ist, vgl. *Zöller/Gummer*, vor § 511 Rn. 32.

[933] S. oben § 1 H., S. 62.

schwerde beim Rechtsbeschwerdegericht einzulegen sei. Es kann ausgeschlossen werden, dass der Reformgesetzgeber die Möglichkeit der Einlegung einer Rechtsbeschwerde zu Protokoll der Geschäftsstelle beim *BGH* oder einem Obersten Landesgericht, und damit eine Einlegung ohne Anwaltszwang wollte.[934] Darüber hinaus bestimmt zwar § 571 Abs. 4 S. 1 ZPO, dass sich die am Beschwerdeverfahren Beteiligten durch einen beim Amts- oder Landgericht zugelassenen Rechtsanwalt vertreten lassen können. Weder § 569 Abs. 3 ZPO noch § 571 Abs. 4 S. 1 ZPO sollen aber der Intention des Gesetzgebers nach für die Rechtsbeschwerde gelten, so dass auch eine analoge Anwendung ausscheidet. Denn bei der Rechtsbeschwerde steht – im Gegensatz zur (Erst-)Beschwerde – nicht die individuelle Bedeutung des Verfahrens für die Parteien im Vordergrund, sondern die Fortbildung des Rechts und die Wahrung der Einheitlichkeit der Rechtsprechung.[935] Nach § 574 Abs. 2 ZPO dient die Rechtsbeschwerde dem Ziel, entweder Rechtsfragen von grundsätzlicher Bedeutung klären zu lassen oder zur Rechtsfortbildung oder -vereinheitlichung beizutragen. Zur Filterung und Strukturierung dieser Verfahren bedarf es der besonderen Kenntnis und des Sachverstandes der Rechtsanwaltschaft beim *BGH*. Dementsprechend ist die Form der Rechtsbeschwerde in Anlehnung an die Revisionsvorschriften geregelt.[936]

IV. Frist, Form, Inhalt und Bedeutung der Rechtsbeschwerdebegründung

1. Frist

§ 575 Abs. 2 S. 1 ZPO bestimmt, dass die Rechtsbeschwerde innerhalb der einmonatigen Frist zur Einlegung bereits begründet werden muss; andernfalls wird sie gem. § 577 Abs. 1 ZPO als unzulässig verworfen. Die Begründungsfrist ist daher mit der Einlegungsfrist identisch, wobei aber nicht verlangt wird, dass die Begründung in einem Einlegungsschriftsatz gleich mit enthalten ist. Damit unterscheidet sich die Rechtsbeschwerde von Berufung und Revision, da bei diesen Rechtsmitteln die Begründungsfrist gem. §§ 520 Abs. 2 S. 1 und 551 Abs. 2 S. 2 ZPO mit der Zustellung des in vollständig abgefasster Form zugestellten Urteils beginnt und ab hier zwei Monate dauert. Grund für die in diesem Vergleich kürzere Begründungsfrist bei der Rechtsbeschwerde soll die regelmäßig geringere Bedeutung und der geringere Umfang der angefochtenen Entscheidungen sein.[937] Allerdings hat der Reformgesetzgeber für die Rechtsbeschwerdebegründungsfrist gem. §§ 575 Abs. 2 S. 3, 551 Abs. 2 S. 5 und 6 ZPO eine Verlängerungsmöglichkeit geschaffen, die mit Einwilligung des Gegners ohne zeitliche Beschränkung und ohne Einwilligung des Gegners für bis zu zwei Monate gegeben ist, falls sich nach der freien Überzeugung des Vorsitzenden der Rechtsstreit durch die Verlängerung nicht verzögert oder

[934] Vgl. auch MünchKomm/*Lipp*, Aktualisierungsband, § 575 Rn. 8.

[935] So *BGH*, NJW 2002, 2181 unter Bezugnahme auf die amtliche Begründung der *Bundesregierung*, BR-Drs. 536/00, S. 294.

[936] So *BGH*, NJW 2002, 2181 unter Bezugnahme auf die amtliche Begründung der *Bundesregierung* zu § 575 ZPO , BR-Drs. 536/00, S. 296; *Rosenberg/Schwab/Gottwald*, § 147 Rn. 14.

[937] Vgl. den *Regierungsentwurf-ZPO-RG*, BT-Drs. 14/4722, S. 117.

der Rechtsbeschwerdeführer erhebliche Gründe darlegt. Die Frist beginnt mit der wirksamen Zustellung der angefochtenen Entscheidung. Ist die Zustellung unwirksam, läuft die Beschwerdegründungsfrist so lange nicht, als nicht wirksam zugestellt wird, da auch für die Fristbestimmung des § 575 Abs. 2 S. 2 ZPO wie bei derjenigen des § 575 Abs. 1 für die Einlegung eine Regelung für den Fall einer unwirksamen Zustellung fehlt.[938] Die Fünfmonatsfrist des § 569 Abs. 1 S. 2 ZPO kann hier ebenfalls nicht analog angewandt werden, da es sich bei § 575 Abs. 2 ZPO um die Begründung des Rechtsmittels handelt und darüber hinaus trotz der Parallelregelung für die Revisionsbegründungsfrist in § 551 Abs. 2 S. 3 ZPO, die für den Fall der unwirksamen Zustellung der angefochtenen Entscheidung ausdrücklich eine Fünfmonatsfrist zur Begründung ab Verkündung bestimmt, bei der Rechtsbeschwerde eine entsprechende Vorschrift fehlt.[939]

2. Form

Der Rechtsbeschwerdeführer kann die Begründung seines Rechtsmittels schriftlich entweder bereits in der Einlegungsschrift oder in einem späteren fristgerechten Schriftsatz liefern. Letzterer muss ebenfalls durch einen beim *BGH* zugelassenen Rechtsanwalt unterschrieben sein, § 78 Abs. 1 S. 4 ZPO.

3. Inhalt

Die Begründung der Rechtsbeschwerde muss nach § 575 Abs. 3 ZPO enthalten:

a) Rechtsbeschwerdeanträge (§ 575 Abs. 3 Nr. 1 ZPO)

Der Rechtsmittelführer muss klar stellen, inwieweit sein Begehren reicht, nämlich die Entscheidung des Beschwerdegerichtes angefochten und deren Aufhebung beantragt wird. § 575 Abs. 3 Nr. 1 ZPO bedeutet, dass der Rechtsbeschwerdeführer sein Rechtsmittel jederzeit beschränken kann.

Beispiel: Wurde etwa die Rechtsbeschwerde gegen eine Beschwerdeentscheidung, die über einen Beschluss nach § 91a ZPO erging und dem Beklagten die gesamten Kosten auferlegte, zugelassen, kann der Beklagte seine Rechtsbeschwerde mit der Maßgabe beschränken, dass das Rechtsbeschwerdegericht auf Kostenteilung erkennen solle. Wie bei der Beschränkung der Revision ist aber eine Beschränkung auf einzelne Elemente der angegriffenen Entscheidung nicht möglich, da § 577 Abs. 3 S. 2 ZPO bestimmt, dass das Rechtsbeschwerdegericht an die geltend gemachten Rechtsbeschwerdegründe nicht gebunden ist, vielmehr die angefochtene Beschwerdeentscheidung unter allen rechtlichen Gesichtspunkten zu prüfen hat.[940]

[938] S.o. III. 1., S. 200.

[939] Trotz des Schweigens der Gesetzesmotive zu diesem Problem kann daher nicht von einem versehentlichen Unterlassen des Reformgesetzgebers ausgegangen werden, vgl. auch *Zöller/Gummer*, § 575 Rn. 2 und 8; a.A. auch hier MünchKomm/*Lipp*, Aktualisierungsband, § 575 Rn. 13.

[940] So zutreffend *Rosenberg/Schwab/Gottwald*, § 140 Rn. 47 für die (unzulässige) Beschränkung der Revision unter dem Gesichtspunkt des § 557 Abs. 3 S. 1 ZPO. A.A. *Grunsky*, ZZP 84 (1971), 129 und 88 (1975), 60.

b) Rechtsbeschwerdegründe (§ 575 Abs. 3 Nr. 3 ZPO)

Der Rechtsbeschwerdeführer muss seine Anfechtung begründen. § 575 Abs. 3 Nr. 3 ZPO stellt dieselben hohen Anforderungen an die Begründung einer Rechtsbeschwerde wie § 551 Abs. 3 Nr. 2 ZPO an die Begründung der Revision.[941] § 551 Abs. 3 Nr. 2 ZPO entspricht aber seinerseits im wesentlichen der Regelung des § 554 Abs. 3 Nr. 1 und 3 ZPO (a.F.) und konkretisiert lediglich die Darlegungsanforderungen für die Geltendmachung der Rechtsverletzung im Sinne der zu § 554 Abs. 3 Nr. 3a ZPO (a.F.) – diese verlangte die „Bezeichnung der verletzten Rechtsnorm" – ergangenen Rechtsprechung.[942]

aa) Bezeichnung der Umstände, aus denen sich die Rechtsverletzung ergibt (§ 575 Abs. 3 Nr. 3a ZPO)

Anders als § 554 Abs. 3 Nr. 3a ZPO (a.F.) verlangt § 575 Abs. 3 Nr. 3a (bzw. für die Revision § 551 Abs. 3 Nr. 2a) ZPO nicht mehr, eine verletzte Rechtsnorm dem Wortlaut nach anzugeben.[943] Vielmehr müssen Umstände bestimmt bezeichnet werden, aus denen sich die Rechtsverletzung ergibt. Hierfür soll es nach dem Willen des Reformgesetzgebers darauf ankommen, die aus der Sicht des Rechtsmittelführers maßgeblichen Gründe anzuführen, die den materiell-rechtlichen oder verfahrensrechtlichen Fehler der angegriffenen Entscheidung ausmachen.[944] Näheres hierzu lässt sich der Begründung des Gesetzes nicht entnehmen. Allerdings sollte die zu § 554 Abs. 3 Nr. 3a ZPO (a.F.) ergangene Rechtsprechung in das reformierte Gesetz Eingang finden.[945] Insoweit wurde aber schon das nach § 554 Abs. 3 Nr. 2a ZPO (a.F.) bestehende Erfordernis der „Bezeichnung der verletzten Rechtsnorm" so ausgelegt, dass nicht die zutreffende Angabe der Nummer eines Paragrafen maßgeblich war. Vielmehr war die verletzte Rechtsnorm so ausführlich und genau unter Auseinandersetzung mit den tragenden Entscheidungsgründen zu kennzeichnen, dass das Revisionsgericht, zu dessen Entlastung das Erfordernis einer Revisionsbegründung eingeführt wurde, die Rechtsverletzung der Revisionsbegründung selbst entnehmen konnte und nicht ergänzend andere Aktenbestandteile, in denen z.B. Parteivorbringen stand, auf das der Rechtsmittelführer lediglich (unzulässig) Bezug nahm, zur Prüfung heranziehen musste. Dies erforderte grundsätzlich, dass sich die Revisionsbegründungsschrift mit der Begründung des angefochtenen Urteils auseinandersetzen und darlegen musste, was daran zu beanstanden sei.[946]

Dementsprechend ist auch für die anforderungsgleichen §§ 575 Abs. 3 Nr. 3a, 551 Abs. 3 Nr. 2a ZPO zu verlangen, dass der Revisions- bzw. der Rechtsbeschwerdeführer auf den Streitfall zugeschnitten darlegt, in welchen Punkten und aus welchen materiell- oder ver-

941 Vgl. den *Regierungsentwurf-ZPO-RG*, BT-Drs. 14/4722, S. 117.
942 Vgl. den *Regierungsentwurf-ZPO-RG*, BT-Drs. 14/4722, S. 107.
943 Dies erleichtert aber natürlich dem Revisions- bzw. Rechtsbeschwerdegericht die Arbeit und sollte auch nach Inkrafttreten des ZPO-RG in der Praxis weiter so gehandhabt werden, vgl. *Rosenberg/Schwab/Gottwald*, § 140 Rn. 52; *Baumbach/Albers/Lauterbach/Hartmann*, § 543 Rn. 9.
944 Vgl. den *Regierungsentwurf-ZPO-RG*, BT-Drs. 14/4722, S. 107.
945 Vgl. den *Regierungsentwurf-ZPO-RG*, BT-Drs. 14/4722, S. 107.
946 So *BGH*, NJW 2002, 1130; *Rosenberg/Schwab/Gottwald*, 15. Aufl., § 142 III 3a, S. 869; *Stein/Jonas/Grunsky*, § 554 Rn. 6; *Zöller/Gummer*, § 554 Rn. 12

fahrensrechtlichen Gründen der Rechtsmittelführer die angefochtene Entscheidung für unrichtig hält.[947] Nicht erforderlich ist allerdings, dass der Rechtsmittelführer einen Fehler schlüssig oder auch nur vertretbar darlegt.[948] Werden Revision oder Rechtsbeschwerde ausschließlich auf Gründe gestützt, die nach dem Schluss der Berufungsverhandlung oder nach dem Zeitpunkt, zu dem im Verfahren über die Rechtsbeschwerde letztmals Tatsachen vorgebracht und berücksichtigt werden konnten, entstanden sind, ist eine Auseinandersetzung mit der auf die „Alttatsachen" bezogenen Begründung der Ausgangsentscheidung ebenfalls entbehrlich.[949]

bb) Darlegung von Verfahrensmängeln (§ 575 Abs. 3 Nr. 3 b ZPO)

Will der Revisions- oder Rechtsbeschwerdeführer prozessuale Mängel[950] der Ausgangsentscheidung rügen, muss er die Tatsachen, aus denen sich der Fehler ergeben soll, sowie die Prozessvorgänge, aus denen der Verstoß ersichtlich sein soll, genau bezeichnen. Insoweit besteht schon dem Wortlaut nach zwischen den §§ 575 Abs. 3 Nr. 3b, 551 Abs. 3 Nr. 2b ZPO und § 554 Abs. 3 Nr. 3b ZPO (a.F.) keinerlei Unterschied. Nicht genügend, aber auch nicht erforderlich ist daher allein die Angabe der verletzten Verfahrensnorm.[951] Andererseits muss der Revisions- bzw. Rechtsbeschwerdeführer auch Angaben zur Kausalität eines Verfahrensmangels machen, wenn sich diese nicht schon aus der bestimmten Behauptung der dem Fehler zu Grunde liegenden Prozessvorgänge ergibt.[952]

Beispiel: Rügt der Rechtsbeschwerdeführer etwa, seine Berufung sei gem. § 522 Abs. 1 S. 4 ZPO wegen Versäumung der Berufungsfrist als unzulässig durch Beschluss verworfen worden, ohne ihm vorher rechtliches Gehör zu gewähren[953], müsste er in der Rechtsbeschwerdebegründung darlegen, inwiefern die Entscheidung des Berufungsgerichts bei Gehörsgewährung anders ausgefallen wäre, etwa, weil er einen begründeten Antrag auf Wiedereinsetzung gestellt hätte.

Eine im Sinne des § 575 Abs. 3 Nr. 3b ZPO ordnungsgemäße Rüge ist auch in den Fällen der absoluten Rechtsbeschwerde- bzw. Revisionsgründe der §§ 576 Abs. 2, 547 ZPO not-

947 So *BGH*, MDR 2003, 1246; *BGH*, NJW-RR 2002, 209.

948 Vgl. (jeweils zu § 520 Abs. 3 Nr. 2 ZPO, der für die Berufungsbegründung ebenfalls die „Bezeichnung der Umstände, aus denen sich die Rechtsverletzung und deren Erheblichkeit für die angefochtene Entscheidung ergibt", verlangt) *Rosenberg/Schwab/Gottwald*, § 135 Rn. 44; *Hannich/Meyer-Seitz*, § 520 Rn. 12; MünchKomm/*Rimmelspacher*, § 520 Rn. 50; *Musielak/Ball*, § 520 Rn. 33; *Zöller/Gummer*, § 520 Rn. 34; zum bisherigen Recht: *BGH*, NJW 1999, 3126; *BGH*, NJW 2002, 682; NJW-RR 2002, 1608, m.w.N.; st. Rspr.; a.A. zum neuen Berufungsrecht: *LG Stendal*, NJW 2002, 2886; *Schellhammer*, MDR 2001, 1141; widersprüchlich *Baumbach/Albers/Lauterbach/Hartmann*, § 520 Rn. 23: Der Berufungskläger müsse mindestens einen der gesetzlichen Berufungsgründe schlüssig darlegen, es sei aber unerheblich, ob die Begründung schlüssig oder rechtlich haltbar sei.

949 Vgl. *BGH*, NJW 2002, 1130.

950 Solche Verfahrensfehler beruhen auf der unrichtigen Anwendung von Rechtssätzen, die den Weg zur Entscheidung und nicht deren Inhalt (Sachfehler) bestimmen, z.B. Verstöße gegen die materiellen Prozessleitungspflichten gem. § 139 ZPO, übergangene Beweisangebote etc., vgl. *Thomas/Putzo*, § 551 Rn. 8.

951 Vgl. *Rosenberg/Schwab/Gottwald*, § 140 Rn. 54

952 Vgl. *Thomas/Putzo*, § 551 Rn. 7.

953 Dies wäre ein Verfahrensmangel, vgl. *Thomas/Putzo*, § 522 Rn. 6.

wendig.[954] Keine Rüge ist erforderlich, sofern der Verfahrensmangel vom Rechtsbeschwerdegericht von Amts wegen zu prüfen ist.[955]

c) Darlegung der Zulässigkeitsvoraussetzungen bei kraft Gesetzes zulässigen Rechtsbeschwerden (§ 575 Abs. 3 Nr. 2 ZPO)

Schließlich muss der Rechtsbeschwerdeführer, der eine kraft Gesetzes zulässige Rechtsbeschwerde i.S. von § 574 Abs. 1 Nr. 1 ZPO zu begründen hat, gem. § 575 Abs. 3 Nr. 2 ZPO die Zulässigkeitsvoraussetzungen des § 574 Abs. 2 ZPO darlegen. Zu dieser Regelung gibt es kein entsprechendes Pendant bei den Revisionsvorschriften, da es keine kraft Gesetzes zulässige Revision sondern nur die vom Berufungsgericht oder (bei der Sprungrevision, § 566 ZPO) vom Revisionsgericht zugelassene Revision gibt.[956]

aa) Allgemeine Anforderungen

Die nach § 575 Abs. 3 Nr. 2 ZPO bestehende Verpflichtung, einen Zulassungs- bzw. Zulässigkeitstatbestand nachvollziehbar darzulegen, gilt darüber hinaus für alle Varianten des § 574 Abs. 2 ZPO. Der Rechtsbeschwerdeführer muss daher Tatsachen liefern, aus denen das Rechtsbeschwerdegericht seine Entscheidung zur Zulässigkeit des Rechtsmittels im Hinblick auf § 574 Abs. 2 ZPO treffen kann. Nur in diesem Sinn kann § 575 Abs. 3 Nr. 2 ZPO sinnvoll ausgelegt werden, wenn der Zweck dieser Vorschrift darin besteht, das Rechtsbeschwerdegericht bei der Überprüfung der Zulässigkeitsvoraussetzungen zu entlasten, weil es diese nicht den Akten entnehmen muss, sondern der Rechtsbeschwerdebegründung entnehmen kann.[957]

954 In den §§ 547, 576 Abs. 3 ZPO sind nämlich sämtlich besonders schwere Verfahrensmängel bezeichnet, vgl. *Thomas/Putzo*, § 547 Rn. 1 und § 551 Rn. 8. Zumindest missverständlich der *Regierungsentwurf-ZPO-RG*, BT-Drs. 14/4722, S. 107, wonach die absoluten Revisionsgründe bei erfolgter Zulassung der Revision *„im Rahmen der dann erfolgenden Vollprüfung des angefochtenen Urteils weiterhin besondere Bedeutung"* haben sollen. Auch bei Zulassung der Revision muss diese selbstverständlich zulässig begründet worden sein, d.h., auch Verfahrensmängel im Sinne des § 547 ZPO sind nur berücksichtigungsfähig, wenn der Revisionsführer den Mangel nach § 551 Abs. 3 Nr. 2b ZPO ordnungsgemäß gerügt hat, vgl. § 557 Abs. 3 S. 2 ZPO. Für die Rechtsbeschwerde gilt das gleiche nach den Parallelnormen der §§ 575 Abs. 3 Nr. 3b, 577 Abs. 2 S. 3 ZPO.

955 Vgl. *Thomas/Putzo*, § 551 Rn. 9; § 557 Rn. 3: die Prüfungspflicht des Rechtsmittelgerichts von Amts wegen bezieht sich auf die Zulässigkeit vorangegangener Rechtsmittelentscheidungen sowie vorangegangener Rechtsmittel als solcher und auf die nicht nur auf Rüge hin (z.B. die fehlende Kostenerstattung gem. § 269 Abs. 6 ZPO) zu prüfenden Prozessvoraussetzungen. Erforderlich ist aber auch in diesen Fällen, dass eine ansonsten zulässige, insbesondere form- und fristgerecht eingelegte Revision oder Rechtsbeschwerde vorliegt.

956 Allerdings sind im Rahmen der Nichtzulassungsbeschwerde gem § 544 Abs. 2 S. 3 ZPO die Zulassungsgründe des § 543 Abs. 2 ZPO darzulegen, vgl. hierzu § 8, S. 229.

957 Der *BGH* hatte bislang zwar in noch wenigen Fällen zur erforderlichen Darlegung i.S. von § 575 Abs. 3 Nr. 2 ZPO Stellung zu nehmen, lässt aber keinen Zweifel daran, dass der Rechtsbeschwerdeführer einen Zulässigkeitsgrund den zugrundeliegenden Tatsachen nach vorbringen muss, um dessen rechtliches Vorliegen schlüssig nachvollziehen zu können, vgl. etwa *BGH*, NJW 2002, 1658; FamRZ 2005, 792 = MDR 2005, 948.

bb) Darlegungen bei behaupteten Rechtsfehlern

(1) Fallgruppenbezogene Begründung

Der Rechtsbeschwerdeführer muss daher insbesondere im Bereich des Tatbestandes der Sicherung einer einheitlichen Rechtsprechung genau darauf achten, dass er zu den Anforderungen der für diesen Begriff bereits dargestellten Fallgruppen ausreichend vorträgt. Demnach muss er zur Geltendmachung einer Divergenz[958] nicht nur die angegriffene Entscheidung als „abweichend" bezeichnen, sondern genau ausführen, welchen entscheidungserheblichen Rechtssatz das Ausgangsgericht aufgestellt hat, der von einem in einer tatsächlich vergleichbaren Konstellation von einem gleichrangigem oder höherrangigem Gericht aufgestellten Rechtssatz abweicht. Will der Rechtsbeschwerdeführer eine unrichtige Ausgangsentscheidung bekämpfen, muss er dem Rechtsbeschwerdegericht tatsächliche Anhaltspunkte dafür liefern, inwiefern es sich nicht nur um eine falsche Einzelfallentscheidung handelt, sondern die Gefahr besteht, dass dasselbe Gericht den Fehler wiederholt oder ein anderes Gericht den Fehler nachahmt.[959] Weiter muss der Rechtsbeschwerdeführer zur Geltendmachung von Verstößen gegen Verfahrensgrundrechte oder das Willkürverbot ebenfalls in seine Rechtsmittelbegründung Tatsachen aufnehmen, aus denen das Rechtsbeschwerdegericht nachvollziehbar die genannten Fehler entnehmen kann.

Schließlich gilt für die Darlegung von Rechtsfehlern im Rahmen des Zulassungsgrundes der Sicherung einer einheitlichen Rechtsprechung, dass der Rechtsbeschwerdeführer bei behaupteten alternativen Rechtsmängeln der angegriffenen Ausgangsentscheidung darlegen muss, jeder Rechtsfehler begründe für sich gesehen die Rechtsbeschwerde. Der Zugang zu Revision und Rechtsbeschwerde ist nämlich verschlossen, wenn sich unter den geltend gemachten alternativen Mängeln einer befindet, an dessen Bereinigung kein öffentliches Interesse im Sinne der Zulassungsgründe dargelegt wird.[960] Da in einem solchen Fall die angegriffene Entscheidung schon aus Erwägungen aufzuheben wäre, die eine Zulassung der Revision oder der Rechtsbeschwerde nicht rechtfertigen, führt das Revisionsverfahren weder zur Klärung einer umstrittenen Rechtsfrage, auf die eine Zulassung wegen grundsätzliche Bedeutung abzielt, noch zu Leitsätzen für die Auslegung von gesetzlichen Vorschriften, wie vom Zulassungsgrund der Fortbildung des Rechts bezweckt, und endlich auch nicht zur Ausräumung eines das Allgemeininteresse berührenden Rechtsfehlers, wie sie der Zulassungsgrund der Sicherung einer einheitlichen Rechtsprechung im Auge hat. Anders formuliert würde das Revisions- oder Rechtsbeschwerdegericht die für

[958] Zu diesen unter den Begriff der Sicherung einer einheitlichen Rechtsprechung zu fassenden Fällen s. oben S. 153ff.

[959] Zur Wiederholungs- bzw. Nachahmungsgefahr s. ebenfalls oben S. 153ff.

[960] Vgl. *BGH*, NJW 2004, 72 mit abl. Anm. *Nasall*, jurisPR-BGHZivilR 14/2003 (*Nasall* kritisiert hierbei zutreffend für den entschiedenen Einzelfall, dass der *BGH* die Revision hätte zulassen müssen, da der angeblich nicht zulassungsrelevante Fehler in einer Gehörsverletzung durch das Berufungsgericht lag, welches einen Hilfsantrag schlicht übergangen hatte - vgl. zur Zulassung der Revision aus dem Gesichtspunkt der Sicherung einer einheitlichen Rechtsprechung im Falle einer Gehörsverletzung die unter Fn. 910 zitierten *BGH*-Entscheidungen); *BGH*, NJW 2004, 1167 unter Bezugnahme auf den *Regierungsentwurf-ZPO-RG*, BT-Drs. 14/4722, S. 66, wonach für diese Fälle das Revisionsverfahren seinen Zweck einer im Interesse der Allgemeinheit liegenden Entscheidung nicht erreichen könne.

die Zulassung maßgeblichen Gesichtspunkte nur als abstrakte Rechtsfragen beantworten, was nicht zu seinen Aufgaben gehört.[961]

Demgegenüber wird vertreten, dass die Entscheidungserheblichkeit einer Grundsatzfrage auch dann zu bejahen sei, wenn der Beschwerdeführer aufzeige, Alternativbegründungen seien schlicht rechts- oder verfahrensfehlerhaft.[962] Dieser Auffassung kann nicht gefolgt werden, wenn man das vom Reformgesetzgeber gesetzte Ziel berücksichtigt, das Revisions- oder Rechtsbeschwerdegericht nur bei Rechtsfehlern tätig werden zu lassen, deren Bereinigung im Allgemeininteresse steht. Fehlt dieses auch nur bei einem von mehreren Rechtsfehlern, ist die angegriffene Entscheidung nicht anders zu beurteilen, als wäre ihr nur dieser „einfache" Fehler immanent. Es ist nach Inkrafttreten des ZPO-RG nicht mehr Aufgabe des Revisions- oder Rechtsbeschwerdegerichtes, selbständige, aber unzutreffende Alternativbegründungen, die Grundsatzfragen betreffen, zu korrigieren, wenn diese nicht jeweils entscheidungserheblich waren.

Fehlt eine Darlegung i.S. des § 575 Abs. 3 Nr. 2 ZPO oder ist sie vor den gezeigten Anforderungen unzulänglich, ist das Rechtsmittel gem. § 577 Abs. 1 ZPO als unzulässig zu verwerfen, auch wenn das Rechtsbeschwerdegericht an die Darlegungen des Rechtsbeschwerdeführer nicht gebunden ist, vgl. § 577 Abs. S. 2 ZPO.[963]

(2) Schwerwiegende Mängel der Ausgangsentscheidung

Das bisherige Revisionsrecht verlangte in § 554 Abs. 3 Nr. 2 ZPO (a.F.) die Darlegung der grundsätzlichen Bedeutung als Zulässigkeitsvoraussetzung für die Streitwert unabhängige Annahmerevision nach § 554b ZPO (a.F.) Diese Zulässigkeitsvoraussetzung hatte aber de facto keine Bedeutung, da nach der Rechtsprechung des *BVerfG* jede aussichtsreiche Streitwert unabhängige Revision zulässig war.[964] Hierzu wird z.T. auch für § 575 Abs. 3 Nr. 2 ZPO eine Parallele gezogen und argumentiert, dass nach den Vorstellungen des Reformgesetzgebers eine grundsätzliche Bedeutung der Rechtssache i.S. von § 574 Abs. 2 Nr. 1 ZPO vorliegen solle, wenn die angegriffene Entscheidung offensichtlich unrichtig sei. Soweit sich dies aus dem Zusammenhang der Rechtsbeschwerdebegründung ergebe, sei dem Begründungserfordernis des § 575 Abs. 3 Nr. 2 ZPO unter dem Gesichtspunkt des Zulassungsgrundes der grundsätzlichen Bedeutung bereits Genüge getan.[965]
Dem kann aber vor dem Hintergrund des Inhaltes des Zulassungstatbestandes der Sicherung einer einheitlichen Rechtsprechung[966] nicht zugestimmt werden. Nach der Begründung des Reformgesetzgebers sollen Rechtsfehler, ungeachtet ihrer Schwere, (allein) unter diesem Gesichtspunkt geprüft werden. Die Gesetzesmotive führen insoweit zwar an, dass mit dem neuen Tatbestand der Sicherung einer einheitlichen Rechtsprechung offensichtlich unrichtige Entscheidungen der sachlichen Revision zugeführt werden könnten.[967] Wie

961 Vgl. a. *BGHZ* 153, 244 = NJW 2003, 1125.
962 Vgl. *Zöller/Gummer*, § 544 Rn. 12b; *Baumert*, MDR 2003, 606.
963 Vgl. *Rosenberg/Schwab/Gottwald*, § 147 Rn. 20; *Zöller/Gummer*, § 575 Rn. 6.
964 Vgl. *BVerfGE* 54, 277 und MünchKomm/*Wenzel*, § 554 Rn. 19.
965 Vgl. MünchKomm/*Lipp*, Aktualisierungsband, § 575 Rn. 20.
966 Vgl. oben S. 153ff.
967 Vgl. den *Regierungsentwurf-ZPO-RG*, BT-Drs. 14/4722, S. 67.

oben gezeigt, relativiert aber der Gesetzgeber diese Aussage an anderer Stelle unter dem Gesichtspunkt des erforderlichen Allgemeininteresses dergestalt, dass auch offensichtlich unrichtig entschiedene Fälle nur dann, wenn eine Wiederholungs- bzw. Nachahmungsgefahr besteht, die Zulassung bzw. Zulässigkeit von Revision oder Rechtsbeschwerde rechtfertigen.[968] Gerade das Vorliegen einer Wiederholungs- bzw. Nachahmungsgefahr muss der Rechtsbeschwerdeführer aber im Rahmen der Darlegung des Tatbestandes der Sicherung einer einheitlichen Rechtsprechung nachvollziehbar darlegen, es genügt ausdrücklich nicht die bloße Kennzeichnung eines schwerwiegenden oder offensichtlichen Fehlers.

(3) Entscheidungserheblichkeit des Rechtsfehlers

Die Begründung der Rechtsbeschwerde hat aber keine Ausführungen zur Entscheidungserheblichkeit des Rechtsfehlers zu enthalten.[969] Insoweit besteht ein Unterschied zum Verfahren der Nichtzulassungsbeschwerde (§ 544 ZPO), in dem eine nicht entscheidungserhebliche Frage auch nicht unter dem Gesichtspunkt der Sicherung einer einheitlichen Rechtsprechung die Zulassung der Revision gebietet.[970] Dieser Unterschied beruht auf folgendem: Anders als das Verfahren der Nichtzulassungsbeschwerde ist die Rechtsbeschwerde ein Rechtsmittel, das zur Entscheidung über die Sache führt. Dabei hängt - wie stets - die Zulässigkeit des Rechtsmittels nicht von Fragen der Begründetheit ab. Liegen die Voraussetzungen des § 574 Abs. 2 Nr. 1 oder Nr. 2 ZPO vor, so ist die Rechtsbeschwerde zulässig. Ob die angefochtene Entscheidung gleichwohl Bestand hat, ist eine Frage der Begründetheit. Beides miteinander zu verquicken, hieße, die Zulässigkeit des Rechtsmittels zu verneinen, weil es an der Begründetheit fehlt. Im Verfahren der Nichtzulassungsbeschwerde geht es demgegenüber nicht um eine Entscheidung in der Sache selbst, sondern nur um die Frage, ob eine Sachüberprüfung im Revisionsverfahren geboten ist.[971]

4. Die Bedeutung der Rechtsbeschwerdebegründung

a) Fehlerhaftigkeit der Begründung

Die Bedeutung der Begründung einer Rechtsbeschwerde ist identisch mit derjenigen der Revision. Wie diese (vgl. § 552 Abs. 1 S. 2 ZPO) wird die Rechtsbeschwerde gem. § 577 Abs. 1 S. 2 ZPO als unzulässig verworfen, wenn eine Begründung überhaupt fehlt oder einzelne Teile der nach § 575 Abs. 3 ZPO erforderlichen Ausführungen fehlen oder unvollständig sind.[972] Insoweit wird die Rechtsbeschwerde auch im Hinblick auf abtrennbare Teile des Prüfungsgegenstandes als unzulässig verworfen, wenn das Rechtsmittel in vol-

[968] Vgl. den *Regierungsentwurf-ZPO-RG*, BT-Drs. 14/4722, S. 104.
[969] Vgl. hierzu schon oben S. 199.
[970] Vgl. *BGH*, NJW 2003, 831 und unten § 8, S. 234.
[971] Vgl. *BGH*, NJW 2004, 367 und zur Nichtzulassungsbeschwerde unten § 8, S. 234.
[972] Vgl. für die Revision *Rosenberg/Schwab/Gottwald*, § 140 Rn. 56.

lem Umfang eingelegt, aber nur bezüglich einzelner abtrennbarer Teile ordnungsgemäß begründet ist.[973]

b) Geltendmachung sachlicher Mängel

Für die Geltendmachung inhaltlicher Mängel der materiellen Rechtsanwendung bei der Ausgangsentscheidung ist dem Rechtsbeschwerdeführer hingegen durch die Frist zur Begründung des Rechtsmittels keine zeitliche Schranke gesetzt, wenn er die Rechtsbeschwerde innerhalb dieser Frist mit wenigstens einer – auch ansonsten formal ordnungsgemäßen – Verfahrens- oder Sachrüge begründet hat, das Rechtsmittel also überhaupt zulässig ist.[974] Dies ergibt sich aus § 577 Abs. 2 S. 2 ZPO, wonach das Rechtsbeschwerdegericht an die geltend gemachten Rechtsbeschwerdegründe nicht gebunden ist.[975] Das bedeutet, dass das Rechtsbeschwerdegericht die angefochtene Entscheidung auch wegen solcher inhaltlicher Fehler aufheben kann, die vom Rechtsmittelführer in seiner Begründung nicht geltend gemacht wurden, mag er sein Rechtsmittel auch bislang nur auf formelle Mängel gestützt haben.[976]

Beispiel: So kann der Rechtsbeschwerdeführer nach Hinweis des Rechtsbeschwerdegerichtes, dass es seine zur Ausgangsentscheidung in einer materiellen Rechtsfrage divergierende Rechtsprechung nicht aufrechterhalten wolle, eine weiter von ihm erkannte Abweichung zur Rechtsprechung des BGH auch nach Ablauf der Begründungsfrist geltend machen, wenn er nur zur ordnungsgemäßen Begründung der Rechtsbeschwerde eine im Sinne des § 575 Abs. 2, Abs. 3a ZPO ausreichend erhobene Sachrüge erhoben hatte.

V. Änderung oder Erweiterung der Rechtsbeschwerde

1. Rechtsbeschwerdeanträge

Wie die Rechtsmittel der Berufung und der Revision kann die Rechtsbeschwerde auch nach Ablauf der Begründungsfrist des § 575 Abs. 1 ZPO bis zur Entscheidung des Rechtsbeschwerdegerichtes geändert oder erweitert werden, wenn die erweiterten Anträge von der innerhalb der Begründungsfrist abgegebenen sonstigen Begründung nach § 575 Abs. 3 Nr. 2 und 3 ZPO gedeckt sind.[977]

[973] Vgl. für die Revision *Rosenberg/Schwab/Gottwald*, § 140 Rn. 58.
[974] Vgl. *Thomas/Putzo*, § 551 Rn. 15.
[975] Vgl. *Rosenberg/Schwab/Gottwald*, § 140 Rn. 60.
[976] Vgl. *BGH*, MDR 2004, 656; *Rosenberg/Schwab/Gottwald*, § 140 Rn. 60.
[977] Vgl. für die Revision *Rosenberg/Schwab/Gottwald*, § 140 Rn. 57; *BGH*, NJW 1984, 312; NJW 1985, 3079.

2. Rechtsbeschwerdebegründung

Der Rechtsbeschwerdeführer kann ferner Veranlassung haben, auch nach Ablauf der Frist für die Begründung des Rechtsmittels die hierfür vorgebrachten Gründe i. S. des § 575 Abs. 3 Nr. 2 und 3 ZPO auszutauschen oder zu erweitern. Ob dies möglich ist, ist von der Qualität der ergänzend oder im Austausch geltend zu machenden Angriffe abhängig.

a) Verfahrensmängel

Verfahrensfehler,[978] insbesondere auch solche, die absolute Rechtsbeschwerdegründe i.S. der §§ 576 Abs. 3, 547 ZPO darstellen[979] kann der Rechtsbeschwerdeführer nur innerhalb der Frist zur Begründung der Rechtsbeschwerde geltend machen, sofern sie nicht von Amts wegen[980] zu berücksichtigen sind. § 577 Abs. 2 S. 3 ZPO bestimmt nämlich, dass Verfahrensmängel, die nicht von Amts wegen zu berücksichtigen sind, für das Rechtsbeschwerdegericht nur dann relevant sind, wenn sie nach § 575 Abs. 3 ZPO ordnungsgemäß gerügt wurden. Dazu gehört insbesondere die fristgerechte Geltendmachung innerhalb der Zweimonatsfrist des § 575 Abs. 1 S. 1 ZPO.[981]

b) Bindung des Rechtsbeschwerdegerichtes an die Rechtsmittelbegründung?

aa) Bei der Anwendung formellen Rechts

Was die Verletzung von Verfahrensnormen betrifft, ist das Rechtsbeschwerdegericht wie bei der Revision (vgl. § 557 Abs. 3 S. 2 ZPO) an die Begründung der Rechtsbeschwerde gebunden, kann also die Entscheidung des Ausgangsgerichtes nur auf die insoweit geltend gemachten und nicht schon von Amts wegen zu prüfenden prozessualen Mängel hin untersuchen, vgl. § 577 Abs. 2 S. 3 ZPO.

bb) Bei der Anwendung materiellen Rechts

Wie bei der Revision (vgl. § 557 Abs. 3 S. 1 ZPO) bestimmt für die Rechtsbeschwerde § 577 Abs. 2 S. 2 ZPO, dass das Rechtsbeschwerdegericht an die geltend gemachten

[978] Vgl. *Thomas/Putzo*, § 551 Rn. 7.

[979] Vgl. *Rosenberg/Schwab/Gottwald*, § 140 Rn. 59.

[980] Das betrifft v.a. die allgemeinen und besonderen Prozessvoraussetzungen, z.B. die Voraussetzungen für die Zulässigkeit der Beschwerde in zweiter Instanz (Rechtszugvoraussetzungen), vgl. *Rosenberg/Schwab/Gottwald*, § 143 Rn. 20ff. und *Thomas/Putzo*, vor § 253 Rn. 12 und vor § 511 Rn. 13.

[981] Vgl. *Rosenberg/Schwab/Gottwald*, § 140 Rn. 59; MünchKomm/*Lipp*, Aktualisierungsband, § 575 Rn. 19; *Thomas/Putzo*, § 551 Rn. 14. Hierbei kann gegen die Versäumung der Rechtsbeschwerdebegründungsfrist wegen einer einzelnen prozessualen Rüge auch nicht Wiedereinsetzung in den vorigen Stand gem. §§ 233ff. ZPO gewährt werden, da es nicht um die versäumte Einreichung der Rechtsmittelbegründung, sondern um nicht rechtzeitig vorgebrachte Teile derselben geht, so auch *BGH*, NJW 1997, 1309 für eine erst nach Ablauf der Begründungsfrist nachgeschobene, den Zulässigkeitsanforderungen der §§ 519 Abs. 3 Nr. 2, 519b Abs. 1 ZPO (a.F.) genügende Berufungsbegründung, nachdem die fristgerecht eingereichte Begründung mangels Bestimmtheit unzulässig war; vgl. auch *Thomas/Putzo*, § 551 Rn. 14.

Rechtsbeschwerdegründe hinsichtlich der materiellen Rechtsanwendung nicht gebunden ist. Es kann daher die angefochtene Beschwerdeentscheidung auch wegen nicht gerügter Verletzungen des materiellen Rechts aufheben.[982]

Beispiel: So, wenn das Beschwerdegericht im Rahmen seiner zu § 91a ZPO ergangenen Entscheidung zur Kostentragungspflicht des Klägers kommt, weil er bei der Herausgabeklage gem. § 985 BGB sein Eigentum nicht nachweisen konnte, der Kläger die zugelassene Rechtsbeschwerde damit begründet, das Beschwerdegericht habe die Wirkungen des § 1006 Abs. 1 BGB verkannt und das Rechtsbeschwerdegericht zum Ergebnis kommt, nach dem in der Beschwerdeentscheidung dargelegten Sachverhalt habe der Kläger jedenfalls einen Herausgabeanspruch nach den §§ 861 und 1007 BGB gehabt.

D. Das Verfahren bei der Rechtsbeschwerde

I. Das zuständige Rechtsbeschwerdegericht

1. Der *BGH*

Der Reformgesetzgeber hat den *BGH* einheitlich als zuständiges Gericht für Rechtsbeschwerden im Bereich der Zivilprozessordnung bestimmt, vgl. § 133 GVG. Über die Rechtsbeschwerden wird gem. § 139 GVG ebenso wie bei Revisionen in Hauptsacheverfahren in der vollen Senatsbesetzung mit dem Vorsitzenden und den vier Beisitzern entschieden. Eine Einzelrichterzuständigkeit, etwa durch (analoge) Anwendung des § 568 ZPO ist zum einen dann nicht denkbar, wenn die Beschwerdeentscheidung, die mit der Rechtsbeschwerde angegriffen wird, ihrerseits vom Kollegium des Beschwerdegerichts stammt.
Aber auch bei Beschwerdeentscheidungen des Einzelrichters bleibt es bei der Senatszuständigkeit für die Rechtsbeschwerde gem. § 139 GVG, da eine dem § 568 ZPO entsprechende Regelung im Bereich der §§ 574 bis 577 ZPO fehlt und zum anderen in diesen Vorschriften auch (bewusst) nicht auf § 568 ZPO verwiesen wird. In diesem Zusammenhang fällt zwar auf, dass es der Reformgesetzgeber unterlassen hat, für den Bereich der Rechtsbeschwerde eine dem § 555 Abs. 2 ZPO[983] entsprechende Regelung einzuführen, wonach ausdrücklich klar gestellt würde, dass „§ 568 ZPO (für die Rechtsbeschwerde) nicht gilt." Der Gesetzgeber wollte aber sicherstellen, dass in den zur Durchführung einer Rechtsbeschwerde vorgesehenen Fällen von besonderer Bedeutung für das Allgemeininteresse das Senatskollegium des Rechtsbeschwerdegerichts in seiner ganzen Kompetenz

[982] Vgl. *Rosenberg/Schwab/Gottwald*, § 140 Rn. 60 mit der zutreffenden Ansicht, dass den Parteien insoweit auch keine sog. Ausschaltungsbefugnis betreffend vom Revisionsgericht etwa nicht zu überprüfender Anspruchsgrundlagen besteht, vgl. auch *Thomas/Putzo*, § 557 Rn. 9.

[983] Früher § 557a ZPO (a.F.). Diese Vorschrift lautete: „*Die Vorschriften der §§ 348 bis 350* (das waren die Regelungen betr. die Übertragung eines Rechtsstreits auf den Einzelrichter der Zivilkammer) *sind nicht anzuwenden.*"

entscheidet. Dies wird in den Gesetzesmaterialien zwar nicht ausdrücklich angesprochen, lässt sich aber der Gesetzesbegründung insoweit entnehmen, als der *„ressourcenbewusste Personaleinsatz"*, gemeint ist die originäre Einzelrichterzuständigkeit bei Beschwerden gegen Einzelrichterentscheidungen gem. § 568 ZPO, nur für die Beschwerde als zweite Instanz, nicht aber für die Rechtsbeschwerde als dritte Instanz diskutiert wird.[984]

2. Das Oberste Landesgericht

Nach Maßgabe der §§ 8 EGGVG,[985] 7 EGZPO i. V. mit einem Ausführungsgesetz nach Landesrecht ist ein in einem Bundesland eingerichtetes Oberstes Landesgericht[986] zuständiges Rechtsbeschwerdegericht, falls kein Bundesrecht oder im Wesentlichen nur Landesrecht zur Anwendung kommt.

a) Kraft Gesetzes zulässige Rechtsbeschwerden (§ 574 Abs. 1 Nr. 1 ZPO)

Die kraft Gesetzes zulässige Rechtsbeschwerde (§ 574 Abs. 1 Nr. 1 ZPO) ist allerdings auch in den Fällen, in denen kein Bundesrecht oder im wesentlichen nur Landesrecht zur Anwendung kommt, gem. § 7 Abs. 2 EGZPO beim *BGH* einzulegen,[987] der sich dann durch Beschluss als zur Entscheidung über die Rechtsbeschwerde unzuständig erklärt und die Akten dem Obersten Landesgericht vorlegt, welches in seiner Zuständigkeit an die Entscheidung des *BGH* gebunden ist.[988]

b) Vom Beschwerdegericht zugelassene Rechtsbeschwerden (§ 574 Abs. 1 Nr. 2 ZPO)

Lässt des Beschwerdegericht eine Rechtsbeschwerde in einem Verfahren zu, in dem es nur oder überwiegend Landesrecht angewendet hat, muss es gem. § 7 Abs. 1 EGZPO zugleich

[984] Vgl. etwa den *Regierungsentwurf-ZPO-RG*, BT-Drs. 14/4722, S. 69.

[985] § 8 EGGVG wurde durch Art. 5 des ZPO-RG insoweit ergänzt, als nunmehr der Landesgesetzgeber auch Rechtsbeschwerden einem gemeinsamen Obersten Landesgericht zuweisen kann.

[986] Das *Bayerische Oberste Landesgericht* wurde als einziges und letztes bestehendes Oberstes Landesgericht mit Gesetz vom 24.10.2004 (BayGVBl. 2004, S. 400) zum 30.6.2005 aufgelöst; näheres hierzu unter www.justiz.bayern.de/bayoblg.

[987] Die Rechtsbeschwerde ist auch bereits ordnungsgemäß zu begründen, wie sich aus § 7 Abs. 2 S. 4 EGZPO i. d. Fassung des Art. 3 ZPO ergibt, wonach das Oberste Landesgericht nach Erhalt der Prozessakten durch den *BGH* Gelegenheit zur Äußerung, insbesondere Änderung oder Ergänzung einer (sc. bereits – zulässig – begründeten) Rechtsbeschwerde geben muss, vgl. auch den *Regierungsentwurf-ZPO-RG*, BT-Drs. 14/4722, S. 124.

[988] *Rosenberg/Schwab/Gottwald*, § 147 Rn. 13. Insoweit folgte der Reformgesetzgeber einem durch den Bundesrat ergangenen Vorschlag zu dem in der 7. Wahlperiode eingebrachten Gesetz zur Änderung des Rechts der Revision in Zivilsachen und in Verfahren vor Gerichten der Verwaltungs- und Finanzgerichtsbarkeit (BT-Drs.7/444, S. 68), wonach über die Frage, ob in einem Verfahren im Wesentlichen Landesrecht anzuwenden sei, nicht das Oberste Landesgericht, sondern der *BGH* entscheiden solle, vgl. hierzu den *Regierungsentwurf-ZPO-RG*, BT-Drs. 14/4722, S. 124.

verbindlich festlegen, ob der *BGH* oder das Oberste Landesgericht für die Entscheidung über die Rechtsbeschwerde zuständig sein soll.[989]

II. Neue Tatsachen in der Rechtsbeschwerdeinstanz

Es fragt sich, ob nach dem ZPO-RG das Nachschieben neuer Tatsachen auch noch in der Rechtsbeschwerdeinstanz möglich ist.

1. Grundsätzliche Bindung des Rechtsbeschwerdegerichtes an den bisherigen Tatsachenstoff

Der Reformgesetzgeber hat lediglich bestimmt, dass über § 577 Abs. 2 S. 4 ZPO die Regelung des § 559 ZPO (beschränkte Nachprüfung tatsächlicher Feststellungen) auch für die Rechtsbeschwerde gelten soll. Damit unterliegt der Entscheidung des Rechtsbeschwerdegerichtes grundsätzlich nur der Tatsachenstoff, der sich aus der Beschwerdeentscheidung und – falls vor dem Beschwerdegericht ausnahmsweise mündlich verhandelt wurde – dem Sitzungsprotokoll ergibt.[990]

Beispiel: Im Verfahren über die Rechtsbeschwerde gegen eine Beschwerdeentscheidung, die die sofortige Beschwerde gegen eine auf Vollstreckungserinnerung hin ergangene Ablehnung einer Forderungspfändung wegen fehlender qualifizierter Vollstreckungsklausel zurückweist, kann das nunmehrige Vorliegen dieser Klausel nicht berücksichtigt werden. Der Rechtsbeschwerdeführer müsste statt dessen einen erneuten Antrag auf Pfändung der Forderung stellen.

a) Verfahrensrügen

Nur solche neuen Tatsachen, die zur Begründung einer Verfahrensrüge gem. §§ 577 Abs. 2 S. 4, 559 Abs. 1 S. 2, 551 Abs. 3 Nr. 2b ZPO in der Rechtsbeschwerdeinstanz neu vorgetragen werden, können Berücksichtigung finden.

Beispiel: In der Rechtsbeschwerdeinstanz kann (neu) vorgebracht werden, das Beschwerdegericht sei unrichtig besetzt gewesen, vgl. §§ 577 Abs. 2 S. 4, 559 Abs. 1 S. 2, 551 Abs. 3 Nr. 2b, 576 Abs. 3, 547 Nr. 1 ZPO.

[989] Vgl. *Rosenberg/Schwab/Gottwald*, § 147 Rn. 13.

[990] Der *Regierungsentwurf-ZPO-RG*, BT-Drs. 14/4722, S. 118 führt insoweit aus, dass *„(§ 577 Abs. 2) S. 4 die Vorschrift des § 559 E – bisher § 561 – für entsprechend anwendbar erklärt und dadurch den Stoff der Rechtsbeschwerdeinstanz bestimmt. Da die angefochtene Entscheidung nur in rechtlicher Hinsicht überprüft werden darf, ist das Rechtsbeschwerdegericht an die tatsächlichen Feststellungen der Vorinstanz gebunden.“*

An Wortlaut und Auslegung der vor dem ZPO-RG geltenden Vorschrift des § 561 ZPO (a.F.) wollte der Reformgesetzgeber weder für die Revision noch für die Rechtsbeschwerde etwas geändert haben.[991]

b) Vorangegangene Entscheidungen des Beschwerdegerichts

Auffallend ist allerdings, dass § 577 Abs. 2 ZPO zwar auf § 559 ZPO verweist, nicht aber auf die systematisch zu § 559 ZPO gehörende[992] Vorschrift des § 557 Abs. 2 ZPO (entspricht § 548 ZPO a.F.), wonach das Revisionsgericht bei seiner Beurteilung an diejenigen unanfechtbaren Entscheidungen und damit deren Tatsachenstoff gebunden ist, die dem Berufungsurteil vorangegangen sind.[993] Umgekehrt unterliegen die insoweit nachprüfbaren Entscheidungen auch der Überprüfung durch das Revisionsgericht. Im Beschwerdeverfahren können der Entscheidung in der Sache zwar auch Entscheidungen, etwa Beweisbeschlüsse oder Beschlüsse betreffend die Ablehnung eines Beschwerderichters, vorangegangen sein. Allerdings sind diese wegen der Neuregelung des § 567 Abs. 1 ZPO immer unanfechtbar, weil sie nicht in erster Instanz ergangen sind. Eines Verweises auf § 557 Abs. 2 ZPO bedurfte es daher in § 577 Abs. 2 ZPO nicht, vielmehr sind die genannten Entscheidungen der Beschwerdegerichte einer Beurteilung durch das Rechtsbeschwerdegericht mangels Nachprüfbarkeit entzogen.

2. Ausnahmen

Insgesamt können die schon zum alten Revisionsrecht entwickelten eng begrenzten Ausnahmen, unter denen das Revisionsgericht doch Prozessstoff zu berücksichtigen hat, den das Berufungsgericht aus tatsächlichen oder Rechtsgründen seiner Entscheidung nicht zugrundelegte, auch für den Prüfungsumfang im Rechtsbeschwerdeverfahren verwendet werden. Ausgangspunkt ist hierbei jeweils, dass das Rechtsbeschwerdegericht nach Sinn und Zweck der §§ 577 Abs. 2 S. 4, 559 ZPO grundsätzlich nur einen nunmehr unveränderbaren Sachverhalt zu beurteilen und keine eigene Aufklärungsarbeit zu leisten hat, soweit es dies nicht von Amts wegen tun muss.[994]

a) Vortrag in der Beschwerdeinstanz unberücksichtigten Vorbringens

Berücksichtigt das Beschwerdegericht in der Beschwerdeinstanz vorgetragenen Tatsachenstoff nicht, weil es dessen Vortrag übersehen hat, so wird es diesen in seiner Beschwerdeentscheidung auch nicht feststellen. Trotzdem hat aber das Rechtsbeschwerdegericht, ggf. nach Zulassung des Rechtsmittels zur Sicherung einer einheitlichen Rechtspre-

[991] Zu § 559 ZPO führt der *Regierungsentwurf-ZPO-RG*, BT-Drs. 14/4722, S. 111 aus, dass *„die Neufassung dem bisherigen § 561 (...) entspreche"* (abgesehen von einer redaktionellen Änderung).
[992] Vgl. den *Regierungsentwurf-ZPO-RG*, BT-Drs. 14/4722, S. 108.
[993] Vgl. *Thomas/Putzo*, § 559 Rn. 7.
[994] Vgl. *Rosenberg/Schwab/Gottwald*, § 143 Rn. 15.

chung wegen Verletzung des rechtlichen Gehörs,[995] den in der Beschwerdeinstanz erfolglos vorgebrachten Tatsachenstoff seiner Entscheidung zugrunde zu legen, falls der Rechtsbeschwerdeführer eine ordnungsgemäße Verfahrensrüge wegen Verletzung der aus § 286 ZPO entspringenden Pflicht, bei der gerichtlichen Entscheidung den gesamten Streitstoff zu berücksichtigen, erhebt.[996]

b) Neuer Tatsachenvortrag bezüglich der von Amts wegen zu prüfenden Prozess- und Rechtszugvoraussetzungen

Hat das Rechtsbeschwerdegericht selbst eine Prüfung von Amts wegen vorzunehmen, wie dies bei den allgemeinen Prozessvoraussetzungen sowie bei den Rechtszugvoraussetzungen der Fall ist, muss es auch neuen, von dem insoweit beibringungspflichtigen Verfahrensbeteiligten[997] erst in der Rechtsbeschwerdeinstanz vorgebrachten Sachverhalt berücksichtigen.

Beispiele: Das gilt insbesondere, wenn neuer, erst in der Rechtsbeschwerdeinstanz vorgebrachter Tatsachenstoff die Zulässigkeit der Rechtsbeschwerde oder Prozessvorgänge in der Rechtsbeschwerdeinstanz betrifft, etwa, wenn der Rechtsbeschwerdeführer Tatsachen zur Unwirksamkeit eines Verzichts auf die Rechtsbeschwerde vor dem Rechtsbeschwerdegericht geltend macht. Darüber hinaus hat das Rechtsbeschwerdegericht sogar neuen, erst in der Rechtsbeschwerdeinstanz erfolgenden Vortrag zur unverschuldeten Versäumung der Frist für die Einlegung der Beschwerde zweiter Instanz im Rahmen eines Antrages auf Wiedereinsetzung in den vorigen Stand zu berücksichtigen und Wiedereinsetzung bei sich nunmehr ergebendem Nichtverschulden (§ 233 ZPO) auch dann zu gewähren, wenn das Beschwerdegericht die Beschwerde verworfen hat.[998]

c) Gesetzesänderungen

Wird neuer, erst mit der Rechtsbeschwerde vorgetragener Tatsachenstoff rechtlich durch eine nach Ergehen der Beschwerdeentscheidung eingetretene Gesetzesänderung entscheidungsrelevant, ist er auch vom Rechtsbeschwerdegericht zu berücksichtigen, wenn nach dem Willen des Gesetzgebers die neue Rechtslage auch schon für den nunmehr zu entscheidenden Rechtsfall gelten soll. Dies ergibt sich v.a. aus Gründen der Prozessökonomie, da es nicht angängig ist, den Rechtsmittelführer zur Durchsetzung seiner nach Gesetzesänderung während des laufenden Verfahrens entstandenen Rechte auf einen neuen Rechtsstreit zu verweisen.[999]

995 Vgl. hierzu oben S. 195.

996 Vgl. *Rosenberg/Schwab/Gottwald*, § 143 Rn. 6 zur Revision.

997 Das ist derjenige, der sich auf den Eintritt oder das Fehlen der Prozessvoraussetzungen beruft bzw. bei den Rechtszugvoraussetzungen der Rechtsmittelführer, vgl. *Thomas/Putzo*, vor § 253 Rn. 12 und vor § 511 Rn. 13 und 14.

998 Vgl. *Thomas/Putzo*, § 237 Rn. 2.

999 Vgl. *Rosenberg/Schwab/Gottwald*, § 143 Rn. 8 und § 141 Rn. 56; *BGHZ* 104, 215.

d) Unstreitige und offenkundige neue Tatsachen nach Ergehen der Beschwerdeentscheidung

Aus prozessökonomischen Gründen ist schließlich vom Rechtsbeschwerdegericht auch derjenige nicht beweisbedürftige neue materielle Tatsachenstoff zu berücksichtigen, der nach Ergehen der Beschwerdeentscheidung dem Rechtsbeschwerdegericht zugänglich wurde, wenn er einer endgültigen Streitbereinigung dient.[1000]

Beispiel: Das Rechtsbeschwerdegericht muss daher z.B. bei einer gegen eine Beschwerdeentscheidung über einen Kostenbeschluss nach § 91a ZPO zugelassenen Rechtsbeschwerde die erst in der Rechtsbeschwerdeinstanz eingetretene Verjährung, deren Einrede schon in der Tatsacheninstanz erfolgte, berücksichtigen, falls sich deren tatsächliche Voraussetzungen aus dem nunmehrigen Zeitablauf und den sonstigen unstreitigen Parteivorträgen ergeben.

III. Aufschiebende Wirkung

Für die aufschiebende Wirkung der Rechtsbeschwerde sowie die Möglichkeit für das Rechtsbeschwerdegericht, vor seiner Entscheidung einstweilige Anordnungen zu erlassen, gilt wegen § 575 Abs. 5 ZPO die Regelung des § 570 Abs. 1 und Abs. 3 ZPO entsprechend.[1001] Hierbei kann das Rechtsbeschwerdegericht auch die Vollziehung der erstinstanzlichen Entscheidung aussetzen.[1002]

Beispiel: Das Rechtsbeschwerdegericht könnte im Falle einer Rechtsbeschwerde, die gegen die über eine Vollstreckungserinnerung ergangene Beschwerdeentscheidung zugelassen wurde, gem. §§ 575 Abs. 5, 570 Abs. 3 ZPO die weitere Vollziehung der Zwangsvollstreckung aussetzen, deren Fortsetzung auf Erinnerung hin vom (erstinstanzlichen) Vollstreckungsgericht angeordnet worden war.

IV. Zurücknahme und Verzicht bei der Rechtsbeschwerde

1. Zurücknahme

Ebenso wie die Revision nach den §§ 565, 516 ZPO kann die Rechtsbeschwerde nach Maßgabe des § 516 ZPO zurückgenommen werden. Dies ergibt sich aus der Dispositionsmaxime im Zivilprozess.[1003] Die Rücknahme hat durch einen beim Rechtsbeschwerdegericht zugelassenen Anwalt diesem gegenüber zu erfolgen.[1004] Über die Zurücknahme

[1000] Vgl. *Rosenberg/Schwab/Gottwald*, § 143 Rn. 14 und *Thomas/Putzo*, § 559 Rn. 12; vgl. für die Revision *BGH*, NJW 1990, 2754.
[1001] Auf die diesbezüglichen Ausführungen bei der Beschwerde (vgl. S. 93) kann daher Bezug genommen werden.
[1002] Vgl. *BGH*, NJW 2002, 1658 und *Thomas/Putzo*, § 570 Rn. 3.
[1003] Vgl. *Rosenberg/Schwab/Gottwald*, § 76 Rn. 3 (2).
[1004] Vgl. *Rosenberg/Schwab/Gottwald*, § 146 Rn. 14 für die Beschwerde zweiter Instanz: Ein Anwaltszwang für die Einlegung der Beschwerde gilt auch für deren Rücknahme.

der Rechtsbeschwerde hat das Rechtsbeschwerdegericht durch Beschluss zu entscheiden. Hierbei ist zu erkennen, dass der Rechtsbeschwerdeführer seines Rechtsmittels verlustig gegangen ist und die Kosten des Rechtsbeschwerdeverfahrens zu tragen hat.[1005] Dies hindert den Rechtsbeschwerdeführer aber innerhalb noch offener Rechtsmittelfrist nicht, die Rechtsbeschwerde erneut einzulegen. Das folgt daraus, dass mit der Rücknahme eines Rechtsmittels nicht auch ein Verzicht verbunden ist, es sei denn, ein solcher ergäbe sich ausdrücklich oder den Umständen nach. Darüber hinaus folgt aus dem Rechtsgedanken des § 269 Abs. 3 S. 1 Hs. 1 ZPO, der für alle Prozesshandlungen gilt, dass deren Rücknahme ihre vorherige Vornahme ex ante ungeschehen macht.[1006]

2. Verzicht

Der durch eine Beschwerdeentscheidung beschwerte Verfahrensbeteiligte kann auf die Rechtsbeschwerde auch verzichten. Für das Recht der Revision ist dies über § 565 ZPO, der auf § 515 ZPO (Verzicht auf die Berufung) verweist, ausdrücklich geregelt. Dies hat aber genauso wie bei der Beschwerde zweiter Instanz[1007] auch für den Verzicht auf die Rechtsbeschwerde zu gelten.[1008] Der Verzicht auf Rechtsmittel ist Ausfluss des Dispositionsgrundsatzes im Zivilprozess.[1009] Er ist für die Rechtsbeschwerde auch ohne gesetzliche Regelung möglich[1010] und zwar nach der Grundregelung des § 515 ZPO schon vor Erlass der Beschwerdeentscheidung.[1011]

V. Änderung und Zurücknahme des Sachantrages in der Rechtsbeschwerdeinstanz

Von der Rücknahme der Rechtsbeschwerde als solcher zu trennen ist die Frage, ob der Rechtsbeschwerdeführer seinen erstinstanzlichen Sachantrag zurücknehmen oder ändern kann.

[1005] Vgl. zur Rücknahme der Beschwerde zweiter Instanz insoweit *Rosenberg/Schwab/*Gottwald, § 146 Rn. 15 und MünchKomm/*Lipp*, Aktualisierungsband, § 569 Rn. 19; für die Berufung ist dies ausdrücklich so in § 516 Abs. 3 ZPO geregelt.

[1006] So für die Rücknahme der Beschwerde zweiter Instanz *Rosenberg/Schwab/Gottwald*, § 146 Rn. 15; für die Berufungsrücknahme: *Thomas/Putzo*, § 516 Rn. 8; *RGZ* 154, 54; 161, 356.

[1007] Zum Beschwerdeverzicht vgl. o. S. 91.

[1008] Vgl. MünchKomm/*Lipp*, Aktualisierungsband, § 574 Rn. 11

[1009] Zum Dispositionsgrundsatz vgl. *Rosenberg/Schwab/Gottwald*, § 76, zum Rechtsmittelverzicht § 76 Rn. 3 (2).

[1010] Vgl. MünchKomm/*Lipp*, Aktualisierungsband, § 575 Rn. 23; *Thomas/Putzo*, § 515 Rn. 3.

[1011] Vgl. o. S. 91.

1. Zurücknahme des ursprünglichen Sachantrages

Wie nach eingelegter Beschwerde in zweiter Instanz kann auch der Rechtsbeschwerdeführer seinen Sachantrag mit Einwilligung des Gegner jederzeit zurücknehmen, vgl. für die Revision die Regelung in den §§ 555 Abs. 1, 269 Abs. 1 ZPO.[1012]

2. Änderungen des ursprünglichen Sachantrages

Der Rechtsbeschwerdeführer, der zugleich Antragsteller im Ausgangsverfahren ist, kann seinen ursprünglichen Sachantrag grundsätzlich auch noch in der Rechtsbeschwerdeinstanz ändern. Dies ergibt sich aus der im Verfahren über die Rechtsbeschwerde gebotenen analogen Anwendung der §§ 555, 263ff. ZPO.[1013] Allerdings darf mit einer solchen Antragsänderung in der Rechtsbeschwerde, die auch das Verfahrensziel betreffen kann, anders als bei Änderungen in der Beschwerdeinstanz nicht der Vortrag neuer Tatsachen verbunden sein, die vom Beschwerdegericht in seiner Entscheidung noch nicht berücksichtigt wurden.[1014] Dem steht nämlich die Regelung der §§ 577 Abs. 2 S. 4, 559 Abs. 1 S. 1 ZPO entgegen, wonach das Rechtsbeschwerdegericht bei seiner Entscheidung grundsätzlich kein neues Tatsachenvorbringen berücksichtigt.[1015] Soweit allerdings ausnahmsweise auch vom Rechtsbeschwerdegericht neuer Tatsachenstoff berücksichtigt werden muss, kann dieser auch zur Begründung von erst in dieser Instanz geänderten Sachanträgen verwendet werden. Für eine Änderung des Verfahrensgegenstandes kann daher neuer berücksichtigungsfähiger Tatsachenstoff in der Rechtsbeschwerde insbesondere verwendet werden, wenn er nach der Beschwerdeentscheidung entstanden und unter den Verfahrensbeteiligten unstreitig ist.[1016]

VI. Die Anschlussrechtsbeschwerde

§ 574 Abs. 4 ZPO bestimmt, dass der Rechtsmittelgegner sich der Rechtsbeschwerde anschließen kann; eine entsprechende Regelung findet sich im Revisionsrecht bei § 554 ZPO.[1017] Für die Einlegung der Anschlussrechtsbeschwerde bestimmt § 574 Abs. 4 S. 1 ZPO, dass diese beim Rechtsbeschwerdegericht innerhalb einer Notfrist von einem Monat nach der Zustellung der Rechtsbeschwerdebegründungsschrift zu erfolgen hat. Ein vorheriger Verzicht auf die Rechtsbeschwerde ist ebenso unschädlich wie der Ablauf der Einlegungsfrist für das Hauptrechtsmittel oder eine vorangegangene Nichtzulassung desselben.

Anders als bei der Anschlussbeschwerde und ebenso wie bei der Anschlussrevision ist zur Zulässigkeit der Anschließung eine Beschwer des Anschlussrechtsbeschwerdeführers er-

[1012] Vgl. MünchKomm/*Lipp*, Aktualisierungsband, § 577 Rn. 13.
[1013] Vgl. MünchKomm/*Lipp*, Aktualisierungsband, § 577 Rn. 13.
[1014] Vgl. zur Möglichkeit unbeschränkten Nachschiebens neuer Tatsachen in der Beschwerdeinstanz § 571 Abs. 2 ZPO.
[1015] Vgl. MünchKomm/*Lipp*, Aktualisierungsband, § 577 Rn. 13.
[1016] Vgl. zur Berücksichtigung neuen Vorbringens in der Rechtsbeschwerdeinstanz oben II.
[1017] Zur Anschlussbeschwerde vgl. oben S. 68.

forderlich, weil in der Revisionsinstanz Klageerweiterung und Widerklage unzulässig sind.[1018] Diese Grundsätze gelten auch für die (insoweit unzulässige) Anschlussbeschwerde in der Rechtsbeschwerdeinstanz, mit der (lediglich) der erstinstanzliche Antrag erweitert oder erstmalig ein Gegenantrag gestellt wird.

Nach § 574 Abs. 4 S. 2 ZPO ist die Anschlussrechtsbeschwerde in der Anschlussschrift zu begründen. Wird die Anschließung schon vor Ablauf der einmonatigen Anschließungsfrist erklärt, kann diese aber entgegen dem Wortlaut des § 574 Abs. 4 S. 2 ZPO noch bis zum Ablauf der genannten Frist begründet werden.[1019] Der Reformgesetzgeber hatte ausweislich seiner Motive bei dieser Regelung vor Augen, dass dem Rechtsbeschwerdegegner spätestens mit Zustellung der Rechtsmittelbegründung die Angriffe des Rechtsbeschwerdeführer bekannt seien und er Überlegungen nicht nur zur Anschließung als solcher, sondern auch zu ihrer Begründung anstellen könne, die ein Monat nicht überdauern dürften.[1020] Der Reformgesetzgeber wollte den Rechtsbeschwerdeführer aber nicht zwingen, zur Ausschöpfung einer maximalen Überlegungsfrist für die Begründung des Anschlusses mit der Einlegung des Anschlussrechtsmittels bis zum letzten Tag der Einlegungsfrist zu warten. Die gegenteilige, streng wortlautgetreue Auslegung würde auch keinen Zeitgewinn versprechen, sondern eher zur Unsicherheit beitragen, da der Rechtsmittelgegner mit seinem Anschluss dann regelmäßig bis zum Ende der Anschlussfrist warten würde.

E. Die Begründetheit der Rechtsbeschwerde und die Entscheidung des Rechtsbeschwerdegerichtes

I. Der Prüfungsumfang in der Rechtsbeschwerde

Die Begründetheitsprüfung sowie die Entscheidungen des Rechtsbeschwerdegerichtes sind weitgehend wie bei der Revision geregelt. Anders als bei der zulässigen Beschwerde zweiter Instanz hat das Rechtsbeschwerdegericht mithin nicht schematisch vorweg die Zulässigkeit des Verfahrens bei der Beschwerdeentscheidung zu prüfen, sondern – bis auf die von Amts wegen zu beachtenden Prozessvoraussetzungen – nur zulässig gerügte Verfahrensmängel (vgl. § 577 Abs. 2 S. 3 ZPO) zu berücksichtigen.[1021] Bei der Sachprüfung ist das Rechtsbeschwerdegericht allerdings an die geltend gemachten Mängel der Be-

[1018] Vgl. *Thomas/Putzo*, § 574 Rn. 11 und 554 Rn. 2; *BGH*, NJW 1995, 2563 und *Rosenberg/Schwab/Gottwald*, § 142 Rn. 9.

[1019] So zutreffend *Rosenberg/Schwab/Gottwald*, § 147 Rn. 22; *Musielak/Ball*, § 574 Rn. 10; *Thomas/Putzo*, § 554 Rn. 4; a.A. und auf den Wortlaut abstellend *Zöller/Gummer*, § 574 Rn. 20.

[1020] Vgl. den *Regierungsentwurf-ZPO-RG*, BT-Drs. 14/4722, S. 116.

[1021] Nach *BGH*, NJW 2003, 1254 soll der als Verfahrensmangel zu rügender Verstoß gegen Art. 101 Abs. 1 GG (gesetzlicher Richter) allerdings vom Rechtsbeschwerdegericht von Amts wegen zu berücksichtigen sein, wenn der zweitinstanzliche Beschwerdeeinzelrichter die Rechtsbeschwerde zugelassen hat. Der Fehler des Einzelrichters liegt darin, eine Rechtsbeschwerde aus dem selben Grund (nämlich wegen grundsätzlicher Bedeutung) zuzulassen, der eine Vorlage an die Kammer notwendig gemacht hätte, vgl. § 574 Abs. 2 Nr. 1 ZPO einerseits und § 568 Abs. 2 Nr. 2 ZPO andererseits.

schwerdeentscheidung nicht gebunden, solange der Rechtsbeschwerdeführer einen solchen Mangel zulässig dargelegt hat, §§ 575 Abs. 3 Nr. 3a und 577 Abs. 2 S. 2 ZPO.[1022]

II. Rechtsbeschwerdefähiges Recht

§ 576 Abs. 1 ZPO bestimmt, dass die Rechtsbeschwerde nur auf die Verletzung von Bundesrecht und solchen Vorschriften gestützt werden kann, deren Geltungsbereich sich über den Bezirk eines Oberlandesgerichtes hinaus erstreckt. Dem gemäß ist die Entscheidung des Beschwerdegerichtes über das Bestehen und den Inhalt solcher Gesetze, auf deren Verletzung die Rechtsbeschwerde nicht gestützt werden kann, für das Rechtsbeschwerdegericht bindend, so § 576 Abs. 3 ZPO unter Verweisung auf § 560 ZPO. Die auf die Verletzung von nicht revisiblem Recht gestützte Rechtsbeschwerde ist insoweit unbegründet.[1023] Schließlich bestimmt § 576 Abs. 2 ZPO aus Gründen der Verfahrensbeschleunigung und Prozessökonomie, dass die Rechtsbeschwerde auf die zu Unrecht bejahte oder verneinte Zuständigkeit des Erstgerichts nicht gestützt werden kann.[1024]

[1022] Vgl. *BGH*, MDR 2004, 656 und schon oben S. 210. Anders verhält es sich allerdings bei der alternativen Geltendmachung von Rechtsmängeln, auf denen die Ausgangsentscheidung beruhen soll, von denen aber nur ein Teil den Zulassungsgrund der Sicherung einer einheitlichen Rechtsprechung erfüllt. In diesem Fall sind Rechtsbeschwerde oder Nichtzulassungsbeschwerde unzulässig, vgl. oben S. 207.

[1023] *BGHZ* 10, 368 = NJW 1954, 73; *BGH*, NJW-RR 2004, 526 = MDR 2004, 587; vgl. für die Revision zu § 560 ZPO *Rosenberg/Schwab/Gottwald*, § 141 Rn. 19.

[1024] § 576 Abs. 2 ZPO bezieht sich ebenso wie die Parallelvorschriften der §§ 513 Abs. 2 ZPO (für die Berufung), 545 Abs. 2 ZPO (für die Revision) sowie 571 Abs. 2 S. 2 ZPO (für die Beschwerde zweiter Instanz) auf die erstinstanzliche Zuständigkeit generell. Erfasst werden damit örtliche, sachliche und funktionelle Zuständigkeit sowie das Verhältnis von Amtsgericht-Zivilgericht zu Amtsgericht-Familiengericht und allgemeiner Zivilkammer zu Kammer für Handelssachen, vgl. den *Regierungsentwurf-ZPO-RG*, BT-Drs. 14/4722, S. 118 unter Bezugnahme auf die Begründung zu § 571 Abs. 2 ZPO, S. 113. Zu § 571 Abs. 2 S. 2 ZPO vgl. o. S. 58. Auch § 576 Abs. 2 ZPO gilt allerdings wie § 571 Abs. 2 S. 2 ZPO nicht für die internationale Zuständigkeit, vgl. oben S. 59. Zu den dort angesprochen Argumenten kommt hinzu, dass für das Rechtsbeschwerdegericht die Vorlagepflichten nach dem EuGVÜ und dem hierzu abgeschlossenen Protokoll betreffend die Auslegung des Übereinkommens vom 27. September 1968 über die gerichtliche Zuständigkeit und die Vollstreckung gerichtlicher Entscheidungen in Zivil- und Handelssachen durch den Gerichtshof vom 3. Juni 1971 (BGBl. 1972 II, S. 846, künftig: Protokoll) zu beachten sind. Danach können in der Bundesrepublik Deutschland nur die obersten Gerichtshöfe des Bundes (Art. 2 Nr. 1 des Protokolls) und andere Gerichte, sofern sie als Rechtsmittelgericht entscheiden (Art. 2 Nr. 2 des Protokolls), dem Gerichtshof eine Auslegungsfrage zur Vorabentscheidung vorlegen. Diese Vorlageberechtigung ginge ins Leere, wenn der *BGH* aufgrund des § 576 Abs. 2 ZPO die internationale Zuständigkeit des Ausgangsgerichts nicht mehr zu prüfen hätte. Entsprechendes gälte dann nämlich auch für die Beschwerdegerichte (vgl. § 571 Abs. 2 S. 2 ZPO), so dass es in der Bundesrepublik Deutschland kein Gericht gäbe, das berechtigt wäre, dem Gerichtshof der Europäischen Gemeinschaften Fragen zur Auslegung des EuGVÜ (und des am selben Tag und am selben Ort unterzeichneten Protokolls sowie des Protokolls vom 3. Juni 1971 [Art. 1 des Protokolls]) vorzulegen, vgl. *BGHZ* 153, 82 = NJW 2003, 426 zur Parallelvorschrift des § 545 Abs. 2 ZPO. Ein solches Ergebnis wäre aber mit der im Protokoll vom 3. Juni 1971 bestimmten Vorlageregelung unvereinbar (vgl. zu den völkervertrags- und sekundärrechtlichen Kontrollpflichten *Staudinger*, IPRax 2001, 298, 299 f.).

III. Ursächlichkeit der Rechtsverletzung

Nach den §§ 576 Abs. 3, 546 ZPO ist das Recht verletzt, wenn eine Rechtsnorm nicht oder nicht richtig angewendet wurde (Interpretations- oder Subsumtionsfehler[1025]). § 576 Abs. 1 ZPO bestimmt, dass die Entscheidung auf der Verletzung rechtsbeschwerdefähigen Rechts beruhen müsse. Dies bedeutet, dass die berücksichtigungsfähige Rechtsverletzung für die Entscheidung ursächlich war, mithin die Beschwerdeentscheidung ohne sie anders ausgefallen wäre.[1026] § 577 Abs. 3 ZPO bestimmt hierzu, dass auch die rechtsfehlerhafte Entscheidung Bestand hat, wenn sie sich aus anderen Gründen als richtig darstellt. Insoweit sind allerdings materielle und formelle Fehler der angegriffenen Beschwerdeentscheidung auseinander zu halten.

1. Materielle Fehler

Falls das Rechtsbeschwerdegericht zur materiellen Fehlerhaftigkeit der Ausgangsentscheidung kommt, unterliegt diese der Aufhebung, wenn die richtige Rechtsanwendung ein anderes Ergebnis erbrächte, vgl. § 577 Abs. 3 ZPO.

Beispiel: Hat das Beschwerdegericht das Rechtsmittel gegen die Erinnerungsentscheidung des Vollstreckungsgerichtes zurückgewiesen, weil eine Sachpfändung zu Recht wegen § 809 ZPO mangels Herausgabebereitschaft des Gewahrsamsinhabers unterblieben sei, und kommt das Rechtsbeschwerdegericht zum Ergebnis, der Inhaber des Gewahrsams habe diesen als gesetzlicher Vertreter des Vollstreckungsschuldners lediglich für jenen ausgeübt (dann läge kein Fall des § 809 ZPO vor[1027]), muss die Rechtsbeschwerde dennoch zurückgewiesen werden, wenn die zu pfändende Sache einem Pfändungsverbot nach § 811 Abs. 1 ZPO unterliegt.

2. Formelle Fehler

Bei Verfahrensmängeln lässt sich die von den §§ 576 Abs. 1, 577 Abs. 3 ZPO geforderte Beruhensprüfung allerdings nicht mit eindeutigem Ergebnis verwirklichen. Ob die Entscheidung bei Durchführung einer verfahrensfehlerhaft unterbliebenen Beweisaufnahme im Ergebnis anders ausgefallen wäre, kann niemand, auch nicht das Rechtsbeschwerdegericht voraussagen. Daher muss für die Bejahung des Beruhens einer Entscheidung auf einem Verfahrensfehler ausreichen, wenn ein anderes Ergebnis bei Hinwegdenken des Fehlers nicht ausgeschlossen ist.[1028]

[1025] Vgl. *Rosenberg/Schwab/Gottwald*, § 141 Rn. 24 bis 26.

[1026] Vgl. BGH, NJW 2004, 367; *Rosenberg/Schwab/Gottwald*, § 141 Rn. 39. Die Prüfung der Ursächlichkeit eines Rechtsverstoßes ist daher eine Frage der Begründetheit der Rechtsbeschwerde. Demgegenüber muss die Entscheidungserheblichkeit eines Rechtsverstoßes im Rahmen der Nichtzulassungsbeschwerde schon in der Zulässigkeitsstation geprüft, d.h. im Rahmen der Begründung dieses Rechtsmittels dargelegt werden, vgl. § 8, S. 234.

[1027] Vgl. *Thomas/Putzo*, § 809 Rn. 2

[1028] Vgl. *Thomas/Putzo*, § 545 Rn. 12; *Rosenberg/Schwab/Gottwald*, § 141 Rn. 141.

Beispiel: Dies wäre etwa der Fall, wenn das Berufungsgericht bei der Beweiserhebung zur Frage der schuldhaften Versäumung der Berufungsfrist im Rahmen eines Wiedereinsetzungsantrages gegen ein Beweisverbot verstoßen hat, weil es einen Zeugen einvernommen hat, der bei einem Gespräch der Parteien an einem Zweithörer mitgehört hat,[1029] *in seiner Entscheidung zur Verwerfung von Berufung und Wiedereinsetzungsantrag aber klar stellt, dass die unverschuldete Versäumung der Berufungsfrist auch ohne Würdigung der Zeugenaussage, die ein Verschulden des Berufungsführers ergab, nicht glaubhaft sei. In diesem Fall träte § 577 Abs. 3 ZPO in Kraft, denn das sachliche Ergebnis der Verwerfungsentscheidung bliebe auch bei Hinwegdenken des Verfahrensfehlers das gleiche.*

Das Gesetz fingiert allerdings ein Beruhen der Entscheidung auf einem Verfahrensverstoß, wenn ein absoluter Rechtsbeschwerdegrund im Sinne der §§ 576 Abs. 3, 547 ZPO gegeben ist.[1030]

IV. Keine Abhilfemöglichkeit des Beschwerdegerichtes

Eine dem § 572 Abs. 1 S. 1 ZPO entsprechende Regelung zur Abhilfe bei zulässiger und begründeter Rechtsbeschwerde durch das Beschwerdegericht ist in den §§ 577ff. ZPO nicht vorgesehen. Dies widerspräche auch dem Wesen der Rechtsbeschwerde als ein nur an das Rechtsbeschwerdegericht zu richtendes (vgl. § 575 Abs. 1 ZPO) Gesuch auf Überprüfung der Beschwerdeentscheidung in rechtlicher Hinsicht. Eine entsprechende Anwendung des § 572 Abs. 1 S. 1 ZPO kommt daher nach dem ausdrücklichen Willen des Reformgesetzgeber nicht in Betracht.[1031]

V. Die Entscheidung des Rechtsbeschwerdegerichtes

Wird die Rechtsbeschwerde nicht als unzulässig verworfen, vgl. § 577 Abs. 1 S. 2 ZPO, hat das Rechtsbeschwerdegericht gem. § 577 Abs. 6 ZPO eine Sachentscheidung durch Beschluss zu treffen, die sich am vorhandenen oder fehlenden Beruhen der Beschwerdeentscheidung auf einer zuvor festzustellenden und berücksichtigungsfähigen Rechtsverletzung orientieren muss. Der Beschluss braucht gem. § 577 Abs. 6 S. 2 ZPO in entsprechender Anwendung des § 564 ZPO nicht begründet zu werden, soweit das Rechtsbeschwerdegericht Verfahrensmängel nicht für durchgreifend erachtet, es sei denn, es handle sich um absolute Rechtsbeschwerdegründe nach den §§ 576 Abs. 3, 547 ZPO. Nach § 577 Abs. 6 S. 3 ZPO muss der Beschluss wie die Entscheidung über eine Nichtzulassungsbeschwerde (vgl. § 544 Abs. 4 S. 2 ZPO) nicht begründet werden, wenn die Begründung nicht geeignet wäre, zur Klärung von Rechtsfragen grundsätzlicher Bedeutung, zur Fortbildung des Rechts oder zur Sicherung einer einheitlichen Rechtsprechung beizutragen.

[1029] Vgl. zur Unverwertbarkeit solcher Zeugenaussagen *BVerfGE* 106, 28 = NJW 2002, 3619.

[1030] Zu den diesbezüglichen Voraussetzungen, die sich gegen über § 551 ZPO (a.F.) nicht geändert haben, vgl. im einzelnen *Rosenberg/Schwab/Gottwald*, § 141 Rn. 43 bis 55.

[1031] Vgl. hierzu den *Regierungsentwurf-ZPO-RG*, BT-Drs. 14/4722, S. 117 und MünchKomm/*Lipp*, Aktualisierungsband, § 575 Rn. 4. Hiervon zu unterscheiden ist die Abhilfebefugnis des Beschwerdegerichts bei einer an dieses gerichteten Gegenvorstellung wegen offensichtlicher inhaltlicher Mängel oder der Versagung des rechtlichen Gehörs, vgl. unten 3. Teil.

1. Unbegründete Rechtsbeschwerde

Das Rechtsbeschwerdegericht prüft das zulässige Rechtsmittel in der Sache zunächst darauf, ob die Verletzung rechtsbeschwerdefähigen Rechts gerügt wurde (§ 576 Abs. 2 ZPO), falls ja, ob eine Rechtsverletzung vorliegt (§§ 576 Abs. 1, 3, 546 ZPO), sodann, ob die Beschwerdeentscheidung auf der Rechtsverletzung beruht (§§ 576 Abs. 1, 3, 547 ZPO), und schließlich, ob sich die Entscheidung nicht aus anderen Gründen als richtig erweist (§ 577 Abs. 3 ZPO). Bei Verneinung auch nur einer dieser Voraussetzungen weist das Rechtsbeschwerdegericht die Rechtsbeschwerde zurück.

2. Begründete Rechtsbeschwerde

Ist das Rechtsmittel begründet, hat das Rechtsbeschwerdegericht vorzugehen wie das Revisionsgericht beim Revisionsurteil, vgl. § 577 Abs. 4 ZPO. Die Entscheidung ist einerseits davon abhängig, ob auch Verfahrensmängel vorliegen, auf denen die Beschwerdeentscheidung beruht, oder ob lediglich sachliche Mängel gegeben sind und die Sache zur Endentscheidung reif ist. Danach richtet sich, ob das Rechtsbeschwerdegericht die Sache an das Beschwerdegericht zurückverweist oder selbst in der Sache entscheidet.

a) Eigene Sachentscheidung des Rechtsbeschwerdegerichts

Das Rechtsbeschwerdegericht hat gem. § 577 Abs. 4 ZPO in der Sache selbst zu entscheiden, wenn die Feststellungen des Beschwerdegerichts bestehen bleiben können und dessen Entscheidung nur wegen eines Subsumtionsfehlers aufgehoben werden muss. Die Feststellungen der Beschwerdeentscheidung sind für eine eigene Sachentscheidung des Rechtsbeschwerdegerichtes aber nur tragfähig, wenn sie alle zur Beurteilung notwendigen Anknüpfungstatsachen enthalten.[1032]

***Beispiel:** Dies ist etwa der Fall, wenn sich in der Rechtsbeschwerde ergibt, dass das Beschwerdegericht, das in der Sache gegen den Rechtsbeschwerdeführer entschieden hat, die vom Gegner eingelegte Beschwerde schon als unzulässig hätte verwerfen müssen. Ferner, wenn zur Anwendung des für die Sachentscheidung maßgebenden Rechts keine weitere Tatsachenfeststellung mehr nötig ist, etwa weil sich die Zubehörseigenschaft (§ 865 Abs. 2 S. 1 ZPO) einer Sache, deren Pfändung das Beschwerdegericht als zulässig angesehen hat, eindeutig aus der Sachverhaltsschilderung der Beschwerdeentscheidung ergibt.*

b) Aufhebung und Zurückverweisung zur erneuten Entscheidung

Bei begründeter Rechtsbeschwerde hat das Rechtsbeschwerdegericht hingegen die Beschwerdeentscheidung aufzuheben und zur erneuten Entscheidung, ggf. an einen anderen Spruchkörper des Beschwerdegerichts, zurückzuverweisen, wenn die Feststellungen des Ausgangsgerichts bestehen bleiben können, aber nicht zur Spruchreife der Sache ausreichen, § 577 Abs. 4 S. 1 ZPO. Das Beschwerdegericht hat dann die erforderlichen Fest-

[1032] Vgl. *Rosenberg/Schwab/Gottwald*, § 144 Rn. 9ff.; *BGHZ* 122, 308 = NJW 1993, 2178.

stellungen nachzuholen und erneut in der Sache unter Berücksichtigung der Rechtsauffassung des Rechtsbeschwerdegerichtes zu entscheiden, vgl. § 577 Abs. 4 S. 4 ZPO.[1033]

Beispiel: So etwa, wenn das Beschwerdegericht in seiner Entscheidung von der generellen Berichtigungsfähigkeit von Kostenentscheidungen in einem Zivilurteil gem. § 319 Abs. 1 ZPO ausgeht und es dahin stehen lässt, ob ein bloßer Schreibfehler oder ein Fehler in der Willensbildung des Erstgerichts ausschlaggebend für die „Berichtigung" war.[1034] Da Fehler in der Willensbildung nach zutreffender Auffassung keiner Urteilsberichtigung gem. § 319 Abs. 1 ZPO zugänglich sind, weil eine Durchbrechung der Bindungswirkung von Urteilen (§ 318 ZPO) nach Rechtskrafteintritt auch eine Durchbrechung der Rechtskraft ermöglicht würde,[1035] wäre (bei zugelassener Rechtsbeschwerde) eine entsprechende Beschwerdeentscheidung, die sich auf die unzutreffende Gegenmeinung[1036] beruft, vom Rechtsbeschwerdegericht aufzuheben und zurückzuverweisen, um unter Nachholung der Feststellung, ob ein bloßes Schreibversehen vorlag, erneut in der Sache zu entscheiden.

c) Aufhebung und Zurückverweisung zur erneuten Verhandlung und Entscheidung

Schließlich hebt das Rechtsbeschwerdegericht unter Zurückverweisung nicht nur die Entscheidung, sondern auch die vom Beschwerdegericht getroffenen Feststellungen auf, soweit diese von Verfahrensmängeln betroffen sind. Das Beschwerdegericht hat die entsprechenden Tatsachen sodann in verfahrensfehlerfreier Weise erneut festzustellen, ggf. bei hinzukommenden sachlichen Fehlern erforderliche zusätzliche Feststellungen und eine neue Sachentscheidung zu treffen, §§ 577 Abs. 4 S. 1 und 2, 562 Abs. 2 ZPO.

Beispiel: So, wenn das Beschwerdegericht in verfahrensfehlerhafter Weise einen nach § 139 ZPO gebotenen Hinweis nicht erteilt hat, etwa im Verfahren nach den §§ 793, 567 Abs. 1 Nr. 1 ZPO die gepfändeten Wirtshausstühle für unpfändbar wegen ihrer Zubehörseigenschaft hält (§ 865 Abs. 2 S. 1 ZPO), obwohl das Vollstreckungsgericht von Unpfändbarkeit wegen § 811 Abs. 1 Nr. 5 ZPO ausging und der Vollstreckungsschuldner mit seiner Beschwerdebegründung nur hiergegen argumentiert hat.

[1033] Vgl. *Thomas/Putzo*, § 577 Rn. 3.
[1034] Vgl. hierzu *Rosenberg/Schwab/Gottwald*, § 61 Rn. 6ff.
[1035] Vgl. *BGHZ* 106, 373 = NJW 1989, 1281.
[1036] Vgl. *OLG Frankfurt/M.*, NJW 1970, 436; *OLG Köln*, MDR 1980, 761.

A. Allgemeines

Der durch das ZPO-RG vollzogene und bereits oben[1037] angesprochene Paradigmenwechsel von der kombinierten Zulassungs- und Streitwertrevision zur reinen Zulassungsrevision brachte das Rechtsmittel der Nichtzulassungsbeschwerde gem. § 544 ZPO mit sich. Der Reformgesetzgeber entschied sich, die Kompetenz für die Zulassung der Revision bei dem mit dem Streitstoff bereits vertrauten Berufungsgericht anzusiedeln,[1038] womit Rechtsmittelklarheit schon mit Erlass der Berufungsentscheidung geschaffen werden sollte.[1039] Zugleich erschien es erforderlich, die Nichtzulassungsbeschwerde zum *BGH* zu eröffnen, wenn das Berufungsgericht die Revision nicht zugelassen hat. Dies war zwar kein verfassungsrechtliches Gebot, da das Rechtsstaatsprinzip und die Rechtsweggarantie (Art. 20 Abs. 3 und 19 Abs. 4 GG) kein Rechtsmittel gegen jede richterliche Entscheidung fordern,[1040]. auch sofern diese den Zugang zu einer neuen Instanz eröffnen kann. Nach Ansicht des Reformgesetzgebers wäre die fehlende Möglichkeit einer Nichtzulassungsbeschwerde bei der reinen Zulassungsrevision aber ein Systembruch im Rechtsmittelsystem gewesen, das dem Revisionsgericht hier eine Kontrollfunktion zuweist.[1041] Es steht in der Mitverantwortung der Revisionsgerichte, einen einheitlichen Zugang zur Revisionsinstanz durch die Herausbildung einheitlicher Auslegungskriterien für die Zulassungstatbestände zu entwickeln und eine Kontrollinstanz für den jeweiligen Einzelfall zu bilden[1042].Auch zur Entlastung des *BVerfG* soll die Nichtzulassungsbeschwerde gem. § 544 ZPO beitragen, da es künftig im Hinblick auf das in § 90 Abs. 2 BVerfGG normierte Gebot der Rechtswegerschöpfung zum einen für die Anrufung des Verfassungsgerichts immer der vorherigen Entscheidung des *BGH* bedarf, sei es, durch eine Revisionsentscheidung, sei es in Gestalt einer Entscheidung auf die Nichtzulassungsbeschwerde hin[1043].

Gegenstand der vorliegenden Untersuchung soll keine umfassende und abschließende Darstellung der Nichtzulassungsbeschwerde gem. § 544 ZPO sein, sondern ein Abriss der Zulässigkeits- und Begründetheitsprüfung durch das Revisionsgericht unter Berücksichtigung der gerade vom *BGH* für die Begründung dieses Rechtsmittels gestellten Anforde-

[1037] Vgl. die Ausführungen bei der Rechtsbeschwerde unter § 7.

[1038] So der *Regierungsentwurf-ZPO-RG*, BT-Drs. 14/4722, S. 67.

[1039] So der *Regierungsentwurf-ZPO-RG*, BT-Drs. 14/4722, S. 67.

[1040] Vgl. *BVerfGE* 11, 233; 49, 340; 65, 90; 74, 377; 78, 18 und jüngst 107, 395.

[1041] So der *Regierungsentwurf-ZPO-RG*, BT-Drs. 14/4722, S. 67; vgl. a. *Gottwald*, Gutachten, S. A 81, wonach bei der Zulassungsrevision auf den in anderen Verfahrensbereichen üblichen Filter durch das Berufungsgericht, dessen Nichtzulassung auf Prüfung der Voraussetzungen des § 543 Abs. 2 ZPO der Beschwerde gem. § 544 ZPO unterliegt, nicht verzichtet werden sollte.

[1042] So der *Regierungsentwurf-ZPO-RG*, BT-Drs. 14/4722, S. 67.

[1043] Vgl. den *Regierungsentwurf-ZPO-RG*, BT-Drs. 14/4722, S. 67 und 68.

rungen, die über diejenigen an die Begründung von Rechtsbeschwerde und Revision hinausgehen.

B. Die Zulässigkeit der Nichtzulassungsbeschwerde

I. Statthaftigkeit

Die Nichtzulassungsbeschwerde ist gegen jedes Berufungsurteil statthaft, welches die Revision nicht zugelassen hat, § 544 Abs. 1 S. 1 ZPO. Allerdings bestimmt § 26 Nr. 8 EGZPO,[1044] dass die Nichtzulassungsbeschwerde – außer in den Fällen, in denen eine Berufung (durch Urteil) verworfen wurde - bis 31.12.2011 (trotz Statthaftigkeit) nicht zulässig ist, wenn der Wert der mit der Revision geltend zu machenden Beschwer 20.000.- € nicht übersteigt.[1045] Darüber hinaus schließt § 26 Nr. 9 EGZPO[1046] – ebenfalls mit Ausnahme

[1044] In der Fassung des Zweiten Gesetzes zur Modernisierung der Justiz, BR-Drucks. 890/06, S. 67 und 68.

[1045] Der *BGH* stellt bei der Berechnung des Beschwerdewertes nach dem Wortlaut und dem Zweck des Gesetzes zutreffend nicht auf den abstrakten, d.h. maximalen Wert der Beschwer ab, sondern auf den tatsächlichen Beschwerdewert, d.h. den Wert der beabsichtigten Revision, die das Urteil ja nicht in vollem Umfang der Beschwer angreifen muss, vgl. *BGH*, NJW 2002, 2720; NJW 2002, 3180; *Rosenberg/Schwab/Gottwald*, § 140 Rn. 20; *Thomas/Putzo*, § 26 EGZPO Rn. 11; *Pieckenbrock/Schulze*, JZ 2002, 911. Der Wert der Beschwer ist glaubhaft zu machen. Demgegenüber wollen *Ullmann*, WRP 2002, 593, und *Jauernig*, NJW 2003, 465, darauf abstellen, ob das anzufechtende Berufungsurteil den Beschwerdeführer in Höhe von mehr als 20.000.- € beschwert. Dem *BGH* ist zuzustimmen. Sollte nämlich der „Wert der Beschwer" entscheidend sein, so hätte es genügt, diesen Begriff - wie bei § 546 ZPO (a.F.) ZPO geschehen - in die Gesetzesvorschrift aufzunehmen. Auch wenn es nur um eine Zulässigkeitsregelung für die Nichtzulassungsbeschwerde und nicht für die Revision selbst geht, hätte es eines Hinweises auf die „mit der Revision geltend zu machende Beschwer" nicht bedurft, weil der Wert der Beschwer bereits mit dem Erlass des Berufungsurteils feststeht. Dass bei § 26 Nr. 8 EGZPO von „Beschwer" und nicht von „Beschwerdegegenstand" die Rede ist, spricht nicht für die von *Ullmann* und *Jauernig*, a.a.O., vertretene Gegenauffassung. Denn die „mit der Revision geltend zu machende Beschwer" ist gerade der „Beschwerdegegenstand", auf den sich der „Beschwerdewert" bezieht. Ferner soll nach dem Willen des Reformgesetzgebers durch die Wertgrenze der Zugang zur Nichtzulassungsbeschwerde während einer Übergangszeit beschränkt werden, um einer möglichen Belastung des Bundesgerichtshofes vorzubeugen, solange sich die Anzahl solcher Beschwerden noch nicht hinreichend sicher einschätzen lässt (so der *Regierungsentwurf-ZPO-RG*, BT-Drucks. 14/4722, S. 126). Nach zutreffender Sicht des BGH, a.a.O., stimmt § 26 Nr. 8 EGZPO zur Begrenzung des Anfalls von Rechtsmitteln mit anderen Regelungen überein, die auch im reformierten Zivilprozess eine Überprüfung gerichtlicher Entscheidungen von dem Überschreiten bestimmter Wertgrenzen abhängig machen. Nach dem klaren Wortlaut dieser Vorschriften entscheidet aber stets der Wert des Beschwerdegegenstandes über die Zulässigkeit des Rechtsmittels. Das gilt sowohl für die Berufungssumme gemäß § 511 Abs. 2 Nr. 1 ZPO als auch für die sofortige Beschwerde gegen Kostenentscheidungen gemäß § 567 Abs. 2 ZPO. In diesen Vorschriften ist übrigens (zutreffend) nur vom „Beschwerdegegenstand" und nicht vom „mit der Berufung oder der Beschwerde geltend zu machenden Beschwerdegegenstand" die Rede, wohingegen § 26 Nr. 8 EGZPO mit synonymer Bedeutung, allerdings in zugegebener Maßen eigenwilliger Formulierung auf die „mit der Revision geltend zu machende Beschwer" abstellt (zum Wortlautargument s. schon oben). Zu den Begriffen „Beschwer" und „Beschwerdewert" vgl. allgemein *Thomas/Putzo*, vor § 511 Rn. 16ff. und 33 sowie § 2 Rn. 14..

[1046] In der Fassung des Zweiten Gesetzes zur Modernisierung der Justiz, BR-Drucks. 890/06, S. 67 und 68.

von Verwerfungsurteilen - die Nichtzulassungsbeschwerde in Familiensachen aus, soweit das Berufungsurteil vor dem 1.1.2010 verkündet wurde.

II. Beschwerdeberechtigung

Mit der Nichtzulassungsbeschwerde muss wie bei der Beschwerde nach §§ 567ff. ZPO eine formelle oder materielle Beschwer geltend gemacht werden mit dem Ziel, den dem jeweiligen Beschwerdeführer objektiv nachteiligen Inhalt des Berufungsurteils zu beseitigen.[1047]

III. Frist zur Einlegung

Gem. § 544 Abs. 1 S. 2 ZPO ist die Nichtzulassungsbeschwerde beim *BGH* innerhalb einer Notfrist[1048] von einem Monat nach wirksamer Amtszustellung (§§ 166ff. ZPO) des in vollständiger Form abgefassten Berufungsurteils spätestens bis zum Ablauf von sechs Monaten seit der Verkündung (§ 310 Abs. 1 ZPO) des Berufungsurteils einzulegen.

IV. Form der Einlegung

Die Nichtzulassungsbeschwerde ist durch eine von einem beim *BGH* zugelassenen Rechtsanwalt[1049] (vgl. § 78 Abs. 1 S. 4 ZPO) unterschriebene[1050] Beschwerdeschrift einzulegen. Inhaltlich muss die Schrift zur Einlegung der Nichtzulassungsbeschwerde der Revisionseinlegungsschrift entsprechen, da § 544 Abs. 6 S. 2 ZPO bestimmt, dass erstere bei Zulassung der Revision auf die Beschwerde hin als Einlegung der Revision gilt. Damit sind aber die inhaltlichen Anforderungen des § 549 ZPO einzuhalten, mithin in der Schrift zur Einlegung der Nichtzulassungsbeschwerde das angefochtene Urteil anzugeben unter Erklärung, dass gegen dieses Urteil die Nichtzulassungsbeschwerde eingelegt werde, vgl. § 549 Abs. 1 S. 2 ZPO . Der Nichtzulassungsbeschwerde soll eine Ausfertigung oder beglaubigte Abschrift des Berufungsurteils beigefügt werden, um dem *BGH* die Bestimmung des zur Entscheidung über das Rechtsmittel zuständigen *Senats* zu erleichtern;[1051] eine Zulässigkeitsvoraussetzung für die Nichtzulassungsbeschwerde ist hiermit allerdings nicht verbunden.

[1047] Insoweit kann Bezug genommen werden auf die entsprechenden Ausführungen zur Beschwer bei der Beschwerde nach §§ 567ff. ZPO, vgl. oben S. 201.

[1048] Gegen deren schuldlose Versäumung die Wiedereinsetzung in den vorigen Stand beantragt werden kann, vgl. § 233 ZPO.

[1049] § 78 Abs. 5 ZPO gilt auch für die Nichtzulassungsbeschwerde nicht, da diese nicht zu Protokoll des Urkundsbeamten der Geschäftsstelle eingelegt werden kann; § 569 Abs. 3 ZPO ist auch hier nicht entsprechend anzuwenden, vgl. schon zur Rechtsbeschwerde oben S. 201.

[1050] Schriftsätze zur Einlegung von Rechtsmitteln sind als bestimmende Schriftsätze zu unterschreiben, vgl. *Thomas/Putzo*, § 129 Rn. 5ff.

[1051] Vgl. den *Regierungsentwurf-ZPO-RG*, BT-Drs. 14/4722, S. 105.

V. Die Begründung der Nichtzulassungsbeschwerde

1. Frist

Die Nichtzulassungsbeschwerde ist innerhalb von zwei Monaten nach wirksamer Amtszustellung des in vollständiger Form abgefassten Berufungsurteils, spätestens sieben Monate nach der Verkündung des Urteils zu begründen,[1052] § 544 Abs. 2 S. 1 ZPO. Die Begründungsfrist kann wie die Revisionsbegründungsfrist auf Antrag mit Einwilligung des Gegners unbegrenzt und ohne Zustimmung des Gegners um bis zu zwei Monate verlängert werden, wenn dies zu keiner Verzögerung des Rechtsstreits führt und der Beschwerdeführer erhebliche Gründe darlegt, vgl. § 544 Abs. 2 S. 2 ZPO i.V. mit § 551 Abs. 2 S. 5 und 6 ZPO.

2. Form

Ebenso wie die Einlegung der Nichtzulassungsbeschwerde muss deren Begründung schriftlich und von einem beim *BGH* zugelassenen Rechtsanwalt unterzeichnet sein.[1053]

3. Inhalt

a) Zulässigkeitskriterien

Gem. § 544 Abs. 2 S. 3 ZPO müssen in der Begründung die Zulassungsgründe (§ 543 Abs. 2 ZPO) dargelegt werden. Aus der Begründung des ZPO-RG wird insoweit zwar nicht klar, ob der Reformgesetzgeber hiermit ein Zulässigkeits- oder Begründetheitskriterium aufstellen wollte.[1054] Schon dem Wortlaut des § 544 Abs. 2 S. 3 ZPO lässt sich nach zutreffender Auffassung aber eine Zulässigkeitsvoraussetzung in Gestalt einer ordnungsgemäßen Darlegung der Zulassungsgründe des § 543 Abs. 2 ZPO entnehmen und nicht nur das Erfordernis einer Begründung überhaupt.[1055] Das ZPO-RG unterscheidet nämlich zwischen der Darlegung von Zulassungsgründen und deren Bestehen. Nur die Darlegung ist aber in § 544 Abs. 2 S. 3 ZPO für den Inhalt der Begründungsschrift verlangt, das tat-

[1052] Auch gegen die schuldlose Versäumung der Begründungsfrist des § 544 Abs. 2 S. 1 ZPO kann Wiedereinsetzung in den vorigen Stand beantragt werden, vgl. § 233 ZPO.

[1053] Vgl. *Thomas/Putzo*, § 544 Rn. 13.

[1054] Der *Regierungsentwurf-ZPO-RG*, BT-Drs. 14/4722, S. 106 spricht etwa nur davon, dass das Revisionsgericht die Prüfung, ob das Rechtsmittel zuzulassen sei, gerade auch auf Grund der Angaben des Beschwerdeführers wird durchführen müssen. Daraus kann kein Hinweis entnommen werden, ob der Reformgesetzgeber den Inhalt der Begründung schon als Voraussetzung für die Prüfung, ob Zulassungsgründe gem. § 543 ZPO tatsächlich vorliegen, nehmen wollte.

[1055] So aber *von Giehrke/Seiler*, JZ 2003, 403.

sächliche Bestehen ist eine Frage, die das Revisionsgericht zu prüfen hat. Nur letzteres kann aber Gegenstand der Begründetheitsprüfung, die Darlegung muss dagegen schon Kriterium der Zulässigkeit sein. Auch die systematische Stellung dieser Begründungsanforderungen spricht für eine Zulässigkeitsvoraussetzung. § 544 Abs. 2 S. 3 ZPO steht in unmittelbarer Nähe und im Zusammenhang zu den Anforderungen an die fristgerechte Begründung der Nichtzulassungsbeschwerde, die unzweifelhaft Zulässigkeitsvoraussetzungen aufstellen. Schließlich sprechen auch Sinn und Zweck einer Rechtsmittelbegründung für ein Zulässigkeitserfordernis nicht nur in Gestalt des bloßen Vorhandenseins einer Begründungsschrift, sondern einer bestimmten inhaltlichen Ausgestaltung, die dem Revisionsgericht die Beurteilung ermöglicht, ob sich eine Sachprüfung auf das tatsächliche Vorliegen von Zulassungsgründen hin überhaupt lohnt. So stellt auch die inhaltlich ordnungsgemäße Revisionsbegründung nach § 551 Abs. 3 ZPO nach allgemeiner Ansicht eine Zulässigkeitsvoraussetzung für dieses Rechtsmittel dar.[1056] Nach § 551 Abs. 3 Nr. 2a ZPO sind insoweit die Umstände zu bezeichnen, aus denen sich eine Rechtsverletzung ergeben soll. Nichts anderes verlangt aber § 544 Abs. 2 S. 3 ZPO vom Beschwerdeführer bei der Nichtzulassungsbeschwerde; dieser muss schon im Rahmen der Zulässigkeit des Rechtsmittels dem Revisionsgericht die tatsächlichen Umstände darlegen, aus denen sich ein Zulassungsgrund ergeben soll.[1057]

b) Anforderungen an die Darlegung eines Zulassungsgrundes

Der Rechtsmittelführer muss im Rahmen des § 544 Abs. 2 S. 3 ZPO die Zulassungsgründe darlegen. Dabei darf er sich nicht mit allgemeinen Hinweisen oder Bezugnahmen auf das Berufungsurteil begnügen, sondern muss unter Zitierung der Passagen des angegriffenen Urteils, die fehlerhaft sein sollen, konkret und substantiiert erläutern und erklären, inwiefern ein Zulassungsgrund i.S. des § 543 Abs. 2 ZPO vorliegen soll. Die bloße Behauptung eines Zulassungsgrundes reicht hierfür nicht aus. Sinn und Zweck der vom Gesetz geforderten Darlegung eines solchen Grundes ist es nämlich, das Revisionsgericht in die Lage zu versetzen, nur an Hand der Beschwerdebegründung und des Berufungsurteils die Zulassungsvoraussetzungen prüfen zu können, ohne hierzu Aktenstudium betreiben zu müs-

1056 Vgl. *Thomas/Putzo*, § 551 Rn. 1 und 4 unter Bezugnahme auf § 520 Rn. 22ff.

1057 Für ein Zulässigkeitskriterium auch MünchKomm/*Wenzel*, § 544 Rn. 10; a.A. (Zurückweisung der Nichtzulassungsbeschwerde ohne Sachprüfung im Falle der nicht ordnungsgemäßen Darlegung i.S. des § 544 Abs. 2 S. 3 ZPO) *Zöller/Gummer*, § 544 Rn. 10. Der *BGH* hat diese Frage allerdings bislang offengelassen und aus dem Fehlen einer § 543 Abs. 2, 544 Abs. 2 S. 3 ZPO entsprechenden Begründung der Nichtzulassungsbeschwerde salomonisch abgeleitet, das Rechtsmittel sei unzulässig, jedenfalls aber unbegründet und zurückzuweisen, vgl. z.B. *BGHZ* 152, 7 = NJW 2002, 3334; *BGHZ* 152, 182 = NJW 2003, 65. Daraus lässt sich entgegen *von Giehrke/Seiler*, JZ 2003, 403, allerdings nicht der Schluss ziehen, der *BGH* würde eine nicht ordnungsgemäß begründete Nichtzulassungsbeschwerde nicht als unzulässig, sondern als unbegründet ansehen. Denn immerhin wurde in *BGHZ* 152, 182 = NJW 2003, 65, die entsprechende Nichtzulassungsbeschwerde vorrangig als unzulässig (jedenfalls aber als unbegründet) bezeichnet.

sen.[1058] Die inhaltlichen Erfordernisse an eine dem § 544 Abs. 2 S. 3 ZPO entsprechende Darlegung der Zulassungsgründe des § 543 Abs. 2 ZPO haben sich hierbei an den zu diesen entwickelten Begriffsbestimmungen zu orientieren.[1059]

aa) Zulassungsgrund der grundsätzlichen Bedeutung der Rechtssache (§ 543 Abs. 2 Nr. 1 ZPO)

Will der Rechtsmittelführer einer Nichtzulassungsbeschwerde den Zulassungsgrund der grundsätzlichen Bedeutung der Rechtssache darlegen, muss er unter Auseinandersetzung mit dem Berufungsurteil Tatsachen darlegen, die die Rechtssache geeignet erscheinen lassen, eine Rechtsfrage zu beantworten, die über den Einzelfall hinaus Bedeutung für die Allgemeinheit hat. Dies erfordert eine substantiierte Darlegung, inwiefern eine, bei gravierenden Bedenken gegen eine bestehende höchstgerichtliche Rechtsprechung ggf. erneute, Entscheidung des Revisionsgerichtes die Rechtsentwicklung fördern würde oder warum im Einzelfall über die Entscheidung einer Rechtsfrage hinaus auf Grund des tatsächlichen oder wirtschaftlichen Gewichts der Sache ein Revisionsurteil im Allgemeininteresse läge.[1060] Allerdings bedarf es dieser Darlegungen im Einzelnen dann nicht, wenn sich die Klärungsbedürftigkeit, die Klärungsfähigkeit und die über den Einzelfall hinausgehende Bedeutung unmittelbar aus dem in der Begründung beschriebenen Prozessrechtsverhältnis selbst ergeben.[1061]

bb) Zulassungsgrund der Fortbildung des Rechts (§ 543 Abs. 2 Nr. 2 ZPO)

Will der Rechtsmittelführer einer Nichtzulassungsbeschwerde geltend machen, die Revision gegen die Entscheidung des Berufungsgerichts sei zur Fortbildung des Rechts zuzulassen, muss er bezogen auf den konkreten Fall erläutern, inwiefern Anlass bestehe, Leitsätze für die Auslegung von Gesetzesbestimmungen des materiellen oder des Verfahrensrechtes aufzustellen oder Gesetzeslücken zu schließen.[1062]

cc) Zulassungsgrund der Sicherung einer einheitlichen Rechtsprechung (§ 543 Abs. 2 Nr. 2 ZPO)

(1) Divergenzfälle

Soll die Nichtzulassungsbeschwerde auf die Notwendigkeit einer Revisionsentscheidung zur Sicherung einer einheitlichen Rechtsprechung wegen einer echten Divergenz zur Rechtsprechung der Revisionsgerichte oder anderer Berufungsgerichte gleichen Ranges geltend gemacht werden, muss der Rechtsmittelführer erläutern, inwiefern in der Berufungsentscheidung ein abstrakter Rechtssatz aufgestellt wird, der von einem in anderen

[1058] So *BGHZ* 152, 182 = NJW 2003, 65, unter Bezugnahme auf *BFH*/NV 2002, 51; 2002, 366; 2002, 1035 (ergangen zu § 116 Abs. 3 S. 3 FGO) sowie auf *BVerwG*, NJW 1996, 1554 (ergangen zu § 133 Abs. 3 S. 3 VwGO).

[1059] Vgl. *BGHZ* 152, 182 = NJW 2003, 65.

[1060] Vgl. *BGHZ* 152, 7 = NJW 2002, 3334; *BGHZ* 152, 182 = NJW 2003, 65.

[1061] Vgl. *BGH*, NJW 2003, 3765.

[1062] Vgl. den *Regierungsentwurf-ZPO-RG*, BT-Drs. 14/4722, S. 104 unter Bezugnahme auf *BGHSt*. 24, 15.

Entscheidungen eines höheren oder eines gleichgeordneten Gerichts aufgestellten abstrakten Rechtssatz abweicht.[1063] Diese Anforderungen sind hoch. Insbesondere muss der Rechtsmittelführer die Vorentscheidung, zu der eine Divergenz bestehen soll, konkret benennen und zitieren, sodann die angeblich divergierenden entscheidungserheblichen abstrakten Rechtssätze aus dieser Vorentscheidung und aus der angefochtenen Entscheidung herausstellen und schließlich vortragen, inwiefern diese nicht übereinstimmen.[1064] Nur so kann aber eine auch von § 544 Abs. 2 S. 3 ZPO gewollte Entlastung des *BGH* erreicht werden, der nur dann in eine Sachprüfung eintreten muss, wenn der Rechtsmittelführer für die Rahmenbedingungen gesorgt hat, indem er seine eigene Meinung zum Vorliegen eines Zulassungsgrundes nachvollziehbar darlegt.

(2) Wiederholungs- bzw. Nachahmungsgefahr

Um die Voraussetzungen des Zulassungsgrundes der Sicherung einer einheitlichen Rechtsprechung unter dem Gesichtspunkt einer Wiederholungs- bzw. Nachahmungsgefahr bei rechtsfehlerhaften Berufungsurteilen darzulegen, muss der Rechtsmittelführer einer Nichtzulassungsbeschwerde substantiiert zur sog. „symptomatischen Bedeutung" des gerügten Rechtsfehlers vortragen. Dazu genügt freilich nicht, lediglich einen angeblichen Rechtsfehler im Berufungsurteil zu benennen, vielmehr muss eine etwaige ständige dermaßen rechtsfehlerhafte Praxis des Berufungsgerichtes dargelegt und belegt werden oder es muss nachvollziehbar erläutert werden, inwiefern auf Grund der konkreten Fallgestaltung in künftigen gleichgelagerten Fällen eine Wiederholung des Fehlers durch das selbe oder ein anderes Gericht zu erwarten sei.[1065] Allerdings kann dann auf eine entsprechende Darlegung der Wiederholungs- oder Nachahmungsgefahr verzichtet werden, wenn sich diese ohne weiteres aus der Begründung des angefochtenen Berufungsurteils insoweit ergibt, als dort zwar kein abstrakter unrichtiger Rechtssatz formuliert wird, der Argumentation aber erkennbar ein unzutreffender Obersatz zu Grunde liegt. In diesem Fall ist diese unrichtige Begründung verallgemeinerungsfähig, lässt die Gefahr der Wiederholung und Nachahmung eines Rechtsfehlers entstehen und macht eine entsprechende Darlegung in der Begründung der Nichtzulassungsbeschwerde entbehrlich, da eine (zu erwartende) ständige Fehlerpraxis des Berufungsgerichts offenkundig i.S. des § 291 ZPO ist.[1066] Dies gilt auch für die Fälle einer sog. „strukturellen" Wiederholungsgefahr gelten, bei denen das Berufungsgericht die höchstrichterliche Rechtsprechung grundlegend missverstanden hat.[1067]

(3) Verletzung von Verfahrensgrundrechten und des Willkürverbotes

Auch bei dieser dritten Fallgruppe des Zulassungsgrundes der Sicherung einer einheitlichen Rechtsprechung darf sich die Begründung einer Nichtzulassungsbeschwerde nicht

[1063] So *BGHZ* 152, 182 = NJW 2003, 65; *BGH*, NJW 2002, 2957.

[1064] So *BGHZ* 152, 182 = NJW 2003, 65. Der Rechtsmittelführer hat sich genau an diese Vorgaben zu halten und darf es daher nicht dem Revisionsgericht überlassen, von sich aus das Urteil auf seine Kompatibilität zur sonstigen Rechtsprechung hin zu untersuchen.

[1065] So etwa, wenn es sich um die behauptet fehlerhafte Anwendung einer Norm nach Inkrafttreten eines neuen Gesetzes handelt.

[1066] Vgl. *BGH*, NJW 2004, 1960 = MDR 2004, 895.

[1067] Vgl. *BGH*, NJW 2005, 154. In dieser Entscheidung wird ein solcher Mangel dem Aufstellen eines unrichtigen Obersatzes ausdrücklich gleichgestellt.

damit begnügen, eine Verletzung von Verfahrensgrundrechten oder des Willkürverbotes zu behaupten. Vielmehr muss der Beschwerdeführer angeben, welches Grundrecht verletzt sein soll, in welchem Verhalten des Berufungsgerichtes die Verletzung liegen soll und dass unter Berücksichtigung der Rechtsprechung des *BVerfG* nicht zweifelhaft sein könne, dass das angegriffene Urteil einer verfassungsgerichtlichen Nachprüfung nicht standhalten werde.[1068] Diese Anforderungen an die Beschwerdebegründung haben auch dann zu gelten, falls man[1069] auch dann vom Zulassungsgrund der Sicherung einer einheitlichen Rechtsprechung wegen Verletzung von Verfahrensgrundrechten ausgeht, wenn ein entsprechender Verstoß nicht nur in „wenigen Sätzen" zweifelsfrei aufgezeigt werden kann, sondern längerer Erläuterung bedarf.[1070] Auch dann muss der Beschwerdeführer aber in der Begründung seiner Nichtzulassungsbeschwerde erläutern, inwiefern das *BVerfG* unzweifelhaft von einem Verfassungsverstoß ausgehen würde.

(4) Berufung auf mehrere Rechtsfehler der Ausgangsentscheidung

Für die Darlegung der Voraussetzungen des Zulassungsgrundes der Sicherung einer einheitlichen Rechtsprechung gilt ferner ebenso wie bei der entsprechenden Begründung einer kraft Gesetzes zulässigen Rechtsbeschwerde,[1071] dass der Beschwerdeführer bei alternativen Mängeln der angegriffenen Ausgangsentscheidung darlegen muss, jeder Rechtsfehler begründe für sich gesehen die Nichtzulassungsbeschwerde. Der Zugang zur Revision ist nämlich verschlossen, wenn sich unter den geltend gemachten alternativen Mängeln einer befindet, an dessen Bereinigung kein öffentliches Interesse im Sinne der Zulassungsgründe dargelegt wird, oder wenn die mehreren – auch symptomatischen – Rechtsmängel durch ihr Zusammenwirken dazu führen, dass die Entscheidung im Ergebnis richtig ist, da in diesen Fällen das Revisionsverfahren seinen Zweck einer im Interesse der Allgemeinheit liegenden Entscheidung nicht erreichen kann.[1072]

[1068] Vgl. *BGHZ* 152, 182 = NJW 2003, 65, unter Bezugnahme auf *BVerfG*, NJW 1992, 2811 (ergangen zu § 80 Abs. 1 Nr. 2 OWiG – Zulassung der Rechtsbeschwerde wegen Versagung des rechtlichen Gehörs).

[1069] Anders als die frühere Rechtsprechung des *XI. Senates* des *BGH*, vgl. *BGHZ* 152, 182 = NJW 2003, 65.

[1070] Vgl. hierzu oben S. 195.

[1071] Vgl. hierzu oben S. 205.

[1072] Vgl. *BGH*, NJW 2004, 72 (mit abl. Anm. *Nasall*, jurisPR-BGHZivilR 14/2003); *BGH*, NJW 2004, 1167 (m. abl. Anm. *Seiler*, MDR 2004, 586) unter Bezugnahme auf den *Regierungsentwurf-ZPO-RG*, BT-Drs. 14/4722, S. 66. *Seiler*, a.a.O., kritisiert, dass der *BGH* im Rahmen der Entscheidung über die Revisionszulassung die Entscheidung über die erstrebte Revision vorwegnehme und sogar symptomatische, d.h. regelmäßig zur Zulassung führende Rechtsfehler als unschädlich ansehe, wenn die Entscheidung wegen des Zusammenwirkens der Mängel im Ergebnis zutreffe. Dem ist entgegen zu halten, dass im Verfahren über die Nichtzulassungsbeschwerde die geltend gemachten Rechtsfehler insoweit auf ihr Vorliegen zu prüfen sind, als sie mit der Beschwerde geltend gemacht sind und eine im Allgemeininteresse liegende Entscheidung des Revisiongerichts notwendig machen. Im Fall *BGH*, NJW 2004, 1167, hat der *BGH* aber lediglich im Rahmen der mit der Nichtzulassungsbeschwerde geltend gemachten Fehler der Entscheidung des Berufungsgericht das Vorliegen eines Allgemeininteresses sowie der Entscheidungserheblichkeit geprüft. Insoweit darf und muss das Revisionsgeicht natürlich die Entscheidung der erstrebten Revision insoweit vorwegnehmen, als das Vorliegen von Zulassungsgründen zu prüfen ist.

c) Sonstige Anforderungen an den Begründungsinhalt

Über die substantiierte Darlegung eines Zulassungsgrundes hinaus muss die Begründung der Nichtzulassungsbeschwerde erläutern, inwiefern das angefochtene Berufungsurteil auf der aufgeworfenen Rechtsfrage beruht, d.h. diese überhaupt entscheidungserheblich ist.[1073] Die Entscheidungserheblichkeit ist damit eine Zulässigkeitsvoraussetzung für die Nichtzulassungsbeschwerde. Ob eine Rechtsfrage, deren Beantwortung die gegen eine Nichtzulassung der Revision beschwerdeführende Partei für grundsätzlich hält, entscheidungserheblich ist, kann der *BGH* im Nichtzulassungsbeschwerdeverfahren nur auf der Grundlage der Erkenntnisse beurteilen, die ihm in diesem Verfahrensabschnitt zulässigerweise hierzu zur Verfügung stehen.[1074] Der Beschwerdeführer einer Nichtzulassungsbeschwerde hat daher zu beachten, dass die Beschwerde dann nicht zum Erfolg führt, wenn das Berufungsgericht die Entscheidung über eine Frage grundsätzlicher Bedeutung dahin gestellt ließ, weil die Berufung (und die Klage) aus anderen, keine grundsätzlichen Fragen berührenden Gesichtspunkten zurückzuweisen war. Wenn der *BGH* im Verfahrensstand der Nichtzulassungsbeschwerde davon auszugehen hat, dass die Klage ohnehin abzuweisen ist, stellt sich nämlich die von der Revision als grundsätzlich angesehene Frage gar nicht. Mithin reicht es für die Annahme grundsätzlicher Bedeutung einer Rechtssache durch den *BGH* nicht aus, wenn im Falle der Zulassung der Revision wegen der in diesem Falle weiterreichenden Überprüfungsmöglichkeiten eine Rechtsfrage durchaus noch entscheidungserhebliche Bedeutung erlangen kann, die in einer unbestimmten Vielzahl von Fällen auftreten oder deren Beantwortung wegen anderer Auswirkungen des Rechtsstreits auf die Allgemeinheit deren Interessen in besonderem Maße berühren kann.[1075] Schließlich muss der Beschwerdeführer ausführen, inwiefern er die Abänderung des anzugreifenden Berufungsurteils begehrt, weil andernfalls der Beschwerdegegenstand nicht bestimmt und nicht beurteilt werden kann, ob die Nichtzulassungsbeschwerde entsprechend der Übergangsvorschrift des § 26 Nr. 8 und 9 EGZPO überhaupt statthaft ist, weil die im Revisionsverfahren geltend zu machende Beschwer über 20.000.- € liegt.[1076]

[1073] Vgl. *BGH*, NJW 2003, 831.
[1074] Vgl. *BGHZ* 153, 254 = NJW 2003, 1125.
[1075] Vgl. *BGHZ* 153, 254 = NJW 2003, 1125. Dieser Auffassung hält *Lindner*, NJW 2003, 1097, entgegen, dass das Revisionsgericht in seiner Rechtskontrolle nicht auf die Fälle beschränkt sei, „in denen dies unbedingt nötig erscheint" (so *BGH*, a.a.O.). Vielmehr habe das Revisionsgericht dann eine Sachentscheidung zu treffen, wenn die Revisionszwecke erfüllt seien. Zuzustimmen ist der Auffassung des *BGH*. Gerade nach den Motiven des Reformgesetzgebers, vgl. etwa den *Regierungsentwurf-ZPO-RG*; BT-Drs. 14/4722, S. 67, kann eine Sachentscheidung des Revisionsgerichtes nur dann im Allgemeininteresse liegen, wenn die angegriffene Entscheidung ihre Begründung tragend auf die Beantwortung einer Rechtsfrage stützt, die grundsätzliche Bedeutung hat. Entscheidungserheblichkeit in diesem Sinne liegt aber gerade nicht vor bei vorinstanzlichen Mehrfachbegründungen, die sich nur zum Teil mit der Beantwortung von Rechtsfragen der genannten Art beschäftigen, bei ausdrücklichem Offenlassen solcher Rechtsfragen oder gar bei bloßen obiter dicta. Die von *Lindner*, a.a.O., geäußerte Gegenauffassung hätte zur Folge, dass sich der *BGH* mit der Prüfung – auch aus der Sicht des Beschwerdeführers – „einfacher Rechtsfragen" beschäftigen müsste, um im Falle eines Rechtsfehlers deren Entscheidungserheblichkeit und zu untersuchen. Die Prüfung „einfacher Rechtsfragen" ist nach der Neukonzeption des Revisions- und Rechtsbeschwerderechts aber nicht mehr Sache des *BGH*, vgl. oben S. 157ff., und den *Regierungsentwurf-ZPO-RG*, BT-Drs. 14/4722, S. 66.
[1076] Vgl. *BGH*, NJW 2002, 2720.

C. Prüfungskompetenz, Verfahren und Entscheidung des Revisionsgerichtes

I. Prüfungskompetenz des Revisionsgerichtes

Das Revisionsgericht prüft nur die Zulassungsgründe, die in der Beschwerdebegründung in oben bezeichneter Weise zulässig dargelegt wurden.[1077] Dies folgt aus dem Wortlaut und der Systematik des Gesetzes. Nach § 544 Abs. 2 Satz 3 ZPO muss der Beschwerdeführer darlegen, aus welchem der in § 543 Abs. 2 ZPO genannten Gründen die Revision zuzulassen sein soll. Damit wird eine über das Begründungserfordernis des § 544 Abs. 2 S. 1 ZPO hinausgehende Darlegung gefordert. Mit der Neufassung der Zivilprozessordnung hat der Gesetzgeber die Nichtzulassungsbeschwerde entsprechend den Regelungen in § 72a ArbGG, § 133 VwGO, § 160a SGG, §§ 115f. FGO geschaffen. Es entspricht der Rechtsprechung der obersten Bundesgerichte zu diesen Vorschriften, dass sich die Prüfung des Revisionsgerichts auf die bis zum Ablauf der Begründungsfrist vom Beschwerdeführer schlüssig und substantiiert dargelegten Revisionszulassungsgründe beschränkt.[1078]

Der Gegenmeinung, das Revisionsgericht sei wie im Revisionsverfahren nach § 557 Abs. 3 S. 1 ZPO nicht an die vorgetragenen Zulassungsgründe gebunden,[1079] kann nicht gefolgt werden. Zunächst gilt § 557 Abs. 3 S. 1 ZPO nur für die zugelassene Revision, während § 544 Abs. 2 ZPO nicht auf diese Vorschrift verweist. Ferner lässt sich kein anderes Ergebnis aus dem Grundsatz „iura novit curia" ableiten. Hiernach wendet auch das Revisionsgericht das Gesetz zwar von Amts wegen an, ohne dass die Verfahrensbeteiligten weiteren Einfluss hätten. Davon aber abzuleiten, diese Rechtskenntnis des Revisionsrichters müsse auch diejenige seiner eigenen Rechtsprechung und deren Akzeptanz oder Ablehnung im Schrifttum umfassen, weswegen jedenfalls solche Fehler auch ohne ordnungsgemäße Rüge in der Beschwerdebegründung vom Revisionsgericht zu berücksichtigen seien, ist systematisch nicht korrekt. Der Anwendung des Grundsatzes „iura novit curia" kann nämlich zur Entlastung des Revisionsgerichts vom Gesetzgeber selbst ein prozessualer Filter vorgeschaltet sein. Dieser besteht aber gerade in der Vorschrift des § 544 Abs. 2 S. 3 ZPO, wonach das Revisionsgericht erst dann in eine Sachprüfung für das Vorliegen eines Zulassungsgrundes einsteigt, wenn der Beschwerdeführer einen solchen zulässig geltend gemacht hat. Diese prozessuale Hürde für die Sachprüfung ist höher als diejenige bei zugelassener Revision, bei der gem. § 557 Abs. 3 S. 1 ZPO keine Bindung an die geltend gemachten Revisionsgründe besteht. Die Revisionsgründe i.S. des § 557 Abs. 3 S. 1 ZPO sind aber nicht zu verwechseln mit den Zulassungsgründen i.S. des § 544 Abs. 2 S. 3 ZPO.

[1077] So *BGHZ* 152, 7 = NJW 2002, 3334; *Rosenberg/Schwab/Gottwald*, § 140 Rn. 18.

[1078] Vgl. *BFH*, Beschl. v. 3.5.2001 - III B 60/00; v. 27.9.2001 - XI B 25/01; vom 28.1.2002 - VII B 41/01; *BVerwG*, NJW 1996, 1554; NJW 1997, 3328; *BAG*, DB 2001, 876; *BSG*, Beschl. vom 10.9.2001 - B 2 U 107/01 B; vgl. auch *BGH*, NJW 2002, 2720, zur Rechtsbeschwerdebegründung.

[1079] *Musielak/Ball*, § 544, Rn. 22; *Zöller/Gummer*, § 544, Rn. 10; *Ullmann*, WRP 2002, 1069; *Schlosser*, JZ 2003, 266; *von Giehrke/Seiler*, JZ 2003, 403.

Letztere stellen die Zulässigkeitshürde für erstere, nämlich die Prüfung der inhaltlichen Richtigkeit des Berufungsurteils[1080] dar.

Im Interesse des Revisionsgerichtes, nicht jedes Berufungsurteil auf seine Richtigkeit prüfen zu müssen, hat der Beschwerdeführer Vorarbeit zu leisten und anzugeben, inwiefern eine Revision der Entscheidung im allgemeinen Interesse stehe, welches Hintergrund sämtlicher Zulassungskriterien ist. Den Gesetzesmaterialien lässt sich nichts Gegenteiliges entnehmen. Dort ist zwar die Rede davon, dass das Revisionsgericht die Prüfung, ob das Rechtsmittel zuzulassen sei, *„gerade auch auf Grund der Angaben des Beschwerdeführers durchführen müsse."*[1081] Daraus kann aber nicht der Rückschluss gezogen werden, das Revisionsgericht sei bei der Prüfung der Zulassungskriterien nicht auf die Angaben des Beschwerdeführers beschränkt und müsse seine Prüfung unabhängig von dessen Angaben durchführen.[1082] Die zitierte Passage aus der Gesetzesbegründung kann nur in dem Sinne gemeint sein, dass der Beschwerdeführer die Zulassungsgründe darlegen müsse, weil das Revisionsgericht deren Vorliegen gerade auch an Hand der in der Beschwerdebegründung vorgebrachten Rechtsansichten hierzu prüfen werde. Bei der Beurteilung, ob die in der Beschwerdebegründung geltend gemachten Gründe tatsächlich die Kriterien des § 543 Abs. 2 ZPO erfüllen, ist das Revisionsgericht natürlich frei. Wäre es umgekehrt bei der Prüfung nicht auf die vom Beschwerdeführer dargelegten Tatsachen limitiert, ergäbe schon die Regelung des § 544 Abs. 2 S. 3 ZPO keinen rechten Sinn.

II. Das Verfahren des Revisionsgerichtes

1. Gelegenheit zur Stellungnahme

Das Revisionsgericht hat dem Rechtsmittelgegner gem. § 544 Abs. 3 ZPO zunächst Gelegenheit zur Stellungnahme zu geben und setzt ihm hierzu eine angemessene Frist.

2. Aufschiebende Wirkung

Gem. § 544 Abs. 5 S. 1 ZPO hemmt die Einlegung der Nichtzulassungsbeschwerde die Rechtskraft des Urteils. Zusätzlich kann der Beschwerdeführer gem. §§ 544 Abs. 5 S. 2 ZPO i.V. mit § 719 Abs. 2 und 3 ZPO beantragen, dass die Zwangsvollstreckung aus dem angegriffenen Urteil einstweilen durch das Revisionsgericht ohne Sicherheitsleistung eingestellt werde.

[1080] Vgl. *Thomas/Putzo*, § 557 Rn. 9.
[1081] Vgl. den *Regierungsentwurf-ZPO-RG*, BT-Drs. 14/4722, S. 105f.
[1082] So aber *von Giehrke/Seiler*, JZ 2003, 403.

3. Zurücknahme der Nichtzulassungsbeschwerde

Die Nichtzulassungsbeschwerde kann wie jedes Rechtsmittel bis zur Entscheidung zurückgenommen werden. Es gilt dann gem. § 565 ZPO in entsprechender Anwendung § 516 Abs. 3 ZPO, d.h. es ist durch Beschluss auszusprechen, dass der Beschwerdeführer seines eingelegten Rechtsmittels verlustig ist und dessen Kosten zu tragen hat.[1083] Innerhalb der Einlegungsfrist des § 544 Abs. 1 S. 2 ZPO kann die zurückgenommene Nichtzulassungsbeschwerde allerdings erneut eingelegt werden; erst mit Ablauf der Frist wird das angegriffene Urteil rechtskräftig.[1084]

III. Die Entscheidung des Revisionsgerichtes

1. Die unzulässige Nichtzulassungsbeschwerde

Die unzulässige, d.h. nicht form- und fristgerecht eingelegte bzw. die nicht ordnungsgemäß begründete Nichtzulassungsbeschwerde wird verworfen.[1085] Eine diesbezügliche Regelung fehlt in § 544 ZPO, allerdings kann § 577 Abs. 1 S. 2 ZPO entsprechend herangezogen werden, wonach die unstatthafte oder nicht form- oder fristgerecht eingelegte und begründete Rechtsbeschwerde als unzulässig zu verwerfen ist. Damit wird das angegriffene Urteil rechtskräftig gem. § 544 Abs. 5 S. 3 ZPO.

2. Die (un)begründete Nichtzulassungsbeschwerde

a) Maßgeblicher Zeitpunkt für das Vorliegen eines Zulassungsgrundes – nachträglicher Entfall eines Zulassungsgrundes

Maßgeblicher Zeitpunkt für das Vorliegen eines Zulassungsgrundes i.S. des § 543 Abs. 2 ZPO ist der Zeitpunkt der Entscheidung über die Nichtzulassungsbeschwerde.[1086] Dies gilt zunächst insbesondere auch für die Divergenzfälle innerhalb des Zulassungstatbestandes der Sicherung einer einheitlichen Rechtsprechung. Eine Divergenz führt daher auch dann

[1083] So *BGH*, NJW 2003, 756, mit der zutreffenden Begründung, dass § 565 ZPO über seinen Wortlaut hinaus für den gesamten 2. Abschnitt ("Revision") des 3. Buches der ZPO gilt und somit auch auf die Nichtzulassungsbeschwerde Anwendung findet. Der Umstand, dass der Gesetzgeber dies im Zuge der ZPO-Reform nicht ausdrücklich in § 565 ZPO (§ 566 ZPO (a.F.) klargestellt hat, beruht auf einem offensichtlichen Redaktionsversehen.

[1084] Vgl. *Rosenberg/Schwab/Gottwald*, § 140 Rn. 26.

[1085] Vgl. *Thomas/Putzo*, § 544 Rn. 16.

[1086] So der *BGH* in ständiger Rechtsprechung, vgl. *BGH*, NJW-RR 2003, 352; NJW 2003, 1609; MDR 2003, 1009; *BGHZ* 156, 97 = NJW 2003, 3352; NJW 2003, 3781; *Rosenberg/Schwab/Gottwald*, § 140 Rn. 18; MünchKomm/*Wenzel*, Aktualisierungsband, § 543 Rn. 14; *Zöller/Gummer*, § 544 Rn. 12a; *Baumert*, MDR 2003, 606; *Nasall*, NJW 2003, 1345.

zur Zulassung des Rechtsmittels, wenn das Berufungsgericht, dessen Entscheidung angefochten ist, bei Erlass seines Urteils eine abweichende spätere höchstgerichtliche Entscheidung gar nicht kannte.[1087] Der insoweit gegenteiligen Auffassung des *XI. Senats* des *BGH*[1088] wonach *„eine die Zulassung der Revision zur Sicherung einer einheitlichen Rechtsprechung begründende Divergenz begriffsnotwendig nur dann vorliege, wenn zum Zeitpunkt der Entscheidung des Tatgerichts bereits entgegenstehende höchstrichterliche Rechtsprechung existiere, von der das angefochtene Urteil abweicht"*, kann nicht gefolgt werden. Dies gilt vor allem dann, wenn im selben Zug auch eine Wiederholungsgefahr verneint wird, weil das Berufungsgericht *„nunmehr die entgegenstehende höchstrichterliche Rechtsprechung kenne."* Der Zulassungsgrund der Sicherung einer einheitlichen Rechtsprechung (§ 543 Abs. 2 Nr. 2 ZPO) soll doch gerade bezogen auf den aktuellen Fall Rechtsanwendungs- und Rechtsauslegungsgleichheit gewährleisten, womit unvereinbar wäre, wenn man Divergenz nur im Falle einer willentlichen Abweichung annehmen würde. Das generelle Abstellen auf den Zeitpunkt der Entscheidung über die Nichtzulassungsbeschwerde entspricht im Übrigen auch der Rechtsprechung der anderen Bundesgerichte, wonach es unerheblich ist, ob das Gericht, dessen Entscheidung angegriffen ist, die Entscheidung, von der es abweicht, kennt.[1089]

Auch wird die Revision nicht dadurch unzulässig, dass ein einmal gegebener Zulassungsgrund nachträglich entfällt, wenn die angestrebte Revision Aussicht auf Erfolg hat. Unter Berücksichtigung von Sinn und Zweck der Revision, die es der beschwerten Partei ermöglichen soll, unter Überwindung des Filters der Zulassungsgründe eine Korrektur der angefochtenen Entscheidung zu erreichen, ist es geboten, den erstrebten Erfolg nicht schon deswegen zu versagen, weil in dem vom Rechtsmittelführer nicht allein zu beeinflussenden Zeitpunkt der Entscheidung über die Nichtzulassungsbeschwerde der bei Einlegung des Rechtsmittels gegebene Zulassungsgrund weggefallen ist.[1090] Dies ist ein Erfordernis der verfassungsrechtlich gebotenen Rechtsanwendungsgleichheit.[1091] Andern-

[1087] So zutreffend *Baumert*, MDR 2004, 71 und *von Giehrke/Seiler*, NJW 2004, 1497.

[1088] Vgl. *BGH*, NJW 2003, 2319.

[1089] Vgl. *BVerwG*, NVwZ 1992, 890; *BFHE* 112, 342; *BAG*, MDR 1983, 523.

[1090] Vgl. die Entscheidung des *I. Senates* des *BGH* in BGH, NJW 2004, 1960 mit zust. Anm. von *Scheuch*, jurisPR-BGHZivilR 29/2004, Anm.4. Demgegenüber vertraten andere *Senate* des *BGH* zunächst die gegenteilige Auffassung, wonach eine Nichtzulassungsbeschwerde unzulässig ist bzw. wird, wenn nach Einlegung der Nichtzulassungsbeschwerde zum allein maßgeblichen Zeitpunkt der Entscheidung über das Rechtsmittel kein Zulassungsgrund mehr vorliegt. Dies sei etwa dann der Fall, wenn unter einzelnen Senaten des *BGH* bestehende Rechtsprechungsdivergenzen in der Beurteilung des materiellen Rechts im Zeitpunkt der Entscheidung nicht mehr bestünden, mithin die Revision zur Sicherung einer einheitlichen Rechtsprechung nicht (mehr) zulässig sei, vgl. *BGH*, NJW 2003, 1609 (*IV. Senat*), NJW 2003, 2319 (*XI. Senat*), NJW 2003, 3352 (*XII. Senat*), NJW 2003, 3781 = MDR 2004, 107 (*VI. Senat*). Allerdings hat nunmehr auch der *V. Senat*, NJW 2005, 154, entschieden, dass eine Revision zur Sicherung einer einheitlichen Rechtsprechung auch dann zuzulassen sei, wenn die gerügte Fehlerpraxis des Berufungsgerichts nach Eingang der Nichtzulassungsbeschwerde in einer Parallelsache durch eine Leitentscheidung des *BGH* korrigiert worden sei. Auf Anfrage des *V. Senates* halten die anderen *Senate* an ihrer gegenteiligen Rechtsprechung nicht mehr fest, vgl. *BGH*, NJW 2005, 154. Die Zulassung hängt in diesen Fällen aber jeweils von der bereits im Verfahren nach § 544 ZPO zu prüfenden Erfolgsaussicht des Rechtsmittels ab.

[1091] Vgl. hierzu unter dem Gesichtpunkt der Revisionszulassungsgründe *BVerfG*, NJW 2004, 1371.

falls wäre nämlich der Beschwerdeführer gegen die Nichtzulassung der Revision bei Wegfall eines Zulassungsgrundes vor der Entscheidung gegenüber demjenigen, dessen Revision ein für alle Mal bindend durch das Berufungsgericht zugelassen wurde (vgl. § 543 Abs. 2 S. 2 ZPO) benachteiligt.[1092]

b) Zurückweisung der Nichtzulassungsbeschwerde

Das Revisionsgericht weist dic Nichtzulassungsbeschwerde durch förmlich zuzustellenden Beschluss (§ 544 Abs. 4 S. 1 und 3 ZPO) zurück, wenn die Erläuterungen der Beschwerdebegründung zu den Zulassungsgründen einen solchen nicht ergeben. Der Beschluss ist gem. § 544 Abs. 4 S. 2 ZPO kurz zu begründen, es sei denn, die Begründung würde zur weiteren Klärung der Voraussetzungen, unter denen eine Revision nach Maßgabe des § 543 Abs. 2 ZPO zuzulassen ist, nichts beitragen. Mit dem Erlass der ablehnenden Entscheidung wird das angegriffene Urteil rechtskräftig, § 544 Abs. 5 S. 3 ZPO.

c) Zulassung der Revision

Erachtet das Revisionsgericht einen Zulassungsgrund in der Sache für gegeben, dann lässt es durch Beschluss, der ebenfalls zuzustellen, aber nicht zu begründen ist (§ 544 Abs. 4 S. 2 und 3 ZPO), die Revision zu. Gem. § 544 Abs. 6 S. 1 ZPO wird das Beschwerdeverfahren dann als Revisionsverfahren fortgesetzt. In diesem Fall gilt die Einlegung der Nichtzulassungsbeschwerde als Revisionseinlegung. Die zweimonatige Revisionsbegründungsfrist (§ 551 Abs. 2 S. 2 ZPO) beginnt mit der Zustellung des Beschlusses (§ 544 Abs. 6 S. 3 ZPO). Falls die Beschwerdebegründung die Anforderungen an eine Revisionsbegründung erfüllt, kann auf erstere Bezug genommen werden (§ 551 Abs. 3 S. 2 ZPO).[1093]

d) Prüfungsumfang

Das Revisionsgericht prüft nach zugelassener Nichtzulassungsbeschwerde nicht lediglich die Rechtsfrage, derentwegen das Rechtsmittel zulässig ist, sondern darüber hinaus im

[1092] Vgl. *BGH*, NJW 2004, 3188.

[1093] Nach *BGH*, NJW 2004, 2981 (unter Bezugnahme auf *MünchKomm/Wenzel*, Aktualisierungsband, § 551 Rn. 4 und *Zöller/Gummer*, § 544 Rn. 16 und 551 Rn. 16), muss die aufgrund einer Nichtzulassungsbeschwerde zugelassene Revision hierbei nicht erst innerhalb der mit Zustellung des Zulassungsbeschlusses in Lauf gesetzten Revisionsbegründungsfrist (durch Bezugnahme auf die Begründung der Nichtzulassungsbeschwerde oder durch davon unabhängige, auch zusätzliche Ausführungen) begründet werden. Das Gesetz schließt nämlich eine Begründung der Revision schon vor Beginn der Revisionsbegründungsfrist nicht aus. Vielmehr kann die Revisionsbegründung sogar schon in der Revisionsschrift enthalten sein (§ 551 Abs. 2 Satz 1 ZPO). Dann kann aber eine den Anforderungen des § 551 Abs. 3 Satz 1 ZPO genügende Revisionsbegründung auch schon vor Beginn der Revisionsbegründungsfrist, z.B. in dem Schriftsatz abgegeben werden, mit dem die Nichtzulassungsbeschwerde begründet wird. In diesem Fall beginnt die Frist für eine Anschlussrevision mit Zustellung des Zulassungsbeschlusses.

vollem Umfang, ob die Ausgangsentscheidung materiell zutreffend ist, § 557 Abs. 3 S. 1 ZPO.

e) Ausnahmsweise Zurückverweisung an das Berufungsgericht

In den Fällen entscheidungserheblicher Verletzung des rechtlichen Gehörs in der Berufungsinstanz hat der *BGH* einer hierauf gestützten Nichtzulassungsbeschwerde des Betroffenen stattzugeben.[1094] Nach der Systematik des § 544 Abs. 6 ZPO müsste das Beschwerdeverfahren als Revisionsverfahren fortgesetzt werden. Insbesondere müsste stets eine mündliche Verhandlung vorbereitet und durchgeführt werden. Zur Beschleunigung des Verfahrens und zur Entlastung des *BGH* räumt daher die durch das Anhörungsrügengesetz[1095] eingeführte Regelung des § 544 Abs. 7 ZPO dem Revisionsgericht die Möglichkeit ein, das angefochtene Urteil in dem der Beschwerde stattgebenden Beschluss aufzuheben und den Rechtsstreit zur neuen Verhandlung und Entscheidung an das Berufungsgericht zurückzuverweisen.[1096]

[1094] Vgl. oben S. 195ff.
[1095] Vgl. hierzu noch unten 3. Teil.
[1096] Vgl. BT-Drs. 15/3706, S. 17.

A. Einleitung

Als Rechtsmittel, die in Teilbereichen eigenen Regeln unterliegen, sollen im Rahmen dieser Untersuchung auch die Beschwerde und die Rechtsbeschwerde in Familiensachen unter besonderer Berücksichtigung der Unterschiede zum „normalen" Beschwerdeverfahren sowie der Änderungen durch das ZPO-RG dargestellt werden. Die Abhandlung kann sich hierbei nicht auf die sog. isolierten ZPO-Familiensachen beschränken, da zwar für diese § 621a Abs. 1 ZPO das FGG als maßgebliche Verfahrensordnung bestimmt, andererseits mit § 621e ZPO eine spezielle Regelung für einzulegende Rechtsmittel in der ZPO besteht.

B. Isolierte ZPO-Familiensachen

I. Sofortige Beschwerde

Bei den isolierten ZPO-Familiensachen, das sind isolierte Ehesachen (z.B. die Klage auf Scheidung ohne Folgesachen, auf Feststellung des Rechts zum Getrenntleben oder auf Herstellung des ehelichen Lebens) sowie Unterhalts- und Güterrechtssachen i.S. des § 621 Abs. 1 Nr. 4, 5, 8 10 und 11 ZPO[1097], sind die Rechtsmittel des allgemeinen Zivilprozesses gegeben. Damit ist in diesem Bereich gegen erstinstanzliche Zwischenentscheidungen, die als Beschluss ergingen, die sofortige Beschwerde gem. § 567 Abs. 1 ZPO statthaft, wenn sie vom Gesetz ausdrücklich zugelassen ist (vgl. § 567 Abs. 1 Nr. 1 ZPO), oder wenn ein das Verfahren betreffendes Gesuch, über das ohne mündliche Verhandlung entschieden werden konnte, zurückgewiesen worden ist (vgl. § 567 Abs. 1 Nr. 2 ZPO).[1098] Zwischenentscheidungen im Berufungsverfahren sind nicht anfechtbar, weil § 567 ZPO die Beschwerde nur gegen die im ersten Rechtszug ergangenen Entscheidungen der Amts- und Landgerichte eröffnet.[1099] Die weiteren Zulässigkeitsvoraussetzungen der Beschwerde, das Beschwerdeverfahren sowie die Begründetheitsprüfung und Entscheidung des Beschwerdegerichtes richten sich wie bei jeder anderen Beschwerde im Bereich der ZPO nach den §§ 568 bis 572 ZPO.[1100]

[1097] Vgl. *Rosenberg/Schwab/Gottwald*, § 165 Rn. 48.
[1098] Hierzu s. schon oben § 1, S. 43ff.
[1099] Vgl. *Rosenberg/Schwab/Gottwald*, § 165 Rn. 61.
[1100] Vgl. *Rosenberg/Schwab/Gottwald*, § 165 Rn. 61.

II. Rechtsbeschwerde

Gegen die in isolierten ZPO-Familiensachen ergangenen zweitinstanzlichen Entscheidungen ist die Rechtsbeschwerde statthaft, wenn dies im Gesetz ausdrücklich bestimmt ist[1101] oder wenn das Beschwerdegericht die Rechtsbeschwerde zugelassen hat, vgl. § 574 Abs. 1 Nr. 1 und 2 ZPO. Auch insoweit ergeben sich keinerlei Unterschiede zum Verfahren vor den normalen Streitgerichten.[1102]

III. Nichtzulassungsbeschwerde

Für die in der zweiter Instanz ergangenen Berufungsendurteile in den isolierten ZPO-Familiensachen findet die Revision statt, wenn das Oberlandesgericht (§ 119 Abs. 1 Nr. 1a GVG) sie in dem Urteil zugelassen hat, § 543 Abs. 1 Nr. 1 ZPO. Ist die Revision nicht zugelassen worden, ist zu beachten, dass gem. § 26 Nr. 9 EGZPO die Nichtzulassungsbeschwerde für die bis 1.1.2010[1103] verkündeten Berufungsurteile in Familiensachen (mit Ausnahme von Verwerfungsurteilen) ausgeschlossen ist.

C. Isolierte FGG-Familiensachen

Bei den in den isolierten FGG-Familiensachen des § 621 Abs. 1 Nr. 1 bis 3, 6, 7, 9 und 10 ZPO einzulegenden Rechtsmitteln ist zu unterscheiden, ob es sich bei der angegriffenen Entscheidung um eine Endentscheidung oder eine Zwischen- bzw. Nebenentscheidung in Gestalt einer einstweiligen Anordnung oder der Androhung von Zwangsgeld handelt. In ersterem Fall gilt über § 621e ZPO weitgehend das ZPO-RG-Beschwerderecht, in letzterem Fall gelten die §§ 19, 30 FGG für die FG-Beschwerde.

I. Die Beschwerde gegen Endentscheidungen

Endentscheidungen in isolierten FGG-Familiensachen sind solche, die das Verfahren abschließen; hierzu sind auch Entscheidungen über die Zuständigkeit,[1104] Teilentscheidungen, etwa über einen Auskunftsanspruch zum Versorgungsausgleich[1105] oder die Genehmigung einer Vereinbarung über den Versorgungsausgleich gem. § 1587o Abs. 2 BGB[1106] zu rechnen.[1107]

[1101] Etwa ist gem. § 522 Abs. 1 S. 4 ZPO die Rechtsbeschwerde gegen einen Beschluss statthaft, mit dem das OLG (§ 119 Abs. 1 Nr. 1a GVG) die Berufung gegen ein Scheidungsurteil mangels Einhaltung der Berufungseinlegungsfrist (§ 517 ZPO) als unzulässig verworfen hat.

[1102] Vgl. *von Heintschel-Heinegg*, Rn. 525.

[1103] In der Fassung des Zweiten Gesetzes zur Modernisierung der Justiz, BR-Drucks. 890/06, S. 67 und 68.

[1104] Vgl. *OLG Stuttgart*, FamRZ 19787, 442.

[1105] Vgl. *BGH*, NJW 1981, 1508.

[1106] Vgl. *OLG Stuttgart*, FamRZ 1982, 1079.

[1107] Vgl. i.ü. *Thomas/Putzo* , § 621e Rn. 2.

In diesen Fällen ist die Beschwerde zum Oberlandesgericht eröffnet, vgl. die §§ 621e Abs. 1, 119 Abs. 1 Nr. 1a GVG, 64 Abs. 3 FGG. Dieses Rechtsmittel weicht zum Teil nicht unbeträchtlich von der „normalen" Beschwerde in Streitverfahren ab.

1. Zulässigkeit

a) Frist zur Einlegung

Die Frist zur Einlegung der Beschwerde beträgt einen Monat und beginnt mit wirksamer Zustellung der Entscheidung an den Rechtsmittelführer,[1108] spätestens aber fünf Monate nach Verkündung der angegriffenen Entscheidung, vgl. §§ 621e Abs. 3 S. 2, 517 ZPO. Gegen die Versäumung der Frist kann gem. §§ 621a Abs. 1 S. 1, 621e, 233 ZPO Wiedereinsetzung in den vorigen Stand beantragt werden.

b) Form der Einlegung – kein Anwaltszwang

Die befristete Beschwerde nach § 621e ZPO ist durch Einreichung einer Beschwerdeschrift beim Oberlandesgericht einzulegen, § 621e Abs. 3 S. 1 ZPO. Die Einlegung unterliegt gem. § 78 Abs. 3 ZPO nicht dem Anwaltszwang.

c) Begründung

Gem. §§ 621e Abs. 3 S. 2, 520 Abs. 1, 2 uns 3 S. 1 ZPO ist das Rechtsmittel binnen einer Frist von zwei Monaten zu begründen. Die Frist beginnt mit der wirksamen Zustellung der in vollständiger Form abgefassten Entscheidung, spätestens aber mit Ablauf von fünf Monaten nach der Verkündung. Die Begründung ist, sofern sie nicht schon in der Einlegungsschrift enthalten ist, in einem gesonderten Schriftsatz beim Beschwerdegericht einzureichen. Den Anforderungen des § 520 Abs. 3 S. 2 ZPO muss die Beschwerdebegründung mangels Verweisung durch § 621e Abs. 3 S. 2 ZPO inhaltlich allerdings nicht entsprechen, insbesondere auch keinen bestimmten Antrag enthalten. Allerdings muss sich aus der Begründung eine Beschwer des Rechtsmittelführers ergeben und ersichtlich sein, wie die Beschwer bekämpft werden soll.[1109] § 621e Abs. 3 S. 2 ZPO nimmt für die Beschwerdebegründung mithin auf das Berufungsrecht Bezug und damit nicht auf die Regelung des § 571 ZPO. Gleichwohl kann die Beschwerde in diesen grundsätzlich dem Verfahren der Freiwilligen Gerichtsbarkeit unterliegenden Angelegenheiten bis zum Ablauf der Begründungsfrist auf neue Tatsachen gestützt werden.[1110] Allerdings besteht nach dem Wortlaut des Gesetzes nicht die von § 571 Abs. 3 ZPO eröffnete Möglichkeit, dem Beschwerdefüh-

[1108] Nicht erst mit der letzten Zustellung an einen der Verfahrensbeteiligten, vgl. *BGH*, NJW 2002, 2252.
[1109] Vgl. *BGH*, NJW 1983, 179.
[1110] Vgl. *OLG Köln*, FamRZ 1998, 762.

rer für das Vorbringen von Angriffs- oder Verteidigungsmitteln eine Frist mit Präklusionsdrohung zu setzen. Dies wäre für den Bereich der FG-Familiensachen zunächst auch insoweit systemwidrig, als es sich bei diesen um keine echten Streitverfahren, sondern um Amtsverfahren der freiwilligen Gerichtsbarkeit handelt, insbesondere in den Fällen des § 621 Abs. 1 Nr. 1 bis 3 ZPO. Soweit die in § 621 Abs. 1 ZPO erfassten isolierten FG-Familiensachen allerdings echte Streitsachen der Freiwilligen Gerichtsbarkeit darstellen, nämlich die Verfahren über den Versorgungsausgleich und die in §§ 1382 und 1383 BGB bezeichneten Angelegenheiten des Zugewinnausgleiches[1111], wäre eine dem § 571 Abs. 3 ZPO entsprechende Regelung auch für die befristete Beschwerde des § 621e ZPO durchaus systemgerecht und könnte zur Verfahrensbeschleunigung in diesen jeweils gewichtige Interessen der Verfahrensbeteiligten betreffenden Angelegenheiten beitragen.

d) Entscheidung bei Unzulässigkeit

Erweist sich die Beschwerde als unzulässig, ist sie gem. §§ 621e Abs. 3 S. 2, 522 Abs. 1 ZPO als unzulässig durch Beschluss zu verwerfen.

e) Anschlussbeschwerde

In den isolierten FG-Familiensachen findet nach den allgemeinen Grundsätzen die unselbständige Anschlussbeschwerde statt.[1112] Zwar wird in § 621e Abs. 3 S. 2 ZPO nicht auf die Regelung des § 524 ZPO für die Anschlussberufung verwiesen. Aber auch in der bis 1.1.2002 geltenden Fassung der ZPO wurde nicht auf § 521 ZPO (a.F.) Bezug genommen, gleichwohl aber von der Statthaftigkeit der Anschlussbeschwerde ausgegangen.[1113] Grund hierfür war und ist, dass sich wegen der Geltung des Verbots der Schlechterstellung in derartigen Fällen der Beschwerdegegner in der gleichen Lage wie der Berufungs- oder Revisionsbeklagte, der sein Verfahrensziel nicht vollständig erreicht hat, befindet. Er ist wie dieser der Gefahr ausgesetzt, dass es im Zuge der Überprüfung der Sach- und Rechtslage bei der ihm ungünstigen Entscheidung bleibt, selbst wenn das Rechtsmittelgericht sie als falsch erkennt. Unter diesen Umständen gebieten die Gesichtspunkte der Waffengleichheit und der Verfahrensökonomie die Zulassung der Anschließung an die Beschwerde auch nach dem Ablauf der Rechtsmittelfrist.[1114]

2. Zuständiger Spruchkörper

Auch für die Frage, in welcher Besetzung – als Kollegium oder durch den Einzelrichter – das Beschwerdegericht entscheidet, nimmt § 621e Abs. 3 S. 2 ZPO auf § 526 ZPO und

[1111] Vgl. *Keidel/Kunze/Winkler*, § 12 Rn. 195f.
[1112] Vgl. *Rosenberg/Schwab/Gottwald*, § 165 Rn. 62; *Thomas/Putzo*, § 621e Rn. 8.
[1113] Vgl. *OLG Köln*, NJW-RR 2002, 1299; der Gesetzgeber hat sich in den Gesetzesmaterialien hierzu nicht geäußert.
[1114] Vgl. *BGHZ* 85, 180; 92, 207.

damit auf das Berufungsrecht und nicht etwa auf § 568 ZPO Bezug. Dies bedeutet, dass bei den Beschwerden in isolierten FG-Familiensachen originär das Senatskollegium zu entscheiden hat und lediglich fakultativ das Verfahren dem Einzelrichter zur Entscheidung übertragen werden kann, wenn die Sache keine besonderen Schwierigkeiten tatsächlicher oder rechtlicher Art aufweist und die Rechtssache keine grundsätzliche Bedeutung hat.[1115] Ferner kann die Beschwerdesache dem Einzelrichter des Beschwerdegerichtes auch als vorbereitenden Richter gem. §§ 621e Abs. 3 S. 2, 527 ZPO zugewiesen werden.

3. Beschwerdeverfahren

a) Keine Abhilfebefugnis

Das Ausgangsgericht hat bei der befristeten Beschwerde des § 621e ZPO keine Abhilfemöglichkeit. Dies ergibt sich aus der in Abs. 3 S. 2 ausgesprochenen Verweisung auf § 318 ZPO, wonach das Erstgericht - abgesehen von den Berichtigungs- und Ergänzungsmöglichkeiten der §§ 319 bis 321 ZPO - an die von ihm in derselben Instanz erlassenen Entscheidungen gebunden ist, insbesondere seinen Entscheidungssatz nicht aufheben oder abändern darf.[1116]

b) Rücknahme der Beschwerde

Die befristete Beschwerde kann analog § 516 ZPO bis zum Erlass der Beschwerdeentscheidung zurückgenommen werden.[1117]

[1115] Vgl. zu diesen Kriterien schon oben unter § 2, S. 80ff. (zu § 568 ZPO). Nach der zutreffenden Begründung des *Regierungsentwurfes*, BT-Drs. 14/4722, S. 120 entspricht die fakultative Übertragung auf den Einzelrichter bei originärer Senatszuständigkeit auch der gegenüber „normalen" ZPO-Beschwerden herausgehobenen Bedeutung der isolierten FG-Familiensachen, die als Endentscheidung regelmäßig gewichtige Belange der Verfahrensbeteiligten berühren. Andererseits bietet die Regelung genügend Flexibilität für das Beschwerdegericht, tatsächlich und rechtlich einfach gelagerte Fälle mit geringerem Personaleinsatz durch den Einzelrichter entscheiden zu können.

[1116] Vgl. den *Regierungsentwurf-ZPO-RG*, BT-Drs. 14/4722, S. 120; *Thomas/Putzo*, § 318 Rn. 3.

[1117] Vgl. *Thomas/Putzo*, § 621e Rn. 12 und oben § 3, S. 91 (zur Rücknahme der Beschwerde in Verfahren vor den Streitgerichten). Für die Kostenentscheidung nach Rücknahme der befristeten Beschwerde ist nach zutreffender Ansicht zu differenzieren, ob es sich bei der FG-Familiensache um ein echtes Streitverfahren der Freiwilligen Gerichtsbarkeit handelte oder um ein Amtsverfahren. In ersterem Fall wären die Kosten analog § 516 Abs. 3 ZPO dem Beschwerdeführer aufzuerlegen, in letzterem Fall gälte § 13a FGG. Vgl. aber *Thomas/Putzo*, § 621e Rn. 12 (immer § 13a FGG) und *OLG Hamm*, FamRZ 1995, 377 (keine Kostenentscheidung).

4. Begründetheit und Entscheidung

a) Fehlende Zuständigkeit

Zunächst kann die Beschwerde, damit aber auch die Beschwerdeentscheidung nicht darauf gestützt werden, dass das Gericht des ersten Rechtszuges seine Zuständigkeit zu Unrecht angenommen habe, vgl. § 621e Abs. 4 S. 1 ZPO. Das Beschwerdegericht darf daher nicht prüfen, ob eine Familiensache vorliegt und der Familiensenat des Oberlandesgerichtes zuständig ist, wenn erstinstanzlich das Familiengericht entschieden hat.[1118] § 621e Abs. 4 ZPO wurde insoweit den für die Berufung und die erstinstanzliche Beschwerde eingeführten Regelungen der §§ 513 Abs. 2, 571 Abs. 2 S. 2 ZPO angeglichen, wonach auch Berufungs- und Beschwerdegericht nicht zu prüfen haben, ob das erstinstanzliche Gericht seine Zuständigkeit zu Recht angenommen hat.[1119]

b) Verbot der reformatio in peius

Ob das Beschwerdegericht ein Verschlechterungsverbot zu beachten hat, ist dem Gesetz nicht zu entnehmen. Eine Schlechterstellung liegt vor, wenn das Rechtsmittelgericht die angefochtene Entscheidung zum Nachteil desjenigen abändert, der das Rechtsmittel eingelegt hat.[1120] § 621e Abs. 3 S. 2 ZPO nimmt nicht auf § 528 ZPO, mithin auch nicht auf das in § 528 S. 2 ZPO bestimmte Verbot der reformatio in peius Bezug, wonach ein erstinstanzliches Endurteil in der Berufung nur insoweit abgeändert werden darf, als eine Abänderung beantragt ist.[1121] Allerdings ist zu sehen, dass der Gesetzgeber gerade für die FGG-Familiensachen nicht – zumal nicht pauschal – auf das in ZPO-Streitsachen geltende Verschlechterungsverbot verweisen konnte, geht es doch bei den in § 621e ZPO bezeichneten Angelegenheiten der Freiwilligen Gerichtsbarkeit auch um das von Amts wegen zu beachtende Wohl der Verfahrensbeteiligten, etwa in den Angelegenheiten des § 621 Abs. 1 Nr. 1 bis 3 ZPO um das Kindeswohl. Nach zutreffender Ansicht ist für die Frage, ob das Verbot der reformatio in peius auch in Angelegenheiten der Freiwilligen Gerichtsbarkeit gilt, zu differenzieren. In den durch § 621e ZPO betroffenen Amtsverfahren der Freiwilligen Gerichtsbarkeit kann eine Schlechterstellung des Beschwerdeführers dann im Rahmen des Verfahrensgegenstandes hingenommen werden, wenn sie das Wohl des Betroffenen erforderlich macht.[1122]

[1118] Vgl. *Bergerfurth*, FamRZ 2001, 1493; *Thomas/Putzo*, § 621e Rn. 13.
[1119] Vgl. den *Regierungsentwurf-ZPO-RG*, BT-Drs. 14/4722, S. 94 und 113 (zu §§ 513 Abs. 3 und 571 Abs. 2 S. 2 ZPO) sowie S. 120 (zu § 621e ZPO). Zu § 571 Abs. 2 S. 2 ZPO vgl. oben § 1, S.. Damit gilt aber auch für den Bereich des § 621e Abs. 4 S. 1 ZPO, dass das Beschwerdegericht die erstinstanzliche internationale Zuständigkeit des Familiengerichts zu prüfen hat, vgl. a. *BGHZ* 153, 82 = NJW 2003, 426.
[1120] Vgl. *Keidel/Kuntze/Winkler/Zimmermann*, § 19 Rn. 117.
[1121] Vgl. hierzu etwa *Thomas/Putzo*, § 528 Rn. 4ff.
[1122] Vgl. *Thomas/Putzo*, § 621e Rn. 15; *Zöller/Philippi*, § 621e Rn. 36.

Beispiel: Führt etwa der Kindesvater Beschwerde gegen einen seiner Ansicht nach zu restriktiven isolierten Beschluss des Familiengerichts zur Umgangsregelung (§ 1684 Abs. 3 BGB) i.S. des § 621 Abs. 1 Nr. 2 ZPO, kann das Oberlandesgericht als Beschwerdegericht zum Wohle des Kindes den Umgang des Kindesvaters noch weiter beschränken, auch wenn die sorgeberechtigte Kindsmutter nicht ihrerseits Beschwerde oder Anschlussbeschwerde eingelegt hat.

In den von § 621e ZPO erfassten echten Streitverfahren der Freiwilligen Gerichtsbarkeit kann eine Verschlechterung des Rechtsmittelführers allerdings nicht hingenommen werden,[1123] da sich die Verfahrensbeteiligten hier im entgegengesetzten Interesse gegenüber stehen und es Aufgabe des Gerichtes ist, über behauptete subjektive Rechte zu entscheiden.[1124]

Beispiel: So gilt das Verschlechterungsverbot im Hausratverteilungsverfahren (§ 621 Abs. 1 Nr. 7 ZPO), auch wenn das Familiengericht nicht an die Anträge der Eheleute gebunden ist.[1125] *Darüber hinaus ist das Verbot der reformatio in peius im schuldrechtlichen Versorgungsausgleichsverfahren (§ 621 Abs. 1 Nr. 6 ZPO) anerkannt.*[1126]

c) Entscheidungsinhalt

aa) Abänderung der Ausgangsentscheidung

Ist die Beschwerde begründet, hat das Beschwerdegericht die angefochtene Entscheidung abzuändern, allerdings nicht über die im Rahmen einer wirksamen Beschränkung gestellten Rechtsmittelanträge hinaus.[1127] § 621e Abs. 3 S. 2 ZPO nimmt zwar nur auf entsprechend anwendbare Regelungen der Berufung Bezug, dennoch sollte im Bereich der befristeten Beschwerde nach § 621e ZPO auch § 572 Abs. 3 ZPO Anwendung finden, wonach das Beschwerdegericht unter Aufhebung oder Abänderung der angefochtenen Entscheidung dem Ausgangsgericht etwa erforderliche Anordnungen übertragen kann.[1128]

bb) Zurückverweisung

Eine Zurückverweisung an das Ausgangsgericht aus den Gründen des § 538 Abs. 2 ZPO ist vom Gesetzgeber nicht ausdrücklich vorgesehen. In den Kanon der durch § 621e Abs. 3 S. 2 ZPO in Bezug genommenen Vorschriften des Berufungsverfahrens ist diese Regelung ebenfalls nicht aufgenommen worden. Allerdings ist für den Bereich der Freiwilligen Gerichtsbarkeit anerkannt, dass das Beschwerdegericht eine Angelegenheit auch ohne entsprechenden Antrag dann an die Erstinstanz zurückverweisen kann, wenn weitere Ermittlungen notwendig sind, wobei jedoch schwere Verfahrensmängel vorliegen müssen oder die Aufklärung des Sachverhalts so ungenügend sein muss, dass die Behebung der Mängel

[1123] Vgl. *Rosenberg/Schwab/Gottwald*, § 165 Rn. 66; *Keidel/Kuntze/Winkler/Zimmermann*, § 19 Rn. 117.
[1124] Vgl. *Keidel/Kuntze/Winkler/Zimmermann*, § 12 Rn. 195.
[1125] Vgl. *BayObLGZ*, 1965, 227; 1976, 312.
[1126] Vgl. *BGHZ* 85, 180.
[1127] Vgl. *BGHZ* 92, 5.
[1128] Vgl. *Thomas/Putzo*, § 621e Rn. 15; *OLG Naumburg*, FamRZ 2003, 284. Zu § 572 Abs. 3 ZPO s. oben zum Beschwerdeverfahren unter § 4, S. 106.

durch das Beschwerdegericht dem Verlust einer Instanz gleichkäme.[1129] Für wesentliche, entscheidungserhebliche Verfahrensmängel, in Folge deren Behebung nunmehr eine umfangreiche oder aufwändige Beweisaufnahme notwendig wäre, ermöglicht für das Berufungsverfahren die Regelung des § 538 Abs. 2 Nr. 1 ZPO die Zurückverweisung, um zu verhindern, dass der Berufungsführer eine Instanz verliert.[1130] Dies muss auch im Rahmen des § 621e ZPO gelten. Einerseits spricht hiergegen nicht, dass der Reformgesetzgeber in § 621e Abs. 3 S. 2 ZPO nicht ausdrücklich auf § 538 ZPO Bezug genommen hat, weil die Inhalte dieser Regelung bis auf die bereits angesprochene Nr. 1 für die Materie des § 621e ZPO nicht passen. Zum anderen ist aber auch im FGG die Möglichkeit einer Zurückverweisung nicht ausdrücklich eröffnet, trotzdem aber – was dem Gesetzgeber sicher bekannt war – nach den o.a. Maßgaben anerkannt. Ein sachlicher Unterschied zu sonstigen Materien der Freiwilligen Gerichtsbarkeit, der eine Zurückverweisungsmöglichkeit ausschließen würde, ist nicht ersichtlich.[1131] Dem Beschwerdegericht sollte es daher möglich sein, unter den genannten Voraussetzungen auch im Bereich des § 621e ZPO zurückzuverweisen, und zwar ohne strikte Bindung an die entsprechenden Voraussetzungen des § 538 Abs. 2 ZPO, d.h. insbesondere auch ohne Antrag.[1132]

cc) Begründung

Das Beschwerdegericht hat seine Entscheidung nach Maßgabe des § 25 FGG zu begründen.[1133]

II. Die Beschwerde gegen Zwischenentscheidungen

In den sog. isolierten FGG-Familiensachen gibt es nicht nur End-, sondern auch Zwischenentscheidungen. Für diese gilt die Regelung der befristeten Beschwerde gem. § 621e ZPO nicht.[1134] Solche Zwischenentscheidungen sollen im Folgenden untersucht werden.

[1129] Vgl. *BayObLG*, ZMR 1988, 346; *Keidel/Kuntze/Winkler/Zimmermann*, § 12 Rn. 37.

[1130] Vgl. hierzu *Rosenberg/Schwab/Gottwald*, § 138 Rn. 20 bis 31.

[1131] Schon unter der vor Inkrafttreten des ZPO-RG geltenden Fassung des § 621e ZPO, die keine Bezugnahme auf die Vorschriften des Berufungsverfahrens enthielt, war die Möglichkeit einer Zurückverweisung analog § 538 ZPO (a.F.) anerkannt, vgl. *BGH*, NJW 1982, 520.

[1132] Vgl. *OLG Frankfurt/M.*, OLGR 2003, 319; *OLG Brandenburg*, MDR 2003, 271; MünchKomm/*Borth*, Aktualisierungsband, § 621e Rn. 26; *Thomas/Putzo*, § 621e Rn. 15; a.A. – Zurückverweisung nur entsprechend § 538 Abs. 2 ZPO, insbesondere nur auf Antrag – *Zöller/Philippi*, § 621e Rn. 77. Das *OLG Nürnberg*, FamRZ 2003, 779, hat zwar die Aufhebung und Zurückverweisung nach befristeter Beschwerde gem. § 621e ZPO auf die sinngemäße Anwendung des § 538 Abs. 2 ZPO gestützt, die Zurückverweisung aber ohne den nach dem Wortlaut dieser Vorschrift nötigen Antrag ausgesprochen.

[1133] Vgl. *Keidel/Kuntze/Winkler/Zimmermann*, § 25 Rn. 14.

[1134] Vgl. *Rosenberg/Schwab/Gottwald*, § 166 Rn. 67; *Thomas/Putzo*, § 621e Rn. 3.

1. Einstweilige Anordnungen

a) § 621g ZPO

Gegen einstweilige Anordnungen in isolierten FGG-Familiensachen ist, sofern sie als solche gem. § 621g ZPO ergehen, die sofortige Beschwerde gem. §§ 621g S. 2 ZPO i.V. mit den §§ 620c, 567ff. ZPO statthaft. Da die Aufzählung der in § 621 Abs. 1 ZPO geregelten FGG-Angelegenheiten, in denen eine einstweilige Anordnung ergehen kann (nämlich solche i.S. des § 621 Abs. 1 Nr. 1, 2, 3 und 7 ZPO), in § 621g S. 1 ZPO abschließend geregelt ist,[1135] kommt eine Anwendung des § 19 FGG neben den §§ 621g S. 2, 620c ZPO nicht in Betracht.

b) Andere einstweilige Anordnungen

Allerdings gibt es auch außerhalb des Regelungsbereiches des § 621 Abs. 1 ZPO noch isolierte FGG-Angelegenheiten, die als einstweilige Anordnung ergehen können. Hierzu zählt zunächst der Kostenvorschuss gem. § 621f ZPO. Ein in den FGG-Verfahren des § 621 Abs. 1 Nr. 1 bis 3, 6, 7 und 9 und 13 ZPO vom Familiengericht einstweilen angeordneter Kostenvorschuss ist allerdings gem. § 621f Abs. 2 S. 1 ZPO unanfechtbar. Gegen die im Zugewinnausgleichsverfahren nach den §§ 1382, 1383 BGB, 621 Abs. 1 Nr. 9 ZPO, 53a FGG ergangenen einstweiligen Anordnungen gem. § 53a Abs. 3 S. 1 FGG[1136] kann ein Rechtsmittel nur zusammen mit einem solchen gegen die Endentscheidung geführt werden, § 53a Abs. 3 S. 2 FGG. Analog zur Beschwerdefähigkeit der vorläufigen Zuweisung der Ehewohnung während der Anhängigkeit einer Ehesache gem. §§ 620 Nr. 7, 620c S. 1 ZPO sollte auch vor oder nach Anhängigkeit einer Ehesache die isoliert durch einstweilige Anordnung gem. §§ 1361b BGB, 18a, 13 Abs. 4 HausratsVO erfolgte vorläufige Zuweisung der Ehewohnung der Beschwerde gem. § 19 FGG zugänglich sein.[1137]

2. Sonstige einstweilige Maßnahmen

Gegen sonstige Zwischenentscheidungen im Bereich der FGG-Familiensachen ist die einfache Beschwerde gem. § 19 FGG gegeben, die durch § 621e ZPO, der nur für Endentscheidungen gilt, nicht ausgeschlossen ist.[1138] Zu solchen Entscheidungen zählen etwa die Androhung und die Festsetzung von Zwangsgeld[1139] gem. §§ 621a Abs. 1 ZPO, 33 FGG,

[1135] Vgl. *Thomas/Putzo*, § 621g Rn. 2.

[1136] Z.B. auf Sicherstellung von Sachen, die gem. § 1383 BGB zu übertragen sind.

[1137] So *Rosenberg/Schwab/Gottwald*, § 166 Rn. 68. Anders die früher h.M., die vor Inkrafttreten des § 620c ZPO solche Anordnungen analog §§ 53a Abs. 3 S. 2 FGG, 44 Abs. 3 S. 2 WEG nicht für anfechtbar hielt, vgl. *BayObLG*, FamRZ 1971, 256.

[1138] Vgl. *Rosenberg/Schwab/Gottwald*, § 166 Rn. 67.

[1139] Vgl. *BGH*, NJW 1979, 820 (Androhung) und NJW 1981, 177 (Festsetzung).

die Aussetzung des Versorgungsausgleichs[1140] und die familiengerichtliche Genehmigung nach den §§ 1643 Abs. 1, 1821, 1822 BGB.[1141] Über solche Beschwerden entscheidet nach zutreffender Ansicht der Familiensenat des OLG in analoger Anwendung der §§ 621e Abs. 3 S. 2 ZPO, 30 Abs. 1 S. 3 FGG und kann somit die Entscheidung gem. 526 ZPO einem seiner Mitglieder übertragen.[1142]

III. Die Beschwerde gegen die Kostenentscheidung

Die sofortige Beschwerde gem. § 20a Abs. 2 FGG findet statt, wenn in einer isolierten FGG-Familiensache eine Kostenentscheidung ergeht, ohne dass in der Hauptsache entschieden würde, z.B. bei übereinstimmender Erledigterklärung oder bei der Antragszurücknahme.[1143]

IV. Die Rechtsbeschwerde

1. Zulässigkeit

a) Statthaftigkeit

Gem. § 621e Abs. 2 S. 1 ZPO findet in den Familiensachen des § 621 Abs. 1 Nr. 1 bis 3, 6, 10 und 12 ZPO die Rechtsbeschwerde statt, wenn sie das Beschwerdegericht in der angegriffenen Entscheidung oder das Rechtsbeschwerdegericht auf die Beschwerde gegen die Nichtzulassung (§§ 621e Abs. 2 S. 1, 544 ZPO)[1144] durch das Beschwerdegericht zugelassen hat, schließlich, wenn die befristete Beschwerde als unzulässig verworfen wurde (§§ 621e Abs. 3 S. 2, 522 Abs. 1 S. 4 ZPO).

[1140] Vgl. *OLG Dresden*, FamRZ 2002, 1053; *OLG Brandenburg*, FamRZ 1996, 496; *Zöller/Philippi*, § 621e Rn. 8; *Baumbach/Albers/Lauterbach/Hartmann*, § 621e Rn. 9.

[1141] Vgl. *OLG München*, OLG-Report 2002, 477.

[1142] Vgl. *Philippi*, FamRZ 2004, 592, der zutreffend feststellt, dass der Gesetzgeber in § 30 Abs. 1 S. 3 FGG eine unbeabsichtigte Lücke geschaffen habe, indem er den Familiensenat des Oberlandesgerichts dort nicht erwähnt habe. Der Gesetzgeber verkannte nämlich im gesamten Gesetzgebungsverfahren, dass über einfache Beschwerden i.S. des § 19 FGG nicht nur die Zivilkammer des Landgerichts, sondern in Familiensachen ein Familiensenat des Oberlandesgerichts zu entscheiden hat, § 119 Abs. 1 Nr. 1a GVG.

[1143] Vgl. *BGH*, FamRZ 1990, 1102.

[1144] Die Möglichkeit der Nichtzulassungsbeschwerde gegen Beschwerdeentscheidungen ist im Bereich des § 621e ZPO allerdings bis 1.1.2010 ausgeschlossen, vgl. § 26 Nr. 9 EGZPO i. d. Fassung des Zweiten Gesetzes zur Modernisierung der Justiz, BR-Drucks. 890/06, S. 67 und 68.

b) Frist und Form

Die Rechtsbeschwerde ist gem. § 621e Abs. 3 S. 2 iV. mit § 548 (bei Zulassung durch das Oberlandesgericht) bzw. 575 Abs. 1 (bei Verwerfung) ZPO wie die Revision binnen einer Notfrist von einem Monat ab Zustellung des in vollständiger Form abgefassten Beschlusses des Beschwerdegerichtes einzulegen. Das Rechtsmittel ist gem. §§ 7 Abs. 1 S. 1 EGZPO, 133 GVG immer beim *BGH* einzulegen. Die Notfrist beginnt im Falle der §§ 621e Abs. 3 S. 2, 548 ZPO spätestens fünf Monate nach Verkündung des Beschlusses.[1145] Die Rechtsbeschwerde unterliegt der Schriftform, § 621e Abs. 3 S. 1 ZPO, und dem Anwaltszwang, § 78 Abs. 1 S. 3 und 4 ZPO.

c) Begründung

Die Rechtsbeschwerde ist gem. §§ 621e Abs. 3 S. 2, 551, 575 ZPO zu begründen.

aa) Frist und Form

Die Begründung hat sich bei vorangegangener Verwerfung an die Monatsfrist des § 575 Abs. 2 ZPO zu halten (vgl. §§ 621e Abs. 3 S. 2, 522 Abs. 1 S. 4, 574ff. ZPO), bei Zulassung durch das Oberlandesgericht an die Zweimonatsfrist ab Zustellung bzw. Siebenmonatsfrist ab Verkündung des angegriffenen Beschlusses, vgl. die §§ 621e Abs. 3 S. 2, 551 Abs. 2 ZPO. Für die Beschwerdebegründung ist gem. §§ 621e Abs. 3 S. 2, 551 Abs. 2 S. 1 ZPO Schriftform vorgeschrieben.

bb) Inhalt

Der Inhalt der Beschwerdebegründung richtet sich nach den Anforderungen in § 575 Abs. 3 ZPO;[1146] die für eine Revisionsbegründung in § 551 Abs. 3 ZPO aufgestellten Anforderungen gelten nicht, da § 621e Abs. 3 S. 2 ZPO auf diese Regelung nicht Bezug nimmt. Für die bei vorangegangener Verwerfung der zweitinstanzlichen Beschwerde im Rahmen der Darlegungspflicht gem. §§ 575 Abs. 3 Nr. 2, 574 Abs. 2, 621e Abs. 3 S. 2, 522 Abs. 1 ZPO relevanten Zulassungsgründe gilt § 543 Abs. 2 ZPO entsprechend. Die Rechtsbeschwerde ist also zuzulassen wegen der grundsätzlichen Bedeutung der Rechtssache, zur Fortbildung des Rechts sowie zur Sicherung einer einheitlichen Rechtsprechung.

d) Anschlussrechtsbeschwerde

Wie bei der zweitinstanzlichen Beschwerde ist auch im Rahmen der Rechtsbeschwerde gem. § 621e Abs. 2 ZPO aus Gründen der Waffengleichheit[1147] die Möglichkeit einer An-

[1145] Für den Fall der mit der Rechtsbeschwerde angegriffenen Verwerfung läuft bei unwirksamer Zustellung die Frist der §§ 621e Abs. 3 S. 2, 575 ZPO zutreffender Auffassung überhaupt nicht an, vgl. oben § 7, S. 200.

[1146] Zu § 575 Abs. 3 ZPO vgl. oben § 7, S. 203ff.

[1147] Vgl. hierzu oben S. 244.

schlussbeschwerde anzuerkennen, obwohl § 621e Abs. 3 S. 2 ZPO nicht auf § 554 ZPO (Anschlussrevision) verwiesen hat.[1148]

2. Verfahren

Die Beschwerdebegründung ist gem. §§ 621e Abs. 3 S. 2, 551 Abs. 4, 550 Abs. 2 ZPO an den Rechtsmittelgegner zuzustellen. Eine Abhilfe durch das Beschwerdegericht ist wegen §§ 621e Abs. 3 S. 2, 318 ZPO ausgeschlossen. Auch das Rechtsbeschwerdegericht prüft nicht, ob das Gericht des ersten Rechtszuges seine Zuständigkeit zu Unrecht angenommen hat, vgl. § 621e Abs. 4 S. 2 ZPO.

3. Begründetheit und Entscheidung

Insoweit kann auf das im Rahmen der Rechtsbeschwerde gem. §§ 574ff. ZPO Gesagte Bezug genommen werden.[1149] Auch wenn sich in § 621e Abs. 3 S. 2 ZPO keine Bezugnahme auf Revisionsvorschriften findet, die den Inhalt der Entscheidung bei Unzulässigkeit bzw. Unbegründetheit des Rechtsmittels regeln[1150], andererseits aber auch nicht auf die identischen Regelungen bei der Rechtsbeschwerde in § 577 Abs. 3 bis 5 ZPO verwiesen wird, müssen letztere entsprechend angewendet werden, da eine Anwendung der diesbezüglichen Vorschriften über die Berufung, auf die in § 621e Abs. 3 S. 2 ZPO teilweise Bezug genommen wird (z.B. § 522 Abs. 1 ZPO für die Verwerfung des Rechtsmittels bei Unzulässigkeit) aus systematischen Gründen für die Rechtsbeschwerde auszuscheiden hat.

[1148] Vgl. *Thomas/Putzo*, § 621e Rn. 29; *BGHZ* 86, 51. Allerdings ist mit *BGH*, NJW 1983, 1858 zur Zulässigkeit der Anschlussrechtsbeschwerde wie bei der Anschlussrevision eine Beschwer zu fordern, vgl. a. *Thomas/Putzo*, § 621e Rn. 29 und § 554 Rn. 2. Zur notwendigen Beschwer bei der Anschlussrechtsbeschwerde s. oben § 7, S. 219.

[1149] Vgl. oben § 7, S. 220ff.

[1150] Das wären § 552 ZPO – Verwerfung bei Unzulässigkeit – und die §§ 561 und 562 ZPO – Aufhebung und Zurückverweisung oder eigene Sachentscheidung bei Begründetheit bzw. Zurückweisung des Rechtsmittels bei Unbegründetheit.

§ 10 Beschwerde und Rechtsbeschwerde in Prozesskostenhilfesachen

In den Angelegenheiten über die Gewährung von Prozesskostenhilfe hat die ZPO eigene, von den §§ 567ff. ZPO teilweise abweichende Regelungen in § 127 ZPO vorgesehen. Darüber hinaus kann gegen Versagung und Gewährung von Prozesskostenhilfe unter bestimmten Voraussetzungen auch eine Rechtsbeschwerde statthaft sein.

A. Die Beschwerde

I. Statthaftigkeit und Beschwerdeberechtigung

Gem. § 127 Abs. 2 ZPO ist für die Statthaftigkeit der Beschwerde in Angelegenheiten über die Prozesskostenhilfe zu unterscheiden, ob die angegriffene Entscheidung Prozesskostenhilfe bewilligt oder verweigert hat.

1. Bewilligung von Prozesskostenhilfe

Die Bewilligung der beantragten Prozesskostenhilfe in vollem Umfang, d.h. ohne die Anordnung von Ratenzahlungen oder Zahlungen aus dem Vermögen gem. § 115 ZPO, kann ebenso wie die Ablehnung der Abänderung zum Nachteil des Bedürftigen (§§ 20 Nr. 4c RPflG, 120 Abs. 4 ZPO) von der beschwerdeberechtigten[1151] Staatskasse (Bezirksrevisor) mit der sofortigen Beschwerde angefochten werden, §§ 127 Abs. 2 S. 1, Abs. 3, 567 Abs. 1 Nr. 1 ZPO.[1152] Hierbei muss es sich allerdings um Entscheidungen des Amts- oder Landgerichtes erster Instanz handeln, weil gem. § 567 Abs. 1 ZPO Beschlüsse des Land- oder Oberlandesgerichtes in Berufungs- oder Beschwerdeverfahren nicht der Beschwerde zugänglich sind.[1153] Für die Beschwerde der Staatskasse ist es ohne Belang, wenn der Wert der Hauptsache den in § 511 ZPO genannten Wert (von derzeit 600.- €) nicht über-

[1151] Nicht beschwerdeberechtigt ist der Gegner der bedürftigen Partei, vgl. *BGH*, NJW 2002, 3554. Die Prozesskostenhilfe ist nämlich eine Leistung staatlicher Daseinsfürsorge, vergleichbar der Sozialhilfe in besonderen Lebenslagen (*BVerfGE* 35, 348, 355; *BGHZ* 109, 163). Der Gegner wird in diesem zwischen Gericht und Antragsteller geführten Nebenverfahren zwar zu den sachlichen Voraussetzungen der Bewilligung angehört (§ 118 Abs. 1 ZPO). Er wird aber durch die Gewährung von Prozesskostenhilfe rechtlich nicht beschwert (*Zöller/Philippi*, § 127 Rn. 12, 14), mag sie ihn auch tatsächlich durch die Last der nunmehr nötigen Prozessführung und das Risiko einer beim späteren Obsiegen zumindest unsicheren Kostenerstattung nicht unerheblich belasten. Die fehlende prozessuale Beschwer führt zur Unzulässigkeit aller Rechtsmittel des Gegners; § 127 Abs. 2 Satz 1 ZPO bestätigt diesen Gedanken. Dementsprechend hat *BGH*, NJW 2002, 3554 auch eine vom Beschwerdegericht zugelassene Rechtsbeschwerde des Gegners gegen die Gewährung der Prozesskostenhilfe als unzulässig verworfen, da das Gesetz eine Anfechtung ausschließe, vgl. auch *Zöller/Gummer*, § 574 Rn. 9.

[1152] Vgl. *Thomas/Putzo*, § 127 Rn. 7.

[1153] Vgl. *KG*, FamRZ 2000, 838, wonach der Beschluss nach den allgemeinen Vorschriften der Beschwerde unterliegen muss.

steigt (so aber § 127 Abs. 2 S. 2 ZPO für die Beschwerde des Bedürftigen), weil Beschwerdegegenstand nur die Überprüfung der persönlichen und wirtschaftlichen Verhältnisse mit dem Ziel ist, Eigenbeiträge anzuordnen, vgl. § 127 Abs. 3 S. 2 ZPO.[1154]

2. Die Verweigerung von Prozesskostenhilfe

Wird Prozesskostenhilfe vollständig oder teilweise (bei Festsetzung von Raten oder Zahlungen aus dem Vermögen) versagt, findet die sofortige Beschwerde nach den allgemeinen Regeln statt, § 127 Abs. 2 S. 2 ZPO. Auch hier kann das Rechtsmittel nur gegen Beschlüsse des Amts- oder Landgerichts in erster Instanz geführt werden, § 567 Abs. 1 ZPO.[1155] Beschwerdeberechtigt ist nur die bedürftige Partei, nicht der beigeordnete Rechtsanwalt.[1156]

II. Beschwer

Der Bedürftige, der eine Beschwerde gegen die (teilweise) Verweigerung von Prozesskostenhilfe führt, muss beschwert sein. Insoweit genügt eine materielle Beschwer[1157] ohne Mindestbeschwerdewert, wenn die persönlichen oder wirtschaftlichen Voraussetzungen für die Prozesskostenhilfe ganz oder teilweise verneint wurden. Ansonsten, d.h. bei Verneinung der Erfolgsaussicht, muss der Streitwert der Hauptsache den in § 511 ZPO genannten Betrag (von z.Zt. 600.- €) übersteigen, § 127 Abs. 2 S. 2 Hs. 2 ZPO.

III. Frist, Form und Inhalt

1. Frist

a) Die Beschwerde des Bedürftigen

Der Bedürftige hat sein Rechtsmittel gem. §§ 127 Abs. 2 S. 3, 569 Abs. 1 S. 1 ZPO binnen einer Notfrist von einem Monat ab Zustellung (§ 329 Abs. 2 S. 2 und 3 ZPO) des die Prozesskostenhilfe (teilweise) versagenden Beschlusses einzulegen. Die Frist beginnt spätestens fünf Monate ab Verkündung der angegriffenen Entscheidung, § 569 Abs. 1 S. 2 ZPO.

1154 Vgl. *Rosenberg/Schwab/Gottwald*, § 87 Rn. 104.

1155 Gegen die Beschlüsse des Land- oder Oberlandesgerichtes in zweiter Instanz, die Prozesskostenhilfe versagen, findet allerdings bei Zulassung die Rechtsbeschwerde statt, § 574 Abs. 2 Nr. 1 ZPO, s. unten B., S. 256.

1156 Vgl. *Rosenberg/Schwab/Gottwald*, § 87 Rn. 99.

1157 Vgl. schon oben bei der Beschwerde unter § 1 F., S. 60.

b) Die Beschwerde der Staatskasse

Die Staatskasse hat ihre Beschwerde ebenfalls binnen einer Notfrist von einem Monat einzulegen, die indes mit der Bekanntgabe des Beschlusses über die Gewährung ratenfreier Prozesskostenhilfe an den Bezirksrevisor beginnt, § 127 Abs. 3 S. 3 ZPO. Die Bekanntgabe der Entscheidung an die Staatskasse von Amts wegen ist allerdings vom Gesetz nicht vorgeschrieben,[1158] sodass die Monatsfrist in der Regel bei den üblichen stichprobenartigen Kontrollen einschlägiger Akten durch den Bezirksrevisor beginnt.[1159] Nach Ablauf von drei Monaten seit Verkündung des Beschlusses (§ 329 Abs. 1 ZPO) oder der Übergabe der unterschriebenen Bewilligung an die Geschäftsstelle ist die Beschwerde unstatthaft, § 127 Abs. 3 S. 3 ZPO.[1160]

c) „Nachträgliche Beschwerde"

Es ist zweifelhaft, ob nach Beendigung der Instanz durch rechtskräftige Entscheidung in der Hauptsache zu Lasten des Bedürftigen innerhalb offener Frist noch zulässig Beschwerde gegen einen die Prozesskostenhilfe verweigernden Beschluss geführt werden kann. Dies ließe sich mit der Begründung verneinen, der Beschwerdeführer habe nach Abschluss der Instanz in der Hauptsache kein Rechtsschutzbedürfnis mehr für ein Rechtsmittel gegen die Versagung der Prozesskostenhilfe, wenn er die Entscheidung in der Hauptsache ohne Rechtsmitteleinlegung hingenommen habe.[1161] Diese Auffassung macht aber unzutreffend keinen Unterschied zwischen der Zulässigkeit der Beschwerde und der Begründetheit des Bewilligungsantrages, dessen Erfolgsaussicht allein durch die rechtskräftige Abweisung in der Hauptsache beeinflusst werden kann.[1162] Aber auch die Erfolgsaussicht der Rechtsverfolgung kann zutreffender Ansicht nach nicht von der Entscheidung in der Hauptsache abhängen. Dies wird allerdings mit dem Hinweis bejaht, das Beschwerdegericht dürfe in der Prozesskostenhilfeangelegenheit die sachliche Erfolgsaussicht nicht abweichend vom Ausgang der Hauptsache beurteilen, weil deren Rechtskraftwirkung entgegenstehe.[1163] Dem ist nicht zuzustimmen. Es handelt sich nämlich um kein Problem entgegenstehender Rechtskraft. Zwar trifft es zu, dass eine rechtskräftig festgestellte Rechtsfolge, die vorgreiflich für die Entscheidung in einem späteren Prozess ist, das Gericht bindet und der Inhalt der rechtskräftigen Entscheidung dem späteren Urteil zugrunde zu legen ist.[1164] Bei der Erfolgsaussicht der beabsichtigten Rechtsverfolgung und dem tatsächlichen Erfolg bzw. Nichterfolg in der Hauptsache handelt es sich aber nicht um Vorgreiflichkeit im genannten Sinne, da der tatsächliche Ausgang des Rechtsstreites

[1158] Vgl. *Thomas/Putzo*, § 127 Rn. 8 und 9.
[1159] Vgl. den *Regierungsentwurf-ZPO-RG*, BT-Drs. 14/4722, S. 76.
[1160] Vgl. *Thomas/Putzo*, § 127 Rn. 9.
[1161] Vgl. *OLG Düsseldorf*, OLGZ 1989, 255; *OLG Oldenburg*, NJW-RR 1991, 189; *OLG Karlsruhe*, FamRZ 1995, 240.
[1162] Vgl. *Thomas/Putzo*, § 127 Rn. 5.
[1163] So *Thomas/Putzo*, § 127 Rn. 5; MünchKomm/*Wax*, Aktualisierungsband, § 127 Rn. 16; *Zöller/Philippi*, § 127 Rn. 50; *OLG Köln*, NJW-RR 1998, 511.
[1164] Vgl. *BGH*, NJW 1993, 3204; NJW 1995, 2993; NJW 2003, 3058; *Rosenberg/Schwab/Gottwald*, § 150 Rn. 15.

eben keine Voraussetzung der im Prozesskostenhilfeverfahren einzig zu beurteilenden Erfolgsaussicht ist.[1165] Daher kann auch nach einem Unterliegen des Beschwerdeführers in der Hauptsache die Erfolgsaussicht bejaht werden, wenn aus der maßgeblichen „ex-ante" Sicht bei Stellung des Prozesskostenhilfeantrages eine Aussicht im Sinne einer ernsthaften Erfolgschance bestand.[1166] In diesem Fall hat das Beschwerdegericht die Entscheidung aufzuheben und Prozesskostenhilfe rückwirkend auf den Zeitpunkt zu gewähren, zu dem der Antrag samt den erforderlichen Erklärungen und Unterlagen (vgl. § 117 ZPO) vorlag.[1167]

2. Form und Inhalt

Die Beschwerde in Prozesskostenhilfesachen ist vom Bedürftigen wie von der Staatskasse in der Form des § 569 Abs. 2 ZPO einzulegen, d.h. mittels einer Beschwerdeschrift, die die angefochtene Entscheidung sowie die Erklärung enthalten muss, dass Beschwerde gegen diese Entscheidung eingelegt werde.[1168] Was die Begründung des Rechtsmittels betrifft, gilt auch hier § 571 ZPO.[1169]

B. Die Rechtsbeschwerde

In Prozesskostenhilfesachen kann gegen Beschwerdeentscheidungen des Landgerichts[1170], Entscheidungen der Land- und Oberlandesgerichte in Berufungsverfahren sowie der Oberlandesgerichte in erstinstanzlichen Sachen für den Fall der Zulassung nunmehr auch Rechtsbeschwerde eingelegt werden, vgl. § 574 Abs. 2 Nr. 2 ZPO. Für die Zulässigkeit, das Verfahren und die Begründetheit des Rechtsmittels sowie die Entscheidung gelten im vollen Umfang die allgemeinen Erwägungen zur Rechtsbeschwerde.[1171] Insbesondere ist das Rechtsmittel gem. § 574 Abs. 3 S. 1 i.V. mit Abs. 2 ZPO nur zuzulassen, wenn die Rechtssache grundsätzliche Bedeutung hat (§ 574 Abs. 2 Nr. 1 ZPO) oder die Fortbildung des Rechts oder die Sicherung einer einheitlichen Rechtsprechung sie erfordert (§ 574 Abs. 2 Nr. 2 ZPO).

Diese Voraussetzungen kommen bei der Bewilligung von Prozesskostenhilfe nur in Betracht, wenn es um Fragen des Verfahrens der Prozesskostenhilfe oder der persönlichen Voraussetzungen ihrer Bewilligung geht. Hängt die Bewilligung der Prozesskostenhilfe hingegen allein von der Frage ab, ob die beabsichtigte Rechtsverfolgung (oder Rechtsverteidigung) hinreichende Aussicht auf Erfolg bietet, kommt eine Rechtsbeschwerde nicht in

[1165] Zu dieser für eine Präjudizialität zu fordernden Voraussetzung vgl. *Rosenberg/Schwab/Gottwald*, § 150 Rn. 15.

[1166] So auch *Rosenberg/Schwab/Gottwald*, § 87 Rn. 101; *OLG Karlsruhe*, NJW-RR 2001, 656.

[1167] Vgl. *BGH*, NJW 1982, 446; *BayObLG*, FamRZ 1984, 73; *OLG Köln*, MDR 1997, 690; *Thomas/Putzo*, § 119 Rn. 2 und 3.

[1168] Vgl. hierzu oben § 1 C., S. 52.

[1169] Vgl. hierzu oben § 1 E., S. 57.

[1170] Vgl. *BGH*, FamRZ 2003, 1651; Beschl. vom 8.1.2004, III ZB 86/03, n.v.; Beschl. vom 13.11.2003, III ZA 16/03, n.v.

[1171] Vgl. oben § 7.

Betracht. Die beabsichtigte Rechtsverfolgung kann zwar Fragen aufwerfen, die einer höchstrichterlichen Klärung bedürfen oder Veranlassung für eine Vertiefung der höchstrichterlichen Rechtsprechung geben. Das Prozesskostenhilfeverfahren hat aber nicht den Zweck, über zweifelhafte Rechtsfragen vorweg zu entscheiden.[1172] Deshalb ist die Erfolgsaussicht einer beabsichtigten Rechtsverfolgung zu bejahen und Prozesskostenhilfe, falls die persönlichen Voraussetzungen gegeben sind, zu gewähren, wenn ein Rechtsmittel zugelassen werden müsste, weil die durch die Rechtsverfolgung aufgeworfenen Rechtsfragen einer höchstrichterlichen Klärung bedürfen.[1173] Ein Beschwerdegericht, das wegen der Erfolgsaussichten der beabsichtigten Rechtsverfolgung die Voraussetzungen des § 574 Abs. 3 Satz 1 i. V. m. Abs. 2 ZPO für gegeben hält, muss deshalb Prozesskostenhilfe bewilligen; es darf die Prozesskostenhilfe nicht ablehnen, gleichzeitig aber die Rechtsbeschwerde wegen eben jener Fragen zulassen.[1174] Geschieht dies dennoch, ist das Rechtsbeschwerdegericht allerdings gebunden, § 574 Abs. 3 Satz 2 ZPO.

[1172] Vgl. *BGH*, NJW 2002, 3554; *BVerfG*, NJW 1991, 413; *BGH*, MDR 1997, 1147; *Rosenberg/Schwab/Gottwald*, § 87 Rn. 98; *Baumbach/Albers/Lauterbach/Hartmann*, § 114 Rn. 100; MünchKomm/*Wax*, § 114 Rn. 104; *Musielak/Fischer*, § 114 Rn. 20; *Zöller/Philippi*, § 114 Rn. 21.

[1173] *OLG Karlsruhe*, IPRax 1988, 176; *OLG Köln*, MDR 2000, 601; *OLG Celle*, FamRZ 2001, 700, 701.

[1174] Vgl. *BGH*, NJW 2004, 2022; 2003, 1126 m. Bespr. von *Karsten Schmidt*, JuS 2003, 714. In diesen Fällen gebietet die in Art. 3 Abs. 1 i.V. mit 20 Abs. 3 GG verbürgte Rechtsschutzgleichheit, die Erfolgsaussicht zu bejahen und Prozesskostenhilfe zu gewähren, da das Hauptsacheverfahren erheblich bessere Möglichkeiten der Entwicklung und der Darstellung des eigenen Rechtsstandpunktes ermöglicht, vgl. *BVerfGE* 81, 347 = NJW 1991, 413. Das nur einer summarischen Prüfung unterliegende Prozesskostenhilfeverfahren hat dem gegenüber nicht den Zweck, über zweifelhafte Rechtsfragen vorweg zu entscheiden, vgl. a. *BVerfG*, FamRZ 2002, 665 und *Becker*, JuS 2004, 574.

§ 11 Beschwerdeverfahren außerhalb der ZPO mit Bezug zum Zivilprozess

Mit der Einführung einer generell befristeten Beschwerde im Anwendungsbereich der ZPO wollte der Gesetzgeber für die Rechtsmittel, die dem Recht der Zivilprozessordnung unterliegen, eine einheitliche, dem Rechtsfrieden und der Rechtssicherheit dienende und nicht zuletzt eine den richterlichen Arbeitsaufwand reduzierende Neuregelung schaffen.[1175] In diesem Zusammenhang ist aber zu sehen, dass die die reformierten Vorschriften, z.B. die generelle Befristung, grundsätzlich nicht für die in anderen Gesetzen geregelten Möglichkeiten zur Einlegung einer Beschwerde gegen Entscheidungen in diesen Verfahrensordnungen übernommen wurde. Dies wurde in der Begründung des ZPO-RG auch ausdrücklich klar gestellt.[1176]

Das neue Beschwerderecht wurde daher etwa für das Kostenrecht, einen Bereich mit zwingendem Bezug zum Zivilprozess, nicht übernommen. Dies bedeutet zunächst, dass es dann bei der einfachen, insbesondere bei der Einlegung nicht an eine Frist gebundenen Beschwerde verbleibt, wenn in einem anderen Gesetz, insbesondere in den Kostengesetzen, als zulässiges Rechtsmittel gegen Entscheidungen nach den dortigen Vorschriften keine Frist zur Einlegung gesetzt und auch nicht die entsprechende Anwendung der fristgebundenen Beschwerde nach dem ZPO-RG bestimmt wird. Die grundsätzliche Trennung der ZPO-Beschwerde von der Beschwerde in Kostensachen hat das zum 1.7.2004 in Kraft getretene Kostenrechtsmodernisierungsgesetz vom 5.5.2004[1177] untermauert, indem es für die dort zur Verfügung gestellten Rechtsmittel der Beschwerde und der weiteren Beschwerde eine eigene, sich in den einzelnen Gesetzen wiederholende Systematik geschaffen hat, die auf ausdrückliche Bezugnahmen auf die ZPO-Beschwerde verzichtet, obwohl sie dieser in einigen Teilen entspricht. Die Rechtsmittel in den wesentlichen anderen Bereichen mit Bezug zum Zivilprozess, insbesondere gegen Entscheidungen in Kostensachen sollen nachfolgend dargestellt werden.

A. Einfache Beschwerde gegen den Kostenansatz und die Wertberechnung

Das Gerichtskostengesetz wurde durch das ZPO-RG über dessen Art. 32 zwar ebenfalls geändert, nicht jedoch der Bereich der Rechtsmittel im Kostenansatz- und Streitwertfestsetzungsverfahren. Zum 1.7.2004 ist allerdings das Kostenrechtsmodernisierungsgesetz[1178] in Kraft getreten, welches die Rechtsmittel im Bereich des Kostenrechtes z.T. neu struktu-

[1175] Vgl. etwa die Begründung des *Regierungsentwurfes-ZPO*, BT-Drs. 14/4722, S. 68.
[1176] Vgl. z.B. die Begründung des *Regierungsentwurfes-ZPO*, BT-Drs. 14/4722, S. 68.
[1177] Vgl. BGBl. 2004 I, S. 718.
[1178] BGBl. 2004 I, S. 718.

rierte und der ZPO-Beschwerde anglich.[1179] Die im GKG geregelten Beschwerden gegen Erinnerungsentscheidungen betreffend den Kostenansatz sowie gegen die Streitwertfestsetzung sind aber nach wie vor unbefristet. Dasselbe gilt für die Beschwerdemöglichkeiten auf den Gebieten der Kostenordnung, der Gerichtsvollzieherkosten sowie der Zeugenentschädigung

I. Die Beschwerde gegen den Kostenansatz

1. Anwendungsbereich des Gerichtskostengesetzes

Die maßgebende Vorschrift betreffend Rechtsmittel gegen den Kostenansatz in den unter § 1 GKG bezeichneten Verfahren, namentlich dem nach der Zivilprozessordnung (§ 1 Nr. 1a GKG) ist § 66 GKG i.d.F. des zum 1.7.2004 in Kraft getretenen Kostenrechtsmodernisierungsgesetzes.

a) Änderungen durch das ZPO-RG

Die zum 1.1.2002 in Kraft getretene Reform des Zivilprozesses hatte sich in Art. 32 ZPO allerdings darauf beschränkt, das Gebührenverzeichnis und § 5 GKG (a.F.) (Beschwerde gegen den Kostenansatz) insoweit zu ändern, als die neu eingeführte Rechtsbeschwerde nach den §§ 574ff. ZPO,[1180] über die gem. § 133 GVG in der Fassung des ZPO-RG der *BGH* entscheidet, nach § 5 Abs. 2 S. 3 GKG (a.F.) gegen Beschwerdeentscheidungen betr. den Kostenansatz nicht stattfand und die Erinnerung gegen den Kostenansatz nicht fristgebunden war, § 5 Abs. 3 S. 3 GKG (a.F.).[1181] Die Beschwerde gegen die nach Erinnerung ergangene Entscheidung war, wie § 5 Abs. 3 S. 3 GKG (a.F.) klar stellte, ebenfalls unbefristet. Mit diesen hauptsächlich redaktionellen Anpassungen des § 5 GKG (a.F.), der eine eigenständige Regelung über die Rechtsmittel gegen den Kostenansatz enthielt, war aber keinerlei Änderung in der Sache verbunden.[1182]

Dies hatte jedoch verschiedene Abweichungen gegenüber dem neuen ZPO-Beschwerdeverfahren zur Folge. Das statthafte Rechtsmittel gegen die Entscheidungen

[1179] Es stellt sich allerdings schon die Frage, warum der Reformgesetzgeber im Zuge des ZPO-RG nicht gleich die Beschwerden im Bereich des Kostenrechts, die einen direkten Bezug zum zivilprozessualen Rechtsmittel haben, mit reformiert hat. Die Reformierung im Zuge einer großen „Kostenrechtsmodernisierung“ durchzuführen, kann hierfür kein Grund sein, da die Rechtsmittel nichts mit dem materiellen Inhalt und der Neustrukturierung des Kostenrechts zu tun haben.

[1180] Hierzu § 7.

[1181] Nach der Begründung des Gesetzes wurde dies – da schon bisher so geregelt – lediglich zur Klarstellung in § 5 GKG aufgenommen, um Auslegungsprobleme im Hinblick auf die nunmehr – s. unten § 5 – fristgebundenen Erinnerung nach § 573 ZPO zu vermeiden, so z.B. der *Regierungsentwurf-ZPO-RG*, BT-Drs. 14/4722, S. 139.

[1182] Vgl. *Schütt*, MDR 2002, 987.

des Gerichts über die Erinnerung (§ 5 Abs. 1 S. 1 GKG (a.F.) war nach wie vor die einfache unbefristete Beschwerde, § 5 Abs. 2 S. 1 GKG (a.F.); sie war ausgeschlossen, wenn der Kostenansatz vom Rechtsmittelgericht stammte (§ 5 Abs. 2 S. 2 GKG (a.F.). Das Beschwerdegericht entschied über das Rechtsmittel – anders als es § 568 ZPO vorsieht[1183] – immer und originär mit dem vollbesetzten Kollegium, es gab richtiger Ansicht nach keine Möglichkeit, die Angelegenheit auf den Einzelrichter zu übertragen, § 5 Abs. 4 S. 2 GKG (a.F.). Eine solche eröffnete auch nicht die entsprechende Anwendung des § 568 ZPO über § 5 Abs. 4 S. 5 GKG (a.F.), wonach auf die Beschwerde gegen den Kostenansatz *„im übrigen die für die Beschwerde in der Hauptsache geltenden Vorschriften anzuwenden"* waren.[1184]

Diese Verweisung auf die Beschwerde in der Hauptsache, die eine befristete (z.B. nach § 569 ZPO i. V. mit § 1 Abs. 1 Nr. 1 GKG (a.F.), aber auch eine unbefristete (z.B. nach §§ 304 – 310 StPO i. V. mit § 1 Abs. 1 Nr. 1 GKG (a.F.) sein konnte, war seit 1.1.2002 zutreffender Ansicht nach praktisch bedeutungslos. In § 5 GKG wurden nämlich ohnedies ausdrücklich bzw. durch bewusstes Schweigen alle wesentlichen Verfahrensmodalitäten einer (einfachen) Beschwerde (wie Statthaftigkeit, Form, Unbefristetheit, generell fehlender Vertretungszwang, entgegen § 571 ZPO nicht bestehende Möglichkeit einer Fristsetzung zur Begründung mit potenziellen Präklusionsfolgen) geregelt, überwiegend mit anderem Inhalt als bei der befristeten Beschwerde nach der ZPO.[1185] Die vom Reformgesetzgeber darüber hinaus angeordnete Verweisung auf die befristete Beschwerde nach dem ZPO-RG war mithin weder erforderlich noch systematisch sinnvoll.

b) Änderungen durch das Kostenrechtsmodernisierungsgesetz

Das zum 1.7.2004 in Kraft getretene Kostenrechtsmodernisierungsgesetz hat die Beschwerde gegen den Kostenansatz in einigen Bereichen mit der Beschwerde nach dem ZPO-RG harmonisiert, andererseits unter Berücksichtigung der geringeren Bedeutung solcher Angelegenheiten aber auch strukturelle Unterschiede des alten Rechts belassen bzw. neue eingeführt. Hierbei enthält die nunmehr maßgebende Regelung des § 66 GKG, die keine Verweisung auf die ZPO-Beschwerde „im übrigen" mehr enthält, also eine Exklusivregelung darstellt, folgende wesentliche Ansätze:

[1183] Hierzu s.o. § 2, S. 73.

[1184] Der Gesetzgeber hätte nämlich in einer Revision des Kostenrechts durch das ZPO-RG in dessen Art. 32 ansonsten ausdrücklich die Übernahme auch der Einzelrichterregelung des § 568 ZPO anordnen müssen, wenn er schon darauf verzichtet hatte, die sofortige befristete Beschwerde gegen den Kostenansatz in § 5 GKG (a.F.) zu übernehmen und andererseits das Kostenrecht nur redaktionell änderte. Es konnte daher nicht davon ausgegangen werden, dass auf die beschleunigende Wirkung einer Befristung der Beschwerde verzichtet, gleichzeitig aber die weiteren Beschleunigungsmaßnahmen des ZPO-RG, insbesondere § 568 ZPO, auch für die nach wie vor einfache Beschwerde gegen den Kostenansatz mittels des aus der alten Gesetzesfassung übernommenen einfachen Verweisungssatzes des § 5 Abs. 4 S. 5 GKG (a.F.) anwendbar gemacht werden sollten. Mit diesem Ergebnis auch *Schütt*, MDR 2002, 987.

[1185] Übrig blieb lediglich die – allerdings deklaratorische – Verweisung auf die der einfachen Beschwerde bereits nach altem Recht gem. § 571 ZPO (a.F.) immanente Abhilfemöglichkeit des Ausgangsgerichtes auch bei der neuen fristgebundenen ZPO-Beschwerde gem. § 572 Abs. 1 ZPO.

aa) Statthaftigkeit der Beschwerde

Gegen die Entscheidung über die Erinnerung gegen den Kostenansatz des Rechtspflegers ist gem. § 66 Abs. 2 GKG die Beschwerde statthaft, wenn der Beschwerdewert 200.- € übersteigt oder der erkennende Richter das Rechtsmittel wegen grundsätzlicher Bedeutung[1186] zugelassen hat.

bb) Form

Gem. § 66 Abs. 5 GKG können Anträge und Erklärungen zur Beschwerde bei Gericht schriftlich oder zu Protokoll der Geschäftsstelle bei dem Gericht, das über die Erinnerung zu entscheiden hatte, eingereicht werden.

cc) Frist

Die Beschwerde gegen den Kostenansatz ist nach wie vor (vgl. § 5 GKG (a.F.) unbefristet, daher eine „einfache Beschwerde" geblieben.

dd) Begründung

Anders als § 571 ZPO enthält § 66 GKG für die Beschwerde in Kostensachen keine Regelungen für die Begründung des Rechtsmittels, insbesondere keine Präklusionsmöglichkeiten. Dies ist allerdings bei einem fristungebundenen Rechtsmittel, bei dem eine Begründung bis zur Entscheidung jederzeit nachgeschoben werden kann, konsequent.

ee) Abhilfebefugnis des Ausgangsgerichtes

Gem. § 66 Abs. 3 S. 1 GKG hat das Ausgangsgericht der Beschwerde abzuhelfen, falls es das Rechtsmittel für begründet erachtet, andernfalls die Sache unverzüglich dem Beschwerdegericht vorzulegen.

ff) Entscheidendes Beschwerdegericht

Über die Beschwerde entscheidet gem. § 66 Abs. 3 GKG das jeweils nächsthöhere Gericht, in den Fällen des § 119 Abs. 1 Nr. 1, Abs. 2 und Abs. 3 GVG indes das Oberlandesgericht. Gem. § 66 Abs. 6 GKG entscheidet das Beschwerdegericht wie bei den ZPO-Beschwerden (§ 568 ZPO) durch den originären Einzelrichter, wenn die Ausgangsentscheidung von einem Einzelrichter oder dem Rechtspfleger erlassen wurde. Der Beschwerde-Einzelrichter kann die Sache allerdings bei grundsätzlicher Bedeutung, sowie bei besonderen Schwierigkeiten tatsächlicher oder rechtlicher Art auf das Kammer- oder Senatskollegium übertragen.

gg) Weitere Beschwerde

Mit Einführung des Kostenrechtsmodernisierungsgesetzes ist der Reformgesetzgeber von seinem Ziel, zur Rechtsvereinheitlichung im „zersplitterten" Kostenrecht eine Rechtsbeschwerde zum *BGH* zu ermöglichen,[1187] schnell wieder abgekommen. Grund hierfür wa-

[1186] Zu dieser vgl. die Ausführungen bei der Rechtsbeschwerde unter § 7.

[1187] Vgl. oben bei der Rechtsbeschwerde unter § 7 A., S. 133.

ren die schon vor Erlass des ZPO-RG geäußerten Bedenken, den *BGH* als Rechtsbeschwerdegericht mit Kostensachen zu belasten, die von wirtschaftlich untergeordneter Bedeutung sind.[1188] So wurde in § 66 Abs. 4 GKG eine weitere Beschwerde mit Abhilfemöglichkeit des Beschwerdegerichtes (vgl. § 66 Abs. 4 S. 3 GKG), die zum Oberlandesgericht führt und bei grundsätzlicher Bedeutung zuzulassen ist, aufgenommen. Dieses Rechtsmittel kann nur auf die Verletzung des Rechts gestützt werden (§ 546 ZPO). Man sah aber wegen der strukturellen Unterschiede zur Rechtsbeschwerde nach den §§ 574ff. ZPO (keine Frist- und Formerfordernisse) davon ab, die weitere Beschwerde ebenfalls „Rechtsbeschwerde" zu nennen. Die Beschwerde zu einem obersten Bundesgericht ist gem. § 66 Abs. 3 S. 2 GKG ausdrücklich ausgeschlossen. Ein Fristerfordernis für Einlegung oder Begründung der weiteren Beschwerde enthält die Neuregelung ebenso wenig wie entsprechende Formerfordernisse[1189].

2. Anwendungsbereich der Kostenordnung

In den Angelegenheiten der freiwilligen Gerichtsbarkeit kann derjenige, der Kostenschuldner i. S. der §§ 2ff. KostO ist, gegen den Kostenansatz Erinnerung und gegen die dann ergehende Entscheidung des Gerichts Beschwerde einlegen. Der Reformgesetzgeber hat zunächst in dem insoweit durch das ZPO-RG geänderten und für die Rechtsmittel maßgebenden § 14 KostO – anders als im früheren § 5 GKG (a.F.) – ausdrücklich klar gestellt, dass *„die Erinnerung und die Beschwerde nicht an eine Frist gebunden sind."* Die in § 14 Abs. 3 KostO (a.F.) noch enthaltene Verweisung auf das Recht der Beschwerde nach der ZPO wurde in der Neufassung nach dem ZPO-RG nicht mehr aufrecht erhalten, so dass es sich mangels Bezugnahme auf die sofortige Beschwerde nach dem ZPO-RG um eine einfache Beschwerde handelte. Mit dem zum 1.7.2004 in Kraft getretenen Kostenrechtsmodernisierungsgesetz[1190] hat der Reformgesetzgeber die (einfache) Beschwerde und weitere Beschwerde gegen den Kostenansatz in § 14 KostO numehr exakt so ausgestaltet wie das entsprechende Rechtsmittel gem. § 66 GKG.[1191]

II. Beschwerde im Wertfestsetzungsverfahren

1. Im Anwendungsbereich des Gerichtskostengesetzes

Zur Bemessung sowohl der in einem Verfahren anfallenden Gerichts- als auch im Regelfall der Anwaltsgebühren ist jedenfalls am Ende des Prozesses der maßgebende Streitwert zu finden und zu Grunde zu legen, §§ 63 Abs. 2 GKG, 32 Abs. 1 RVG. Bei den Anwalts-

[1188] Vgl. a. *Gottwald*, Bericht zum 65. Deutschen Juristentag in Bonn 2004, S. A 107, 125, der die Wiederherstellung der oberlandesgerichtlichen Zuständigkeit für die weitere Beschwerde in Kostensachen forderte.

[1189] Insbesondere gibt es keine dem § 575 ZPO entsprechende Regelung.

[1190] BGBl. 2004 I, S. 718.

[1191] Auf die Ausführungen oben 1.b), S. 260ff. kann daher Bezug genommen werden.

gebühren ist darüber hinaus noch nach solchen zu unterscheiden, für die der Gerichtsgebührenwert nicht maßgebend ist bzw. die auch ohne solchen anfallen. Hierzu bestimmt § 33 Abs. 1 RVG, dass das Gericht den Wert für die anwaltliche Tätigkeit auf Antrag durch Beschluss selbständig festsetzt. Sowohl gegen die Wertfestsetzung nach § 63 Abs. 2 GKG (ggf. i. V. mit § 32 Abs. 1 RVG) als auch gegen diejenige nach § 33 RVG gibt es eigens geregelte Rechtsmittel, die von der befristeten Beschwerde nach dem ZPO-RG differieren.

a) Beschwerde gegen die Wertfestsetzung nach §§ 63 Abs. 2 GKG, 32 Abs. 1 RVG

Gegen die abschließende Wertfestsetzung für die Gerichtsgebühren, die gem. § 63 Abs. 1 GKG durch Beschluss erfolgt und nach § 32 Abs. 1 RVG auch für die meisten Rechtsanwaltsgebühren maßgebend ist, bestimmt § 68 GKG eine nicht als „sofortige" bezeichnete, allerdings (wie schon nach altem Recht, vgl. § 25 Abs. 3 GKG (a.F.) an die Frist des § 63 Abs. 3 S. 2 GKG gebundene Beschwerde als statthaftes Rechtsmittel, § 68 Abs. 1 S. 3 GKG. Nach Ablauf von sechs Monaten seit Eintritt der Rechtskraft in der Hauptsache ist die Beschwerde daher nicht mehr zulässig, da eine Änderung der Streitwertfestsetzung nicht mehr erfolgen darf. Ansonsten sind die durch das Kostenrechtsmodernisierungsgesetz neu geregelten Rechtsmittel der Beschwerde und weiteren Beschwerde gegen die Wertfestsetzung ausgestaltet wie die Beschwerde gegen den Kostenansatz, da § 68 Abs. 1 S. 4 GKG auf die entsprechenden Regelungen des § 66 GKG Bezug nimmt. Die weitere Beschwerde gegen die Wertfestsetzung ist allerdings fristgebunden und innerhalb eines Monats seit Zustellung der Beschwerdeentscheidung einzulegen, § 68 Abs. 1 S. 5 GKG.

b) Beschwerde gegen die Wertfestsetzung nach § 33 Abs. 1 RVG

Die Rechtsmittel gegen die Wertfestsetzung für die vom Gerichtskostenwert unabhängigen Anwaltsgebühren nach § 33 Abs. 1 RVG wurden in § 33 Abs. 3 RVG der vorstehend im einzelnen schon für die Rechtsmittel gegen den Kostenansatz und die Wertfestsetzung nach § 63 Abs. 3 GKG beschriebenen Systematik angepasst. Es ist daher abhängig von einer Beschwerdesumme von 200.- € oder der Zulassung durch das festsetzende Gericht die fristgebundene, allerdings binnen zwei Wochen ab Zustellung der angegriffenen Entscheidung einzulegende, Beschwerde statthaft.[1192] Gegen die Beschwerdeentscheidung des Landgerichtes ist eine von diesem zuzulassende weitere Beschwerde, die als Rechtsbeschwerde wie § 66 Abs. 4 GKG ausgestaltet ist[1193], gegeben.

2. Im Anwendungsbereich der Kostenordnung

Auch auf dem Gebiet der Freiwilligen Gerichtsbarkeit können die Beteiligten Rechtsmittel gegen einen den Geschäftswert festsetzenden Beschluss einlegen. Dies ist nach § 31 Abs. 3 KostO die einfache, für die Einlegung lediglich an die Sechsmonatsfrist (ab Eintritt der

[1192] Im übrigen entsprechen die Regelungen in § 33 Abs. 3 bis 8 RVG denjenigen in § 66 GKG.
[1193] Vgl. hierzu oben I.1.b), S. 260ff.

Rechtskraft in der Hauptsache) des § 31 Abs. 3 S. 2, Abs. 1 S. 3 KostO gebundene Beschwerde. Sie gleicht ansonsten durch Verweisung auf die entsprechenden Regelungen in § 14 Abs. 4 bis 7 KostO der Beschwerde und weiteren Beschwerde gegen den Kostenansatz.

III. Die Beschwerden auf den Gebieten der Gerichtsvollzieherkosten und der Zeugenentschädigung

Ferner hat das Kostenrechtsmodernisierungsgesetz auch die Beschwerde gegen die Erinnerung beim Kostenansatz des Gerichtsvollziehers neu gefasst. Auf Grund der vollständigen Verweisung auf die Vorschriften betreffend die Beschwerde gegen den Kostenansatz nach dem GKG (§ 5 Abs. 2 S. 2 GVollzKG i. V. mit § 66 Abs. 2 bis 8 GKG) kann auf die Ausführungen dort Bezug genommen werden. Die Beschwerde gegen die richterliche Festsetzung von Zeugen- oder Sachverständigenauslagen nach dem durch das Kostenrechtsmodernisierungsgesetz zum 1.7.2004 eingeführten Justizvergütungs- und entschädigungsgesetz (JVEG) wurde ebenfalls nach dem Muster der Beschwerde und weiteren Beschwerde gegen den Kostenansatz gem. § 66 GKG reformiert. § 4 Abs. 3 bis 7 JVEG enthält im Wesentlichen gleichlautende Regelungen.

C. Würdigung der Reform der Kostenrechtsmittel

Der ZPO–Reformgesetzgeber liefert in den Gesetzesmaterialien keinen Grund, warum er nicht auch im Kostenrecht generell eine befristete Beschwerde eingeführt hat. Die bereits oben bei der Darstellung der Beschwerde nach dem ZPO-RG[1194] angeführten Ziele der Vereinfachung und Beschleunigung durch die Einführung einer generellen Befristung des Rechtsmittels haben ihre Bedeutung selbstverständlich auch auf dem Gebiet des Kostenrechts. Es ist nicht einzusehen, wieso z.B. eine Beschwerde gegen eine Kostenentscheidung nach § 91a ZPO als sofortige Beschwerde gem. §§ 91a, 567 Abs. 1 Nr. 1, 569 Abs. 1 ZPO fristgebunden ist, eine solche gegen den Kostenansatz aber nicht.

Zu begrüßen ist allerdings die durch das Kostenrechtsmodernisierungsgesetz eingeführte neue Systematik der Rechtsmittel in Kostensachen, die einerseits, etwa mit der Einführung einer teilweisen originären Einzelrichterzuständigkeit, zur Verfahrensvereinfachung, v.a. aber zu einer Rechtsvereinheitlichung im Kostenrecht beiträgt. Auch die Verlagerung der weiteren Beschwerden vom *BGH* zurück auf die Oberlandesgerichte läuft zwar der mit dem ZPO-RG bezweckten Steigerung der Rechtssicherheit entgegen. Die Befassung des *BGH* mit Kostenrechtsbeschwerden ist aber im Ergebnis durch dieses Ziel nicht gerechtfertigt, da auch im Kostenrecht zwar juristische Grundsatzfragen auftauchen können, deren einheitliche Beantwortung durch ein Bundesgericht aber wegen der wirtschaftlich regelmäßig geringen Bedeutung der Fälle nicht im allgemeinen Interesse liegt, welches aber gerade im Bereich der Rechtsbeschwerde zentrales Motiv des Gesetzgebers für die Durch-

[1194] Vgl. oben § 1.

führung dieses Rechtsmittels beim *BGH* war.[1195] Schließlich kann auch von jedem Anwalt verlangt werden, die Rechtsprechung „seines Oberlandesgerichtes“ in Kostensachen zu kennen.

D. Die Beschwerde nach § 159 GVG

Schließlich bestimmt § 159 Abs. 1 S. 1 GVG, dass gegen Beschlüsse der Rechtshilfegerichte, die Ersuchen ablehnen, eine Entscheidung des für das Rechtshilfegericht zuständigen Oberlandesgerichts herbeigeführt werden kann. Dieses mangels ausdrücklicher Bestimmung oder Bezugnahme auf die sofortige Beschwerde nach den §§ 567ff. ZPO unverändert als einfache Beschwerde ausgestaltete Rechtsmittel ist ebenso, wie die insoweit zum *BGH* nach § 159 Abs. 1 S. 3 GVG eröffnete weitere Beschwerde nicht fristgebunden und unterliegt keinem Anwaltszwang.[1196]

[1195] Zu den Motiven des Gesetzgebers für die Zulassungs- bzw. Zulässigkeitsgründe bei Revision und Rechtsbeschwerde vgl. § 7, S. 157.

[1196] vgl. *Kissel*, § 159 GVG Rn. 12 und 18.

§ 1 Problemstellung

Seit jeher wurden in Rechtsprechung und Schrifttum Fälle sog. außerordentlicher Rechtsbehelfe diskutiert. Hierbei handelt es sich um eine nahezu hundert Jahre alte Problematik.[1197] Solche vom Gesetz nicht ausdrücklich vorgesehene Rechtsmittel kommen gegen Beschlussentscheidungen im Falle sonstiger Unanfechtbarkeit zum einen bei Verstößen gegen sog. Verfahrensgrundrechte[1198], insbesondere auch der Versagung des rechtlichen Gehörs (Art. 103 Abs. 1 GG), und zum anderen in Fällen sog. „greifbarer Gesetzeswidrigkeit"[1199] in Frage. Der Ruf nach diesen Rechtsbehelfen wurde und wird dann laut, wenn die jeweilige Verfahrensordnung gegen eine Entscheidung, die einen entsprechenden Mangel enthalten soll, keine Anfechtungsmöglichkeit vorsieht, weil etwa ein (weiteres) Rechtsmittel ganz ausgeschlossen ist, oder Wertgrenzen die Überprüfung in einer höheren Instanz verhindern. Dem Anwendungsbereich der außerordentlichen Rechtsmittel unterfallen allerdings nicht die formell rechtskräftigen Urteile, sondern nur Beschlüsse, gegen die kraft Gesetzes keine Beschwerde statthaft ist.[1200] Die Zulassung solcher Rechtsbehelfe hat über die Jahre hin eine dynamische Entwicklung durchlaufen und wurde nicht zuletzt durch das zum 1.1.2002 in Kraft getretene ZPO sowie das zum 1.9.2004 in Kraft getretene Gesetz zur Modernisierung der Justiz als auch von erst in jüngerer Zeit ergangenen Entscheidungen des *BGH* sowie des *BVerfG* maßgeblich beeinflusst. Es soll im Folgenden versucht werden, die Materie der außerordentlichen Rechtsbehelfe gegen Beschlüsse auf dem Gebiet des Zivilprozesses an Hand deren Ausformung in Rechtsprechung und Literatur, insbesondere aber vor dem Hintergrund der jüngsten Entwicklungen in gesetzgeberischer und verfassungsrechtlicher Hinsicht darzustellen.

[1197] Vgl. *Braun*, ZZP 106 (1993), 237; aus der Rechtsprechung vgl. etwa *RG*, JW 1907, 840.

[1198] Hierzu zählen z.B. Verstöße gegen das Prinzip des gesetzlichen Richters (Art. 101 Abs. 1 S. 2 GG), den sog. Justizgewährungsanspruch, der sich aus dem Rechtsstaatsprinzip (Art. 20 Abs. 3 GG, vgl. a. Art. 6 Abs. 1 EMRK) ergibt oder das Verbot willkürlicher Entscheidungen (das eine Ausprägung des allgemeinen Gleichheitssatzes in Art. 3 Abs. 1 GG darstellt), vgl. *Rosenberg/Schwab/Gottwald*, § 1 Rn. 26ff. und § 3 Rn. 1ff.

[1199] Vgl. *Jauernig*, FS für Schumann, 2001, S. 241.

[1200] Das ist allgemeine Meinung, vgl. *BGH*, NJW 2002, 1729; 1989, 2758; WM 1999, 559; *Rosenberg/Schwab/Gottwald*, § 145 Rn. 9; *Thomas/Putzo*, § 567 Rn. 7.

A. Außerordentliche Rechtsbehelfe vor dem Inkrafttreten des ZPO-RG

I. Die Rechtsprechung des *BGH*

1. Außerordentliche Rechtsbehelfe bei "greifbarer Gesetzeswidrigkeit"

a) Außerordentliche Beschwerde

Der *BGH* hat zunächst die außerordentliche Beschwerde bis zum 1.1.2002 in Fällen sog. „greifbar gesetzeswidriger" Beschlüsse zugelassen. Von „greifbarer Gesetzeswidrigkeit" war nach dieser Rechtsprechung aber nur ausnahmsweise dann auszugehen, wenn eine Entscheidung mit der geltenden Rechtsordnung schlechthin unvereinbar war, weil sie jeder gesetzlichen Grundlage entbehrte und inhaltlich dem Gesetz fremd war.[1201] Es musste sich also um wirkliche Ausnahmefälle handeln, die mit der geltenden Rechtsordnung schlechthin unvereinbar waren. Dazu reichten etwa bloße Gehörsverletzungen nicht aus.[1202] Diese strengen Anforderungen führten dazu, dass der *BGH* jedenfalls in den veröffentlichten Entscheidungen die an ihn herangetragenen außerordentlichen Beschwerden mit Ausnahme von zwei Fällen[1203] verwarf.[1204]

[1201] Vgl. *BGH*, NJW 2001, 224; NJW 2001, 1069; NJW 2001, 1285; NJW 1997, 3318; *Jauernig*, FS für Schumann, 2001, S. 241; *Rosenberg/Schwab/Gottwald*, § 145 Rn. 9.

[1202] Vgl. z.B. *BGH*, MDR 1986, 22 = FamRZ 1986, 150; FamRZ 1987, 938; FamRZ 1993, 309; NJW-RR 1990, 893; MDR 1992, 181.

[1203] Bei diesen Entscheidungen setzte sich der *BGH* allerdings zu seiner eigenen Definition der "greifbaren Gesetzeswidrigkeit" sowie zu vorangegangenen Entscheidungen insoweit in Widerspruch, als einerseits ein Verstoß gegen § 127 Abs. 3 ZPO im Prozesskostenhilfeverfahren und andererseits der Erlass einer von Gesetz und Rechtsprechung nicht eröffneten Kostenauferlegung auf den Prozessbevollmächtigten einer prozessunfähigen Partei als greifbar gesetzeswidrig angesehen wurden, vgl. einerseits *BGH*, NJW 1993, 135 m. kritischer Anm. *Chlosta*, NJW 1993, 2160 und andererseits *BGH*, NJW 1993, 1865 m. zustimmender Anm. *Kempter*, NJW 1993, 2158 sowie m. Anm. *Gottwald/Semmelmeyer*, JZ 1993, 413 und m. Anm. *Braun*, ZZP 106 (1993), 233.

[1204] Vgl. z.B. *BGH*, NJW 1998, 1715 (fehlerhafte Auslegung des § 116 Abs. 1 Nr. 1 ZPO); MDR 1997, 1065 (fehlerhafte Kostenentscheidung); NJW 1992, 983 (Verstoß gegen Art. 101 Abs. 1 S. 2 GG); FamRZ 1987, 928 (fehlerhafte Kostenentscheidung); MDR 1986, 222 (Versagung der Prozesskostenhilfe unter Verstoß gegen § 119 Abs. 1 S. 1 ZPO); MDR 1983, 309 (Missachtung der Rechtskraftbindung); NJW-RR 1990, 893 (Fehlerhafte Urteilsberichtigung durch Umwandlung eines auf Zahlung lautenden Tenors in einen solchen auf Klageabweisung).

b) Gegenvorstellung

In einer Entscheidung aus dem Jahr 1997 hat der *BGH* dann jedoch die Auffassung vertreten, dass bei Verstößen gegen Verfahrensgrundrechte unter gleichzeitigem Vorliegen der Voraussetzungen der „greifbaren Gesetzeswidrigkeit" nicht die außerordentliche Beschwerde statthaft, sondern eine Gegenvorstellung zu erheben sei, auf die hin das Instanzgericht seinen Verfahrensfehler selbst beheben müsse.[1205] Allerdings ist davon auszugehen, dass der *BGH* bei Nichtabhilfe durch das Ausgangsgericht die außerordentliche Beschwerde zugelassen hätte. Zum einen wurde dieser in Fällen von Verstößen gegen das Verfahrensgrundrecht des rechtlichen Gehörs (Art. 103 Abs. 1 GG) ein Bedürfnis nur so lange abgesprochen, als eine Korrektur der angegriffenen Entscheidung auf einem Weg möglich war, der weniger stark in das gesetzliche Rechtsmittelsystem eingriff, insbesondere aber auf dem Weg einer Gegenvorstellung an das Gericht der angegriffenen Entscheidung.[1206] Wäre eine solche aber abschlägig beschieden worden, weil ein Gehörsverstoß nicht vorliege, wäre demnach der Weg frei gewesen für eine außerordentliche Beschwerde wegen „greifbarer Gesetzeswidrigkeit".[1207] Zum anderen hat der *BGH* entschieden, dass eine Selbstkorrektur von Verstößen gegen Verfahrensgrundrechte dann nicht mehr aussichtsreich sei, wenn sich das Ausgangsgericht mit dem im Wege einer außerordentlichen Beschwerde geltend gemachten Rechtsverstoß in der angegriffenen Entscheidung bereits auseinandergesetzt, einen Rechtsfehler aber verneint hatte.[1208]

[1205] So für Fälle vor Inkrafttreten des ZPO-RG zuletzt *BGH*, NJW 2002, 754; vgl. a. *BGH*, NJW 1998, 82 = MDR 1997, 1147 m. Anm. *Schneider* für den Fall eines Verstoßes gegen das Verbot willkürlicher Entscheidungen (Art. 3 Abs. 1 GG i.V. mit dem Rechtsstaatsprinzip); ebenso hat der *BGH* in MDR 2000, 291 entschieden. Die Gegenvorstellung an das Ausgangsgericht hat der *BGH* (NJW 1995, 2497 = *BGHZ* 130, 97) auch in Fällen der Versagung des rechtlichen Gehörs (hierzu sogleich unter II.) als den statthaften Rechtsbehelf angesehen, allerdings nach wie vor ohne diesen Fall der „greifbaren Gesetzeswidrigkeit" zu unterstellen.

[1206] Vgl. etwa *BGH*, NJW 2000, 590; NJW 1997, 3318.

[1207] In diesem Sinne auch *Schneider*, MDR 2002, 1047 unter Bezugnahme auf *BAG*, MDR 2000, 538.

[1208] Vgl. *BGH*, NJW 2002, 754. In dieser Entscheidung hatte das Oberlandesgericht den Beschwerdeführern ein vom Gesetz gewährtes Rechtsmittel durch seine Verwerfung als unstatthaft ohne vertretbare Gründe zu Unrecht versagt. Der *BGH* führt aus, dass auch die bei "greifbarer Gesetzeswidrigkeit" einer Entscheidung entwickelten Grundsätze zur Einlegung außerordentlicher Rechtsmittel in der Regel für den beschwerten Teil noch nicht die nach § 567 Abs. 4 ZPO (a.F.) gegen Entscheidungen der Oberlandesgerichte ausgeschlossene Beschwerde eröffne. Vielmehr sei die Verletzung eines Verfahrensgrundrechts vom Oberlandesgericht selbst – unter Einschränkung seiner Bindung gemäß § 318 ZPO – auf Gegenvorstellung zu beheben. Eine solche Selbstheilung des Verfahrensmangels durch den iudex a quo sei aber dann in Frage gestellt, wenn das Oberlandesgericht auf die außerordentliche Beschwerde seine Entscheidung bereits einer Prüfung unterzogen und mit ausführlicher Begründung seinen Rechtsirrtum verteidigt habe. Genüge es danach nicht, an die Einsicht der Vorinstanz zu appellieren, um ein vom Gesetz eröffnetes Rechtsmittel im Verfahren tatsächlich stattfinden zu lassen, so müsse im Interesse effektiven Rechtsschutzes der iudex ad quem auf die dann statthafte außerordentliche Beschwerde den Entscheid des iudex a quo selbst kassieren oder reformieren. Auch die Unabhängigkeit des Vorderrichters verbiete dann, ihm durch weiteren Appell die Verantwortung für eine eigene Entscheidung aufzudrängen, der er sich – nach nochmaliger Prüfung – ausdrücklich widersetzt habe, so *BGH*, NJW 2002, 754 unter Bezugnahme auf *Kreft*, Festgabe für Graßhof 1998, S. 185.

2. Außerordentliche Rechtsbehelfe bei Verstößen gegen das rechtliche Gehör

Verstöße gegen Art. 103 Abs. 1 GG hatte der *BGH* bis zum Inkrafttreten des ZPO-RG nicht für Fälle „greifbarer Gesetzeswidrigkeit" gehalten und wie Verletzungen sonstiger Verfahrensgrundrechte vorrangig der Gegenvorstellung unterstellt.[1209] Es sei den Gerichten versagt, Verfahrensvorschriften, die in ihrem Regelungsgehalt eng begrenzt seien, mit Hilfe der Analogie eine Bedeutung beizumessen, die ihnen nach dem Willen des Gesetzgebers nicht zukommen solle, um auf diese Weise Verletzungen des rechtlichen Gehörs außerhalb des Weges der Verfassungsbeschwerde zu beseitigen. Ein nach der Zivilprozessordnung an sich unstatthaftes Rechtsmittel werde nicht schon deshalb statthaft, weil es auf die Versagung rechtlichen Gehörs gestützt werde; mit einer solchen Rüge allein werde keine zusätzliche Instanz eröffnet.[1210] Nach der Ansicht des *BGH* wäre es verfehlt gewesen, den Begriff der „greifbaren Gesetzwidrigkeit" dahin zu verstehen, dass bereits jeder eindeutige Verstoß gegen Rechtsvorschriften genüge, um eine an sich unanfechtbare Entscheidung einer erneuten Prüfung in der nächsten Instanz zu unterziehen. Die Möglichkeit, eine nach geltendem Recht unanfechtbare Entscheidung gleichwohl mit einem Rechtsmittel anzugreifen, müsse auf wirkliche Ausnahmefälle beschränkt bleiben, in denen es darum gehe, eine Entscheidung zu beseitigen, die nach Inhalt und Grundlage mit der geltenden Rechtsordnung schlechthin unvereinbar sei. In der Verletzung des rechtlichen Gehörs liege zwar ein schwerer Verfahrensfehler, der der Entscheidung aber weder insgesamt die rechtliche Grundlage nehme noch sie ihrem Inhalt nach gesetzeswidrig mache.[1211] Für die Heilung einer solchen Verletzung stellte der *BGH* vor Inkrafttreten des ZPO-RG aber unter Verweis auf die Rechtsprechung des *BVerfG* die Gegenvorstellung zur Verfügung.[1212] Grundsätzlich seien die Gerichte zwar an bestimmte Beschlüsse in entsprechender Anwendung des § 318 ZPO gebunden, falls das Gesetz keine Selbstkorrektur vorsehe, z.B. bei der Versagung von Wiedereinsetzung in den vorigen Stand, gegen die vor Inkrafttreten des ZPO-RG nur die sofortige Beschwerde ohne Abhilfemöglichkeit des Ausgangsgerichtes stattfand (vgl. § 577 Abs. 3 ZPO (a.F.).[1213] Dieser Grundsatz bedürfe jedoch in Fällen, in denen die Entscheidung unter Verletzung des Anspruchs der Gegenseite auf rechtliches Gehör ergangen sei, der Einschränkung. Die Verletzung des rechtlichen Gehörs bedeute zwar keinen Fall „greifbarer Gesetzeswidrigkeit" und eröffne nicht die außerordentliche Beschwerde. Dies schließe jedoch die Möglichkeit nicht aus, dass ein Gericht auf Gegenvorstellungen des Betroffenen das versäumte rechtliche Gehör nachhole und seine eigene Entscheidung einer erneuten Überprüfung unterziehe. Diese Eigenbehebung wurde als ein Mittel zur Beseitigung von Gehörsverstößen bei Beschlussentscheidungen angesehen, das der Rechtsmittelsystematik der ZPO jedenfalls nicht fremd sei. Jedenfalls für den Bereich der einfachen Beschwerde gab es nämlich schon vor Inkrafttreten des ZPO-RG die Pflicht des Ausgangsgerichtes, einem Rechtsfehler abzuhelfen, vgl. § 571 ZPO (a.F.).[1214] Eine solche Möglichkeit der Selbstkorrektur sei für den Bereich des

[1209] Vgl. soeben I. und *BGH*, NJW 1995, 2497 = *BGHZ* 130, 97; NJW 1990, 838.
[1210] Vgl. *BGH*, NJW 1990, 838.
[1211] So z.B. *BGH*, NJW 1999, 290; NJW-RR 1986, 1263.
[1212] Vgl. *BGH*, NJW 1995, 2497=*BGHZ* 130, 97.
[1213] Vgl. *BGH*, NJW 1954, 880; FamRZ 1993, 1191.
[1214] Vgl. auch *Jauernig*, FS für *Schumann*, 2001, S. 241.

Strafprozesses in § 33a StPO gesetzlich anerkannt und werde vom *BVerfG*[1215] für alle Fachgerichtsbarkeiten befürwortet sowie für das Verwaltungsprozessrecht vom *BVerwG*[1216] bejaht.

3. Rechtswidrige Verweisungsbeschlüsse

Eine Sonderstellung nahmen und nehmen rechtswidrige Verweisungsbeschlüsse gem. § 281 ZPO ein. § 281 Abs. 2 S. 4 ZPO bestimmt, dass ein solcher Beschluss für das Gericht, an das verwiesen wird, bindend ist. Das bedeutet, dass die Rechtswidrigkeit der Entscheidung mit einem Rechtsmittel, hier gem. § 567 Abs. 1 Nr. 2 ZPO mit einer (sofortigen) Beschwerde, grundsätzlich nicht geltend gemacht werden kann.[1217] Seit jeher sind aber Verweisungsbeschlüsse nach der Rechtsprechung des *BGH* dann nicht bindend und mit einer außerordentlichen Beschwerde anfechtbar, wenn sie objektiv willkürlich, d.h. ohne jede gesetzliche Grundlage sind[1218] oder auf der Versagung rechtlichen Gehörs gegenüber den Verfahrensbeteiligten oder einem von ihnen beruhen; in diesen Fällen kam und kommt der Verweisung nach der Rechtsprechung des *BGH* keine Bedeutung zu.[1219]

Beispiel: Der Amtsrichter verweist eine Wohnraummietsache, für die er gem. § 23 Nr. 2a GVG sachlich ausschließlich zuständig ist, an das Landgericht mit der objektiv willkürlichen Begründung, dass rückständiger Mietzins in einer Höhe von 6.000.- € eingeklagt sei.

II. Die Rechtsprechung der Instanzgerichte

Die Instanzgerichte folgten der aufgezeigten engen Begriffsbestimmung des *BGH* zur „greifbaren Gesetzeswidrigkeit" in wesentlichen Bereichen nicht.[1220] Dies ging soweit, dass sogar das Abweichen von einer herrschenden Meinung[1221] oder die fehlerhafte bzw.

1215 Vgl. *BVerfG*, NJW 1987, 1319 = *BVerfGE* 73, 322.

1216 Vgl. *BVerwG*, NJW 1994, 674.

1217 Vgl. *Thomas/Putzo*, § 281 Rn. 11.

1218 Vgl. *Thomas/Putzo*, § 281 Rn. 12, auch zur Abgrenzung zur bloßen „einfachen" Rechtswidrigkeit.

1219 Vgl. *BGHZ* 102, 338; 71, 69; *BGH*, NJW 2002, 3634; NJW 2003, 3201; *Fischer*, MDR 2002, 1401; *Tombrink*, NJW 2003, 2364.

1220 So hielten einige Entscheidungen von Oberlandesgerichten die außerordentliche Beschwerde wegen "greifbarer Gesetzeswidrigkeit" auch in Fällen der Versagung des rechtlichen Gehörs für statthaft, vgl. *OLG Düsseldorf*, NJW-RR 1987, 1200; *OLG Köln*, FamRZ 1995, 37; NJW-RR 1996, 1151; *OLG Hamm*, ZIP 1996, 718; *OLG Koblenz*, MDR 1997, 976, jeweils entgegen der ständigen Rechtsprechung des *BGH*. Verstöße gegen den gesetzlichen Richter wurden ebenfalls über den Weg einer außerordentlichen Beschwerde bereinigt, vgl. *LAG Köln*, LAGE § 39 ArbGG Nr. 6, entgegen *BGH*, MDR 1992, 181. Auch fehlerhafte Kostenentscheidungen wurden als Fälle der "greifbaren Gesetzeswidrigkeit" gesehen, vgl. *OLG Zweibrücken*, FamRZ 1983, 621; *OLG Köln*, MDR 1995, 746 = FamRZ 1995, 379, jeweils entgegen *BGH*, FamRZ 1987, 928. Entgegen *BGH*, MDR 1986, 222 hielt *KG*, NJW-RR 1996, 58 auch eine fehlerhafte Entscheidung im Prozesskostenhilfeverfahren durch ein außerordentliches Rechtsmittel für korrigierbar. Zur Rechtsprechung der Instanzgerichte vgl. a. *Pawlowski*, FS für *Schneider*, S. 96ff., 97.

1221 Vgl. *KG*, MDR 1998, 735.

fehlende Begründung[1222] einer Entscheidung der außerordentlichen Beschwerde unterstellt wurden. Grund für die dergestalt uneinheitliche Rechtsprechung war die auf Allgemeinplätzen beruhende Definition des *BGH* zur „greifbaren Gesetzeswidrigkeit", die einheitlicher Prämissen entbehrte.[1223] Nähme man die oben dargestellte Begriffsbestimmung des *BGH* zur „greifbaren Gesetzeswidrigkeit" nämlich wörtlich, dann wäre jede fehlerhafte Entscheidung rechtswidrig und der Aufhebung durch das außerordentliche Rechtsmittel unterworfen, eben weil sie einer gesetzlichen Grundlage entbehrt und jede fehlerhafte Rechtsanwendung dem Gesetz fremd ist. Jede nicht gesetzeskonforme Entscheidung ist auch mit der Rechtsordnung schlechthin unvereinbar.[1224] Die Vorgaben des *BGH* waren dabei aber wohl bewusst unscharf gehalten, um einerseits zwar eine Behebung krass unrichtiger Entscheidungen durch die Fachgerichte zu ermöglichen, zumal wenn ein Verfassungsverstoß (v.a. gegen das Willkürverbot) möglich erschien, andererseits aber nicht ein vom Gesetzgeber nicht vorgesehenes Rechtsmittel zu institutionalisieren.[1225] Dies lief aber im Endeffekt auf eine erhebliche Rechtsunsicherheit hinaus, da die Instanzgerichte nach dem Rechtsgefühl entschieden getreu dem Motto „Das geht zu weit!"[1226] Andererseits war die Leerformel des *BGH* zur "greifbaren Gesetzeswidrigkeit" gerade für die Beschwerdegerichte geeignet, sich in Fällen, bei denen trotz der Schwere eines Rechtsfehlers eine Korrektur etwa aus dem Gesichtspunkt des Vertrauens des Verfahrensgegners nicht opportun erschien, verneinend auf die Floskelhaftigkeit dieser Begriffsbestimmung zurückzuziehen.[1227]

III. Kritik in Literatur und Schrifttum

Im Rahmen dieser Untersuchung soll nicht im Detail nachvollzogen werden, inwiefern und mit welchen Einzelbegründungen die Rechtsprechung des *BGH* zur außerordentlichen Beschwerde und Gegenvorstellung in Literatur und Schrifttum Kritik erfuhr. Die insoweit vorliegenden Abhandlungen reichen in großer Vielzahl von der Urteilsrezension bis zur

[1222] Vgl. *OLG Karlsruhe*, NJW 1984, 985; *OLG Köln*, MDR 1987, 853; *OLG Hamburg*, NJW-RR 1989, 1022.

[1223] So auch *Schneider*, MDR 2002, 1047 und MDR 2001, 845, der die Begriffsbestimmung des *BGH* zur "greifbaren Gesetzeswidrigkeit" als eine „schon fast willkürlich anmutende Anhäufung undefinierbarer Wertungen" bezeichnet. Ähnlich *Lotz*, NJW 1996, 2130, der die vom *BGH* entwickelte Begriffsbestimmung der "greifbaren Gesetzeswidrigkeit" als dogmatisch nicht legitimiert und unscharf konturiert bezeichnet.

[1224] Vgl. *Schneider*, MDR 2001, 845.

[1225] Auf diese Gefahr machte *Lotz*, NJW 1996, 2130 aufmerksam. Unter Hinweis auf die Rechtsprechung des *BVerfG* zur vorrangigen Erhebung einer Gegenvorstellung bei den Fachgerichten im Falle der Verletzung des rechtlichen Gehörs sowie von Verfahrensgrundrechten - vgl. *BVerfGE* 73, 322=NJW 1987, 1319; 69, 233=NJW 1985, 2187; 63, 77=NJW 1983, 1900 – wird geltend gemacht, dass, sollte das *BVerfG* zu den Fällen der "greifbaren Gesetzeswidrigkeit" wegen willkürlicher Entscheidungen (Art. 3 Abs. 1, 20 Abs. 3 GG) ebenfalls den Vorrang der außerordentlichen Beschwerde bejahen, der Instanzenzug letztlich um eine Instanz verlängert wäre.

[1226] So die Formulierung von *Schneider*, MDR 2002, 1047 unter Bezugnahme auf *Wank*, EWiR 2000, 578 (eine Entscheidung müsse „nach einer Korrektur geradezu schreien").

[1227] So *Schneider*, MDR 2002, 1047.

Monografie.[1228] Als mögliche Rechtsbehelfe werden die mit Devolutiveffekt ausgestattete außerordentliche Beschwerde sowie die Gegenvorstellung diskutiert.

1. Legitimation und Voraussetzungen einer außerordentlichen Beschwerde

In Literatur und Schrifttum bestand Einigkeit, dass auf Grund der Unbestimmtheit und Formelhaftigkeit der vom *BGH* entwickelten Begriffsbestimmung und der divergierenden Ansichten der Instanzgerichte zum Anwendungsbereich der außerordentlichen Beschwerde wegen "greifbarer Gesetzeswidrigkeit" ein Zustand der Rechtsunsicherheit zu konstatieren war.[1229] Allerdings unterlag heftigem Streit, wie dieser Unsicherheit beizukommen war. So wurde das Institut der außerordentlichen Beschwerde wegen "greifbarer Gesetzeswidrigkeit" von einigen für gänzlich entbehrlich gehalten.[1230] Ausgangspunkt der Kritik war die dogmatische Unbestimmtheit des Begriffes "greifbare Gesetzeswidrigkeit", der vor allem bei den Untergerichten in den unterschiedlichsten Fallkonstellationen zur Anwendung komme, angefangen von Verstößen gegen das primäre Verfahrensgrundrecht auf rechtliches Gehör (Art. 103 Abs. 1 GG) über solche gegen sonstige Verfahrensgrundrechte bis hin zu schlichten, schweren Rechtsfehlern.[1231] Aus diesem Grund müsse jedenfalls auf den Begriff der „greifbaren Gesetzeswidrigkeit" verzichtet werden,[1232] vielmehr seien die außerordentlichen Rechtsbehelfe gegen Beschlüsse auf der Grundlage der ausführlichen Rechtsprechung des *BVerfG* zu Verstößen gegen Verfahrensgrundrechte zu beurteilen.[1233] Letztlich seien die in den Entscheidungen des *BGH* zur „greifbaren Gesetzeswidrigkeit" für denkbar und gegeben erachteten Fälle solche von Grundrechtseingriffen.[1234] Vor allem wurde als Legitimation der außerordentlichen Beschwerde das grundrechtlich verankerte Willkürverbot angesehen.[1235] Die bisherigen, v.a. in der Rechtsprechung verankerten Erklärungsversuche der außerordentlichen Rechtsmittel, die sich auf einfachgesetzliche Ü-

[1228] Vgl. etwa *Schneider*, MDR 1997, 991 und die zahlreichen Nachweise aus Literatur und Schrifttum in *Kley*, Die außerordentliche Beschwerde, 1999.

[1229] Vgl. etwa *Gottwald*, Gutachten, S. A 94; *Zöller/Gummer*, 22. Aufl., § 567 Rn. 33; MünchKomm/*Lipp*, Aktualisierungsband, § 567 Rn. 14; *Tappeiner*, Die außerordentliche Beschwerde im Zivilprozess, S. 59f.; *Schneider*, zuletzt in MDR 2002, 1047; glossenhaft *Büttner*, FamRZ 1989, 129.

[1230] Vgl. etwa *Chlosta*, NJW 1993, 2160; *Lotz*, NJW 1996, 2130; *Kreft*, Festgabe für *Graßhoff*, S. 185ff.; *Wax*, FS für *Lüke*, S. 941.

[1231] Vgl. etwa *Lotz*, NJW 1996, 2130; *Wax*, FS für *Lüke*, S. 941.

[1232] *Wax*, FS für *Lüke*, S. 941, will die außerordentliche Beschwerde wegen "greifbarer Gesetzeswidrigkeit" allerdings durch eine solche wegen „Unzumutbarkeit" ersetzen, womit allerdings trotz aller Definitionsbemühungen nur ein neuer, wertungsoffener Begriff durch einen anderen ersetzt würde, vgl. auch *Schneider*, MDR 1997, 991.

[1233] Vgl. etwa *Lotz*, NJW 1996, 2130.

[1234] Vgl. *Pawlowski*, FS für *Schneider*, S. 40; ähnlich *Lotz*, NJW 1996, 2130; vgl. auch das Schlusswort bei *Kley*, Die außerordentliche Beschwerde, S. 519f. sowie die dortigen Ausführungen zu den verfassungsrechtlichen Grundlagen der außerordentlichen Beschwerde, S. 333ff. (§ 9).

[1235] Vgl. insoweit den dogmatisch umfassend begründeten Ansatz von *Pawlowski*, FS für *Schneider*, S. 40.

berlegungen,[1236] prozessuales Richterrecht[1237] oder gar prozessuales Gewohnheitsrecht[1238] stützten, seien zur Legitimation einer außerordentlichen Beschwerde schlicht deswegen ungeeignet, weil der Gesetzgeber im einfachen Recht einen solchen Rechtsbehelf nicht vorgesehen habe. Eine Kontrolle des einfachen Rechts sei nur auf verfassungsrechtlicher Grundlage möglich.[1239]

Schlagwortartig wird insoweit die bildhafte Begriffsbestimmung der "greifbaren Gesetzeswidrigkeit" ersetzt durch den Satz: *„Die Beschwerde ist ausgeschlossen, sofern sie auf einfachrechtliche Rechtsverletzungen gestützt wird. Sie ist zulässig, soweit eine Entscheidung auf einer Grundrechtsverletzung beruht.“*[1240] Als Vorteil dieser Formel wurde angesehen, dass die Zulässigkeit eines außerordentlichen Rechtsmittels nicht mehr von der „nicht greifbaren“ Begriffsbestimmung des *BGH* zur "greifbaren Gesetzeswidrigkeit" abhänge, sondern aus der umfangreichen Rechtsprechung des *BVerfG* zum Willkürverbot des Art. 3 Abs. 1 GG abgeleitet werden könne.[1241] Ausgangspunkt einer außerordentlichen Beschwerde war mithin die vom *BVerfG* zum Vorliegen einer objektiv willkürlichen Entscheidung ergangene Rechtsprechung. Danach liegt Willkürlichkeit nicht schon dann vor, wenn die Anwendung materiellen oder prozessualen Rechtes fehlerhaft war, vielmehr muss hinzukommen, dass ein Fehler bei verständiger Würdigung der das Grundgesetz beherrschenden Gedanken nicht mehr verständlich ist und sich der Schluss aufdrängt, das

[1236] So schlägt *Hoeren*, JR 1996, 199 eine Parallele zu nichtigen oder wirkungslosen Entscheidungen (zu diesen ausführlich *Rosenberg/Schwab/Gottwald*, § 62) als Alternative zur "greifbaren Gesetzeswidrigkeit" vor. *Kauffmann*, Zur Statthaftigkeit der Beschwerde gegen greifbar gesetzwidrige Entscheidungen, S. 78ff. stützt die Statthaftigkeit der außerordentliche Beschwerde auf das Prinzip der Meistbegünstigung (hierzu vgl. etwa *Rosenberg/Schwab/Gottwald*, § 133 Rn. 8ff.), das eine Erweiterung der Rechtsmittelstatthaftigkeit zur Folge habe. *Kley*, Die außerordentliche Beschwerde, S. 321ff. hält es schließlich für möglich, aus der in § 31 Abs. 2 BVerfGG angeordneten Gesetzeskraftwirkung (die nach einigen eine „inter omnes“-Wirkung haben soll, vgl. *Benda/Klein*, Verfassungsprozessrecht, Rn. 1227ff.) von Entscheidungen des *BVerfG* eine einfachgesetzliche Legitimation für außerordentliche Rechtsmittel herzuleiten, wenn sich denn das *BVerfG* zur Statthaftigkeit dieser Rechtsbehelfe abschließend geäußert hätte, was *Kley*, S. 325 allerdings verneint.

[1237] In diesem Sinn wohl *Voßkuhle*, NJW 1995, 1377, der die Grundlage der außerordentlichen Beschwerde in einer durch die Rechtsprechung begründeten „faktischen Durchsetzungsgarantie“ sieht.

[1238] Vgl. *Baumbach/Albers/Lauterbach/Hartmann*, 59. Aufl., § 567 Rn. 6; *Merle*, FS für Seuss, 1987, S. 205.

[1239] So etwa *Schneider*, MDR 1997, 991: „Eigentlich eine Frage der Logik.“ *Schneider*, a.a.O., bezeichnet die Ableitung der Geltungskontrolle von einfachem Recht aus eben diesem zu Recht als Zirkelschluss.

[1240] So wörtlich *Schneider*, MDR 1997, 991, wobei die Zulässigkeit der außerordentlichen Beschwerde wohl nicht vom tatsächlichen Beruhen der Entscheidung auf einem Grundrechtsverstoß, sondern von dessen substantiierter, d.h. schlüssiger Behauptung abhängig sein sollte, vgl. *Schneider*, MDR 1985, 529. *Kley*, Die außerordentliche Beschwerde, S. 488ff. begründet dies zutreffend mit der Doppelrelevanz der zur Begründung einer "greifbaren Gesetzeswidrigkeit" dienenden Tatsachen sowohl für die Zulässigkeit als auch die Begründetheit der außerordentlichen Beschwerde. Zur derartigen „Doppelrelevanz“ von Tatsachen ist aber nach weit überwiegender Auffassung anerkannt, dass zur Zulässigkeit eines Rechtsmittels deren schlüssige Behauptung ausreicht, wenn die Prüfung der Zulässigkeit mit derjenigen der Begründetheit zusammenfallen würde, vgl. etwa *Rosenberg/Schwab/Gottwald*, § 36 Rn. 28 und § 39 Rn. 3. Vgl. auch *BGH*, NJW 2002, 1425, wo klar gestellt wird, dass zur Begründung des Gerichtsstands der unerlaubten Handlung gem. § 32 ZPO die Behauptung des Klägers von Tatsachen genügt, die – ihre Richtigkeit vorausgesetzt – das Vorliegen einer unerlaubten Handlung ergeben.

[1241] So etwa *Schneider*, MDR 2002, 1047.

Gericht habe sich von sachfremden Erwägungen leiten lassen, die seine Entscheidung sachlich schlechthin unhaltbar oder evident sachwidrig machen[1242].

Es ist allerdings zu sehen, dass die Anknüpfung an die „Willkürrechtsprechung" des *BVerfG* zur Bestimmung von Statthaftigkeitskriteien für die außerordentliche Beschwerde nicht zu mehr Rechtssicherheit führt als die vom *BGH* zur "greifbaren Gesetzeswidrigkeit" entwickelten Kriterien, da beide Gerichte ausfüllungsbedürftige, weit gefasste Umschreibungen verwenden. Allerdings bot allein die Anknüpfung an die „objektive Willkür" eine dogmatische Rechtfertigung der außerordentlichen Beschwerde. Überwiegend wurde daher der Schluss gezogen, dass die "greifbare Gesetzeswidrigkeit" im Sinne der Begriffsbestimmung des *BGH* identisch war mit dem Begriff der objektiv willkürlichen Rechtsanwendung.[1243]

2. Legitimation und Voraussetzungen einer Gegenvorstellung

Auch die Möglichkeit einer sog. Gegenvorstellung, durch die das Gericht veranlasst werden soll, eine von ihm erlassene Entscheidung aus übersehenen oder neuen tatsächlichen bzw. rechtlichen Gründen selbst zu ändern,[1244] wurde in Literatur und Schrifttum seit langem diskutiert. Dieser Rechtsbehelf war indes zu keinem Zeitpunkt in der ZPO vorgesehen, sodass in der älteren Literatur dessen Statthaftigkeit auch weitgehend auf Ablehnung stieß.[1245] In neuerer Zeit war indes die Existenz eines solchen außerordentlichen, insbesondere frist- und formlosen Rechtsbehelfes kaum mehr in Zweifel gezogen worden.[1246] Der Unterschied zur außerordentlichen Beschwerde liegt zunächst darin, dass es sich bei der Gegenvorstellung mangels Devolutiveffektes um kein Rechtsmittel im formalen Sinn handelt, vielmehr die Fehlerbehebung ausschließlich dem Ausgangsgericht vorbehalten bleibt.[1247] Die Gegenvorstellung lässt sich als „Eingabe, durch die ein Gericht veranlasst

1242 Vgl. *BVerfGE* 57, 39; 58, 163; 62, 338; 66, 199; 66, 324; 67, 90; 69, 248; 70, 93; 74, 102; 81, 132. Diese Rechtsprechung unterlag allerdings umfangreicher Kritik, die v.a. darauf gestützt wurde, dass die Kriterien des Art. 3 Abs. 1 GG mit denjenigen anderer Verfassungsgrundsätze vermengt würden. Wenn eine Entscheidung bei verständiger Würdigung der das Grundgesetz beherrschenden Maßstäbe nicht mehr verständlich sei, verstoße sie bereits gegen diese speziellen Verfassungsgrundsätze, vgl. etwa *Stürner*, JZ 1986, 527. Darüber hinaus wurde eingewandt, die Formel des *BVerfG* zur Definition fachgerichtlicher Willkür eröffne eine sog. „additive Gesamtheitsbetrachtung mit negativer Gesamtbewertung", lasse mithin die Zusammenfassung verschiedener leichterer Verfassungsverstöße, die für sich allein eine Verfassungsbeschwerde nicht rechtfertigen könnten, zu, um zu einem grundrechtlichen Unwerturteil kommen zu können, vgl. *Stürner*, a.a.O. und *Schumann*, ZZP 96, 137.

1243 Vgl. *Schneider*, MDR 2002, 1047; *Gottwald/Semmelmayer*, JZ 1993, 415; *Roth*, JZ 1996, 805; *Voßkuhle*, NJW 1995, 1377; *Kley*, Die außerordentliche Beschwerde, S. 443; *Fraga Novelle*, Die Wirkungen der Beschlüsse im Zivilprozessrecht, S. 144.

1244 Vgl. *Rosenberg/Schwab/Gottwald*, § 145 Rn. 28; *Thomas/Putzo*, vor § 567 Rn. 13.

1245 Vgl. stellvertretend für viele *Rosenberg*, Zivilprozessrecht, 9. Aufl., § 144 II 5, m.w.N.

1246 Vgl. *Schumann*, FS für *Baumgärtel*, S. 491f.; *Bauer*, NJW 1991, 1711, m.w.N. Lediglich vereinzelt wird die Möglichkeit in Abrede gestellt, sich unter bestimmten Voraussetzungen zur Geltendmachung von Fehlern der Ausgangsentscheidung an das Ausgangsgericht zu wenden, um den Mangel von diesem bereinigen zu lassen, vgl. *Ratte*, S. 100ff. und, diesem zustimmend, *Fenn*, ZZP 90, S. 111.

1247 Vgl. *Bauer*, NJW 1991, 1711.

werden soll, eine von ihm erlassene Entscheidung abzuändern",[1248] bezeichnen. In Anknüpfung an die Rechtsprechung des *BVerfG*[1249] wurden v.a. Verstöße gegen Verfahrensgrundrechte, insbesondere das rechtliche Gehör (Art. 103 Abs. 1 GG) als Hauptfälle der Gegenvorstellung gesehen.[1250] Das *BVerfG* hatte der Gegenvorstellung zur fachgerichtlichen Beseitigung von Gehörsverstößen Vorrang vor der Verfassungsbeschwerde eingeräumt mit der Notwendigkeit, erstere zur „Erschöpfung des Rechtsweges" i.S. des § 90 Abs. 2 S. 1 BVerfGG einzulegen.[1251] Damit war der auch in Literatur und Schrifttum weithin anerkannte Schritt vollzogen, die formlose Gegenvorstellung in gewissen Fällen grundrechtsrelevanter Fehler des Ausgangsgerichtes zu einem Teil des Rechtsbehelfssystems der ZPO zu erheben.[1252]

Insbesondere wurde die Gegenvorstellung gegen sog. unanfechtbare, v.a. nicht (mehr) der fristgebundenen sofortigen Beschwerde (vgl. § 577 ZPO a.F.) unterliegende und gegen solche instanzabschließende Beschlüsse für statthaft angesehen, die nicht ihrerseits einem besonderen Rechtsbehelf, etwa der Kostenerinnerung (§ 104 Abs. 3 ZPO a.F.) oder dem Widerspruch gegen eine Anordnung im einstweiligen Rechtsschutz ohne mündliche Verhandlung (§ 924 ZPO), unterlagen. Die Statthaftigkeit wurde einer Analogie zu den Vorschriften der §§ 33a, 311a StPO entnommen,[1253] die das verfassungsrechtlich verbürgte Grundrecht auf rechtliches Gehör auch einfachrechtlich in der StPO gewährleisten, ohne das Nachholungsverfahren einer Frist, einer Form oder einem Devolutiveffekt zu unterwerfen.

B. Außerordentliche Rechtsbehelfe und Anhörungsrüge nach dem Inkrafttreten des ZPO-RG und des Anhörungsrügengesetzes

Das Inkrafttreten des ZPO-RG zum 1.1.2002 und v.a. des sog. Anhörungsrügengesetzes[1254] zum 1.1.2005 hat zu tiefgreifenden Änderungen bei den (außerordentlichen) Rechtsbehelfen gegen Beschlüsse, die mit Beschwerde oder Rechtsbeschwerde nicht mehr anfechtbar sind, geführt. Zum einen ist nach der Rechtsprechung der Obergerichte, insbesondere des *BGH* eine außerordentliche Beschwerde (mit Devolutiveffekt) nunmehr zugunsten der Gegenvorstellung nicht mehr statthaft.[1255] Zum anderen hat der Gesetzgeber auf Gesetzgebungsauftrag des *BVerfG* hin in Erweiterung der schon mit dem ZPO-RG zum 1.1.2002 eingeführten Gehörsrüge gem. § 321a ZPO diese auf Gehörsverstöße bei sämtlichen unanfechtbaren Entscheidungen, also insbesondere Beschlüssen erweitert.[1256]

[1248] So *BGH*, VersR 1982, 598.
[1249] Vgl. *BVerfGE* 47, 182; 49, 252; 73, 322.
[1250] *Schumann*, FS für *Baumgärtel*, S. 491.
[1251] Vgl. *BVerfGE* 63, 77; 70, 180; 73, 322.
[1252] So *Schumann*, FS für *Baumgärtel*, S. 491.
[1253] Vgl. ausführlich *Bauer*, NJW 1991, 1711 unter Auseinandersetzung mit der Gegenansicht, die die Statthaftigkeit einer Gegenvorstellung bei Unanfechtbarkeit einer letztinstanzlichen Entscheidung mit dem Verweis auf § 577 Abs. 3 ZPO (a.F.) verneinte, vgl. insoweit etwa *Schmidt*, Rpfleger 1974, 177.
[1254] Gesetz vom 9.12.2004, BGBl I, S. 3220.
[1255] Vgl. nachfolgend unter I.
[1256] Vgl. nachfolgend unter III.

Vom Gesetzgeber nach wie nicht geregelt und in Rechtsprechung und Literatur umstritten ist schließlich die außerordentliche Geltendmachung sonstiger Grundrechtsverstöße, also insbesondere bei Verstößen gegen sonstige Verfahrensgrundrechte, etwa bei Entziehung des gesetzlichen Richters (Art. 101 Abs. 1 GG), bei Verstößen gegen die prozessuale Waffengleichheit[1257] und allgemein die Grundsätze des fairen Verfahrens sowie nicht zuletzt bei (nach alter Lesart) greifbar gesetzeswidrigen, d.h. willkürlichen Entscheidungen.[1258] Zum Verständnis als auch zur kritischen Wertung der Rechtslage bei den außerordentlichen Rechtsbehelfen nach Inkrafttreten des Anhörungsrügengesetzes ist es notwendig, vorweg die tragenden Gründe der o.g. Entscheidungen des *BGH* sowie des *BVerfG* zu skizzieren.

I. Die höchstgerichtliche Rechtsprechung sowie die Entscheidung des *BVerfG* vom 30.4.2003

1. Die Rechtsprechung des *BGH*

Der *BGH* hat unmittelbar nach Inkrafttreten des ZPO-RG ausgesprochen, dass nach der Neuregelung des Beschwerderechts durch das ZPO-RG das einzige Rechtsmittel gegen Beschlüsse der Beschwerdegerichte die Rechtsbeschwerde gem. § 574 Abs. 1 ZPO sei. Ein außerordentliches Rechtsmittel sei auch dann nicht statthaft, wenn die Entscheidung das Recht auf rechtliches Gehör bzw. ein sonstiges Verfahrensgrundrecht verletze oder aus sonstigen Gründen „greifbar gesetzeswidrig“ sei.[1259] Dieser Rechtsprechung haben sich das *BVerwG*[1260] und der *BFH*[1261] angeschlossen. Der Regelung des § 321a ZPO wurde die gesetzgeberische Entscheidung entnommen, dass eine im Rechtsmittelzug nicht mögliche Nachprüfung gerichtlicher Entscheidungen auf Grund eines außerordentlichen Rechtsbehelfs demjenigen Gericht vorbehalten bleiben solle, das diese Entscheidung erlassen hat.[1262] Die Einführung der Rechtsbeschwerde als auch einer Anhörungsrüge an das Ausgangsgericht durch das ZPO-RG wurde also quasi als „Schlussstrich“ unter die Beschwerde (mit Devolutiveffekt) wegen "greifbarer Gesetzeswidrigkeit" angesehen. Dies bedeutet für den Bereich des Zivilprozesses, dass Fälle „greifbarer Gesetzwidrigkeit“ nur im Falle einer zulässigen oder zugelassenen Rechtsbeschwerde vor den *BGH* gelangen können.

[1257] Vgl. hierzu *Müller*, NJW 2002, 2743.

[1258] Vgl. nachfolgend unter III.

[1259] So *BGHZ* 150, 133 = NJW 2002, 1577; Gegenstand dieser Entscheidung war ein als außerordentliche Beschwerde bezeichnetes Rechtsmittel einer Vollstreckungsschuldnerin an den *BGH* , mit dem gegen die angeblich unter Verstoß gegen das rechtliche Gehör ergangene Verwerfung einer sofortigen Beschwerde gegen einen Haftbefehl zur Abgabe der eidesstattlichen Versicherung samt Wiedereinsetzungsantrag gegen die Versäumung der Beschwerdefrist vorgegangen werden sollte. Das Beschwerdegericht hatte die Rechtsbeschwerde nicht zugelassen.

[1260] Vgl. BVerwG, NJW 2002, 2657; NVwZ 2005, 232; BeckRS 2005, 28558.

[1261] *BFHE* 211, 37 = NJW 2006, 861.

[1262] *BFHE* 211, 37 = NJW 2006, 861.

a) Kraft Gesetzes statthafte Rechtsbeschwerden, § 574 Abs. 1 Nr. 1 ZPO

In den Fällen, bei denen bereits das Gesetz ausdrücklich die Rechtsbeschwerde eröffnet, etwa gegen Beschlüsse, mit denen eine Berufung als unzulässig verworfen wird (§§ 522 Abs. 1 S. 3 und 4 ZPO), findet ohne weiteres unter den Vorgaben des § 574 Abs. 1 Nr. 1, Abs. 2 ZPO durch das Rechtsbeschwerdegericht eine Überprüfung auf das Vorliegen von Gründen, die die Zulassung der Rechtsbeschwerde rechtfertigen, statt. Wie aufgezeigt, dient aber v.a. der Zulassungsgrund der Sicherung einer einheitlichen Rechtsprechung nach dem auch vom *BGH* anerkannten Willen des Reformgesetzgebers dazu, Verstöße gegen die Pflicht, rechtliches Gehör zu gewähren, sowie gegen sonstige Verfahrensgrundrechte zu korrigieren.[1263] Lediglich in sonstiger Weise, im Einzelfall auch schwerwiegend fehlerhafte Beschlüsse, die aber nicht auch Verfassungsverstöße beinhalten, rechtfertigen die Zulässigkeit der Rechtsbeschwerde nicht schon wegen ihrer – ggf. auch „greifbaren“ – Gesetzeswidrigkeit.[1264]

b) Auf Zulassung statthafte Rechtsbeschwerden, § 574 Abs. 1 Nr. 2 ZPO

Gem. § 574 Abs. 1 Nr. 2, Abs. 3 ZPO lässt das Beschwerdegericht die Rechtsbeschwerde mit bindender Wirkung für das Rechtsbeschwerdegericht (vgl. § 574 Abs. 3 S. 2 ZPO) zu, wenn die in § 574 Abs. 2 ZPO aufgeführten Zulassungsgründe vorliegen. Für die – für sich gesehen – die Zulassung der Rechtsbeschwerde zur Sicherung einer einheitlichen Rechtsprechung rechtfertigenden Verfassungsverletzungen des Beschwerdegerichtes wegen Verstößen gegen das rechtliche Gehör oder sonstige Verfahrensgrundrechte bedeutet dies aber de facto die Unbehebbarkeit mittels einer Rechtsbeschwerde, da das Beschwerdegericht die Rechtsbeschwerde nur in extremen Ausnahmefällen zur Bereinigung eines solchen von ihm erkannten Verstoßes zulassen wird.

aa) Keine Analogie zur Nichtzulassungsbeschwerde (§ 544 ZPO)

Der *BGH* hat es abgelehnt, bei Nichtzulassung der Rechtsbeschwerde durch das Beschwerdegericht in Analogie zu § 544 ZPO eine Beschwerdemöglichkeit zum Rechtsbeschwerdegericht zu eröffnen. Insoweit fehle es bereits an einer planwidrigen Lücke in der Konzeption des Reformgesetzgebers. Dieser habe nämlich die Problematik der Verletzung von Verfahrensgrundrechten gesehen. Er habe mit § 321a ZPO erstmals eine Abhilfemöglichkeit für Verfahren vorgesehen, in denen eine Überprüfung des erstinstanzlichen Urteils bislang nicht möglich war. Ferner habe er für das Revisionsrecht mit § 543 Abs. 2 Nr. 1 ZPO einen Grund für die Zulassung der Revision eingeführt, der nach der Gesetzesbegründung auch die Verletzung von Verfahrensgrundrechten umfassen solle.[1265] Für das Verfahren der vom Beschwerdegericht erst zuzulassenden Rechtsbeschwerde habe der Gesetzgeber demgegenüber unter Hinweis auf die regelmäßig geringere Bedeutung des Beschwerdeverfahrens für die Parteien und aus Gründen der Entlastung des *BGH* bewusst davon abgesehen, eine dem Revisionsrecht vergleichbare Regelung zur Korrektur auch der

[1263] Vgl. hierzu den *Regierungsentwurf-ZPO-RG*, BT-Drs. 14/4722, S. 104 und 116 sowie oben § 7.
[1264] Vgl. oben § 7, S. 157ff.
[1265] Vgl. den *Regierungsentwurf-ZPO-RG*, BT-Drs. 14/4722, S. 104.

Verletzung von Verfahrensgrundrechten zu schaffen, obwohl die Zulassungsgründe sich bei Revision und Rechtsbeschwerde nicht unterschieden.[1266]

bb) (Fristgebundene) Gegenvorstellung bei Verfassungsverstößen

Ein Verfassungsverstoß, sei es die Verletzung des rechtlichen Gehörs, sei es die Verletzung eines sonstigen Verfahrensgrundrechtes, sei vielmehr durch das Gericht, das ihn begangen habe (iudex a quo), auf eine Gegenvorstellung zu korrigieren.[1267] Die Einschränkung der sich aus § 318 ZPO ergebenden Bindung sei in diesen Fällen gerechtfertigt, weil Entscheidungen, die unter Verletzung eines Verfahrensgrundrechts, insbesondere des Grundrechts auf rechtliches Gehör, ergangen seien, auf eine Verfassungsbeschwerde hin aufzuheben wären und damit letztlich keine Bestandskraft entfalten könnten.[1268] Zudem sei die Fehlerkorrektur innerhalb der Instanz auch nach der Vorstellung des Gesetzgebers vorzugswürdig, weil sie eine einfache und ökonomische Abhilfe ermögliche und zugleich zu einer Entlastung des *BVerfG* führe.[1269] Für den Fall, dass das Fachgericht einen Verfassungsverstoß nicht ausräume, komme allein die Anrufung des *BVerfG* im Wege der Verfassungsbeschwerde in Betracht.[1270] Letztere Erwägung zeigt den zentralen Unterschied zur Rechtsprechung des *BGH* bei Verfassungsverstößen vor Inkrafttreten des ZPO-RG auf. Hier hatte der *BGH* nämlich noch unmittelbar vor dem 1.1.2002 vertreten, dass Verletzungen des rechtlichen Gehörs sowie sonstiger Verfahrensgrundrechte zwar durch Gegenvorstellung beim Ausgangsgericht zu bereinigen seien, dass aber bei dessen Beharren auf seiner verfassungswidrigen Rechtsansicht die außerordentliche Beschwerde statthaft sei.[1271]

c) Rechtsbehelf bei „greifbar gesetzeswidrigen" Entscheidungen ohne Verfassungsverstoß

Der *BGH* hat sich in der im Zusammenhang mit einer Gehörsrüge ergangenen Entscheidung vom 7.3.2002 aber auch mit der außerordentlichen Beschwerde wegen "greifbarer Gesetzeswidrigkeit" im Sinne der von ihm entwickelten Begriffsbestimmung[1272] auseinandergesetzt. Das Gericht sah vor dem Hintergrund der nunmehrigen gesetzlichen Konzeption des Zugangs zum Rechtsbeschwerdegericht keine Möglichkeit, an der von ihm für Fälle „krass unrichtiger" Entscheidungen zulässig erachteten außerordentlichen Beschwerde festzuhalten. Damit gilt auch für den Bereich der nicht schon kraft Gesetzes rechtsbeschwerdefähigen Entscheidungen, dass Beschlüsse, die nicht zur Verletzung eines

[1266] Vgl. den *Regierungsentwurf-ZPO-RG*, BT-Drs. 14/4722, S. 116.

[1267] So *BGHZ* 150, 133 = NJW 2002, 1577 unter Bezugnahme auf *BVerfGE* 104, 357; *BFHE* 211, 13 = NJW 2006, 861. Der *BGH* hat darüber hinaus konsequenter Weise auch die nachträgliche Zulassung einer Rechtsbeschwerde wegen willkürlicher Nichtzulassung unter analoger Anwendung des § 321a ZPO auf Gegenvorstellung hin für zulässig erachtet, vgl. *BGH*, NJW 2004, 2529 (vom Beschwerdegericht erkannter Verstoß gegen den gesetzlichen Richter bei der Beschwerdeentscheidung).

[1268] Vgl. *BGHZ* 130, 97, 98 ff.; *BGH*, NJW 1998, 82; NJW 2000, 590; NJW 2002, 754.

[1269] So der *Regierungsentwurf-ZPO-RG*, BT-Drs. 14/4722, S. 85 zu § 321a ZPO.

[1270] Anders *Schneider*, MDR 2002, 1047, der bei Nichtabhilfe die Ausnahmebeschwerde für zulässig ansieht.

[1271] So *BGH*, NJW 2002, 754.

[1272] Vgl. oben S. 267ff.

Verfahrensgrundrechtes, insbesondere des rechtlichen Gehörs führen, aber aus sonstigen Erwägungen „greifbar gesetzeswidrig“ sein könnten, weil sie jeder gesetzlichen Grundlage entbehren und inhaltlich dem Gesetz fremd sind, mithin schwerwiegende Rechtsverletzungen im Einzelfall darstellen, keiner (weiteren) Überprüfung durch das Rechtsbeschwerdegericht zugänglich sind. Umgekehrt ließe sich formulieren, dass der *BGH* nunmehr unter die Begriffsbestimmung "greifbare Gesetzeswidrigkeit" nur noch Grundrechtsverstöße rechnet, gleichzeitig aber zur Bereinigung solcher Verletzungen ausschließlich das Ausgangsgericht für berufen hält.[1273] Dass auch schwerwiegend fehlerhafte Entscheidungen im Einzelfall ohne weitere Überprüfung durch ein Rechtsmittel hinzunehmen seien, falls sich keine Grundrechtsverletzungen ergäben,[1274] sei im Hinblick auf die regelmäßig inhaltlich geringere Bedeutung von Beschlussentscheidungen hinzunehmen.[1275]

2. Die Entscheidung des *BVerfG* vom 30.4.2003[1276]

a) Anspruch auf vorrangigen fachgerichtlichen Rechtsschutz bei Gehörsverstößen

Die Plenarentscheidung des *BVerfG* vom 30.4.2003 zur Frage des fachgerichtlichen Rechtsschutzes bei Gehörsverstößen hat auch die Problematik der außerordentlichen Beschwerde sowie der Gegenvorstellung betroffen. Das *BVerfG* hat nämlich ausgesprochen, dass gegen den aus dem Rechtsstaatsprinzip (Art. 20 Abs. 3 GG) in Verbindung mit den Grundrechten folgenden Justizgewährungsanspruch, der auch bei der erstmaligen Verletzung von Verfahrensgrundrechten durch ein Gericht eingreife, verstoßen werde, wenn gegen (mutmaßliche) Verletzungen des Art. 103 Abs. 1 GG durch ein Gericht kein fachgerichtlicher Rechtsschutz eröffnet sei.[1277] Hieraus folge die vorrangige fachgerichtliche Abhilfepflicht bei Gehörsverstößen, auch wenn zusätzlich eine Rechtsverfolgung mit Hilfe der Verfassungsbeschwerde möglich sei. Diese führe nämlich als außerordentlicher Rechtsbehelf nur unter engen Voraussetzungen zur Überprüfung einer Rechtsverletzung. Insbesondere sei die Annahme der Verfassungsbeschwerde gem. § 93a BVerfGG Voraussetzung der Überprüfung eines Grundrechtsverstoßes. Ferner hindere die Verfassungsbeschwerde den Eintritt der Rechtskraft der angegriffenen Entscheidung nicht und führe erst in einem zeitlichen Stadium zu einer Entscheidung über den behaupteten Grundrechtsverstoß, in dem die Phase der Vollstreckung der fachgerichtlichen Entscheidung bereits begonnen habe. Schließlich folge aus dem gem. § 90 Abs. II BVerfGG folgenden Gebot der

[1273] So auch *Schneider*, MDR 2002, 1047 und MDR 1997, 991, jeweils unter Bezugnahme auf *Pawlowski*, FS für Schneider, S. 39: *„Die Beschwerde ist ausgeschlossen, sofern sie auf einfachrechtliche Rechtsverletzungen gestützt wird. Sie ist zulässig, soweit die Entscheidung auf einer Grundrechtsverletzung beruht.“*

[1274] Zu prüfen ist aber im Bereich der früheren "greifbaren Gesetzeswidrigkeit" immer, ob nicht doch ein Verstoß gegen das Willkürverbot (Art. 3 Abs. 1 GG) vorliegt, vgl. hierzu noch unten C. und D.

[1275] Vgl. *BGHZ* 150, 133 = NJW 2002, 1577 unter Bezugnahme auf den *Regierungsentwurf-ZPO-RG*, BT-Drs. 14/4722, S. 116.

[1276] *BVerfGE* 107, 395 = NJW 2003, 1924.

[1277] Vgl. *BVerfGE* 107, 395 = NJW 2003, 1924.

Ausschöpfung des Rechtswegs ein allgemeines Subsidiaritätsprinzip, das gerade auch das Verhältnis von fachgerichtlichem zu verfassungsgerichtlichem Rechtsschutz betreffe. Das Grundgesetz messe insoweit der fachgerichtlichen Rechtsprechung auch für die Einhaltung verfassungsrechtlicher Grundentscheidungen eine zentrale Bedeutung zu.[1278]

b) Notwendigkeit einer einfachgesetzlichen Regelung zur Behebung von Gehörsverstößen

Das *BVerfG* hat in seiner Entscheidung vom 30.4.2003 klargestellt, dass den Verfahrensbeteiligten eine Möglichkeit zur Verfügung stehen müsse, behauptete Verstöße gegen das Grundrecht auf rechtliches Gehör gem. Art. 103 Abs. 1 GG von der Fachgerichtsbarkeit, bei der dieser Fehler begangen worden sei, beheben zu lassen.

aa) Fachgerichtlicher Rechtsschutz auch bei erstmaligen Gehörsverletzungen in der Rechtsmittelinstanz

Nach der Auffassung des *BVerfG* gewährt Art. 103 Abs. 1 GG einen umfassenden Schutz dergestalt, dass auch erst in der letzten fachgerichtlichen Instanz, d.h. ggf. in der Revisionsinstanz begangene Gehörsverletzungen einer fachgerichtlichen Überprüfung zugänglich gemacht werden müssen.[1279] Mit anderen Worten müsste die jeweilige Verfahrensordnung in den Fällen, in denen ein Gehörsverstoß nicht mehr mit einem zulässigen Rechtsmittel[1280] geltend gemacht werden kann, einen gesonderten Rechtsbehelf gerade für behauptete Gehörsverletzungen zur Verfügung stellen.[1281]

bb) Ausgestaltung einer entsprechenden Regelung

Das *BVerfG* hat zunächst klar gestellt, dass der Gesetzgeber im Rahmen des allgemeinen Justizgewährungsanspruches nach seinem Ermessen wählen könne, behauptete Gehörsverletzungen innerhalb des allgemeinen Rechtsmittelsystems oder im Wege eines Sonderrechtsbehelfes fachgerichtlich überprüfbar zu machen. Desweiteren sei der Gesetzgeber nicht verpflichtet, zur Kontrolle solcher Verstöße eine weitere Instanz zu eröffnen, vielmehr genüge die Möglichkeit, sich wegen Gehörsverletzungen an das Ausgangsgericht (iudex a quo) zu richten. Schließlich erfordere der allgemeine Justizgewährungsanspruch auch nur die einmalige fachgerichtliche Kontrollmöglichkeit bei behaupteten Gehörsver-

1278 Vgl. zu dieser Argumentation insgesamt *BVerfGE* 107, 395 = NJW 2003, 1924.

1279 Vgl. *BVerfGE* 107, 395 = NJW 2003, 1924; dies gelte dann, wenn (erst) in der Rechtsmittelinstanz neue relevante Tatsachen vorgebracht werden und das Rechtsmittelgericht diese unter Verstoß gegen Art. 103 Abs. 1 GG bei seiner Entscheidungsfindung nicht berücksichtige. Gäbe es gegen solche neuen, eigenständigen Gehörsverletzungen keinen Rechtsschutz, bliebe die Beachtung des Grundrechts aus Art. 103 Abs. 1 GG kontrollfrei.

1280 Dem gemäß ist aber für den Fall, dass mit dem gegen eine Entscheidung zulässigen Rechtsmittel eine Gehörsverletzung geltend gemacht werden kann, für den Gesetzgeber ein Handlungsbedarf nicht gegeben. Der *BGH* hat in seiner Entscheidung in NJW 2004, 1598 klar gestellt, dass eine Gehörsrüge analog § 321a ZPO gegen einen die Berufung verwerfenden Beschluss gem. § 522 Abs. 1 S. 3 ZPO unzulässig ist, da gegen diese Entscheidung die Rechtsbeschwerde eröffnet (§§ 522 Abs. 1 S. 4, 574 Abs. 1 Nr. 1 ZPO) und zur Geltendmachung von Gehörsverletzungen wegen Sicherung einer einheitlichen Rechtsprechung auch regelmäßig zulässig ist (§ 574 Abs. 2 Nr. 2 ZPO).

1281 Vgl. *BVerfGE* 107, 395 = NJW 2003, 1924.

stößen. Die Geltendmachung solcher Fehler des Ausgangsgerichts führe nicht zur erneuten Eröffnung des Rechtsweges, weswegen auch dann die weitere Verfahrensdauer voraussehbar und angemessen kurz sei, wenn die Gehörsverletzung erst in einer Rechtsbehelfsinstanz geltend gemacht werde.[1282]

cc) Notwendiger Inhalt einer solchen Regelung

Das *BVerfG* hat in seiner Entscheidung vom 30.4.2003 weiter betont, dass der Gesetzgeber bei der zu gestaltenden Regelung einen Spielraum habe, bei dessen Ausfüllung die Interessen der anderen Verfahrensbeteiligten als auch die Anforderungen an die Funktionsfähigkeit der Gerichte zu beachten seien.

dd) Das Anhörungsrügengesetz vom 9.12.2004

Der Gesetzgeber hat dem Auftrag des *BVerfG* gemäß zum 9.12.2004 das sog. Gesetz über die Rechtsbehelfe bei Verletzung des Anspruchs auf rechtliches Gehör (Anhörungsrügengesetz)[1283] erlassen, welches zum 1.1.2005 in Kraft getreten ist. Für die ZPO wurde dieses Gesetz in einer Neuregelung des § 321a umgesetzt. Hierbei können nunmehr Entscheidungen jeglicher Art auf dem Gebiet des Zivilverfahrens vor dem Ausgangsgericht mit der Rüge angegriffen werden, dass der Anspruch auf rechtliches Gehör verletzt sei.[1284]

c) Auswirkungen auf die Verletzung sonstiger Verfahrensgrundrechte

Das *BVerfG* hatte in seiner Plenarentscheidung vom 30.4.2003[1285] nur darüber zu entscheiden, wie die verfassungsrechtliche Gewährleistung fachgerichtlichen Rechtsschutzes bei Gehörsverletzungen (Art. 103 Abs. 1 GG) umzusetzen ist. Es ist nicht explizit darauf eingegangen, inwiefern Verstöße gegen sonstige Verfahrensgrundrechte (etwa gegen das Recht auf den gesetzlichen Richter, Art. 101 Abs. 1 GG) oder das Willkürverbot ebenfalls vorrangig in der Fachgerichtsbarkeit und dort auch dann geltend zu machen sind, wenn kein (weiteres) Rechtsmittel zur Verfügung steht. Ebenso wie beim Grundrecht auf rechtliches Gehör stellt sich die Frage, ob die außerordentlichen Rechtsbehelfe zur Geltendmachung dieser Verfassungsverletzungen ausgedient haben, weil der Gesetzgeber einen Rechtsbehelf schaffen muss. Das *BVerfG* formuliert in seiner Entscheidung vom 30.4.2003 einerseits vorsichtig, andererseits nicht eindeutig. Zum einen stellt es für die Ableitung einer fachgerichtlichen Überprüfungsmöglichkeit von erstmaligen Gehörsverletzungen aus dem allgemeinen Justizgewährungsanspruch ausdrücklich auf die Verfahrensgrundrechte, insbesondere auf die Regelung des Art. 101 Abs. 1 GG (Recht auf den gesetzlichen Richter) ab, die zusammen mit Art. 103 Abs. 1 GG überhaupt die Einhaltung rechtsstaatlicher Mindeststandards sichere.[1286] Andererseits wird aber betont, dass der zur Herbeiführung der Plenarentscheidung ergangene Vorlagebeschluss des *Ersten Senats*[1287]

[1282] Vgl. insgesamt *BVerfGE* 107, 395 = NJW 2003, 1924.
[1283] BGBl I, S. 3220.
[1284] Zur näheren Ausgestaltung und Kritik an dieser Regelung sogleich unter II.
[1285] *BVerfGE* 107, 395 = NJW 2003, 1924.
[1286] Vgl. *BVerfGE* 107, 395 = NJW 2003, 1924.
[1287] Vgl. *BVerfGE* 104, 357.

auf die Frage des Rechtsschutzes bei behaupteten Verletzungen des Art. 103 Abs. 1 GG beschränkt sei und die Besonderheiten gerade dieses Verfahrensgrundrechtes sich auf die dargestellte Rechtsschutzgarantie (vor den Fachgerichten) auswirke.[1288] Dem entsprechend hat der Gesetzgeber mit dem Anhörungsrügengesetz vom 9.12.2004 auch nur Gehörsverstöße, die mit einem ordentlichen Rechtsmittel oder einem (anderen) Rechtsbehelf nicht mehr zu bekämpfen sind, der Regelung des § 321a ZPO unterstellt und andererseits in seiner Begründung ausdrücklich betont, dass bei Verletzungen anderer Verfahrensgrundrechte die von der Rechtsprechung entwickelten außerordentlichen Rechtsbehelfe nicht berührt werden sollten.[1289] Ob dies den verfassungsrechtlichen Anforderungen entsprach und ob ggf. die Neuregelung des § 321a ZPO i.d. Fassung des Anhörungsrügengesetzes doch analog auf die Verletzung sonstiger Verfahrensgrundrechte angewendet werden kann,[1290] kann allerdings erst beurteilt werden, wenn diese Regelung auf ihren Inhalt sowie Sinn und Zweck hin untersucht ist.

II. Verstöße gegen das Recht auf Gehör - § 321a ZPO

Verstöße gegen Verfahrensvorschriften können den Anspruch der Parteien auf Gewährung rechtlichen Gehörs (Art. 103 Abs. 1 GG) verletzen. Nachfolgend soll untersucht werden, welchen Inhalt die vom Gesetzgeber im Wege des Anhörungsrügengesetzes geschaffene Neuregelung des § 321a ZPO hat und ob mit dieser Vorschrift das vom *BVerfG* vorgegebene Ziel erreicht werden kann, das Verfahren verfassungsgerecht zu gestalten und dadurch Verfassungsbeschwerden zu vermeiden.

1. Die Gehörsrüge gem. § 321a ZPO nach Inkrafttreten des Anhörungsrügengesetzes

Das Gesetz über die Rechtsbehelfe bei Verletzung des Anspruchs auf rechtliches Gehör vom 5.11.2004 (Anhörungsrügengesetz)[1291] vervollständigt nach Auffassung des Gesetzgebers die Möglichkeiten, richterliche Verstöße gegen den Anspruch auf rechtliches Gehör – unterhalb des Verfassungsbeschwerdeverfahrens – im fachgerichtlichen Verfahren zu rügen.[1292] Dafür wurden die Vorschriften über vorhandene Rechtsbehelfe, soweit aus der Sicht des Gesetzgebers erforderlich, ergänzt. Für die Fälle, in denen Rechtsmittel nicht (mehr) zur Verfügung stehen, wurde die Anhörungsrüge als eigenständiger Rechtsbehelf ausdrücklich im Gesetz verankert. Im Folgenden sollen zunächst kurz die Entstehungsge-

[1288] Vgl. *BVerfGE* 107, 395 = NJW 2003, 1924.

[1289] Vgl. den *Regierungsentwurf-AnhörungsRG*, BR-Drs. 663/04, S. 36. Damit trifft der Entwurf keine Aussage zu der Frage, wie die Gerichte künftig mit Verletzungen etwa des Willkürverbots umgehen sollen; insbesondere die bisher in diesen Fällen zur Anwendung gekommenen außerordentliche Rechtsbehelfe wie die außerordentliche Beschwerde oder die Gegenvorstellung sollen durch die Beschränkung dieses Entwurfs auf eine Erweiterung der Rügemöglichkeiten bei Anhörungsverstößen nicht ausgeschlossen werden.

[1290] Vgl. hierzu unten S. 306ff.

[1291] Vgl. BGBl. 2004 I, S. 3220, und den Gesetzesbeschluss des *Deutschen Bundestages*, BR-Drs. 848/04.

[1292] Vgl. die Beschlussempfehlung und den Bericht des *Rechtsausschusses* des *Deutschen Bundestags*, BT-Drucks. 15/4061, S. 2.

schichte des Gesetzes sowie die Motive des Gesetzgebers für die systematische und inhaltliche Ausgestaltung der Gehörsrüge für den Bereich des Zivilprozesses (§ 321a ZPO und Folgeänderungen) dargestellt werden.

a) Entstehungsgeschichte

Nach Ergehen der Plenarentscheidung des *BVerfG* vom 30.4.2004[1293] und dem hiermit verbundenen, bis 1.1.2005 befristeten Gesetzgebungsauftrag zur Schaffung fachgerichtlicher Rechtsbehelfe bei Gehörsverletzungen legte das ***Bundesministerium der Justiz*** zum 28.4.2004 den *Referentenentwurf* eines Anhörungsrügengesetzes vor. Dieser sah zwei wesentliche Neuerungen vor: Zum einen sollte die in § 321a ZPO geregelte und dort nach dem Gesetzeswortlaut auf erstinstanzliche, der Berufung nicht zugängliche Urteile beschränkte Anhörungsrüge gegen alle mit Rechtsmitteln nicht angreifbaren oder in deren Rahmen nicht überprüfbaren Entscheidungen eröffnet werden. Zum anderen sollten die Rechtsmittelzulassungsgründe für Revision und Rechtsbeschwerde insoweit erweitert werden, als diese Rechtsmittel zuzulassen sein sollten, wenn ein absoluter Revisionsgrund (§§ 547, 576 Abs. 3 ZPO) oder eine entscheidungserhebliche Verletzung des Anspruchs auf rechtliches Gehör geltend gemacht wird und vorliegt (§§ 543 Abs. 2 S. 1 Nr. 3, 574 Abs. 2 Nr. 3 ZPO-RefE). Der *Referentenentwurf* wollte damit klarstellen, dass die Gehörsverletzung den Rechtsmittelzug zum *BGH* eröffnet.[1294] In dem zum 21.9.2004 vorgelegten Gesetzentwurf einzelner Abgeordneter der SPD sowie von Bündnis 90/Die Grünen als auch deren jeweiliger Fraktionen im Bundestag[1295] wurde allerdings von einer Ergänzung der Zulassungs- bzw.Zulässigkeitsgründe bei Revision und Rechtsbeschwerde abgesehen, weil die einzelnen *Senate* des *BGH* bei Gehörsverletzungen mittlerweile einheitlich die genannten Rechtsmittel für zulässig erachteten.[1296] Auf diesem *Koalitionsentwurf-AnhörungsRG* basierte der am 20.10.2004 vorgelegte *Regierungsentwurf-AnhörungsRG*[1297], zu dem der *Bundesrat* bereits durch Beschluss in der Sitzung vom 15.10.2004 Stellung genommen hatte.[1298] Der *Rechtsausschuss des Bundestages* gab am 27.10.2004 unter teilweiser Berücksichtigung der Einwendungen des *Bundesrates* eine Beschlussempfehlung ab.[1299] Der im Gewande dieser Beschlussempfehlung abgeänderte *Regierungsentwurf* wurde in der Plenarsitzung vom 28.10.2004 einstimmig angenommen.[1300]

[1293] Vgl. *BVerfGE* 107, 395 = NJW 2003, 1924.

[1294] Vgl. *Nasall*, ZRP 2004, 164.

[1295] Im folgenden *Koalitionsentwurf-AnhörungsRG*, vgl. BT-Drs. 15/3706.

[1296] Vgl. oben S. 159ff.

[1297] Der Text des *Regierungsentwurfes-AnhörungsRG*, BT-Drs. 15/3966, stimmt in Wortlaut und Begründung (Anlage 1 zu BT-Drs. 15/3966) des Gesetzes mit dem *Koalitionsentwurf-AnhörungsRG* überein, vgl. BT-Drs. 15/3966, S. 5, wo auf BT-Drs. 15/3706, S. 2 bis 25 Bezug genommen wird.

[1298] Vgl. insoweit die Anlage 2 zu BT-Drs. 15/3966, S. 6ff. und BR-Drs. 663/04.

[1299] Vgl. BT-Drs. 15/4061.

[1300] Vgl. den Gesetzesbeschluss vom 5.11.2004, BR-Drs. 848/04; hierbei wurde der *Koalitionsentwurf-AnhörungsRG* für erledigt erklärt.

b) Die Motive des Gesetzgebers für die systematische und inhaltliche Ausgestaltung der Gehörsrüge

aa) Anknüpfung an die Rechtsprechung des *BVerfG*

Der *Koalitionsentwurf-AnhörungsRG* greift bei der Schaffung der fachgerichtlichen Regelungen zur Anhörungsrüge den vom *BVerfG* erteilten Auftrag im Detail auf.[1301] Insbesondere wird an die vom *BVerfG* aufgestellten Mindestanforderungen angeknüpft, wonach der Rechtsbehelf bei den Fachgerichten eingerichtet werden muss, da die Möglichkeit der Verfassungsbeschwerde nicht genügt. Der Rechtsbehelf müsse Verstöße in jeder gerichtlichen Instanz erfassen, also auch den Fall, dass der Anspruch auf rechtliches Gehör erstmals in einem Rechtsmittelverfahren verletzt werde. Praktisch bestehe daher ein Regelungsbedarf, soweit nach geltendem Recht Rechtsmittel ausgeschlossen seien im Falle letztinstanzlicher Entscheidungen[1302]. Der Rechtsbehelf müsse in der geschriebenen Rechtsordnung (ausdrücklich) geregelt und in seinen Voraussetzungen für den Bürger erkennbar sein. Ein Rückgriff auf nur durch die Rechtsprechung entwickelte außerordentliche Rechtsbehelfe genüge den verfassungsrechtlichen Anforderungen an das Gebot der Rechtsmittelklarheit nicht. Für die weitere Ausgestaltung des nach dem Plenarbeschluss erforderlichen Rechtsbehelfs habe das *BVerfG* dem Gesetzgeber aber einen Handlungsspielraum eingeräumt. Die Überprüfung könne daher auf den verfassungsrechtlichen (Verfahrens-) Mindestschutz beschränkt und durch das erkennende Gericht („judex a quo") durchgeführt werden. Der Gesetzgeber dürfe schließlich im Interesse schneller Rechtskraft u. a. Fristen und Darlegungserfordernisse vorsehen und Vorkehrungen gegen die missbräuchliche Nutzung des Rechtsbehelfs treffen.[1303]

bb) Die Ausgestaltung der Gehörsrüge im Einzelnen

Der Gesetzgeber hat sich bei der Ausgestaltung der Anhörungsrüge an dem Regelungsmodell des im Januar 2002 neu eingeführten § 321a ZPO orientiert.[1304] Mit der Anhörungsrüge können Verletzungen des Anspruchs auf rechtliches Gehör geltend gemacht werden. Über sie befindet dasjenige Gericht, das die angegriffene Entscheidung erlassen hat. Hat die Rüge Erfolg, wird das Verfahren in seiner früheren Lage fortgesetzt. Eine unzulässige oder unbegründete Rüge wird durch unanfechtbaren Beschluss verworfen oder zurückgewiesen.[1305] Die Anhörungsrüge hat keinen Devolutiveffekt, weil nur der iudex a quo entscheidet. Sie hat auch keinen Suspensiveffekt. Wie die Herausnahme der Anhörungsrüge aus § 705 ZPO zeigt, hindert sie nicht den Eintritt der formellen Rechtskraft.[1306] Bei der Anhörungsrüge handelt es sich vielmehr um einen Rechtsbehelf, welcher eine Durchbrechung der Rechtskraft ermöglicht und in seiner Systematik und prozessualen Funktion der Wiederaufnahme bzw. Wiedereinsetzung in den vorigen Stand angenähert ist. Dies ist schließlich auch im Vollstreckungsrecht nachzuvollziehen, wo die Rüge nach

[1301] Vgl. BT-Drs. 15/3706, S. 13ff.
[1302] Vgl. den *Koalitionsentwurf-AnhörungsRG*, BT-Drs. 15/3706, S. 13.
[1303] Vgl. den *Koalitionsentwurf-AnhörungsRG*, BT-Drs. 15/3706, S. 13.
[1304] BGBl. I 2001, S. 1887, 1892f.
[1305] Vgl. den *Koalitionsentwurf-AnhörungsRG*, BT-Drs. 15/3706, S. 13.
[1306] Vgl. den *Koalitionsentwurf-AnhörungsRG*, BT-Drs. 15/3706, S. 14.

§ 321a ZPO in den Katalog des § 707 Abs. 1 S. 1 ZPO aufgenommen wurde, womit im Falle der Erhebung einer Gehörsrüge vom Rügeführer, der die Vollstreckung bis zur Entscheidung über den Rechtsbehelf unterbinden will, ein Antrag auf einstweilige Einstellung der Zwangsvollstreckung aus der zugrunde liegenden Entscheidung gestellt werden muss.

(1) Statthaftigkeit der Gehörsrüge

Die Anhörungsrüge ist nach § 321a Abs. 1 ZPO statthaft, wenn gegen eine Gerichtsentscheidung kein Rechtsmittel oder kein anderer Rechtsbehelf gegeben ist und das Gericht den Anspruch des Rügeführers auf rechtliches Gehör in entscheidungserheblicher Weise verletzt hat. Wie vom *BVerfG* gefordert, greift der Rechtsbehelf bei Gehörsverstößen jeder Instanz. Wird z.B. der Anspruch auf rechtliches Gehör erstmals vom Beschwerdegericht verletzt, kann gegen dessen Entscheidung mit der Anhörungsrüge vorgegangen werden.[1307] Unter den Begriff der „Entscheidung" fallen daher Urteile und Beschlüssse.[1308]

Problematisch ist allerdings, was der Gesetzgeber meint, wenn er die Statthaftigkeit der Gehörsrüge davon abhängig macht, dass *„kein Rechtsmittel oder kein anderer Rechtsbehelf gegeben ist."* Insoweit kann nach zutreffender Ansicht nicht auf die Statthaftigkeit anderer Rechtsmittel oder Rechtsbehelfe abgestellt werden. „Statthaftigkeit" bedeutet, dass gegen eine Entscheidung überhaupt ein Rechtsmittel oder ein Rechtsbehelf eröffnet ist, unabhängig von weiteren Zulässigkeitsvoraussetzungen.[1309] Eine Anknüpfung der Statthaftigkeit der Anhörungsrüge an die Unstatthaftigkeit anderer Rechtsbehelfe und Rechtsmittel würde aber den Anwendungsbereich der ersteren erheblich einschränken.[1310] Eine Berufung ist etwa auch in den Fällen des § 511 Abs. 2 ZPO, d.h. auch bei einer Berufungssumme bis zu 600.- € und im Falle nicht erfolgter Zulassung statthaft, da lediglich die (weitere) Zulässigkeit des (im Übrigen statthaften) Rechtsmittels beschränkt wird.[1311] Dann gäbe es aber in diesen Fällen wegen der Statthaftigkeit der Berufung auch keine statthafte Gehörsrüge. Das gleiche gälte für die Angelegenheiten, bei denen eine Nichtzulassungsbeschwerde (§ 544 ZPO) trotz Statthaftigkeit wegen Art. 26 Nr. 8 EGZPO unzulässig ist, weil die Beschwer 20.000.- € nicht überschreitet und bei Beschwerden und Rechtsbeschwerden, die zwar nach § 567 Abs. 1 oder § 574 Abs. 1 ZPO statthaft, aus Gründen des Abs. 2 dieser Vorschriften aber unzulässig sind.[1312] § 321a ZPO ist aber als Auffangtatbestand gedacht und soll in allen Fällen, in denen (andere) fachgerichtliche Rechtsmittel oder Rechtsbehelfe nicht zur Verfügung stehen, eine fachgerichtliche Prü-

[1307] Vgl. den *Koalitionsentwurf-AnhörungsRG*, BT-Drs. 15/3706, S. 15.
[1308] Vgl. den *Koalitionsentwurf-AnhörungsRG*, BT-Drs. 15/3706, S. 15.
[1309] Vgl. *Thomas/Putzo*, vor § 511 Rn. 15.
[1310] Vgl. Rensen, MDR 2005, 181.
[1311] Vgl. *Thomas/Putzo*, § 511 Rn. 11.
[1312] Vgl. *Kettinger*, JURA 2007, 161.

fung ermöglichen. Daher ist auf die Unzulässigkeit eines anderen Rechtsmittels oder Rechtsbehelf abzustellen, soll die Gehörsrüge eröffnet sein.[1313]

(aa) Subsidiarität der Gehörsrüge

Nach § 321a Abs. 1 Nr. 1 ZPO i.d. Fassung des Anhörungsrügengesetzes sind Gehörsverletzungen vorrangig mit den „normalen", zur Bekämfung von Rechtsverletzungen statthaften Rechtsmitteln geltend zu machen. Zu solchen „Rechtsmitteln" zählt neben der sofortigen Beschwerde, der Berufung sowie der Revision v.a. die Nichtzulassungsbeschwerde nach § 544 ZPO, die nach dem Regelungskonzept des ZPO-RG vom 27. Juli 2001[1314] den Zugang zum Revisionsgericht gerade auch im Hinblick auf Gehörsverstöße gewährleisten soll.[1315] Entsprechend gilt dies für die – revisionsähnlich ausgestaltete – Rechtsbeschwerde (§ 574 Abs. 2 i. V. mit Abs. 1 Nr. 1 ZPO). Die Einführung der reinen Zulassungsrevision durch das ZPO-RG ging mit der Erweiterung der Zulassungsgründe einher. Insbesondere sollten mit dem Revisionszulassungsgrund der Sicherung einer einheitlichen Rechtsprechung auch Fälle erfasst werden, in denen die Grundrechte auf Gewährung des rechtlichen Gehörs oder auf ein objektiv willkürfreies Verfahren verletzt sind und deswegen Gegenvorstellung erhoben und Verfassungsbeschwerde eingelegt werden könnte.[1316]

In den Fällen entscheidungserheblicher Verletzung des rechtlichen Gehörs in der Berufungsinstanz kann der Betroffene daher durch eine erfolgreiche Nichtzulassungsbeschwerde das Revisionsverfahren eröffnen und dort die Überprüfung und Aufhebung des Berufungsurteils erreichen. Dies hat der *BGH* in mehreren Grundsatzentscheidungen bestätigt. Demnach vermag ein Verfahrensfehler mit Grundrechtsrelevanz die Zulassung der Revision jedenfalls dann zu begründen, wenn nicht zweifelhaft erscheint, dass das *BVerfG* das Berufungsurteil auf eine Verfassungsbeschwerde hin aufheben würde.[1317] Der Revision kommt auf diese Weise auch die Funktion zu, voraussichtlich erfolgreiche Verfassungsbeschwerden vermeidbar zu machen. Für die Zulassung der Revision wegen eines Rechtsfehlers des Berufungsgerichts sind mithin die gleichen Voraussetzungen maßgebend, die nach der Rechtsprechung des *BVerfG* zum Erfolg einer Verfassungsbeschwerde gegen das

[1313] Vgl. *Zöller/Vollkommer*, § 321a Rn. 4; *Hinz*, WM 2005, 83. Demgegenüber stellt *Kettinger*, JURA 2007, 161 in Anschluss an *Bloching/Kettinger*, JR 2005, 441 auf die „Erfolgsaussicht" ab, weil sowohl Nichtzulassungsbeschwerde (außer in den Fällen des § 542 Abs. 2 ZPO sowie der Art. 26 Nr. 8 und 9 EGZPO) gegen jedes Berufungsurteil zulässig sei, welches die Revision nicht zugelassen habe; ob die Zulassungsgründe tatsächlich vorlägen, sei eine Begründetheitsfrage. Indes ist bei Zulässigkeit der Nichtzulassungsbeschwerde und Vorliegen einer Gehörsverletzung die Revision auch zuzulassen (s.o. S. 160ff.), sodass es dann ohnedies keines Verfahrens nach dem Auffangtatbestand des § 321a ZPO mehr bedarf.

[1314] Vgl. BGBl. I, S. 1887.

[1315] Folgerichtig hat der *BGH* in NJW 2004, 1598, und in NJW 2005, 680 für die bis zum 31.12.2004 geltende Fassung des § 321a ZPO (mit der nur Gehörsverstöße im Falle unanfechtbarer Urteile geltend gemacht werden konnten) dessen analoge Anwendung in Fällen abgelehnt, in denen die mit einer Gehörsrüge angeriffenen Entscheidungen schon mit der Nichtzulassungsbeschwerde gem. § 544 ZPO bzw. der Rechtsbeschwerde gem. § 574 ZPO angegriffen werden konnten. Die behaupteten Gehörsverletzungen hätten dann nämlich jeweils mit diesen Rechtsbehelfen geltend gemacht werden müssen.

[1316] Vgl. den *Regierungsentwurf-ZPO-RG*, BT-Drs. 14/4722, S. 67 und 104 und oben S. 155.

[1317] Vgl. *BGH*, NJW 2003, 65; NJW 2003, 1943.

Urteil führen würden.[1318] Schließlich sind auch andere in der ZPO geregelte Rechtsbehelfe vorrangig gegenüber der Anhörungsrüge gem. § 321a ZPO, namentlich diejenigen der §§ 233ff. ZPO (Antrag auf Wiederaufnahme), der §§ 319 und 321 ZPO (Berichtigung und Ergänzung des Urteils), der §§ 338ff. ZPO (Einspruch gegen ein Versäumnisurteil), des § 573 ZPO (Erinnerung), der §§ 578ff. ZPO (Antrag auf Wiederaufnahme des Verfahrens), der §§ 694f., 700 ZPO (Widerspruch und Einspruch im Mahnverfahren) sowie der §§ 924, 936 ZPO (Widerspruch gegen einen Arrest bzw. eine einstweilige Verfügung, die im Beschlusswege erlassen wurden).

(bb) Gehörsrüge und Berufung

Legt eine Partei Berufung ein, bleibt die Gehörsrüge für die andere Partei statthaft. Dem steht nicht entgegen, dass sie die Verletzung ihres Anspruchs auf rechtliches Gehör auch mit einer Anschlussberufung geltend machen könnte. Die Anschlussberufung stellt stellt nämlich wegen ihrer Abhängigkeit von der Hauptberufung (§ 524 Abs. 4 ZPO) für die betroffene Partei keinen gleichwertigen Rechtsbehelf zur Anhörungsrüge dar.[1319] Falls im nämlichen Verfahren Berufung und Anhörungsrüge eingelegt werden, sollte das Berufungsgericht das Verfahren bis zur Entscheidung über die Anhörungsrüge in entsprechender Anwendung des § 148 ZPO aussetzen.[1320]

(cc) Keine Gehörsrüge gegen unanfechtbare Zwischenentscheidungen

§ 321a Abs. 1 S. 2 ZPO nimmt allerdings diejenigen Entscheidungen aus, die der Endentscheidung vorausgehen (Zwischenentscheidungen). Die Endentscheidung wird in der Regel das Endurteil sein; in Betracht kommen jedoch auch Beschlüsse, die entweder die Instanz im Hauptsacheverfahren oder aber einen Beschwerderechtszug abschließen. Nur gegenüber solchen Entscheidungen eröffnet § 321a ZPO i.d. Fassung des Anhörungsrügengesetzes die Möglichkeit der Anhörungsrüge. Der Grund für diese Regelung liegt einmal darin, dass erst zum Zeitpunkt der Endentscheidung feststellbar ist, ob die Partei, deren Anspruch auf rechtliches Gehör verletzt wurde, durch die Entscheidung beschwert ist (§ 321a Abs. 1 Nr. 1 ZPO) und ob die Gehörsverletzung entscheidungserheblich war (§ 321a Abs. 1 Nr. 2 ZPO). Zum anderen würde die Einbeziehung von Zwischenentscheidungen in den Anwendungsbereich des § 321a ZPO nicht angemessen berücksichtigen, dass die ZPO

[1318] Ob dieses Ergebnis dem Zulassungsgrund der grundsätzlichen Bedeutung (§ 543 Abs. 2 Satz 1 Nr. 1 ZPO) oder der Sicherung einer einheitlichen Rechtsprechung (§ 543 Abs. 2 Satz 1 Nr. 2 ZPO) zu entnehmen ist, war zwar zwischen den *Zivilsenaten* zunächst streitig. Mit Beschluss des *XI. Zivilsenats*, NJW 2004, 2222 ist der *BGH* jedoch zu einer einheitlichen Linie dahin gehend gelangt, dass in diesen Fällen der Zulassungsgrund der Sicherung einer einheitlichen Rechtsprechung anzunehmen ist. Darüber hinaus besteht zwischen den *Zivilsenaten* nunmehr Einvernehmen darüber, dass die Zulassung der Revision wegen einer dem Berufungsurteil zugrunde liegenden Verletzung von Verfahrensgrundrechten nicht von dem zusätzlichen Erfordernis abhängt, dass der Verfassungsverstoß offensichtlich ist (der *XI. Zivilsenat*, NJW 2004, 2222 hat insoweit seine gegenteilige Rechtsprechung in NJW 2003, 65, aufgegeben). Insgesamt ist sonach festzustellen, dass nach der Rechtsprechung der *Zivilsenate* des *BGH* ein Verstoß gegen den Anspruch auf rechtliches Gehör – wie im übrigen auch gegen andere Verfahrensgrundrechte, etwa in Gestalt einer Verletzung des allgemeinen Willkürverbots – zur Zulassung der Revision und zur Zulässigkeit der Rechtsbeschwerde führt.

[1319] *Müller*, NJW 2002, 2743; *Schmid*, MDR 2002, 915.

[1320] *Greger*, NJW 2002, 3041; *Müller*, NJW 2002, 2743; *Schmidt*, MDR 2002, 915.

die isolierte Anfechtung von Zwischenentscheidungen im Interesse einer zügigen Erledigung des Rechtsstreits bewusst einschränkt. Der Umstand, dass der Anwendungsbereich des § 321a ZPO nicht auch für unanfechtbare Zwischenentscheidungen eröffnet wird, soll allerdings nicht den Umkehrschluss rechtfertigen, dass hiermit Einschränkungen gegenüber der bisherigen Rechtslage verbunden sind. Insbesondere soll die ständige Rechtsprechung zu der Frage, ob die Verweisung wegen Unzuständigkeit auch dann nach § 281 Abs. 2 S. 4 ZPO bindend ist, wenn der Beschluss unter Versagung rechtlichen Gehörs ergangen ist, unberührt bleiben.[1321]

(2) Frist, Form und Inhalt der Gehörsrüge

(a) Frist der Gehörsrüge

Nach § 321a Abs. 2 S. 1 ZPO ist die Rüge innerhalb einer Notfrist von zwei Wochen zu erheben. Die Rügefrist ist nur gewahrt, wenn in dem jeweiligen Zeitraum eine den gesetzlichen Anforderungen entsprechende Rügeschrift beim zuständigen Gericht eingeht. Die Frist beginnt in dem Zeitpunkt zu laufen, in dem der Betroffene von der Verletzung des rechtlichen Gehörs Kenntnis erlangt. Insoweit besteht eine Parallele zu den entsprechenden Regelungen in den – ebenfalls rechtskraftdurchbrechenden – Rechtsbehelfen der Wiedereinsetzung (vgl. § 234 Abs. 2 ZPO) und der Wiederaufnahme (vgl. § 586 Abs. 2 S. 1 ZPO). Als gesetzliche Notfrist ist die Rügefrist weder abkürzbar noch verlängerbar, § 224 Abs. 1 und 2 ZPO.[1322] Gegen die unverschuldete Versäumung der Frist kann allerdings gem. §§ 233ff. ZPO Wiedereinsetzung in den vorigen Stand beantragt werden, wobei bei einer Entscheidung die Rechtsschutzgarantie sowie die Bedeutung des Rechts auf Gehör (Art. 103 Abs. 1 GG) besonders zu berücksichtigen sind. Da die Anhörungsrüge nur gegen Endentscheidungen statthaft ist, bei denen das rechtliche Gehör in entscheidungserheblicher Weise verletzt wurde, kann die kenntnisabhängige Rügefrist nicht vor der Bekanntgabe der jeweiligen Gerichtsentscheidung beginnen. Bisher nicht zuzustellende Entscheidungen sollen aber im Hinblick auf eine mögliche Gehörsrüge nicht etwa zustellungspflichtig werden; daher sieht § 321a Abs. 2 S. 3 ZPO für den Fall der formlosen Mitteilung eine Fiktion der Bekanntgabe vor. Nach der Begründung im *Koalitionsentwurf-AnhörungsRG* bleibt unklar, ob unter Kenntnis auch das Kennenmüssen zu fassen ist, wofür einerseits die Rechtsprechung zu § 234 Abs. 2 ZPO sprechen könnte,[1323] während an-

[1321] Vgl. den *Koalitionsentwurf-AnhörungsRG*, BT-Drs. 15/3706, S. 16 und oben S. 84f.

[1322] *Thomas/Putzo*, § 224 Rn. 2.

[1323] Vgl. *Treber*, NJW 2005, 97: Nach der Rechtsprechung des *BGH* ist das Hindernis i. S. des § 234 Abs. 2 ZPO bereits dann behoben, wenn sein Fortbestehen nicht mehr als unverschuldet angesehen werden kann. Die ist regelmäßig der Fall, sobald eine Partei oder ihr Prozessbevollmächtigter bei Anwendung der gebotenen Sorgfalt hätten erkennen können und müssen, dass die einschlägige Frist versäumt war, vgl. *BGH*, NJW 2000, 592; 1999, 1187.

dererseits der Gesetzgeber in neueren Vorschriften[1324] wohlweislich zwischen Kenntnis und Kennenmüssen unterscheidet.[1325]

Indes legt die vom Reformgesetzgeber gewollte systematische Annäherung der Gehörsrüge an das Wiederaufnahmeverfahren eine Parallele zu § 586 Abs. 2 ZPO nahe.[1326] Diese Vorschrift stellt aber allein auf die Kenntnis der den Anfechtungsgrund begründenden Tatsachen,[1327] nicht aber auf das Kennenmüssen ab. Aus der weitgehenden strukturellen Ähnlichkeit der Fristausgestaltung bei der Gehörsrüge zur Regelung in § 586 II ZPO folgt, dass für den Fristbeginn – anders als im Bereich der Wiedereinsetzungsfrist[1328] – nur die positive Kenntnis und nicht das Kennenmüssen relevant ist. Verschließt sich jedoch eine Person bewusst der Kenntnis bestimmter Tatsachen, wird sie – genauso wie im Bereich des Beginns der Wiedereinsetzungsfrist[1329] – so behandelt, als hätte sie positive Kenntnis. Hierbei kommt es für den Fristbeginn nicht auf den Zeitpunkt an, in dem sich der Einzelne erstmals über die zutreffende rechtliche Einordnung eines Umstands bewusst wurde. Entscheidend ist vielmehr, wann er alle Umstände kennt, aus denen sich seine Berechtigung zur Erhebung einer Anhörungsrüge ergibt.[1330] Dem Rügeführer wird die Kenntnis seines beauftragten Prozessbevollmächtigten gem. §§ 85 Abs. 1 ZPO, 166 Abs. 1 BGB[1331] sowie dessen Verschulden an der Nichteinhaltung der Frist gem. § 85 Abs. 2 ZPO zugerechnet.[1332] Im Interesse der Rechtssicherheit und des Rechtsfriedens sieht § 321a Abs. 2 S. 2 ZPO ferner eine Ausschlussfrist von einem Jahr seit Bekanntgabe der angegriffenen Entscheidung vor. Die Frist ist – wie ihre Entsprechungen in den §§ 234 Abs. 3, 586 Abs. 2 S. 2 ZPO – als materielle Ausschlussfrist der Wiedereinsetzung nicht zugänglich.

(b) Form der Gehörsrüge

§ 321a Abs. 2 S. 4 bestimmt, dass die Rüge durch Einreichung eines (bestimmenden[1333]) Schriftsatzes beim Ausgangsgericht erhoben wird. Wie in anderen Fällen ist das Schriftformerfordernis gewahrt, wenn die Rügeschrift durch ein vom Rechtsanwalt unterschriebenes[1334] Computer- oder Telefax erhoben wird. Eine telefonische Rügeerhebung ist un-

[1324] Z. B. in § 199 Abs. 1 Nr. 2, Abs. 2, Abs. 3 Nr. 1 und Abs. 4 BGB i.d. Fassung des SchuldrechtsmodG im Gegensatz zu § 852 Abs. 1 BGB (a. F.).

[1325] So auch ausdrücklich die vom *Bundesrat* zum *Regierungsentwurf-AnhörungsRG*, BT-Drs. 15/3966, S. 6, abgegebene kritische Stellungnahme, die von der Gegenäußerung der *Bundesregierung* zwar im weiteren Gesetzgebungsverfahren geprüft, inhaltlich aber nicht berücksichtigt wurde. *Rensen*, MDR 2005, 181, lehnt eine Gleichstellung des Kennenmüssens mit der Kenntnis mit dem zutreffenden Hinweis auf den eindeutigen Wortlaut der Regelung des § 321a Abs. 2 S. 1 ZPO ab; in diesem Sinne wohl auch *Zöller/Vollkommer*, § 321a Rn. 14.

[1326] So zutreffend *Hinz*, WuM 2005, 83; *Musielak/Musielak*, § 586 Rn. 3.

[1327] Vgl. *Rosenberg/Schwab/Gottwald*, § 160 Rn. 13.

[1328] Vgl. *BGH*, NJW-RR 2005, 76 u. 923.

[1329] Vgl. *BGH*, NJW 1995, 332; NJW 1993, 1596.

[1330] Vgl. *BGH*, NJW 1995, 332; *Thomas/Putzo*, § 586 Rn. 2.

[1331] Vgl. *Thomas/Putzo*, § 85 Rn. 2.

[1332] Vgl. *Thomas/Putzo*, § 85 Rn. 7ff.

[1333] Vgl. *Thomas/Putzo*, § 129 Rn. 5ff.

[1334] Vgl. BGH, NJW 2005, 2086.

zulässig.[1335] Bei Verfahren vor dem Amtsgericht gelten die §§ 496, 129a ZPO, so dass auch eine Erklärung zu Protokoll der Geschäftsstelle des Prozessgerichts oder jedes anderen Amtsgerichts zulässig ist. [1336] In den Fällen des § 78 ZPO herrscht auch für die Erhebung einer Gehörsrüge Anwaltszwang. Die Prozessvollmacht erstreckt sich hierbei gem. § 81 ZPO auch auf die Rüge gem. § 321a ZPO. Bei behaupteten Gehörsverletzungen im Rechtsbeschwerde- oder Revisionsverfahren muss sich der Rügeführer durch einen beim *BGH* zugelassenen Anwalt vertreten lassen.[1337]

(c) Inhalt der Gehörsrüge

Aus der Rügeschrift muss gemäß § 321a Abs. 2 S. 5 ZPO hervorgehen, welche Entscheidung mit der Rüge angegriffen wird und aus welchen Umständen sich eine entscheidungserhebliche Verletzung des Anspruchs auf rechtliches Gehör ergibt (vgl. § 321a Abs. 1 Satz 1 Nr. 2 ZPO). Hierzu hat der Betroffene gem. § 321a Abs. 2 S. 1 Hs. 2 ZPO glaubhaft zu machen, wann er von der Verletzung des rechtlichen Gehörs Kenntnis erlangt hat. Die Gehörsrüge muss nicht explizit als solche bezeichnet werden. Es genügt, wenn sich aus dem Inhalt des Schriftsatzes ergibt, dass ein Rechtsbehelf i.S. des § 321a ZPO eingelegt werden soll.[1338] Die angegriffene Entscheidung sollte nach Gericht sowie Aktenzeichen, Verkündungsdatum und den Beteiligten angegeben werden.[1339] Jedoch schadet eine fehlerhafte oder unvollständige Angabe nicht, wenn auf Grund sonstiger erkennbarer Umstände für das Gericht innerhalb der Einlegungsfrist erkennbar ist, welche Entscheidung angegriffen wird.[1340]

Bei der Pflicht zur „Darlegung“ eines entscheidungserheblichen Verstoßes gegen das Gehör (§ 321a Abs. 2 S. 5 ZPO) kann auf die Auslegung dieses Begriffs bei der Begründung der kraft Gesetzes zulässigen Rechtsbeschwerde (§ 575 Abs. 3 Nr. 2, 574 Abs. 1 Nr. 1 ZPO) zurückgegriffen werden.[1341] Hiernach genügt es einer „Darlegung“ nicht, wenn in der Rügeschrift bloß pauschal oder formelhaft behauptet wird, das Gericht habe bei seiner Entscheidung einen Gehörsverstoß begangen.[1342] Der Betroffene hat bezogen auf das konkrete Verfahren bestimmte Umstände tatsächlicher und/oder rechtlicher Art zu erläutern, aus denen sich die Möglichkeit ableiten lässt, dass sein Anspruch auf rechtliches Gehör verletzt wurde.[1343] Dabei ist aufzuzeigen, weshalb sich der jeweilige Gehörsverstoß als entscheidungserheblich ausgewirkt hat. Dies ist dann der Fall, wenn nicht ausgeschlossen werden kann, dass bei einer korrekten Verfahrensweise die Entscheidung anders ausge-

[1335] *Thomas/Putzo*, § 129 Rn. 10.

[1336] So die h. M., vgl. etwa *Zöller/Gummer*, § 321a Rn. 11; *Musielak/Musielak*, § 321a Rn. 9; *Baumbach/Albers/Lauterbach/Hartmann*, § 321a Rn. 23; *Hinz*, WuM 2002, 3; a.A. (ohne Begründung) *Hartmann*, NJW 2001, 2577; *Schmidt*, MDR 2002, 915.

[1337] Vl. *Thomas/Putzo*, § 321a Rn. 5; Zöller/*Vollkommer*, § 321a Rn. 13; *BGH*, NJW 2005, 2017.

[1338] Zöller/*Vollkommer*, § 321a Rn. 12.

[1339] Vgl. zu den vergleichbaren Regelungen in § 340 Abs. 2 Nr. 1 ZPO bzw. § 519 Abs. 2 Nr. 1 ZPO *Thomas/Putzo*, § 344 Rn. 2 und § 519 Rn. 13; *BGH*, NJW 2001, 1070; NJW 2003, 1950.

[1340] Vgl. *Thomas/Putzo*, § 519 Rn. 13; *BGH*, NJW 1974, 1658; 1989, 2395; NJW 2001, 1070.

[1341] Vgl. hierzu oben S. 206.

[1342] *Baumbach/Albers/Lauterbach/Hartmann*, § 321a Rn. 26.

[1343] *BAG*, NJW 2005, 2638; *Baumbach/Albers/Lauterbach/Hartmann*, § 321a Rn. 26.

fallen wäre.[1344] Deshalb ist regelmäßig anzugeben, was der Betroffene bei ausreichender Gewährung des rechtlichen Gehörs vorgetragen hätte.[1345] Hierbei wird man an den Rügevortrag höhere Anforderungen stellen, wenn im Rügeverfahren Anwaltszwang besteht. Andererseits dürfen aber keinesfalls so hohe Anforderungen an die Darlegung gesetzt werden, dass der jeweilige Rechtsbehelf ineffektiv wird.[1346] Die Darlegungspflicht des Rügeführers kann nur soweit gehen, wie er sie erfüllen kann. Wurde sein rechtliches Gehör verletzt, weil ihm bestimmte Tatsachen (etwa entscheidungserhebliche Urkunden) nicht vorlagen, verstieße es gegen den Grundsatz des fairen Verfahrens, wenn man von ihm nähere Ausführungen zu dem nur vermuteten Inhalt dieser Tatsachen verlangen würde.[1347]

(3) Entscheidungserheblichkeit der Gehörsverletzung

Die Gehörsrüge ist bei Verletzungen des Anspruchs auf rechtliches Gehör i.S. des Art. 103 I GG[1348] gegeben, der einen angemessenen Ablauf des gerichtlichen Verfahrens sichern soll.[1349] Der Begriff des rechtlichen Gehörs iSv. § 321a Abs. 1 Nr. 2 ZPO ist ebenso wie das Rügerecht im Rahmen des § 321a ZPO weit auszulegen.[1350] Zu beachten ist, dass Art. 103 Abs. 1 GG das rechtliche Gehör nicht nur zu Tatsachen, sondern in gleicher Weise zu Rechtsfragen gewährleistet. Der Anspruch auf rechtliches Gehör verlangt von dem erkennenden Gericht, dass es die Parteien über den Verfahrensstoff informiert, ihnen Gelegenheit zur Äußerung gibt, ihre Ausführungen sowie Anträge zur Kenntnis nimmt und bei seiner Entscheidung in Erwägung zieht (Informationspflicht, Äußerungsrecht und Beachtenspflicht).[1351] Die Verfahrensbeteiligten müssen grundsätzlich vor der Gerichtsentscheidung, die ihre Rechte betrifft, zu Wort kommen können, um so auf das Verfahren einschließlich der gerichtlichen Willensbildung Einfluss nehmen zu können.[1352] Für den Zivilprozess ist allerdings wichtig, dass das Recht auf Gehör nicht verletzt ist, wenn das entscheidende Gericht den Sachvortrag einer Person aus Gründen des formellen oder materiellen Rechts ganz oder zum Teil unberücksichtigt lässt.

***Beispiel:** Kommt es auf die Einvernahme eines vom Kläger angebotenen Zeugen wegen mangelnder Schlüssigkeit der Klage nicht an, muss dieser auch nicht einvernommen werden.*

Ein Verstoß gegen Art. 103 I GG[1353] kann daher etwa mit der Gehörsrüge gem. § 321a

[1344] *Musielak/Musielak*, § 321a Rn. 9; *BFH/NV* 2005, 2222, Beschluss vom 1.8.2005, X B 24/05..

[1345] *BFH/NV* 2006, 1154, Beschluss vom 24.1.2006, VII Bärmann/Pick/Merle 37/05;

[1346] *BVerfG*, NJW 2004, 3622.

[1347] *BVerfG*, NJW 2004, 3622. Zur Anwendbarkeit des § 321a ZPO im Falle der Verletzung „sonstiger Verfahrensgrundrechte“ vgl. noch unten S. 306ff.

[1348] Vgl. den *Koalitionsentwurf-AnhörungsRG*, BT-Drs. 15/3706, S. 14.

[1349] *BVerfGE* 107, 395 = NJW 2003, 1924.

[1350] *Schumann*, NJW 1985, 1134.

[1351] *BVerfGE* 107, 395 = NJW 2003, 1924; *BVerfGE* 96, 205 = NJW 1997, 2310; *BVerfGE* 83, 24 = NJW 1991, 1283.

[1352] *BVerfGE* 107, 395 = NJW 2003, 1924.

[1353] Zu Fallgruppen, unter denen wegen Verstoßes gegen (einfachrechtliche) Verfahrensnormen der ZPO auch ein Verstoß gegen Art. 103 Abs. 1 GG in Betracht kommt, vgl. *Zuck*, NJW 2005, 3753.

ZPO geltend gemacht werden, wenn das erkennende Gericht auf einen wesentlichen Kern des Tatsachenvortrags eines Beteiligten nicht eingeht, der für das Verfahren von zentraler Bedeutung und nach dem gerichtlichen Rechtsstandpunkt weder unerheblich noch offensichtlich unsubstanziiert ist.[1354] Das rechtliche Gehör wird auch verletzt, wenn das Gericht zur Sache entscheidet, obwohl eine den Parteien gesetzte Äußerungsfrist noch nicht abgelaufen ist,[1355] oder wenn es bei seiner Entscheidung ohne vorherigen Hinweis auf rechtliche Aspekte abstellt, mit denen ein gewissenhafter und kundiger Prozessbeteiligter nach dem bisherigen Prozessverlauf nicht rechnen muss („Überraschungsentscheidung").[1356] Art. 103 I GG wird auch durch eine offenkundig unrichtige richterliche Anwendung von Verfahrensvorschriften – z.B. Präklusionsnormen – verletzt.[1357] Für die Annahme einer Gehörsverletzung genügt ein objektiver Verstoß; ein schuldhaftes Handeln des Gerichts ist nicht erforderlich.[1358]

Schließlich führt eine Verletzung des Anspruchs auf rechtliches Gehör (Art. 103 Abs. 1 GG) nur dann zur Fortführung des Prozesses, wenn sie entscheidungserheblich ist. Dies ist der Fall, wenn nicht ausgeschlossen werden kann, dass das Gericht ohne die Verletzung des Anspruchs auf rechtliches Gehör zu einer anderen Entscheidung gekommen wäre.[1359] An der Entscheidungserheblichkeit fehlt es dabei etwa, wenn sich der Gehörsverstoß nur auf ein hilfsweise herangezogenes Beweismittel bezieht[1360] oder in dem nicht berücksichtigten Schriftsatz offensichtlich keine neuen Gesichtspunkte von Erheblichkeit für die Entscheidung vorgetragen wurden.[1361]

(4) Verfahren und Inhalt der Entscheidung bei der Gehörsrüge

Die Behandlung der Anhörungsrüge steht vor dem Hintergrund der Subsidiarität einer Verfassungsbeschwerde nicht im Ermessen des Gerichts.[1362] Gem. § 321a Abs. 3 ZPO ist, soweit erforderlich, zunächst den übrigen Beteiligten Gelegenheit zur Stellungnahme zu geben. Diese sollte zur zügigen Fortsetzung des Verfahrens an eine kurze Frist (von einer Woche) gebunden werden. Von der Gewährung rechtlichen Gehörs kann abgesehen werden, wenn die Beteiligten durch die Gerichtsentscheidung keinen Nachteil erleiden, etwa weil die Rüge unzulässig ist.[1363] Die Prüfung des Gerichts vollzieht sich sodann in drei Schritten: Zunächst prüft es von Amts wegen, ob die eingelegte Anhörungsrüge statthaft und in der gesetzlichen Form und Frist erhoben wurde. Ist dies nicht der Fall, wird sie als

[1354] *BVerfG*, NVWZ-RR 2004, 3.

[1355] *BVerfGE* 42, 243 = NJW 1976, 1873; *BVerfGE* 34, 344; *BVerfGE* 18, 380 = NJW 1965, 579; *BVerfGE* 12, 110.

[1356] *BVerfG*, NJW 2003, 3687; *BVerfGE* 107, 395 = NJW 2003, 1924; *BVerfGE* 96, 189 = NJW 1997, 2305.

[1357] Vgl. *Rosenberg/Schwab/Gottwald*, § 61 Rn. 41; *BVerfG*, NJW 2004, 3551; NJW 1987, 2733.

[1358] *BVerfGE* 62, 347 = NJW 1983, 2187; *BVerfGE* 61, 78 = NJW 1982, 2368; *BVerfGE* 53, 219.

[1359] Vgl. den *Koalitionsentwurf-AnhörungsRG*, BT-Drs. 15/3706, S. 16; *BVerfG*, NJW 2004, 3551; *BVerfGE* 60, 305 = NJW 1982, 1636.

[1360] *BVerfGE* 17, 86.

[1361] *VGH Mannheim*, NVwZ-RR 2000, 399.

[1362] *BVerfGE* 107, 395 = NJW 2003, 1924.

[1363] Vgl. *BVerfGE* 7, 95 = NJW 1957, 1513; vgl. auch den *Regierungsentwurf-ZPO-RG*, BT-Drs. 14/4722, S. 86 (zu dem insoweit identischen § 321a ZPO a.F.); *Baumbach/Albers/Lauterbach/Hartmann*, § 321a Rn. 40.

unzulässig verworfen (§ 321a Abs. 4 S. 1 und 2 ZPO). Die zulässige Anhörungsrüge wird sodann unter Berücksichtigung einer eventuellen Stellungnahme des Gegners auf ihre Begründetheit geprüft. Diese ist zu bejahen, wenn das Gericht den Anspruch auf rechtliches Gehör tatsächlich in entscheidungserheblicher Weise verletzt hat. Die Anhörungsrüge ist umgekehrt unbegründet, wenn das Gericht das erforderliche Gehör gewährt hat oder die Gehörsverletzung nicht entscheidungserheblich ist.[1364] Eine unbegründete Anhörungsrüge wird zurückgewiesen (§ 321a Abs. 4 S. 3 ZPO). Sowohl der Verwerfung als auch der Zurückweisung muss wegen Art. 103 Abs. 1 GG eine Anhörung des Rügeführers vorangehen. Die Entscheidung erfolgt in beiden Fällen durch Beschluss, der gem. § 128 Abs. 4 ZPO ohne mündliche Verhandlung ergehen kann und gem. § 321a Abs. 4 S. 4 ZPO unanfechtbar ist. Der Beschluss soll gem. § 321a Abs. 4 S. 5 ZPO kurz begründet werden. Für Umfang und Inhalt der Begründung ist die hohe Bedeutung des Art. 103 I GG und insofern insbesondere die Befriedungsfunktion der Begründung im Hinblick auf die erhobenen Einwände maßgebend.[1365] Ferner gibt die Formulierung als „Soll-Begründung" dem Revisionsgericht den erforderlichen Spielraum, die Zurückweisung einer Gehörsrüge gegen eine Entscheidung über eine Nichtzulassungsbeschwerde nur unter den einschränkenden Voraussetzungen des § 544 Abs. 4 S. 2 ZPO zu begründen. Damit ist sichergestellt, dass eine Gehörsrüge gegen eine Entscheidung über eine Nichtzulassungsbeschwerde nicht zur Herbeiführung einer Begründungsergänzung eingelegt werden kann.[1366]

Einer begründeten Gehörsrüge hilft das Gericht ab, indem es das Verfahren fortführt, § 321a Abs. 5 S. 1 ZPO. Das Verfahren wird hierbei gem. § 321a Abs. 5 S. 2 ZPO in die Lage zurückversetzt, in der es sich vor dem Schluss der mündlichen Verhandlung befand. Wurde das Verfahren gem. § 128 Abs. 2 ZPO schriftlich durchgeführt, tritt an die Stelle des Schlusses der mündlichen Verhandlung der Zeitpunkt, bis zu dem Schriftsätze eingereicht werden können, § 321a Abs. 5 S. 4 ZPO.[1367] Ein förmlicher Beschluss über die Fortsetzung des Rechtsstreits ist nicht zu treffen.[1368] Der Prozess wird jedoch nur in dem Umfang fortgesetzt, soweit dies auf Grund der Rüge geboten ist, § 321a Abs. 5 S. 1 ZPO. Damit ist nur über den (abgrenzbaren) Teil des Streitgegenstandes zu verhandeln, der von der Gehörsrüge in einer entscheidungserheblichen Weise betroffen ist. Eine Entscheidungserheblichkeit ist dabei auch dann gegeben, wenn die Nachholung des Gehörs kausal für weitere, bislang unterbliebene Angriffs- oder Verteidigungsmittel liefert.[1369]

[1364] Vgl. den *Regierungsentwurf-ZPO-RG*, BT-Drs. 14/4722, S. 86 (zu § 321a ZPO a.F.).

[1365] Nach *BVerfG*, NJW 2004, 1371 müssen unanfechtbare letztinstanzliche Entscheidungen grundsätzlich nicht begründet werden; zur Ausführlichkeit der Begründung gerichtlicher Entscheidungen vgl. *Maunz/Dürig/Schmidt-Aßmann*, Art. 103 Rn. 100.

[1366] Vgl. *Koalitionsentwurf-AnhörungsRG*, BT-Drs. 15/3706, S. 16.

[1367] *Thomas/Putzo*, § 128 Rn. 33.

[1368] *Schmidt*, MDR 2002, 915.

[1369] Vgl. die Beschlussempfehlung und den Bericht des *Rechtsausschusses* des *Deutschen Bundestags* zum Ersten Justizmodernisierungsgesetz (BGBl. I, S. 2198), BT-Drs. 15/ 3482, S. 17. Die Beschränkung der Verfahrensfortsetzung auf den zur Beseitigung des Gehörsverstoßes erforderlichen Umfang hat in § 321a ZPO – angeblich nur zur Klarstellung, tatsächlich aber um eine schrankenlose Verpflichtung des Gerichts zur Neuauflage des Prozesses zu vermeiden – erst durch das sog. Erste Justizmodernisierungsgesetz Eingang gefunden.

Beispiel: Wenn bei der Fortführung des Prozesses nach einer erfolgreichen Rüge ein versehentlich übergangener Tatsachenvortrag nunmehr berücksichtigt und daher eine (zusätzliche) Beweisaufnahme notwendig wird, müssen auch weitere, aus Anlass dieser Beweiserhebung und bislang noch nicht beantragte Beweise erhoben werden.

Andererseits wird durch die Beschränkung der Verfahrensfortsetzung auf den durch die Gehörsverletzung gebotenen Umfang ausgeschlossen, dass der Gegner der die Rüge einlegenden Partei sein Vorbringen zu solchen Streitpunkten ergänzen kann, mit denen er im bisherigen Verfahren keinen Erfolg hatte und die mit dem Fehler des Gerichts nichts zu tun haben.[1370] In dem neu zu verhandelnden Teil des Rechtsstreits ist das Gericht in seiner Entscheidung frei, ohne dem Verbot der reformatio in peius zu unterliegen.[1371] Nach dem gemäß § 321a Abs. 5 S. 3 ZPO entsprechend anwendbaren § 343 ZPO hat das Gericht in dem neuen Urteil auszusprechen, ob die bisherige Entscheidung aufrechterhalten wird. Ist dies nicht der Fall, dann ist das bisherige Urteil aufzuheben und der Rechtsstreit neu zu entscheiden, soweit dies durch die Rüge gerechtfertigt ist.

(5) Gerichts- und Anwaltsgebühren bei der Gehörsrüge

Die zulässige und zumindest teilweise begründete Gehörsrüge ist gerichtskostenfrei. Als Sanktionsfolge für unzulässige oder unbegründete Rügen sieht allerdings § 3 Abs. 2 GKG i.V. mit Nr. 1700 VV-GKG eine Gebühr in Höhe von 50.- € vor, falls der Rechtsbehelf in vollem Umfang verworfen oder zurückgewiesen wird. Soweit dem Rügeführer Prozesskostenhilfe zusteht, fällt allerdings wegen § 122 Abs. 1 Nr. 1a ZPO auch diese Gebühr nicht an. Der Anwalt erhält gem. § 2 Abs. 2 RVG i.V. mit Nr. 3330 VV-RVG eine 0,5-Verfahrensgebühr und ggf. nach Nr. 3332 VV-RVG eine 0,5-Terminsgebühr.[1372]

2. Würdigung der Gehörsrüge gem. § 321a ZPO

Die zum 1.1.2005 in Kraft getretene Novellierung des § 321a ZPO durch das Anhörungsrügengesetz war vor dem Hintergrund des Gesetzgebungsauftrages durch das *BVerfG* unabdingbar. Die Anhörungsrüge orientiert sich am Regelungsmodell des durch das ZPO-RG zum 1.1.2002 eingeführten § 321a ZPO (a.F.) Dieser Rechtsbehelf wurde nicht nur in der Plenarentscheidung des *BVerfG*[1373] ausdrücklich als mögliches Modell eines Rechtsbehelfs bei Anhörungsverstößen genannt, sondern entspricht auch den Mindestanforderungen an den gebotenen fachgerichtlichen Rechtsschutz bei Gehörsverletzungen und ist, wie nachfolgend zu zeigen ist, (nach wie vor) überwiegend praxisgerecht ausgestaltet.

[1370] Vgl. den *Regierungsentwurf* zum sog. Ersten Justizmodernisierungsgesetz, BT-Drs. 15/1508, S. 19.
[1371] *Thomas/Putzo*, § 321a Rn. 15; *Zöller*/Vollkommer, § 321a Rn. 8.
[1372] Vgl. *Pieckenbrock*, AnwBl. 2005, 125.
[1373] *BVerfGE* 107, 395= NJW 2003, 1924.

a) Notfrist - Fristbeginn

Gem. § 321a Abs. 2 S.1 ZPO i.d. Fassung des Anhörungsrügengesetzes ist die Rüge der Gehörsverletzung binnen einer Notfrist von zwei Wochen nach Kenntnis von der Rechtsverletzung zu eheben und der Zeitpunkt der Kenntniserlangung glaubhaft zu machen.

aa) Notfrist von zwei Wochen

Gegen die schon in der „Urfassung“ des § 321a Abs. 2 S. 2 ZPO i.d. Fassung des ZPO-RG aufgestellte Notfrist von zwei Wochen wird eingewandt, sie führe zu einer Verkürzung des Anspruchs auf rechtliches Gehör gem. Art. 103 Abs. 1 GG. Nach heutigem Rechtszustand sei nämlich eine Verfassungsbeschwerde innerhalb einer Frist von einem Monat einzulegen und zu begründen (§ 93 Abs. 1 Satz 1 BVerfGG). Zudem seien die Rechtsmittel, mit denen im Falle rechtsmittelfähiger Entscheidungen die Gehörsverletzung zu rügen sei, stets länger ausgestaltet. Der Rügeberechtigte werde also auch insoweit gegenüber demjenigen, der ein ordentliches Rechtsmittel einlegen kann, benachteiligt.[1374] Diese Argumente sind allerdings nicht stichhaltig, geht es bei der Anhörungsrüge gem. § 321a ZPO doch gerade nicht um ein Rechtsmittel, sondern „lediglich“ um die instanzinterne und fachgerichtliche Korrekturmöglichkeit bei behaupteten Gehörsverletzungen. Vielmehr ist der Rechtsbehelf – v.a. in seiner nunmehrigen Ausgestaltung – durchaus mit demjenigen der Wiedereinsetzung in den vorigen Stand vergleichbar.[1375] Wiedereinsetzungsfälle, d.h. Fälle unverschuldeter Fristversäumung (vgl. § 233 ZPO), betreffen nämlich im weiteren Sinne auch das Recht auf Gehör (Art. 103 Abs. 1 GG) in Gestalt des ungehinderten Zugangs zu den Gerichten.[1376] Im Bereich der Wiedereinsetzung gibt es aber gem. § 234 Abs. 1 ZPO ebenfalls eine Zweiwochenfrist zur Geltendmachung entsprechender Gründe. Diese ist dort wie im Bereich der Anhörungsrüge angemessen lang, um den Gehörsverstoß vor Gericht zu formulieren. Die der Gehörsverletzung zu Grunde liegenden Tatsachen werden nämlich regelmäßig nicht so komplex sein wie etwa die Darlegung der inhaltlichen Fehlerhaftigkeit eines Urteils, die längere (Monats-) Fristen (vgl. die §§ 517 und 548 ZPO) rechtfertigt. Auch der Vergleich mit der für die Erhebung und Begründung der Verfassungsbeschwerde geltenden Monatsfrist des § 93 Abs. 1 Satz 1 BVerfGG ist nicht angebracht, da dieser Zeitraum nicht nur für die Darstellung von Gehörsverletzungen, sondern auch bei tatsächlich und rechtlich komplizierteren Grundrechtsverletzungen angemessen zu sein hat. Die Ausgestaltung als Notfrist stellt schließlich sicher, dass bei unverschuldeter Fristversäumung Wiedereinsetzung in den vorigen Stand gewährt werden kann, § 233ff. ZPO.

bb) Fristbeginn

Anders als bei § 321a ZPO in seiner ursprünglichen Fassung durch das ZPO-RG beginnt die Frist zur Erhebung der Gehörsrüge nicht mit der Zustellung der jeweiligen Entscheidung, sondern in dem Zeitpunkt zu laufen, in dem der Betroffene von der Verletzung des

[1374] Vgl. die Stellungnahme des *Deutschen Anwaltvereins* durch seinen *Zivilverfahrensrechtsausschuss* (Nr. 27/2004), abzurufen unter www.bundesgerichtshof.de/gesetzesmaterialien.

[1375] Vgl. aber noch unten bb) zum Fristbeginn.

[1376] Vgl. nur *Thomas/Putzo*, § 233 Rn. 1.

rechtlichen Gehörs Kenntnis erlangt. Insoweit wurde die Vorschrift an die entsprechenden Regelungen in den Rechtsbehelfen der Wiedereinsetzung und der Wiederaufnahme angeglichen. Die Parallele zu diesen Rechtsbehelfen erscheint zunächst durchaus systemgerecht, da es auch bei diesen um die rückwirkende Geltendmachung von Gehörsverstößen geht bzw. gehen kann.[1377] Für diese Rechtsmittel knüpft aber zum einen § 234 Abs. 2 ZPO an die „Behebung des Hindernisses" an und stellt damit auf die Kenntnis oder das Kennenmüssen der Partei oder ihres Prozessbevollmächtigten von der Versäumung einer fristgebundenen Prozesshandlung ab.[1378] Zum anderen bezieht § 586 Abs. 2 S. 1 ZPO den Beginn der Klagefrist bei der Restitutionsklage ausdrücklich auf die Kenntnis von dem Anfechtungsgrund.

Die vom Gesetzgeber beabsichtigte Anlehnung an die Regelungen über die Wiedereinsetzung und die Wiederaufnahme erscheint aber andererseits nicht zwingend.[1379] Grundlage dieser Rechtsbehelfe sind Ereignisse, die erst nach dem Erlass der angegriffenen Entscheidung stattgefunden haben. Eine Anknüpfung der Rechtsbehelfsfrist an die Bekanntgabe der Entscheidung wäre in diesen Fällen in der Tat nicht sachgerecht. Mit der Gehörsrüge wird hingegen ein Verfahrensverstoß geltend gemacht, der das der Entscheidung vorangegangene Verfahren betrifft. Dann wäre es aber folgerichtig, die Rügefrist ebenso wie die Rechtsmittelfristen mit der Bekanntmachung der Entscheidung beginnen zu lassen (vgl. die §§ 517, 548, 569 Abs. 1 S. 2, 575 Abs. 1 S. 1 ZPO), zumal im Falle der Statthaftigkeit der Berufung oder der Nichtzulassungsbeschwerde bzw. der Beschwerde oder der Rechtsbeschwerde die Gehörsrüge mit diesen Rechtsbehelfen geltend zu machen ist.[1380] Das vom *Koalitionsentwurf-AnhörungsRG*[1381] und dem in vollem Unfang auf letzteren Bezug nehmenden *Regierungsentwurf-AnhörungsRG*[1382] mit der Anknüpfung des Fristbeginns an die Kenntnis von der Verletzung des rechtlichen Gehörs verfolgte Ziel, bisher nicht zuzustellende Entscheidungen nicht im Hinblick auf die Gehörsrüge zustellungs-

[1377] Vgl. für die Wiederaufnahme die Regelungen der §§ 580 Abs. 1 Nr. 1 bis 5, 581 ZPO, die dafür sorgen, dass in Fällen, in denen die ordnungsgemäße bzw. vollständige Berücksichtigung des von einer Partei eingebrachten Prozessstoffes daran scheiterte, dass andere Prozessbeteiligte Straftaten oder Amtspflichtverletzungen begangen haben, eine Nachholung unterbliebenen oder bei der Entscheidung nicht verwerteten Sachvortrages möglich ist. Das Wiederaufnahmeverfahren ist wie die Gehörsrüge als außerordentlicher Rechtsbehelf zu bezeichnen, vgl. *Rosenberg/Schwab/Gottwald*, § 158 Rn. 8.

[1378] Vgl. *Thomas/Putzo*, § 234 Rn. 5 und 6, m.w.N.

[1379] Vgl. die vom *Bundesrat* zum *Regierungsentwurf-AnhörungsRG* abgegebene Stellungnahme in der Anlage 2 zu BT-Drs. 15/3966, S. 5.

[1380] Vgl. insoweit auch die Stellungnahme des *Bundesrates* in der Anlage 2 zu BT-Drs. 15/3966, S. 6 und 7. Die *Bundesregierung* hat die diesbezüglichen Einwände laut ihrer Gegenäußerung unter der Anlage 3 zu BT-Drs. 15/3966, S. 9, im weiteren Gesetzgebungsverfahren geprüft, aber bei der endgültigen Gesetzesvorlage nicht berücksichtigt, vgl. auch die Stellungnahme des *Rechtsausschusses*, BT-Drs. 15/4061, S. 31. Ein Begründung, inwiefern der Gesetzgeber von dem – soweit ersichtlich – über drei Jahre bewährten „Muster" für den Fristbeginn abrückt, lässt sich der Begründung des Gesetzes allerdings nicht recht entnehmen. Die nunmehr ins Feld geführte Parallele zum Wiedereinsetzungs- bzw. Wiederaufnahmeverfahren bestand auch schon für die Systematik des § 321a ZPO in seiner ersten Fassung, ohne dass der Reformgesetzgeber die Vergleichbarkeit mit diesen Vefahren auch nur erwähnte, vgl. etwa den *Regierungsentwurf-ZPO-RG*, BT-Drs. 14/4722, S. 63 und 86.

[1381] Vgl. BT-Drs. 15/3706, S. 16

[1382] Vgl. BT-Drs. 15/3966, S. 5.

pflichtig werden zu lassen, war für sich gesehen kein triftiger Grund, für den Fristbeginn nicht auf die Bekanntgabe der angegriffenen Entscheidung abzustellen. Von der Gehörsrüge sind nämlich zum einen bloße Zwischenentscheidungen ausgenommen, die gem. § 329 Abs. 2 S. 1 ZPO nicht zugestellt werden müssen.[1383] Zum anderen müssen aber Urteile gem. § 317 ZPO der unterlegenen Partei ohnedies immer und die mit Rechtsmitteln angreifbaren Beschlüsse wegen der Möglichkeit einer fristgebundenen Beschwerde gem. § 329 Abs. 2 S. 2 ZPO grundsätzlich auch immer zugestellt werden. Jedenfalls im Bereich des Zivilprozesses sind daher nicht schon aus den eben genannten Gründen zuzustellende Endentscheidungen nicht denkbar.[1384]

Entscheidend gegen die Anknüpfung an die Kenntnis der Gehörsverletzung für den Beginn der Rechtsbehelfsfrist spricht aber das schutzwürdige Interesse der obsiegenden Partei an Klarheit darüber, ob eine im Übrigen unanfechtbare Entscheidung noch fristgerecht mit der Gehörsrüge angegriffen werden kann. Bei dem genannten Rechtsbehelf der Wiedereinsetzung oder der Wiederaufnahme ist es – will man diese im Sinne der Rechtssicherheit fristgebunden ausgestalten – unabdingbar, auf die Kenntnis des beschwerten Verfahrensbeteiligten abzustellen, da dieser von den jeweiligen den Rechtsbehelf begründenden Umständen (Fristablauf bzw. Verurteilung wegen einer Straftat) in aller Regel erst nach der Zustellung der Entscheidung erfahren wird. Bei Gehörsverletzungen i.S. des § 321a ZPO, die der Entscheidung zwingend vorangehen, ist dies jedoch genau umgekehrt. Es erscheint daher kein Grund ersichtlich, den Beginn der Rügefrist nicht an die aus der Gerichtsakte ersichtliche Bekanntmachung der Entscheidung, sondern an einen für Außenstehende nicht wahrnehmbaren Umstand in der Sphäre der beschwerten Partei zu binden.[1385]

Darüber hinaus sollten auch die Gerichte und die Parteien nicht ohne zwingenden Grund mit Streit und etwaigen Erhebungen über die Frage belastet werden, wann die beschwerte Partei „Kenntnis von der Verletzung des rechtlichen Gehörs" erlangt hat. Die Anknüpfung an die Kenntnis führt bei mündlich verkündeten Endentscheidungen auch zu der problematischen Frage, ob die Kenntnis bereits zu diesem Zeitpunkt oder erst mit Zugang der schriftlichen Entscheidung erlangt worden ist. Diese Unsicherheit könnte sich insbesondere zum Nachteil für eine anwaltlich nicht vertretene Partei auswirken.

[1383] Das sind etwa Beweisbeschlüsse, die keine Fristsetzung - etwa zur Einzahlung eines Auslagenvorschusses - enthalten.

[1384] Aus diesen Gründen erscheint auch die vom *Bundesrat* in seiner Stellungnahme zum *Regierungsentwurf-AnhörungsRG*, BT-Drs. 15/3966, S. 7, vorgeschlagene Ergänzung des § 329 Abs. 2 ZPO dahin, (nur) der Frist des § 321a Abs. 2 ZPO unterliegende Entscheidungen von der Zustellungspflicht auszunehmen, entbehrlich.

[1385] So auch *Rensen*, MDR 2005, 181 unter Bezugnahme auf die Stellungnahme des Bundesrates, BR-Drs. 663/04, S. 3.

b) Begründung der Entscheidung

Nach § 321a Abs. 4 S. 5 ZPO sollen nur die den Rechtsbehelf als unzulässig verwerfenden oder als unbegründet zurückweisenden Beschlüsse, nicht aber die stattgebenden Entscheidungen kurz begründet werden. In dieser Regelung liegt wegen ihrer generellen Ausgestaltung als „Soll-Regelung" allerdings zum einen die Gefahr, dass nicht nur der *BGH* unter den Voraussetzungen des § 544 Abs. 4 S. 2 Hs. 2 ZPO, sondern auch die Instanzgerichte regelmäßig von einer Begründung absehen werden, wenn sie einer Gehörsrüge nicht stattgeben. Zum anderen hätte die Notwendigkeit für eine kurze Begründung sinnvoller Weise auch bei stattgebenden Entscheidungen eingeführt werden sollen, weil der Gegner einen Anspruch darauf hat, warum das Verfahren fortgeführt wird und er nunmehr - da regelmäßig ein Antrag nach § 707 Abs. 1 S. 1 ZPO gestellt werden wird – nicht (mehr) aus seinem Titel vollstrecken kann. Zwar legt die Parallele zur Wiedereinsetzung nahe, auf eine Begründungspflicht zu verzichten, allerdings fragt sich, warum die „Soll-Anordnung" dann überhaupt in das Gesetz aufgenommen wurde.

c) Nur rechtskraftdurchbrechende Wirkung der Gehörsrüge

Mit der Neufassung des § 321a ZPO durch das Anhörungsrügengesetz wurde dessen rechtskrafthemmende Wirkung, die in § 705 ZPO i.d. Fassung des ZPO-RG[1386] zum Ausdruck kam, durch eine rechtskraftdurchbrechende Wirkung ersetzt. Hierzu wurden zum einen die entsprechenden Bezugnahmen auf § 321a ZPO in § 705 ZPO (wieder) gestrichen. Zum anderen wich der noch in § 321a Abs. 6 ZPO i.d. Fassung des ZPO-RG enthaltene Verweis auf die entsprechende Anwendbarkeit des § 707 ZPO zur vorläufigen Einstellung der Zwangsvollstreckung der direkten Anwendbarkeit des § 707 Abs. 1 S. 1 ZPO wegen dessen ausdrücklicher Bezugnahme auf § 321a ZPO. Die „Wende" von der rechtskrafthemmenden zur lediglich rechtskraftdurchbrechenden Wirkung wird vom Gesetzgeber mit der (nunmehr) gewollten Annäherung an die Rechtsbehelfe der Wiedereinsetzung und der Wiederaufnahme begründet. Den Anforderungen, die das *BVerfG* an eine fachgerichtliche Gehörsrüge gestellt hat[1387], genüge dies. Zieht man nur die Parallelität der Gehörsrüge zu den genannnten anderen Rechtsbehelfen heran, ist diese Ausgestaltung konsequent. Auch hier bleibt aber anzumerken, dass die Ausweitung der Regelung des § 321a ZPO zu einer umfänglichen Gehörsrüge ihre innere Rechtfertigung nicht geändert hat und damit insoweit auch nichts zur Vergleichbarkeit mit Anträgen auf Wiedereinsetzung oder Wiederaufnahme beitragen kann. Nach wie vor besteht nämlich der Anlass, diesen Rechtsbehelf einzulegen, in vorangegangenen Gehörsverletzungen, die nach Ergehen einer Entscheidung geltend gemacht werden. Es ist auch nicht recht nachvollziehbar, den systematischen Wechsel zum lediglich rechtskraftdurchbrechenden Rechtsbehelf damit zu begründen, dies genüge den Anforderungen des *BVerfG*, da mit der ursprünglichen rechts-

[1386] § 705 ZPO lautete in seiner ursprünglichen Fassung: „*Die Rechtskraft der Urteile tritt vor Ablauf der für die Einlegung des zulässigen Rechtsmittels, des zulässigen Einspruchs oder der zulässigen Rüge nach § 321a bestimmten Frist nicht ein. Der Eintritt der Rechtskraft wird durch rechtzeitige Einlegung des Rechtsmittels, des Einspruchs oder der Rüge nach § 321a gehemmt.*"

[1387] Vgl. *BVerfGE* 107, 395 = NJW 2003, 1943.

krafthemmenden Fassung weder für den Rechtsbehelfsführer noch für den Gegner Vor- oder Nachteile verbunden waren. Die vorläufige Vollstreckbarkeit eines Urteils wurde nämlich auch da durch die Einlegung der Gehörsrüge nicht berührt, vielmehr war es die Sache der rügenden Partei, einen Antrag entsprechend § 707 Abs. 1 S. 1 ZPO zur einstweiligen Einstellung der Zwangsvollstreckung zu stellen.[1388]

d) Entscheidung durch das Ausgangsgericht oder ein anderes Gericht? – Rechtsbehelfsmöglichkeit?

Die Gehörsrüge wurde vom Gesetzgeber ähnlich einer fristgebundenen Gegenvorstellung, also ohne Devolutiveffekt ausgestaltet. Die Fassung der Gehörsrüge als echtes Rechtsmittel oder bloßen Rechtsbehelf zum Ausgangsgericht hat das *BVerfG* in seinem Plenarbeschluss vom 30.4.2003 dem Gesetzgeber überlassen.[1389] Die Frage, ob zur Geltendmachung von Gehörsverletzungen eine Überprüfung durch das Ausgangsgericht (iudex a quo) oder durch ein anderes, möglicherweise höheres Gericht sinnvoller ist, wird in Rechtsprechung und Schrifttum unterschiedlich beurteilt.

aa) Gegenvorstellung zum Ausgangsgericht

Die (form- und fristlose) Gegenvorstellung zur Geltendmachung einer Gehörsrüge beim Ausgangsgericht wurde bereits vor Inkrafttreten des ZPO-RG und vor der Plenarentscheidung des *BVerfG* vom 30.4.2003 als außerordentlicher Rechtsbehelf anerkannt.[1390] Das *BVerfG* hat schon früh die Möglichkeit eines solchen Rechtsbehelfes zugelassen.[1391] Entscheidend wurde hierbei auf die anzustrebende Selbstkorrekturmöglichkeit bei der Zuständigkeit des iudex a quo abgestellt. Für eine Ansiedlung der verfassungsrechtlich gebotenen fachgerichtlichen Gehörsrüge beim iudex a quo spricht nach Auffassung des *BVerfG*, dass der Ausgangsrichter mit der Sache, bei der die Gehörsverletzung vorgefallen sein soll, bereits vertraut ist. Darüber hinaus sei die Befassung des Ausgangsgerichtes mit der Korrektur von Gehörsverletzungen verfahrensökonomisch, da es möglich sei, das Verfahren nach Gehörsgewährung sofort fortzusetzen.[1392] Auch der *BGH* bejahte etwa bei Wiedereinsetzungsbeschlüssen, die unter Verstoß gegen die Grundsätze über das rechtliche Gehör ergangen sind, die Möglichkeit einer gerichtlichen Selbstkorrektur jedenfalls während des Zeitraums, in dem noch kein etwaiges die betreffende Instanz abschließendes Urteil ergangen ist. Diese Durchbrechung der Bindung der Gerichte an eigene Wiederein-

[1388] Vgl. *Thomas/Putzo*, 25. Aufl., § 321a Rn. 17. Die Parallelen der Gehörsrüge zur Wiedereinsetzung und Wiederaufnahme sind zwar rechtssystematisch begründ- und nachvollziehbar; allerdings muss sich der Gesetzgeber dann schon den Vorwurf gefallen lassen, bei der ursprünglichen Fassung des § 321a ZPO „über das Ziel hinaus geschossen zu sein." Ständige Änderungen und Ergänzungen an der Systematik von Rechtsbehelfen tragen sicherlich nicht zur Sicherheit des Rechtsanwenders bei, der, will er die Einstellung der Zwangsvollstreckung erreichen, die Rechtsgrundlage für seinen (gleichlautenden) Antrag an anderer Stelle des Gesetzes suchen muss.

[1389] Vgl. *BVerfGE* 107, 395 = NJW 2003, 1924.

[1390] Vgl. oben S. 267ff. und zuletzt etwa *BGHZ* 150, 133 = NJW 2002, 1577, m.w.N. Vgl. auch *BVerfGE* 73, 322.

[1391] Vgl. *BVerfGE* 9, 89 = NJW 1959, 427; 63, 77 = NJW 1983, 1900; 73, 322 = NJW 1987, 1319.

[1392] So ausdrücklich *BVerfGE* 107, 395 = NJW 2003, 1924.

setzungsentscheidungen sei gerechtfertigt, weil solche Beschlüsse im Falle einer Verletzung des rechtlichen Gehörs auf Verfassungsbeschwerde aufgehoben würden[1393] und damit letztlich keine Bestandskraft entfalteten.[1394] Durch die Zulassung der Selbstkorrektur werde den Beteiligten der Umweg über das *BVerfG* und diesem die zusätzliche Belastung mit vermeidbaren Verfassungsbeschwerden erspart. Auch der *BGH* stellt daher entscheidend auf die Vorzüge der Selbstkorrektur von Verfassungsverstößen durch das Ausgangsgericht ab.

Diese Einschätzung wird auch in der Literatur geteilt. Zum einen gebe es eine verfassungsrechtliche Notwendigkeit zur Schaffung einer beschwerdeähnlichen Gehörsrüge mit Devolutiveffekt) nicht, zum anderen werde die gewünschte Entlastung des *BVerfG* auch durch eine gesetzlich verankerte Gegenvorstellung erreicht.[1395]

bb) Gegenvorstellung zu einem anderen Gericht derselben Instanz bzw. Gehörsrüge mit Devolutiveffekt

Den Vorzügen einer als Gegenvorstellung ausgestalteten Gehörsrüge werden allerdings auch Nachteile entgegengehalten. So wird pauschal behauptet, dass Gerichte nur selten bereit seien, eigene Fehler zu korrigieren; § 321a ZPO sei insoweit eine „Placebo-Vorschrift".[1396] Des weiteren wird eingewandt, dass das *BVerfG* in seinem Plenarbeschluss vom 30.4.2003 die Schaffung einer Gegenvorstellung an den iudex a quo nur unter der Bedingung als möglichen Weg zur fachgerichtlichen Kontrolle von ansonsten einem Rechtsmittel nicht zugänglichen Gehörsverletzungen angesehen habe, „sofern auf diesem Wege der Mangel effektiv beseitigt werden könne"[1397]. Gerade dies erscheine aber dann zweifelhaft, wenn die Gehörsverletzung nicht auf einer „Panne" beruhe, sondern auf falschen rechtlichen oder arbeitsstrategischen Überlegungen.

Beispiele: Ein „Pannenfall läge vor, wenn ein entscheidungsrelevanter Schriftsatz aus Unachtsamkeit des Richters oder seiner Geschäftsstelle in einen anderen Akt gerät und bei der Entscheidung keine Berücksichtigung findet. Auf einem Rechtsirrtum beruht der Verstoß gegen das Gehör indes, wenn das Gericht einen nach § 139 Abs. 2 ZPO gebotenen rechtlichen Hinweis mit der rechtsirrigen Begründung unterlässt, die vom Rechtsstandpunkt des betroffenen Verfahrensbeteiligten abweichende, im übrigen aber vom Gegner nicht thematisierte Auffassung des Gerichtes hätte dessen Anwalt bekannt sein müssen.[1398]

[1393] Vgl. *BVerfGE* 61, 14, 16 = NJW 1982, 2234.

[1394] Vgl. *BGHZ* 130, 97 = NJW 1995, 2497.

[1395] Vgl. *Schenke*, NVwZ 2005, 729.

[1396] So *Schneider*, MDR 2002, 1047; MDR 2006, 969. *Schneider* bezieht sich auf Fälle, in denen ein Richter Verfahrensgrundrechte bewusst verletze, indem er sich weigere, Schriftsätze in der mündlichen Verhandlung entgegenzunehmen oder Verlegungsanträge nicht bescheide, weil sie nicht mehrere Tage vor dem Termin gestellt worden sind. Solche Richter würden stur an ihrer verfahrenswidrigen Praxis festhalten und sie nicht wegen einer Gehörsrüge ändern. Vgl. a. *Huber*, JuS 2005, 109, der ebenfalls davor warnt, „allzu hohe Erwartungen auf Fähigkeit und Neigung der Richter zur Selbstkorrektur zu setzen, insbesondere wenn es um eine mit der Gehörsverletzung beanstandete wertende Entscheidung, also um Fälle der (angeblich) offensichtlichen Unrichtigkeit geht."

[1397] So wörtlich *BVerfGE* 107, 395 = NJW 2003, 1924.

[1398] § 139 Abs. 2 ZPO ist eine einfachgesetzliche Ausprägung des Rechts auf Gehör gem. Art. 103 Abs. 1 GG, vgl. *Rosenberg/Schwab/Gottwald*, § 77 Rn. 25 bis 27.

In den Fällen einer rechtlichen Fehlbewertung sei es bei realistischer Betrachtungsweise vom jeweiligen Richter nicht zu erwarten, dass er seine Meinung innerhalb kürzester Zeit ändere und neu in eine Sachprüfung einsteige.[1399] Schließlich verbiete auch die zu den unverzichtbaren Kernelementen gerichtlichen Rechtsschutzes gehörende Neutralität und Distanz des erkennenden Richters, dass dieser Kontrolleur in eigener Sache werde.[1400] Da eine erstmalige Gehörsverletzung laut Anweisung des *BVerfG* den Rechtsweg eröffne, müsse dieser den Minimalanforderungen an ein gerichtliches Verfahren genügen. Dem stehe auch nicht das Rechtsgut der Funktionsfähigkeit der Gerichte entgegen[1401], da dieses Kriterium nicht zu einer „Nivellierung essenzieller verfassungsrechtlicher Rechtsschutzgewährleistungen“ führen dürfe. Anders könne dies nur beurteilt werden, wenn gewichtige Gründe der Verhältnismäßigkeit für die „Minimallösung“, d.h. hier die Schaffung einer Gegenvorstellung, die lediglich an den iudex a quo gelange, sprächen. Dies müsse der Gesetzgeber dann auch entsprechend begründen.[1402] In diesem Sinne wird daher z.T. generell für eine devolutive Ausgestaltung der Gehörsrüge plädiert[1403] oder jedenfalls befürwortet, zur Entscheidung über den Rechtsbehelf – ähnlich wie vom Prinzip her bei Befangenheitsanträgen, vgl. § 45 ZPO – andere Richter des Gerichts derselben Instanz zu berufen.[1404]

cc) Abwägung der Argumente

Die besseren Argumente hat die primäre Ausgestaltung der Gehörsrüge als Gegenvorstellung zur selben Instanz für sich. Zunächst sprechen hierfür die Ausführungen des *BVerfG* in seinem Plenarbeschluss vom 30.4.2003.[1405] Diese stellen zur Verhinderung der Eröffnung eines weiteren, zur Hauptsache parallelen Instanzenzuges unmissverständlich klar, dass die Bestimmung des Ausgangsgerichtes zur Bereinigung von Gehörsverletzungen nicht nur sachgerecht sei, sondern auch eine nur einmalige fachgerichtliche Überprüfung dem Grundsatz der Subsidiarität der Verfassungsbeschwerde gerecht werde. Die Überprüfung durch eine höhere Instanz ist daher nicht vonnöten. Das *BVerfG* macht deutlich, dass die Regelung zur Geltendmachung einer Gehörsrüge dem Gebot effektiven Rechtsschutzes entsprechen müsse. Dabei weist es aber ausdrücklich auf seine gefestigte Rechtsprechung hin, wonach die Möglichkeit zur Selbstkontrolle der Fachgerichtsbarkeit im Wege einer Gegenvorstellung ein probates Mittel sei.[1406]

[1399] Vgl. *Voßkuhle*, NJW 2003, 2193; *Deubner*, NJW 1980, 263.

[1400] So *Voßkuhle*, NJW 2003, 2193 unter Bezugnahme auf *Kahlke*, NJW 1985, 2231.

[1401] Bei Eröffnung einer neuen Instanz zur Überprüfung einer Gehörsverletzung wäre sicherlich ein höherer justizieller Aufwand nötig, da sich ein neuer Richter bzw. gar ein Kollegium erst in den Fall „einlesen“ muss.

[1402] Vgl. *Voßkuhle*, NJW 2003, 2193.

[1403] Vgl. *Voßkuhle*, NJW 2003, 2193; *Schneider*, MDR 2002, 1047; MDR 2006, 969.

[1404] So der Beschluss des *65. Deutschen Juristentags* 2004, Abteilung Verfahrensrecht, I. (Verfahren erster Insatnz), zu 7.

[1405] Vgl. *BVerfGE* 107, 395 = NJW 2003, 1924.

[1406] So BVerfGE 107, 395 = NJW 2003, 1924 unter Bezugnahme auf *BVerfGE* 9, 89 = NJW 1959, 427; 63, 77 = NJW 1983, 1900; 73, 322 = NJW 1987, 1319.

Die Richtigkeit dieser Konzeption zeigt sich v.a. an Beispielen aus der Gesetzgebung, die sich in mehreren Fällen mit Rechtsbehelfen zum Ausgangsgericht begnügt. Der Gesetzgeber hat etwa auch im neuen Beschwerderecht nach dem ZPO-RG eine umfassende Abhilfemöglichkeit für das Erstgericht eingeführt, vgl. § 572 Abs. 1 Hs. 1 ZPO[1407] und dies wie folgt begründet:

„Dem Ausgangsrichter (iudex a quo) wird durch die Einräumung der Abhilfemöglichkeit die Gelegenheit gegeben, seine Entscheidung nochmals zu überprüfen, sie kurzerhand zurückzunehmen oder zu berichtigen. Die Abhilfebefugnis dient der Selbstkontrolle des Gerichtes und erhält den Betroffenen die Instanz, was insbesondere in den Fällen der Verletzung des Anspruchs auf rechtliches Gehör sachgerecht ist. Sie verkürzt das Verfahren und entlastet das Beschwerdegericht, weil es mit der Korrektur von Fehlern, die das Ausgangsgericht selbst erkennt, oder mit der Nachholung des rechtlichen Gehörs von vornherein nicht befasst wird. Das Verfahren kann auf diese Weise trotz Fehlerhaftigkeit seinen endgültigen Abschluss in der ersten Instanz finden."[1408]

Die Selbstkorrektur von formellen wie materiellen Fehlern gibt es im Beschwerderecht im übrigen seit Beginn der ZPO[1409] und hat sich über Jahrzehnte bewährt. Dementsprechend wurde auch im Bereich des Strafprozesses in den §§ 33a und 311a StPO eine instanzinterne Nachholung rechtlichen Gehörs geschaffen.[1410] Auch der Gesetzgeber des ZPO-RG hat in § 321a ZPO für das Urteilsverfahren zur Geltendmachung einer Gehörsrüge die Anrufung des iudex a quo gewählt, um der wünschenswerten Selbstkontrolle von Gehörsverletzungen Rechnung zu tragen.[1411] Schließlich gibt es auch im Urteilsverfahren einen Rechtsbehelf zum iudex a quo, nämlich den Einspruch gegen ein erstes Versäumnisurteil. Über dessen Zulässigkeit sowie über den Ausgang des weiteren Verfahrens, insbesondere über die Begründetheit der Klage hat das Prozessgericht als Ausgangsgericht zu entscheiden, §§ 341 Abs. 1, 342, 343 ZPO. Auch hier kann aber das Gericht in die Verlegenheit kommen, bei einem Versäumnisurteil gegen den Beklagten Fehler bei der Schlüssigkeitsprüfung der Klage einräumen und das Versäumnisurteil schon deswegen aufheben und die Klage abweisen zu müssen, § 343 S. 2 ZPO. Dasselbe gilt im übrigen bei der Frage der Säumniskosten gem. § 344 ZPO im Falle der Abänderung eines Versäumnisurteils. Stellt das Gericht fest, das Versäumnisurteil sei in gesetzwidriger Weise ergangen, muss es seinen „Fehler" auch zugeben und die Überbürdung der Säumniskosten auf die säumige Partei unterlassen.[1412]

[1407] Zur systematischen Nähe des Abhilfeverfahrens gem. § 321a ZPO zur Abhilfemöglichkeit im Beschwerdeverfahren gem. § 572 Abs. 1 Hs. 1 ZPO vgl. auch *Vollkommer*, FS für *Schumann*, S. 507ff.

[1408] Vgl. den *Regierungsentwurf-ZPO-RG*, BT-Drs. 14/4722, S. 114.

[1409] Vgl. § 510 der Civilprozessordnung vom 30.1.1877: *„Erachtet das Gericht oder der Vorsitzende, dessen Entscheidung angefochten wird, die Beschwerde für begründet, so ist derselben abzuhelfen; anderenfalls ist die Beschwerde vor Ablauf einer Woche dem Beschwerdegerichte vorzulegen."*

[1410] Vgl. hierzu *Bauer*, NJW 1991, 1711.

[1411] So der *Regierungsentwurf-ZPO-RG*, BT-Drs. 14/4722, S. 85 unter Bezugnahme u.a. auf *Gottwald*, Gutachten, S. A 27ff. Der Reformgesetzgeber hatte insoweit nicht „vorwiegend" die Korrektur unbeabsichtigter Gehörsverletzungen im Sinn, wie *Voßkuhle*, NJW 2003, 2193 meint, sondern ist der Ansicht, dass Gehörsverletzungen *„vorwiegend* (d.h. in ihrer weit überwiegenden Mehrzahl) *unbeabsichtigt"* sind, vgl. BT-Drs., a.a.O.

[1412] Vgl. etwa *Thomas/Putzo*, § 343 Rn. 2 und 5.

Die genannten Beispiele zeigen, dass das Gesetz in mehreren Fällen eine Selbstüberprüfung durch das Ausgangsgericht auf Rechtsbehelf hin vorsieht, ohne dass bislang Einwände gegen die zu fordernde Neutralität des Richters „in eigener Sache" erhoben wurden. Vor diesem Hintergrund mag es zwar einer menschlichen Grunderfahrung entsprechen, dass keiner gerne eigene Fehler eingesteht und selbst behebt,[1413] es kann aber niemand a priori behaupten, dass dieses Konzept im Bereich der Gehörsrüge nicht funktionieren kann. Als ein durchaus erwägenswerter Mittelweg erscheint zunächst zwar die Möglichkeit zur Anrufung eines anderen Richters oder anderen Kollegiums ähnlich der Regelung in § 45 ZPO im Ablehnungsverfahren.[1414] Allerdings erscheint es verfahrensökonomisch wenig sinnvoll, etwa in einer „Kammersache" (vgl. § 348 Abs. 1 Nr. 2 ZPO) im Falle einer durch den Vorsitzenden oder den Berichterstatter (versehentlich) unterbliebenen Berücksichtigung eines innerhalb einer nachgelassenen Frist gem. § 283 ZPO eingegangenen Schriftsatzes zur Durchführung der Gehörsrüge einen anderen Spruchkörper oder einen Einzelrichter desselben zu bemühen.

Man sollte auch der z.T. überspitzt[1415] in den Vordergrund gerückten Vorstellung entgegentreten, Richter würden in zahlreichen Fällen vorsätzlich das Recht auf Gehör missachten. Dass die Gehörsrüge in einer unbedeutenden Zahl von Fällen[1416] erhoben wird, zeigt nicht das fehlende Vertrauen in die Effektivität dieses Rechtsbehelfs, sondern dass Gehörsverletzungen tatsächlich nur in Ausnahmefällen, und auch da ganz überwiegend aus Unachtsamkeit des Richters oder seiner Geschäftsstelle vorkommen. Gerade weil es sich bei den Gehörsverletzungen aber vorwiegend um solche Fälle handelt,[1417] sollte bei der Rüge eines Verstoßes gegen Art. 103 Abs. 1 GG der Weg zunächst zum iudex a quo führen, dessen richterliches Selbstverständnis so weit reichen sollte, solche „Pannen" zu bereinigen. Hierbei ein anderes Gericht oder gar eine andere Instanz zu befassen, ist weder verfahrensökonomisch noch sachgerecht.[1418]

dd) Unanfechtbarkeit der auf Gehörsrüge hin ergangenen Entscheidung

Gem. § 321a Abs. 4 S. 4 ZPO sind Entscheidungen, die die Gehörsrüge als unzulässig verwerfen als auch solche die den Rechtsbehelf als unbegründet zurückweisen, unanfecht-

[1413] So *Schneider*, MDR 2002, 1047

[1414] Vgl. den mit großer Mehrheit gefassten Beschluss des *65. Deutschen Juristentags* 2004, Abteilung Verfahrensrecht,I. (Verfahren erster Instanz), zu 7.

[1415] Vgl. etwa *Schneider*, MDR 2002, 1047; MDR 2006, 969.

[1416] Vgl. *Hommerich/Prütting*, Evaluation-ZPO-Reform, S. 4 und 12.

[1417] Vgl. auch die Begründung im *Regierungsentwurf-ZPO-RG*, BT-Drs. 14/4722, S. 85.

[1418] Es ist nicht nachvollziehbar und grenzt an Polemik, an Richter zu erinnern, die ihren Beruf als „Überzeugungstäter" auffassen und nichts anderes zu tun haben als den Verfahrensbeteiligten planmäßig das Gehör abzuschneiden, vgl. in diese Richtung etwa *Schneider*, MDR 2002, 1047 und *Gravenhorst*, MDR 2003, 887. Demgegenüber ist *Pape*, NZI 2003, 12 zu folgen, der der Meinung ist, die Einführung eines formalisierten Verfahrens zur Behebung von schweren Verfahrensverstößen im Wege der Selbstkorrektur werde die Bereitschaft der Gerichte steigern, diese in begründeten Fällen auch wirklich vorzunehmen, zumal die Erfolgsaussichten einer Verfassungsbeschwerde deutlich besser seien, wenn das Gericht nicht bereit sei, das Verfahren zur Selbstkorrektur ernst zu nehmen. Außerdem gehe die pauschale Behauptung, Gerichte seien nur selten bereit, eigene Fehler zu korrigieren, an der Wirklichkeit vorbei, in der begründete Gehörsrügen usw. durchaus Beachtung fänden.

bar. Die begründete Gehörsrüge versetzt das Verfahren in das Stadium vor den Gehörsverstoß zurück und das Verfahren ist von diesem Punkt an fortzusetzen. Auch hiergegen kann sich der jeweilige Gegner nicht etwa mit dem Argument wehren, eine Verletzung des Art. 103 Abs. 1 GG habe gar nicht vorgelegen. Es bleibt zu untersuchen, ob dies jeweils sachgerecht ist.

(1) Erfolg der Gehörsrüge

Das *BVerfG* hat in seiner Plenarentscheidung vom 30.4.2003[1419] für die Ausgestaltung einer fachgerichtlichen Gehörsrüge darauf hingewiesen, dass etwaige *„verfahrensrechtliche Möglichkeiten"* der Verfahrensgegner nach einem erfolgreichen Rechtsbehelf zu klären seien. Damit kann aber nicht gemeint sein, dass der Gegner seinerseits gegen die Entscheidung des Gerichts, das Verfahren auf Gegenvorstellung hin fortzusetzen, das Recht haben sollte, Gegenvorstellung oder gar Beschwerde zu erheben. Die nachträgliche Gewährung rechtlichen Gehörs, die zu Recht erfolgt, kann einen Rechtsbehelf des Gegners ohnedies nicht rechtfertigen. Aber auch bei unzutreffender Zulassung neuer Tatsachen nach einer eigentlich unzulässigen oder unbegründeten Gehörsrüge kann weder ein gesonderter Rechtsbehelf[1420] des Gegners noch die Möglichkeit sinnvoll sein, die rechtswidrige Fortsetzung des Verfahrens auf die Gehörsrüge hin im Rahmen eines Rechtsmittels gegen am Ende des Verfahrens ergehende Entscheidung in der Hauptsache geltend zu machen.

Die Berücksichtigung von neuen Tatsachen, die in der Sache eine andere Entscheidung als die vor der Gegenvorstellung ergangene rechtfertigen, dient immer der materiellen Gerechtigkeit. Dies gilt auch dann, wenn unter Einhaltung der gegebenen prozessualen Beschränkungen in Form zeitlicher Schranken (vgl. die §§ 296, 296a ZPO) sowie der Bindungswirkung von Entscheidungen (vgl. § 318 ZPO) eigentlich kein neues anderes Erkenntnis ergehen hätte dürfen. Mit anderen Worten muss im Falle der Zulassung neuer Tatsachen im Wege der Nachholung rechtlichen Gehörs der materiellen Gerechtigkeit Vorrang vor den Grundsätzen des Prozessrechts eingeräumt werden, die zeitlich schrankenloses Gehör verhindern. Die Aufstellung solcher Schranken, v.a. in den §§ 296, 296a ZPO, ist zwar einerseits sinnvoll im Hinblick auf den prozessualen Beschleunigungsgrundsatz (vgl. Art. 2 Abs. 1 GG i.V. mit dem Rechtsstaatsprinzip sowie Art. 6 Abs. 1 EMRK)[1421] und begegnet bei grundgesetzkonformer Auslegung unter Berücksichtigung des Rechts auf Gehör (Art. 103 Abs. 1 GG) auch keinen verfassungsrechtlichen Bedenken.[1422] Andererseits bedeutet der vor allem der Realisierung effektiven Rechtsschutzes dienende Beschleunigungsgrundsatz kein prozessuales Recht des Verfahrensbeteiligten,

[1419] *BVerfGE* 107, 395 = NJW 2003, 1924.

[1420] Eine Beschwerdemöglichkeit nach § 567 Abs. 1 Nr. 2 ZPO besteht nicht, da auch dann, wenn der Gegner der Gehörsrüge entgegentritt, bei positiver Entscheidung nicht dessen Gesuch zurückgewiesen wird, vgl. *Schmidt*, MDR 2002, 915.

[1421] Vgl. *Thomas/Putzo*, Einl. I Rn. 28.

[1422] Vgl. *BVerfG*, NJW 1985, 3005; NJW 1992, 680.

die Verwertung von Tatsachen, die der Gegner prozessordnungswidrig eingebracht hat, zu unterbinden.[1423]

Die vom Gericht unter Fortsetzung des Verfahrens einmal beschlossene Berücksichtigung von Tatsachen nach dem Schluss der mündlichen Verhandlung bzw. dem entsprechenden Zeitpunkt im Urteilsverfahren (§ 296a ZPO) sowie nach dem Ergehen einer Entscheidung, für die keine mündliche Verhandlung notwendig war, ist mithin für das weitere Verfahren bindend. Rechtfertigen diese Tatsachen keine neue Entscheidung, bleibt diese bestehen, wodurch der Gegner ohnehin nicht beschwert wird. Führen sie zu einer anderen Entscheidung, dient dies der materiellen Gerechtigkeit, der der Vorzug vor der prozessualen Beschränkbarkeit rechtlichen Gehörs gebührt.

(2) Erfolglosigkeit der Gehörsrüge

Das *BVerfG* hat in seiner Plenarentscheidung vom 30.4.2003[1424] ferner klargestellt, dass gegen einen zu schaffenden fachgerichtlichen Sonderrechtsbehelf zur Geltendmachung von Gehörsverletzungen ein Rechtsmittel aus verfassungsrechtlichen Gründen nicht geboten sei. Die Eigenart des auf die Überprüfung der Einhaltung von Art. 103 Abs. 1 GG gerichteten Rechtsschutzes gestatte dem Gesetzgeber, von der Eröffnung eines Rechtsmittelzuges abzusehen, *„sofern er eine angemessene Kontrolle der Verletzung des Verfahrensgrundrechtes anderweitig vorsieht"*.[1425] Vielmehr genüge es, behauptete Verletzungen einer einmaligen gerichtlichen Kontrolle zu unterziehen. Art. 103 Abs. 1 GG verlange einerseits ein Mindestmaß an fachgerichtlichen Rechtsschutz, andererseits sei das Risiko einer fehlerhaften, dann aber nur mehr mit der Verfassungsbeschwerde rückgängig zu machenden Überprüfung hinzunehmen. Auf dieser Linie liegt denn auch die Regelung des § 321a Abs. 4 S. 4 ZPO, die eine verwerfende oder zurückweisende Entscheidung ausdrücklich unanfechtbar stellt.[1426] Hiergegen werden zum einen verfassungsrechtliche Einwände erhoben. Aus Art. 19 Abs. 4 GG ergebe sich, dass jegliche erstinstanzlichen Entscheidungen – und damit auch die auf eine Gehörsrüge hin ergangenen – einem Rechtsbehelf zugänglich sein müssten, da auch insoweit hoheitliche Eingriffe vorlägen.[1427]

Zum anderen werden gegen die Unanfechtbarkeit einer auf Gegenvorstellung hin ergangenen Entscheidung auch praktische Vorbehalte geäußert. So wird geltend gemacht, dass eine einzige Entscheidung des Richters in eigener Sache für den Fall bewusster Verletzun-

[1423] So gibt es etwa gegen die verfahrenswidrige Zulassung und Berücksichtigung von Angriffs- und Verteidigungsmitteln, die gegen § 296 Abs. 1 oder 2 ZPO verstößt, weder einen eigenen Rechtsbehelf noch kann diese mit Rechtsmittel gegen die Sachentscheidung geltend gemacht werden, vgl. *Rosenberg/Schwab/Gottwald*, § 137 Rn. 67. *Schmidt*, MDR 2002, 915 hält es hingegen im Bereich des § 321a ZPO für denkbar, eine verfahrenswidrige Abhilfeentscheidung im Rahmen eines Rechtsmittels zu bekämpfen, etwa wenn nach Fortsetzung des Verfahrens und Neuentscheidung nunmehr die Berufung zugelassen wurde.

[1424] *BVerfGE* 107, 395 = NJW 2003, 1924.

[1425] So ausdrücklich *BVerfGE* 107, 395 = NJW 2003, 1924.

[1426] Der Reformgesetzgeber hat die Unanfechtbarkeit allerdings nicht weiter begründet, vgl. den *Regierungsentwurf-ZPO-RG*, BT-Drs. 14/4722, S. 63 und 86.

[1427] Vgl. oben § 3 C. und *Voßkuhle*, NJW 2003, 2193.

gen von Verfahrensgrundrechten einen Nachteil für die Parteien gegenüber der in solchen Fällen früher zugelassenen außerordentlichen Berufung darstelle.[1428] Wenn die Gehörsrüge schon als Rechtsbehelf zum iudex a quo ausgestaltet sei, müsse das Gesetz eine Überprüfungsmöglichkeit durch eine höhere Instanz oder ein anderes Gericht vorsehen.[1429]
Die vom Gesetzgeber realisierte einmalige Anrufungsmöglichkeit des Ausgangsrichters erscheint allerdings sachgerecht. Das *BVerfG* wollte mit seiner Plenarentscheidung vom 30.4.2003 zwar vor allem zu seiner Selbstentlastung[1430] beitragen und lieferte die verfassungsrechtlichen Argumente, insbesondere dasjenige der Subsidiarität der Verfassungsbeschwerde, gleichsam mit.[1431] Andererseits wollte das *BVerfG* aber offensichtlich auch „seine" Fachgerichtsbarkeit vor übermäßigen Belastungen schützen, die sich bei einem neuen Rechtszug parallel zur Hauptsache in Gestalt eines allgemeinen Verbesserungsverfahrens ergäben. Dies war und ist auch immer noch eines der wichtigsten Argumente, aus Art. 19 Abs. 4 GG keine Garantie eines Instanzenzuges herauszulesen.[1432] Das *BVerfG* wird aber ohne Zweifel schon durch die Schaffung der einmaligen Möglichkeit, Verletzungen von Verfahrensgrundrechten beim iudex a quo geltend zu machen, erheblich entlastet. Denn jedenfalls muss auch der Richter, der eine Gehörsrüge zu Unrecht verwirft oder zurückweist, seine Entscheidung in dem zu fassenden Beschluss kurz begründen und erleichtert damit dem *BVerfG* bei einer etwa nachfolgenden Verfassungsbeschwerde die Arbeit.

III. Verstöße gegen „sonstige Verfahrensgrundrechte"

Der Gesetzgeber hat ausdrücklich darauf verzichtet, mit dem Anhörungsrügengesetz in § 321a ZPO auch andere Grundrechtsverstöße als Gehörsverletzungen einer fachgerichtlichen Verbesserung zugänglich zu machen. Der *Regierungsentwurf-AnhörungsRG* führt hierzu aus:[1433]

„Dem Tenor der bundesverfassungsgerichtlichen Plenarentscheidung folgend ergänzt der Gesetzentwurf das Rechtsbehelfssystem um die Möglichkeit, einen Verstoß gegen das in Artikel 103 Abs. 1 GG verbürgte

[1428] Vgl. *Schneider*, MDR 2002, 1047.

[1429] So etwa *Gravenhorst*, MDR 2003, 887, der für den Fall, dass der Gesetzgeber aus Kostengründen ein Rechtsmittel gegen die ablehnende Entscheidung nicht vorsehe, wenigstens das Ausgangsgericht in anderer Besetzung entscheiden lassen will. *Vollkommer*, FS für Musielak, S. 619ff., ist der Meinung, dass *„effektiver Rechtsschutz gegen den Richter nur durch einen anderen, höheren Richter möglich sei."* Er hält es für einen *„Irrweg, im Ausbau des § 321a ZPO zu einem für sämtliche nicht rechtsmittelfähigen Entscheidungen auch der höheren Instanzen geltenden allgemeinen Prinzip die Lösung des Problems des innerprozessualen Grundrechtsschutzes zu suchen."*

[1430] Vgl. *Gottwald*, Gutachten, S. A 28, wonach schon 1994 beim *BVerfG* 5194 Verfassungsbeschwerden neu anhängig gemacht wurden, von denen sich immerhin 1822 auf Entscheidungen der Zivilgerichtsbarkeit bezogen und vermutlich zum Großteil auf Verletzungen des Art. 103 Abs. 1 GG gestützt wurden.

[1431] Vgl. insoweit *Kley*, DVBl. 2003, 1159.

[1432] Vgl. insbesondere *BVerfGE* 107, 395 = NJW 2003, 1924, wo die Gefahr eines Rechtsweges ohne Ende deutlich problematisiert wird.

[1433] Vgl. BT-Drs. 15/3966, S. 5, unter Bezugnahme auf die Begründung des *Koalitionsentwurfes-AnhörungsRG*, BT-Drs. 15/3706, S. 15.

Recht auf rechtliches Gehör zu rügen. Eine Erstreckung dieses Rechtsbehelfs auf die Verletzung anderer Verfahrensgrundrechte ist nicht Gegenstand des vom Bundesverfassungsgericht erteilten Gesetzgebungsauftrages. Im Übrigen kann ein Verstoß gegen Artikel 101 Abs. 1 Satz 2 GG (Gebot des gesetzlichen Richters) im Wiederaufnahmeverfahren geltend gemacht werden. Damit trifft der Entwurf keine Aussage zu der Frage, wie die Gerichte künftig mit Verletzungen etwa des Willkürverbots umgehen sollen; insbesondere die bisher in diesen Fällen zur Anwendung gekommenen außerordentlichen Rechtsbehelfe wie die außerordentliche Beschwerde oder die Gegenvorstellung sollen durch die Beschränkung dieses Entwurfs auf eine Erweiterung der Rügemöglichkeiten bei Anhörungsverstößen nicht ausgeschlossen werden.

Es bleibt also die Frage ausdrücklich offen, wie die Gerichte künftig mit behaupteten Verfahrensgrundrechtsverletzungen außerhalb der Rüge einer Verletzung des rechtlichen Gehörs umgehen sollen. Parallel zur Problematik der fachgerichtlichen Behebung von Gehörsverletzungen stellt sich die Frage, ob die hierzu vom *BVerfG* entwickelten Grundsätze auf das Vorliegen und die Geltendmachung von Verstößen gegen sonstige Verfahrensgrundrechte übertragen werden müssen und der Gesetzgeber verpflichtet wäre, einen umfassenden Rechtsbehelf zur fachgerichtlichen Bereinigung von Grundrechtsverstößen zu schaffen.

1. Übertragbarkeit und Auswirkungen der im Plenarbeschluss des *BVerfG* vom 30.4.2003 aufgestellten Grundsätze auf die Verletzung „sonstiger Verfahrensgrundrechte"

Hauptargument des *BVerfG* in seinem Plenarbeschluss vom 30.4.2003 für die Forderung nach Schaffung eines fachgerichtlichen Rechtsbehelfs zur Behebung von Gehörsverletzungen war die aus der Verfassung herauszulesende Subsidiarität der Verfassungsbeschwerde. Diese führe dazu, dass bei erstmaligen Gehörsverletzungen durch die Fachgerichte eine gesetzliche Möglichkeit bestehen müsse, solche Verstöße dort geltend zu machen, wo sie entstanden sind.[1434] Ausdrücklich hat das *BVerfG* seine Ausführungen zur verfassungsrechtlichen Gewährleistung des Rechtsschutzes gegen den Richter auf erstmalige Gehörsverletzungen, d.h. auf einen Verstoß gegen Art. 103 Abs. 1 GG bezogen, da auch nur ein solcher Mangel Gegenstand der erhobenen Verfassungsbeschwerde und des hierauf ergangenen Vorlagebeschlusses[1435] an das Plenum des *BVerfG* war.[1436] Allerdings nahm das *BVerfG* bei der Herleitung der verfassungsrechtlich gebotenen vorrangigen Überprüfung von behaupteten Grundrechtsverletzungen durch die Fachgerichte auf den sog. allgemeinen Justizgewährleistungsanspruch Bezug. Es stellt fest, dass dieser *„Rechtsschutz hinsichtlich der gerichtlichen Verfahrensdurchführung ermöglicht, soweit durch sie Verfahrensgrundrechte verletzt sein können. Andernfalls bliebe eine Verletzung dieser Grundrechte ohne verfassungsrechtlich gesicherte Möglichkeit fachgerichtlicher Abhilfe."*[1437]

[1434] Vgl. *BVerfGE* 107, 395 = NJW 2003, 1924. Die hierzu vom *BVerfG* entwickelten Überlegungen sind oben S. 279ff. dargestellt.
[1435] Vgl. *BVerfGE* 104, 357.
[1436] Vgl. *BVerfGE* 107, 395 = NJW 2003, 1924; *Voßkuhle*, NJW 2003, 2193.
[1437] So *BVerfGE* 107, 395 = NJW 2003, 1924.

Hinzu kommt, dass sich in Rechtsprechung und Literatur zur fachgerichtlichen Behebung von Verstößen gegen „sonstige" Verfahrensgrundrechte stark voneinander abweichende Lösungsansätze finden, nämlich vom Vorschlag der Wiedereinführung einer außerordentlichen Beschwerde über die Zurverfügungstellung einer Gegenvorstellung (die direkt aus Art. 19 Abs. 4 GG oder analog § 321a ZPO abzuleiten sei) bis hin zur Auffassung, es könne unmittelbar Verfassungsbeschwerde erhoben werden.[1438] Wesentlicher Bestandteil des Rechtsstaatsprinzips ist aber der Grundsatz der Rechtssicherheit. Er wirkt sich im Bereich des Verfahrensrechts unter anderem in dem Postulat der Rechtsmittelklarheit aus. Das rechtsstaatliche Erfordernis der Messbarkeit und Vorhersehbarkeit staatlichen Handelns führt zu dem Gebot, dem Rechtsuchenden den Weg zur Überprüfung gerichtlicher Entscheidungen nachvollziehbar vorzugeben.[1439] Die rechtliche Ausgestaltung des Rechtsmittels soll dem Bürger insbesondere die Prüfung ermöglichen, ob und unter welchen Voraussetzungen es zulässig ist. Sind die Formerfordernisse so kompliziert und schwer zu erfassen, dass nicht erwartet werden kann, der Rechtsuchende werde sich in zumutbarer Weise darüber Aufklärung verschaffen können, müsste die Rechtsordnung zumindest für eine das Defizit ausgleichende Rechtsmittelbelehrung sorgen.[1440] Diese kann aber wiederum nur dann zuverlässig erteilt werden, wenn die Zulässigkeitsvoraussetzungen des jeweiligen Rechtsbehelfs in der Rechtsordnung selbst geregelt sind. Mit dieser Argumentation hat das *BVerfG* aber schon die vor Inkrafttreten des Anhörungsrügengesetzes bestehende Unsicherheit bei der fachgerichtlichen Bereinigung von Gehörsverletzungen als einen Verstoß gegen die Rechtsmittelklarheit gerügt.[1441]

Die vom *BVerfG* zur fachgerichtlichen Geltendmachung von Gehörsverletzungen (Art. 103 Abs. 1 GG ist das wichtigste Verfahrensgrundrecht[1442]) entwickelte verfassungsrechtliche Argumentation muss mithin auch auf die Verletzung sonstiger Verfahrensgrundrechte übertragen werden, etwa wenn im Falle einer mit Rechtsmittel nicht mehr angreifbaren Entscheidung geltend gemacht wird, das Gericht habe gegen Art. 101 Abs. 1 GG (gesetzlicher Richter), den sich aus Art. 6 Abs. 1 EMRK sowie aus dem Rechts- und Sozialstaatsprinzip ergebenden Anspruch auf Durchführung eines fairen Verfahrens[1443], den aus Art. 3 Abs. 1 GG i.V. mit dem Rechtsstaatsprinzip sowie aus Art. 6 EMRK herzuleitenden Anspruch auf Waffengleichheit[1444] oder das aus dem allgemeinen Justizgewährleistungsanspruch herzuleitende Beschleunigungsgebot[1445] verstoßen. Dies bedeutet zum einen, dass auch bei der erstmaligen Verletzung anderer Verfahrensgrundrechte als des rechtlichen Gehörs eine gesetzliche Regelung vorhanden sein muss, um diese vor einem

[1438] Vgl. hierzu unten 3., S. 311.

[1439] Vgl. *BVerfGE* 107, 395 = NJW 2003, 1924; *BVerfGE* 87, 48 = NJW 1993, 1123; *BVerfGE* 49, 148 = NJW 1979, 151.

[1440] Vgl. *BVerfGE* 107, 395 = NJW 2003, 1924.

[1441] Vgl. *BVerfGE* 107, 395 = NJW 2003, 1924.

[1442] Das *BVerfG* bezeichnet Art. 103 Abs. 1 GG als „prozessuales Urrecht" des Menschen, vgl. *BVerfGE* 107, 395 = NJW 2003, 1924.

[1443] Vgl. *Rosenberg/Schwab/Gottwald*, § 1 Rn. 30.

[1444] Vgl. *Rosenberg/Schwab/Gottwald*, § 1 Rn. 28.

[1445] Vgl. *Rosenberg/Schwab/Gottwald*, § 1 Rn. 29.

Fachgericht geltend zu machen.[1446] Zum anderen führt die sich aus der Verfassung ergebende Pflicht zur Einführung eines gesetzlichen Rechtsbehelfes, mit dem erstmalige Verstöße gegen Verfahrensgrundrechte behoben werden können, dazu, dass die einstmals außerordentliche Beschwerde wegen "greifbarer Gesetzeswidrigkeit" gesetzlich zu regeln ist.[1447] Die diesem außerordentlichen Rechtsmittel unterfallenden Konstellationen stellen nämlich Verstöße gegen das (Verfahrens-)Grundrecht auf ein willkürfreies Verfahren und eine ebensolche Entscheidungdar.[1448]

2. Formulierung eines Rechtsbehelfs zur fachgerichtlichen Bereinigung von Verstößen gegen Verfahrensgrundrechte

Für die inhaltliche Ausgestaltung eines solchen umfassenden Rechtsbehelfes könnte systematisch auf die bereits zur Gehörsrüge geschaffene Regelung in § 321a ZPO, die sachgerecht und verfahrensökonomisch ist, zurückgegriffen werden. Eine entsprechende Regelung könnte wie folgt lauten:

[1446] Vgl. etwa *Gravenhorst*, Anm. zur Plenarentscheidung des *BVerfG* vom 30.4.2003, MDR 2003, 887, der die Einführung einer „kleinen Verfassungsbeschwerde" in die einzelnen Verfahrensgesetze befürwortet. Vgl. auch *Voßkuhle*, NJW 2003, 2193. *Redeker*, NJW 2003, 2956, hält es für naheliegend, für sämtliche Verstöße gegen Verfahrensgrundrechte eine fachgerichtliche Rügemöglichkeit einzuräumen und meint, der Gesetzgeber stehe *„zwischen der Skylla der Beachtung des Grundgesetzes und der Charybdis einer Instanzenseligkeit."*

[1447] Auch der 65. Deutsche Juristentag 2004, Abteilung Verfahrensrecht, I. (Verfahren erster Instanz) hat unter 7.2. (abzurufen unter www.djt.de) mit großer Mehrheit beschlossen, die Gehörsrüge auf alle Verfahrensgrundrechte auszudehnen.

[1448] Vgl. oben S. 273. Bereits *Gottwald*, Gutachten, S. A 30 hat vorgeschlagen, bei wesentlichen Verfahrensfehlern, d.h. nicht nur bei Gehörsverletzungen, eine befristete Anhörungsbeschwerde einzuführen, um der Subsidiarität der Verfassungsbeschwerde Rechnung zu tragen.

§ 321a ZPO[1449]

„Abhilfe bei schwerwiegender Verletzung des Verfahrens“[1450]

(1) Auf die Rüge der durch ein Urteil oder einen Beschluss[1451] *beschwerten Partei ist der Prozess vor dem jeweils erkennenden Gericht fortzuführen, wenn*

1. *ein Rechtsmittel oder ein anderer Rechtsbehelf*[1452] *gegen die Entscheidung nicht gegeben ist und*
2. *die Entscheidung auf einem schwerwiegenden Verfahrensfehler, insbesondere einer Verletzung des Anspruchs auf rechtliches Gehör*[1453] *beruht.*

(...) Die weiteren Formulierungen können o.w. den Absätzen 2 bis 5 des § 321a ZPO i.d. aktuellen und seit 1.1.2005 in Kraft getretenen Fassung des Anhörungsrügengesetzes entnommen werden.

[1449] Die Eingliederung des fachgerichtlichen Verbesserungsverfahrens in die ZPO könnte an mehreren Stellen sinnvoll sein. Es wurde z.B. vor Inkrafttreten des ZPO-RG ein neu zu schaffender „§ 319a ZPO“ vorgeschlagen, vgl. *Gottwald*, Gutachten, S. A 30. Demgegenüber favorisiert *Gravenhorst*, MDR 2003, 887 die Eröffnung eines 4. Abschnittes mit der Bezeichnung „(Verfassungs-)Rekurs“ („§§ 577a ff. ZPO“) im dritten Buch der ZPO, welches die Rechtsmittel enthält. Zutreffend erscheint es indes, die durch das ZPO-RG bestimmte und deswegen bereits bekannte Verortung in § 321a ZPO beizubehalten, wenn man die Regelung nach dem bewährten Muster als strikte Gegenvorstellung ohne Devolutiveffekt und ohne (weitere) Beschwerdemöglichkeit konzipiert.

[1450] Die Bezeichnung der Neuregelung ist nicht unwichtig. Wie bereits ausgeführt, dürfte eine Benennung der fachgerichtlichen Verbesserungsmöglichkeit, die auf die Verletzung der „Grundrechte“ oder der „Verfassung“ abstellt, die Bereitschaft der Richter senken, ohne innere Vorbehalte z.B. nachträglich rechtliches Gehör zu gewähren, vgl. *Meilicke*, DB 2003, 1573. Zum anderen wäre aber die (bisherige) Bezeichnung „Abhilfe bei Verletzung des Anspruchs auf rechtliches Gehör“ unvollständig und für den Rechtsuchenden auch zumindest missverständlich, wenn auch die Verletzung „sonstiger“ Verfahrensgrundrechte geltend gemacht werden kann.

[1451] Fraglich ist, ob man explizit klarstellen sollte, dass der Rechtsbehelf nicht nur im Urteils-, sondern auch im Beschlussverfahren anwendbar ist. Hiergegen lässt sich einwenden, dass die Regelungen betreffend die Urteile nach allgemeiner Meinung auch im Beschlussverfahren gelten, soweit sie ihrem Sinn nach anwendbar und nicht in § 329 ZPO besondere Anordnungen getroffen sind, vgl. *Thomas/Putzo*, § 329 Rn. 1ff.. Auch *Gottwald*, Gutachten, S. A 30 erwähnt in seinem Vorschlag zur Einführung eines Verbesserungsverfahrens ausdrücklich nur die Urteile, obwohl auch Beschlüsse erfasst werden sollen. Für die explizite Erwähnung auch von „Beschlüssen“ spricht indes entscheidend, dass mit der zu schaffenden Gegenvorstellung auch ausdrücklich die bisherige außerordentliche Beschwerde wegen "greifbarer Gesetzeswidrigkeit" und die bisher gesetzlich nicht erfasste Möglichkeit zur Selbstkorrektur von Gehörsverletzungen geregelt werden müssen. Die genaue inhaltliche Beschreibung dieser Rechtsbehelfe ist aber ein zentrales Erfordernis der sog. Rechtsmittelklarheit. Dem Rechtsbehelfsführer aber dem gemäß klar zu machen, dass auch im Beschlussverfahren die Verletzung von Verfahrensgrundrechten geltend gemacht werden kann, kann auf diesem Wege ohne große Formulierungsschwierigkeiten erreicht werden.

[1452] Damit wird klargestellt, dass Verletzungen von Verfahrensgrundrechten natürlich und vorrangig mit den zulässigen Rechtsmitteln und sonstigen Rechtsbehelfen, die eine solche Prüfung erlauben, namentlich der Rechtsbeschwerde und der Nichtzulassungsbeschwerde geltend zu machen sind.

[1453] Durch eine solche Formulierung würde ohne großen Aufwand klargestellt, dass nur schwerwiegende Verfahrensverstöße, nämlich Verletzungen von Verfahrensgrundrechten Gegenstand des Abhilfeverfahrens sein können, vgl. die Formulierung bei *Gottwald*, Gutachten, S. A 30.

3. Rechtsbehelf bis zur Schaffung einer gesetzlichen Regelung

Die Rechtslage zur fachgerichtlichen Behebung von Verstößen gegen „sonstige" Verfahrensgrundrechte wird auch nach Inkrafttreten des Anhörungsrügengesetzes sehr kontrovers diskutiert. Für den Rechtsanwender ist es aber bis zu einer diesbezüglichen Erweiterung des § 321a ZPO wichtig, zu wissen, wie er sich gegen die Verletzung seiner Rechte wehren kann, wenn ihm keine ordentlichen Rechtsbehelfe oder Rechtsmittel zur Verfügung stehen. Um für die Praxis probate Wege darstellen zu können, muss zunächst die gesamte „Bandbreite" der vorgeschlagenen Lösungsansätze auf ihre Vorzüge und Nachteile hin untersucht werden.

a) Kein fachgerichtlicher Rechtsschutz

Der *VGH Baden-Württemberg*[1454] geht seit dem Inkrafttreten des Anhörungsrügengesetzes zum 1.1.2005 davon aus, dass mit den jeweiligen Spezialregelungen zur Gehörsrüge in den einzelnen Verfahrensordnungen (etwa § 321a im Bereich der ZPO) die richterrechtlich entwickelten außerordentlichen Rechtsbehelfe und Rechtsmittel beseitigt seien. Der Gesetzgeber habe aus Gründen des Rechtsstaatsprinzips eine fachgerichtliche Abhilfemöglichkeit - nur - für den Fall geschaffen, dass ein Gericht in entscheidungserheblicher Weise den Anspruch auf rechtliches Gehör gem. Art. 103 Abs. 1 GG verletzt habe. Abgesehen von vergleichbar klar überprüfbaren Verstößen gegen Verfahrensgrundrechte, wie etwa einem Verstoß gegen das Verfassungsgebot des gesetzlichen Richters nach Art. 101 Abs. 1 S. 2 GG, in denen möglicherweise eine analoge Anwendung der in der VwGO in § 152a geregelten Gehörsrüge in Betracht gezogen werden könnte, scheide eine erweiternde Anwendung dieses Rechtsbehelfs für sonstige, insbesondere materiell-rechtlich begründete Fälle behaupteter „greifbarer Gesetzeswidrigkeit" aus. Im Hinblick auf das Gebot der Rechtsmittelklarheit sei der Betroffene insoweit auf die Möglichkeit der Verfassungsbeschwerde zu verweisen, mit deren Hilfe gegebenenfalls etwa Verstöße gegen das sich aus Art. 3 Abs. 1 GG ergebende Willkürgebot korrigiert werden könnten. Mit der bewussten gesetzgeberischen Entscheidung im Anhörungsrügengesetz, ab 1. 1. 2005 nur in Fällen der Verletzung rechtlichen Gehörs dem entscheidenden Gericht die Möglichkeit der Selbstkorrektur einzuräumen, wäre es unvereinbar, die Gehörsrüge als einen über seinen klaren Regelungsgehalt wesentlich hinausgehenden allgemeinen Rechtsbehelf gegen rechtskräftige (verwaltungs-)gerichtliche Entscheidungen zu begreifen. Insoweit fehle es an der für eine Analogie erforderlichen planwidrigen Regelungslücke. Eine dergestalt in das Institut der Rechtskraft eingreifende Korrektur der eindeutigen gesetzgeberischen Entscheidung überschreite die Befugnisse eines Fachgerichts.

[1454] NJW 2005, 920; ebenso *OVG Lüneburg*, NJW 2005, 2171; *OVG Berlin*, NVwZ 2005, 470; ähnlich wohl *Guckelberger*, NVwZ 2005, 11. Auch *Rensen*, MDR 2005, 181, hält eine Analogie zu § 321a ZPO bei Verstößen gegen andere Verfahrensgrundrechte als das Recht auf Gehör nach Inkrafttreten des AnhRG nicht mehr für möglich. Der Bundesgesetzgeber habe sich ausdrücklich gegen eine Ausdehnung des Anwendungsbereiches der Gehörsrüge auf andere Verfahrensgrundrechte entschieden, weil es an einer planwidrigen Lücke fehle, insbesondere vom Gesetzgeber kein regelungsbedürftiger Sachverhalt übersehen wurde.

Daher sei ab 1. 1. 2005 neben der – abschließenden – gesetzlichen Regelung des § 152a VwGO (die Regelung entspricht derjenigen in § 321a ZPO) für sonstige außerordentliche Rechtsbehelfe bei unanfechtbaren verwaltungsgerichtlichen Entscheidungen kein Raum.[1455] Diese Auffassung, die im wesentlichen auf die gesetzliche Regelung bei der Gehörsrüge und die Motive des Gesetzgebers hierzu abstellt, unterschlägt allerdings, dass dieser zwar entsprechend des konkreten Gesetzgebungsauftrags des *BVerfG*[1456] nur eine Regelung zur Behebung von Gehörsverstößen schuf, aber die von der Rechtsprechung entwickelten außerordentlichen Rechtsbehelfe nicht beseitigen wollte.[1457] Mithin liegt eine planmäßige Gesetzeslücke bei Beseitigung von Verstößen gegen „sonstige" Verfahrensgrundrechte vor, die – allerdings unter Verzicht auf eindeutige Rechtsmittelklarheit[1458] – durch die Fachgerichtsbarkeit im Wege außerordentlicher Rechtsbehelfe geschlossen werden soll. Bis zu einer entsprechenden Ergänzung der Verfahrensordnungen ist es daher schon wegen des Grundsatzes der Subsidiarität der Verfassungsbeschwerde geboten, bei der Verletzung „sonstiger" Verfahrensgrundrechte im Falle einer mit den ordentlichen Rechtsbehelfen und Rechtsmitteln nicht mehr angreifbaren Entscheidung einen außerordentlichen Rechtsbehelf zur Verfügung zu stellen.

b) Außerordentliche Beschwerde

Die namentlich von *Schneider*[1459] vertretene Gegenposition hält nicht nur die gesetzliche Regelung des § 321a ZPO im Gewande einer Gegenvorstellung zum Ausgangsgericht für verfehlt, sondern im Falle von Verstößen gegen „sonstige" Verfahrensgrundrechte (nach wie vor) die außerordentliche Beschwerde für statthaft. Argumentiert wird insoweit insbesondere damit, dass die vom *BGH*[1460] favorisierte fristgebundene Gegenvorstellung analog

[1455] *Musielak/Musielak*, § 321a Rn. 6 ist der Meinung, der Entscheidung des *BVerfG*, NJW 2006, 2907 lasse sich entnehmen, dass auch das *BVerfG* eine Gegenvorstellung bei der Verletzung „sonstiger" Verfahrensgrundrechte ablehne, weil diese nach dem Wortlaut des Gesetzes weder als Rechtsmittel noch als Anhörungsrüge zulässig sei. Bei der genannten Entscheidung ging es aber um die Frage, ob eine „Gegenvorstellung", mit der außerhalb der Zulässigkeitsvoraussetzungen des § 321a ZPO ein Verstoß gegen das Gehör geltend gemacht wird, fristwahrende Wirkung im Hinblick auf § 93 Abs. 1 BVerfGG haben kann. Dies hat das *BVerfG* zutreffend verneint, da im konkreten Fall die „Gegenvorstellung" gegen eine nach § 707 Abs. 2 S. 2 ZPO unanfechtbare Zwischenentscheidung eingelegt wurde, eine Gehörsrüge aber nach § 321a Abs. 1 S. 2 ZPO unzulässig gewesen wäre. Die Entscheidung besagt aber nichts darüber, ob außerhalb von Gehörsverstößen aus den Gründen der Subsidiarität der Verfassungsbeschwerde ein fachgerichtlicher Rechtsbehelf zur Geltendmachung von Verfassungsverstößen gegeben sein muss.

[1456] Vgl. oben S. 279ff.

[1457] Vgl. den *Regierungsentwurf-AnhRG*, BR-Drs. 663/04, S. 33: *„(...) Damit trifft der Entwurf keine Aussage zu der Frage, wie die Gerichte künftig mit Verletzungen etwa desWillkürverbots umgehen sollen; insbesondere die bisher in diesen Fällen zurAnwendung gekommenen außerordentlichen Rechtsbehelfe wie die außerordentliche Beschwerde oder die Gegenvorstellung sollen durch die Beschränkung dieses Entwurfs auf eine Erweiterung der Rügemöglichkeiten bei Anhörungsverstößen nicht ausgeschlossen werden."*

[1458] Vgl. schon oben S. 307ff.

[1459] Vgl. etwa MDR 2006, 969ff.; MDR 2002, 1047ff.

[1460] *BGHZ* 150, 133 = NJW 2002, 1577.

§ 321a ZPO nur für Fälle von Gehörsverletzungen systemgerecht sei.[1461] Die Rechtsprechung des *BGH* wonach mit ordentlichen Rechtsbehelfen und Rechtsmitteln nicht mehr angreifbare Verstöße gegen „sonstige Verfahrensgrundrechte“ (etwa das Willkürverbot) auf Gegenvorstellung hin innerhalb der Frist des § 321a Abs. 2 S. 2 ZPO beim Ausgangsgericht zu korrigieren seien und bei Nichtabhilfe nur eine Verfassungsbeschwerde in Betracht komme, sei mit den Motiven des Gesetzgebers bei der Gehörsrüge nicht in Übereinstimmung zu bringen.[1462] Der Geltungsbereich sollte nämlich begrenzt sein auf Verstöße gegen Art. 103 Abs. 1 GG durch unanfechtbare Entscheidungen. Die Verletzung anderer Verfahrensgrundrechte sollte instanzintern nicht rügefähig sein.[1463] Rechtsmethodisch sei daher eine Gegenvorstellung bei Verstößen gegen "sonstige" Verfahrensgrundrechte nicht nachvollziehbar, sondern stelle einen Verstoß gegen das Gewaltenteilungsprinzip dar. Der *BGH* habe sich über geltendes Recht hinweggesetzt und sich als Gesetzgeber geriert.[1464] Das habe mittlerweile in der Rechtsprechung zu entsprechender Verwirrung geführt, da eine mit greifbarer Gesetzeswidrigkeit begründete Gegenvorstellung bald für unzulässig und bald für zulässig angesehen werde und auch die Fristgebundenheit eines solchen Rechtsbehelfs (im Hinblick auf eine mögliche Analogie zu § 321a ZPO bzw. entsprechende Vorschriften in anderen Verfahrensordnungen) unterschiedlich beurteilt werde. Eine verlässliche Rechtslage sei damit zu Lasten von Rechtsuchenden und Gerichten unverändert in weiter Ferne.[1465] Auch dieser Auffassung ist indes aus den nachfolgenden Gesichtspunkten nicht zu folgen.

aa) Keine Notwendigkeit aus rechtspolitischer Sicht

Zunächst erscheint die Notwendigkeit einer außerordentlichen Beschwerde nicht bereits deswegen gegeben, weil Zivilgerichte auch in nur nennenswerter Zahl gegen „sonstige“ Verfahrensgrundrechte, insbesondere das Willkürverbot verstoßen würden. Dies würde in der Tat aus rechtspolitischen Gründen einen Rechtsbehelf mit Devolutiveffekt erfordern, um gewisser Maßen für die Instanzgerichte einen „Abschreckungseffekt“ zu erzielen. Zuzugeben ist zwar immerhin die Gefahr, dass der Richter, bei dem etwa eine behauptete Willkürentscheidung (als Verstoß gegen Art. 3 Abs. 1, 20 Abs. 1 GG) mit der Gegenvorstellung geltend gemacht wird, angesichts der Schwere des „Vorwurfs“ und um nicht seinen eigenen bewussten Verfassungsverstoß einzugestehen, dem Rechtsbehelf auch dann nicht abhelfen wird, wenn er den Verstoß erkannt hat. Andererseits sollte man vorsichtig sein, aus einzelnen, sicherlich durch nichts zu rechtfertigenden bewussten Verfassungsverstößen[1466] pauschal auf die „Grundrechtsferne“ der Zivilgerichte zu schließen.[1467] Das

[1461] Vgl. *Schneider*, MDR 2002, 1047, der außerhalb des „Anwendungsbereiches“ des § 321a ZPO, also bei anderen Verstößen als Gehörsverletzungen die von der Rechtsprechung zur Beschwerde wegen "greifbarer Gesetzeswidrigkeit" entwickelten Grundsätze nach wie vor für anwendbar hält.

[1462] *Schneider*, MDR 2006, 969.

[1463] Vgl. etwa den *Regierungsentwurf-AnhRG*, BR-Drs. 663/04, S.37.

[1464] So *Schneider*, MDR 2006, 969.

[1465] So wörtlich *Berchtold*, NZS 2006, 15.

[1466] Vgl. die Beispiele bei *Schneider*, NJW 2006, 969.

BVerfG hatte etwa im Jahr 2004 einen Eingang von 2159 Verfassungsbeschwerden gegen Entscheidungen der Zivilgerichtsbarkeit zu verzeichneten und im Jahr 2005 einen solchen von 1859.[1468] Demgegenüber wurden im Jahre 2004 lediglich 107 und im Jahr 2005 nur 126 Entscheidungen aus allen (!) Gerichtszweigen auf Verfassungsbeschwerde hin aufgehoben.[1469] Diese Zahlen zeigen, dass Verletzungen „sonstiger" Verfahrensgrundrechte, insbesondere durch greifbar gesetzeswidrige bzw. auf Willkür beruhende Entscheidungen Einzelfälle sind und nicht schon deswegen von vornherein Bedenken gegen eine Gegenvorstellung zum Ausgangsgericht als fachgerichtlicher Rechtsbehelf bestehen müssen.

[1467] So *Schneider*, NJW 2006, 969 unter Berufung auf *H.P. Schneider*, NJW 2003, 1845. Auch das *OLG München*, FGPrax 2005, 278 hält entgegen *OLG Jena*, FGPrax 2006, 115 eine außerordentlich Beschwerde im Bereich der Freiwilligen Gerichtsbarkeit neben der Regelung des § 29a FGG (die § 321a ZPO entspricht) jedenfalls dann für statthaft, wenn die greifbare Gesetzwidrigkeit einer Beschwerdeentscheidung geltend gemacht wird, weil in dieser ohne eingehende materiellrechtliche Prüfung dem Beschwerdeführer das Rechtsschutzbedürfnis abgesprochen und ihm dadurch der Weg zu einer erstmaligen richterlichen Prüfung seines Anliegens genommen worden sei. Eine Selbstkorrektur sei in sochen Fällen „kaum zu erwarten." Gegen eine solche grundsätzliche Einschätzung der Fähigkeit eines Richters, eigene Fehler zu korrigieren, wendet sich indes *BFHE* 211, 37 = NJW 2006, 861 unter Hinweis auf die gesetzlich in § 90 FGO vorgesehene Möglichkeit eines auf Antrag und mündliche Verhandlung hin wieder änderbaren Gerichtsbescheides. Dass sich im Bereich des Zivilverfahrens etwa Amtsrichter im „Verfahren nach billigem Ermessen" ihre „private ZPO" zurechtlegen, ist – selbstverständlich unter Beachtung der Verfahrensgrundrechte der Prozessbeteiligten – nichts anderes als legitim und erklärt sich aus der Vorschrift des § 495a ZPO („billiges Ermessen") selbst. Passieren Verletzungen grundrechtlich geschützter Positionen der Verfahrensbeteiligten, sollte es eine Selbstverständlichkeit für den Richter sein, diese zu beheben, vgl. auch *Stackmann*, NJW 2007, 9; Jus 2005, 495.

[1468] Vgl. www.bundesverfassungsgericht.de/organisation.

[1469] Vgl. www.bundesverfassungsgericht.de/organisation. Auch die Statistik des *BVerfG* zu den vorangegangenen Jahren zeigt, dass die dort im Wege der Verfassungsbeschwerde zur Überprüfung gestellten Entscheidungen nur in ganz besonderen Ausnahmefällen einer verfassungsgerichtlichen Prüfung nicht standhielten. Nach der Erledigungsstatistik des *BVerfG* für die Jahre 1998-2002 gingen jährlich um die 4500 Verfassungsbeschwerden ein. 2003 waren es 5055. Davon wird etwa 1-2% im Jahr durch Kammerentscheidung stattgegeben. Die Anzahl der Verfassungsbeschwerden, die vor einem *Senat* Erfolg haben, bewegt sich im Promillebereich. Die durch Nichtannahme im Kammerverfahren erledigten Verfassungsbeschwerden liegen über 95% des Jahreseingangs. Die konstant schlechte Erfolgsquote von Verfassungsbeschwerden erkennt auch *Schneider*, MDR 2006, 969, führt diese aber darauf zurück, dass Verfassungsbeschwerden gem. § 93a BverfGG nicht angenommen werden, wenn die Grundrechtsverletzung kein besonderes Gewicht hat und den Beschwerdeführer nicht in existentieller Weise betrifft, vgl. *BVerfGE* 90, 25. Diese Begründung ist allerdings insofern nicht stichhaltig, als gerade die von *Schneider* als Verfechter der außerordentlichen Beschwerde (zu Recht) angeprangerten Fälle einer systematischen Verletzung von Verfahrensgrundrechten (etwa des Rechts auf Gehör durch „standardisierte Schnellverfahren" im Bereich des § 495a ZPO) zur Annahme einer Verfassungsbeschwerde führen müssen. Entsprechende Entscheidungen – v.a. auch Willkürentscheidungen – beruhen nämlich regelmäßig auf einer „groben Verkennung des durch Grundrechte (etwa Art. 3 Abs. 1, 20 Abs. 1 GG) gewährten Schutzes" bzw. auf einem „geradezu leichtfertigen Umgang mit grundrechtlich geschützten Positionen", vgl. *BVerfGE*, a.a.O. Die bezeichneten Fälle haben damit aber ein „besonderes Gewicht" i.S. des § 93a Abs. 2 lit. b BverfGG, welches die Annahme einer Verfassungsbeschwerde rechtfertigt, weil sie symptomatisch für eine „generelle Vernachlässigung von Grundrechten" sind. Gerade bei Willkürentscheidungen muss die Verfassungsbeschwerde daher auch ohne „existentielle Bedrohung" für den Beschwerdeführer angenommen werden (vgl. etwa *BVerfG*, NJW 2005, 1487; *BVerfGE* 69, 141 = NJW 1986, 833, jeweils zur willkürlichen Übergehung eines Beweisangebots, die im geltenden Prozessrecht keine Stütze findet – Verstoß gegen Art. 103 Abs. 1 GG).

bb) Rechtssystematische Unvereinbarkeit

Entscheidend sprechen aber die Systematik der zum 1.1.2002 eingeführten Rechtsbeschwerde und die gesetzliche Institutionalisierung der Gegenvorstellung durch das Anhörungsrügengesetz gegen die Möglichkeit einer außerordentlichen Beschwerde.[1470]

(1) Rechtsbeschwerde als abschließende Regelung für den Zugang zum *BGH*

Aus den Regelungen zur Rechtsbeschwerde in den §§ 574ff. ZPO ergibt sich zunächst, dass der Gesetzgeber kein außerordentliches Rechtsmittel zum *BGH* wollte. Nach der durch das ZPO-RG zum 1.1.2002 erfolgten Einführung einer einheitlichen Rechtsbeschwerdeinstanz für alle Verfahren, die der ZPO unterliegen, wurde eine abschließende Regelung für die letztinstanzliche Zuständigkeit des obersten Gerichtes in Beschwerdesachen geschaffen.[1471] Bedarf für ein außerordentliches Rechtsmittel wegen "greifbarer Gesetzeswidrigkeit" kann nach der Neuregelung der §§ 574ff. ZPO ohnedies nur in den Fällen nicht schon kraft Gesetzes statthafter Rechtsbeschwerde (§ 574 Abs. 1 Nr. 1 ZPO) bestehen, also dann, wenn das Beschwerdegericht die Rechtsbeschwerde nicht gem. § 574 Abs. 1 Nr. 2 ZPO zugelassen hat. Würde man aber nach Nichtzulassung der Rechtsbeschwerde durch das Beschwerdegericht, gegen die es – anders als gegen die Nichtzulassung der Revision in § 544 ZPO - keine Beschwerdemöglichkeit gibt,[1472] nunmehr die außerordentliche Beschwerde wegen "greifbarer Gesetzeswidrigkeit" eröffnen, hätte dies zur Folge, dass zwei Rechtszüge (die Rechtsbeschwerde kraft gesetzlicher Anordnung und nach Zulassung einerseits sowie die außerordentliche Beschwerde andererseits) nebeneinander bestünden, von denen der Gesetzgeber in Kenntnis der Problematik der außerordentlich Beschwerde nur einen geregelt hätte.[1473]

[1470] Gegen die Möglichkeit einer außerordentlichen Beschwerde nach Inkrafttreten des AnhRG sprechen sich u.a. aus: *BFHE* 211, 37 = NJW 2006, 861, m.w.N.; *Zöller/Gummer*, vor § 567 Rn. 7; *Baumbach/Albers/Lauterbach/Hartmann*, § 321a Rn. 61; *Rosenberg/Schwab/Gottwald*, § 145 Rn. 12.

[1471] Vgl. *BGHZ* 150, 133 = NJW 2002, 1577 und etwa *Pape*, NZI 2003, 12.

[1472] Vgl. den *Regierungsentwurf-ZPO-RG*, BT-Drs. 14/4722, S. 116 auch eine nachträgliche - d.h. nach Erlass der Beschwerdeentscheidung beschlossene - Zulassung der Rechtsbeschwerde ist nach h.M. ausgeschlossen, vgl. MünchKomm/*Wenzel*, § 546 (a.F.) Rn. 46 (für die nachträgliche Zulassung der Revision).

[1473] Demgegenüber meinen *Bloching/Kettinger*, NJW 2005, 1860, in der Gesetzesbegründung zum ZPO sei ausdrücklich zu lesen, dass als weitere Nebenfolge (der Einführung einer Rechtsbeschwerde) zu erwarten sei, die außerordentlichen Beschwerden würden „zurückgehen“. Eine völlige Abschaffung sei vom Gesetzgeber also gerade nicht beabsichtigt worden, vgl. den *Regierungsentwurf-ZPO-RG*, BT-Drs. 14/4722, S. 69. Allerdings wird hierbei übersehen, dass diese Formulierung nicht im Zusammenhang mit der Rechtsbeschwerde steht, sondern mit der Abhilfemöglichkeit des Ausgangsgerichts gem. § 572 Abs. 1 ZPO im Rahmen der erstinstanzlichen Beschwerde. Der Gesetzgeber ist a.a.O. also gerade der Meinung, dass die – von ihm so gewollte – Selbstkorrektur durch das Ausgangsgericht die außerordentlichen Beschwerden eindämmen werde. Dass der Gesetzgeber i.ü. im *Regierungsentwurf-ZPO-RG* von „außerordentlichen Beschwerden“ spricht, kann keine Auskunft über das gewollte Fortbestehen dieser Rechtsmittel geben, da die Plenarentscheidung des *BVerfG*, die der Selbstkorrektur Vorrang einräumte und ausdrücklich durch das AnhRG aufgegriffen wurde, zu diesem Zeit noch gar nicht ergangen war.

(2) Keine außerordentliche Beschwerde an das Oberlandesgericht

Ein weiterer Bruch zum System des mit dem ZPO-RG neu gestalteten Beschwerderechts wäre gegeben, wenn man auch nach Inkrafttreten des ZPO-RG eine außerordentliche (weitere) Beschwerde gegen unanfechtbare Beschwerdeentscheidungen der Landgerichte ermöglichen würde. Der Reformgesetzgeber hat zum 1.1.2002 lediglich noch den *BGH* als dritte Instanz im Beschwerdeverfahren vorgesehen und im Gegenzug jegliche Zuständigkeit der Oberlandesgerichte in dieser Funktion beseitigt.[1474] In diesem Zusammenhang wäre es von Grund auf systemwidrig, würde man eine außerordentliche (weitere) Beschwerde zu den Oberlandesgerichten ermöglichen, falls ein Landgericht eine "greifbar gesetzeswidrige" Beschwerdeentscheidung getroffen hat. Insoweit würde man nämlich parallel neben der Zuständigkeit des *BGH* für Rechtsbeschwerden (§ 133 GVG) eine solche für Oberlandesgerichte als dritte (Rechtsbeschwerde-) Instanz in Beschwerdesachen schaffen und dem Ziel des Reformgesetzgebers, letztere gerade zugunsten der einheitlichen Zuständigkeit des *BGH* abzuschaffen, entgegenwirken.[1475]

(3) Argumente ex § 321a ZPO

Mit der Regelung des § 321a ZPO (a.F.) hat der Reformgesetzgeber ein besonderes Verfahren in den Zivilprozess eingeführt, welches zur Selbstkorrektur durch das erstinstanzliche Gericht bei Gehörsverletzungen führt, falls die angegriffene Entscheidung mit ordentlichen Rechtsbehelfen nicht angegriffen werden kann, d.h. unanfechtbar und bindend ist.[1476] Ziel dieser Regelung ist es, das *BVerfG* zu entlasten, das in den letzten Jahren immer stärker mit Verfassungsbeschwerden gegen nicht (mehr) anfechtbare erstinstanzliche Entscheidungen überzogen wurde.[1477] Gleichzeitig wird den Fachgerichten die auch vom *BVerfG* in den Vordergrund gestellte Selbstkorrektur von Gehörsverletzungen ermöglicht.[1478] Vor dem Hintergrund dieser Zielsetzungen spricht die ausdrücklich nur bei Gehörsverletzungen anwendbare Vorschrift des § 321a ZPO nach ihrem gesetzgeberischen „Programm" dafür, die fachgerichtliche Behebung jeglicher Verletzung von Verfahrensgrundrechten durch sonst unanfechtbare Entscheidungen dem Ausgangsgericht zu überlassen. [1479] § 321a ZPO stellt sozusagen den gesetzlichen Maßstab zur Geltendmachung der Verletzung eines Verfahrensgrundrechtes, nämlich vor dem Ausgangsgericht im Wege einer Gegenvorstellung, dar. Hiermit kollidiert auch die Begründung des Gesetzgebers zum Anhörungsrügengesetz nicht, wonach die Gehörsrüge die zur Geltendmachung „sonstiger" Grundrechtsverstöße entwickelten außerordentlichen Rechtsbehelfe nicht ausschließen

[1474] Vgl. auch den *Regierungsentwurf-ZPO-RG*, BT-Drs. 14/4722, S. 116. Zur nach früherem Recht möglichen weiteren Beschwerde gegen Beschwerdeentscheidungen der Landgerichte zu den Oberlandesgerichten vgl. §§ 568 Abs. 2 ZPO (a.F.), 119 Abs. 1 Nr. 4 GVG (a.F.). Allerdings wurde mit dem Kostenrechtsmodernisierungsgesetz außerhalb der ZPO die Zuständigkeit der Oberlandesgerichte für die in Kostensachen auf Zulassung statthafte weitere Beschwerde wieder eingeführt, vgl. oben 2. Teil, § 11.

[1475] Vgl. *OLG Hamm*, MDR 2003, 296; *OLG Frankfurt/M.*, NJW-RR 2003, 140; *OLG Celle*, NJW 2002, 3715; *KG*, MDR 2002, 1086.

[1476] Vgl. den *Regierungsentwurf-ZPO-RG*, BT-Drs. 14/4722, S. 85.

[1477] Vgl. etwa *Gottwald*, Gutachten, S. A 29.

[1478] Vgl. den *Regierungsentwurf-ZPO-RG*, BT-Drs. 14/4722, S. 85; *Zöller/Vollkommer*, § 321a Rn. 1; *Thomas/Putzo*, § 312a Rn. 1; *Müller*, NJW 2002, 2743; *Schmidt*, MDR 2002, 915.

[1479] Vgl. *BFHE* 211, 37 = NJW 2006, 861; *Pape*, NZI 2003, 12; *Schenke*, NVwZ 2005, 729.

soll.[1480] Zwar nimmt der Gesetzgeber hierbei außer der „Gegenvorstellung" auch ausdrücklich die „außerordentliche Beschwerde" in Bezug, ohne allerdings einen konkreten Zusammenhang zum Zivilprozess herzustellen.[1481] Der Gesetzgeber hat vielmehr – was bedauerlich ist – die Beantwortung der Frage, wie mit Verletzungen „sonstiger" Verfahrensgrundrechte im Falle der Unanfechtbarkeit einer Entscheidung umzugehen ist, der Rechtsprechung überlassen, ohne sich selbst ausdrücklich auf ein Muster festzulegen.[1482] Demgegenüber hat der Gesetzgeber aber bei Gehörsverstößen in ausdrücklicher Anlehnung an das *BVerfG*[1483] Regelungen zur Selbstkorrektur durch das Ausgangsgericht geschaffen und damit natürlich ein Präjudiz für die Behandlung von Verstößen gegen „sonstige" Verfahrensgrundrechte geschaffen. Warum etwa eine Verletzung des Willkürverbotes eine außerordentlich Beschwerde mit Devolutiveffekt, eine Verletzung des Art. 103 Abs. 1 GG „nur" eine Gegenvorstellung (z.B. nach § 321a ZPO) eröffnen sollte, ist nicht nachvollziehbar.

c) Gegenvorstellung

Die Gegenvorstellung zum Ausgangsgericht entspricht nach alledem der gesetzgeberischen Konzeption zur fachgerichtlichen Behebung von Verletzungen der Verfahrensgrundrechte. Dabei ist allerdings noch die Frage zu klären, ob im Falle von Verstößen gegen „sonstige" Verfahrensgrundrechte die Gegenvorstellung analog der Regelung des § 321a ZPO durchzuführen ist oder sich direkt aus Art. 19 Abs. 4 GG ergibt.

aa) Analogie zu § 321a ZPO?

Bei der richterrechtlichen Ausgestaltung der Gegenvorstellung wird überwiegend eine Analogie zur Regelung des § 321a ZPO vorgeschlagen.[1484] Wichtigster Gesichtspunkt dieser Auffassung ist derjenige der Rechtssicherheit, um angeblich verfassungswidrige Entscheidungen nicht ad ultimo mit einer Gegenvorstellung angreifen zu können. Auch habe der Gesetzgeber mit der Einführung der Anhörungsrüge seinen Willen zu erkennen gegeben, die richterliche Selbstkontrolle nur auf einen fristgebundenen Rechtsbehelf hin zuzulassen.[1485] Damit wären aber insbesondere die Frist- und Formrefordernisse dieser Vorschrift einzuhalten.[1486]

[1480] Vgl. den *Koalitionsentwurf-AnhRG*, BT-Drs. 15/3706, S. 14.

[1481] Die Ausführungen im *Koalitionsentwurf-AnhRG*, BT-Drs. 15/3706, S. 14 stehen nämlich im „Allgemeinen Teil" der Entwurfsbegründung, nicht etwa in der Einzelbegründung zu § 321a ZPO.

[1482] Vgl. auch *Kettinger*, ZRP 2006, 152.

[1483] Vgl. *BVerfGE* 107, 395 = NJW 2003, 1924.

[1484] Vgl. *Gravenhorst*, NZA 2005, 24; *Rosenberg/Schwab/Gottwald*, § 61 Rn. 44; *Zöller/Vollkommer*, § 321a Rn. 3; *Thomas/Putzo*, § 321a Rn. 18; *BGHZ* 150, 133 = NJW 2002, 1577; *BVerwG*, NJW 2002, 2657 (Analogie zu § 152a VwGO); *BFH*, NJW 2005, 526; OLG *Dresden*, NJW 2006, 851.

[1485] Vgl. *OLG Dresden*, NJW 2006, 851 unter Bezugnahme auf *BGHZ* 150, 133 = NJW 2002, 1577 und *OLG Rostock*, MDR 2003, 120.

[1486] Vgl. *OLG Dresden*, NJW 2006, 851.

bb) Fristlose Gegenvorstellung (Art. 19 Abs. 4 GG)?

Der *BFH* hat indes bei der Herleitung einer Verfahrensordnung für eine Gegenvorstellung keine Analogie zu § 321a ZPO gezogen, sondern sieht deren Rechtsgrundlage mangels einer vom Gesetzgeber zur Verfügung gestellten Regelung unmittelbar in Art. 19 Abs. 4 GG.[1487] Zwar gehöre die Rechtsprechung nach Auffassung des *BVerfG* nicht zur öffentlichen Gewalt i.S. des Art. 19 Abs. 4 GG, weil dieser nur den Schutz durch den Richter, nicht gegen den Richter gewähre.[1488] Es gehe jedoch nicht um einen Verstoß gegen Art. 19 Abs. 4 GG, weil Rechtsweg und Rechtsschutz versagt würden. Nach dem Willen des Gesetzgebers solle vielmehr auch weiterhin Rechtsschutz durch die Gegenvorstellung gewährt werden.[1489] Dieser müsse aber auch gegenüber dem Richter greifen, wenn die Rechtsverletzung so gravierend sei, dass sie einer Versagung des Rechtsschutzes gleichkomme. Werde eine Gegenvorstellung auf Art. 19 Abs. 4 GG gestützt, so sei sie weder fristgebunden noch kostenpflichtig.

cc) Stellungnahme

Die vorstehenden Ausführungen zur Verschiedenartigkeit der zur Verfügung gestellten Rechtsbehelfe zeigt erneut, dass der Gesetzgeber schon aus den Gründen der Rechtsmittelklarheit aufgefordert ist, § 321a ZPO und die entsprechenden Regelungen der anderen Verfahrensordnungen erneut „nachzubessern" und jeglichen behaupteten Verletzungen von Verfahrensgrundrechten zugänglich zu machen. Dies ändert aber nichts daran, dass der Rechtsanwender bis zu einer allfälligen Reaktion der Legislative in Fällen der Verletzung seiner „sonstigen" Verfahrensgrundrechte einen brauchbaren und erfolgversprechenden Weg finden muss. Hierbei ist ihm vor dem Hintergrund der Unzulässigkeit einer außerordentlich Beschwerde[1490] zu einer Gegenvorstellung an das Ausgangsgericht zu raten, welche die Anforderungen des § 321a ZPO, insbesondere an Frist und Form, einhalten sollte. Es kann nicht davon ausgegangen werden, dass alle Gerichte den vom *BFH* vorgeschlagenen Weg eines fristungebundenen Rechtsbehelfs mitgehen werden. Hiergegen spricht entscheidend der Gesichtspunkt der Rechtssicherheit, welcher nicht zuletzt auch in der Fristgebundenheit einer Verfassungsbeschwerde (§ 93 Abs. 1 BVerfGG) zum Ausdruck kommt.

Auch ist sehr zweifelhaft, ob das *BVerfG* für den Fall des Ablaufs der Zweiwochenfrist analog § 321a Abs. 2 S. 2 ZPO und der hierauf gestützten Verwerfung einer Gegenvorstellung durch das Ausgangsgericht eine Verfassungsbeschwerde als zulässig ansehen würde. Gem. § 90 Abs. 2 BVerfGG ist nämlich vor Einlegung einer Verfassungsbeschwerde der Rechtsweg auszuschöpfen. Ist ein Rechtsmittel wegen Fristablaufs unzulässig geworden, ist auch die Verfassungsbeschwerde unzulässig. Das Erfordernis, vor Erhebung der Verfassungsbeschwerde alle nach Lage der Sache sonst zur Verfügung stehenden Rechtsbehelfe zu ergreifen, um die Verfassungsverletzung auszuräumen, umfasst nämlich auch

[1487] Vgl. *BFHE* 211, 13 = NJW 2006, 861.
[1488] So *BFHE* 211, 13 = NJW 2006, 861 unter Bezugnahme auf *BVerfGE* 76, 93 = NJW 1988, 1015.
[1489] So *BFHE* 211, 13 = NJW 2006, 861 unter Bezugnahme auf den *Regierungsentwurf-AnhRG*, BR-Drs. 663/04, S. 33.
[1490] Vgl. oben S. 312ff.

diejenigen Rechtsbehelfe, deren Zulässigkeit in der bisherigen fachgerichtlichen Rechtsprechung nicht eindeutig geklärt ist.[1491] Das *BVerfG* gab aber in seiner Plenarentscheidung vom 30.4.2003[1492] dem Gesetzgeber nicht nur auf, bis 31.12.2004 einen fachgerichtlichen Rechtsbehelf zur Behebung ansonsten unanfechtbarer Gehörsverletzungen zu schaffen, sondern stellte klar, dass im Falle des nicht rechtzeitigen Handelns der Legislative auf eine entsprechende Gegenvorstellung hin das Verfahren auf einen binnen 14 Tagen vor dem Ausgangsgericht zustellenden Antrag fortzusetzen sei. Das *BVerfG* hat mithin selbst auf die Beschränkung einer Gegenvorstellung durch Zeitablauf abgestellt und hierbei offensichtlich die Zweiwochenfrist des § 321a ZPO (i.d. Fassung bis 31.12.2004) im Auge gehabt. Daher kann davon ausgegangen werden, dass das *BVerfG* auch nach Inkrafttreten des Anhörungsrügengesetzes von der Fristgebundenheit eines Rechtsbehelfs zur fachgerichtlichen Beseitigung von Verletzungen „sonstiger" Verfahrensgrundrechte ausgeht. Die Befristung einer solchen Gegenvorstellung wäre für den Rechtssuchenden auch nicht überraschend oder unzumutbar, zumal auch Rechtskundige vor dem Hintergrund der – wie dargestellt – unsicheren Rechtslage analog §§ 321 a Abs. 2 S. 2, 233ff. ZPO gegen die Versäumung der Frist grundsätzlich Wiedereinsetzung in den vorigen Stand beantragen können.[1493]

[1491] Vgl. *BVerfG*, NJW 2005, 3059: Das Unterlassen der Einlegung des statthaften Rechtsbehelfs der Anhörungsrüge nach § 321a ZPO hat etwa zur Folge, dass die Verfassungsbeschwerde nicht nur in Bezug auf die behauptete Verletzung des grundrechtsgleichen Rechts aus Art. 103 Abs. 1 GG, deren Heilung § 321a Abs. 1 ZPO bezweckt, sondern insgesamt (etwa auch mit Blick auf das Grundrecht auf ein faires Verfahren gem. Art. 2 I i.V. mit Art. 20 Abs. 3 GG) unzulässig ist.

[1492] *BVerfGE* 107, 395 = NJW 2003, 1924.

[1493] Vgl. hierzu etwa *Thomas/Putzo*, § 233 Rn. 31

Literaturverzeichnis

Abramenko, Andrik: Die Bestimmung der Zuständigkeit für zweitinstanzliche Zivilsachen mit Auslandsberührung; zugleich Anmerkung zu OLG Oldenburg, Rpfleger 2004, 171. In: RPfleger 2004, S. 473 – 474.

Adickes, Franz: Grundlinien durchgreifender Justizreform. Betrachtungen und Vorschläge unter Verwertung englisch-schottischer Rechtsgedanken. Guttentag, Berlin 1906.

Ahrens, Hans-Jürgen (Hrsg.): Festschrift für Willi Erdmann zum 65. Geburtstag. Heymann, Köln, München u.a. 2002.

Althammer, Christoph/*Löhnig*, Martin: ZPO-Reform und Meistbegünstigungsgrundsatz. In: NJW 2004, 1567 – 1569.

Bachmann, Birgit/*Breidenbach*, Stephan (u.a.; Hrsg.): Festschrift für Peter Schlosser zum 70. Geburtstag. Mohr Siebeck, Tübingen 2005.

Bärmann, Johannes (Hrsg.): Festschrift für Hanns Seuss zum 60. Geburtstag. Beck, München 1987.

Bauer, Manfred: Die Gegenvorstellung im Zivilprozess in Analogie zu den §§ 33 a, 311a StPO. In: NJW 1991, S. 1711 – 1716.

Baukelmann, Peter: Sicherung einer einheitlichen Rechtsprechung (§ 543 Abs. 2 Nr. 2 Fall 2 ZPO) und Verfahrensmangel. In: Festschrift für Erdmann, S. 767 – 783.

Baumbach, Adolf/*Lauterbach*, Wolfgang: ZPO-Kommentar, nunmehr verfasst von Jan Albers und Peter Hartmann. Beck, München 2004. 62. Auflage. (Zitiert: Baumbach/Lauterbach/Albers/Hartmann)

Baumert, Andreas: Revisionsverfahren: Entscheidungserheblichkeit des Zulassungsgrundes der Rechtsgrundsätzlichkeit. In: MDR 2003, S. 606 – 609.

Baumert, Andreas: Zeitpunkt des Vorliegens der Revisionszulassungsgründe. In: MDR 2004, S. 71 – 74.

Baumgärtel, Gottfried: Zur Zulässigkeit der Wiederholung einer Beschwerde nach Erschöpfung des Instanzenzuges. In: JZ 1959, S. 437 – 438.

Becker, Udo: Die Rechtsbeschwerde in der Zwangsvollstreckung – vom LG unmittelbar zum BGH. In: JuS 2004, S. 574 – 577.

Benda Ernst/*Klein* Eckart: Verfassungsprozessrecht. Müller, Heidelberg 2002. 2. Auflage. (Zitiert: Benda/Bearbeiter).

Bergerfurth, Bruno: Rechtsmittelreform und Scheidungsverfahren. In: FamRZ 2001, S. 1493 – 1497.

Bettermann, Karl-August: Anfechtung und Kassation. In: ZZP 88 (1975), S. 365 – 438.

Bloching, Micha/*Kettinger*, Alexander: Verfahrensgrundrechte im Zivilprozess – Nun endlich das Comeback der außerordentlichen Beschwerde? In: NJW 2005, S. 860 – 863.

Böhme, Werner/*Fleck*, Dieter/*Kroiß*, Ludwig: Formularsammlung für Rechtsprechung und Verwaltung. Beck, München 2006. 17. Auflage.

Borck, Hans-Günther: Wiederaufnahme wegen "greifbarer Gesetzeswidrigkeit"? In: WRP 1999, S. 478 – 485.

Brand, Peter-Andreas/*Karpenstein*, Ulrich: Die Berufungszuständigkeit der Oberlandesgerichte für Rechtsstreitigkeiten mit Auslandsberührung. In: NJW 2005, 1319.

Braun, Johann: Zur Zulässigkeit einer außerordentlichen Beschwerde bei offensichtlicher Gesetzwidrigkeit des angefochtenen Beschlusses (zugleich Urteilsanmerkung zu BGH, NJW 1993, 1865). In: ZZP 106 (1993), S. 237 – 240.

Brehm, Wolfgang: Verfahrenskontrolle und Entscheidung des Berufungsgerichts. In: ZZP 107 (1994), S. 463 – 480.

Büttner, Helmut: Unbegriffen-unbegreifliche „greifbare Gesetzeswidrigkeit". In: FamRZ 1989, S. 129 – 131.

Büttner, Hermann: Revisionsverfahren – Änderungen durch das Zivilprozessreformgesetz. In: MDR 2001, S. 1201 – 1208.

Bundesministerium der Justiz (Hrsg.): Referentenentwurf zum „Gesetz zur Reform des Zivilprozesses", Bonn 1999. (Zitiert: Referentenentwurf-ZPO-RG).

Bundesrat (Hrsg.): Bundesratsdrucksache 536/00. Bundesanzeiger, Köln 2000. (Zitiert: Regierungsentwurf-ZPO-RG).

Bundesrat (Hrsg.): Bundesratsdrucksache 663/04. Bundesanzeiger, Köln 2004.

Bundesrat (Hrsg.): Bundesratsdrucksache 848/04. Bundesanzeiger, Köln 2004.

Bundesrechtsanwaltskammer: Stellungnahme zum Entwurf eines Gesetzes über die Rechtsbehelfe bei Verletzung des Anspruchs auf rechtliches Gehör (Anhörungsrügengesetz) vom 18.5.2004, erarbeitet vom Ausschuss ZPO/GVG der Bundesrechtsanwaltskammer. Bei : www.bundesgerichtshof.de.

Bundestag (Hrsg.): Bundestagsdrucksache 14/3750. Bundesanzeiger, Köln 2000. (Zitiert: Koalitionsentwurf-ZPO-RG).

Bundestag (Hrsg.): Bundestagsdrucksache 14/4722. Bundesanzeiger, Köln 2000. (Zitiert: Regierungsentwurf-ZPO-RG).

Bundestag (Hrsg.): Bundestagsdrucksache 15/999. Bundesanzeiger, Köln 2004.

Bundestag (Hrsg.): Bundestagsdrucksache 15/1491. Bundesanzeiger, Köln 2004.

Bundestag (Hrsg.): Bundestagsdrucksache 15/1508. Bundesanzeiger, Köln 2004.

Bundestag (Hrsg.): Bundestagsdrucksache 15/3482. Bundesanzeiger, Köln 2004.

Bundestag (Hrsg.): Bundestagsdrucksache 15/3706. Bundesanzeiger, Köln 2004. (Zitiert: Koalitionsentwurf-AnhRG).

Bundestag (Hrsg.): Bundestagsdrucksache 15/3966. Bundesanzeiger, Köln 2004. (Zitiert: Regierungsentwurf-AnhRG).

Busse, Felix: Stellungnahme des Deutschen Anwaltvereins zum Koalitionsentwurf-ZPO-RG. In: AnwBl. 2000, S. 8 und 518 (Ergänzung).

Chlosta, Joachim: Zulässigkeit der außerordentlichen Beschwerde (zugleich Urteilsanmerkung zu BGH, NJW 1993, 135). In: NJW 1993, S. 2160 – 2161.

Conrad, Dagmar (*Bayerischer Richterverein*): „BRV fordert Entlastungsmaßnahmen" (Bericht über die Vertreterversammlung 1994 in Ingolstadt). In: DRiZ 1994, S. 270.

Däubler-Gmelin, Herta: Reform des Zivilprozesses. In: ZRP 2000, S. 33 – 38.

Dauster, Manfred: Eckpunkte einer Justizreform. In: ZRP 2000, S. 338 – 345.

Decker, Christoph: Die Beschwerdefrist im PKH-Verfahren der freiwilligen Gerichtsbarkeit. In: NJW 2003, S. 2291 – 2294.

Desens, Marc: Die subsidiäre Verfassungsbeschwerde und ihr Verhältnis zu fachgerichtlichen Anhörungsrügen. In: NJW 2006, S. 1243 – 1247.

Deubner, Karl: Die Verfassungsbeschwerde wegen Verletzung des Anspruchs auf rechtliches Gehör als Rechtsbehelf im Zivilprozess. In: NJW 1980, S. 263 – 267.

Deubner, Karl: Aktuelles Zivilprozessrecht. In: Jus 2005, S. 223 – 228.

Deutscher Anwaltverein: Stellungnahme des Deutschen Anwaltvereins durch den Zivilverfahrensrechtsausschuss zum Entwurf eines Gesetzes über die Rechtsbehelfe bei Verletzung des Anspruchs auf rechtliches Gehör (Anhörungsrügengesetz) vom Juni 2004. Bei: www.bundesgerichtshof.de.

Deutscher Juristentag (Ständige Deputation), Verhandlungen des 61. Deutschen Juristentages, Karlsruhe 1996, Band 1. Gutachten für den 61. DJT von Peter Gottwald: Empfehlen sich im Interesse eines effektiven Rechtsschutzes Maßnahmen zur Vereinfachung, Vereinheitlichung und Beschränkung der Rechtsmittel und Rechtsbehelfe des Zivilverfahrensrechts? Seite A1ff.. (Zitiert: „Gottwald, Gutachten").

Deutscher Juristentag (Ständige Deputation), Verhandlungen des 65. Deutschen Juristentages, Bonn 2004, Band 1, Gutachten, Berichte A. Gutachten für den 65. DJT von Peter Gottwald: Die Reform der ZPO aus der Sicht der Wissenschaft. S. A107ff. (Kurzfassung in der Beilage zu NJW 2004, Heft 27).

Deutscher Richterbund: „DRB begrüßt Bestrebungen zur Rechtsmittelreform in Zivilsachen" (Stellungnahme zum Bericht zur Rechtsmittelreform der Bund-Länder-Arbeitsgruppe). In: DRiZ, 1999, S. 426.

Die Beschlüsse des 65. Deutschen Juristentags Bonn 2004. Mitteilungen. In: NJW 2005, S. 3241.

Dörr, Oliver: Die Verfassungsbeschwerde wegen Verletzung des Anspruchs auf rechtliches Gehör als Rechtsbehelf im Zivilprozess. In: JURA 2004, S. 334 – 338.

Doms, Thomas: Neue ZPO – Umsetzung in der anwaltlichen Praxis. In: NJW 2002, S. 777 – 780.

Dreier, Horst/*Bauer*, Hartmut: Grundgesetz (Kommentar). Mohr Siebeck, Tübingen. (Zitiert: Dreier/Bearbeiter).

Fenn, Herbert: „Das Rechtsmittel der Anschlussberufung" oder die Rechtsmittelanschließung? In: FamRZ 1976, S. 261 – 266.

Fenn, Herbert: Rezension zu Ratte Theo, "Wiederholung der Beschwerde und Gegenvorstellung". In: ZZP 90 (1977), S. 111 – 114.

Feskorn, Christian: Die Zuständigkeit des Einzelrichters gemäß § 568 ZPO. In: NJW 2003, S. 856 – 858.

Fischer, Frank O.: Willkürliche Verweisungsbeschlüsse – Aktuelle Rechtsprechung zur Bindungswirkung. In: MDR 2002, 1401 – 1405.

Fischer, Nikolaj: Verfassungsrechtliche Probleme des „neuen" zivilprozessualen Revisionsrechts. In: AnwBl. 2002, 139 – 143.

Fölsch, Peter: Beschwerdeverfahren – Zuständigkeit des originären Einzelrichters gegen Entscheidungen des Vorsitzenden der Kammer für Handelssachen. In: MDR 2003, S. 308 – 311.

Fölsch, Peter: Die ergänzende Anwendung der §§ 567 – 577 ZPO für die Beschwerde nach § 6 GKG. In: JurBüro 2002, S. 625 – 626.

Fraga Novelle, Anna Maria: Die Wirkungen der Beschlüsse im Zivilprozessrecht. Duncker und Humblot, Berlin 2000.

Friauf, Karl Heinrich/*Burgi*, Martin (Hrsg.): Berliner Kommentar zum Grundgesetz (Loseblatt). E. Schmidt, Berlin. (Zitiert: Friauf/Bearbeiter).

Gehrlein, Markus: Erste Erfahrungen im Revisions– und Beschwerdeverfahren. In: MDR 2003, S. 547 – 554.

Gehrlein, Markus: Neue höchstrichterliche Rechtsprechung zur ZPO – Revisions- und Beschwerdeverfahren. In: MDR 2004, S. 912 – 917.

Gehrlein, Markus: Zivilprozessrecht. Ein Leitfaden für Ausbildung und Praxis. Vahlen, München 2003. 2. Auflage. (zitiert: Gehrlein).

von Gierke, Cornelia/*Seiler*, Frank: Die Nichtzulassungsbeschwerde nach § 544 ZPO in der Rechtsprechung des BGH. In: JZ 2003, S. 403 – 410.

von Gierke, Cornelia/*Seiler*, Frank: Revisionszulassung und Rechtsbeschwerdezulässigkeit – Tendenzen in der neueren Rechtsprechung des BGH. In: NJW 2004, S. 1497 – 1501.

Gilles, Peter: Anschließung, Beschwer, Verbot der reformatio in peius und Parteidispositionen über die Sache in höherer Instanz. Grundprobleme des zivilprozessualen Anschließungsrechts. In: ZZP 91 (1981), S. 128ff. und ZZP 92 (1982), S. 159.

Gilles, Peter: Rechtsmittel im Zivilprozess. Berufung, Revision und Beschwerde im Vergleich mit der Wiederaufnahme des Verfahrens, dem Einspruch und der Wiedereinsetzung in den vorigen Stand. Athenäum-Verlag, Frankfurt/M. 1972.

Gilles, Peter u.a. (Hrsg.): Rechtsmittel im Zivilprozess unter besonderer Berücksichtigung der Berufung. Bundesanzeiger, Köln 1985.

Gilles, Peter: Ziviljustiz und Rechtsmittelproblematik. Beiträge zur Strukturanalyse der Rechtspflege. Vorstudie zur Analyse und Reform der Rechtsmittel in der Zivilgerichtsbarkeit. Bundesanzeiger, Köln 1992.

Göhler, Erich: Empfiehlt sich eine Änderung des Rechtsbeschwerdeverfahrens in Bußgeldsachen? In: Festschrift für Karl Schäfer, S. 39 – 66.

Göhler, Erich: Ordnungswidrigkeitengesetz (Kommentar). Beck, München 2002. 13. Auflage.

Göppinger, Horst: Inwieweit sind Entscheidungen des Landgerichts als Berufungsgericht mit Beschwerde anfechtbar? In: ZZP 68 (1970), S. 140 – 164.

Gölzenleuchter, Ralf/*Meier*, Ralf: Zu den Zulässigkeitsvoraussetzungen der sofortigen Beschwerde nach §§ 91a II 1, 99 II ZPO. In: NJW 1985, S. 2813 – 2814.

Gottwald, Peter: Die Reform der ZPO aus der Sicht der Wissenschaft, in: Verhandlungen des 65. Deutschen Juristentages Bonn 2004, Band 1, Gutachten, Berichte A, S. A107ff. (Kurzfassung in der Beilage zu NJW 2004, Heft 27).

Gottwald, Peter: Empfehlen sich im Interesse eines effektiven Rechtsschutzes Maßnahmen zur Vereinfachung, Vereinheitlichung und Beschränkung der Rechtsmittel und Rechtsbehelfe des Zivilverfahrensrechts, in: Verhandlungen des Deutschen Juristentages Karsruhe 1996, Band I, Gutachten, S. A 1ff. (zitiert: „Gottwald, Gutachten").

Gottwald, Peter (Hrsg.): Festschrift für Ekkehard Schumann zum 70. Geburtstag. Mohr Siebeck, Tübingen 2001.

Gottwald, Peter: Zulässigkeitsprüfung bei sachlich unbegründetem Rechtsmittel (zugleich Urteilsanmerkung zu OLG Köln, NJW 1974, 1515). In: NJW 1974, S. 2241.

Gottwald, Peter/*Semmelmeyer*, Johann: Urteilsanmerkung zu BGH, NJW 1993, 1865. In: JZ 1993, S. 415 – 417.

Gravenhorst, Wulf: Anmerkung zum Beschluss des Bundesverfassungsgerichts vom 30.4.2003, BVerfGE 107, 395 = NJW 2003, 1924. In: MDR 2003, S. 887 – 888.

Gravenhorst, Wulf: Anhörungsrügengesetz und Arbeitsgerichtsverfahren. In: NZA 2005, S. 24 – 27.

Greger, Reinhard: Zweifelsfragen und erste Entscheidungen zur neuen ZPO. In: NJW 2002, S. 3049 – 3053.

Guckelberger, Annette: Die Anhörungsrüge nach § 152a VwGO n.F. In: NVwZ 2005, S. 11 – 15.

Haentjens, Alexander: Zulassung der Rechtsbeschwerde und gesetzlicher Richter – ein gesetzliches Spannungsfeld? In: NJW 2003, S. 2884 – 2885.

Hahn, Carl/*Mugdan*, Benno: Die gesammten Materialien zu den Reichs–Justizgesetzen. Band 2, Abteilung 1. Decker, Berlin 1880.

Hannich, Rolf/*Engers*, Martin: ZPO-Reform 2002 mit Zustellungsreformgesetz. Beck, München 2002.

Hannich, Rolf/*Meyer-Seitz*, Christian/*Engers*, Martin: ZPO-Reform. Einführung – Texte – Materialien. Bundesanzeiger Verlag, Köln 2002.

Hansens, Heinz: Neuerungen im Kosten- und Vergütungsfestsetzungsverfahren. In: Rpfleger 2001, S. 573 – 579.

Hartmann, Peter: Zivilprozess 2001/2002: Hunderte wichtige Änderungen. In: NJW 2001, S. 2577 – 2598.

Hassenpflug, Helwig (Hrsg.): Festschrift für Karl Schäfer zum 80. Geburtstag. De Gruyter, Berlin 1980.

von Hein, Jan: Die funktionelle Zuständigkeit der Oberlandesgerichte in Auslandssachen (§ 119 Abs. 1 Nr. 1 lit. b GVG) in der praktischen Bewährung. In: IPrax 2004, S. 90.

von Hein, Jan: Anwendungsprobleme bei der Wohnsitzbestimmung im Rahmen des § 119 Abs. 1 Nr. 1 lit. b GVG. In: IPrax 2004, S. 418.

Heinrich, Christian (Hrsg.): Festschrift für Hans–Joachim Musielak zum 70. Geburtstag. Beck, München 2004.

von Heintschel-Heinegg, Bernd: Das Verfahren in Familiensachen. Luchterhand, München/Unterschleißheim. 7. Auflage.

Herr, Robert: Das Zuständigkeitsverhältnis der Zivilkammer zur Kammer für Handelssachen. In: JZ 1984, S. 318 – 319.

Heß, Burkhard: Neues deutsches und europäisches Zustellungsrecht. In: NJW 2002, S. 2417 – 2426.

Hinz, Werner: Zulassungsberufung und Abhilfeverfahren nach der ZPO–Reform. In: WuM 2002, S. 3 – 9.

Hinz, Werner: Die Anhörungsrüge im Mietprozess. In: WuM 2005, S. 83 – 88.

Hirtz, Bernd: Einführung der Beschlussverwerfung. In: MDR 2001, S. 1265 – 1268.

Hoeren, Thomas: Zur Gegenvorstellung im Zivilprozess (zugleich Urteilsanmerkung zu BGH, NJW 1995, 2497 = JR 1996, 197). In: JR 1996, S. 199 – 200.

Huber, Michael: Anhörungsrüge bei Verletzung des Anspruchs auf rechtliches Gehör. In: JuS 2005, S. 109 – 112.

Huber, Michael: Erstes Gesetz zur Modernisierung der Justiz – Änderungen der ZPO. In: JuS 2004, S. 873 – 878.

Jacoby, Florian: Das Anschlussrechtsmittel und seine Kosten nach dem ZPO-Reform-Gesetz. In: ZZP 115 (2002), S. 185 – 213.

Jauernig, Othmar: Außerordentliche Rechtsbehelfe. In: Festschrift für Ekkehard Schumann, S. 241 – 258.

Jauernig, Othmar: Der BGH und die Beschwer im neuen Rechtsmittelrecht. In: NJW 2003, 465 – 469.

Jost, Fritz: Zur Divergenz des Rechtsmittelzuges von Hauptsache und Beschwerde im Zivilprozess. In: NJW 1990, S. 214 – 218.

Kahlke, Gerhard: Zulassung der Berufung wegen Verletzung des rechtlichen Gehörs. In: NJW 1985, S. 2231 – 2236.

Kapsa, Bernhard–Michael: Das Verbot der reformatio in peius im Zivilprozess. Duncker und Humblot, Berlin 1976.

Kauffmann, Hans–Dieter: Zur Statthaftigkeit der Beschwerde gegen greifbar gesetzwidrige Entscheidungen. Freiburg (Breisgau), Diss. 1978.

Keidel, Theodor/*Kuntze*, Joachim/*Engelhardt*, Helmut (Hrsg.): Freiwillige Gerichtsbarkeit. Kommentar zum Gesetz über die Angelegenheiten der freiwilligen Gerichtsbarkeit, Teil A. Beck, München 2003. 15. Auflage. (Zitiert: Keidel/Kuntze/Winkler/Zimmermann).

Kempter, Fritz: Die außerordentliche sofortige Beschwerde gegen oberlandesgerichtliche Kostenentscheidungen (zugleich Urteilsanmerkung zu BGH, NJW 1993, 1865). In: NJW 1993, S. 2158 – 2159.

Kettinger, Alexander: Die Verletzung von Verfahrensgrundrechten – Die Flucht des Gesetzgebers vor seiner Verantwortung. In: ZRP 2006, S. 152 – 155.

Kettinger, Alexander: Die Statthaftigkeit der Anhörungsrüge. In: JURA 2007, S. 161 – 165.

Kissel, Otto-Rudolf/*Mayer*, Herbert: Gerichtsverfassungsgesetz (Kommentar). Beck, München 2005. 4. Auflage. (Zitiert: Kissel).

Kissel, Otto-Rudolf: Der dreistufige Aufbau in der ordentlichen Gerichtsbarkeit. Athenäum-Verlag, Frankfurt/M. 1972.

Kley, Max-Gisbert: Die außerordentliche Beschwerde. Verlag Peter Lang, Frankfurt/M. u.a. 1999.

Kley, Dieter: Anmerkung zum Beschluss des Bundesverfassungsgerichts vom 30.4.2003, BVerfGE 107, 395 = NJW 2003, 1924. In: DVBl. 2003, 1159 – 1162.

Knauer, Wolf: Zivilprozessuale und strafprozessuale Änderungen durch das Erste Justizmodernisierungsgesetz – Teil 1: Änderungen der ZPO. In: NJW 2004, S. 2857 – 2865.

Knöringer, Dieter: Die Assessorklausur im Zivilprozess. Beck, München 2003. 10. Auflage.

Koalitionsentwurf-ZPO-RG: Gesetzentwurf der Abgeordneten der Regierungskoalition aus SPD und BÜNDNIS 90/DIE GRÜNEN. Bundestagsdrucksache 14/3750. Bundesanzeiger, Köln 2000.

Koalitionsentwurf-AnhörungsRG: Gesetzentwurf der Abgeordneten der Regierungskoalition aus SPD und BÜNDNIS 90/DIE GRÜNEN. Bundestagsdrucksache 15/3706. Bundesanzeiger, Köln 2004.

Köster, Anette: Die Beschleunigung der Zivilprozesse und die Entlastung der Zivilgerichte in der Gesetzgebung von 1879 bis 1993, Band 1 und 2. Verlag Peter Lang, Frankfurt/M. u.a. 1995. (Zitiert: Köster).

Konecny, Andreas: Die Berufung im österreichischen Recht und ihre Bewährung. In: ZZP 107 (1994), S. 481 – 498.

Kreft, Gerhart: „Greifbare Gesetzeswidrigkeit". In: Festgabe für Graßhof, S. 185 – 197.

Kreft, Gerhart: Missstand bei der Rechtsbeschwerde. In: ZRP 2003, S. 77 – 78.

Kreß, Hermann: Missstand bei der Rechtsbeschwerde? In: ZRP 2003, S. 425 – 426.

Kroiß, Ludwig: Das neue Zivilprozessrecht. Deutscher Anwaltverlag, Bonn 2001. (Zitiert: Kroiß).

Kroppenberg, Inge: Zum Rechtsschutzbereich der Rüge nach § 321a ZPO. In: ZZP 116 (2003), S. 421 – 446.

Kunz, Bernhard: Erinnerung und Beschwerde. Ein Beitrag zum Rechtsschutz in der zivilprozessualen Zwangsvollstreckung. Mohr Siebeck, Tübingen 1980.

Larenz, Karl/*Canaris*, Claus-Wilhelm: Methodenlehre der Rechtswissenschaft. Springer, Berlin 1995. 3. Auflage (gekürzte Studienausgabe).

Lindner, Richard: Die Entscheidungserheblichkeit der Grundsatzfrage beim Zulassungsgrund der grundsätzlichen Bedeutung der Rechtssache. In: NJW 2003, S. 1097 – 1099.

Lipp, Volker: Beschwerden wegen "greifbarer Gesetzwidrigkeit" nach der ZPO-Reform 2002. In: NJW 2002, S. 1700 – 1703.

Löhnig, Martin/*Althammer* Christoph: Gleichlauf von Revision und Rechtsbeschwerde um jeden Preis? In: ZZP 117 (2004), S. 217 – 234.

Lohmann, Ulrich: Gerichtsverfassung und Rechtsschutz in der DDR. Westdeutscher Verlag, Opladen 1986.

Lotz, Michael: Die "greifbare Gesetzwidrigkeit" – eine den Wertentscheidungen des Grundgesetzes Rechnung tragende Rechtsschöpfung des BGH? In: NJW 1996, S. 2130 – 2133.

Lüke, Wolfgang/*Arens* Peter: Zivilprozessrecht. Erkenntnisverfahren, Zwangsvollstreckung. Beck, München 2003. 8. Auflage.

Lüke, Wolfgang/*Wax*, Peter (Hrsg.): Münchener Kommentar zur ZPO. Beck, München 2000. 2. Auflage mit Aktualisierungsband 2002. (Zitiert: MünchKomm/Bearbeiter).

Von Mangoldt, Hermann/*Klein*, Friedrich/*Starck*, Christian: Das Bonner Grundgesetz (Kommentar). Vahlen, München 1999. 4. Auflage.

Meilicke, Wienand: Verstöße eines Richters gegen das Recht auf rechtliches Gehör: Erfordernis einer fachgerichtlichen Abhilfemöglichkeit (zugleich Anmerkung zum Beschluss des BVerfG vom 30.4.2003, BVerfGE 107, 395 = NJW 2003, 1924 = DB 2003, 1570). In: DB 2003, S. 1573.

Merle, Werner: Anmerkung zum Beschluss des OLG Karlsruhe, NJW 1969, 1442 (betr.: zivilprozessuale Beschwerde gegen Abgabebeschlüsse nach den §§ 46 WEG, 18 HausratVO). In: NJW 1969, S. 1859.

Merle, Werner: Zur Anfechtbarkeit einstweiliger Anordnungen in Wohnungseigentumssachen. In: Festschrift für Seuss, S. 203 – 209.

Müller, Hans-Friedrich: Abhilfemöglichkeiten bei der Verletzung des Anspruchs auf rechtliches Gehör nach der ZPO-Reform 2002. In: NJW 2002, S. 2743 – 2747.

Von Münch, Ingo / *Kunig*, Philip (Hrsg.): Grundgesetz-Kommentar. Beck, München 2001. 5. Auflage. (Zitiert: Von Münch/Kunig/Bearbeiter).

Musielak, Hans-Joachim (Hrsg.): Zivilprozessordnung (Kommentar). Vahlen, München 2005, 4. Auflage. (Zitiert: Musielak/Bearbeiter).

Musielak, Hans-Joachim: Neue Fragen im Zivilverfahrensrecht. In: JuS 2002, S. 1203 – 1207.

Nakamura, Hideo/*Fasching*, Hans Werner/*Gaul*, Hans Friedhelm/*Georgiades*, Apostolos (Hrsg.): Festschrift für Kostas E. Beys. Eunomia Verlag, Athen 2003.

Nassall, Wendt: Irrwege. Wege. – Die Rechtsmittelzulassung durch den BGH. In: NJW 2003, S. 1345 – 1350.

Nassall, Wendt: Anhörungsrügengesetz – Nach der Reform ist vor der Reform. In: ZRP 2004, S. 164 – 170.

Nasall, Wendt: Urteilsanmerkung zu BGH, NJW 2004, 72. In: jurisPR–BGHZivilR 14/2003.

Niemann, Karl-Heinz/*Herr*, Gunther: Zulässigkeit einer außerordentlichen Berufung wegen Verletzung rechtlichen Gehörs? In: ZRP 2000, S. 278 – 282.

Palandt, Otto u.a.: Bürgerliches Gesetzbuch (Kommentar). Beck, München 2007. 66. Auflage. (Zitiert: Palandt/Bearbeiter)

Pape, Gerhard: Selbstkorrektur oder außerordentliche Beschwerde wegen „greifbarer Gesetzwidrigkeit“? In: NZI 2003, S. 12 – 17.

Pawlowski, Sybille: Zum außerordentlichen Rechtsschutz gegen Urteile und Beschlüsse bei Verletzung des Rechts auf Gehör nach Art. 103 Abs. 1 GG durch die Zivilgerichtsbarkeit. Duncker und Humblot, Berlin 1994.

Pawlowski, Hans-Martin: Zu den "außerordentlichen Beschwerden" wegen "greifbarer Gesetzeswidrigkeit". In: Festschrift für Egon Schneider zur Vollendung des 70. Lebensjahres, S. 96ff.

Philippi, Peter: Darf über einfache Beschwerden in Familiensachen aus dem Bereich der freiwilligen Gerichtsbarkeit der Einzelrichter entscheiden? In: FamRZ 2004, S. 592 – 593.

Piekenbrock, Andreas: Das Anhörungsrügengesetz. In: Anwaltsblätter 2005, S. 125 – 128.

Piekenbrock, Andreas/*Schulze*, Götz: Die Zulassung der Revision nach dem ZPO-Reformgesetz. In: JZ 2002, S. 911 – 925.

Polep Tanja/*Rensen* Hartmut: Die Gehörsrüge (§ 321a ZPO). Leitfaden für die Praxis. De Gruyter, Berlin 2004.

Pfeiffer, Gerd (Hrsg.): Der verfasste Rechtsstaat. Festgabe für Karin Graßhof. Müller, Heidelberg 1998.

Prütting, Hanns (Hrsg.): Festschrift für Gottfried Baumgärtel zum 70. Geburtstag. Heymanns, Köln 1990.

Prütting, Hanns (Hrsg.): Verfahrensrecht am Ausgang des 20. Jahrhunderts. Festschrift für Gerhard Lüke zum 70. Geburtstag. Beck, München 1997.

Pukall, Friedrich/*Kießling*, Erik: Verfahrensneuerungen durch das Zivilprozessreformgesetz. In: WM 2002, Beilage 1, S. 38.

Ratte, Theo: Wiederholung der Beschwerde und Gegenvorstellung. Die Abänderbarkeit einer oberlandesgerichtlichen Beschwerdeentscheidung im Zivilprozess. Zugleich ein Beitrag zur Rechtsnatur der Berufung und der Beschwerde. Schriften zum Prozessrecht, Band 39. Duncker und Humblot, Berlin, 1975.

Rauscher, Matthias: Die neue Berufung in Zivilsachen. Verlag Peter Lang, Frankfurt/M. u.a. 2002.

Rebmann, Kurt (Hrsg.): Gesetz über Ordnungswidrigkeiten (Loseblattkommentar). Kohlhammer, Stuttgart u.a. 2. Auflage. (Zitiert: HK/Bearbeiter).

Redeker, Konrad: Verfahrensgrundrechte und Justizgewährungsanspruch. In: NJW 2003, S. 2956 – 2958.

Regierungsentwurf-ZPO-RG: Gesetzentwurf der Bundesregierung. Bundestagsdrucksache 14/4722. Bundesanzeiger, Köln 2000.

Regierungsentwurf-AnhRG: Gesetzentwurf der Bundesregierung. Bundestagsdrucksache 15/3966. Bundesanzeiger, Köln 2004.

Rensen, Hartmut: Die Gehörsrüge nach In-Kraft-Treten des Anhörungsrügengesetzes. In: MDR 2005, S. 181 – 185.

Rimmelspacher, Bruno: Die Rechtsmittel im Zivilprozess nach der Reform. In: JURA 2002, S. 11 – 18.

Rimmelspacher, Bruno: Rechtsmittelzulassungsgründe nach dem ZPO-Reformgesetz (zugleich Urteilsanmerkung zu BGH, NJW 2002, S. 3029). In: LMK 2003, S. 11 – 13.

Rimmelspacher, Bruno: Tatsachen und Beweismittel in der Berufungsinstanz. In: ZZP 107 (1994), S. 421 – 462.

Rimmelspacher, Bruno: Zugangsvoraussetzungen zum Rechtsmittelgericht. In: Festschrift für Schumann, S. 327 – 353.

Rimmelspacher, Bruno: Zum Revisionsgrund der Sicherung einer einheitlichen Rechtsprechung (zugleich Urteilsanmerkung zu BGH, JZ 2003, S. 794 = NJW 2003, 1943). In: JZ 2003, S. 797 – 799.

Rößler, Gerhard: Auch weiterhin außerordentliche Beschwerden wegen greifbarer Gesetzwidrigkeit? In: BB 2003, S. 1710 1711.

Rosenberg, Leo: Zivilprozessrecht. Beck, München. 9. Auflage.

Rosenberg, Leo/*Schwab*, Karl Heinz/*Gottwald*, Peter: Zivilprozessrecht. Beck, München 2004. 16. Auflage. (Zitiert: Rosenberg/Schwab/Gottwald).

Roth, Herbert: Zivilprozessuale Rechtsbehelfe und effektiver Rechtsschutz. In: JZ 1996, S. 805 – 812.

Rummel, Hans-Georg: Ausgestaltung der Rechtsmittel in Wertfestsetzungsverfahren nach neuem Recht. In: MDR 2002, S. 623.

Saenger, Ingo (Hrsg.) u.a.: Zivilprozessordnung (Kommentar). Nomos, Baden-Baden 2006. (Zitiert: Hk-ZPO/Bearbeiter).

Schellhammer, Otto. Zivilprozess. Müller, Heidelberg 2004. 11. Auflage.

Schellhammer, Otto: Zivilprozessreform und erste Instanz. In: MDR 2001, S. 1081 – 1085.

Schellhammer, Otto: Zivilprozessreform und Berufung. In: MDR 2001, S. 1141 – 1147.

Schenke, Wolf-Rüdiger: Außerordentliche Rechtsbehelfe im Verwaltungsprozessrecht nach Erlass des Anhörungsrügengesetzes. In: NVwZ 2005, S. 729 – 739.

Scheuch, Silke: Zur Zulassung der Revision bei nachträglichem Wegfall der grundsätzlichen Bedeutung (zugleich Urteilsanmerkung zur Entscheidung BGH, NJW 2004, 3188). In: jurisPR-BGHZivilR 29/2004, Anm. 4.

Scheuch, Silke/*Lindner*, Richard: Zur Auslegung der Zulassungstatbestände des § 543 II ZPO. In: NJW 2003, S. 728 – 731.

Scheuch, Silke/*Lindner*, Richard: Rechtsbehelfe bei der Verletzung von Verfahrensgrundrechten. In: ZIP 2004, S. 973 – 981.

Scheuch, Silke/*Lindner*, Richard: Trendwende in der Zulassungspraxis des BGH? In: NJW 2005, S. 112 – 114.

Schlosser, Peter: Voraussetzungen der Zulassung einer Revision (zugleich Urteilsanmerkung zu BGH, NJW 2003, 65 = JZ 2003, 263). In: JZ 2003, S. 266 – 268.

Schmidt, Eike: Zugang zur Berufungsinstanz. In: ZZP 107 (1994), S. 499 – 501.

Schmidt, Eike: Zugang zur Berufungsinstanz. In: ZZP 108 (1995), S. 147 – 166.

Schmidt, Holger: Innenbindungswirkung, formelle und materielle Rechtskraft. In: Rpfleger 1974, S. 177 – 182.

Schmidt, Uwe: Abhilfeverfahren gem. § 321a ZPO – Selbstkorrektur der Gerichte bei Verfahrensverletzungen. In: MDR 2002, S. 915 – 918.

Schnauder, Franz: Berufung und Beschwerde nach dem Zivilprozessreformgesetz (ZPO). In: JuS 2002, S. 68 – 75.

Schnauder, Franz: Berufung und Beschwerde nach dem Zivilprozessreformgesetz (ZPO). In: JuS 2002, S. 162 – 169.

Schneider, Egon: Ausnahmeberufung analog § 514 Abs. 2 ZPO? In: MDR 2004, S. 549 – 550.

Schneider, Egon: Ausnahmebeschwerde und Ausnahmeberufung. In: MDR 2001, S. 845 – 848.

Schneider, Egon: Ausnahmebeschwerde wegen greifbarer Gesetzwidrigkeit und Gehörsrüge. In: MDR 2002, S. 1047 – 1049.

Schneider, Egon: Die Gehörsrüge (§ 321a ZPO). Eine kritische Analyse. In: AnwBl. 2002, S. 620 – 623.

Schneider, Egon: Die neuere Rechtsprechung zum Prozesskostenhilfeverfahren (II). In: MDR 1985, S. 529 – 533.

Schneider, Egon: Die neue ZPO – Risiken und Kontroversen, ZAP Fach 13, S. 1074.

Schneider, Egon: Gehörsrüge des § 321a ZPO – Anhörungsrüge, Ausnahmeberufung, Ausnahmebeschwerde, Willkürverbot. In: MDR 2006, S. 969 – 976.

Schneider, Egon: Grundrechtsverstöße als greifbare Gesetzeswidrigkeit. In: MDR 1997, S. 991 – 994.

Schneider, Egon: Probleme bei Aufhebung und Zurückverweisung im Beschwerdeverfahren. In: MDR 1978, S. 525 – 531.

Schneider, Egon: Urteilsanmerkung zu BGH, MDR 1997, 1147 = NJW 1998, 82 (betr.: außerordentliche Beschwerde bei unberechtigter Verweigerung von Prozesskostenhilfe). In: MDR 1997, S. 1148.

Schneider, Egon: Wiederholung der Beschwerde und Gegenvorstellung im Zivilprozess. In: DRiZ 1965, S. 288 – 291.

Schneider, Egon: ZPO–Reform: Abhilfe im Beschwerderecht. In: MDR 2003, S. 253.

Schneider, Norbert: Kostenrechtliche Betrachtungen zum Verfahren über die Gehörsrüge nach § 321a ZPO. In: NJW 2002, S. 1094 –1095.

Schoibl, Norbert: Bericht zur Diskussion auf der Tagung der Vereinigung der Zivilprozessrechtslehrer am 7. April 1994 in Salzburg im Anschluss an die Referate von Rimmelspacher, ZZP 107, 421; Brehm, ZZP 107, 463; Konecny, ZZP 107, 481 und Schmidt, ZZP 107, 499. In: ZZP 107 (1994), S. 503 – 511.

Schütt, Ernst: Änderungen im Kostenfestsetzungsverfahren durch das Zivilprozessreformgesetz. In: MDR 2001, S. 1278 – 1280.

Schütt, Ernst: ZPO-Reform – Fortgeltung des alten Beschwerderechts beim Kostenansatzverfahren. In: MDR 2002, S. 986 – 987.

Schütt, Ernst: ZPO-Reform – Zulassung der Rechtsbeschwerde in Kostensachen durch den Einzelrichter. In: MDR 2002, S. 1104.

Schütt, Ernst: Urteilsanmerkung zu BGH; MDR 2002, 1446 (betr.: Rechtsbeschwerde gegen Berufungsverwerfungsbeschluss). In: MDR 2002, S. 1447 – 1448.

Schütt, Ernst: Urteilsanmerkung zu BGH 2003, 65 = MDR 2003, 105 (betr.: Zulässigkeit der Nichtzulassungsbeschwerde der Revision). In: MDR 2003, S. 107 – 108.

Schultz, Michael: Anforderungen an die Nichtzulassungsbeschwerde (zugleich Urteilsanmerkung zu BGH, NJW 2003, 65 = BGH-Report 2002, 1110). In: BGH-Report 2002, S. 1110 – 1111.

Schultz, Michael: Revisionsverfahren – Verfahrensgrundrechte und Wiederholungsgefahr. In: MDR 2003, S. 1395 – 1400.

Schultz, Michael: Zur Zulassung der Revision bei Rechtsanwendungsfehlern (zugleich Urteilsanmerkung zu BGH, NJW 2003, 754 = BGH-Report 2003, 254). In: BGH-Report 2003, S. 255 – 256.

Schumacher, Robert: Der 63. Deutsche Juristentag in Leipzig vom 26. bis 29.9.2000. In: JZ 2001, S. 296 – 298.

Schumann, Ekkehard: Die Gegenvorstellung im Zivilprozessrecht. In: Festschrift für Otto Baumgärtel, S. 491 – 502.

Schumann, Ekkehard: Bundesverfassungsgericht, Grundgesetz und Zivilprozess. In: ZZP 96 (1983), S. 137 – 253.

Schumann, Claus-Dieter/*Kramer*, Wolfgang: Die Berufung in Zivilsachen. Vahlen, München 2002. 6. Auflage. (Zitiert: Schumann/Kramer).

Schuschke, Winfried: Ende des Behelfs „greifbare Gesetzeswidrigkeit" im Wohnungseigentumsverfahren? In: NZM 2003, 463 – 466.

Schwarze, Roland: Außerordentliche Anfechtbarkeit zivilgerichtlicher Entscheidungen wegen offensichtlicher Gesetzeswidrigkeit? In: ZZP 115 (2002), S. 25 – 50.

Seidel, Hans-Jürgen: Die fehlerhafte Einzelrichterübertragung nach § 348 ZPO und ihre Anfechtung. In: ZZP 99 (1986), S. 64 – 90.

Seifert, Karl-Heinz/*Hömig*, Dieter/*Antoni*, Michael: Grundgesetz für die Bundesrepublik Deutschland (Kommentar). Nomos, Baden-Baden 2003. 7. Auflage. (Zitiert: Seifert/Hömig/Antoni).

Seiler, Frank: Anmerkung zu *BGH*, NJW 2004, 1167 = MDR 2004, 585. In: MDR 2004, S. 586.

Seiler, Frank: Die Erfolgsaussicht der Revision als Zulassungskriterium. In: NJW 2005, S. 1689 – 1691.

Seiler, Frank: Die Nichtzulassungsbeschwerde als Zulassungsbeschwerde. In: JR 2004, S. 356 – 358.

Seiler, Frank: Neues zur Revisionszulassung? – Die aktuelle Rechtsprechung des BGH (zugleich Urteilsanmerkung zu BGH, NJW 2003, 1943 = MDR 2003, 822). In: MDR 2003, S. 785 – 786.

Seiler, Frank/*Wunsch*, Lutz: Statthaftigkeit und Zulässigkeit der Rechtsbeschwerde. In: NJW 2003, S. 1840 – 1845.

Staudinger, Ansgar: Wider den Federstrich des ZPO-Reformgesetzgebers – Die Nachprüfung der internationalen Zuständigkeit darf nicht ausgeschlossen werden! In: IPRax 2001, S. 298 – 300.

Stackmann, Nikolaus: Die Neugestaltung des Berufungs- und Beschwerdeverfahrens in Zivilsachen durch das Zivilprozessreformgesetz. In: NJW 2002, S. 781 – 789.

Stackmann, Nikolaus: Fünf Jahre reformiertes Rechtsmittelverfahren im Zivilprozess. In NJW 2007, S. 9 – 14.

Stackmann, Nikolaus: Richterliche Selbstkontrolle und Verfahrenswirklichkeit im Zivilprozess. In: Jus 2005, S. 495 – 497.

Stein/Jonas: Kommentar zur Zivilprozessordnung. Mohr Siebeck, Tübingen. 21. Aufl. ab 1993, 22. Aufl. ab 2002. (Zitiert: Stein/Jonas/Bearbeiter).

Stüben, Detlef: Vorschläge zur Neuregelung der Statthaftigkeit der zivilprozessualen Beschwerde. In: ZZP 83 (1970), S. 1 – 61.

Stürner, Rolf: Die Kontrolle zivilprozessualer Verfahrensfehler durch das Bundesverfassungsgericht. In: JZ 1986, S. 526 – 534.

Stürner, Rolf: Aktuelles Forum. Eckpunkte einer Justizreform. Sonderbeilage "63. Deutscher Juristentag in Leipzig". In: Beilage zu NJW 25/2000, S. 31.

Tappeiner, Christian: Die außerordentliche Beschwerde im Zivilprozess. Verlag Peter Lang, Frankfurt/M. u.a. 1998.

Tempel, Otto/*Theimer*, Clemens/*Theimer*, Anette: Mustertexte zum Zivilprozess, Band II. Beck, München 2003. 5. Auflage. (Zitiert: Tempel/Theimer).

Thomas, Heinz/*Putzo*, Hans/*Reichold*, Klaus/*Hüßtege*, Rainer: Zivilprozessordnung (Kommentar). Beck, München 2005. 27. Auflage. (Zitiert: Thomas/Putzo).

Treber, Jürgen: Neuerungen durch das Anhörungsrügengesetz. In: NJW 2005, S. 97 – 101.

Ullmann, Eike: Gedanken zum neuen Recht der Revision und der Rechtsbeschwerde in Zivilsachen vor dem Bundesgerichtshof. In: WRP 2002, S. 593 – 603.

Vogel, Hans-Joachim: Die Revision in Zivilsachen. In: NJW 1975, S. 1297 – 1303.

Vollkommer, Max: Zum Fortbestand der früheren „außerordentlichen" Rechtsbehelfe. In: Festschrift für Beys, S. 1697ff.

Vollkommer, Max: Erste praktische Erfahrungen mit der neuen Gehörsrüge gemäß § 321a ZPO. In: Festschrift für Musielak, S. 619ff.

Vollkommer, Max: Rechtsschutz bei erstmaliger Verletzung von Verfahrensgrundrechten in der Berufungs- und Beschwerdeinstanz im Licht des Plenarbeschlusses des BVerfG vom 30.4.2003. In: Festschrift für Schlosser, S. 1009ff

Vollkommer, Max: Zur Einführung der Gehörsrüge in den Zivilprozess. In: Festschrift für Schumann, S. 507 – 534.

Voßkuhle, Andreas: Bruch mit einem Dogma: Die Verfassung garantiert Rechtsschutz gegen den Richter. In: NJW 2003, S. 2193 – 2200.

Voßkuhle, Andreas: Erosionserscheinungen des zivilprozessualen Rechtsmittelsystems. In: NJW 1995, S. 1377 – 1384.

Voßkuhle, Andreas: Rechtsschutz gegen den Richter. Zur Integration der Dritten Gewalt in das verfassungsrechtliche Kontrollsystem vor dem Hintergrund des Art. 19 Abs. 4 GG. Beck, München 1993.

Wank, Rolf: Urteilsanmerkung zu BAG, ZIP 2000, 284 (betr.: Nichtzulassung der weiteren sofortigen Beschwerde durch das Beschwerdegericht – kein außerordentlicher Rechtsbehelf, wenn Korrektur durch den iudex a quo möglich). In: EWiR 2000, S. 577 – 578.

Wagner, Volker: Zum Lauf der Berufungsbegründungsfrist bei gleichzeitig anhängiger Verfassungsbeschwerde. In: NJW 1986, S. 2933 – 2935.

Wax, Peter: Von der Beschwerde wegen greifbarer Gesetzeswidrigkeit zur Beschwerde wegen unzumutbarer Härte. In: Festschrift für Lüke, S. 941ff.

Wenzel, Joachim: Das neue zivilprozessuale Revisionszulassungsrecht in der Bewährung. In: NJW 2002, S. 3353 – 3359.

Zimmermann, Walter: Zivilprozessordnung (Kommentar). Müller, Heidelberg 2006. 7. Auflage. (Zitiert: Zimmermann).

Zivilprozess und Praxis. Das Verfahrensrecht als Grundlage juristischer Tätigkeit. Festschrift für Egon Schneider. Verlag für die Rechts- und Anwaltspraxis, Herne, Berlin 1997.

Zöller, Richard u.a.: Zivilprozessordnung (Kommentar). Schmidt, Köln 2007. 26. Auflage. (Zitiert: Zöller/Bearbeiter).

Zuck Rüdiger: Rechtliches Gehör im Zivilprozess – Die anwaltlichen Sorgfaltspflichten nach dem Inkrafttreten des Anhörungsrügengesetzes. In: NJW 2005, S. 1226 – 1230.

Zuck Rüdiger: Wann verletzt ein Verstoß gegen ZPO-Vorschriften zugleich den Grundsatz des rechtlichen Gehörs? In: NJW 2005, S. 3753 – 3757.

Abkürzungsverzeichnis

a.	auch
a.A.	anderer Ansicht
a.a.O.	am angegebenen Ort
Abs.	Absatz
a.E.	am Ende
a.F.	alte Fassung
allg.M.	allgemeine Meinung
AnhörungsRG	Anhörungsrügengesetz
Anm.	Anmerkung
AnwBl.	Anwaltsblatt (Zeitschrift)
ArbGG	Arbeitsgerichtsgesetz
Az.	Aktenzeichen
Bay., bay.	Bayern, bayerisch
BayGVBl.	Bayerisches Gesetz- und Verordnungsblatt
BayObLG	Bayerisches Oberstes Landesgericht
BayObLGZ	Sammlung von Entscheidungen des BayObLG in Zivilsachen
BB	Der Betriebs-Berater (Zeitschrift)
Bearb., bearb.	Bearbeitung/Bearbeiter(in); bearbeitet
BEG	Bundesentschädigungsgesetz
Beschl.	Beschluss
bestr.	bestritten
betr.	betreffend
BFH	Bundesfinanzhof
BGB	Bürgerliches Gesetzbuch
BGBl. I	Bundesgesetzblatt, Teil I
BGH	Bundesgerichtshof
BGHR	Systematische Entscheidungssammlung des Bundesgerichtshofs
BGH-Report	Schnelldienst zur höchstgerichtlichen Rechtsprechung in Zivilsachen (Zeitschrift)
BGHSt.	Entscheidungssammlung des BGH in Strafsachen
BGHZ	Entscheidungssammlung des BGH in Zivilsachen
Bl.	Blatt
BMJ	Bundesminister(ium) der Justiz
BRat	Bundesrat
BR-Drs.	Drucksache des Deutschen Bundesrates
BRV	Bayerischer Richterverein
Bsp.	Beispiel
BT-Drs.	Drucksache des Deutschen Bundestages
Buchst.	Buchstabe
BVerfG	Bundesverfassungsgericht

BVerfGE	Entscheidungssammlung des BVerfG
BVerfGG	Bundesverfassungsgerichtsgesetz
BVerwG	Bundesverwaltungsgericht
BVerwGE	Entscheidungssammlung des BVerwG
bzgl.	bezüglich
bzw.	beziehungsweise
CPO	Civilprozeß-Ordnung von 1877
DB	Der Betrieb (Zeitschrift)
ders.	derselbe
d.h.	das heißt
Diss.	Dissertation
DRB	Deutscher Richterbund
DRiZ	Deutsche Richterzeitung (Zeitschrift)
Drucks.	Drucksache
dt.	deutsch
DVBl.	Deutsches Verwaltungsblatt (Zeitschrift)
EGBGB	Einführungsgesetz zum Bürgerlichen Gesetzbuch
EGGVG	Einführungsgesetz zum Gerichtsverfassungsgesetz
EGZPO	Einführungsgesetz zur Zivilprozessordnung
Einf.	Einführung
Einl.	Einleitung
einstw.	einstweilig
entspr.	entsprechend, entspricht
Erg.	Ergänzung
Erl.	Erläuterung(en)
evtl.	eventuell
EWiR	Entscheidungen zum Wirtschaftsrecht mit Anm., Loseblatt
f., ff.	folgend(e)
FamG	Familiengericht
FamRZ	Zeitschrift für das gesamte Familienrecht
FamS	Familiensache/Familiensenat
FS	Festschrift
FG	freiwillige Gerichtsbarkeit
FGG	Gesetz über die Angelegenheiten der freiwilligen Gerichtsbarkeit
FG-Gericht	Gericht der freiwilligen Gerichtsbarkeit
FGO	Finanzgerichtsordnung
FGPrax	Praxis der Freiwilligen Gerichtsbarkeit (Zeitschrift)
Fn.	Fußnote(n)
Frankfurt/M.	Frankfurt am Main
FS	Festschrift
GebrMG	Gebrauchsmustergesetz
gem.	gemäß
GeschmMG	Geschmacksmustergesetz
GG	Grundgesetz für die Bundesrepublik Deutschland

ggf.	gegebenenfalls
ggü.	gegenüber
GKG	Gerichtskostengesetz
GmS-OGB	Gemeinsamer Senat der Obersten Gerichtshöfe des Bundes
grds.	grundsätzlich
Grdz.	Grundzüge
GrS	Großer Senat
GVBl.	Gesetz- und Verordnungsblatt
GVG	Gerichtsverfassungsgesetz
GWB	Gesetz gegen Wettbewerbsbeschränkungen
HalbleiterSchG	Halbleiterschutzgesetz
Hs.	Halbsatz
HGB	Handelsgesetzbuch
Hinw.	Hinweis
h.L.	herrschende Lehre
h.M.	herrschende Meinung
Hrsg., hrsg.	Herausgeber, herausgegeben
i.A.	im Allgemeinen
i.d. Fassung	in der Fassung
i.d.R.	in der Regel
i.H. von	in Höhe von
IPR	Internationales Privatrecht
IPRax	Praxis des Internationalen Privat- und Verfahrensrechts (Zeitschrift)
i.S.	im Sinne
i. ü.	im übrigen
i.V. mit	in Verbindung mit
i.w.S.	im weiteren Sinne
IPrax	Praxis des Internationalen Privat- und Wirtschaftsrechts (Zeitschrift)
IZPR	Internationales Zivilprozessrecht
JR	Juristische Rundschau (Zeitschrift)
JURA	Juristische Ausbildung (Zeitschrift)
JurBüro	Das Juristische Büro (Zeitschrift)
juris	Online-Angebot der Juris-GmbH
JuS	Juristische Schulung (Zeitschrift)
JW	Juristische Wochenschrift (Zeitschrift)
JZ	Juristenzeitung (Zeitschrift)
KfH	Kammer für Handelssachen
KG	Kammergericht (Berlin)
KostO	Kostenordnung
KostRMoG	Kostenrechtsmodernisierungsgesetz
KV-GKG	Kostenverzeichnis (Anlage zum GKG)
LG	Landgericht (mit Ortsnamen)
Lit; lit.	Literatur; Litera
LM	Lindenmaier-Möhring, Nachschlagewerk des BGH

LMK	Kommentierte BGH-Rechtsprechung
m. abl. Anm.	mit ablehnender Anmerkung
m. Anm.	mit Anmerkung
MarkenG	Markengesetz
MDR	Monatsschrift für Deutsches Recht (Zeitschrift)
m. krit. Anm.	mit kritischer Anmerkung
m.w.N.	mit weiteren Nachweisen
m. zust. Anm.	mit zustimmender Anmerkung
Nachw.	Nachweis
n.F.	neue Fassung
NJOZ	Neue Juristische Online-Zeitschrift (beck-online)
NJW	Neue Juristische Wochenschrift (Zeitschrift)
NJW-RR	Neue Juristische Wochenschrift-Rechtsprechungs-Report (Zeitschrift)
Nr.	Nummer(n)
n.v.	nicht veröffentlicht
NZI	Neue Zeitschrift für Insolvenzrecht und Sanierung
NZM	Neue Zeitschrift für Mietrecht
o.a.	oben angegeben
o.ä.	oder ähnlich(es)
o.g.	oben genannt(e)
OLGR	OLG-Report (Zeitschrift)
OwiG	Gesetz über Ordnungswidrigkeiten
PatG	Patentgesetz
PKH	Prozesskostenhilfe
Prot.	Protokolle
re. Sp.	rechte Spalte
RG	Reichsgericht
RGBl.	Reichsgesetzblatt
RGZ	Sammlung von Entscheidungen des RG in Zivilsachen
Rpfleger	Der Deutsche Rechtspfleger (Zeitschrift)
RpflEntlG	Gesetz zur Entlastung der Rechtspflege
RPflG	Rechtspflegergesetz
RpflVereinfG	Rechtspflege-Vereinfachungsgesetz
Rspr.	Rechtsprechung
RVG	Rechtsanwaltsvergütungsgesetz
S.	Seite; Satz
s.	siehe
s. a.	siehe auch
SchriftzeichenG	Schriftzeichengesetz
SchuldRModG	Gesetz zur Modernisierung des Schuldrechts
SGG	Sozialgerichtsgesetz
s. o.	siehe oben
sog.	sogenannt(e)
SortSchG	Sortenschutzgesetz

Sp.	Spalte
std.	ständig
StPO	Strafprozessordnung
str.	streitig
std. Rspr.	ständige Rechtsprechung
StVollzG	Strafvollzugsgesetz
SVertO	Schiffahrtsrechtliche Verteilungsordnung
s.u.	siehe unten
u.	und
u.a.	unter anderem; und andere
umstr.	umstritten
Urt.	Urteil
usf.	und so fort
usw.	und so weiter
v.	vom; von
vgl.	vergleiche
VO	Verordnung
VV-RVG	Vergütungsverzeichnis, Anlage I (zu § 2 Abs. 2) des RVG
VwGO	Verwaltungsgerichtsordnung
WM	Zeitschrift für Wirtschafts- und Bankrecht (Wertpapiermitteilungen)
WuM	Wohnungswirtschaft und Mietrecht (Zeitschrift)
WuR	Wirtschaft und Recht (Zeitschrift)
z.	zur, zum
z.B.	zum Beispiel
ZPO	Zivilprozessordnung
ZPO	Gesetz zur Reform des Zivilprozesses
ZRP	Zeitschrift für Rechtspolitik
ZS	Zivilsenat
z.T.	zum Teil
zust.	zustimmend
ZZP	Zeitschrift für Zivilprozess

Schriften zum Verfahrensrecht

Herausgegeben von Peter Gottwald und Ulrich Haas

Band 1 Matthias Rauscher: Die neue Berufung in Zivilsachen. 2002.

Band 2 Jörn-Christian Schulze: Grenzen der objektiven Schiedsfähigkeit im Rahmen des § 1030 ZPO. Eine Betrachtung des Rechts der Schiedsfähigkeit nach der Schiedsverfahrensrechtsform. 2003.

Band 3 Roman Rodloff: Das vereinfachte Verfahren zur Festsetzung von Kindesunterhalt nach §§ 654 ff. ZPO. Zugleich ein Beitrag zur Unterhaltsannexklage nach § 653 ZPO und zum vereinfachten Abänderungsverfahren nach § 656 ZPO. 2003.

Band 4 Helia-Verena Daubach: Kammer oder Einzelrichter? Ist die Kammer ein Qualitätselement des Zivilprozesses? 2003.

Band 5 Thomas Gemmeke: Beweisverwertungsverbote im arbeitsgerichtlichen Verfahren. 2003.

Band 6 Wolfgang Kreißig: Der Sportverein in Krise und Insolvenz. 2004.

Band 7 Alexander M. Krämer: Leasingverträge in der Insolvenz. 2005.

Band 8 Timo Christian Walther: Das Verfahren bei Masseunzulänglichkeit nach den §§ 208 ff. InsO. 2005.

Band 9 Henning Müller: Die Lebensversicherung in der Zwangsvollstreckung. 2005.

Band 10 Oliver Hilsbos: Die Mitwirkungspflicht von Personenstandsbehörden in Nachlassverfahren. 2006.

Band 11 Matthias Holla: Der Einsatz von Schiedsgerichten im organisierten Sport. 2006.

Band 12 Matthias Hofmann: Die Eigenverwaltung in der Insolvenz. Darstellung eines Rechtsinstituts unter besonderer Berücksichtigung der Gesellschaftsinsolvenz. 2006.

Band 13 Christian Schindler: Rechtskraft und Innenbindung von Beschlüssen nach der ZPO-Reform. 2006.

Band 14 Carola Reimann-Dittrich: Die Finanzierungsfolgenverantwortung des Gesellschafters. 2006.

Band 15 Viktoria Kress: Internationale Zuständigkeit für elterliche Verantwortung in der Europäischen Union. Das neue europäische Familienverfahrensrecht in Fragen der elterlichen Verantwortung im Kontext der Haager Abkommen. 2006.

Band 16 Frank Martin Herget: Die internationale Zuständigkeit im Electronic Commerce in der Europäischen Union. 2006.

Band 17 Cornelia Drenckhahn: Urkundsvorlagepflichten im Zivilprozess und im arbeitsgerichtlichen Verfahren nach der ZPO-Reform unter besonderer Berücksichtigung der Neufassung des § 142 ZPO. 2007.

Band 18 Walter Boeckh: Beschwerde und Rechtsbeschwerde im Zivilverfahren. 2007.

Ulrich Kutsch

Das Institut der außerordentlichen Beschwerde nach dem Zivilprozessreformgesetz

Zugleich ein Beitrag zu den Grenzen des § 321a ZPO

Frankfurt am Main, Berlin, Bern, Bruxelles, New York, Oxford, Wien, 2004.
XXVI, 141 S.
Europäische Hochschulschriften: Reihe 2, Rechtswissenschaft. Bd. 3871
ISBN 978-3-631-52235-6 · br. € 34.–*

Mit der im Zuge der letzten Zivilprozessreform einhergehenden Umgestaltung des Rechtsmittelrechts bot sich für den Gesetzgeber die Möglichkeit zu einer grundlegenden Integration des kontrovers diskutierten Instituts der außerordentlichen Beschwerde in das kodifizierte Recht. Die Frage nach einer Existenzberechtigung außerordentlicher Beschwerden auf der Grundlage des veränderten Zivilprozessrechts bedarf daher einer analytischen Beantwortung. Eine kritische Auseinandersetzung mit der aktuellen höchstrichterlichen und obergerichtlichen Rechtsprechung soll dabei die Defizite in der Anwendung außerordentlicher Rechtsbehelfe darlegen.

Aus dem Inhalt: Die historische Entwicklung von außerordentlicher Beschwerde und Anhörungsrüge · Die Forderung nach legislativem Tätigwerden – das ZPO-RG als adäquate Reaktion? · Die gerichtliche Praxis · Verbleibende Anwendungsbereiche außerordentlicher Beschwerden

www.ingramcontent.com/pod-product-compliance
Ingram Content Group UK Ltd.
Pitfield, Milton Keynes, MK11 3LW, UK
UKHW021916290926
8980IPUK00015B/1293

9 783631 557501